Oliver Rathkolb (Hg.)

250 Jahre

Von der Orientalischen zur Diplomatischen Akademie in Wien

Oliver Rathkolb (Hg.)

250 Jahre

Von der Orientalischen zur Diplomatischen Akademie in Wien

250 Years

From the Oriental to the Diplomatic Academy in Vienna

250 Années

De l'Académie Orientale à l'Académie Diplomatique à Vienne

StudienVerlag
Innsbruck
Wien
München
Bozen

© 2004 by Studienverlag Ges.m.b.H., Amraser Straße 118, A-6020 Innsbruck
e-mail: order@studienverlag.at
Internet: www.studienverlag.at

Buchgestaltung nach Entwürfen von Kurt Höretzeder
Satz: Studienverlag/Karin Berner
Umschlag: Kurt Höretzeder

Coverabbildungen:
Rückseite v.l.n.r.: Pater Franz Höck, Direktor der Orientalischen Akademie 1785-1832, Joseph Freiherr
von Hammer-Purgstall (beide aus: Die k.u.k. Konsularakademie von 1754-1904. Festschrift zur Feier
des hundertfünfzigjährigen Bestandes der Akademie und der Eröffnung ihres neuen Gebäudes, hrsg.
von Agenor Goluchowski v. Goluchowo, Wien 1904)
Gebäude der Konsularakademie in der Boltzmanngasse (Bibliotheksbestand der Konsularakademie im
Österreichischen Staatsarchiv, Sign. V XI 15/1)
Mitte: Studenten (Diplomatische Akademie)
Vorderseite: Stich mit der Ansicht der kaiserlichen Sommerresidenz „Favorita", ab 1749 Theresianische
Akademie. Im Nordtrakt des Gebäudes Sitz der Konsularakademie 1883-1904, seit 1964 der Diploma-
tischen Akademie (Diplomatische Akademie).

Gedruckt auf umweltfreundlichem, chlor- und säurefrei gebleichtem Papier.

Bibliografische Information Der Deutschen Bibliothek
Die Deutsche Bibliothek verzeichnet diese Publikation in der Deutschen Nationalbibliografie; detaillierte bibliografische Daten sind im Internet über <http://dnb.ddb.de> abrufbar.

ISBN 3-7065-1921-6

Inhaltsverzeichnis

Zeitzeugenessays von ehemaligen Direktoren

Außensichten

Sprachausbildung heute

Anhang

Oliver Rathkolb

Einleitung des Herausgebers

Als mich der Direktor der Diplomatischen Akademie in Wien, Botschafter Dr. Ernst Sucharipa, und sein Stellvertreter, Gesandter Mag. Gerhard Reiweger, mit ihrem Projekt einer Festschrift anlässlich des 250-jährigen Jubiläums der Gründung der Orientalischen Akademie, der Vor-Vorgängerinnenorganisation der Diplomatischen Akademie, vertraut gemacht haben, war ich mir bewusst, dass dies ein exemplarischer „Erinnerungsort" für die österreichische und auch für die international kontextualisierte Geschichte von der Habsburger Monarchie bis in die Zweite Republik werden würde. Die 1754 unter Kaiserin Maria Theresia gegründete Orientalische Akademie war eine ausbildungspolitische Reaktion auf geänderte internationale Rahmenbedingungen, die das Ziel hatte, durch Professionalisierung der Sprachen- und Dolmetscherausbildung eine qualitative Intensivierung der Beziehungen mit dem Osmanischen Reich zu unterstützen und eine Leistungselite an Beamten neuen Typs auszubilden.

Heute, 250 Jahre später, befindet sich Europa, befinden sich aber auch die USA, Japan und Teile Asiens in einer sensiblen Auseinandersetzung mit dem islamisch-arabischen Kulturraum. Die Frage des möglichen EU-Beitritts der Türkei erhitzt die europäische Öffentlichkeit ebenso wie die Frage des Kopftuchverbots in staatlichen Schulen oder die Rolle des Euro-Islam. In der lokalen österreichischen Migrationsdebatte werden wieder die „Türkenbelagerungen" Wiens als politische Stereotype reaktiviert. In diesem Sinne ist die Diplomatische Akademie auch in ihrem eigenen Jubiläumsjahr – 1964 gegründet –, ebenfalls an die Ausgangslage ihrer Gründungsgeschichte erinnert worden und wird somit ein nicht nur historischer, sondern höchst aktueller „Lieu de Mémoire" nach der Definition des französischen Historikers Pierre Nora. Erinnerungsorte sind über Generationen entwickelte, aber sich verändernde Ausdrucksformen kollektiver Erinnerung und Identität, die häufig an historische Gebäude, Institutionen, Persönlichkeiten und Denkmäler im gesellschaftlichen Alltag gebunden sind. Ein Erinnerungsort beschreibt demnach keine abgeschlossene Realität, sondern erhält seine Bedeutung erst durch den sich immer neu formierenden realen, sozialen, politischen, kulturellen oder imaginären Raum, in dem er steht.

Ganz bewusst habe ich daher ein Team zusammengestellt, das die unterschiedlichen methodischen Zugänge zu dieser Elitenausbildungseinrichtung umfassend, kritisch und ohne Tabuzonen analysiert und interpretiert: HistorikerInnen aus den Fachbereichen Zeitgeschichte und Diplomatiegeschichte haben ebenso mitgearbeitet wie SprachwissenschaftlerInnen aus der Germanistik, Romanistik und Anglistik, Politikwissenschaftlerinnen sowie Juristen und Ökonomen, aber auch Berufsdiplomaten und ehemalige sowie aktuelle Akademiedirektoren. Mit diesem Methodenmix steht die historische Rekonstruktion der ausbildungspolitischen Interessen der Orientalischen bzw. der Konsularakademie ab 1898 und der Diplomatischen Akademie sowie deren Ziele und der konkreten Auswirkungen auf die AbsolventInnen im Rahmen der sozioökonomischen und geopolitischen Entwicklung in der Mitte Europas im Zentrum der gemeinsamen Bestrebungen, durchaus im vollen Bewusstsein der eigenen Subjektivität. Ebenso zentral sind Analyse und Darstellung der aktuellen Situation sowie der mittelfristigen Entwicklung der heutigen Diplomatischen Akademie. In letzter Konsequenz wird der Mythos Orientalische Akademie, der 1964 bei der (Wieder) Gründung der 1941 vom deutschen Auswärtigen Amt eingemotteten Konsularakademie als Diplomatische Akademie besonders intensiv bemüht wurde, dekonstruiert.

Die Vorgeschichte der Orientalischen Akademie reicht weit in das 17. Jahrhundert zurück. Die Sprachwissenschaftlerin *Alexandra Joukova* thematisiert in ihrem Beitrag diese Frühgeschichte und analysiert die ökonomischen und politischen Motivationslagen zur Ausbildung loyaler Türkisch-Dolmetscher im Sprachknaben-Institut des kaiserlichen Internuntius in der Hohen Pforte seit Mitte des 17. Jahrhunderts. Diese sollten überdies das soziale und legistische sowie kulturelle Umfeld in Konstantinopel im Zeitraum von 10 bis 16 Jahren intensiv kennen und verstehen lernen. Auch der polnische König Siegmund schickte junge Männer an den Bosporus – unter ihnen den späteren Polenkönig Jan III. Sobieski, der entscheidend die zweite Türkenbelagerung Wiens 1689 militärisch beenden sollte. Im österreichischen Narrativ wird diese Facette seines Wissens über den Orient und die Kenntnis der osmanisch-türkischen Sprache jedoch nie thematisiert, obwohl er zu einer Heldenfigur stilisiert wurde.

Ausgehend von Erfahrungen an der „École des Langues Orientales" in Paris, dass Sprachen nicht nur vor Ort erlernt werden konnten, wurde aber 1753 das Sprachknaben-Institut aufgelöst und die jungen Zöglinge kamen in das von dem Jesuiten-Pater Joseph Franz und Lehrer Josephs II. entwickelte Internats- und Ausbildungssystem der am 1. Jänner 1754 eröffneten „Akademie der Orientalischen Sprachen". Dahinter standen ganz klare Herrschaftsinteressen, disziplinierte und loyale Dolmetscher in einem Internatsbetrieb mit Betonung auf „Einhaltung der Sitten, Andacht und Gehorsam" mit striktem Sprachdrill auszubilden, da auf der Basis der türkischen Grammatik nach den Erfahrungen im Jesuitenorden geschult werden sollte. Landes- und Kulturkunde waren ebenso vorgeschrieben wie das Erlernen des Türkischen, der lateinischen Sprache sowie des Persischen und Arabischen. Die entsprechenden pädagogischen Überlegungen und konkreten Unterrichtsmethoden werden von der Autorin genau skizziert.

Bis zur Einrichtung der Orientalischen Akademie hatte die Orientalistik in Wien keine wirklich breite Basis erhalten, obwohl immer wieder aufgrund der Konfliktlagen mit dem Osmanischen Reich und den zwei Türken-Belagerungen Wiens es das dringende Bedürfnis gab, sich intensiv mit dem Kulturraum des „Gegners" auseinander zu setzen. So opferte der Kanzler Ferdinands I., Albrecht Widmanstadt, seinen Schlaf, „um junge Leute zu finden, die er wenigstens des Nachts in Arabisch unterrichten könnte"[1]. Diese Metapher – „Arabisch Lernen in der Nacht" – reflektiert die Marginalisierung der ernsthaften Auseinandersetzung mit diesem Kulturraum. Selbst die Universität Wien wies erst 1674 einen Lehrer in orientalischen Sprachen und Koranrecht aus, Johannes Podesta aus Forano am Gardasee. Im strategisch-geheimdienstlichen Bereich hatte dieses Manko 1569 der Habsburger Gesandte in Konstantinopel, Rym von Estbeck, erkannt. In der Folge wurden unkoordiniert junge „Inländer" vor Ort ausgebildet, und 1612 erschien sogar eine erste in Leipzig gedruckte türkische Grammatik des Grazer Hofhistoriographen Hieronymus Megiser[2].

Der Historiker und Archivar im Haus-, Hof- und Staatsarchiv, *Ernst Dieter Petritsch*, rekonstruiert in seinem Artikel die Entscheidungsprozesse zur Gründung der Orientalischen Akademie, aber auch der Entwicklung eines umfassenden Studienplans zur Allgemeinbildung 1773, der bereits die reine Sprachenausbildung verließ und Arithmetik, Geometrie, Naturlehre, Architektur, aber auch „Kriegs-, Stück- und Pulverlehre" ebenso umfasste wie Vernunftlehre, Erdbeschreibung, Welt- und osmanische Geschichte, Literatur, Katechismus und „umfassenden rechtlichen Unterricht", ergänzt durch Tanzen, Fechten und Zeichnen sowie Theateraufführungen in französischer und türkischer Sprache. Maria Theresia schenkte der Akademie ein Landhaus bei Weidling/Klosterneuburg für die Ferien und visitierte selbst öfter die Akademie. In der Praxis sollte die Sprachenausbildung nach der Methode von Pater Joseph Franz, der 1740/1741 als Sekretär des Großbotschafters in Konstantinopel Türkisch gelernt hatte, nicht optimal funktionieren, da manche Lehrer und so auch ein späterer Langzeitdirektor, Franz Höck (1785-1832), Probleme bei der Aussprache hatten. Relativ bald mussten daher die besten Absolventen nach wie vor nach Konstantinopel zur Sprachperfektionierung geschickt werden. Erst mit der Anstellung von Thomas von Chabert-Ostland, der in Konstantinopel geboren und aufgewachsen war und 1785-1817 orientalische Sprachen (Türkisch und Persisch) für Fortgeschrittene an der Orientalischen Akademie in Wien lehrte sowie perfekt französisch und italienisch sprach[3], löste sich dieses Problem. Aber einige Zöglinge hatten selbst praktische Erfahrungen gesammelt, und die Orientalische Akademie wurde ein wichtiges Zentrum für wissenschaftliche Forschungen und Publikationen. So finalisierte Pater Höck das Projekt seines Vorgängers Pater Johannes von Gott Nekrep zur Überarbeitung und Neuauflage des fünfbändigen arabisch-türkisch-persisch-lateinischen Wörterbuchs des noch in Konstantinopel ausgebildeten Lothringers Franz Mesgnien von Meninski. Der erste Band wurde von einem Absolventen des ersten Jahrganges, Bernhard von Jenisch, herausgegeben, und Absolventen und Schüler der Orientalischen Akademie arbeiteten 30 Jahre lang an diesem Projekt. Die Akademie-Bibliothek wuchs unter Höck auf 2.600 Bände an – mit zahlreichen Druckwerken in orientalischen Sprachen –, und die Absolventen sammelten 15.100 osmanisch-türkische Urkunden und Geschäftsbriefe für den Unterricht, die aber seit dem Ersten Weltkrieg verschwunden sind.

Die Orientalistin *Claudia Römer* rekonstruierte in ihrer Studie die Bedeutung der wissenschaftlichen Publikationen der einstige Zöglinge für die heutige historische Sprachforschung. Im Zuge der Quellenforschungen von Vera Ahamer für das vorliegende Projekt wurde eine bisher verschollen geglaubte Sprichwörtersammlung entdeckt und von Frau Römer ausgewertet. Sprichwörtersammlungen waren lange Zeit als Übungstexte für mäßig Fortgeschrittene im Rahmen des Unterrichts an der Akademie verwendet worden. Diese Sammlung war die zweite handschriftliche Quelle für die Druckausgabe von Sprichwörtern durch die Akademie im Jahre 1865 und die Quelle für die Sprichwörter in der Publikation Moriz Wickerhausers, Wegweiser zum Verständnis der türkischen Sprache, eine deutsch-türkische Chrestomathie, die 1853 in Wien erschienen ist.

Der wohl bis heute bedeutendste Orientalist in Wien, der international tiefe Spuren hinterlassen hat, war Joseph Freiherr von Hammer-Purgstall, ein Grazer, der 1789-1794 die Orientalische Akademie absolvierte und 1847 auch erster Präsident der k.k. Akademie der Wissenschaften werden sollte. Hammer-Purgstall hatte nicht nur eine siebenbändige morgenländische Literaturgeschichte und eine zehnbändige Geschichte des osmanischen Reiches verfasst, sondern auch die orientalische Zeitschrift „Fundgruben des Orients" (6 Bände, 1809-18) herausgegeben.

Bereits aus dem ersten Jahrgang der Orientalischen Akademie sind zwei Karrieren zu erwähnen. Im wissenschaftlichen Bereich der in Wien geborene Bernhard Jenisch, der es – ein Zeichen der punktuellen Durchlässigkeit des aristokratischen Systems der Zeit – vom „Bettelstudenten" zum Geschäftsträger bei der Hohen Pforte und 1803-1807 zum Präfekten der Hofbibliothek, der heutigen Österreichischen Nationalbibliothek, bringen sollte. Ein zweiter sozialer Aufsteiger zu Spitzenpositionen aus dem ersten Jahrgang war der Linzer Franz Thugut, der nach einer Karriere im diplomatischen Dienst 1794-1798 Minister der auswärtigen Angelegenheiten wurde und eine Sammlung türkischer Sprichwörter edierte. Auch die sonstigen Karriereverläufe der ehemaligen Zöglinge bis 1878 dokumentieren, wie wichtig diese neue Elitenausbildungsinstitution für die mittlere und höhere Bürokratie der Habsburger Monarchie wurde. So hatten im Außenministerium 1914 fast 50% der 15 leitenden Sektionschefs die Orientalische Akademie absolviert[4]. In der Breite sowie in den absoluten Spitzenpositionen griff die Monarchie aber nur teilweise auf diese gut geschulten jungen Beamten zurück (wie weiter hinten in den Beiträgen von Gernot Stimmer und im biographischen Gesamtüberblick von Rudolf Agstner gezeigt wird). Aristokratische Traditionen, die Bedeutung militärischer Ausbildung und traditionelle Herrschaftsinteressen setzten dem sozialen Aufstieg von zivilen Karrierebeamten doch immer wieder klare Grenzen.

Der frühere Direktor der Diplomatischen Akademie (1978-1986), Botschafter a.D. *Heinrich Pfusterschmid-Hardtenstein*, der 1989 eine umfassende Studie der Orientalischen Akademie und Konsularakademie im Rahmen des auswärtigen Dienstes der Habsburger Monarchie verfasst hat, thematisiert in seinem Beitrag die Auswirkungen der Industrialisierung und der bürgerlichen Revolution 1848 auf die Strukturänderung in der Leitung und Lehrplangestaltung der Akademie. Parallel zur Bildungsemanzipation durch die fast völlige Ablösung des Bildungssystems aus der Kontrolle durch die Katholische Kirche und deren Ordenseinrichtungen und die Errichtung eines eigenen Ministeriums des öffentlichen Unterrichts wurde im Bereich der Orientalischen Akademie die bisherige Dominanz der Kirche beendet – so hatten Franz, sein Nachfolger Nekrep und Langzeitdirektor Höck dem Jesuitenorden angehört, Othmar Rauscher, der spätere Kardinal von Wien, war Weltgeistlicher und bis 1849 Akademieleiter gewesen. Es wäre aber falsch zu glauben, dass die Jesuiten und Geistlichen an der Spitze der Akademie die Bildungsentwicklungen nicht mitgetragen hätten. Höcks Bedeutung für die wissenschaftliche Orientalistik (trotz seiner mangelhaften Aussprache) ist ebenso unbestritten wie auch Rauschers Bedeutung für die Reorganisation des Lehrplans, in dem nun zwischen juristisch-diplomatischen Fächern und Sprachausbildung klar unterschieden wurde. Auch führte er ein Tutorensystem durch ältere Studierende für den Sprachunterricht ein. Erstmals wurde wissenschaftlich fundiertes Völkerrecht gelehrt, durch den späteren ersten Ordinarius in diesem Fach an der Universität Wien, Leopold von Neumann. Überdies war Rauscher ein begeisterter Orientalist, der bei der Hundertjahrfeier der Orientalischen Akademie 1854 nicht zögerte, „das Morgenland" als „Wiege der Menschheit" zu bezeichnen, da es aufgrund staatlicher Einrichtungen Regulative für das friedliche Zusammenleben einer „dicht gedrängten Bevölkerung geschaffen hatte"[5] – nicht nur für einen Kardinal im 19. Jahrhundert eine revolutionäre Aussage.

Die Trennung von Staat und Kirche führte aber vor dem Hintergrund der Krise des Habsburger Reiches nach der militärischen Niederlage in der Auseinandersetzung um die Vormachtstellung mit Preußen 1866 zu einer Grundsatzdebatte über die künftigen Aufgaben der Akademie sowie die etwaige Verlagerung des Unterrichts der orientalischen Sprachen an die Universität Wien. Erstmals wurde im Rahmen der fünfjährigen Lehrgänge die Zahl der Zöglinge auf 30-40, ab 1904 auf 40-50 vergrößert, um dadurch zusätzliche Einnahmen zu erzielen. Der Anteil der ungarischen, tschechischen u.a. Nationalitäten stieg, sodass auch das multikulturelle Element Österreich-Ungarns repräsentiert war, aber es wurden keine anderen Staatsbürger aufgenommen. Das slawische Element war aber unterrepräsentiert. Auch wurde als neues Ausbildungsziel die Vorbereitung für den Verwaltungsdienst in Bosnien-Herzegowina mitaufgenommen. Mit der umfassenden Reform 1898 und der Umbenennung in Konsularakademie reagierte das Außenministerium auf die Entwicklungen der ersten Globalisierung, die die internationale ökonomische Vernetzung zu einer weiteren Grundlage des Studienbetriebs machen sollte. Die wirtschaftlichen Fächer wurden aufgewertet und den Bereichen Verwaltung und Recht gleichgestellt. Die Sprachausbildung war in eine orientalische und eine westliche Sektion unterteilt (so u.a. mit Englisch neben dem Französischen und Italienischen), auf vier, höchstens fünf Sprachen limitiert sowie ein Seminarbetrieb eingeleitet worden. Die Konsularakademie war zur Diplomaten- und Konsulnschule Österreich-Ungarns geworden – eine Fachhochschule zwischen erster Globalisierung und absoluter Loyalität gegenüber dem Hause Habsburg.

Die Nähe zur Forschung und der Orientalistik ging aber gegen Ende des 19. Jahrhunderts verloren. Eine gewisse Verschulung war auch eine Folge der gemeinsamen Leitung mit dem Theresianum durch Direktoren des Theresianums wie Paul Gutsch, einem späteren Unterrichtsminister und Ministerpräsidenten, und der Übersiedlung in einen Trakt des Theresianums 1884. Dieser Trend setzte sich im neuen Gebäude in der Boltzmanngasse ab 1904 fort. War Pater Höck noch Dekan der Philosophischen Fakultät gewesen und 1802 sogar Rektor der Universität Wien, so hatte der Reformdirektor Anton von Winter nach der Absolvierung der Orientalischen Akademie 1885-1890 primär eine Karriere als Konsul hinter sich, ehe er 1904 zum Direktor der Konsularakademie bestellt wurde und diese Position bis 1933 (ab 1922 unentgeltlich) ausübte. Die traditionelle räumliche Nähe zur Universität Wien – ausgehend vom Beginn in der Philosophenstube der Alten Universität (1754-1770) zum Jakoberhof – blieb zwar nach der Übersiedlung der Universität an den Franzensring mit dem Bezug des Gebäudes in der Boltzmanngasse erhalten, die Reduktion auf Lehre durch Universitätslehrer und die Aufgabe der eigenen Forschungen im Rahmen der Orientalistik war aber evident. Ottokar Maria Freiherr von Schlechta von Wschehrd war der letzte Orientalist als Direktor. Mit dem Bedeutungsverlust des Osmanischen Reiches im 19. Jahrhundert sank das Interesse an intensiven Forschungen und damit das zentrale Forschungsgebiet der Akademie. Als Nachwuchsschule für die rund 110 Berufskonsulate der Monarchie und teilweise auch für die 21 diplomatischen Missionen war aber die Konsularakademie inzwischen durchaus international anerkannt. Im Sprachenausbildungsbereich sollte aber 1851 eine k.k. Öffentliche Lehranstalt für orientalische Sprachen in Wien, die in Personalunion mit der Orientalischen Akademie betrieben und geleitet wurde, eingerichtet werden. Sie war öffentlich zugänglich und konzentrierte sich auf moderne Sprachformen des Arabischen, Persischen und Osmanisch-Türkischen.

Der Politikwissenschaftler *Gernot Stimmer* hat – ausgehend von seinen früheren Elitestudien – den internen Stellenwert der Orientalischen Akademie und späteren Konsularakademie für die Bürokratie des Habsburger Reiches, der Ersten Republik und des Dollfuß-Schuschnigg-Regimes empirisch untersucht. Die Orientalische Akademie wird ebenso wie die im Vergleich analysierte Theresianische Akademie und die Militärakademie in Wiener Neustadt hinsichtlich der Entfeudalisierung und Ausbildung eines Berufsbeamtentums in der Praxis der Elitenkarriereverläufe hinterfragt – vor allem seit der allgemeinen Zugänglichkeit aller öffentlichen Ämter seit 1849 bzw. definitiv seit 1867. In der Praxis wird aber der Auswärtige Dienst sowie der interne Dienst im Außenministerium keineswegs eine Domäne der Absolventen der Konsularakademie bzw. zuvor der Orientalischen Akademie. Zwar konnten bereits vor 1790 einzelne Absolventen Spitzenpositionen ohne besondere adelige Herkunft erreichen – im Durchschnitt blieb aber der Rekrutierungsprozentsatz für den Auswärtigen Dienst, der um 1800 im Zuge der napoleonischen Kriege und militärischen Niederlagen von 5% auf fast 35% um 1820 gestiegen war, bis 1914 unter 14%. Verankerung im Offizierskorps und/oder adelige Herkunft waren nach 1815 und auch nach 1849 wieder wichtiger für Karrieren im auswärtigen Dienst der Monarchie. In der Konsularbeamtenschaft hingegen hatten die Absolventen der Orientalischen und Konsularakademie bis zu 50% Berufsanteil erreicht, bei Botschaften und Gesandtschaften lag er aber nur bei 20% bis 30%. Auch eine geographische Ballung der Absolventen ist dabei festzustellen – in der Levante bzw. am Balkan sowie im Osmanischen Reich und zunehmend auch in den unbeliebten Gesandtschaften in Lateinamerika. Immerhin hatten sich aber 27% der Gesandten des Jahres 1914 als Absolventen der Orientalischen Akademie über eine Konsularkarriere in den höheren diplomatischen Dienst hinaufgearbeitet. Trotzdem blieb die Konsularakademie eine außeruniversitäre Bildungseinrichtung, deren Absolventen nur teilweise die Dominanz des mittleren und höheren Adels und des Offizierskorps in den Spitzenstellungen der Bürokratie und Diplomatie bis 1914 reduzieren konnten, aber mit dem Theresianum und der Militärakademie in Wiener Neustadt zur ideologischen und soziokulturellen Einheit der Monarchieverwaltung beitrugen. In der Erinnerung nach 1918 überlagerte das Konsularausbildungsimage die teilweise, wenn auch untergeordnete, Integration in den höheren auswärtigen Dienst.

Mit dem Zerfall des Habsburger-Imperiums 1918 geriet auch die Konsularakademie mit ihrer fünfjährigen Ausbildung und Internatsbetrieb in eine tiefe Sinnkrise, die der Historiker *William D. Godsey, Jr.* auf der Basis seiner früheren Studien zur Rolle der Aristokratie in der Diplomatischen Elite Österreich-Ungarns[6] analysierte. Die ursprüngliche Funktion, gut ausgebildete Konsuln für die Monarchie zu liefern, die in wirtschaftlichen Fragen entsprechend bewandert waren, war nicht mehr gefragt. Das Projekt einer Hochschule für den staatlichen Außendienst nach dem politisch angestrebten „Anschluss" an Deutschland ließ sich aufgrund des „Anschluss-Verbots" nicht realisieren, ein supranationales Nachfolgeprojekt für die Sukzessionsstaaten Österreich-Ungarns unter der Leitung Staatskanzler Karl Renners scheiterte ebenfalls. Hingegen gelang Anton Winter mit Hilfe einer deutschen Finanzspritze die Transformation der Akademie in eine zweijährige Hochschule für Politik und Volkswirtschaft. Die Reorientierung Richtung Deutschland 1918/1919 lag im Mainstream des damaligen sozialdemokratischen Staatssekretärs für Äußeres, Otto Bauer, und wurde auch von Winter, der sich ebenfalls als Deutschnationaler deklarierte, sofort umgesetzt. Da die Hyperinflation der Deutschen Währung dieses Projekt zum Scheitern brachte, ging Winter dazu über, wie ein Privatunternehmer durch hohe Studentenzahlen (erstmals auch aus dem Ausland) und die Zulassung von Frauen ab 1925/1926 die Konsularakademie großteils privat finanziert weiterzuführen. Gleichzeitig wurden moderne Sprachstudien und der Unterricht in politischen, rechtlichen und wirtschaftlichen Fächern so gestaltet, dass nebenbei ein Rechts- oder Wirtschaftsstudium möglich war und die Konsularakademie die internationale Verflechtung dieser Fächer verstärkt in den Unterricht einbaute. Besonders groß sollte in der Folge der Frauenanteil werden, der AusländerInnenanteil bei Studierenden aus Südosteuropa war besonders groß. Das Deutsche Auswärtige Amt sandte jeweils eine Reihe von Stipendiaten nach Wien, die jedoch in den 1930er Jahren keine Majorität bildeten. Der Nimbus der Konsularakademie war so groß und wurde durch entsprechende Werbung verstärkt, dass die HörerInnenzahlen von 13 im Jahre 1921 auf 125 im Jahre 1937 stiegen, mit einem Frauenanteil von fast 50%. Insgesamt sollten seit dem Jahrgang 1921/1922 bis zum „Anschluss" 1938 565 AusländerInnen die Konsularakademie besuchen (darunter 112 UngarInnen, 98 TschechoslowakInnen, 53 RumänInnen, 48 PolInnen, 46 JugoslawInnen, 27 EngländerInnen, 24 AmerikanerInnen). Dazu kamen noch 117 deutsche StaatsbürgerInnen und 449 ÖsterreicherInnen[7].

Die politischen Loyalitätsbrüche von der Monarchie mit der Identitätsfigur des Kaiserhauses, über die Erste Republik mit dem untersagten „Anschluß an Deutschland" zum „Staat wider Willen" und der Zwangsauflösung des Parlaments unter Bundeskanzler Engelbert Dollfuß 1933 sowie der Etablierung eines autoritären Regimes trafen natürlich auch den Lehrkörper und die Studierenden der Konsularakademie. Die Anlehnung des neuen Regimes an das faschistische Regime in Italien und Ungarn steigerte auch die Studierendenzahlen aus diesen Ländern. Offiziell wurden in der Konsularakademie nach dem Bürgerkrieg 1934 zwischen dem Dollfußregime und den Resten der sozialdemokratischen Partei und des Republikanischen Schutzbundes die Loyalität gegenüber Dollfuß eingefordert und Anti-Regierungs-Statements untersagt. De facto stieg die NS-Sympathie unter den Studierenden, unter denen sich verdeckte und offen bekennende aktive SA-, SS- und NSDAP-Mitglieder befanden. Nach außen hin brach daher die Regierungsloyalität 1938 am 12. März binnen weniger Stunden zusammen. Ebenso wie in ganz Österreich war der Widerstand gegen Hitler-Deutschland und die NSDAP trotz Phasen heftiger Auseinandersetzungen und der Ermordung des Kanzlers Dollfuß vom permanenten Streben nach Ausgleich mit Deutschland und der Akzeptanz anti-demokratischer Strukturen überlagert worden.

Ich selbst – *Oliver Rathkolb* – habe das Kapitel „Anschluss 1938" und die weitere Entwicklung der Konsularakademie bis zur temporären „Einmottung" 1941 geschrieben. Ohne Anzeichen des geringsten Widerstandes wird die Akademie von ihrem seit 1933 im Amt befindlichen Direktor Hlavac-Rechtwall gleichgeschaltet, junge Dozenten und Lektoren mit NSDAP-Mitgliedschaft dienen als Aushängeschild und alte Deutschnationale versuchen, mit NSDAP- und SS-Funktionären eine Wiedereröffnung als Diplomatenschule für ganz Deutschland durch neue Studienprogramme vorzubereiten. Die kleine Gruppe jüdischer HörerInnen – 16 von insgesamt 122 – wurde sozial bereits im März/April stigmatisiert und von den meisten Studierenden gemieden und am 16. Mai 1938 formell vom Studienbetrieb ausgeschlossen. Mit einer Ausnahme traten alle – obwohl soweit InländerInnen mit Vorlesungsbesuchsverbot belegt – zu den Schlussprüfungen an und bestanden diese im Mai/Juni 1938. Frauen sollten dem neuen NS-Frauenbild entsprechend nicht mehr zugelassen werden, da ein rein deutsches Männer-Internat geplant war. Diese Idee wurde aber vom Auswärtigen Amt in Berlin verworfen und auf eine temporäre Zusatzausbildungsstätte für internationale Politik und Wirtschaft umorientiert – mit Frauen und vielen internationalen HörerInnen, um das Modell des nationalsozialistischen Deutschlands auch nach außen hin zu vermarkten. Die vorauseilende Unterordnung unter NS-Ideologie und deutsche Dominanz hatten sich für die Konsularakademie nicht ausgezahlt.

Punktuelle Versuche, die Konsularakademie nach 1945 rasch wiederzubeleben, scheiterten am fehlenden Genius Loci, dem Gebäude in der Boltzmanngasse, das die US-Alliierte Administration requiriert und 1947 von der Republik Österreich käuflich erworben hatte. Überdies fand sich keine geeignete Persönlichkeit, die in der sozio-ökonomischen Krise der Nachkriegsentwicklung ein derart exklusives Elitenbildungsprojekt politisch umsetzen könnte.

Zwar gab es bereits 1952 Ideen um ehemalige Lehrende an der Akademie wie dem Völkerrechtler Alfred Verdroß, ein Institut für Internationale Beziehungen mit einer Ausbildungseinrichtung zu gründen, die auch 1954 dem damaligen Staatssekretär Bruno Kreisky nahegebracht wurden. Kreisky hielt diese Idee intellektuell im Diskurs und verknüpfte sie überdies mit dem Projekt österreichischer Wissenschaftler im USA-Exil, ein „Institute for Advanced Studies" Ende der 1950er Jahre mit finanzieller Unterstützung der „Ford-Foundation" als eine Art moderne Gegenuniversität zu gründen. Die Bildungs- und Forschungssituation an österreichischen Universitäten Ende der 1950er und in den frühen 1960er Jahren war extrem kritisch und weit hinter die methodischen und personellen internationalen Rahmenbedingungen zurückgefallen. In diesem Kontext versuchte Kreisky, nachdem er Außenminister geworden und erstmals in der Geschichte der Republik Österreich auch ein eigenes, vom Kanzleramt unabhängiges Bundesministerium für Auswärtige Angelegenheiten gegründet worden war, ab 1960 eine „neue Konsularakademie" zu errichten. *Gerald Stourzh*, Historiker und 1963 ein junger Diplomat am Sprung zu einer internationalen wissenschaftlichen Karriere als Universitätsprofessor, analysiert auf der Basis seiner Mitschrift über eine entscheidende Besprechung in der Wohnung Außenminister Kreiskys in der Armbrustergasse am 16. November 1963 die gesamten Interessenlagen, die wichtigsten Akteure und Rahmenbedingungen für dieses Projekt, das als Lieblingsidee Kreiskys galt. Frei von den sonst üblichen Proporzstreitereien wurde von Spitzendiplomaten wie Erich Bielka, Walter Wodak sowie dem Völkerrechtsprofessor Stephan Verosta und dem ersten Direktor des bereits seit September 1963 aktiven „Ford- Instituts", Slawtscho Sagoroff u.a. wie Hans Thalberg, Adolf Kozlik und Alexander Auer unter der Stimm- und Gestaltungsführerschaft Kreiskys ein Studienprogramm entwickelt. Basierend auf der traditionellen Trias historisch-politische, wirtschaftliche und juristische Fächer sollten Presse- und Informationswesen, Kulturpolitik sowie Soziologie und Sozialpsychologie als neue Themen für eine internationale Berufslaufbahn entwickelt werden. Kreiskys politisches Ziel war es, durch einen Stipendiumsfonds eine möglichst breite soziale Durchlässigkeit zu garantieren und auch AbsolventInnen anderer Fächer die Voraussetzung zur Ablegung der Aufnahmsprüfung in den Höheren Auswärtigen Dienst zu ermöglichen, die bisher nur Juristen gestattet war. Auf diesem Weg sollte das traditionelle Juristenmonopol in der Spitzenverwaltung erodiert werden. Kreiskys Wunsch, dass nach Absolvierung der Diplomatischen Akademie automatisch die Übernahmeberechtigung in den Höheren Auswärtigen Dienst gegeben war, sollte sich aber bis heute nicht realisieren lassen.

In einem zweiten Beitrag habe ich – *Oliver Rathkolb* – versucht, die Motivationslage Kreiskys für diese Elitenausbildungsstätte in den Jahren 1960-1964 zu rekonstruieren. Mit perfekter Medienarbeit zeigte der Außenminister nicht die Berührungsängste zur Monarchie, die sonst die Sozialdemokratie nach 1945 geprägt hatte, sondern stützte durchaus bewusst die Legitimation der neuen Diplomatischen Akademie auf die Orientalische Akademie Maria Theresias. Die neue Akademie war Teil in einem größeren Konzept Kreiskys zur Demokratisierung der Außenpolitik und stärkeren Verankerung im öffentlichen Diskurs. Durch die Verknüpfung mit den Lehrenden am Institut für Höhere Studien sollte überdies eine Internationalisierung des Lehrangebots auf höchstem Niveau erreicht werden, eine Zielvorgabe, die aber nach wenigen Jahren eingestellt wurde. Ähnlich wie die Konsularakademie in der späten Monarchie hatte die neue Diplomatische Akademie identitätsstiftende Funktionen, die vor allem in der Auseinandersetzung mit einer aktiven österreichischen Neutralitätspolitik und einer besonderen Stellung des neutralen Kleinstaates in den internationalen Beziehungen und in der UNO gipfelte. Durch einen entsprechenden Dritte-Welt-StudentInnenanteil wurde ein entwicklungspolitisches Element in den Zielvorgaben der Akademie, die aber fix an das Außenministerium angebunden wurde, eingebracht.

Im folgenden Erinnerungskapitel skizzieren der erste Direktor der Diplomatischen Akademie, *Ernst Florian Winter*, und seine Nachfolger die Entwicklungen und zentralen Frage- und Problemstellungen ihrer Direktionszeit. Kreiskys Vorgaben, das „Heimweh nach der Welt" auch in Österreich mit jungen NachwuchsdiplomatInnen zu erfüllen, stand im Zentrum der Aktivitäten des Politikwissenschaftlers Winter, der aus dem Exil in den USA zurückgekommen war. Einige Elemente aus anglo-amerikanischen Ausbildungstraditionen sollten den „College-Charakter" hervorheben, selbständiges Lesen und Lernen anregen und anhand konkreter Simulationen auch Konfliktlösungsmodelle entwickeln. Die Grundbasis blieb aber die eher traditionelle Fächerteilung, ergänzt mit modernen Seminaren und einer Sprachenausbildung, die sich neuester Sprachlabortechniken bediente. Internationale Gastvortragende sollten die Bandbreite des Grundangebots erhöhen. Besonderer Wert wurde auch auf eine entsprechende wissenschaftliche Abschlussarbeit gelegt.

Die nachfolgenden Direktionen Arthur Breycha-Vauthiers, Johannes Coreths und Emanuel Treus[8] konnten aufgrund des Todes dieser Direktoren nur anhand von Auszügen aus den Jahresberichten rekonstruiert werden. Breycha-Vauthier und Treu brachten – ebenso wie Winter und Kreisky – ihre Erfahrungen aus dem Exil in der Schweiz während des Zweiten Weltkrieges auch in die Arbeit an der Akademie mit. Botschafter Robert Friedinger-Pranter war zwar der unmittelbare Nachfolger Winters, verstarb aber bereits kurz nach Amtsantritt. Eine erste AbsolventInnenanalyse während der Direktion Coreths zeigt, dass in der Frühphase rund drei Viertel ÖsterreicherInnen waren, und zu einem hohen Prozentsatz nach Studienabschluss, d.h. nach zwei Jahren das Examen Préalable zum Eintritt in den Höheren Auswärtigen Dienst absolviert hatten. Die ausländischen Studierenden traten ebenfalls zu einem hohen Prozentsatz in die jeweiligen diplomatischen Dienste ein. Internationale Organisationen sowie internationale Wirtschaftskonzerne waren nur für wenige als neue Berufsfelder erschließbar. Unter der Direktion Breycha-Vauthiers, der auch als Orientalist historische Erinnerungen wachrief, wurde der internationale AbsolventInnenanteil 1964-1970/71 auf 43 von insgesamt 112 gesteigert, der Frauenanteil blieb bei 15 Hörerinnen verglichen mit der Zwischenkriegszeit noch sehr gering. Insgesamt arbeiteten in der Folge rund ein Drittel der diplomierten AkademikerInnen in den Außenämtern ihrer Heimatstaaten (im Falle der ÖsterreicherInnen etwas mehr mit 36%), die übrigen in der Wirtschaft, im Bankwesen sowie in internationalen Organisationen. Breycha-Vauthier versuchte, die konkrete Vernetzung mit vergleichbaren Institutionen durch GasthörerInnen von der „École Nationale d'Administration" in Paris, der „Escuela Diplomática" sowie dem Genfer „Institut de Hautes Études Internationales" zu erreichen und die öffentliche Außenwirkung in Wien durch entsprechende Veranstaltungen zu heben. Zur Direktionszeit Emanuel Treus konnte die DA bereits auf 200 AbsolventInnen hinweisen und hatte bereits einen fixen Platz im internationalen postgradualen Ausbildungsbereich erlangt.

Botschafter *Heinrich Pfusterschmid-Hardtenstein*, der selbst in den USA studiert hatte, skizziert in seinem Beitrag die Restrukturierungsbemühungen im Verhältnis der Diplomatischen Akademie zum Außenministerium, das nach der Aufbruchseuphorie der 1960er Jahre zunehmend mit bürokratischen Blockaden überladen war. Durch ein neues Bundesgesetz von 1979 sollte überdies eine Justierung der Studienziele vorgenommen und der Anspruch, Gesamtwissen in den Bereichen Völkerrecht, Ökonomie und Internationale Beziehungen anzubieten, zurückgeschraubt und auf Spezialseminare hin fokussiert werden. Durch ein neues Ausbildungsprofil sollte auch den geänderten gesellschaftlichen und internationalen Rahmenbedingungen Rechnung getragen werden. Entsprechend der anerkannten Rolle der neutralen Staaten im Ost-West-Entspannungsprozess und der besonderen internationalen Akzeptanz des aktiven neutralen Kleinstaates Österreichs, wurde auch Wert auf die Verhandlungskapazitäten im Rahmen der Ausbildung gelegt.

Botschafter *Alfred Missong* setzte den sich abzeichnenden Entwicklungsweg in Richtung mehr Autonomie der Akademie vom Außenministerium fort, obwohl noch immer vor allem im alltäglichen Verwaltungsbereich und in Budgetfragen die ministerielle Tradition dominierte. Im inhaltlichen Ausbildungsbereich reagierte die DA spontan und rasch nach dem Fall des Eisernen Vorhanges und initiierte Speziallehrgänge für die neue junge diplomatische Elite Osteuropas. Diese Kontakte wurden auf institutioneller Ebene intensiviert und auch auf Russland ausgedehnt. Rund 220 DiplomatInnen haben diesen Kurs absolviert, fast 50% über die Dauer eines Jahres, die übrigen in Sommerkursen. In dieser Phase erfüllte die Diplomatische Akademie eine außenpolitische Zielsetzung mit Unterstützung Außenminister Alois Mocks zur Etablierung eines Kontakt- und Kommunikationsnetzwerkes in Osteuropa, das von der Stadt Wien auf Initiative Bürgermeister Helmut Zilks finanziell unterstützt wurde. Zunehmend wurden durch einen Sponsorenverein und Großsponsoren zusätzliche Mittel und Infrastruktur akquiriert. In diesem Sinne wurden die Traditionen der Konsularakademie im zentraleuropäischen Raum wiederbelebt.

Botschafter *Paul Leifer* analysiert die Ausgangslage für die endgültige Ausgliederung und die Vorbereitungen eines entsprechenden Bundesgesetzes, das mit zahlreichen Problemen behaftet war. Die Position einer Stellvertreterin wurde erstmals mit einer Berufsdiplomatin und ehemaligen Absolventin, Gabriele Holzer-Matzner, besetzt. Gemeinsam mit Leifer erhob sie rasch die Einschätzungen der Studierenden, und auf dieser Basis wurden eine Reihe von Neuerungen für den allgemeinen Studienbetrieb eingeführt – so beispielsweise ein Sprachnachweis durch international anerkannte Sprachdiplome. Im Zentrum stand aber die Gestaltung der Ausgliederung, die dann 1996 vom Nationalrat angenommen wurde. Mit diesem neuen Rechtsstatus war eine flexiblere und effizientere wirtschaftliche Führung der Akademie ohne kameralistische Blockaden möglich. Studienplan und Studiendauer wurden den wachsenden neuen Bedürfnissen der Studierenden angepasst, die nur mehr zu einem geringeren Prozentsatz in den diplomatischen Dienst traten. Mit der Einrichtung eines 12-monatigen intensiven Lehrgangs zur Vorbereitung auf internationale Berufung, dem neuen Diplomlehrgang, und einem Lehrgang zur Erlangung eines „Masters of Advanced International Studies" in Kooperation mit dem Zentrum für internationale interdisziplinäre Studien der Universität Wien wurde rasch auf die neuen Berufsfelder in einer globalisierten Umwelt reagiert und auch die wissenschaftliche Vertiefung durch eine Master

Thesis garantiert. Der fix angestellte akademische Lehrkörper wurde erweitert. Seit Oktober 1997 werden diese M.A.I.S. Lehrgänge angeboten. Zusätzlich zur Fortführung der Spezialausbildung für Diplomaten aus den Transformationsstaaten in reduzierter und gestraffter Form kamen auch vermehrt berufsbegleitende Fortbildungsmaßnahmen und Programme als eine Folge des EU-Beitritts Österreichs 1995.

Die internationale Verflechtung der Diplomatischen Akademie als Koordinationssekretariat des „International Forum on Diplomatic Training" besteht seit 1973. *A.H.M. Kirk-Greene, Ralph Feltham, Ernst Sucharipa* sowie *Alan Henrikson* beschreiben Ziele und Resultate dieser Jahrestreffen der Dekane und Direktoren Diplomatischer Akademien und Institute für Internationale Beziehungen. Arthur Breycha-Vauthier und Dean Peter Krogh der „School of Foreign Service" der Georgetown University organisierten das Gründungstreffen in Wien, das vor allem dem permanenten internationalen Erfahrungsaustausch im Zusammenhang mit den Methoden und Zielen moderner DiplomatInnenausbildung dient. Die Zahl der teilnehmenden Institutionen stieg von 12 im Jahre 1973 auf heute rund 60. Zunehmend werden Schwerpunktthemen diskutiert wie in den letzten Jahren Diplomatie und Medien; Management Training für kleinere Missionen; Krisenmanagement; Ausbildung für neu etablierte diplomatische Dienste. Die Aktualität und zunehmende Brisanz dieser Treffen zeigte die Themenstellung beim 30. Treffen in Amman auf Einladung des „Jordan Institute of Diplomacy" im September 2002, bei dem der Nahost-Konflikt und die weitere Eskalierung des Terrors und der Konfrontation mit der zunehmend marginalisierten islamisch-arabischen Welt im Zentrum der Diskussionen standen – ein Jahr nach den Terroranschlägen des Al-Kaida-Netzwerkes gegen das World Trade Center und wenige Monate vor Beginn des Irakkrieges.

Gerade vor dem Hintergrund der aktuellen Konfliktlagen zwischen unterschiedlichen Kulturtraditionen rückt der historische Ursprung der Ausbildungsprogramme der Diplomatischen Akademie und ihrer Vorgängerinnen, der Konsular- und vor allem der Orientalischen Akademie wieder in das Zentrum öffentlichen Interesses: die Sprachausbildung. Aus diesem Grund wird der aktuelle Sprachunterricht in diesem Band eingehend reflektiert. Die Romanistin *Chantal Cali* hat in ihrem Beitrag den Wandel des Französischcurriculums seit 1996 untersucht. Aufgrund der internationalen Entwicklung und den Trends in der EU mit einer Entwicklung in Richtung der Englischen Sprache als Lingua Franca der EU steht heute nicht mehr das klassische Ziel, „Native Speakers" auszubilden, im Zentrum, sondern die praxisorientierte Sprachnutzung, um in den jeweiligen Berufsfeldern die Französischkenntnisse aktiv und passiv mobilisieren und entsprechend flexibel und vor allem kultursensibel einsetzen zu können. Durch konkrete Sprachsimulationsübungen wird auch die Motivation zur Mehrsprachigkeit erhöht.

Die Germanistinnen *Isolde Cullin* und *Renate Faistauer* analysieren die Konzeption der mehrsprachigen Ausbildung an der DA am Beispiel der deutschen Sprache – in Europa die zweitgrößte Sprachengruppe. War Deutsch ursprünglich die Verkehrssprache an der Akademie, so wurde ab den 1990er Jahren verstärkt der Unterricht nach den Prinzipien von „Deutsch als Fremdsprache" gestaltet, um die kommunikativen und interkulturellen Kompetenzen zu stärken. Damit verbunden waren auch landeskulturelle Basisinformationen über Österreich und seine Kultur. Seit der Einführung der M.A.I.S. (= Master in International Studies) und S.P.I.S.-Kurse (= Special Programme in International Studies) wird aber Deutsch als Arbeitssprache zurückgedrängt.

Der Anglist *Keith Chester* hingegen kann auf eine andere Entwicklung hinweisen, da die Sprachkompetenz im Englischen in den letzten fünfzehn Jahren unter den Studienanfängern erheblich gestiegen ist. In der Praxis sind aber sowohl Sprachbeherrschung als auch die schriftlichen Kenntnisse relativ schwach, was sowohl mit der Computereuphorie als auch mit dem zunehmend kommunikativen Sprachunterricht zu tun hat. Im Zentrum des Unterrichts stehen daher die Zwischen- und Untertöne im Englischen, um eine höfliche und formal korrekte Sprachbeherrschung bei den StudienabgängerInnen zu erreichen. Ein klarer Trend in Richtung „simplified English" einer „non-native-speaking majority" ist aber bereits absehbar.

Mit einem historischen Rückblick analysiert der Ökonom *Werner Neudeck* die Funktion der Wirtschaftswissenschaften als weiteren fixen Ausbildungsbestandteil – spätestens seit den 1860er Jahren trotz rudimentärer Ansätze wie im Statistikunterricht zuvor. Der Ökonomieunterricht blieb aber trotz wissenschaftlich ausgewiesener Lehrpersönlichkeiten vor der Reform 1898 sehr komprimiert, 5/7 der Stunden waren nach wie vor dem Sprachunterricht gewidmet. In den Jahren 1898 bis 1918 war die Konsularakademie mit einer fünfjährigen Ausbildungszeit und einer die juristischen und historisch-politischen Fächer zeitweise bevorzugenden Stundenzuteilung der ökonomischen Ausbildung an der Universität Wien (die nur ein Teil der juristischen Studien war) überlegen. Die Vortragenden rekrutierten sich aus dem Forschungsreservoir der Universität Wien, aber auch der beamteten Praxis und forcierten primär praxisorientierte Unterrichtsfelder, nicht aber die Forschung. Nach 1922 waren eher die Praktiker und mittelmäßige Universitätslehrer an der Konsularakademie tätig. In der NS-Zeit war von der Blüte der Wiener nationalökonomischen Schule überhaupt nichts mehr zu spüren und nationalsozialistischer Großraumwirtschaftsexpansionismus dominierte auch die Lehre.

Nach 1964 waren die Wirtschaftswissenschaften nur als Spezialseminare und Vorlesungen im Studienplan vorgesehen – anfangs in enger Kooperation mit wissenschaftlichen Kapazitäten vom Institut für Höhere Studien. In weiterer Folge wurde ab 1979 eine Einführungsvorlesung für Nicht-Ökonomen vorgesehen, die aber aufgrund der Kürze für manche TeilnehmerInnen wenig nachhaltiges Wissen zurückließ. Mit der Ausgliederung 1997 und der Anstellung eines Lehrstuhlinhabers für National-ökonomie und internationale Wirtschaftswissenschaften wurde das Lehrangebot und damit die Qualität deutlich erhöht – sowohl für den nunmehr einjährigen Diplom-lehrgang als auch dem seit 2001 parallel geführten „Special Program in International Studies". Auch in dem „Master of Advanced International Studies Program" werden ökonomische Spezialkurse und Seminare angeboten.

Der Völkerrechtler *Gerhard Loibl* bietet einen kurzen Überblick zu den seit Beginn angestrebten und seit dem 19. Jahrhundert auch in dem fünfjährigen Ausbildungs-programm verankerten Überblicksveranstaltungen zu juristischen Grundkenntnis-sen in allen für den Staatsdienst in der Monarchie relevanten Einzelbereichen vom Privatrecht zu Handelsrecht und Völkerrecht. Mit der Reorganisation 1922 und der Verkürzung auf ein zweijähriges Programm blieb primär internationales Recht über, das kurze Darstellungen bezüglich der Grundideen des Privat- und Strafrechts eben-so umfasste wie vergleichendes Handelsrecht und Völkerrecht. Nach 1964 dominier-ten Völkerrecht und Europarecht. Mit der Einrichtung einer eigenen Abteilung für Völkerrecht und Europarecht 2001 werden sowohl theoretische Grundlagenvorlesun-gen angeboten (vor allem für das S.P.I.S.) sowie im Rahmen des Diplomlehrgangs praxisorientierte Themenbereiche aus dem Völker- und Europarecht und im M.A.I.S. ausgewählte Lehrveranstaltungen zu Umweltrecht und Rechtsstellung der EU im Völ-ker- und Europarecht.

Die britische Politikwissenschaftlerin *Melanie Sully* thematisiert in ihren Lehrver-anstaltungen aktuell relevante historische Themen aus der Zeitgeschichte des öster-reichischen politischen Systems seit 1918 sowie Einführungen in die Entwicklung der westeuropäischen politischen Strukturen für Studierende aus osteuropäischen Ländern. Zusätzlich zu den Lehrveranstaltungen wurden auch Diskussionen zu Aus-stellungen wie „Die Verbrechen der Deutschen Wehrmacht" sowie Exkursionen in das Jüdische Museum und zum Denkmal am Judenplatz oder auf den Spuren des „Dritten Mannes" organisiert. Besonderes Augenmerk wurde auf die Instrumenta-lisierungsmöglichkeit von Geschichte gelegt und die Transformationen und Neube-wertungen historischer zentraler Entwicklungen seit dem Ende des Kalten Krieges 1989.

Auf der Basis einer umfassenden Datenbank, die im Zuge der Vorbereitungen für diesen Sammelband gemeinsam von Frau Michaela Zechner, Vera Ahamer und Ger-hard Reiweger erstellt wurde, entwickelte *Gerhard Reiweger*, seit 1997 stellvertreten-der Direktor der Diplomatischen Akademie, ein AbsolventInnenprofil der Diploma-tischen Akademie von 1964 bis 2004. Nationale Herkunft, Geschlechterverteilung, sozialer Hintergrund und Berufskarrieren werden thematisiert und für Diplomlehr-gang, M.A.I.S. Lehrgang (Master of Advanced International Studies, seit 1997) und für den S.P.I.S. (Special Programme in International Studies, M.A.I.S.-Vorbereitungslehrgang seit 2000), ausgewertet. Die Speziallehrgänge für junge DiplomatInnen aus den Transformationsstaaten werden hinsichtlich der Nationalität der Teilnehmer analysiert.

So zeigt sich, dass von 1.081 AbsolventInnen der postgradualen Lehrgänge 44% ÖsterreicherInnen sind – unter den AusländerInnen kommt die größte Gruppe aus Polen, gefolgt von Frankreich und Deutschland. Der Frauenanteil, der in den ersten 20 Jahren seit 1964 im Durchschnitt rund 16% betrug, liegt seit 1997 bei 53%. Hinsichtlich der Berufslaufbahn dominiert insgesamt nach wie vor der nationale und internationale öffentliche Dienst (wobei nur rund 50% Daten für das Gesamtsample verfügbar sind): 40% des Diplomlehrgangs gingen in die jeweiligen nationalen diplomatischen Dienste, hingegen nur 24% der M.A.I.S.-AbsolventInnen, 27% der Diplomlehrgänge arbeiten in Wirtschaftsunternehmen, verglichen mit 23% der M.A.I.S.-AbsolventInnen.

Botschafter *Ernst Sucharipa*, der seit September 1999 die Diplomatische Akademie als Direktor leitet, schließt die Textfolge mit einem Beitrag über die mittelfristigen Perspektiven der Diplomatischen Akademie. Sucharipa ist überdies selbst Absolvent der Akademie (Jahrgang 1972-1974). Inzwischen hat die Diplomatische Akademie längst, wie die obige Analyse Reiwegers dokumentiert, die Funktion einer postgradualen Ausbildungsstätte für internationale Berufe in den Bereichen internationale und nationale Organisationen und diplomatische Dienste sowie Wirtschaftsunternehmen erlangt. Dazu haben die neuen Ausbildungssegmente wie S.P.I.S. und M.A.I.S. beigetragen, aber auch der originäre Diplomlehrgang. Der AusländerInnenanteil der insgesamt 1.081 AbsolventInnen seit 1964 liegt bei 66% und hat sich 2004 bei 70% stabilisiert. Die Ausgliederung hat sich ebenso bewährt wie im Wesentlichen auch die Kooperation mit dem Kuratorium als Lenkungsorgan und der finanziellen Kontrolle durch Außen- und Finanzministerium. Die jährlichen Studiengebühren in der Höhe von rund 7.000 Euro sowie die ebenso hohen Internatsgebühren, die nur teilweise durch entsprechende privat oder öffentlich finanzierte Begabtenstipendien aufgefangen werden konnten, haben zu einer Reduktion der Studierenden aus Transformationsländern geführt.

Als besondere Herausforderung gilt die Anpassung der postgradualen Ausbildung im S.P.I.S. und M.A.I.S.-Programm an die europäische Universitätsarchitektur – in enger Kooperation mit der Universität Wien – mit inhaltlicher Ausrichtung auf European Studies im globalen Kontext sowie die etwaige Entwicklung eines neuen Lehrganges mit Schwerpunktsetzung im Bereich „sustainable Development" und internationales Umweltrecht. Auch das praxisbezogene Ausbildungsprogramm im Bereich des Diplomlehrgangs und der Spezialkurse soll stärker an der künftigen gesamteuropäischen Nachwuchsausbildung für junge DiplomatInnen orientiert werden.

Als Abschluss findet sich am Ende des Bandes das Produkt einer jahrelangen Arbeit des Berufsdiplomaten *Rudolf Agstner*, der auf der Basis von eigenen minutiösen Recherchen in einer Vielzahl österreichischer Archive sowie aufgrund von Kooperationen mit ausländischen Archiven (so vor allem in Ungarn) ein kurzbiographisches Lexikon der 1.492 AbsolventInnen zusammengefasst hat, die zwischen 1754 und 1898 an der Orientalischen Akademie sowie seit 1898 an der Konsularakademie studiert hatten – von 1926 bis 1941 waren auch Frauen als ordentliche Hörerinnen zugelassen. Nur einige wenige Ergänzungen konnten Vera Ahamer und ich zu diesem bewundernswerten Werk beisteuern, das aber aufgrund der fragmentarischen Quellenlage keineswegs komplett sein kann, sodass Ergänzungen und Korrekturen durch Leserinnen und Leser dieses Bandes höchst willkommen sind.

Vera Ahamer hat im Anschluss an diesen Teil eine komplette AbsolventInnenliste der Diplomlehrgänge 1964-2004 sowie der M.A.I.S. und Special Studies zusammengestellt.

Entsprechend der traditionellen Mehrsprachigkeit als Unterrichtsprinzip an der Diplomatischen Akademie und deren Vorgängerinnen wurden einige Beiträge in englischer Sprache abgefasst und alle Artikel mit englischen, französischen bzw. deutschen Zusammenfassungen versehen. Da dieser Sammelband auch als ein Handbuch für künftige Forschungen zur Orientalischen Akademie und Konsularakademie angelegt ist, deren Archivalien und Materialien sich nicht in der heutigen Diplomatische Akademie, sondern im Haus-, Hof- und Staatsarchiv befinden, hat Vera Ahamer eine kurze Chronologie seit 1754 sowie eine detaillierte Beschreibung des Archivmaterials der alten Konsularakademie und eine Direktorenliste seit 1754 verfasst.

Der wichtigste Teil einer Einleitung steht leider traditioneller Weise am Schluss – die Danksagung. Ich bin Botschafter Ernst Sucharipa und Gesandtem Gerhard Reiweger für die angenehme und substantiell sehr wichtige Kooperation ebenso dankbar wie für die Schaffung der materiellen Rahmenbedingungen durch ein Projekt des Jubiläumsfonds der Oesterreichischen Nationalbank. Frau Mag. Vera Ahamer hat sich als wissenschaftliche Projektkoordinatorin, Autorin, Lektorin und für die Recherche einiger Beiträge in jeder Hinsicht bewährt und auch die Fotoredaktion mit mir gemeinsam betreut. Ihr danke ich sehr herzlich wie auch allen Autorinnen und Autoren dieses Bandes, die sowohl zum Inhalt der mehrfachen Koordinationssitzungen wichtige Hinweise beigesteuert haben als auch ihre Artikel trotz des Termindrucks zeitgerecht fertiggestellt haben. Besonderer Dank auch an den Generaldirektor des Österreichischen Staatsarchivs, Hofrat Hon.-Prof. Dr. Lorenz Mikoletzky, Frau Michaela Follner und Ernst Dieter Petritsch für die Benützungsmöglichkeiten des Konsularakademiearchivs im Haus-, Hof- und Staatsarchiv. Generaldirektor Lajos Gecsényi und seine Mitarbeiter, Ferenc Nagy und András Oross, vom Ungarischen Staatsarchiv haben zusätzliche Recherchen für den biographischen Anhang durchgeführt. Für die Übersetzungen von Kurzfassungen der Beiträge ins Französische, Englische und Deutsche danke ich besonders Frau Dr. Chantal Cali und Lucile Montauban sowie

Herrn M. A. Keith Chester, für die Erstellung der Statistik der AbsolventInnen seit 1964 bin ich Frau Michaela Zechner von der Diplomatischen Akademie sehr dankbar. Dem Studienverlag, vor allem unserer Betreuerin Frau Mag. Elisabeth Wagner, Herrn Dr. Martin Kofler und dem Verlagsleiter, Herrn Markus Hatzer, sowie der engagierten Graphikerin Karin Berner möchte ich auf diesem Wege besonders für die effiziente und trotzdem freundliche Kooperation bei der Herstellung eines umfangreichen Sammelwerkes meinen Dank aussprechen.

Anmerkungen

1 Arthur Breycha-Vauthier, „Einst war's die Orientalische Akademie…", in: 16./17. Jahrbuch der Diplomatischen Akademie Wien, 1980-1982, Wien 1982, 69-79. Widmanstadt hatte auch das älteste Manuskript der Evangelien 1555 in der syrischen Originalsprache in Wien in Druck gegeben; vgl. dazu Arthur Breycha-Vauthier, Österreich und der arabische Nahe Osten, hrsg. vom Bundesministerium für Landesverteidigung, Wien o.J., 19 ff.
2 Vgl. dazu Kerstin Tomenendal, Das türkische Gesicht Wiens, Wien 2000, 63-66.
3 Zu diesem bemerkenswerten Orientalisten siehe Thomas von Chabert-Ostland (1766-1841), Orientaliste Autrichien et sa Famille, in: INALCO Nov. 1997, 66-89.
4 Vgl. dazu Heinrich Pfusterschmid-Hardtenstein, Von der Orientalischen Akademie zur K.u.k. Konsularakademie. Eine Maria-Theresianische Institution und ihre Bedeutung für den Auswärtigen Dienst der Österreichisch-Ungarischen Monarchie, in: Die Habsburger Monarchie 1848-1918. Die Habsburger Monarchie im System der internationalen Beziehungen, Wien 1989, 132f.
5 Breycha-Vauthier, Einst war's, 76.
6 William D. Godsey, Jr., Aristocratic Redoubt – The Austro-Hungarian Foreign Office on the Eve of the First World War, West Lafayette 1999.
7 Haus-, Hof- und Staatsarchiv, Konsularakademie, Karton 113, Die Konsularakademie zu Wien, 2, 2. Feb. 1939.
8 Emanuel Treu war für ein Widerstandskomité in Genf aktiv gewesen war. Arthur Breycha-Vauthier publizierte auch als einer der ersten Autoren zu Exilthemen: Die Zeitschriften der österreichischen Emigration 1934-1946, 1960; Sie trugen Österreich mit sich in die Welt. Eine Auswahl aus den Schriften der österreichischen Emigration (Hg.), 1962.

Abstract

Oliver Rathkolb, Introduction of the Editor

The Oriental Academy, which in 2004 celebrates its 250th Anniversary, is an exemplary "site of memory" for Austria and in an international context from the times of the Habsburg Monarchy to the Second Republic. Founded in 1754 by Maria Theresa, the Academy was a reaction to changed international parameters. The intention was to promote, by introducing professionalism into the training of languages and interpreters, a qualitative intensification of the relationship with the Ottoman Empire and to train an achievement-oriented elite of civil servants of a new type.

At the heart of this interdisciplinary anthology lies the historical reconstruction of the training policies of the Oriental Academy, the Consular Academy (after 1898) and the Diplomatic Academy, as well as their goals and the concrete consequences on the graduates in the framework of the socio-economic and geo-political developments in Central Europe.

In the hope of encouraging further research into the history of the Academy, the book concludes with a comprehensive set of appendices. These comprise a short chronology since 1754, a detailed description of the archive material of the old Consular Academy, a register, with short biographies, of the 1,492 graduates who studied at the Oriental Academy between 1754 and 1898 and at the Consular Academy after 1898 (from 1926 to 1941 women were also admitted), and a complete list of all graduates since 1964.

Résumé

Oliver Rathkolb, Introduction de l'éditeur

L'Académie orientale, qui fête en 2004 son 250ème anniversaire est un « lieu de mémoire » exemplaire pour l'histoire autrichienne et pour une approche internationale de l'histoire, de la monarchie des Habsbourg jusqu'à la Deuxième République. Fondée en 1754 sous l'impératrice Marie-Thérèse, l'institution qui l'avait précédée constitua une réaction à une modification de la situation internationale. Elle visait à soutenir, grâce à une professionnalisation des formations aux langues et à l'interprétation, une intensification qualitative des relations avec l'empire ottoman et à former une élite professionnelle de fonctionnaires d'un genre nouveau.

Au centre de ce recueil interdisciplinaire on trouve la reconstruction historique des intérêts relatifs à la politique de formation de l'Académie orientale, de l'Académie consulaire à partir de 1898, puis de ceux de l'Académie diplomatique, ainsi que de leurs objectifs et de leurs répercussions concrètes sur les étudiants dans le cadre de l'évolution socio-économique et géopolitique en Europe centrale.

Une annexe importante ouvre la voie à d'autres travaux de recherches. Elle se compose d'une brève chronologie depuis 1754, d'une description détaillée des documents d'archives de l'ancienne Académie consulaire, d'un dictionnaire biographique abrégé des 1491 diplômés des deux sexes, qui, de 1754 à 1898, étudièrent à l'Académie orientale puis à partir de 1898 à l'Académie consulaire – il ne faut pas oublier que de 1926 à 1941 les femmes furent également admises en tant qu'étudiantes régulières – et enfin d'un annuaire complet des anciens élèves depuis 1964.

Alexandra Joukova

„Ein Glück für jeden fremden Mann, der selbst mit Türken sprechen kann."

Zur Sprachausbildung vor und kurz nach Etablierung der Orientalischen Akademie[1]

I. Historischer Hintergrund

„Ein Glück für jeden fremden Mann, der selbst mit Türken sprechen kann." – dieser kurze Reim in der Titelvignette eines kleinen türkischen Wörterbuchs[2] aus dem Jahr 1788 hob den Vorteil der Beherrschung der türkischen Sprache deutlich hervor.

Aus den Gegebenheiten der damaligen Zeit – der unmittelbaren Nachbarschaft des Habsburger Imperiums zum Osmanischen Reich, dem dadurch herrührenden Bedürfnis und wohl auch der Notwendigkeit, diplomatische Kontakte sowie Han-

Titelvignette eines kleinen türkischen Wörterbuchs

delsbeziehungen herzustellen, entstanden die ersten Überlegungen, die türkische Sprache zu erlernen.

Allerdings gab es kaum Lehrer, die ihre Sprachkenntnisse an andere Personen vermitteln hätten können, und so war die Habsburger Monarchie (wie im Übrigen auch andere europäische Mächte) beim immer reger werdenden Verkehr mit dem Osmanischen Reich auf fremde Dolmetscher angewiesen. Man griff auf ausgewanderte Christen aus der Umgebung von Konstantinopel zurück, die ihre Muttersprache und Türkisch beherrschten. Diese als „Miethlige" bezeichneten Dolmetscher genossen allerdings weder seitens ihrer „Auftraggeber" noch seitens ihres Landes, das sie oft der „Spionage-Tätigkeit" verdächtigte und verfolgte, Vertrauen. Sie wurden nicht als verlässliche Partner angesehen und man war überzeugt, dass der Inhalt der auf solche Weise geführten Verhandlungen keinesfalls geheim gehalten werden konnte. Außerdem befürchtete man latente Fehlinterpretationen, natürlich zu Ungunsten der europäischen Höfe.

Um dieses Problem zu lösen, schickten abendländische Mächte ihre als Dolmetscher vorgesehenen Untertanen – hauptsächlich männliche Jugendliche oder Knaben – zum Sprachen-Erlernen nach Konstantinopel. Nach diesem Auslandsaufenthalt sollten die Betreffenden die erworbenen Kenntnisse in ihren Ländern weitergeben bzw. als Hofdolmetscher angestellt werden. Im Fall der Habsburger Monarchie entwickelte sich aus dieser Praxis das so genannte Sprachknaben-Institut, eine eher informelle Einrichtung, die Ende der siebziger Jahre des 17. Jahrhunderts in Konstantinopel errichtet wurde und die als Vorgänger der Orientalischen Akademie in Wien angesehen werden kann.

II. Das Sprachknaben-Institut in Konstantinopel

Die am so genannten Sprachknaben-Institut unterrichteten Schüler (Sprachknaben[3]), die unterschiedlich alt waren und deren Zahl zwischen 8 und 12 schwankte (und die zwischen 10 und 16 Jahren in Konstantinopel blieben), unterstanden dem kaiserlichen Internuntius in der Hohen Pforte und hielten sich in seiner Residenz auf. Die Kenntnisse der türkischen Sprache erwarben sie von einheimischen Lehrern und durch die Umgebung. So sollten sie Märkte, Gerichtshöfe etc. besuchen und sich mit der einheimischen Bevölkerung unterhalten. Außerdem sollten sie laut eines überlieferten Schriftstücks „die Türckische Staatsmaximen und Gesäze, auch den humor, und modus tractandi negotia in logo"[4] lernen. Wenn sie schließlich die Sprache so gut beherrschten, dass der Resident sie bei den Verhandlungen mit der Pforte als Dolmetscher verwenden konnte, wurden sie beeidet, in der Kanzlei der Internuntiatur eingesetzt und konnten den Residenten bei öffentlichen Audienzen, feierlichen Besuchen und Empfängen begleiten.

Einige sich nun im Österreichischen Haus-, Hof- und Staatsarchiv (HHStA) befindliche Schriftstücke, unter anderem eine Note vom 21. Juni 1752, eine Gebührenaufstellung vom 1. November 1751 bis 31. Januar 1752 sowie zwei Berichte des ersten Direktors der Orientalischen Akademie, des Jesuitenpaters Joseph Franz, vom April und Juni 1753 an Maria Theresia, geben Informationen über die Sprachknaben. So erfährt man aus der Gebührenaufstellung, dass die zu jener Zeit in Ausbildung befindlichen Sprachknaben Joseph Gheiter, Melchior Mandales, Johann Ettinger, Sebastian Baumeister, Christoph Augusti, Johann Montska, Leopold Schmid und Leopold Seleskoviz eine jährliche Besoldung in Höhe von 600 fl. erhielten, was gar nicht schlecht war, wenn man bedenkt, dass der Hofkriegsrat und Internuntius von Penckler jährlich 8000 fl. erhielt, der Hofkriegsratssekretär von Momarz 1500 fl., der Dolmetscher Anton Seleskoviz 1500 fl. und der Dolmetscher Andrea Bianchi 600 fl. Freilich mussten die Sprachknaben von ihrer Jahresgage die Hälfte dem Residenten für ihre Verpflegung abgeben und aus den restlichen 300 fl. den Sprachunterricht sowie Kleider und Bücher bezahlen.

Was den Einsatz der letzten Sprachknaben betrifft, so lässt sich Folgendes feststellen: Während Geitter und Montska für Kanzleiarbeiten in Konstantinopel oder einem anderen Ort empfohlen wurden, denn „der Erste hat 13 Jahr mit Secretarii-Diensten, und der Anderte mit Mahlen zubracht"[5], wollte man Augusti, Baumeister und den jungen Seleskoviz in Wien zu Dolmetschern weiterbilden. Sie sollten aber – da sie ja womöglich „durch die dauernde Entfernung von ihrem Vaterlande zugleich auch den heimatlichen Sitten und Interessen entfremdet"[6] waren – von den Zöglingen der neu gegründeten Orientalischen Akademie getrennt unterrichtet werden: „Bei erfolgender Höchsten Resolution der anhero Beruffung dieser Dreyen, wäre meine alleruntertänigstes, und ohnmaßgebliches Gutachten, daß sie niemalen mit denen neüen Sprach-Knaben zu vermischen wären"[7].

Aus einem weiteren Bericht[8] erfährt man, dass Baumeister für eine Dolmetscher-Stelle in Peterwardein (Teil des heutigen Novi Sad) vorgeschlagen wurde. Für diese Stelle gab es auch einen anderen Kandidaten: Bartholomäus Testa. Doch Internuntius Penckler wollte Testa lieber als Sprachknaben anstellen oder dem alten Dolmetscher Momars beigeben, den er auch – im Fall dessen Todes – in Konstantinopel ersetzen sollte. Testa zeichnete sich dadurch aus, dass er sehr fleißig und wissbegierig war und sich aus eigenen Mitteln, das heißt ohne Sprachknaben-Besoldung ausbildete.

Auch Leopold Seleskoviz, dessen Vater Anton Seleskoviz den Dolmetschposten bei der Internuntiatur in Konstantinopel bekleidete, war – laut Berichten – ein begabter Sprachknabe. Als Kind lernte er Türkisch und Griechisch und außerdem sprach er Latein, Deutsch, Französisch und Italienisch. In Wien musste er – nach Meinung von Pater Franz – viele andere Dinge als Sprachen erlernen.

Obwohl die Idee des Sprachknaben-Instituts an sich gut war, hielt sich der Erfolg doch in Grenzen, da sich der Internuntius, auf dem allein die Verantwortung für die Sprachknabenerziehung lag, auch aufgrund seiner eigenen Position als kaiserlicher Repräsentant bei der Pforte nicht allzu sehr darum kümmerte. Er versuchte sogar, sich auf Kosten der ihm anvertrauten Sprachknaben zu bereichern. Beispielsweise ließ er sie täglich gegen Bezahlung mit sich speisen und kümmerte sich eher um ihre Zahl (weil er sie ja oft als Diener verwendete und somit weniger eigenes Personal erhalten musste), als um ihre Fortschritte.

Es liegt auf der Hand, dass dadurch sowohl die Sprachausbildung junger Leute vernachlässigt wurde als auch die Sprachknaben aufgrund mangelnder und nicht angestrebter Ordnung unter negativen Einflüssen ihrer Umgebung standen. Außerdem stellte sich heraus, dass auf Empfehlungen einflussreicher Personen oft nicht bloß Knaben, sondern auch erwachsene, zum Teil ungeeignete Männer als Sprachknaben aufgenommen wurden, die man selbst nach ausbleibenden Fortschritten aus Rücksicht auf ihre Gönner sehr schwer zurückschicken konnte.

Alle diese Missstände und auch die von Pater Franz mehrmals betonte Wichtigkeit, die Sprachknaben in Wien zu erziehen „[…] wo die Höchste Anwesenheit des Hoffs denen Lehrnenden einen besonderen Trüeb beyleget […]“[9], führten dazu, dass das Sprachknaben-Institut in Konstantinopel durch ein Reskript des Hofkriegsrates vom 20. April 1753 an den Internuntius Penckler aufgelöst wurde.

III. Die Orientalische Akademie in Wien

Die Gründung einer Orientalischen Akademie in Wien als Nachfolgerinstitution des konstantinopelschen Sprachknaben-Instituts wurde von Staatskanzler Fürst Wenzel Anton von Kaunitz angeregt, der vermutlich während seines Aufenthaltes von 1750 bis 1753 als Botschafter in Paris von der „Ecole des Langues Orientales“ inspiriert wurde. Kaunitz wurde aber auch vom zukünftigen Direktor der Akademie Jesuitenpater Joseph Franz bestärkt, der in seinen Berichten vom April und Juni 1753 darauf hinwies, dass sich das Sprachknaben-Institut nicht bewährt hätte: „Der Ennd-Zweg, und das Gesinnen des Kaiserlichen Königlichen Hoffes […], die vielfache Gränz-Örter gegen Türckei, fürnemlich aber das eigene, und das Türckische Hof-Lager, Wienn und Constantinopel mit tauglichen, und getreuen Dolmetschen zu versehen, […] ist gemeiniglich nicht erreichet worden“[10].

Weiters bemerkte Pater Franz, dass „die Türkische Sprach eben so wohl ausser Konstantinopel, als die Französische ausser Paris vollkommen kann erlehrnet werden“[11] und schlug vor, in Wien beliebig viele Sprachknaben zu erziehen.

In seinen beiden (oben erwähnten) Berichten beschrieb Pater Franz die Organisation der zu errichtenden Lehranstalt, wobei im Bericht vom Juni 1753 der Sprachunterricht genauer und ausführlicher besprochen wurde.

Aufgrund des Vorschlags von Pater Franz sollten die Zöglinge der Akademie „nicht zerstreuet in denen Häussern deren befreunden sondern in einem Hauss, und etwelchen gemietheten Zimmern gleich einer Stüfftung oder kleinen Seminarii gemeinschäftlich beysammen wohneten“[12]. Die Zimmer sollten so eingerichtet werden, dass sich die Zöglinge nur auf das Studium konzentrieren und durch nichts abgelenkt oder verführt werden konnten. Außerdem wollte Pater Franz den Fleiß und das Benehmen der Knaben zu jeder Zeit kontrollieren können.

Für die Erziehung und den Unterricht der jungen Leute sollte ein weltlicher Vorsteher oder ein Präfekt angestellt werden. Seine Aufgabe bestand darin, „das er die von mir anzuordnende Tag- und Haus Ordnung, die Andacht, die Frömmigkeit, die Sitten, die Sauberkeit und den Fleiß deren Knaben höchstens besorgete, und mithin niemalen sich von ihnen sönderte"[13].

Für den Sprachunterricht wollte Pater Franz weder einen Dolmetscher, noch einen Sprachmeister aus dem Osmanischen Reich, sondern einen Armenier heranziehen. Diese Entscheidung argumentierte Pater Franz so: „Er ist in der Sprach-Kündigkeit denen Sprachmeistern in Konstantinopel gleich, oder überlegen, [...]. Er hat von dem orientalischen Unweesen nichts übriges, als die frembde Kleydungs Art. Seine Sitten, sein Christlicher Wandel, und sein Seelen-Eüfer haben etwas Besonders"[14]. Der Armenier sollte für das Amt eines „Sprachen Kundigen Instruktors" angestellt werden und die Zöglinge nur nach den Methoden des Pater Franz' unterrichten, hatte der Jesuitenpater doch Regeln („Methoden") verfasst, nach denen die türkische Grammatik, insbesondere ihre Grundlagen, zu unterrichten beziehungsweise zu erlernen waren. Diese Regeln hatten sich bereits bei Geistlichen des Jesuitenordens bewährt.

Pater Franz meinte, dass einem erfolgreichen Sprach-Erlernen gute Methoden oder Regeln sowie der Fleiß des Sprachlehrers zugrunde lägen. Um die Fortschritte der Zöglinge festzustellen, sollten jährlich zwei „öffentliche Tentamina" abgehalten werden, „woraus Iro Mayt. ein offentliche Zeugnus, und die Knaben einen starcken Trieb erlangen, und der Unterschied deren Subjectorum erhellet wird"[15].

Im Curriculum der Orientalischen Akademie war laut Pater Franz auch ein Auslandsaufenthalt für die besten Schüler vorgesehen. Sie sollten in Konstantinopel „die Türkische Lands-Art, das Hof-Ceremoniel, und die alda gewöhnliche Höfflichkeits, und Besuhungs-Gebräuch begreifen [...]. Aldorten werden sie [...] die k.k. Dollmetschen aller Orten begleiten"[16].

Man sieht, dass bereits damals auf das auch für die gegenwärtige Dolmetscherausbildung unentbehrliche Fach Landes- und Kulturkunde Wert gelegt wurde, wobei die Vertrautheit mit dem Stoff nicht auf theoretische, sondern auf rein praktische und anschauliche Art und Weise geschehen sollte.

Was die nicht auf das Studium bezogene Hausordnung der Akademie anbelangt, so wurde auch diese vom strengen Akademiedirektor konzipiert. Er listete das notwendige Personal auf, beschrieb die Kleidung für die Zöglinge und schnitt sogar die Frage der Ernährung der Knaben an. Für das ganze Unternehmen machte Pater Franz einen sehr genauen Kostenvoranschlag und wies – sichtlich stolz – darauf hin, dass – verglichen mit dem Unterhalt des Sprachknaben-Instituts in Konstantinopel – die Orientalische Akademie jährlich um 1800 fl. günstiger sei.

Nachdem in dem bereits erwähnten Reskript im Namen von Kaiserin Maria Theresia festgehalten wurde, „daß unsere gnädigste Willensmeinung dahin gehet, für das künftige keine Sprachknaben mehr in Konstantinopel zu halten, sondern acht derenselben vor beständig allhier in einem Seminario beisammen unterrichten und verpflegen zu lassen"[17], wurde die Gründung einer Wiener „Pflanzschule" für den Dolmetschdienst bei der Internuntiatur in Konstantinopel sowie an den Grenzstationen des türkischen Reiches beschlossen.

IV. Der Sprachunterricht an der Orientalischen Akademie

Im 1754 verfassten, ersten Bericht über den Unterricht an der Orientalischen Akademie wird unter anderem dokumentiert, was die Zöglinge im Hinblick auf ihre Sprachausbildung erfüllen sollten: „Ihre Obliegenheit erstreckt sich weiters auf die Türkische Sprachkundigkeit, welche ohne der gründlichen eigenen Redens und Schreibens-Art, ohne reiner Ausspruch und ohne vielen Arabischen, und Persischen Wörttern und Munds-Arten nicht bestehet. Endlich muß die erfahrenheit in mehreren Occidentalischen und Orientalischen Sprachen, und die kunst zu concipieren und wohleingerichtete Aufsätze schriftlich zu verfassen diser Jugend […] beybringen"[18].

Der ursprüngliche Lehrplan der Orientalischen Akademie lässt sich anhand einer 1754 von Pater Franz erstellten Tabelle, die über die Erfolge der ersten Zöglinge Aufschluss gibt, rekonstruieren. Bewertet werden: Fortgang in den lateinischen Studiis, Fortgang in der türkischen Sprache, Fortgang in anderen Sprachen, Fortgang in Studio Geographiae und Historiae sowie auch Fortgang in Concipieren oder Aufsätzen.

Im „Entwurf von Erlernung einer Sprache" aus dem Jahr 1770 wird festgehalten, wie der Sprachunterricht zu gestalten und was dabei zu berücksichtigen sei. Der Text, dessen Autor unbekannt ist, enthält sowohl allgemeine Informationen über das Erlernen von Sprachen als auch sehr konkrete Empfehlungen für Sprachlehrer.

Es wird zum Beispiel erläutert, wie die (Sprach-)Lehrer ihren Schülern die Grundsätze einer fremden Sprache vermitteln und deren Fortschritte kontrollieren sollen, wie sie dann auf den vermittelten Kenntnissen aufzubauen und zu komplizierteren Dingen überzugehen haben. Die beim Sprachunterricht anzuwendenden Methoden sowie die Vorgangsweise der Lehrer auf einzelnen Etappen des Sprachstudiums werden am Beispiel des Lateins erklärt, gelten aber genauso für andere Sprachen.

IV.1. Latein als Pflichtsprache

Als Erstes wird im „Entwurf von Erlernung einer Sprache" auf die Notwendigkeit des Latein-Lernens hingewiesen, aber auch betont, dass jemand, der nur diese Sprache

Namen	Alter	Schule	Natürliche Fähigkeit und Geschicklichkeit im Lehrnen	Fleiß	Fortgang in den Lateinischen Studijs	Fortgang in der Türckischen Sprach	Fortgang in anderen Sprachen	Fortgang in Studio Geographia und Historia	Fortgang in Concipirn oder Auffsätzen	Handschrift	Sitten Andacht und Gehorsam
Bernardus de Gemisch.	19	Ferista zü: Aug:	B.	A	B.	A Lit: Arm: l: C	franzö: A	D.		B.	B.
Franciscus de Paula Thugut.	18.	Candidat zü: Juris	A	B.	A	A Liefflayr: C	Wälsch: B. Franzö: B. Griech: B.	B.		C	B.
Ignatius de Wöller.	17.	Philosophiæ primi Anni	B.	A	A	B Lit: Arm: C			A im Türckischen B.		A
Franciscus de Paula Klezl	17.	Philosophiæ primi anni.	B.	A	A.	A	—	—		B.	A
Josephus Racher.	19.	Philosophiæ primi anni	B.	A	A	A	—	—		A	A
Franciscus Fechner de Thalhoffen	16	Rhetor.	B.	A	C	B. Liefflayr: B.			A im Türckischen B.		A
Thomas Herbert.	15	Rhetor.	A.	B.	A	A	Wälsch: B. vulgaris: gœ: Griech: A			B.	B.
Franciscus de Stegnern.	14.	Poëta.	Ist im Monat Martio in die Academiam eingetretten.								

Aufstellung von Pater Franz über die ersten Sprachknaben (1754)

beherrscht, noch nicht als gebildet bezeichnet werden kann: „So bekannt es ist, daß die bloße Kenntnis einer zumal toden Sprache nicht zureichet einen gelehrten, oder sonst brauchbaren Mann zu bilden, so ausgemacht ist es, daß wir verschiedener derselben, insonderheit der Lateinischen nie entbehren können, noch solche bey unserer zu Erlernung der Wißenschaften bestimmten Jugend vernachläßigen dürfen"[19].

Als gewichtiger Grund für den Erwerb von lateinischen Sprachkenntnissen werden klassische in Latein verfasste Meisterwerke genannt, die im Original gelesen werden sollten: „Die Meisterwerke des Geschmacks so wie in allen Arten von Kenntnißen, welche uns die Alte in dieser Sprache zurückgelaßen haben, wären es schon allein werth, daß man sich bemüht, sie aus dem Grunde zu verstehen, um diese Schätze uns eigen zu machen"[20].

Weiters wird angeführt, dass man infolge des Latein-Studiums die Struktur einer Sprache (auch der Muttersprache) nachvollziehen und dadurch seine Gedanken zutreffender und schöner formulieren könne: „Allein eben hindurch entstehen aus Erlernung der lateinischer Sprache, auch ohne Absicht auf die ihr eigentümliche Vorzüge, wichtige Vortheile. Auch diejenige, welche nie studieren oder fremde Sprachen treiben, sollten diese allgemeine Grundsätze, welche zu Berichtigung der Ideen und des Ausdrucks auch in der Muttersprache so unentbehrlich sind, erlernen"[21].

Die (lateinische) Sprachlehre scheint – so fährt der unbekannte Autor fort – zwar bei erster Betrachtung trocken und unbegreiflich, müsse aber erlernt werden und sei unter anderem deswegen nützlich und vorteilhaft, weil sie Ordnung und Logik in den Denkprozess bringe, wobei man sich dessen am Anfang gar nicht bewusst sei: „So trocken auch das Feld der Sprachen an und für sich ist, so ist es doch gewiß, daß durch eine hierinn beobachtete Deutlichkeit in den Ideen, Ordnung, und Gründlichkeit im Vortrag der aufkeimende Verstand bereits eine wichtige Wendung erlangen, und der erste Grund zum ordentlichen Denken, und zu einer richtigen, und praktischen Logik […] frühzeitig in die jungen Köpfe gelegt werden könnte"[22].

Es ist unstrittig, dass man eine fremde Sprache anders als die Muttersprache lernt. Beim Erwerb der Muttersprache läuft der Lernprozess unbewusst ab. Als Kind bekommt man seine Muttersprache automatisch durch seine Umgebung mit und nimmt die Vokabeln oder die Grammatik auf, ohne sie zu analysieren.

Das Erlernen einer fremden Sprache geht anders. Im Entwurf heißt es dazu: „Die größte Schwierigkeit bey Erlernung des Lateins bestehet wohl darinn, daß weil der Knabe noch keine andere Sprache nach Regeln gelernt hat, ihm zugleich die Grundsätze einer allgemeinen über alle Sprachen sich ausbreitenden Grammatik beygebracht werden müßen"[23].

Um diese Schwierigkeit in den Griff bekommen, baut der Verfasser auf die Dozenten. Er schreibt den Lehrern eine fast zentrale Rolle beim Erwerb von Sprachkenntnissen durch die Schüler zu und glaubt, dass die Fortschritte der Knaben und überhaupt deren Lernlust im Wesentlichen von der Geschicktheit der Sprachlehrer und der von ihnen angewendeten Lehrmethode abhängen: „[…] so lehrt die Erfahrung, daß eine hierinn angewandte üble Lehrart den Schülern nicht allein die Sprache, sondern alles studieren schwer, eckelhaft, und nicht selten für ihre ganze Lebens-Zeit verhaßt mache. Ein hinzu bestimmter Lehrer wird demnach ein nicht geringes Verdienst aufzuweisen haben, wenn er solche der Jugend auf eine leichte (Unterstreichung im Original!), und ihren Fähigkeiten angemeßene Art, zugleich aber gründlich, und mit möglichster Ersparnung der Zeit beyzubringen im Stande ist"[24].

Außerdem sollte die Erklärung von Grundsätzen des Lateins zuerst auf Deutsch erfolgen, ebenso wie die Struktur der deutschen Sprache, die die Schüler ja nicht nach Regeln, sondern unbewusst gelernt haben. Es sei – so meint der Verfasser – notwendig, „daß die Grundsätze der Muttersprache unsern deutschen Schülern entweder zuvor oder doch zugleich, deutlich, verständlich, und gründlich vorgesagt, und eingeprägt werden. Einmal muß sie der Knabe faßen. Hier wird die ganze Geschicklichkeit, Geduld, und Vorsicht des Lehrers erfordert, um davon deutliche Begriffe der Jugend beyzubringen, die lateinischen Kunstwörter müßen im Anfange weggelaßen, und alles auf deütsch erklärt werden, auch die Beispiele alle aus der Muttersprache genohmen"[25].

Erst nachdem die Schüler die Prinzipien, nach denen die Muttersprache aufgebaut ist, verstanden und einzelne Satzglieder zu unterscheiden gelernt haben, was natürlich zu überprüfen war, sollte der Sprachlehrer mit der Erklärung lateinischer Grundsätze beginnen. Dazu sollten die lateinischen Bezeichnungen für die Satzteile präsentiert werden, und da alle Sprachen in solche Teile zergliedert werden können, würden die Schüler – zu ihrer Freude – gewisse Ähnlichkeiten bei verschiedenen Sprachen merken. Der Lehrstoff müsse also so lange erläutert werden, „[…] bis die Knaben die Sache nicht mit dem bloßen Gedächtniß, sondern mit dem Verstande gefaßt, und sich so geläufig gemacht haben, daß sie bey jeder Frage die Zergliederung einer Rede in ihre Theile machen können. Sowie man nachher im Lateinischen fortgeht, führt man sie auf dergleichen Analyses zurück, und setzt man auch das lateinische Kunstwort: Nomen, Pronomen, Substantivum, Adjectivum, Verbum, Casus, Genus, Adverbium, usw. dazu. da die Sache selbst allen Sprachen gemein ist, so wird der Knabe, der es einmal deutlich, und wie gesagt, mit dem Verstande gefaßt, leicht die Anwendung finden, er wird sich selbst über die entdeckte Gleichförmigkeit freuen, in der Folge aber bey allen noch zu erlernenden Sprachen einen wichtigen Nutzen verspüren"[26].

IV.2. Die Sprachlehrer

Die Eigenschaften und Fertigkeiten eines guten Sprachlehrers werden im Entwurf ausführlich besprochen. So sollte der Lehrer die Sprache so perfekt beherrschen, dass er in der Lage sein sollte, sich in dieser Sprache zu den verschiedensten Themen zu äußern. Beinahe ununterbrochen sollte er – besonders am Anfang – in der fremden Sprache parlieren und die Schüler dafür begeistern, so dass sie sich damit gerne anfreunden. Es sollte also ein Lehrer sein, „[…] der eine genugsame Fertigkeit von allen Sachen lateinisch zu reden besäße, sich beständig in Gesellschaft der Kinder, und allen kleinen Verbindungen mit ihnen befände, und sich nicht ermüdete im Anfang fast unaufhörlich zu deren Ergötzung mit ihnen die Zeit zu verschwätzen, oder sobald es möglich auch nützlich zu reden"[27].

Im Entwurf wird mehrmals darauf hingewiesen, dass ein guter Pädagoge bei der Vermittlung von Sprachkenntnissen fleißig sein und sein Bestes tun sollte, um den Schülern eine fremde Sprache beizubringen. Außerdem sollte er sich nicht ärgern, wenn seine Zöglinge am Anfang Fehler machen, sondern Toleranz und Verständnis an den Tag legen: „Vor allem Eigen muß er sich keine Mühe und öfters Wiederholen verdrüßen laßen, keine Ungeduld bey dem öfteren Verstoßen der Knaben im Anfang, ihnen auch keine Schwierigkeit merken laßen. Er muß sich stellen, als wollte er mit ihnen eine so schöne Sprache, als die Lateinische ist, lernen"[28].

Beim Erklären des Unterrichtsstoffs sollte der Lehrer nicht nur auf die Klarheit und Deutlichkeit seiner Gedanken, sondern auch seiner Aussprache und Artikulation achten. Nur so würde er den Schülern die richtige Intonation sowie die phonetischen Feinheiten einer Sprache beibringen. Am besten könnten sich die Knaben durch häufiges Wiederholen seitens des Lehrers an eine gute Aussprache gewöhnen. Der Pädagoge sollte dabei jedoch keinesfalls im Oberlehrerton oder gekünstelt sprechen, sondern locker und natürlich den Stoff erklären.

Der Verfasser des Entwurfs gibt sich überzeugt, dass der Lehrer bereits nach einigen Monaten die Früchte seiner sehr schöpferischen Arbeit sehen könne: „Wenn man mit den Kindern vier bis fünf Monathe lang in keiner andern Sprache redete, und lieber ihnen alles zugleich mit der Hand zeigte, als ein einziges anderes Wort von sich hören ließe, selbige zum fleißigen Nachsagen an- und sie mit kleinen angenehmen Spielen, und abwechselnden Vergnügungen unterhielte, so würde hieraus das nämliche erfolgen, was wir täglich bey dem französisch lernen erfahren, und die Fertigkeit im Verstehen aufs längste in einem halben Jahre soweit gebracht werden, daß hernach Stundenweise ein Unterricht von Realitäten in der lateinischen Sprache fortgesetzt, und zu einer immer mehr und mehr ausgebeßerten Richtigkeit, und Zierlichkeit in dem Ausdrucke auf die natürlichste Art mit einer alsdann nicht mehr trocknen und wiedrigen Erklärung der grammatikalischen Regeln fortgeschritten werden könnte"[29].

Im Kapitel „Methode" folgt der Autor der altbewährten Devise „Übung macht den Meister" und schreibt, dass beim Erwerb von Sprachkenntnissen ständige Übung und Regeln ausschlaggebend seien, wobei das Erstere zu bevorzugen wäre: „Sprachen werden durch <u>Übung</u>, oder durch <u>Regeln</u>, oder durch <u>beides</u> erlernet. Wenn man die fast allgemeine Erfahrung bey Erlernung der lebendigen Sprachen insonderheit der französischen, und verschiedene merkwürdigen Beyspiele bey Erlernung der todten Sprachen zu Rathe zieht, so scheint es unleugbar zu seyn, daß die Methode durch <u>Übung</u> auch bey dem Latein mit ungleich beßerem Erfolge als alle andere angewandt werden könnte"[30].

IV.3. Die Vermittlung von Grammatik-Kenntnissen

Am Anfang des Kapitels „Von der Grammatik insonderheit" unterstreicht der Autor die große Bedeutung von Grammatik-Kenntnissen für jemanden, der eine Sprache gut beherrschen möchte. Obwohl dies naturgemäß auch die Herausgabe eines guten Grammatikbuchs impliziert, empfiehlt der Autor jedoch, die Schüler, wenn sie eine Sprache zu lernen beginnen, nicht zur Auseinandersetzung mit Grammatikbüchern zu verpflichten, sondern ihnen die ersten und einfachen grammatikalischen Regeln unauffällig während des Lesens, Sprechens und Übersetzens zu vermitteln. Die Schüler sollten diese Regeln am Anfang gar nicht als solche betrachten und nachvollziehen. Erst später – wenn die Knaben gewisse Fortschritte an den Tag gelegt haben –

sollte der Lehrer sie darauf aufmerksam machen, wobei sie davon sehr überrascht sein und sich nicht mehr vor einem abstrakten und komplizierten Stoff schrecken würden.

Die grammatikalische Struktur einer fremden Sprache sollte zuerst anhand einfacher Sätze und kurzer Auszüge aus leicht zu lesenden Autoren erklärt werden. Erst dann sollte der Lehrer zu komplizierteren Dingen übergehen. Diese Art der Grammatik-Erklärung sei – laut Verfasser des Entwurfs – die beste. Der Lehrer sei dabei das beste Lexikon. Er sollte aber nicht die ganze Zeit eine wandelnde Enzyklopädie spielen, sondern die Schüler langsam zur Arbeit mit Nachschlagewerken anregen, wo sie genaue und vollständige Informationen unter anderem auch über die grammatikalischen Regeln erhalten könnten: „Doch müßen die Knaben frühzeitig von dem rechten Gebrauch eines Lexici unterrichtet, und zum Nachschlagen angehalten werden. Ein solcher wird immer dabey auf die eigentliche, und genaue Bedeutung der Wörter (Proprietatem Verborum) den wahren Sinn der Redensarten, die Endungen, und Wendungen der Sprache, ihre Abweichungen von der Muttersprache, usw. zurükgehen, und dabey jedesmal die dahin einschlagende grammatikalische Regel ganz natürlich anzubringen wißen"[31].

Wenn der Lehrer – nach der oben ausgeführten Vorbereitung – nun zur eigentlichen Erklärung von grammatikalischen Regeln übergeht, sollte er den Schülern als erstes die Bezeichnungen für grammatikalische Begriffe sowie deren Eigenschaften einprägen und sich vergewissern, ob sie sie richtig verstanden haben. Dazu solle man den Schülern zum Beispiel sagen: „[…] ein Wort, das eine <u>Handlung</u> ausdrückt, das anzeigt, daß etwas gethan, verrichtet, zuwegegebracht, unternommen wird, heißt ein <u>Verbum</u>. Nun frage man: ist in folgenden Sätzen: ich gehe in die Schule, ich eße Brod, ich sitze auf der Bank. ein Verbum? ja – aber warum? wo ist es? ferner, da bey einer Handlung mehrere verschiedene Arten, und Weisen vorkommen könnten, wie solche geschiet, so wolle man die dabey vorkommende Arten einen <u>Modum</u> nennen, wenn z. B.: die Handlung gewiß sey, so sage man es sey <u>modus indicativus</u>, geschehe sie Befehlsweise, so seye es <u>modus imperativus</u>, wenn die Handlung ungewiß und unbestimmt, seye <u>modus conjunctivus</u> und so weiter. Ein Lehrer muß von dergleichen durchaus einen deutlichen vollkommenen Begrif sich erworben haben, ehe er anfangt, indem eine Verwirrung oder Dunkelheit hierinn in den Köpfen der Knaben eine wahrhafte Verwüstung anrichtet"[32].

Der Verfasser empfiehlt, um die Schüler nicht zu verwirren, die Grammatikregeln zu erklären, ohne parallel auf die Ausnahmen einzugehen. Erst wenn ein Ausnahmefall vorkommt, soll dieser erläutert werden: „Die Regeln müßen allein gelehrt werden, ohne von den Ausnahmen etwas zu melden, weil dieses die Knaben, die nunmehro ohnehin sich anstrengen müßen, verwirren würde. Die Ausnahmen werden also bey folgender Übung bemerkt, so wie ein Beyspiel davon vorkommt, und bald darauf mehrmalen wieder […] angebracht, um sie dem Gedächtniß endlich so gut als die Regel selbst einzuprägen"[33].

IV.4. Das Auswendiglernen

In Bezug auf das Auswendiglernen heißt es im Entwurf, dass dies im Sprachunterricht durchaus eingesetzt werden sollte. Jedoch sollte der Lehrer sehr vorsichtig beim Auswählen von Texten oder Sätzen zum Auswendiglernen sein und sich genau überlegen, welchen Nutzen diese den Schülern bringen würden, andernfalls das Auswendiglernen für nichts anders als eine „Schulmarter" angesehen werden kann. Außerdem sollte der Lehrer seinen Zöglingen die ausgewählten Texte erklären und auch begründen, warum diese auswendig gelernt werden sollten. So kann er etwa auf schöne Formulierungen im Text hinweisen. Durch Auswendiglernen wird der Wortschatz der Schüler erweitert und sie prägen sich Beispiele einer schönen Sprache ein: „Anstatt ganz unnützer Dinge, oder eines unverständlichen Mischmasches von Worten wird der Lehrer solche Sachen zu wählen wißen, welche der Jugend einen wirklichen Vorschub in ihren Studien geben können [...]. Man laße die Schüler Anfangs eine kleine fabel aus dem Phaedro, und so wie sie in der Sprache, und Wißenschaften zunehmen, gute Sentenzen, und außerlesne Stücke aus den klaßischen Autoren theils Rednern, theils Poeten theils Geschichtschreibern etc. auswendiglernen. Diese werden sie erstens mit weniger Mühe faßen, zweytens eine Copiam Vocabulorum, et Phrasium so, wie eine Känntniß von dem genio der lateinischen Sprache daraus erhalten, und drittens werden ihnen solche schöne Stellen zu einem nützlichen Magazine guter Muster dienen"[34].

IV.5. Die Übersetzungen

Bei Übersetzungen meint der Verfasser, dass am Anfang immer in die Muttersprache und nicht in die Fremdsprache übersetzt werden sollte. Bei umgekehrter Richtung würde es „der Natur der Sache zuwider seyn". Von Anfang an sollten die Schüler aber schriftlich und mündlich übersetzen üben. Mit der Zeit sollten sie sich von wortwörtlichen Übersetzungen distanzieren und von ihren Lehrern zu freieren Übertragungen ermutigt werden. Außerdem empfiehlt der Verfasser als nützliche Übung die Rückübersetzung. „Man läßt [...] die vorhin aus dem lateinischen ins deutsche gemachte Übersetzungen wieder ins lateinische ohne Buch übersetzen, hält es gegen das Original, und überläßt es zum Theil den Knaben, daß einer dem anderen seine Arbeit verbeßere"[35].

Als nützliches Hilfsmittel für Übersetzungsübungen betrachtet der Autor in einer guten Sprache geschriebene Berichte und Artikel aus Zeitungen und Zeitschriften. Das Lesen solcher Texte würde den Schülern künftig zugute kommen, weil das Übersetzen leichter fällt, wenn man sich vorher mit Texten aus entsprechenden Bereichen vertraut gemacht und Fach-Begriffe sowie typische Formulierungen angeeignet hat.

In Bezug auf den Übersetzungsunterricht für Schüler, die in ihrer Sprachausbildung schon sehr weit fortgeschritten sind, empfiehlt der Autor folgende Aufgaben:

Übersetzung kleiner lateinischer Texte ins Deutsche (täglich), Übersetzung aus dem Deutschen ins Lateinische (wöchentlich), Ausarbeitung eines vorgegebenen Satzes und Gestaltung einer kurzen Rede (vierzehntägig).

IV.6. Die Lernorganisation

In einem handgeschriebenen Verzeichnis werden Mittel zur Übung einer fremden Sprache sehr genau und konkret ausgeführt. Am Anfang wird auf die Ziele hingewiesen, die man im Sprachunterricht verfolgen sollte. Demnach sollte man eine fremde Sprache so erlernen, „daß man nicht ein oder anderes Gespräch von guten oder schlechten Wetter, oder von der Gesundheit auswendig wissen, und sich damit rühmen, man besitze eine fremde Sprache, welches heut zu Tage nur gar zu oft ge-

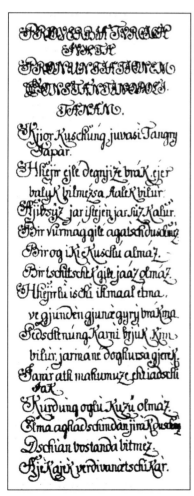

Beispiel für die Handschrift eines Knaben

pfleget, sondern daß man von allen Materien, wo auch Kunstwörter vorkommen, bey allen Gelegenheiten, und mit der Sprache eigenen Wendungen reden, ja auch dort, und da seine Gedanken ordentlich niederschreiben könne"[36].

Es werden zum Beispiel folgende „Mittel" für Sprachübungen angeführt:

Täglich, außer Sonntag und Donnerstag, sollten die Schüler einander zwei bzw. eineinhalb Stunden Geschichten in fremden Sprachen erzählen. „Einer aus den Oberen fängt an, eine Geschichte [...] in der lateinischen oder einer anderen Sprache zu erzählen, welche er gleich von den in einem Kreise herum sitzenden türkisch, italienisch, französisch, deutsch und lateineinisch erzählen läßt, daß nach dem ersten der zweyte die mitten abgebrochene Geschichte fortfahren muß, und so weiter; damit sie in der Aufmerksamkeit erhalten werden"[37].

Täglich sollte jeder Schüler bereit sein, eine vorbereitete Geschichte in den erwähnten fünf Sprachen bei der Tafel zu erzählen.

Einmal im Monat sollte jeder Schüler einen Brief an den Protektor der Akademie in der Staatskanzlei auf Lateinisch, Deutsch, Französisch und Italienisch schreiben.

Bereits in den Anfangszeiten der Orientalischen Akademie war das Abschreiben und Übersetzen von (türkischen) Sprichwörtern ein bedeutender Teil des Sprachunterrichts. Im Haus-, Hof- und Staatsarchiv (HHStA) in Wien sind unter dem Titel „Türkische Handschrifften der acht Knaben" einige Schriftproben der ersten Zöglinge der Akademie aus den Jahren 1754/1755 erhalten geblieben. Dabei handelt es sich um ein und dieselben Sprichwörter, die in gleicher Reihenfolge kopiert und ins Lateinische übersetzt wurden. Diese Sprichwörtersammlung wurde – zusammen mit einer anderen – mehr als 30 Jahre später als Basis für ein 500 Sprichwörter umfassendes Buch mit dem Titel „Osmanische Sprichwörter, herausgegeben durch die K. K. Orientalische Akademie in Wien" (Wien, 1865) verwendet.

Anmerkungen

1 Dieser Beitrag beruht im Wesentlichen auf Teilen meiner Diplomarbeit „Dolmetscher- und Sprachausbildung an der Orientalischen bzw. Diplomatischen Akademie in Wien", Wien 2002

2 Korabinsky, Johann Mathias, Versuch eines kleinen Türkischen Wörterbuchs mit beygesetzten deutsch-ungarischen und böhmischen Bedeutungen und einer kurzgefaßten türkischen Sprachlehre, Pressburg, Eigenverlag, 1788

3 Der Begriff „Sprachknaben" wird in der Literatur unterschiedlich verwendet. Einerseits werden darunter die in entsprechender Ausbildung befindlichen Knaben verstanden, andererseits wird der Begriff für die bereits ausgebildeten Schüler verwendet. Es ist wahrscheinlicher, dass die zweite Variante die zutreffende ist.

4 Allergnädigste Kayserin Königin und Frau, fol. 35r

5 Franz, Erste Schrifft, fol. 10r

6 Zitiert nach Die K. und K. Konsular-Akademie von 1754 bis 1904. Festschrift zur Feier des hundertfünfzigjährigen Bestandes der Akademie und der Eröffnung ihres neuen Gebäudes, Wien 1904. Erinnerung an die erste Säcularfeier der kaiserl. königl. orientalischen Akademie am 3. Jänner 1854, Wien 1854, S. 5

7   Franz, Erste Schrifft, fol. 10r
8   Allergnädigste Kayserin Königin und Frau, fol. 35rf.
9   Franz, Erste Schrifft, fol. 6v
10 Franz, Erste Schrifft, fol. 4rf, Anderte Schrifft, fol. 12rf.
11 Franz, Erste Schrifft, fol. 6v, Anderte Schrift, fol. 13v
12 Franz, Anderte Schrifft, fol. 13v
13 Franz, Anderte Schrifft, fol. 14r
14 Franz, Anderte Schrifft, fol. 15v
15 Franz, Anderte Schrifft, fol. 15v
16 Franz, Anderte Schrifft, fol. 16r
17 Zitiert nach Die k. und k. Konsularakademie, S. 5
18 Allerunterthänigster Bericht, fol. 48r
19 Entwurf von Erlernung einer Sprache, fol. 2r
20 Entwurf von Erlernung einer Sprache, fol. 2r
21 Entwurf von Erlernung einer Sprache, fol. 2v
22 Entwurf von Erlernung einer Sprache, fol. 3rf.
23 Entwurf von Erlernung einer Sprache, fol. 2v
24 Entwurf von Erlernung einer Sprache, fol. 2rf.
25 Entwurf von Erlernung einer Sprache, fol. 2vf.
26 Entwurf von Erlernung einer Sprache, fol. 3r
27 Entwurf von Erlernung einer Sprache, fol. 4r
28 Entwurf von Erlernung einer Sprache, fol. 5r
29 Entwurf von Erlernung einer Sprache, fol. 4rf.
30 Entwurf von Erlernung einer Sprache, fol. 4r
31 Entwurf von Erlernung einer Sprache, fol. 5vf.
32 Entwurf von Erlernung einer Sprache, fol. 7rf.
33 Entwurf von Erlernung einer Sprache, fol. 8r
34 Entwurf von Erlernung einer Sprache, fol. 18rf.
35 Entwurf von Erlernung einer Sprache, fol. 23v
36 Mittel die Übung fremder Sprachen zu betreiben, fol. 163r
37 Mittel die Übung fremder Sprachen zu betreiben, fol. 163v

Bibliographie

Handschriftliche Quellen

Allerunterthänigste vierteljährige Information von denen Monaten Januario, Februario, Martio, über das Verhalten der acht Knaben in der K. k. Academia der Orientalischen Sprachen, welche den ersten Januarij 1754 angefangen hatte
Haus-, Hof- und Staatsarchiv, Wien (=HHStA), Staatskanzlei Interiora, Karton 55, fol. 46r – 51r bestehend aus:
Allerunterthänigster Bericht von dem dermaligen Fürgang, und der Viertl-Jährigen Belehrung der Jugend in dieser Akademie, fol. 48v
Haupt Tabella der Viertl-Jährigen Information. fol. 49r – 50r
Vorläuffiger Bericht von dem Personali, fol. 48r

Aufsatz Dessen, was der Kayserl. Königl. Internuntiatus in Constantinople und dahin gehörigen Individuis zur Viertl Jahrl. Subsistenz vom 1. Novembris 1751 bis letzten January 1752 gebührt und den 10. Feb bezahlt wordn ist

HHStA, Staatenabteilung, Türkei II, Karton 24, fol. 29r

Entwurf von Erlernung einer Sprache insonderheit der Lateinischen als eine Beylage zu der Instruktion für die Orientalische Akademie, und den allgemeinen Plan für Schulen. Wien, 1770

HHStA, StK Interiora, Karton 55, alt 67b, fol. 1r – 30r

(Penkler), Allergnädigste Kayserin Königin und Frau

HHStA, StK Interiora, Karton 55, alt 67a, fol. 33r – 39v

Verzeichnis einiger Mittel, welche in der K. K. Orientalischen Akademie angewendet werden

HHStA, StK Interiora, Karton 55, alt 67b, fol. 163r – 166r

enthaltend:

Mittel die Übung fremder Sprachen zu betreiben, fol. 163r – 165r

Von Denen Orientalischen Sprachknaben 1753

HHStA, StK Interiora, Karton 55, alt 67, fol. 1 – 31

bestehend aus:

Franz, Joseph, Erste Schrifft welche ich in Anfang des Monat April 1753 Ihro Maytt. unmittelbar übergeben habe. Alleruniterthänigste Anmerkung über die Auferziehung deren Türckischen Sprach-Knaben. fol. 4r – 10v

Franz, Joseph, Anderte Schrifft Welche von der Erstern in Einigen Puncten unterschieden ist, und in Anfang des Monats Juny 1753 der Staatts-Canzley auf Befehl Ihro Mayt. übergeben ist worden, und worauf die Höchste Resolution erfolget ist. Allerunterth. Ohnmassgeblicher Fürschlag Josephi Franz Soci. Jesu, wie die Erziehung und Belehrung deren Türckischen Sprach-Knaben zu Wienn fürzunehmen wäre. fol. 12r – 17r

Nota Wegen denen alten Sprachknaben, welche den 21. Juny 1752 übergeben wurde. fol. 17v – 19r

Abstract

Alexandra Joukova, Language Training before and shortly after the Establishment of the Oriental Academy

The necessity for the Habsburg Empire to promote its diplomatic contacts and trade connections with its neighbour, the Ottoman Empire, gave birth to the first ideas of interpreters able to speak Turkish.

In order to learn the language, young men (and even boys) were sent to Constantinople to study with Turkish teachers and to learn from their own contacts with the local people. Upon their return to Vienna, they acted as teachers of Turkish themselves as well as working as Court Interpreters. This was the background to the founding of the so-called *Sprachknaben-Institut* in Constantinople at the end of the 1670s. Poorly managed, this was closed in the mid eighteenth century, whereupon it was decided to establish an Oriental Academy in Vienna itself.

From the handwritten documents in the Austrian State Archives, it is possible to reconstruct the methodology of the language instruction at the Academy in the early years. The "Outline for the Learning of a Language" (*Entwurf von Erlernung einer Sprache*) dating from 1770 lays down how a language is to be taught and what has to be taken into consideration when doing so. It describes, for example, how language teachers should explain the basic rules of a foreign language to their students, how their progress is to be monitored and how teachers, by building on the knowledge already acquired, should move on to more complicated aspects of grammar and vocabulary. Latin was used to exemplify the methods to be employed in language instruction, methods which were applicable to all languages.

The "Outline for the Learning of a Language" also delves into such matters as the teaching of grammar, translation, learning by rote and exercises, as well as the characteristics and skills of a good language teacher.

Résumé

Alexandra Joukova, La formation linguistique avant et après la fondation de l'Académie orientale

Le voisinage immédiat entre l'Empire Austro-Hongrois et l'Empire Ottoman ainsi que les liens diplomatiques et commerciaux qui en résultèrent imposèrent le besoin de former des interprètes maîtrisant la langue turque.

Afin d'apprendre cette langue, les sujets de la monarchie destinés à devenir interprètes – essentiellement des jeunes gens et des jeunes garçons – furent envoyés à Constantinople. Un enseignement dispensé par des professeurs locaux ainsi que le contact avec la population devaient leur permettre d'acquérir cette connaissance de la langue. Suite à ce séjour à l'étranger, ils devaient transmettre leur savoir ou bien être engagés comme interprètes de la Cour. De cette expérience naquit, à la fin des années 70 du 17ème siècle, le « Sprachknaben-Institut » (Institut de langues pour garçons) de Constantinople qui, à cause d'une organisation déficiente, fut fermé vers le milieu du 18ème siècle. Il fut décidé de fonder à Vienne l'Académie orientale, qui devait être considérée comme le successeur du « Sprachknaben-Institut » de Constantinople.

Des sources écrites provenant des archives de la maison d'Autriche, de la Cour et de l'Etat, permirent de retracer l'enseignement des langues à l'Académie fondée en 1754. Dans le « projet d'apprentissage d'une langue » datant de 1770, il fut convenu de la forme que l'on donnerait à ces cours et des éléments à prendre en compte. On peut y lire, par exemple, comment les professeurs de langues devaient expliquer les principes d'une langue étrangère à leurs élèves, contrôler leurs progrès, consolider les connaissances qu'ils avaient acquises et comment, en s'appuyant sur les connaissances transmises, ils pouvaient passer à des choses plus compliquées. Les méthodes utilisées dans les cours de langues et les savoir-faire des professeurs pour chacune des étapes de l'étude d'une langue se réfèrent au latin, dont l'importance est soulignée en permanence, et dont les principes sont généralisés aux autres langues.

De plus, on aborde en détail des sujets tels que la transmission de connaissances grammaticales, la traduction, l'apprentissage par cœur, les exercices linguistiques et, d'une manière générale, les qualités et les compétences requises pour être un bon professeur de langues.

Ernst Dieter Petritsch

Die Anfänge der Orientalischen Akademie

Für die diplomatischen Beziehungen der Habsburgermonarchie zum Osmanischen Reich war die Heranbildung verlässlicher Dolmetscher und sprachkundiger Diplomaten stets von großer Bedeutung gewesen. Der Beginn dieser Beziehungen reicht bis in die erste Hälfte des 16. Jahrhunderts zurück. Nach dem Tod des ungarischen Königs Ludwig II. in der Schlacht bei Mohács im Jahre 1526 war das ungarische Königreich, das bisher zwischen dem expandierenden Osmanischen Reich und den österreichischen Erblanden gelegen war, als eigenständige Macht zusammengebrochen. Die Osmanen besetzten Zentralungarn und unterstellten es 1541 direkt ihrer Verwaltung, den Habsburgern verblieb lediglich ein relativ schmaler Gebietsstreifen im Westen und Norden. Osmanen und Habsburger waren somit zu unmittelbaren Nachbarn geworden, die ihre Auseinandersetzungen um das geteilte Ungarn von Anfang an nicht nur auf militärischem, sondern vor allem auch auf diplomatischem Terrain führten.

Diplomatische Verhandlungen wurden zunächst durchwegs am Sultanshof in Konstantinopel geführt, seit dem Jahre 1547 waren die Habsburger außerdem durch ständige Residenten an der Pforte vertreten. Die Kenntnis der osmanisch-türkischen Sprache spielte in den diplomatischen Beziehungen eine nicht unwesentliche Rolle, die Beschäftigung mit dem Türkischen besaß in Österreich demzufolge stets eine nicht zu unterschätzende politische Komponente. Seit dem Jahr 1541 ist am Wiener Hof der Posten mindestens eines Türkisch-Dolmetschers nachweisbar, die Residenten zogen für diesen Dienst meist in Konstantinopel ansässige Christen heran[1]. Den durchwegs in osmanisch-türkischer Sprache abgefassten Schreiben der Hohen Pforte waren üblicherweise offizielle Übersetzungen beigegeben, die gewährleisten sollten, dass ihre oftmals im Befehlston gehaltenen Äußerungen nicht missverstanden werden konnten.

Etwa seit der Mitte des 17. Jahrhunderts war es üblich geworden, an der kaiserlichen Gesandtschaft in Konstantinopel so genannte „Sprachknaben" auszubilden[2]. Hier konnten sie nicht nur praxisnah die fremde Sprache erlernen, sondern auch erste Erfahrungen im Umgang mit Menschen einer fremden Kultur sammeln und an Ort und Stelle sowohl die Mentalität der Türken als auch die islamische Kultur kennen lernen. Sie erhielten ein Gehalt von jährlich 600 Gulden, wovon sie die Hälfte dem Residenten, der den Titel „Internuntius" führte, für Kost und Quartier zu entrichten hatten; die andere Hälfte wurde für Kleidung und Bücher sowie für die Entlohnung der türkischen Sprachlehrer aufgewendet. Nach mehrjähriger Ausbildung wurden die Besten von ihnen zunächst zu einfachen Dolmetscherdiensten herangezogen, danach lernten sie in Begleitung der angestellten Dolmetscher die Staatspolitik an der Pforte kennen. Überdies dienten sie in der Kanzlei der kaiserlichen Internuntiatur relativ kostengünstig als Hilfskräfte.

Um die Ausbildung dieser „Sprachknaben" war es im Jahre 1753 zu einer heftigen Auseinandersetzung gekommen: Die jungen Männer sollen sich mehr den gesellschaftlichen Verpflichtungen und Vergnügungen als den Sprachstudien gewidmet haben, lautete der Vorwurf des Jesuitenpaters Joseph Franz, außerdem würden sie den heimatlichen Sitten entfremdet. Dagegen wies der Internuntius in Konstantinopel, Heinrich von Penckler, auf die Praxisnähe der Sprachausbildung im Ausland hin. Penckler (1700-1774)[3] war 1718 mit dem kaiserlichen Gesandten Virmont nach Konstantinopel gekommen; 1726 wurde er zum Dolmetsch und 1745 zum Internuntius ernannt; 1747 wurde er nach der Erneuerung des Friedens von Belgrad schließlich in den Freiherrnstand erhoben. Sein „Gegenspieler" in Wien, Joseph Franz (1704-1776)[4], war Jesuitenpriester und Astronom. Als Sekretär des Großbotschafters (1740/41) Anton Corfiz Graf Ulfeld hatte er Türkisch gelernt und diplomatische Erfahrungen gesammelt. An der Wiener (Jesuiten-)Universität lehrte er seit 1743 Mathematik, Astronomie und Experimentalphysik, überdies erteilte er Erzherzog Joseph, dem nachmaligen Kaiser Joseph II., Philosophieunterricht; im Auftrag Maria Theresias hat er später das Bergwesen sowie die Einführung einheitlicher Maße und Gewichte in der Monarchie überwacht.

Wenn auch die den „Sprachknaben zugestandenen grossen Tafeln, [...] Gesellschaften, Spielen [...], welche Ausschweiffungen weder zur Lehr und Uebung in der Sprach noch zur Erhaltung oder Verbesserung deren Sitten etwas erspriesliches beytragen, auch für die Jugend viel zu bedencklich und gefährlich" seien, so Pater Franz, so träfe den Internuntius in Konstantinopel persönlich daran wenig Schuld, seien doch seine zahlreichen Amtspflichten „mit dem Schulmeister-Amt nicht wohl zu vereinigen". Demgegenüber würde „die höchste Anwesenheit des Hofes" in der Haupt- und Residenzstadt Wien die Sprachknaben zu besonderem Eifer anspornen, außerdem werde die strenge Zucht in einem abgeschirmten Internat „zur Verführung gar keine Gelegenheit geben" und würde eine „Vermischung mit dem ungleichen Geschlecht oder vieler anderer Jugend" vermieden. Nachdem laut kaiserlicher Entschließung die bisher schwankende Zahl an Sprachknaben künftig acht Zöglinge nicht übersteigen solle, werde das Internat mit jährlich 3000 Gulden sein Auslangen finden. Die türkische Sprache könne auch außerhalb Konstantinopel erlernt werden; er selbst würde sich zwar nicht anmaßen, Sprachunterricht zu erteilen, obwohl er selbst eine kurz gefasste „Methode der Türckischen Grammatical-Gründen" herausgegeben habe; so schlägt er als Sprachlehrer einen in Wien lebenden Armenier namens Joseph vor, der „an Sprachkündigkeit denen Sprachmeistern zu Constantinopel gleich oder überlegen" sei[5].

Die türkische Sprache, so Penckler in seiner Replik wörtlich, sei wohl „auch aus Büchern zu lernen, sie werde aber nur durch die praxim [Praxis] bey der Nation perfectioniret. So müssten die Türckische Staats-Maximen und Gesäze, auch der Humor und modus tractandi negotia in loco studiret werden, indeme man öffters mit einem Wort mehr oder weniger alles verderbe"[6]. Der vorwiegend moralischen Argumentation des Paters Franz wurden in einer „Gehorsamsten Erinnerung" vom Mai 1753[7] vor allem finanzielle Erwägungen entgegen gestellt: Die Besoldung von acht Sprachknaben werde zwar um 1800 Gulden mehr als die vorgesehenen 3000 Gulden betragen, doch müssten als Ersatz für die abzuziehenden Sprachknaben zusätzliche Dolmetscher und Sekretäre bei der Internuntiatur angestellt und besoldet werden; der Entfall ihres Kostgeldes würde große Einschränkungen mit sich bringen, was sich auch auf das diplomatische Renommee der kaiserlichen Internuntiatur negativ auswirken könne. Der Tonfall der in Konstantinopel verwendeten türkischen Sprache und der korrekte Umgang mit den Würdenträgern der Pforte könne nur durch geborene, in Konstantinopel ansässige Türken einwandfrei unterrichtet werden; die Berufung von wenigstens zwei türkischen Sprachlehrern nach Wien werde allerdings zusätzlich enorme Summen verschlingen. In der Vergangenheit seien zwar Fehler gemacht worden, indem durch Protektion einflussreicher Persönlichkeiten gelegentlich gänzlich ungeeignete Männer als Sprachknaben aufgenommen werden mussten, doch wäre bei regelmäßiger Überprüfung ihrer Fortschritte dieses Problem durchaus zu bewältigen.

Maria Theresia war zwar eine sehr sparsame, zweifellos aber auch außerordentlich fromme Frau. Die Gründung einer Akademie in Wien war laut Bemerkung des Paters Franz längst beschlossene Sache, und so folgte sie bereitwillig seinen Argumenten und nicht den allenfalls dagegen sprechenden finanziellen Erwägungen. Am 20. April 1753 erging an Internuntius Penckler das „k. k. Hofkriegsrätliche Rescript", den in Konstantinopel anwesenden Sprachknaben Bartolomäus Testa als Dolmetsch nach Peterwardein (Petrovaradin) zu senden und die übrigen, Geiter, Monzka, Augusti, Baumeister und Seleskoviz noch im Sommer nach Wien zu entlassen[8]. Penckler entgegnete darauf „allerunterthänigst", dass Testa für einen Dolmetscherposten an der Grenze noch zu jung und unerfahren sei, und dass wegen der Gebrechlichkeit des Dolmetschers Mommartz und wegen des fortgeschrittenen Alters des Dolmetschers Anton Seleskovič, wohl des Vaters des Sprachknaben, nur noch der Dolmetsch Bianchi übrig bleibe, weswegen die Anwesenheit der Sprachknaben an der Internuntiatur vorläufig unerlässlich wäre[9], worauf Maria Theresia am 22. Juni 1753 anordnete, die Abreise der Sprachknaben auf unbestimmte Zeit zu verschieben[10]. Auch Staatskanzler Kaunitz schloss sich der Meinung des erfahrenen Internuntius an: Die Sprachknaben sollten demnach nicht, wie er noch am 9. Juni 1753 der Kaiserin empfohlen hatte[11], nach Wien zurückberufen werden, dagegen schlug er am 20. Juli 1753 einen Kompromiss vor: Die Zöglinge der Wiener Akademie sollten nach absolvierter Ausbildung zur Vertiefung ihrer Kenntnisse nach Konstantinopel gesandt wer-

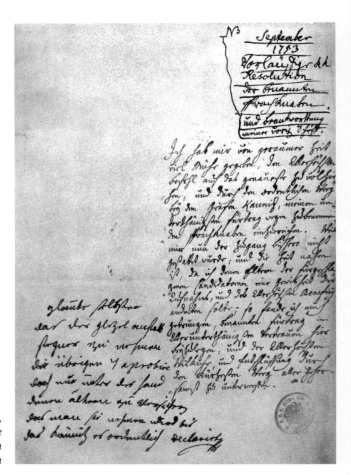

Resolution vom September 1753,
Genehmigung der Vorschläge
des Pater Joseph Franz durch
Kaiserin Maria Theresia

den, damit die „in denen Orientalischen Sprachen bereits etwas geübte Knaben zugleich einen guten Grund Christ-Catholischer Religion und reiner Sitten aus dem Seminario mit sich in die Türckey brächten"[12]. Künftighin sollten die Absolventen der Akademie tatsächlich der Internuntiatur in Konstantinopel zur Dienstleistung zugeteilt werden, offiziell wurden sie jedoch „Dolmetschgehilfen" genannt, auch wenn die alte Bezeichnung „Sprachknaben" noch lange weiter verwendet wurde.

Freiherr von Penckler war übrigens bereits 1754 durch den Hofkriegsrats- und Orientalischen Sekretär Josef von Schwachheim abgelöst worden – ob die Abberufung mit seiner hartnäckigen Haltung in der Frage der Sprachknaben in unmittelbaren Zusammenhang stand, lässt sich leider nicht feststellen. Von 1762 bis 1766 kehrte Penckler aber nochmals auf den Posten eines Internuntius an der Pforte zurück[13].

Nachdem Staatskanzler Wenzel Graf Kaunitz-Rietberg die bereits erwähnten Vorschläge des Paters Franz der Kaiserin befürwortend vorgelegt hatte, bewilligte Maria

Theresia eine Vorauszahlung der jährlichen Dotation von 3000 Gulden[14], sodass die „Akademie der Orientalischen Sprachen" exakt am 1. Jänner 1754 ihren Betrieb aufnehmen konnte. Zunächst, von 1754 bis 1770, war sie in der „Philosophischen Stube" des Jesuiten-Kollegiums der Wiener Universität untergebracht. Ihr erster Direktor war – 1754-1769 – Pater Joseph Franz, dem zwei geistliche Präfekten zur Seite standen; einer davon war sein späterer Nachfolger, Pater Johann Nekrep.

Die ersten acht Zöglinge waren Bernhard von Jenisch, Franz de Paula Thugut, Ignaz von Woller, Franz de Paula Klezl, Joseph Racher, Franz Zechner von Thalhofen, Thomas Herbert(-Rathkeal) und Antonius de Salazar, der jedoch bald „wegen eines Mangels in den Augen [...] auß der Academia entlassen und zur Miliz [!] befördert" wurde; an seine Stelle trat im März 1754 Franz von Stegern[15]. Die Väter waren vorwiegend verdiente Staatsbeamte, lediglich Franz de Paula Klezl war der Sohn eines Wiener Kaufmanns, und Thomas Herbert-Rathkeal war als Sohn eines irischen Katholiken 1738 in Konstantinopel zur Welt gekommen, konnte also als einziger Zögling bei seinem Eintritt in die Akademie bereits Türkisch.

Am 1. April 1754 legte Direktor Franz der Kaiserin eine „Allerunterthänigste Viertel-Jährige Information [...] über das Verhalten der acht Knaben in der K. K. Academia der Orientalischen Sprachen [...]"[16] vor. Der Unterricht der osmanisch-türkischen und der lateinischen Sprache bildete anfangs den Schwerpunkt, in einer Tabelle wurden die „Natürliche Fähigkeit und Leichtigkeit im Lehrnen, Fleiß, Fortgang in den Lateinischen Studiis, Fortgang in der Türckischen Sprach, Handschrift" sowie „Sitten, Andacht und Gehorsam" beurteilt, bei einzelnen Zöglingen auch der „Fortgang in anderen Sprachen" und der „Fortgang in Studio Geographiae und Historiae". Vorrang besaß für den Direktor jedenfalls, wie er einleitend versicherte, die Obsorge, „damit nemlich die mir Allergnädigst anvertraute Jugend die von verschiedener Erziehung anklebende Mängel ablegte, Stands-, Alter- und beruffs-mäßige Sitten annehmete oder bewarte und ihre Schuldigkeit gegen Gott und euer Mayestät erkannte und befolgte".

Wer tatsächlich den Unterricht der osmanisch-türkischen Sprache erteilte – der Armenier namens Joseph oder ein anderer –, wird in dem Vierteljahresbericht und in den folgenden Berichten allerdings verschwiegen. Jedenfalls hatten die Zöglinge in drei Monaten bereits einige türkische Sprichwörter gelernt, die sie samt lateinischer Übersetzung zu schreiben – wahrscheinlich abzuschreiben – vermochten, wie die dem Vierteljahresbericht beiliegenden Schriftproben der acht Zöglinge beweisen. An Hand der lateinischen Transkription türkischer Sprichwörter lernten die Zöglinge die „zweyfache Aussprachs-Art, die Asiatische und die Constantinopolitanische", also Unterschiede des in der Hauptstadt bzw. in Anatolien gebräuchlichen Tonfalls – von Dialekten zu sprechen wäre etwas übertrieben. Der Sprachunterricht scheint also nach einer „ganzheitlichen" Methode erfolgt zu sein. Arabisch und Persisch wurden anfangs noch nicht gelehrt; der Grund dafür ist wohl darin zu suchen, dass der (oder die) Sprachlehrer diese beiden Sprachen, deren Kenntnis für das volle Verständnis der osmanisch-türkischen Sprache aber Voraussetzung ist, selber nicht beherrschte(n). Wichtiger Bestandteil des Sprachunterrichts war aber auch die lateinische und zunehmend auch die französische Sprache. Direktor Franz selbst verfasste Theaterstücke, etwa die Tragödie „Godefroi de Bouillon", die in französischer und türkischer Sprache mehrmals vor Kaiserin Maria Theresia und ihrer Familie aufgeführt wurde"[17].

In der Orientalischen Akademie wurde an sechs Wochentagen Unterricht erteilt. Die Ferien – im Ausmaß von drei bis vier Wochen – verbrachten die Zöglinge in einem Landhaus in Weidling bei Klosterneuburg, das Maria Theresia der Anstalt eigens zu diesem Zweck geschenkt hatte. Die Kaiserin kümmerte sich persönlich um den Fortgang der durch sie gegründeten Akademie und bekundete ihr Interesse durch zahlreiche Besuche.

Große Unterschiede herrschten, was das Alter der Zöglinge bei ihrem Eintritt in die Akademie betraf – Bernhard von Jenisch und Joseph Racher waren 19 Jahre alt, Franz de Paula Thugut 18, Ignaz Woller und Franz de Paula Klezl 17, Franz Zechner 16, Thomas Herbert 15 und Franz von Stegern gar erst 14 Jahre –, beziehungsweise was die Dauer der Studien anbelangte: Bernhard von Jenisch und Franz de Paula Thugut verbrachten weniger als zwei Jahre in der Akademie, andere hingegen bis sechs oder gar acht Jahre[18].

Etliche der allerersten Zöglinge der Orientalischen Akademie machten im Staatsdienst Karriere, vor allem Franz de Paula Freiherr von Thugut (1736-1818), Sohn eines Militär-Kameral-Kassen-Verwalters in Linz, der von 1769 bis 1776 die Stelle eines kaiserlichen Internuntius in Konstantinopel bekleidete und von 1793 bis 1800 als „Minister der auswärtigen Geschäfte" die österreichische Außenpolitik leitete. Nach seinem Rücktritt widmete er sich bis zu seinem Tod im Mai 1818 vor allem den Studien der persischen Literatur. Bernhard von Jenisch (1734-1807)[19] kam bereits 1755 – zur Perfektion seiner Kenntnisse – nach Konstantinopel, war anschließend Grenzdolmetsch, dann Hofsekretär in der Staatskanzlei und 1772 interimistischer Geschäftsträger bei der Pforte. Jenisch wurde 1791 zum Hofrat in der Staatskanzlei ernannt und 1803 als Nachfolger Gottfried van Swietens Präfekt der Hofbibliothek.

Zum Nachfolger des Paters Josef Franz wurde 1770 des bisherige Präfekt und Professor Pater Johann Nekrep (1738-1784)[20] ernannt. Im selben Jahr, im Juni 1770, verfasste Johann B. Anton Graf Pergen (1725-1814)[21] eine „Instruction für die Orientalische Akademie in Wien als ein allgemeiner Plan für öffentliche Erziehungs- und Schul-Anstalten"[22]. Darin wurde erstmals das Amt eines Protektors der Akademie definiert, der „die völlige Gewalt in die ganze Verwaltung der Stiftung" innehat, „entweder durch den Augenschein oder durch Abforderung schriftlicher oder mündlicher Berichte". Als Protektoren wurden nach Staatskanzler Fürst Kaunitz-Rietberg Friedrich Freiherr von Binder-Kriegelstein (1708-1782)[23], der Hof- und Staats-Vizekanzler Johann Philipp Graf Cobenzl (1741-1810)[24] und der Staats- und Konferenz-Minister Franz Graf Colloredo stets mit größter Hochachtung genannt. Daneben wurden die Aufgaben des Direktors, der für Erziehung und Unterweisung und damit für den „Grund des künftigen Glücks oder Unglücks der ihm anvertrauten Jünglinge" verantwortlich ist, sowie des Akademie-Präfekten und sämtlicher Lehrer detailliert angeführt und beschrieben. Nach Pergens Plan sollten alle Ordensgeistlichen aus den Lehrämtern entfernt werden, insbesondere von der Leitung öffentlicher Lehranstalten, doch erklärte der von Maria Theresia eingerichtete Staatsrat seine Pläne mangels einer ausreichenden Zahl weltlicher Lehrer für undurchführbar.

Offensichtlich als Reaktion auf die erwähnte Instruktion verfasste Direktor Nekrep 1773 erstmals „Satzungen der k. k. Akademie der Orientalischen Sprachen", die einen wesentlich erweiterten Lehrplan enthielten:

1. Türkisch, Arabisch und Persisch, Latein, Deutsch, Französisch, Italienisch und wahlweise Neugriechisch; unterrichtet wurden nunmehr auch:
2. Arithmetik und Geometrie, Naturlehre und Naturhistorie, bürgerliche Baukunst, Kenntnis der gemeinen Künste und Handwerke, „Kriegs-, Stück- und Pulverlehre";
3. Vernunftlehre: Metaphysik, eine dem Alter der Zöglinge angemessene Moral;
4. Erdbeschreibung; allgemeine Weltgeschichte, osmanische Geschichte, Anfangsgründe der Wappenkunst;
5. Schöne Literatur;
6. Katechismus;
7. Umfassender rechtlicher Unterricht.
8. Außerdem wurde Tanzen, Fechten und Zeichnen gelehrt. In den Satzungen führte Nekrep auch an, mit welchen Methoden die Sprachstudien unterstützt werden sollten, nämlich unter anderem durch Nacherzählen von Geschichten in verschiedenen Sprachen und Aufführungen von italienischen und französischen Komödien[25].

Unter der 15-jährigen Direktion Pater Nekreps wechselte die Orientalische Akademie mehrmals ihre Unterkunft: Bald nach seiner Ernennung übersiedelte die Anstalt 1770 aus der „Philosophischen Stube" der Wiener Universität in das Konvikt von St. Barbara, doch bereits 1775 wurde sie im Professhaus der Jesuiten (Noviziathaus) von St. Anna untergebracht. 1785, im Todesjahr des Direktors, bezog die Akademie schließlich den Jakoberhof, einen Teil des vormaligen Klosters St. Jakob, der „wegen seiner freien Aussicht über die Bastei immer die frischeste Luft hat"[26]; dort war sie beinahe hundert Jahre lang (1785-1883) untergebracht.

Johann Nekrep soll ein vorzüglicher Orientalist gewesen sein. In seine Direktionszeit fiel die zweifellos bedeutendste wissenschaftliche Leistung der noch jungen Orientalischen Akademie, die völlige Neubearbeitung des türkisch-arabisch-persischen Lexikons, das der kaiserliche Hofdolmetsch Franz von Mesgnien Meninski hundert Jahre zuvor erstmals herausgegeben hatte. Der gebürtige Lothringer Franz de Mesgnien (1623-1698) war in den diplomatischen Dienst Polens eingetreten, wurde 1653 nach Konstantinopel gesandt, lernte dort zwei Jahre lang Türkisch und war anschließend bei der polnischen Gesandtschaft als Dolmetsch tätig. Von diesem Posten wurde er durch Kaiser Leopold I. regelrecht abgeworben, nach Wien berufen und 1662 zum Hofdolmetsch ernannt. Meninskis fünfbändiges Hauptwerk „Thesaurus linguarum orientalium" enthielt sowohl ein „Lexicon turcico-arabico-persicum" wie auch eine türkische, arabische und persische Grammatik und einen Index. Der erste Band war 1680 erschienen, die weitere Edition verzögerte sich jedoch bis 1690, da die eigens dafür eingerichtete Druckerei in der Wiener Vorstadt Rossau während der Türkenbelagerung 1683 zerstört wurde. Da dieses unentbehrliche Werk seit längerem total vergriffen war, stellte Direktor Nekrep 1778 den Antrag, das Wörterbuch unter Heranziehung von Akademiezöglingen neu zu bearbeiten und herauszugeben. Unter Aufsicht eines der ersten Absolventen, Bernhard von Jenisch, erschien bereits 1780 unter dem Titel „Francisci a Mesgnien Meninski Lexicon arabico-persico-turcicum" der erste von insgesamt vier Bänden.

Als Johann Nekrep, durch Maria Theresia noch zum infulierten Abt von Teg ernannt, im Jahr 1785 starb, wurde Abt Franz Höck (1749-1835)[27], in Pressburg geboren und – wie seine beiden Vorgänger – Mitglied des Jesuitenordens, zum Nachfolger ernannt. Im Jahre 1777 war er als Präfekt in die Akademie eingetreten; 47 Jahre lang (1785-1832) war er Direktor der Akademie, dann wurde er aus Rücksicht auf sein hohes Alter von 83 Jahren mit dem Titel eines Hofrates in den Ruhestand versetzt.

Etwa zu Beginn seiner Direktionszeit wurde durch den Hof- und Staats-Vizekanzler Johann Philipp Graf von Cobenzl angeordnet, dass die Stiftlingsplätze nicht wie bisher willkürlich an Günstlinge – salopp formuliert: an „Protektionskinder" – vergeben werden sollten, sondern erst nach bestandener Prüfung eines einjährigen „Präparandenkurses". 1788/89 absolvierte der damals 14-jährige Joseph Hammer (1774-1856) diesen Kurs, dessen Tagesablauf er in seinen Lebenserinnerungen folgendermaßen schilderte:

„Um sieben Uhr Messe, dann Frühstück und fort ins Barbarastift, wo die Schule der Theresianischen Stipendiaten war, am anderen Ende der Stadt. Um zehn Uhr endeten die Lehrstunden im Barbarastift, um elf Uhr begannen die des Türkischen in der Vorbereitungsklasse der orientalischen Akademie, so blieb eine Stunde übrig, die mit einer Messe bei den hart am Barbarastift gelegenen Dominikanern und mit vorbereitender Lesung in der orientalischen Akademie ausgefüllt wurde. Von da zum Mittagessen nach St. Anna, von zwei bis fünf die Stunden im Theresianum, von fünf bis sechs die Vorbereitungsklasse, dann nach Hause, wo der Abend zum Wiederholen und Vorlernen verwendet ward. In ein Theater kam ich nie, ich genoß auch keine anderen gesellschaftlichen Unterhaltungen"[28].

Nach erfolgreich absolviertem Präparandenkurs wurde Hammer 1789 als Zögling in die Akademie aufgenommen. Die Studiendauer betrug damals in der Regel vier Jahre, konnte aber auch verkürzt oder verlängert werden. Die sechs Unterrichtstage pro Woche wurden intensiv genützt:

„Um sechs Uhr ward aufgestanden und sogleich im Studiersaale das Morgengebet gemeinschaftlich verrichtet. Nach diesem hergeplapperten Gebete ward sogleich zu den Dominikanern auf den Chor gegangen. Die Stunde von sieben bis acht war zur Vorbereitung zu den um acht beginnenden Lehrstunden bestimmt. Von acht bis neun war der philosophische oder juridische Vortrag, von neun bis zehn Zeichenstunde, namentlich Situationszeichnen und Zivil- und Militärarchitektur. Von zehn bis elf orientalische Lehrstunde, von elf bis zwölf französische, von zwölf bis eins dreimal die Woche Schreibstunde, die anderen dreimal der Tanzmeister und für Erwachsenen die Reitschule. Um eins das Mittagmahl [...], davon freilich nicht alles eßbar. Die Stunde von zwei bis drei war frei und konnte zu musikalischem Unterricht verwendet werden. Von drei bis vier Lehrstunde der Philosophie, nämlich Mathematik, Logik, Physik oder des juridischen Kurses, von vier bis fünf Geographie oder Geschichte, von fünf bis sechs orientalische Sprachen, von sechs bis sieben Privatstunden des Orientalischen, von sieben bis acht Wiederholung der Geographie und Geschichte, von acht bis neun Erholungsstunde, um neun das Nachtmahl, dann der Rosenkranz und das Nachtgebet"[29].

Direktor Höck selbst unterrichtete die Grundkurse in Türkisch, Arabisch und Persisch, vermochte freilich – laut Hammer – kein Wort „gehörig auszusprechen", wogegen Thomas Chabert (1766 in Konstantinopel geboren, 1779 in die Orientalische Akademie eingetreten), der hier von 1785 bis 1817 die orientalischen Sprachen für Fortgeschrittene lehrte, nicht nur Türkisch und Persisch, sondern auch Italienisch und Französisch perfekt beherrschte[30]. Der Besuch des osmanischen Gesandten Ebubekir Ratib Efendi, der im Jahre 1792 die Ratifikation des Friedens von Sistowa (Svištov, 4. August 1791) am Wiener Kaiserhof überbrachte, in der Orientalischen Akademie stellte einen besonderen Höhepunkt im eintönigen Lehrbetrieb der Akademie dar, hatten die Zöglinge dabei doch erstmals Gelegenheit, „im Umgange mit gebornen Türken die Sprachen zu sprechen, die sie bisher nur aus Büchern kannten"[31].

Eine Zwischenbilanz nicht einmal vierzig Jahre nach Gründung der Orientalischen Akademie scheint nach den eben festgestellten Beobachtungen, zumindest was die Sprachausbildung betrifft, nicht besonders positiv auszufallen: Offensichtlich hatten sich einige der Sprachlehrer die orientalischen Sprachen selbst erst aneignen müssen oder beherrschten sie nur unzureichend. Erst als der Sprachunterricht professionell durch einen „native speaker" (seit 1785 durch Chabert) erfolgte, begann der wahre Aufstieg der Orientalistik in Österreich in der ersten Hälfte des 19. Jahrhunderts: „Alle österreichischen Orientalisten der neueren Zeit sind aus seiner Schule hervorgegangen, und was daher die Literatur und der Staat ihren Kenntnissen verdankt, ist größtenteils die Frucht seiner [Chaberts] Anstrengungen"[32]. Umso mehr Beachtung und Anerkennung verdient in diesem Zusammenhang freilich die bereits erwähnte, durchaus gelungene Neuausgabe des Lexikons von Meninski durch Zöglinge der Orientalischen Akademie. Die Jesuitenpatres hatten aber sehr rasch erkennen müssen, dass die Sprachausbildung allein in Wien nicht ausreichend und eine weiterführende Ausbildung in Konstantinopel erforderlich war: Pater Joseph Franz, der seinerzeit so vehement für die Errichtung der Orientalischen Akademie in Wien eingetreten war, griff den Vorschlag des Staatskanzlers Kaunitz auf und stellte selbst den Antrag, dass die besten Zöglinge nach absolvierter Grundausbildung für gewisse Zeit nach Konstantinopel entsendet werden sollten, damit sie dort „die türkische Landesart, das Hofzeremoniell und die allda gewöhnlichen Höflichkeits- und Besuchungsgebräuch begreifen können"[33].

Der junge Zögling Hammer war während des Besuches des osmanischen Sondergesandten Ebubekir Ratib Efendi in der Orientalischen Akademie dazu ausersehen, eine Reihe physikalischer Versuche vorzuführen und in türkischer Sprache zu erläutern. Der Gesandte lobte ihn und schloss mit den Worten: „Du wirst ein großer Mann werden" – „eine leider nicht in Erfüllung gegangene Vorhersagung"[34], wie Hammer in unechter Bescheidenheit kommentierte. Statt der üblichen vier verbrachte Hammer fünf Jahre an der Orientalischen Akademie, da er zusätzlich ein Jahr Mathematik-Unterricht erhielt. Nach Absolvierung seiner regulären Studienzeit war freilich bei der Internuntiatur kein Posten eines Dolmetschgehilfen frei, sodass Hammer fünf weitere Jahre an der Akademie verbrachte, die er zu intensiven Studien nützte. Zweifellos ist dieser wohl bedeutendste österreichische Orientalist auch der berühmteste Absolvent der Orientalischen Akademie. Nach einem Aufenthalt von nur wenigen Jahren im Osmanischen Reich kehrte er nie wieder in das Land seiner Sehnsucht zurück. Und da er als Hofdolmetsch (seit 1811) und Hofrat (seit 1817) in der Staatskanzlei unterbeschäftigt war, wurde seine unermüdliche Arbeitskraft immer mehr zur Wissenschaft hingelenkt; seine zehnbändige „Geschichte des Osmanischen Reiches" (Pest 1827-1835) ist ein bis zum heutigen Tag unentbehrliches, auf orientalischen und abendländischen Quellen basierendes Werk. 1825 wurde er in den österreichischen Ritterstand erhoben, 1836 als Universalerbe der Gräfin von Purgstall zum Freiherrn von Hammer-Purgstall ernannt. Auf seine Anregung hin wurde 1847 die kaiserliche Akademie der Wissenschaften in Wien, deren erster Präsident er wurde, gegründet.

Joseph Freiherr von Hammer-Purgstall

Am 2. Februar 1804 feierte die k. k. Akademie der morgenländischen Sprachen ihr fünfzigjähriges Bestandsjubiläum, wobei der damals älteste Zögling Bartholomäus von Stürmer (1787-1863)[35], der später (1832-1850) österreichischer Internuntius in Konstantinopel war, die Festansprache hielt, in der er seine Überzeugung ausdrückte, dass die Akademie den hohen Erwartungen ihrer Stifterin voll entsprochen habe[36].

Auf Vorschlag des Direktors Franz Höck erhielten die Zöglinge der Orientalischen Akademie, wie an allen staatlichen Erziehungsanstalten üblich, 1808 eine eigene Uniform: Diese bestand aus einem roten, grün gefütterten Frack und weißer Hose; die Zöglinge trugen goldene Epauletten und einen Staatsdegen, als Kopfbedeckung diente ein schwarzer Zweispitz mit einer schmalen goldenen Schleife und schwarzer Kokarde[37].

Im Jahre 1812 wurde für die Akademie zudem ein neuer Studienplan festgelegt, der in fünf Jahrgängen folgende Unterrichtsgegenstände vorsah:

1. Logik und Metaphysik, Mathematik, Erdkunde (Handels-Geographie), Französisch, Türkisch
2. Physik, Österreichische Geschichte, Osmanische Geschichte, Arabisch in Verbindung mit dem Türkischen, Französisch

3. Natürliches Privatrecht, Allgemeines Staats- und Völkerrecht, Grundzüge des römischen Rechts, Chronologie vor allem des Orients, Persisch in Verbindung mit dem Türkischen, Französisch, Italienisch
4. Römisches Recht, Gerichtsverfahren, Privat-, See- und Wechselrecht, Orientalische Literatur, Türkisch, Arabisch, Persisch, Französisch, Italienisch, Neugriechisch
5. Politische Wissenschaften, Statistik, Allgemeines Handelsrecht, positives Völkerrecht, Österreichisches Recht, Türkischer, deutscher, französischer und italienischer Geschäftsstil, Neugriechisch, Osmanische Staatsverfassung und österreichisch-türkische Verträge sowie auch Reiten

In allen fünf Jahrgängen wurde Religion, Kalligraphie, Zeichnen und Tanzen gelehrt. Ziel der Akademie war laut Lehrplan die Heranbildung von Beamten, „welche bei der k. k. Internuntiatur, an der Grenze und in der Levante überhaupt als Dolmetscher, Agenten oder Konsuln auf eine den Bedürfnissen des Allerhöchsten Dienstes vollkommen entsprechende Art verwendet werden können"[38].

In Höcks Direktionszeit wurde die Orientalische Akademie abermals von einem ausländischen Diplomaten besucht, durch den persischen Gesandten Mirza Abdul Hosayn Chan im Jahre 1819. Besonders bemühte sich Franz Höck um die Vermehrung der Akademie-Bibliothek, die bei seiner Pensionierung mehr als 2600 Titel umfasste, darunter viele Druckwerke in orientalischen Sprachen. Mehr als 400 Handschriften in arabischer, persischer und türkischer Sprache wurden vor allem für den Sprachunterricht herangezogen; 1842 wurden sie durch ein gedrucktes Verzeichnis erschlossen[39]. Vor allem aber veranlasste Direktor Höck mit Hilfe von Akademie-Absolventen eine Sammlung von vorwiegend osmanisch-türkischen Geschäftsbriefen und Urkunden, insgesamt 15.100 Stück an der Zahl, die den „größten Schatz der Akademie" darstellten[40] und ebenfalls für Unterrichtszwecke verwendet wurden. Wie jedoch kurz nach Ende des Ersten Weltkriegs festgestellt werden musste[41], waren sie in der Zwischenzeit spurlos verschwunden, und trotz aller erdenklichen Nachforschungen sind sie auch nie wieder aufgetaucht.

Pater Franz Höck erhielt 1795 die Würde eines infulierten Abtes von Kács und im Jahre 1818 die wirkliche Abtei von Lekér verliehen. Nach seiner Pensionierung wurde Dr. Joseph Othmar Ritter von Rauscher (1797-1875)[42] 1832 zum neuen Direktor der Akademie ernannt, die er bis 1849 leitete. Bald nach seinem Amtsantritt wurde auf seinen Antrag der seit 1812 geltende Studienplan mit Genehmigung des Staatskanzlers Metternich vom 11. Mai 1833 modifiziert – das letzte Mal vor der gründlichen Umstrukturierung der Orientalischen Akademie zur Konsular-Akademie im Jahre 1898. Neu eingeführt wurde eine Aufnahmsprüfung, bestehend aus einem Aufsatz in lateinischer Sprache, einem deutschen Aufsatz zu einem Thema der österreichischen Geschichte, einen Aufsatz aus der Religionslehre sowie einer Übersetzung aus dem Französischen ins Deutsche. Mathematik, Physik, Philosophie und Weltgeschichte wurden aus dem Lehrplan eliminiert. Die juridischen und politischen (diplomatischen) Fächer wurden in fünf Jahrgängen gelehrt, die linguistischen – Türkisch, Arabisch, Persisch, Französisch, Italienisch und Neugriechisch – hingegen in sechs Jahrgängen, wobei im sechsten Jahr Werke aus allen unterrichteten Sprachen gelesen und übersetzt wurden[43]. Rauscher, der gegen Ende seiner Direktionszeit Erzherzog Franz Josef, den nachmaligen Kaiser Franz Joseph I., in den philosophischen Wissenschaften unterrichtete, wurde 1849 zum Bischof von Seckau ernannt und 1853 zum Fürst-Erzbischof von Wien, 1855 erhielt er die Kardinalswürde; 1860 wurde er Abgeordneter des Reichsrats, 1861 des Herrenhauses.

Als 1849 der ehemalige Professor der Rechte, Dr. Engelbert Max Selinger, provisorisch zum Nachfolger Direktor Rauschers bestellt wurde, war damit eine 95 Jahre dauernde Periode endgültig beendet – eine Phase, in welcher die Orientalische Akademie durchwegs von geistlichen Direktoren geleitet worden war. Unter der Direktion des im Jahr 1852 definitiv zum Akademiedirektor ernannten Oberstleutnants Philipp von Körber (1812-1861)[44] feierte die Orientalische Akademie 1854 das Jubiläum ihres hundertjährigen Bestandes; exakt fanden die Feierlichkeiten am Dienstag, dem 3. Jänner 1854 statt. Mit einer durch den vormaligen Akademiedirektor Fürst-Erzbischof Ritter von Rauscher in der Dominikanerkirche zelebrierten Festmesse wur-

Die Akademie von 1785-1883 (Jakoberhof)

den die Feierlichkeiten eingeleitet. Anschließend fand im Akademiegebäude, das seit dem Jahr 1785 im Jakoberhof untergebracht war, die eigentliche Festveranstaltung statt, bei der Hofrat Freiherr von Hammer-Purgstall, „einer der größten Choryphäen dieser Akademie, einen höchst interessanten und geistreichen Vortrag über die Wesenheit des Genius des Ostens" hielt[45].

Anmerkungen

1   Petritsch, Ernst Dieter, Die Wiener Turkologie vom 16. bis zum 18. Jahrhundert, in: Germano-Turcica. Zur Geschichte des Türkisch-Lernens in den deutschsprachigen Ländern (Bamberg 1987), S. 25 f.
2   Siehe dazu den Beitrag von Alexandra Joukova in diesem Band.
3   Wurzbach, Constant von, Biographisches Lexikon des Kaiserthums Österreich 21, Wien 1870, S. 452-454
4   Wurzbach, Biographisches Lexikon 4, S. 342 f.
5   „Allerunterth. Ohnmassgeblicher Führschlag Josephi Franz Soc. Jesu., wie die Erziehung und Belehrung deren Türckischen Sprach-Knaben zu Wienn fürzunehmen wäre": Wien, Haus-, Hof- und Staatsarchiv (HHStA), Staatskanzlei (StK) Interiora 55, Konv. 1753, fol. 1-10
6   Bericht Pencklers an Kaiserin Maria Theresia, Pera bei Konstantinopel, 1. 6. 1753: HHStA; Türkei II 55, Konv. Berichte 1753 IV-VIII, fol. 102-106
7   HHStA, StK Interiora 55, Konv. 1753, fol. 13-16
8   HHStA, Türkei II 25, Konv. Weisungen 1753, fol. 37 f.; Auszug daraus: HHStA, StK Interiora 55, Konv. alt 67a/B, fol. 11
9   HHStA, Türkei II 25, Konv. Berichte 1753 IV-VIII, fol. 102-106
10 HHStA, Türkei II 25, Konv. Weisungen 1753, fol. 70-73
11 HHStA, StK Vorträge 72, Konv. 1753 VI, fol. 27 f.
12 HHStA, StK Interiora 55, Konv. alt 67a/B, fol. 33-40
13 Matsch, Erwin, Der auswärtige Dienst von Österreich (-Ungarn) 1720-1920, Wien 1986, S. 109
14 Vortrag des Staatskanzlers Wenzel Anton Graf Kaunitz-Rietberg vom 9. Juni 1753: HHStA, StK Vorträge 72, Konv. 1753 VI, fol. 27 f.
15 Erster Vierteljahresbericht vom 1. April 1754: HHStA, StK Interiora 55, Konv. alt 67a/B, fol. 47-50
16 HHStA, StK Interiora 55, Konv. alt 67a/B, fol. 47-50
17 Der Text ist handschriftlich zweifach erhalten geblieben: HHStA, Orientalische Handschriften, n. 590
18 Die K. und K. Konsular-Akademie von 1754 bis 1904. Festschrift zur Feier des hundertfünfzigjährigen Bestandes der Akademie und der Eröffnung ihres neuen Gebäudes, Wien 1904. Erinnerung an die erste Säcularfeier der kaiserl. königl. orientalischen Akademie am 3. Jänner 1854, Wien 1854, S. 73, Anm. 6
19 Wurzbach, Biographisches Lexikon 10, S. 163 f.
20 Wurzbach, Biographisches Lexikon 20, S. 168
21 Wurzbach, Biographisches Lexikon 22, S. 1-5
22 HHStA, StK Interiora 55, Konv. alt 67a/C, fol. 1-268
23 Wurzbach, Biographisches Lexikon 1, S. 399
24 Wurzbach, Biographisches Lexikon 2, S. 391 f.
25 Konsular-Akademie Festschrift, S. 8
26 Konsular-Akademie Festschrift, S. 8
27 Wurzbach, Biographisches Lexikon 9, S. 91-93

28 Hammer-Purgstall, Joseph Freiherr von, Erinnerungen aus meinem Leben 1774-1852, hrsg. von Reinhart Bachofen von Echt, Wien-Leipzig 1940 (= Fontes rerum Austriacarum 2. Abt.: Diplomataria et acta, Bd. 70), S. 21

29 Hammer-Purgstall, Erinnerungen, S. 22 f.

30 Hammer-Purgstall, Erinnerungen, S. 23

31 Weiß von Starkenfels, Victor, Die kaiserlich-königliche orientalische Akademie zu Wien, ihre Gründung, Fortbildung und gegenwärtige Einrichtung, Wien 1839, S. 17

32 Weiß von Starkenfels, Orientalische Akademie, S. 56

33 Konsular-Akademie Festschrift, S. 6

34 Hammer-Purgstall, Erinnerungen, S. 26

35 Wurzbach, Biographisches Lexikon 40, S. 175-178

36 Weiß von Starkenfels, Orientalische Akademie, S. 18-21

37 Konsular-Akademie Festschrift, S. 12, Anm. 8

38 Konsular-Akademie Festschrift, S. 11 f.

39 Krafft, Albrecht, Die arabischen, persischen und türkischen Handschriften der k. k. Orientalischen Akademie zu Wien, Wien 1842

40 Weiß von Starkenfels, Orientalische Akademie, S. 44; Krafft, Handschriften S.42 f.

41 Zsinka, Franz, Die türkischen Urkunden der Wiener Sammlungen, in: Kőrösi Csoma-Archivum 1 (Budapest 1925), S. 323 f.

42 Wurzbach, Biographisches Lexikon 25, S. 51-57; Österreichisches Biographisches Lexikon 8, S. 442 f.

43 Weiß von Starkenfels, Orientalische Akademie, S. 38-45

44 Österreichisches Biographisches Lexikon 4, S. 45 f.

45 Erinnerung an die erste Säcularfeier der kaiserl. königl. orientalischen Akademie am 3. Jänner 1854, Wien 1854

Bibliographie

Die K. und K. Konsular-Akademie von 1754 bis 1904. Festschrift zur Feier des hundertfünfzigjährigen Bestandes der Akademie und der Eröffnung ihres neuen Gebäudes, Wien 1904

Erinnerung an die erste Säcularfeier der kaiserl. königl. orientalischen Akademie am 3. Jänner 1854, Wien 1854

Hammer-Purgstall, Joseph Freiherr von, „Erinnerungen aus meinem Leben" 1774-1852, hrsg. von Reinhart Bachofen von Echt, Wien-Leipzig 1940 (= Fontes rerum Austriacarum 2. Abt.: Diplomataria et acta, Bd. 70)

Krafft, Albrecht, Die arabischen, persischen und türkischen Handschriften der k. k. Orientalischen Akademie zu Wien, Wien 1842

Matsch, Erwin, Der auswärtige Dienst von Österreich (-Ungarn) 1720-1920, Wien 1986

Petritsch, Ernst Dieter, Die Wiener Turkologie vom 16. bis zum 18. Jahrhundert, in: Germano-Turcica. Zur Geschichte des Türkisch-Lernens in den deutschsprachigen Ländern (Bamberg 1987), S. 25-40

Weiß von Starkenfels, Victor, Die kaiserlich-königliche orientalische Akademie zu Wien, ihre Gründung, Fortbildung und gegenwärtige Einrichtung, Wien 1839

Wurzbach, Constant von, Biographisches Lexikon des Kaiserthums Österreich, 60 Bände, Wien 1856-1891

Zsinka, Franz, Die türkischen Urkunden der Wiener Sammlungen, in: Kőrösi Csoma-Archivum 1 (Budapest 1925), S. 321-324

Zur ersten Säcular-Feier der K.K. Akademie der Orientalischen Sprachen im Jänner 1854, Wien 1854

Abstract

Ernst Dieter Petritsch, The Beginnings of the Oriental Academy

"The Academy for Oriental Languages" in Vienna, founded by Maria Theresa, opened its doors on 1 January 1754. For nearly 100 years it was run by Jesuits; its first Director, Father Joseph Franz, was a tutor of Emperor Joseph II and it was at his initiative the Academy was founded. With this act, however, the century-long practice of dispatching the so-called "Language Boys" (*Sprachknaben*) to the Internuntiatur in Constantinople came to an abrupt end. Unfortunately, it soon turned out that the language training in the new Academy was unsatisfactory, so that the best graduates were once again sent to Constantinople to complete their knowledge, no longer as "Language Boys" but as translator assistants.

The Jesuits placed great value on the three virtues of "morality, devotion and obedience". In addition to the Turkish language, geography, history, law, literature, the catechism and natural sciences such as maths and physics were also taught. The syllabus was changed several times and soon French, Italian, Modern Greek, Arabic and Persian were being offered alongside Turkish. From the very beginning, the Academy was residential; the students spent the summer holidays in a holiday home in Weidling near Klosterneuburg.

Most graduates of the Oriental Academy found employment in the service of the state, whether as translators, as diplomats or even as academics. One of the first, Franz de Paula Thugut, became Minister of Foreign Affairs, whilst Josef von Hammer-Purgstall, who as a 14-year old successfully completed the preparatory course in 1788 and spent a total of ten years at the Oriental Academy, remains to this day the most important Austrian orientalist. The reworking of the Turkish-Arabic-Persian dictionary by Franz Mesgnien de Meninski, a task entrusted to him by Maria Theresa in 1780, was undoubtedly one of the greatest scientific achievements of the Oriental Academy.

By the end of the nineteenth century the Ottoman Empire no longer posed any threat to the Austro-Hungarian Monarchy. Economic and trading issues now came to the fore. This in turn had its effect on the syllabus of the Academy. Maths, physics and chemistry were ousted in favour of studying law and economics. As a logical consequence the Oriental Academy evolved into the Consular Academy in 1898.

Nonetheless, it should be emphasised that the Oriental Academy of 1754 proved its worth. Without the education provided by this Academy, the Austrian school of oriental studies could not have flourished as it did in the first half of the nineteenth century.

Résumé

Ernst-Dieter Petritsch, Les débuts de l'Académie orientale

Le 1ᵉʳ janvier 1754, l' « Académie des langues orientales » fondée par Marie-Thérèse à Vienne a commencé ses activités d'enseignement. L'institution fut dirigée pendant près d'un siècle par les Jésuites. Son premier directeur fut un des précepteurs de Joseph II, le père Joseph Franz, à l'initiative duquel cet établissement fut créé. La tradition, perpétuée depuis le milieu du 17ᵉᵐᵉ siècle, qui consistait à former des « Sprachknaben »* au sein de l'Internonciature de Constantinople prit ainsi subitement fin. Cependant, il s'avéra bientôt que la formation en langue de l'Académie nouvellement fondée n'était pas suffisante, c'est pourquoi les meilleurs élèves ayant réussi leurs examens furent à nouveau envoyés à Constantinople pour parfaire leurs connaissances, cette fois non plus officiellement comme « Sprachknaben » mais plutôt comme « assistants-interprètes ».

Les Jésuites accordèrent surtout une grande importance au respect des « mœurs, de la dévotion et de l'obéissance ». En plus du turc, des matières telles que la géographie, l'histoire, le droit, la littérature, le catéchisme, ou des sciences comme les mathématiques et la physique étaient enseignées à l'Académie. Les programmes d'études furent modifiés à plusieurs reprises et bientôt, au même titre que le turc, le français, l'italien et le grec moderne, furent enseignées les langues perse et arabe. Dès le début, l'Académie fut dotée d'un internat ; les élèves internes passaient les vacances d'été dans une maison de vacances à Weidling près de Klosterneuburg.

La plupart des élèves diplômés de l'Académie orientale, firent leurs preuves en tant que fonctionnaires de l'Etat que ce soit à des postes d'interprètes, de diplomates ou de scientifiques. Un des premiers élèves internes, Franz de Paula Thugut, devint même ministre des Affaires étrangères ; Joseph von Hammer-Purgstall, obtint en 1778, à l'âge de 14 ans, son diplôme de fin d'études pour le programme préparatoire habi-

---

* adolescents formés à être interprètes des langues orientales

tuel et passa au total 10 ans à l'Académie orientale ; il est considéré jusqu'à ce jour comme l'orientaliste autrichien le plus éminent. La complète réactualisation, entreprise à la requête de Marie-Thérèse, du dictionnaire en langues turque, arabe et perse de Franz Mesgnien de Meninski, paru pour la première fois un siècle auparavant, représente, sans aucun doute, la plus grande performance scientifique de l'Académie orientale.

Depuis la fin du 18ème siècle, l'Empire ottoman ne représentait plus un danger politique pour la monarchie austro-hongroise : les intérêts économiques et de politique commerciale prirent de plus en plus d'importance. Ceci eut également des répercussions sur les programmes de l'Académie : des matières scientifiques comme les mathématiques, la physique et la chimie furent écartées au profit de matières juridiques et de politique commerciale. Le prolongement logique de cette politique conduisit finalement à transformer l'Académie orientale en Académie consulaire en 1898.

En tout cas, il faut garder à l'esprit que l'Académie orientale fondée à Vienne en 1754 a fait finalement ses preuves, même si son succès se fonda principalement sur les considérations morales des Jésuites qui s'opposaient diamétralement aux précédentes méthodes d'enseignement. Sans cette formation proposée par l'Académie, l'orientalisme autrichien de la première moitié du 19ème siècle n'aurait pas pu connaître un épanouissement aussi marqué.

Claudia Römer

Neues zu den von der Orientalischen Akademie 1865 herausgegebenen „Osmanischen Sprichwörtern"

Bereits in der Frühzeit, gleich nach der Gründung der Orientalischen Akademie im Jahr 1754, hatte die Verwendung von Sprichwörtern im Unterricht und zu Übungszwecken Bedeutung. Von den ersten acht Zöglingen sind aus dem Jahr 1754/55 im Haus-, Hof- und Staatsarchiv (HHStA) mehrere Schriftproben erhalten[1]. Jeder der Zöglinge hatte dieselben Sprichwörter in gleicher Anordnung kopiert und ins Lateinische übersetzt.

Eine umfangreiche Sammlung von Sprichwörtern wurde im Jahr 1830 von Anton Steindl de Plessenet, einem Zögling der Akademie[2], zusammengestellt und füllt einen[3] der fünfzehn bisher bekannten Bände handschriftlicher Übungen bzw. Prüfungsarbei-

Anton Steindl de Plessenet

ten aus den Jahren 1758-1831, die sich unter den Bibliotheksbeständen der Konsular-akademie befinden, von welchen Teile am Institut für Orientalistik der Universität Wien aufbewahrt sind[4].

Steindls Sprichwörtersammlung wurde zusammen mit einer anderen, zunächst unbekannt gebliebenen, sowie mit der Sprichwörtersammlung von Güvâhî (16. Jh.) aus der Hofbibliothek (= ÖNB Mxt. 76)[5] mehr als dreißig Jahre später als Grundlage für die Publikation der Akademie Osmanische Sprichwörter, herausgegeben durch die K.K. Orientalische Akademie in Wien, Wien 1865 herangezogen[6], wie dies der damalige Direktor der Akademie, Ottokar Freiherr v. Schlechta-Wschehrd, im Vorwort erläutert (III-IV): „… musste selbstverständlich ein möglichst einfacher Text gewählt werden. Einen solchen glaubte man in den ‚Sprichwörtern' gefunden zu haben, die vermöge ihrer Kürze und ihres wechselnden Inhaltes weniger ermüden und doch an grammatikalischen Formen und eigenthümlichen, allgemein gebräuchlichen Redewendungen hinreichende Auswahl gestatten". An den Arbeiten zu dieser Publikation waren neben Schlechta selbst mehrere Schüler der Akademie beteiligt, und zwar handelt es sich um M. Pasetti Ritter von Friedenburg, A. Rehn, A. Bargehr, J. Günner, E. von Sauer-Czaky-Nordendorf und E. Trechich, die zwischen 1859 und 1862 in die Akademie eingetreten waren[7]. Ihre Initialen finden sich neben Ankreuzungen auch als Randnotizen bei einer Reihe von Sprichwörtern in Steindls Sammlung, die für die Veröffentlichung übernommen wurden. Bei näherer Untersuchung der Sammlung von Steindl hatte sich gezeigt, dass fast alle Sprichwörter mit Ankreuzungen in die Druckausgabe übernommen worden waren[8].

Sprichwörter wurden über eine längere Periode offenbar als gute Übungstexte für mäßig Fortgeschrittene betrachtet, handelt es sich doch dabei um kurze, inhaltlich in sich geschlossene Texte, die in einer meist einfachen, der Umgangssprache nahen Sprache gehalten sind. So finden wir auch in zahlreichen europäischen Grammatiken und Chrestomathien des Türkischen aus dem 19. Jahrhundert Sprichwörter, so z.B. in den Grammatiken von Jaubert[9] mit 358 Sprichwörtern im Anhang, Piqueré mit 140 Sprichwörtern ebenfalls im Anhang[10], und Wickerhauser mit 378 Sprichwörtern[11]. Wickerhauser kommt in zweifacher Hinsicht besondere Bedeutung zu. Zum einen wird das Werk bis in die jüngste Zeit in der ungarischen Lehrtradition verwendet, und zwar nicht nur innerhalb der Grenzen Ungarns, sondern z.B. benutzte es auch Tibor Halasi-Kun (New York) in der Lehre und plante sogar eine Neuausgabe auf englischer Basis[12]. Zum anderen hat Wickerhauser, der sowohl an der Akademie als auch am Polytechnischen Institut lehrte, die Sprichwörter einer „über 1800 Nummern starken handschriftlichen Sammlung der Orientalischen Akademie" entnommen[13].

Da die Sammlung von Steindl 1315 Sprichwörter enthält, lag die Vermutung nahe, dass es sich bei der von Wickerhauser verwendeten um die im Vorwort zur Publikation der Akademie genannte zweite Arbeit früherer Zöglinge gehandelt haben muss.

Im Zuge des Projekts zur Aufarbeitung der Bestände der Konsularakademie, die im HHStA aufbewahrt werden, fand nun Vera Ahamer erfreulicherweise ein umfangreiches Konvolut, das sich schnell als die vermisste zweite Sprichwörtersammlung identifizieren ließ[14].

Anders als Steindls Sammlung bietet das Manuskript selbst keinen Hinweis auf seine Verfasser bzw. Kompilatoren. Es besteht aus zwei Teilen, von denen der erste 28 Bögen zu vier Seiten, d.h. 112 Seiten und der zweite 46 Bögen zu vier Seiten, d.h. 184 Seiten umfasst. Die Bögen sind fortlaufend nummeriert.

Der erste Teil beginnt nach einer unscheinbaren Überschrift „Türkische Sprichwörter" gleich mit den nach dem Anfangswort alphabetisch angeordneten Sprichwörtern, wobei jeder Buchstabe des arabischen Alphabets mit eigenen Überschriften bezeichnet wird (z.B. gleich eingangs harfü l-elif „der Buchstabe Elif"[15]). In der linken Spalte befinden sich die Sprichwörter in arabischer Schrift, in der rechten jeweils die Übersetzungen, und zwar ins Deutsche, Italienische, Französische, Lateinische und Englische. Es handelt sich dabei in der überwiegenden Mehrzahl um entsprechende gleichbedeutende Sprichwörter aus den genannten Sprachen und nicht so sehr um wörtliche Übersetzungen. Dabei kommt es häufig vor, dass gleich Entsprechungen in mehreren Sprachen einem osmanischen Sprichwort gegenübergestellt werden. So wird z.B.: Ölüm hakkdur ammâ evvel qonşulara „Der Tod ist Wahrheit, aber zuerst den Nachbarn" wiedergegeben mit: „Liebe fängt bei sich selbst an", „sa [sic] bene a [sic] te e a tuoi, e poi agli altri se tu puoi", „Charité bien ordonnée commence par soi-même", „Charity begins at home". Dadurch haben wir es mit einer bereits über die bloße Sprachübung bzw. über die Darstellung der türkischen Sprichwörter allein weit hinausgehenden, vergleichenden Studie zu tun, die als ein frühes Beispiel eines parömiologischen Werks angesehen werden kann. Gerade Sprichwörter als eine der ältesten Gattungen der Volksliteratur[16] eignen sich trotz ihrer oft nicht rekonstruierbaren Wanderwege und ihres auch zufällig möglichen Auftretens an verschiedenen, zueinander in keiner Beziehung stehenden Orten der Erde recht gut für vergleichende Untersuchungen[17].

Dieser erste Teil des Manuskripts macht auf Grund zahlreicher Ausstreichungen, Einfügungen, fehlender Übersetzungen insgesamt den Eindruck eines Konzepts, wobei zumindest die osmanischen Textpartien in arabischer Schrift durchgehend von einer Person geschrieben worden sein dürften. Dabei wird es sich wohl um einen fortgeschrittenen Schüler gehandelt haben, denn die Hand lässt zwar auf einen geübten Schreiber schließen, doch ist sie eindeutig als eine als zweite Schrift erlernte zu erkennen. Sieht man in der rechten Spalte von in Kurrent geschriebenen deutschen Passagen ab, gewinnt man durchaus den Eindruck, als würden für verschiedene Sprachen auch verschiedene Schrifttypen verwendet. Ob dies bedeutet, dass mehrere Personen an den Übersetzungen gearbeitet haben, lässt sich nicht entscheiden. Jedenfalls fällt an zahlreichen Stellen eine verbessernde Hand auf, die mit großer Wahrscheinlichkeit dem Schreiber des gesamten zweiten Teils zuzuordnen ist, und zwar für die arabische, die lateinische und die Kurrentschrift gleichermaßen (zum zweiten Teil s. unten). Zudem finden wir häufig Notizen zu Vokabeln neben den osmanischen Originalversionen der Sprichwörter, so z.B. bei On beş yaşında kız yâ evde yâ yerde (hier fehlt jegliche Übersetzung) „Ein fünfzehnjähriges Mädchen ist entweder im Haus oder in der Erde". Neben yerde „in der Erde" wurde am Rand die Bemerkung „begraben" beigefügt (Bogen 6). Der Konzeptcharakter des ersten Teils wird auch dadurch unterstrichen, dass nach dem Bogen 4 zwei Blätter eingelegt sind, von denen das erste die letzten drei Zeilen der 11. Strophe des zwölfstrophigen Gedichts von Byron aus der Sammlung „Hours of Idleness" mit dem Titel „The Tear" enthält[18]. Auf dem zweiten wurden vier Zitate aus Horaz notiert, die in einen direkten Zusammenhang mit Sprichwörtern der Sammlung gestellt werden können, so passt z.B. „Nescit vox missa reverti (Horat., ars poetica[19])" bzw. „Et semel emissum volat irrevocabile verbum (Horat., Epist. lib. I[20])", zu dem osmanischen Sprichwort Atılan ok gerü dönmez „Ein abgeschossener Pfeil kehrt nicht zurück", das folgendermaßen übertragen wird (Bogen 2): „Ist das Wort heraus, so ist es eines andern", „Semel emissum volat irrevocabile verbum", „Le parole non s'infilzano", „Pietra tratta e parola detta non posson tornar in dietro". Wie wir aus der Miteinbeziehung der Beispiele aus Horaz sehen, wurden auch manchmal Zitate zum Vergleich herangezogen, die, wenngleich sie wie Sprichwörter verwendet werden, nicht unmittelbar zum Sprichwörterschatz gehören, da sie von einem namentlich bekannten Autor stammen[21]. So findet sich „Semel emissum volat irrevocabile verbum" auch als Zitat in The Oxford Dictionary of Quotations[22].

Der zweite Teil ist, wie erwähnt, von einer Hand geschrieben, wobei zu bemerken ist, dass die arabische Schrift zwar ebenfalls geübt wirkt, aber von der Federführung und dem Schreibstil gut zur etwas fahrigen Kurrent- und Lateinschrift dieses Schreibers passt. Der Teil beginnt erst mit Bogen 3, sodass die Sprichwörter bis zu denen, die mit âdem „der Mensch" beginnen, hier fehlen. Dadurch, dass das Titelblatt verloren ist, sind auch etwaige Vermerke darauf, die unter Umständen die Entstehung des Manuskripts bzw. seine Autoren hätten beleuchten können, nicht mehr zu rekonstruieren. Allerdings liegt am Beginn ein kleinformatiger Bogen, der die Nummerierung 2a trägt. Daraus folgt, dass bei der Nummerierung der Bögen, wenn sie später erfolgte als die Abfassung der Handschrift, die ersten zwei Bögen noch vorhanden gewesen sein müssen. Am Beginn finden wir eine zweiseitige Bibliographie zu vorwiegend arabischen Glossaren, Grammatiken und Wörterbüchern, die mehrheitlich aus dem 17. und 18. Jh. stammen. Allerdings gibt uns das dort zuletzt genannte Werk, nämlich [Adolf] Wahrmund, Praktisches Handbuch der neuarabischen Sprache, Gießen 1801, zusammen mit dem oben zitierten Gedicht aus den im Jahr 1807 veröffentlichten[23] Hours of Idleness von Byron einen groben Hinweis auf die mögliche Zeit der Arbeit an dieser Sprichwörtersammlung.

Jeder der beiden Teile enthält grob geschätzt gegen 2000 Sprichwörter, insbesondere wenn man die ausgestrichenen im ersten Teil mitberücksichtigt.

Der zweite Teil, in dem die Überschriften der alphabetisch angeordneten Abschnitte in der linken Spalte jeweils den arabischen Buchstaben, in der rechten seine osmanische Bezeichnung in lateinischer Transkription geben, macht den Eindruck einer Reinschrift. Ein stichprobenartiger Vergleich der beiden Teile erhärtet die Vermutung, dass es sich beim zweiten Teil um die Reinschrift des ersten handelt. Es kommen im Vergleich zum ersten Teil kaum mehr Korrekturen vor, er scheint fast in einem Guss geschrieben. Auch zeigt sich, dass die Übersetzungen und Entsprechungen so gut wie durchlaufend beigefügt wurden, und hier verfügt die überwiegende Mehrheit der Einträge über wörtliche deutsche Übersetzungen, denen dann häufig, aber bei weitem nicht in allen Fällen, Entsprechungen in den genannten Sprachen folgen. Dabei handelt es sich meist um die in Teil 1, dem Konzept, bereits angeführten Wiedergaben, wie z.B. für Ölüm hakkdur ammâ evvel konşulara: Hier heißt es auf Bogen 8: „Der Tod ist eine Wahrheit, aber zuerst für die Nachbarn", „Liebe fängt bei sich selbst an", „Charité bien ordonnée commence par soi-même", „Charity begins at home", „Fa bene a te e a suoi [sic] e poi agli altri se tu puoi". Im Konzept noch nicht fertiggestellte Übersetzungen werden hier, teils mit Erklärungen, angegeben: On beş yaşında kız yâ evde yâ yerde „Ein fünfzehnjähriges Mädchen muß entweder im Hause oder in der Erde seyn, d.i. entweder verheirathet oder begraben" (Bogen 9).

Dennoch dürften während der Reinschrift noch nicht alle Probleme gelöst worden sein, denn an manchen Stellen fehlen Übersetzungen. Diese Stellen oder auch der Korrektur bedürftige sind mit schwachen Bleistiftkreuzen angezeichnet. Ebenfalls mit Bleistiftkreuzen gekennzeichnet sind solche Sprichwörter, die von den beiden auf die bibliographischen Angaben folgenden Seiten des Bogens 2a in die Reinschrift übernommen wurden, wo aber noch die Übersetzung fehlt. Es handelt sich dabei um 31 Sprichwörter, die entweder im Konzept fehlten und/oder von der Hand des Schreibers der Reinschrift im Konzept eingefügt wurden, bzw. um solche, die zwar im Konzept mit Übersetzung vorhanden waren, deren Übersetzung aber offenbar zweifelhaft schien.

Links neben der osmanischen Spalte des ersten Teils finden sich bis einschließlich Bogen 11 andere Ankreuzungen mit Tinte. Aus diesen lässt sich leider keine Regelmäßigkeit ableiten, die meisten dieser so angekreuzten Sprichwörter scheinen auch in der Reinschrift auf. Der Zweck, der Autor und die Umstände dieser Ankreuzungen bleiben somit unklar. Allerdings wurde auch die überwiegende Mehrheit der Sprichwörter, die in keiner Weise hervorgehoben wurden, ja sogar ausgestrichene, dann in den zweiten Teil, in die Reinschrift übernommen.

Ein Vergleich der weniger häufigen doppelt mit Tinte angekreuzten Sprichwörter bis Bogen 11 des Konzepts zeigt keine durchlaufende, aber doch eine gewisse Übereinstimmung mit der Druckausgabe der Akademie. Nach Bogen 11 des ersten Teils wurden an zahlreichen verschiedenen Stellen bei Sprichwörtern, und zwar sowohl in der osmanischen als auch in der Übersetzungsspalte, „Ja" hinzugefügt. Es handelt sich dabei fast durchweg um solche, die in die Druckausgabe übernommen wurden. Zuerst schien es zwar, als könne man sie auf Steindl zurückführen, und allein darauf basierend argumentieren, dass er diese, zweifellos vor seiner eigenen verfasste Sammlung verwendet haben könnte, doch erwies sich die Übereinstimmung der angekreuzten oder mit „Ja" bezeichneten Sprichwörter mit denen bei Steindl als zu wenig signifikant.

Insgesamt muss man zwischen Anzeichnungen unterscheiden, die als Notizen während der Arbeit an dem Manuskript selbst angebracht wurden und solchen, die als Basis für die Auswahl in der Druckausgabe der Akademie dienten.

Wie verhält sich nun Steindls Sammlung zu diesem Konvolut? Obwohl nicht vollständig bewiesen werden kann, dass Steindl diese Sammlung tatsächlich benutzt hat, scheint es zumindest wahrscheinlich. Denn die Übereinstimmung der beiden Sammlungen insgesamt ist so groß, dass ein Zufall auszuschließen ist. Zudem lassen sich manche Verbesserungen, die vom Verfasser der Reinschrift im Konzept angebracht wurden, bis zu Steindl verfolgen, so z.B. cân cânın karındaşıdur „Eine Seele ist der Bruder der anderen". Es ist im Konzept (Bogen 11) ohne Übersetzung angeführt, daneben befindet sich ein „Ja" und die Korrektur yoldaşıdur „ist der Gefährte". In der Reinschrift werden beide Varianten nebeneinander gesetzt, wobei noch eine zusätzliche Änderung vorgenommen wurde (Bogen 17): cân cânânın yoldaşıdur yâ karındaşıdur, mit der Übersetzung „Die Seele ist die Gefährtin oder Schwester der Seelenfreundin", wobei die Verwendung des Wortes cânân „Geliebte(r)" anstelle von cân „Seele" als Fehler zu betrachten ist. Dies zeigt sich auch daran, dass Steindl (in seiner Nr. 527) zwar die Korrektur yoldaşıdur übernimmt, jedoch nicht cânân, sowie an der Version, die in der Druckausgabe von 1865 angegeben ist (Nr.190).

Neben den beiden handschriftlichen Quellen und Güvâhî, die im Vorwort des Drucks genannt werden (s. oben), ist dort auch die Rede von Wickerhauser und Jaubert: „Viele derselben [d.h. der Sprichwörter] finden sich übrigens bereits in verschiedenen deutschen und französischen Lehrbüchern der türkischen Sprache, darunter namentlich in Jauberts Grammatik und in Wickerhauser's Chrestomathie, abgedruckt"[24]. Interessanterweise weist eben das Exemplar von Jaubert mit der Signatur OPh 163 aus den Beständen der Konsularakademie, die am Institut für Orientalistik aufbewahrt werden, Bleistiftnotizen und Angaben in Stenographie auf. Diese können wiederum mit der Druckausgabe in Verbindung gebracht werden, wogegen ihn Steindl trotz einer Übereinstimmung von 312 von 357 Sprichwörtern nicht verwendet haben dürfte. Elf Sprichwörter aus Jaubert, die bei Steindl fehlen, kommen jedoch in der Druckausgabe vor[25].

Es kann jedenfalls als gesichert gelten, dass Steindls Sammlung als die Hauptquelle der Druckausgabe der Akademie zu betrachten ist. Nur 27 Sprichwörter aus der Druckausgabe fehlen bei ihm, davon kommen jedoch fünf bei Steindl in Varianten vor (Druck Nr. 61, 189, 225, 239, 472) und sechs stammen aus Güvâhî (s. oben, Fußnote 5; Druck Nr. 293, 317, 343, 344, 407, 439)[26]. Daher müssen nun noch diejenigen 16 Sprichwörter des Drucks betrachtet werden, die weder von Steindl noch aus der Sammlung des Güvâhî übernommen worden waren. Es handelt sich dabei um folgende Nummern der Druckausgabe: 71, 121, 128, 129, 202, 215, 241, 256, 341, 387, 391, 414, 438, 494. Alle scheinen sowohl im Konzept als auch in der Reinschrift auf, alle sind im Konzept mit „Ja" bezeichnet, und bei einigen von ihnen (Nr. 71, 121, 202, 215, 256) stimmt auch die Formulierung der wörtlichen Übersetzung in Reinschrift und Druck ganz oder zumindest fast wörtlich überein.

Zuletzt muss noch ein Vergleich mit Wickerhauser angestellt werden, der ja seine 378 Sprichwörter der bisher unbekannten Sammlung der Akademie mit 1800 Sprichwörtern entnommen hat (s. oben). Tatsächlich findet sich das einzige Sprichwort von Wickerhauser, das nicht in identischer Form auch bei Steindl vorkommt, sondern nur in einer Variante[27], das auch die Druckausgabe unter der Nr. 189 angibt, sowohl im Konzept als auch in der Reinschrift.

Zusammenfassend kann man also sagen, dass die nunmehr in den Beständen der Konsularakademie aufgefundene Sammlung, selbst in Konzept und Reinschrift gegliedert, tatsächlich die zweite handschriftliche Quelle für die Druckausgabe der Akademie und die Quelle für Wickerhauser darstellt.

Schematisch lässt sich das Verhältnis der verschiedenen Sammlungen zueinander folgendermaßen darstellen:

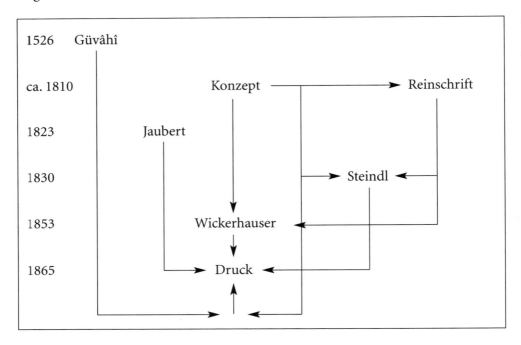

Anmerkungen

1   HHStA Staatskanzlei Interiora 55, fol. 63ff., vgl. Petritsch, Ernst, Die Wiener Turkologie vom 16. bis zum 18. Jahrhundert, in: Germano-Turcica. Geschichte des Türkisch-Lernens in den deutschsprachigen Ländern. Ausstellung des Lehrstuhl für Türkische Sprache, Geschichte und Kultur der Universität Bamberg in Zusammenarbeit mit der Universitätsbibliothek Bamberg, Bamberg 1987, S. 39.
2   Er trat 1826 in die Akademie ein (Die k.u.k. Konsular-Akademie von 1754 bis 1904. Festschrift zur Feier des 150-jährigen Bestandes der Akademie und der Eröffnung ihres neuen Gebäudes, Wien 1904, S. 95). – Leben und Karriere von Anton Steindl de Plessenet wurden von Adam Wandruszka

ausführlich beschrieben (Anton Steindl Ritter von Plessenet. Ein österreichischer Diplomat in der Levante, in: Mitteilungen des Österreichischen Staatsarchivs (MÖStA) 25 (1972), S. 449-464).

3 Signatur X 26 [OUe 108/1].

4 Sie haben folgende Signaturen: Konsularakademie X 25 [OUe 118], X 26 [OUe 108/1], X 35 [OG 21], I. Bd., X 35 [OG 21], II. Bd., X 35 [OG 21], III. Bd., X 35 [OG 21], IV. Bd., X 35 [OG 21], V.Bd., X 35 [OUe 22/1], Bd. 1, X 35 [OUe 22/1], Bd. 2, X 35 [OUe 22/1], Bd. 3, X 35 [OUe 22/1], Bd. 4, X 35 [OUe 22/1], Bd. 5, X 36 [OG 69], X 37 [OG 96]. Allgemein zu den Übungsbüchern s. Römer, Claudia, Die Übungsbücher der Zöglinge der K.K. orientalischen Akademie, in: Auf den Spuren der Osmanen in der österreichischen Geschichte, hrsg. von İnanç Feigl, Valeria Heuberger, Manfred Pittioni und Kerstin Tomenendal (Wiener Osteuropa Studien 14), Frankfurt/Main, Berlin, Wien, 2002, S. 155-160.

5 Zu Güvâhî vgl. Hengirmen, Mehmet, Pend-Nâme. (Öğütler ve Atasözleri). Kültür Bakanlığı Yayınları 549, 100 Temel Eser Dizisi 99, Ankara 1990.

6 Vgl. Römer, Claudia, Eine handschriftliche Quelle der 1865 in Wien herausgegebenen Osmanischen Sprichwörter, in: Wiener Zeitschrift für die Kunde des Morgenlandes (WZKM) 86 (1996), S. 369-377

7 Die k. u. k. Konsularakademie, S. 96.

8 Römer, Claudia, Eine handschriftliche Quelle, S. 374.

9 Amédée Jaubert, Élemens de grammaire turke, à l'usage des élèves de l'école royale et spéciale des langues orientales vivantes, Paris 1823.

10 Piqueré, P.J., Grammatik der türkisch-osmanischen Umgangssprache nebst einem Anhange von einer Auswahl verschiedener Gespräche, Sprichwörter und einer Wörtersammlung in alphabetischer Ordnung. Mit genauer Bezeichnung der Aussprache, Wien 1870.

11 Wickerhauser, Moriz, Wegweiser zum Verständniss der türkischen Sprache, eine deutsch-türkische Chrestomathie, Wien 1853.

12 Schütz, Ödön, In memoriam Halasi-Kun Tibor (1914-1991), in: Keletkutatás 1992.2, 9. Obwohl die Überarbeitung bereits 1992 in Manuskriptform vorlag, ist sie bisher noch nicht aus dem Nachlass publiziert worden.

13 Wickerhauser, Wegweiser, 1, Anm. 1.

14 HHStA, Bestand Konsularakademie, Karton 117. An dieser Stelle möchte ich Vera Ahamer für ihre außerordentliche Freundlichkeit und Begeisterung danken, mit der sie mir mehrfach über Materialien berichtet, Kopien, darunter auch die der Sprichwörtersammlung, angefertigt und zur Verfügung gestellt hat.

15 Osmanische Zitate werden hier in modern türkischer Schreibweise, jedoch in älterer Aussprache wiedergegeben.

16 Bläsing, Uwe, Tschuwaschische Sprichwörter und sprichwörtliche Redensarten, Turcologica 20, Wiesbaden 1994, S. 4.

17 Römer, Claudia, The Fox in Turkic Proverbs, in: Der Fuchs in Kultur, Religion und Folklore Zentral- und Ostasiens, Teil I. Herausgegeben von Hartmut Walravens, Wiesbaden 2001, S. 186 mit Anmerkungen 69-73 und die dort angegebene Literatur.

18 Lord Byron, The complete poetical works. Edited by Jerome J. McGann, Oxford 1980, vol.1, S. 38-40.

19 Zeile 390, vgl. Q. Horatius Flaccus, Briefe. Erklärt von Adolf Kiessling, 5. Auflage bearbeitet von Richard Heinze, Berlin 1957, Band III,S. 354.

20 Nr. 18, Zeile 71, vgl. Q. Horatius Flaccus, Briefe, Band III, 171 (dort: inrevocabile).

21 Röhrich, Lutz und Mieder, Wolfgang, Sprichwort. Realien zur Literatur, Stuttgart 1977, 4, zitiert in Römer, Claudia, The Fox, S. 177 mit Anm. 9.

22 The Oxford Dictionary of Quotations, Fourth Edition, Edited by Angela Partington, Oxford University Press, 1992, S. 348b).

23 Lord Byron, The complete poetical works, S. 360 bzw. The Cambridge Guide to Literature in English, edited by Ian Ousby, London 1988, reprinted 1989, S. 150a).

24 Osmanische Sprichwörter, XI, Anm. 2.

25 Römer, Claudia, Eine handschriftliche Quelle, S. 375-376.

26 Römer, Claudia, Eine handschriftliche Quelle, S. 377.

27 Wickerhauser, Wegweiser, 7, Zeile 3, vgl. auch Römer, Claudia, Eine handschriftliche Quelle, S. 375.

Abstract

Claudia Römer, New Light on the "Ottoman Proverbs" published by the Oriental Academy in 1865

Due to their nearness to everyday language, their sheer variety, as well as their simple, concise style, special importance was attached to proverbs in practice texts in the language teaching at the Oriental Academy.

The use of proverbs dates back to the earliest years of the Academy. This is to be seen not only in the written exercises of the first eight students, but also in several works, such as the collection of proverbs made by former student Anton Steindl de Plessenet in 1830. This was one of the main sources of the book "Ottoman Proverbs" published by the Oriental Academy in 1865, in the preparation of which both the then Director, Baron Schlechta-Wschehrd, and students from the Academy participated.

Amongst the nineteenth-century grammars of Turkish that of Moriz Wicker-shauser, who also taught at the Academy, deserves special mention. A handwritten work of an earlier student at the Academy, which has only recently come to light, served as a source for this, as it did also with all probability for Steindl's collection. And most certainly it can be regarded as the second source for the "Ottoman Proverbs" of 1865. The handwritten document offers us no clue as to its author or date, but from its bibliography and some notes we may conclude it was produced after 1807. In two parts, a draft and a fair copy, the collection consists of approximately 2,000 proverbs. For each proverb there is a translation into English, French, German, Italian or Latin.

Résumé

Claudia Römer, Du nouveau dans les « Proverbes ottomans » publiés par l'Académie orientale en 1865

Il fut accordé une importance particulière aux proverbes en tant que textes d'exercice dans les cours de langues de l'Académie orientale, notamment pour leur proximité avec la langue usuelle, pour leur variété et leur style simple et concis.

L'utilisation de proverbes dans les cours de langues de l'Académie orientale remonte aux premières années de l'établissement. On en trouve des traces non seulement dans des travaux d'écriture des huit premiers internes, mais aussi dans des travaux plus importants, comme le recueil de proverbes de l'interne de l'Académie, Anton Steindl de Plessenet, datant de 1830.

C'est sur ce recueil que se basa principalement la publication les « Proverbes ottomans » éditée en 1865 par l'Académie orientale et impériale, à laquelle les élèves de l'Académie participèrent aux côtés de l'ancien directeur Freiherr v. Schlechta-Wschehrd.

Parmi les grammaires européennes de la langue turque du 19ème siècle, on doit signaler celle de Moriz Wickershaueser, qui enseigna, entre autre, à l'Académie. Celle-ci a utilisé comme source un ouvrage manuscrit, récemment retrouvé, des anciens élèves de l'Académie, comme de manière très probable le recueil Steindl. Et certainement elle peut être considérée comme l'autre source importante de la version imprimée de 1865 des « Proverbes ottomans ». Cependant cet ouvrage manuscrit ne contient aucune indication relative à son auteur ni à sa date de parution. Néanmoins, on peut en conclure d'après la bibliographie et quelques notes que celui-ci dut être rédigé après 1807. Le recueil composé de deux parties, une ébauche et une 'copie au net', comprend environ 2000 proverbes. En face de chaque proverbe en langue arabe est proposée la traduction correspondante en allemand, en français, en latin, ou en anglais. Il s'agit, en l'occurrence, d'une analyse à caractère comparatif, qui dépasse déjà le simple exercice linguistique.

Heinrich Pfusterschmid-Hardtenstein

Die Orientalische- und spätere Konsularakademie 1848-1918. Eine frühe Fachhochschule im Zeitalter der Industrialisierung

Vorwort

Die Geschichte der Orientalischen Akademie, die von Grund auf reorganisiert, ab dem Studienjahr 1898/99 unter dem Titel k. u. k. Konsularakademie weiter geführt wurde, ist bereits mehrfach reichlich dokumentiert worden.[1] Es ist daher kaum möglich, wesentliches, neues Material zu finden und zu verarbeiten. Hingegen ist es verlockend, diese Institution zu Beginn des 21. Jahrhunderts im Lichte der seither eingetretenen Entwicklungen der internationalen Beziehungen zu betrachten. Der Untergang des Vielvölkerstaates, hervorgerufen durch die Verquickung von äußeren Einwirkungen mit inneren Auseinandersetzungen zwischen den ethnischen Einheiten und politischen Teilgebieten und dem zur Rettung der Einheit in Gang gesetzten Weltkrieg, lassen auch heute noch die Frage interessant erscheinen, ob Fehler der Struktur und der personellen Besetzung des auswärtigen Dienstes der Doppelmonarchie wesentlich zur Fehlentwicklung beigetragen haben, oder ob Zwänge der allgemeinen Lage in ganz Europa in Verbindung mit falschen Entscheidungen einzelner handelnder Personen zur Verantwortung zu ziehen sind. Die recht sorgfältige jüngste Untersuchung eines amerikanischen Wissenschafters scheint zur ersten Version zu neigen.[2] Eine Beurteilung des staatlichen Apparates Österreich-Ungarns und seiner diplomatischen und konsularischen Einrichtungen im Gesamtkontext der zwischenstaatlichen Beziehungen der damaligen Zeit und der vergleichbaren Institutionen anderer Großmächte lässt jedoch die Monarchie in einem günstigeren Licht erscheinen. Die Orientalische bzw. Konsularakademie hatte viel dazu beigetragen, das professionelle Niveau dieser Dienste zu heben und den Kreis der dafür in Frage kommenden Personen auszuweiten.

Drei Dienste für die zwischenstaatlichen Beziehungen

Bis nach dem Zweiten Weltkrieg wurden in allen Staaten die für die zwischenstaatlichen Beziehungen zuständigen Dienste dreifach geführt:

1. **Der Diplomatische Dienst** war zunächst dem Adel vorbehalten und dies aus zwei etwa gleich wirksamen Gründen: erstens dem der Herkunft aus adeliger Geburt, die weitgehend auch die für das Amt nötige Bildung und gesellschaftliche Einbettung garantierte und zweitens dem der Ausstattung der Amtsträger mit den erforderlichen eigenen materiellen Mitteln. Die Herrschaftsstrukturen in Europa beruhten von wenigen Ausnahmen abgesehen (Republik Venedig, Generalstaaten der Niederlande, Städtebund der Hanse, Stadtstaaten Oberitaliens und Schweizer Eidgenossenschaft) auf Familien und Familienoberhaupt bezogenen, in letzter Instanz von Gott abgeleiteten Herrschaftsrechten, denen Herrschaftspflichten gegenüberstanden. Solange die Herrschaftsstruktur monarchisch blieb, erhielt sich eine europäische Führungsschicht, die darauf bedacht war, ihre Formen des gesellschaftlichen und diplomatischen Verkehrs einzuhalten. Um dabei bestehen zu können, bedurfte es einerseits einer Bildung, die nur innerhalb dieses durch enge familiäre Beziehungen gekennzeichneten Kreises erworben werden konnte und andererseits dem Lebensstil entsprechender materieller Voraussetzungen. Für Angelegenheiten alltäglicher Natur, verwendete man zunächst bezahlte Agenten, deren Loyalität und Zuverlässigkeit allerdings zweifelhaft war.[3]

2. **Der Ministerialdienst.** Mit der Zunahme der zunächst gewerblichen Produktion und des wirtschaftlichen Verkehrs, der Rationalisierung der Verwaltung und damit verbunden der Trennung des persönlichen Haushalts des Herrschers von dem des von ihm regierten Territoriums, entstand etwa seit der Renaissance nach und nach ein mit der Führung der Staatsgeschäfte betrauter Stand an Beamten. Für dessen Angehörige war die Ausbildung an den Universitäten als Juristen Voraussetzung, ergänzt durch Kalligraphie, Rechnungswesen und Statistik in einem weiteren Verständnis. Von besonderer Wichtigkeit war die Kenntnis dessen, was vorangegangen war, die Geschichte der Herrscher und ihrer Familien. Praxis im Umgang mit ihnen und Kontinuität im Dienst waren Voraussetzung. Die Karrieren der damit befassten Personen im Nahbereich des Herrschers ließen das entstehen, was im Französischen als aristocratie de robe oder auf Deutsch mit Dienstadel bezeichnet wurde.

3. **Der konsularische Dienst.** Sein Ursprung ist seit dem Mittelalter mit der Entwicklung von Handel und Verkehr eng verbunden. Formen der Selbstverwaltung und Vertretung der ausländischen Kaufleute, Gewerbetreibenden und Bankiers entwickelten sich, ihren geschäftlichen Bindungen entsprechend an den Orten ihres Aufenthalts. Sie erforderten detaillierte Kenntnisse nicht nur der wirtschaftlichen Gegebenheiten sondern auch der rechtlichen Voraussetzungen und der für die Verwaltung am Orte zuständigen Personen sowie der von ihnen im Geschäft befolgten Usancen. Aus diesen Gründen wurden diese Funktionen zunächst fast ausschließ-

lich und später überwiegend von ortsansässigen Persönlichkeiten in ehrenamtlicher Stellung ausgeübt. Erst in der zweiten Hälfte des 19. Jh. begannen die Staaten infolge der Zunahme von Handel und Verkehr auch die konsularische Vertretung in den wirtschaftlich wichtigsten Orten eigenen Berufskonsulaten oder Konsularabteilungen an den diplomatischen Vertretungsbehörden zu übertragen.[4]

Handel, Kapitalverkehr, Auslandsreisen, und Wanderungsbewegungen erweiterten bei zunehmendem Arbeitsanfall die Aufgaben der Konsulate. Diese Aufgaben spielten sich in unterschiedlichen Milieus ab, für die die Kenntnis der politischen Sprache, des Französischen nicht ausreichte. Der Konsul musste daher nicht nur die lokale Sprache beherrschen, sondern im Falle Österreich-Ungarns zusätzlich zu der Amtssprache Deutsch, Italienisch und – wenn möglich – auch Ungarisch. Nach dem Ausgleich von 1867 wurde vor allem um die Jahrhundertwende das Ungarische in der Amtspraxis zunehmend als gleichberechtigte zweite Staatssprache obligatorisch. Bürger beider Reichshälften erwarteten jedoch auch die Kenntnis ihrer meist slawischen Landessprache. Im Mittelmeerraum war weiterhin Italienisch unumgänglich. Da in allen den Bürger und seine Aktivitäten betreffenden Angelegenheiten jeweils einer der zwei Staaten, die österreichische Reichshälfte oder Ungarn zuständig war, musste der Beamte in der Lage sein, bei nicht einfacher Abgrenzung zwei Rechtssysteme anzuwenden.[5]

Die drei Dienste waren in Österreich-Ungarn, so wie anderswo zwar durch unterschiedliche Eintrittsbedingungen voneinander getrennt, aber die Trennung war nie absolut. So wurden bei besonderer Tüchtigkeit oder bei Bedarf speziell für einen Problemkreis ausgebildete und erfahrene Beamte für den dafür zuständigen Posten bestellt, wobei die spätere Übernahme in jeden der drei Dienste und sogar in höherer Verwendung erfolgen konnte. Einen gewissen Dünkel der im diplomatischen und im Ministerialdienst tätigen Beamten gegenüber den im Konsulardienst verwendeten hat es gewiss gegeben, und dies nicht nur im österreichischen auswärtigen Dienst, wie ja überhaupt eine weitgehende Übereinstimmung des Aufbaus, der Arbeitsweise und der verwendeten Personen in allen europäischen auswärtigen Diensten bestand.[6]

Die Beamtenschaft des k. u. k. Auswärtigen Dienstes

Das Jahrbuch des k. u. k. Auswärtigen Dienstes von 1914 mit Stand vom 14. April, somit das letzte vor dem Ersten Weltkrieg, enthält eine „Dienstbeschreibung der Beamten des k. und k. Ministeriums des kaiserlichen und königlichen Hauses und des Äußeren, des k. und k. Haus-, Hof- und Staatsarchivs, der k. und k. Diplomatischen und effektiven Konsularfunktionäre sowie der Chefs der k. und k. Honorarkonsularämter", die 1391 Namen umfasst.[7] Davon hatten 159 ihre Ausbildung in der Akademie erhalten. Alle anderen hatten in den verschiedensten Funktionen zuvor in der allgemeinen Verwaltung, in der Armee, im Justizdienst oder bei anderen Ämtern, darunter in Ministerien für wirtschaftliche oder finanzielle Angelegenheiten in der österreichischen oder ungarischen Reichshälfte Dienst getan. Die Diplomaten hatten, sofern sie nicht zuvor die Akademie besucht hatten, die Diplomatenprüfung abgelegt, Konsularfunktionäre kamen aus der Akademie oder hatten als Konsulareleven begonnen und eine Konsularprüfung abgelegt. Bis auf wenige, heute nur mehr schwer festzustellende Ausnahmen hatten alle ihre Eignung durch ernst zu nehmende Prüfungen unter Beweis stellen müssen. Eine große Vielfalt der Herkunft, der Ausbildung und der ersten beruflichen Tätigkeit fällt dabei auf und sollte ein weites Spektrum der in der Monarchie herrschenden Verhältnisse abgedeckt haben.[8]

Mit diesem Personalstand wurden neben dem Ministerium und seinen Diensten 32 diplomatische Missionen, davon allein 21 in Europa, sowie 110 effektive Konsularämter und 370 Honorarämter geführt. Unter den damaligen Verhältnissen in Europa sind dies einer Großmacht durchaus angemessene Zahlen. Rein numerisch lag das Schwergewicht bei jenen Vertretungsbehörden, die die Rechte der Staatsbürger und die wirtschaftlichen Interessen der Monarchie zu vertreten hatten.

In verdienstvoller Weise hat es William D. Godsey Jr. in seiner Untersuchung des Österreichisch-Ungarischen Außenamtes am Abend des Ersten Weltkriegs unternommen die gesellschaftsrelevante Zusammensetzung dieses Beamtenstandes zu untersuchen. Gerade die Akribie seiner Nachforschungen zeigt jedoch die Probleme, die sich bei der Beurteilung der Auswirkungen der personellen Konstellation auf die Außenpolitik der Monarchie ergeben. Was zunächst einmal kaum durch Statistiken und persönliche Berichte herausgearbeitet werden kann, ist das Verhältnis von gesellschaftlicher Stellung zum staatlichen Apparat mit seinen dienstlichen Abläufen. Gerade unter Kaiser Franz Joseph I., dem meistens ein zu bürokratischer Geist vorgeworfen wird, war das Bewusstsein, im Staat und seinen Institutionen ein von Gruppeninteressen und individuellen Wünschen unabhängiges Instrument der kollektiven Willensbildung und Verwaltung zu besitzen, besonders ausgeprägt. Im Geiste der Gewaltentrennung Montesquieus erfolgte die Einflussnahme auf die Politik Österreich-Ungarns in gemeinsamen Angelegenheiten über die beiden Parlamente durch die von ihnen entsandten, einzeln sowie danach gemeinsam tagenden Delegationen und auf Regierungsebene durch den unter dem Vorsitz des Außenministers zusammentretenden Rat der beiden Ministerpräsidenten und der gemeinsamen Minister (Krieg und Finanzen) nach Billigung durch den Kaiser. Parteipolitische Einflussnahmen auf mittlerer oder unterer Ebene und Eigenwilligkeiten der Beamten gestützt auf politische Absicherung kamen im Vergleich zu den Verhältnissen von heute seltener vor und waren selbst für Angehörige der kaiserlichen Familie angesichts der Grundeinstellung des Familienoberhauptes verpönt und riskant. Stellung und Würde im staatlichen Apparat konnten kaum durch eine höhere gesellschaftliche Stellung überspielt werden. Natürlich gab es auch Intrigen und Ausnahmen im Falle schwacher Amtsträger. Der Beamtenapparat wurde von zwei Gesichtspunkten geleitet: Loyalität gegenüber dem Herrscher[9] und von außen unbeeinflusste, objektive, professionelle Arbeitsweise. „Die Gruppen des Theresianums und der Konsularakademie verstanden sich primär als Beamtenelite, deren politische Haltung über eine grundsätzliche Loyalität zu Dynastie und Staat nicht hinausging und die sich insbesondere von jeder Aktivität innerhalb der entstehenden parlamentarischen Parteien fernhielten."[10] Zu weitgehend ähnlichen Schlüssen gelangt Helmut Rumpler in seinem Beitrag zur Habsburger Monarchie von 1848-1918.[11]

Beim Blick auf die für die Außenbeziehungen der Monarchie zuständige Bürokratie kommt jedoch in allen diesen Beiträgen ein Aspekt nicht genügend zum Ausdruck: Stil, Lebensverhältnisse, Aufgaben und Struktur des Diplomatischen Dienstes aller europäischen Mächte unterschieden sich nur in Nuancen voneinander, am ehesten vielleicht in der Durchlässigkeit der drei Dienste untereinander. Die Diplomaten aller Staaten und ihre Familien führten eng miteinander verbunden das gleiche Leben in Anbindung an die Hofgesellschaft des Landes, in dem sie akkreditiert waren. Sie trafen sich wiederholt an den verschiedenen Orten ihres Dienstes, hatten jeweils mit den gleichen Problemen zu kämpfen und erzogen ihre Kinder in der gleichen Atmosphäre. Alle Erinnerungen und Darstellungen aus der Zeit schildern daher auch unabhängig von dem Lande des Autors in ähnlicher Weise die Vorzüge und Unzukömmlichkeiten ihres Dienstes und seiner Akteure, wobei nicht selten jener fremde Dienst als anzustrebendes Vorbild bezeichnet wird, der von den eigenen Vertretern gerade wegen ähnlicher Fehler kritisiert wurde. Verletzte Eitelkeit, nicht erfüllte Hoffnungen und Konkurrenzneid führen in Memoiren oft zu einseitigem Urteil über Vorgesetzte und Kollegen.

Unter der Oberhoheit der Souveräne war dies jene politische Oberschicht, die das so genannte „Europäische Konzert" des Wiener Kongresses bis in das zwanzigste Jahrhundert führte; immerhin durch nahezu 100 Jahre. Sie war zwar nicht in der Lage Kriege zu verhindern, konnte sie jedoch in der Intensität einschränken und nach dem Waffengang in Kürze mit relativ beschränkter territorialer und materieller Beute für den im Felde Siegreichen durch Verhandlungen einen Frieden herbeiführen, womit ausdrücklich die Angelegenheit als abgeschlossen betrachtet und ein unbelasteter Neubeginn friedlicher Beziehungen erreicht werden sollte.[12]

Andererseits war sie auch, um mit Worten von heute zu sprechen, eine „Spaßgesellschaft", die auf sehr verfeinertem Niveau mit gegenseitigen Visiten, Jagdgesellschaften, Hofbällen und Paraden, bei Diners und Picknicks ihre Beziehungen pflegte und förderte, ohne ausreichendes Bewusstsein für die sozialen Probleme einer fundamental in Umwandlung befindlichen Gesellschaft und mit schwachen Verbindungen zu den robusten neuen Kräften und Bewegungen des bürgerlichen Nationalismus, sowie der Industrie mit ihrer nachdrängenden revolutionären Arbeiterschaft. Während man noch auf Französisch „parlierte", sorgfältig darauf achtend, die Gefühle des Anderen nicht zu verletzen, soziale Probleme mit den „eigenen Untergebenen" in hausväterlicher Weise zu regeln und im Übrigen alles einem vielfach ungeschriebenen Protokoll gemäß abzuhandeln, kämpften vor den Toren der Schlösser und Paläste die neuen Kräfte säuberlich nach Muttersprache getrennt um ihre Plätze in der künftigen Gesellschaft, je radikaler und kompromissloser mit umso aussichtsreicheren Erfolgschancen. Die Kämpfe in den Parlamenten waren den beamteten Angehörigen der Oberschicht ebenso odios, wie der offen zu Tage getragene Drang nach monetären Erfolgen an der Börse und in den Kontoren. Dementsprechend suchten sie nur jene Neuankömmlinge in ihre Reihen aufzunehmen, die sich den Sitten und Riten ihres Kreises ganz anzupassen vermochten. Wem es gelang über den Staatsdienst in die hohen Ränge der Bürokratie aufzusteigen, war in Österreich-Ungarn als Minister, Statthalter, Gesandter oder Feldmarschallleutnant Geheimer Rat und hatte Zutritt zu allen öffentlichen Funktionen. Wenn er auch von den alten Familien gesellschaftlich nicht als ebenbürtig anerkannt wurde, so hatte er doch Aussicht, dass seine Kinder und Enkel nach günstigen Heiraten dazu aufsteigen würden, wie dies z.B. beim Außenminister Aloys (seit 1909) Graf Aehrenthal der Fall war. In der Monarchie war durch Kaiser Franz Joseph I., der sich selbst als oberster Beamter fühlte, der Weg nach oben über einen erfolgreichen Dienst für den Staat offener als in manchen anderen europäischen Gesellschaften. Die Orientalische bzw. Konsularakademie war ein solcher Weg nach oben.

Die rasante Entwicklung von Wirtschaft und Verkehr verändert das Konsularwesen

Der Entwicklungsprozess verlief von West nach Ost abfallend: So nahm der Anteil der Landwirtschaft in Österreich von 1869 bis 1910 von 67.2 % auf 53.1% ab, in Ungarn von 80% auf 66,7% im Deutschen Reich hingegen von 1861/71 auf 1910/13 von 50.9 % auf 35.1%, der Anteil der in der Industrie Tätigen stieg jedoch von 19.7% auf 24.0%, bzw.8.6% auf 16.2% und im Deutschen Reich von 27.6% auf 37.9%. In der Zeit von 1860 bis 1900 nahm die Zahl an Eisenbahnkilometern in Österreich-Ungarn von 4.500 auf 36.300 zu; in der Dichte, km pro Million Einwohner, erreichte die Monarchie mit 805 den vierten Platz nach Frankreich mit 1100, Großbritannien 975 und dem Deutschen Reich mit 870. Immerhin nahm die Österreichische Industrieproduktion auf der Basis eines Index von 100 für 1900 in der Zeit von 1880 bis 1913 von 44 auf 144 zu, im Bergbau von 46 auf 140, in der Metallerzeugung von 20 auf 189 und im Maschinenbau von 10 auf 196![13]

Dies wirkte sich zunächst viel weniger im diplomatischen Verkehr als im Konsularwesen aus. Der souveräne Staat herrschte ungebrochen über seine Staatsbürger im In- und Ausland. Für die Beziehungen zwischen den Staaten waren die Diplomaten unter der Leitung durch die Staatsoberhäupter und deren Regierungen zuständig. Mit Französisch als lingua franca konnte der Diplomat überall seinem Metier nachgehen. Nicht so der Konsul, denn er hatte es mit einer Vielzahl von Menschen unterschiedlichster Herkunft, Bildung und Beschäftigung zu tun. Oft hatte er nicht auf Grund einer Weisung für den Einzelfall die Angelegenheiten seines Landes zu vertreten, sondern allein auf sich gestellt am Ort seiner Zulassung die Interessen eines Staatsbürgers zu wahren. Das reichte von der Straf- und Zivilgerichtsbarkeit über die eigenen Staatsbürger im Orient oder in Kolonien, über Schutzfunktionen für die Staatsbürger, standesamtliche Aufgaben, die Unterstützung von Aus- und Rückwanderern bis zur Unterstützung von Industrie und Handel durch Berichte oder Auskünfte über die Kreditwürdigkeit fremder Unternehmen und Kaufleute. So kamen viele Zehntausende von österreichisch-ungarischen Aus- und Rückwanderern jährlich allein über den dafür wichtigsten Hafen Bremen. Die Konsulate waren sogar angewiesen ihren Staatsbürgern bei der Arbeitsbeschaffung im Ausland behilflich zu sein.[14]

Orientalische Akademie und Konsularakademie als Schöpfer und Garanten eines professionellen Vertretungsapparates

Durch die Konsularakademie verfügte die Monarchie über eine eigene Ausbildungsstätte, die über die professionelle Ausbildung eines harten Kerns von künftigen Beamten hinaus mit Hilfe der an ihr lehrenden Wissenschafter der Universität Standards für die Behandlung der internationalen Agenden setzte. Gegen Ende des Berichtszeitraums wurde sie auch vermehrt für die Ausbildung und Prüfung der Diplomaten herangezogen.[15] Es war dies die einzige Institution dieser Größenordnung und Art in der Welt.

Beginnend mit der Notwendigkeit, über sprachgewandte und verlässliche Dolmetscher für orientalische Sprachen zur Aufnahme der Handelsbeziehungen mit dieser Region nach dem Ende der Kriege mit dem Osmanischen Reich zu verfügen, hat sie, so weit sich heute beurteilen lässt, der Monarchie über mehr als 160 Jahre hinweg eine ausgezeichnete Beamtenschaft herangebildet. Von besonderer Wichtigkeit war dabei die Tatsache, dass von allem Anfang an eine erfolgreich absolvierte Ausbildung die sofortige bezahlte Aufnahme in den Dienst und damit die Voraussetzungen zur Überwindung gesellschaftlich gegebener Schranken garantierte.[16] In weiterer Folge konnte von den so Ausgebildeten, ein Druck zur Professionalität auf jene Angehörigen des Dienstes ausgeübt werden, die unter anderen Voraussetzungen in den Dienst aufgenommen worden waren.

Es ist sehr schwierig genau auszumachen, in welchem Maße eine Bildungsanstalt, die nicht Voraussetzung für alle in den Dienst Aufzunehmenden ist, dessen Niveau und Arbeitsweise beeinflusst. Es lässt sich jedoch im Falle der Akademie feststellen, dass in den Funktionen, die ein besonderes Fachwissen erforderten, ein verhältnismäßig hoher Anteil ihrer Absolventen zu finden ist. Das gilt auch für Spitzenpositionen im Ministerialdienst, in den sie übernommen wurden. In Regierungsfunktionen finden wir zwischen 1860 und 1918 neun Minister, darunter siebenmal den Außenminister als Absolventen der Akademie. Zusammen mit der ihr verwandten und zeitweise im gleichen Gebäudekomplex unter der gleichen Leitung stehenden Theresianischen Akademie stellten beide Anstalten, ihre Direktoren, Professoren und Präfekten eingeschlossen 10 Ministerpräsidenten, 10 Minister für Cultus und Unterricht, 9 Innenminister, 5 Finanzminister und 4 Handelsminister. Der Anteil der Konsularakademie an der diplomatischen und konsularischen Beamtenschaft wird von Stimmer mit Werten angegeben, die – je nach Einsatzort – zwischen einem Viertel und 100 Prozent reichen.[17] Am Berliner Kongress von 1878 zur Regelung der Orientkrise waren von sechs österreichisch-ungarischen Delegierten vier, darunter Außenminister Heinrich Freiherr von Haymerle, Absolventen der Orientalischen Akademie.

Die Akademie während der letzten sieben Jahrzehnte der Monarchie

Das Jahr 1848 brachte einen Dammbruch: Getragen von den neuen Ideen der Freiheit, Gleichheit und Brüderlichkeit, veränderten sich unterstützt durch neue Technologien in stetig zunehmendem Rhythmus Wirtschaft und Verkehr. Mit den materiellen Grundlagen veränderte sich aber auch die Gesellschaft und ihr Bewusstsein, allerdings mit geringerer Geschwindigkeit. Die alten ständischen Strukturen wurden durch die Notwendigkeit aufgebrochen, sich den neuen Verfahren des Broterwerbs anzupassen. Die bereits im Jahrhundert zuvor begonnene Trennung von staatlichen und gesellschaftlichen Funktionen nahm neue Formen an. Mehr Menschen in neuen Funktionen unter anders gearteten Produktionsverhältnissen erforderten allgemein gehaltene Verhaltensregeln, die in gleicher Weise zur Anwendung kommen sollten. Dies hatte mehr Verwaltung und mehr Beamte zur Folge. Lag bis dahin die Verwaltung weitgehend in der Hand von Ständen, wie dem Adel, der Kirche, den Städten oder den Zünften, so übernahm diese Funktionen nun der Staat. Mit der Befreiung der Bauern und der Aufhebung der grundherrschaftlichen Gerichtsbarkeit trennte sich die gesellschaftliche Funktion des Adels zunehmend von den ursprünglichen politisch-rechtlichen Aufgaben im Auftrag des Herrschers. Dieser ist gezwungen, in den kleinen Kreis der adeligen Familien Personen aus anderen Schichten der Bevölkerung aufzunehmen, um die Erfüllung der staatlichen Aufgaben zu ermöglichen. Da die Verleihung eines Adelstitels die Bestätigung der durch erfolgreichen Dienst gewonnenen Stellung bedeutete, wurde vor allem in den niedereren und mittleren Rängen ausgiebig geadelt. Damit gelang es, den Prozess der Erweiterung und Erneuerung des für die Ausführung der staatlichen Aufgaben nötigen Personenkreises, durch die damit verbundene Übertragung alter

Lebensformen und ihrer Erfahrungen auf die neuen Amtsträger, sanft zu gestalten. Wenn dadurch die politische Macht der alten Adelsangehörigen nach und nach wich, so vermochten sie doch weiterhin über ihre gesellschaftliche Stellung einen beträchtlichen Einfluss auf die Lebensgewohnheiten und die Wertvorstellungen der staatlichen Strukturen auszuüben. Die Zugehörigkeit zum Adel auf Grund der Geburt in eine der adeligen Familien mit vorangehenden Generationen von Adeligen, hatte eine häufig vernachlässigte wichtige Folge: den Erwerb eines hohen und über Generationen tradierten Bildungsstands von Kind auf. Bildung darf dabei nicht als Wissen schulmäßiger Natur verstanden werden, sondern als Zusammenfassung all dessen, was zur Gestaltung des Lebens in einem kulturellen Verband erforderlich ist. Darunter befand sich neben den in gehobenen Stellungen nötigen Kenntnissen der Religion, ritterlicher Tugenden und Fähigkeiten wie Reiten und Fechten sowie den Formen des geselligen Umgangs auch die Kenntnis von Sprachen, von der eigenen Muttersprache angefangen über Latein und Griechisch bis zu Sprachen des Umfelds und vor allem der politischen Sprache, des Französischen. Um in den Genuss einer solchen Ausbildung zu kommen, bedurfte es nicht unbeträchtlicher finanzieller Mittel oder, ähnlich der alten Vorgangsweise der Kirche, der Übernahme besonders begabter noch recht junger Menschen in ein Ausbildungsprogramm mit der Zusicherung späterer bezahlter Verwendung im Dienste des Staates. Ein solches Programm von Bildung und anschließender Aufnahme in den Dienst bot die Orientalische Akademie und später die k. u. k. Konsularakademie und zwar als erste Anstalt ohne Voraussetzung einer adeligen Abkunft.

Die Zeit nach 1848 hat die rasche Ausbreitung der Verkehrsverbindungen, Dampfschifffahrt und Eisenbahn, des Telegraphen und später des Telefons als Mittel der Kommunikation sowie neuer, industrieller Produktionsweisen großen Stils gebracht. Die damit verbundenen, zahlenmäßigen und örtlichen Veränderungen in der Bevölkerungsstruktur und in der Schichtung der Gesellschaft waren interessanterweise nur mit begrenzten kriegerischen Veränderungen im Gefüge der Staaten verbunden. Das im Wiener Kongress entwickelte System des europäischen Gleichgewichts und der diplomatischen Zusammenarbeit erwies sich in der Lage, Konflikte entweder vor deren Ausbruch, z.B. Berliner Kongress, oder vor der Entartung in einen Krieg zur totalen Vernichtung des Gegners zum politischen Ausgleich zu bringen (z.B. 1866 österreichisch-preußischer Krieg und 1870/71 deutsch-französischer Krieg). Die alte europäische Oberschicht der Souveräne und des Adels behielt die Entscheidungsbefugnis über die Außenbeziehungen bis zum Beginn des nächsten Jahrhunderts weitgehend in ihren Händen. Dabei veränderte sich die Zahl der Staaten und ihrer gegenseitigen diplomatischen Vertretungen kaum, desgleichen die der Repräsentanten, deren Verfahren, Umgangsformen und Lebensweisen. Dieses politische System, verfeinert und repräsentiert durch Protokoll, Hofzeremoniell und Etikette, hatte etwas geheimnisvoll Abschreckendes auf Außenseiter, eine für nicht Initiierte kaum zu überwindende Hürde.

Die Ereignisse des Revolutionsjahres 1848 gehen auch an der Orientalischen Akademie nicht ohne Folgen vorüber. Mit der Berufung ihres Direktors, des nachmaligen Kardinals und Erzbischofs von Wien Joseph Othmar von Rauscher am 15. April 1849 auf den Bischofssitz der Diözese Seckau geht die Periode der Direktoren aus dem geistlichen Stand zu Ende. Der Staat vollzieht die Trennung von der Kirche, indem zunächst mit Sektionsrat Dr. Max Seliger, der die juridischen Fächer an der Akademie gelehrt hatte, ein Vertreter des akademischen Standes provisorisch zum Direktor bestellt wird. Angesichts der Erfahrungen, die die Repräsentanten der wieder an die Macht gekommenen Restauration mit den revolutionären Tendenzen der intellektuellen und akademischen Kreise gemacht hatten, scheint Seliger dem Ministerpräsidenten Fürst Felix Schwarzenberg, der seine erfolgreiche Karriere dem Militärdienst verdankte, keine ausreichende Garantie für die Heranbildung zuverlässiger künftiger Vertreter im Ausland gewesen zu sein. So wurde 1852 mit Oberstleutnant Philipp von Koerber einem Militär das Amt des Direktors übertragen. Ihm schreibt man neue Disziplinarstatuten für die Zöglinge und Dienstinstruktionen für die Präfekten, Professoren und Lehrer sowie die Einführung der Uniform der Staatsbeamten für die Zöglinge zu.[18] Es wird auch überlegt, die Akademie zu schließen.

Nachfolger von Koerber wurde 1861 Ottokar Maria Freiherr Schlechta von Wschehrd, der bereits als Zögling der Akademie (Jahrgang 1841) ein Völkerrechtsbuch in türkischer Sprache verfasst hatte und danach ein anerkannter Orientalist und Sprachforscher wurde. Er plädiert in einer Denkschrift für die Aufrechterhaltung der Akademie vor allem aus zwei Gründen: a) so schwierige Sprachen wie die orientalischen könnten nicht in öffentlichen Universitätskursen erfolgreich gelehrt werden, sondern nur im geschlossenen Unterricht zusammen mit den für den Beruf erforderlichen rechts- und staatswissenschaftlichen Fächern und b) dass die Vorzüge dieser Ausbildung auch vom Ausland anerkannt würden.[19] Unter seiner Leitung wird die alte Tradition wieder aufgenommen, Werke der Orientalistik zu edieren[20] und Übersetzungen für staatliche Stellen anzufertigen.

Ihm folgt von 1871-1883 Hofrat Heinrich Barb. Er nimmt erstmals Zahlzöglinge auf, die nach Abschluss der Studien selbst für ihre weitere Verwendung zu sorgen hatten. Von nun an bevölkerten den Sitz der Akademie im Jakoberhof dreißig bis vierzig Zöglinge in jeweils fünf Jahrgängen. Er war von seinem Werdegang her zwar Orientalist, aber ein extraneus, der sich erst im Verlauf seiner Funktion zu den Vorzügen der Akademie bekehrte.

Nach dem Tod Barbs wird zunächst aus der Beamtenschaft des Ministeriums ein ehemaliger Zögling (Jahrgang 1857) der ao. Gesandte und bev. Minister Constantin Freiherr von Trauttenberg provisorisch mit der Leitung der Akademie betraut. In den fünf Monaten seines Wirkens nimmt er einige Weichenstellungen vor: Die Akademie wird auch zur Vorbereitung auf den Verwaltungsdienst in Bosnien-Herzegowina bestimmt, die Prüfungen dürfen nur mehr durch die an der Akademie lehrenden Professoren vorgenommen werden und die Praxisbezogenheit der Akademie wird verstärkt. Am 4. September 1883 wird zwischen dem Kuratorium des Theresianums und dem Ministerium des Äußeren ein Übereinkommen unterzeichnet, in dem die räumliche Unterbringung der Orientalischen Akademie und eine ökonomisch-administrative Verbindung beider Anstalten „unter voller Wahrung der Selbständigkeit und des spezifischen Charakters derselben" vereinbart wird. Innerhalb eines Jahres wurde dann der Konsulartrakt im Anschluss an das Theresianum errichtet, in dem seit 1964 auch die heutige Diplomatische Akademie ihre Heimstätte hat.

Die Leitung wurde in Personalunion dem Direktor der Theresianischen Akademie, Hofrat Dr. Paul Gautsch von Frankenthurn, dem nachmaligen k.k. Minister für Cultus und Unterricht sowie späteren Ministerpräsidenten der österreichischen Reichshälfte übertragen. Zudem wurde erstmals ein stellvertretender Direktor in der Person des Konsuls und späteren Generalkonsuls Heinrich Ritter Holzinger von Weidlich bestellt. Nach der Bestellung Gautschs zum Cultusminister wurde zunächst Holzinger mit der provisorischen Leitung der Akademie betraut und nach dessen Versetzung als Konsul nach Piräus am 14. Februar 1886 der provisorische Direktor des Theresianums, Regierungsrat Dr. Michael Freiherr Pidoll von Quintenbach, der ein Jahr später definitiv die

Michael Freiherr Pidoll von Quintenbach,
Akademiedirektor 1886-1904

Direktion der beiden Anstalten übertragen erhielt. Wenn Pidoll bereits 12 Jahre später im Einvernehmen mit dem Ministerium und dem Monarchen an eine grundlegende Reform der Anstalt als Konsularakademie und an einen aufwändigen Neubau für ihre Unterbringung gehen kann, beweist das die Bedeutung, die ihr von den für die Außenpolitik Verantwortlichen und der Öffentlichkeit entgegengebracht wurde.

Die große Reform: Die k. u. k. Konsularakademie

Es spricht für den Ernst des Bemühens der für die Außenpolitik der Monarchie in ihrer letzten Phase Verantwortlichen, dass man sich entschloss, nicht einen früher einmal gemachten Vorschlag aufzugreifen und die Akademie in eine spektakulärere und vom Lehrangebot einfachere Diplomatische Akademie umzuwandeln, sondern die wegen ihrer Vielfältigkeit und der für beide Reichshälften komplizierten Zuständigkeiten schwierigere Aufgabe auf sich nahm, den Konsulardienst zu verbreitern und zu verbessern und dazu die personellen Voraussetzungen zu schaffen. Die dabei angestellten Überlegungen, der Außenminister führte den handelspolitischen Machtkampf der Großmächte an, die vorgesehenen Methoden und die eingesetzten materiellen Mittel beweisen, dass man wirklich die zu dieser Zeit besten zur Verfügung stehenden Voraussetzungen zu schaffen bereit war. Nach einer ersten Beratung der Spitzen des Ressorts unter dem Vorsitz des Außenministers, Agenor Graf Goluchowski von Goluchowo und in Anwesenheit des Direktors der Akademie wurde eine Kommission gebildet, die die Reorganisation ausarbeitete. Aufgrund der Diskussionen wurde vom Direktor der Akademie Michael Freiherr Pidoll zu Quintenbach am 27. Mai 1898 ein Promemoria vorgelegt, das die Richtlinien über die künftige Struktur und Arbeitsweise der Akademie sowie einen neuen Studienplan enthielt. Seine Überlegungen beispielsweise zur Funktion eines Seminars sind auch heute noch voll gültig und an amerikanischen Spitzenuniversitäten schon lange verwirklicht.[21] Die Aufteilung des Studienganges in eine Allgemeine Section und eine Orientalische Section trägt den unterschiedlichen Erfordernissen für die entwickelten westlichen Staaten und die damals noch keineswegs selbständigen und primitiven Gebiete des Ostens mit ihren höheren Anforderungen an die Sprachkenntnisse Rechnung. Die Einteilung der Gegenstände in fünf Gruppen mit einer starken Aufwertung der wirtschaftlichen d.h. theoretisch-nationalökonomischen und der commerziellen-praktischen von 7 1/2 auf 15 und von 3 auf 24, während die juristischen und historisch-politischen in etwa gleich bleiben, bei gleichzeitiger stärkerer Reduktion der einfacheren westlichen Sprachen und geringerer für die schwierigeren orientalischen Sprachen, zeigt ein wohlüberlegtes Eingehen auf die künftige dienstliche Tätigkeit der Zöglinge. Neun Sprachen und Deutsche Stilistik werden angeboten, darunter mit Arabisch, Chinesisch, Persisch, Türkisch und Ungarisch fünf nicht dem indo-germanischen Sprachbereich zugehörige; ein auch administrativ gar nicht so leicht zu verwirklichendes Angebot. All das für etwa 40 bis 50 in der Akademie lebende junge Menschen, denen aber auch vom Billardzimmer bis zur Musik und Reitstunden sowie den verschiedensten Sportarten alles geboten wurde, was damals zur höchstmöglichen Ausbildung zählte. Um die Voraussetzungen dafür zu schaffen waren für den in zwei Jahren erfolgten Bau in der Waisenhaus bzw. späteren Boltzmanngasse 800.000 und für die Einrichtung 150.000 Kronen zur Verfügung gestellt worden. Das vornehme und eine gedämpfte Atmosphäre ausstrahlende Haus – Heimito von Doderer hat ihm in der „Strudlhofstiege" ein literarisches Denkmal gesetzt – war geeignet, auf die gehobene Lebensweise in der Welt der Diplomatie vorzubereiten. Diener in Livree mit weißen Handschuhen, Konsularakademiker in Uniform und würdige Professoren sowie die vielen verwendeten Sprachen im alltäglichen Verkehr gaben ihm das Flair von Internationalität und intellektuellem Niveau.[22] Sogar Kaiser Franz Joseph I. beehrte die Akademie in ihrem neuen Gebäude mit seinem Besuch.[23]

Die Lehrer wurden vom Außenministerium über Vorschlag der Akademiedirektion in erster Linie aus der Professorenschaft der Universität Wien im Allgemeinen auf drei Jahre bestellt. Es waren dies anerkannte Wissenschafter aus Fakultäten, die zu den bedeutendsten Europas gehörten. Das Verhältnis von Lehrenden zu Studierenden betrug fast immer 1:1 (z.B. kamen 1903 auf 32 Konsularakademiker 32 Leh-

Das Gebäude der Konsularakademie in der Boltzmanngasse

rende).[24] So lehrten u. a. der Schöpfer des modernen österreichischen Zivilprozess-rechts Franz Klein, der bedeutende Verwaltungsjurist Rudolf Herrmann von Herrn-ritt, der Statistiker Carl Theodor von Inama-Sternegg, der Nationalökonom Victor Mataja, der in der Ersten Republik wichtigste Handelspolitiker Richard Schüller oder der spätere Finanzminister Josef Redlich, der als bester Kenner der angloamerikani-schen Rechts- und Verwaltungstheorie und -praxis galt. Der berühmte Nationalöko-nom Karl Menger wurde gefragt, konnte jedoch aus persönlichen Gründen einen Lehrauftrag nicht annehmen. Soweit sich heute feststellen lässt, wäre ein höheres Niveau der Ausbildung, von stets möglichen einzelnen Verbesserungen abgesehen, unter den gegebenen Voraussetzungen nicht zu erreichen gewesen. Dies scheint auch international anerkannt worden zu sein.

Die Lehrinhalte

Die Studienpläne der Orientalischen Akademie wurden wiederholt in Reformschü-ben aber auch laufend den Erfordernissen der sich ändernden Umwelt und insbe-sondere der Intensivierung der auswärtigen Beziehungen im Gefolge von Industria-lisierung und Zunahme des grenzüberschreitenden Verkehrs angepasst.[25] Die tiefgreifendste Reform war die bereits geschilderte des Jahres 1898, gefolgt im Jahre 1904 von der Übersiedlung in das neue Akademiegebäude in der Boltzmanngasse. Die Begründung, die der damalige Minister des kaiserlichen und königlichen Hau-ses und des Äußeren, Agenor Graf Goluchowski d.J., in der bereits erwähnten Rede vor dem Ausschuss der ungarischen Delegation am 20. November 1897 gab, war han-delspolitischer und davon abgeleitet außenpolitischer Natur. Betroffen waren somit gleichmäßig konsularische wie diplomatische Aufgaben der Beziehungen zum Aus-land. Das Konzept war von dem begnadeten Pädagogen und langjährigen Direktor der Akademie und des Theresianums, Michael Freiherr Pidoll zu Quintenbach, aus-gearbeitet worden.[26] Es liest sich auch heute noch wie ein moderner Vorschlag zur Ausbildung an Universitäten. Die wirtschaftlichen Fächer sind den für die Verwal-tung und das Recht gewidmeten absolut gleichberechtigt. Die Einrichtung eines Wa-renmuseums und wiederholte Besuchsreisen zu Fabriken und für die Wirtschaft wichtigen Institutionen zeigen die Bedeutung, die der Förderung der wirtschaftli-chen Interessen der Monarchie im Ausland zugemessen wurde.

Die der juridischen Fakultät der Universität Wien angehörigen Professoren wur-den ergänzt durch Vortragende aus den zuständigen Ministerien und aus den für den Handel zuständigen Institutionen. Man hat natürlich darauf gesehen, dass sie der Doppelmonarchie gegenüber loyal waren. Eine Relegierung wegen politischer Unzu-verlässigkeit war in den Akten nicht zu finden, außer die eines Präfekten italienischer Herkunft wegen dessen Verhalten in den revolutionären Monaten des Jahres 1848.

Den noch im Haus-, Hof- und Staatsarchiv vorhandenen Geschichtsbüchern lässt sich entnehmen, welche primäre Bedeutung der Geschichte des Hauses Habsburg und den Zusammenhängen zwischen den europäischen Dynastien auch weiterhin zugemessen wurde. Die Pragmatische Sanktion vom Anfang des 18. Jahrhunderts und die Erbfolge waren ja die eigentliche Klammer des Völker- und Verfassungskonglomerates, das die Monarchie darstellte. Österreich-Ungarn war daher auch die einzige Großmacht, in der die Angelegenheiten des kaiserlichen Hauses zusammen mit den auswärtigen Angelegenheiten in einem Ministerium zusammengefasst waren.

Die enge Verbindung zu den für den Außenhandel zuständigen Einrichtungen ist jedoch zukunftsweisend. Dieses Studienmodell dürfte auch in Wechselwirkung mit der am 1. Oktober 1898 gegründeten „k.k. Exportakademie" der späteren Hochschule für Welthandel gestanden sein. Deren Studienabschluss mit der Promotion zum Diplomkaufmann erlangte jedoch erst 1919 volle Anerkennung.[27]

Die Konsularakademie war nach dieser Reorganisation sicher eine der modernsten, wenn nicht überhaupt die modernste Anstalt in der Ausbildung für Berufe in den auswärtigen Beziehungen und im Besonderen für den Konsulardienst. Dies wurde sogar von den Österreich gegenüber stets besonders kritischen deutschen Beobachtern anerkannt.[28]

Sprachkenntnisse – das große Problem der Institutionen des Habsburgerreiches

Bei der Beurteilung der Verhältnisse der Doppelmonarchie in ihren letzten Lebensphasen muss man davon ausgehen, dass sie eine, um es in der heutigen Diktion zu sagen, Holding von Herrschaftsrechten darstellte, die dem Haus Habsburg in über sieben Jahrhunderten zugewachsen waren. Die allgemeine Bereitschaft Herrscherrechte anzuerkennen war bis zur französischen Revolution die Basis politischer Strukturen. Von da an beruhte die politische Legitimität auf dem Volk, der Nation, die in den wichtigsten Machtzusammenballungen Europas mit der Gemeinschaft einer dominierenden Sprache zusammenfiel. Die bewusst betriebene Instrumentalisierung der Sprache als Mittel zur politischen Herrschaft hatte unter günstigen geographischen Voraussetzungen in einem Entwicklungsprozess politisch-kultureller Natur in Frankreich, auf den britischen Inseln und schließlich auch im deutschen und italienischen Sprachgebiet zu beachtlichen Machtkonzentrationen geführt. Ähnliche Versuche im Herrschaftsbereich der Habsburger wurden so spät unternommen, dass sie bereits unter Joseph II und dann endgültig 1848 scheiterten. Die geographischen Voraussetzungen waren ebenso ungünstig wie die historisch gewachsenen und verbrieften, rechtlichen Strukturen. Die Außenpolitik der Monarchie musste daher unter zwei Blickwinkeln mit dem Problem der Vielsprachigkeit zu Rande kommen: 1. im

Stefan von Ugron
de Abrahamfalva jun.,
Akademiezögling 1881-1886
als Leiter des Generalkonsulates
in Warschau 1908

Innenverhältnis und 2. gegenüber den Staaten und Völkern, zu denen eine grenz-
überschreitende Sprachgemeinschaft bestand.

Im Innenverhältnis wurde seit dem Ausgleich 1867 von ungarischer Seite immer
stärker auf eine gleichwertige Verwendung der ungarischen mit der deutschen Sprache gedrängt. Welche Probleme sich daraus ergaben, zeigt ein Runderlass des Ministeriums aus dem Jahre 1909.[29] Die Repräsentanten des höheren Adels hatten den Vorteil, dass sie abgesehen von der deutschen Sprache wenigstens für den täglichen
Umgang meistens eine der anderen Landessprachen aus ihrer Jugendzeit kannten, da
sie von Böhmen bis Kroatien oder von Galizien bis ins Trentino ihre Güter hatten
und daher beginnend mit der Kinderfrau im Haushalt unter Bediensteten aus der lokalen Bevölkerung aufgewachsen waren. Für die nicht-ungarischen Angehörigen des
Auswärtigen Dienstes bedeutete jedoch das Erlernen dieser Sprache eine Reduktion
der Kapazität für andere Sprachen zugunsten einer praktisch nur im Innenverhält-

nis wichtigen und verwendbaren Sprache. Die nicht-deutschsprachigen Beamten in den gemeinsamen Ministerien mussten sich bemühen, zwei jeweils nicht leichte Sprachen als gleichwertige Staatssprachen gut zu beherrschen.

Im Außenverhältnis war es noch komplizierter. Die Sprache der Diplomatie war bis 1918 Französisch und zwar ein möglichst perfektes, an den Regeln der Académie Française gemessenes Französisch. Es war dies die Hochsprache des europäischen Adels und meistens nur von denen beherrscht, die sie im Elternhaus vermittelt bekommen hatten. Damit gewiss auch ein Grund für die Dominanz dieser Familien im diplomatischen Dienst. Der erste Platz des Botschafterehepaars Richard Fürst von Metternich-Winneburg im Wettbewerb mit dem Kaiserehepaar Napoléon III. und Kaiserin Eugènie beim Diktat des französischen Schriftstellers Prosper Mérimée wirft ein Licht auf die Situation.

Für den Konsulardienst hingegen war die Sprache der oberen Schichten an der Adria, aber auch der Seeleute und Handelsleute, das Italienische von Bedeutung. Es war daher auch die eigentliche Konsularsprache.[30] In der zweiten Jahrhunderthälfte wird jedoch Englisch entsprechend der zunehmenden Dominanz der angloamerikanischen Völker in Industrie und Handel nach und nach die weltumfassende Sprache. Damit jedoch nicht genug, waren die vielen Völker um das östliche Mittelmeer und am Balkan für die Außenpolitik der Monarchie und vor allem auch für ihre Wirtschaftsbeziehungen von erstrangiger Bedeutung. Von den orientalischen Sprachen war das Türkische politisch die wichtigste und daher in der Orientalischen Akademie eine der Hauptsprachen. Persisch und Arabisch waren so genannte Hilfssprachen, aber bei Letzterem fand ein Studium wohl nur für die Grundlagen statt, da die gesprochene Sprache nach Ländern und Gegenden sehr variierte.[31] So war Englisch zu Anfang des Jahrhunderts noch ein selbst zu bezahlendes Wahlfach, am Ende jedoch bereits dem Französischen in den Lehrplänen gleichgestellt. Dahinter tauchen Russisch und Serbokroatisch, dank dem zunehmenden Einfluss ihrer Mutterländer auf das politische Geschehen, auf und schemenhaft zunächst Japanisch und dann Chinesisch. Für Anpassungsfähigkeit und Einfühlungsvermögen der Vertreter der Monarchie war diese Vielsprachigkeit sicher von Vorteil, für die politische Durchschlagskraft zogen jedoch Engländer und Franzosen, aber auch die Deutschen aus der Größe des Bevölkerungsreservoirs und der Eindringlichkeit einer stark genormten, einzigen Sprache ihre Vorteile.

Bei der Wahl der Repräsentanten für einen Posten musste daher vor allem im Konsulatsdienst auch auf die Sprachkenntnisse der Aspiranten prioritär Rücksicht genommen werden. Ein „böhmakelnder" Botschafter in Berlin war undenkbar, ein ungarischer Magnat trotz skurriler Züge wohl gelitten, denn sein Akzent betraf die zweite und gleichberechtigte Sprache. Ungarn hatten überhaupt auch außerhalb der Grenzen der Monarchie ein größeres Ansehen. Mangelhaftes Französisch ließ eine Verwendung in Paris ausschließen und bei den Römern sowie rund um die Adria musste man schon wegen der eigenen Staatsbürger italienischer Sprache diese gut beherrschen.

Wie wichtig gerade für Neueinsteiger in das Metier die solide Sprachausbildung an der Akademie war, erhellt auch daraus, dass die österreichisch-ungarischen Gymnasien zwar eine sehr solide Lehre des Lateinischen und Altgriechischen boten, aber bis zur zweiten Hälfte des 20. Jh. Mittelschullehrer mitunter eingestehen mussten, dass sie zwar Grammatik, Syntax und Rechtschreibung des Englischen oder Französischen beherrschten, nicht aber zu einer gehobenen Konversation befähigt seien.

Das umfangreiche Fremdsprachenangebot der Akademie und dessen immer wieder vorgenommene Anpassung an die politische und wirtschaftliche Entwicklung, lassen darauf schließen, dass man sich der Probleme wohl bewusst war und wahrscheinlich das Menschenmögliche getan hat, ohne ausschließen zu können, dass sich immer wieder jemand mit mehr oder minderem Recht darüber beschweren konnte, österreichische Vertreter im Ausland mit ungenügender Kenntnis der erwünschten Sprache angetroffen zu haben. Natürlich setzte das sehr intensive und zeitraubende Sprachstudium dem Studium von Sachfächern gewisse Grenzen. Wie ja überhaupt das Dilemma zwischen umfassender Ausbildung in einzelnen Fächern und möglichst allgemeiner Bildung nur durch die Entwicklung des Denkvermögens, des analytischen Geistes und der Offenheit für alle auftauchenden Fragen einigermaßen bewältigt werden kann.

Das Internat als Erziehungs- und Bildungskonzept

Die gemeinsame Unterbringung von jungen studierenden Menschen wird heute vorwiegend als ein Mittel angesehen, um ihnen während der Dauer des Studiums eine günstige Gelegenheit zur Gestaltung ihrer Wohn- und Verpflegungsbedürfnisse anzubieten. Im Gegensatz dazu war sie für die Generationen zuvor, bis zur abschreckenden Wirkung durch die Exzesse der totalitären Ideologien bei der Bildung kampfbereiter Kohorten im vergangenen Jahrhundert, ein bewusst zur Schaffung eines Gemeinschaftsgeistes eingesetztes Konzept. Man wollte damit die künftig für den Staat und die Führung seiner Institutionen Verantwortlichen schon in jungen Jahren darauf vorbereiten, dass sie während ihrer Laufbahn ein gemeinsames Ziel in wohl eingeübter Gemeinsamkeit zu verfolgen hätten. Dies galt am eindrücklichsten für den Wehrdienst, aber auch für Institutionen wie das Theresianum und die Konvikte des kirchlichen Bereiches. Bis zu fünf Jahrgänge waren gleichzeitig in der Konsularakademie anwesend, so dass sich später eine Gemeinschaft von Beamten im Ministerium wieder fand, die nicht nur gemeinsam gelebt und gelernt hatten, sondern auch in sich überschneidenden Altersklassen. Man kannte sich somit gegenseitig recht gut, konnte sich nichts vormachen und fühlte sich in gewissem Maße gegenseitig verpflichtet. Dadurch konnten sowohl die damals noch bedeutenden gesellschaftlichen Unterschiede als auch allfällige Vorurteile wegen der in der Monarchie großen Unterschiede nationaler, religiöser und sprachlicher Natur gemindert werden.[32] Dieser Zusammenhalt hielt daher bis in die Endphase des Ersten Weltkriegs in der gemeinsamen Loyalität zu Herrscherhaus und Staat. Dieselben Effekte entstanden durch die Familienbindungen in den adeligen Familien und im Bereich der katholischen Kirche und der Synagogen. Im Gegensatz dazu standen die in freier Lehre an den Universitäten ausgebildeten Angehörigen des mittleren und Kleinbürgertums, die intellektuell nationalitätsbewusst orientiert, vorwiegend in landsmannschaftlichen Gemeinschaften organisiert waren. Bis dahin war das Gemeinschaftsempfinden und damit auch die Abgrenzung mehr Schichten und Berufsmäßig angelegt, nun dominierte die Sprachgemeinschaft so sehr, dass bürgerliche Deutsch-Nationale sich darin mit den sozial-revolutionären Sozialdemokraten vereint fanden.

In der aufgeheizten Auseinandersetzung zwischen den Nationalitäten, insbesondere nach den Jahren der Niederlagen gegen Preußen und dem Ausgleich mit Ungarn war daher eine höchstmögliche Einheitlichkeit der Vertretung nach außen auf Grund einer gelebten mehrsprachigen Gemeinschaft von größter Wichtigkeit, zumal da die Mitbewerber im Spiel der Mächte gegenüber der Monarchie als selbst ernannte präsumptive Erben eigene Interessen betrieben, sogar auf das Risiko hin sie damit in den Abgrund zu schicken.

Der Erste Weltkrieg brachte ein Ende der Kaiserlich und Königlichen Akademie, nicht abrupt, sondern kriegsbedingt nach und nach mit Einziehungen zum Wehrdienst, auslaufenden Jahrgängen und eingestellten Lehrveranstaltungen. Ihr letztes Zeichen habsburgischen Patriotismus zeigte die Schöpfung Kaiserin Maria Theresias, als im Dezember 1916 die noch in der Akademie befindlichen Lehrer und Konsularakademiker geschlossen zur Krönung Kaiser Karl I. zum König von Ungarn nach Budapest fuhren.

Der Direktor Anton Edler von Winter, geb. am 22. Mai 1866, Zögling der Orientalischen Akademie, nach einer Konsularkarriere am 30. September 1904 provisorisch und am 1. Oktober 1905 mit Titel und Charakter eines Generalkonsuls II Klasse definitiv mit der Leitung der Akademie betraut, wird den Übergang in die neue Realität der Republik des klein gewordenen Österreich betreuen. Viele ehemalige Absolventen werden in Österreich und in den Nachfolgestaaten für die Weiterführung der Traditionen dieser Institution und für den Aufbau neuer diplomatischer und konsularischer Institutionen sorgen.

Schlussbetrachtungen

Die Monarchie der Habsburger war das vielschichtigste Gebilde Europas. Angefangen von der Geographie, über die ethnischen und religiösen Gemeinschaften zu den politischen und rechtlichen Einheiten, den Gesellschaftsschichten und wirtschaftlichen Interessengruppen bis zu den Bildungsständen und nicht zuletzt zu den Sprachen bot sie nahezu von allem, was in Europa Bestand hatte, wenigstens etwas. Ein faszinierendes Reich wegen seiner Schönheiten und Besonderheiten, aber letztlich ein Horror für jeden, der es regieren und verwalten musste. Dennoch lässt sich in der ganzen Periode ein Bemühen feststellen, den neuen Anforderungen gerecht zu werden, wie aus den verschiedenen Konsularenqueten geschlossen werden kann. Die Umstellung der Orientalischen Akademie als einer ursprünglich für den Sprachendienst gedachten Institution auf eine Anstalt zur Heranbildung von Beamten für auswärtige Beziehungen im Allgemeinen, sowie schließlich ab 1898 mit Schwerpunkt konsularischer Dienst, bekräftigen diese Einschätzung. Es darf dabei nicht übersehen werden, dass das Studienprogramm der Universitäten von der Jurisprudenz mit unverhältnismäßigem Anteil an Römischem Recht, Kirchenrecht und Rechtsgeschichte dominiert wurde, während die Nationalökonomie auf hohem, jedoch sehr theoretischem Niveau gelehrt wurde. Umfassende, praktisch verwertbare Statistiken wurden erst nach und nach entwickelt. Die Vorgängerinstitution der Hochschule für Welthandel[33] entstand, nachdem bereits das Ministerium des Äußeren durch die Reorganisation der Orientalischen zur Konsularakademie ein weitgehend das Programm dieser Akademie vorwegnehmendes Curriculum eingeführt hatte. Sie erhielt erst nach dem Ende der Monarchie die Gleichstellung mit den bereits anerkannten Hochschulen. Ein Studium an ihr hätte daher nicht das Anstellungserfordernis für den höheren Dienst im Außenministerium erfüllt. Ein vermehrter Einsatz von Beamten mit guter Ausbildung in den Wirtschaftsfächern konnte daher nur mit zeitlichem Abstand erfolgen.

Umso bedeutender erscheint daher die Rolle der Orientalischen Akademie und nach 1898 der Konsularakademie für die Modernisierung der auswärtigen Beziehungen der Monarchie. Sie half gewiss auch eine noch lange nachwirkende herablassende Einstellung vieler Diplomaten alten Stils gegenüber den „Händlern und konsularischen Beamten" wenn nicht zu überwinden so doch zu vermindern. Ihre Bedeutung kann nicht nur an der Zahl der an der Akademie Ausgebildeten gemessen werden, sondern muss auch darin gesehen werden, dass vor allem im Ministerium selbst viele für die neuen Anforderungen besonders wichtige Posten mit ehemaligen Absolventen besetzt wurden. Damit wurde sie zum Tor im Ministerium für die Angehörigen nicht-adeliger Gesellschaftsschichten.

Obwohl nach 1848 das Nationalgefühl alle Schichten der Gesellschaft jeweils nach Sprache und ethnisch-religiösem Zugehörigkeitsgefühl erfasst hatte, stützte sich der Herrscher und mit ihm der Staat auf Adel, Kirche und Armee als verlässliche Bindeglieder für die Einheit des Reiches. Dies war umso wichtiger, als Ungarn nachhaltig seine besondere Stellung betrieb[34] und für nahezu alle sprachlich ethnischen Gemeinschaften jenseits der Grenzen nationale Anziehungspole bestanden. Selbst der praktisch einzige starke Verbündete, das Deutsche Reich, betrachtete sich im Geheimen bereits als Erbe der österreichischen Reichshälfte und Ungarn als zukünftigen kleineren Verbündeten. In dieser Konstellation war es für den Herrscher und seine

Regierung von besonderer Wichtigkeit die für die Außenbeziehungen wichtigen Beamten als verlässliche Vertreter der Monarchie zu wissen. Dieser Aufgabe ist die Akademie bis zuletzt mit Erfolg nachgekommen, so dass es erlaubt ist, von einer durchgehenden Erfüllung der Zielvorstellungen ihrer Gründerin, der Kaiserin Maria Theresia zu sprechen. Im internationalen Vergleich war sie in ihrer Zeit einmalig. Nicht ohne ihr Zutun war das Niveau des k. u. k. Außendienstes sicher nicht unter dem anderer Mächte.

Was hat die Orientalische bzw. k. u. k. Konsularakademie der Diplomatischen Akademie von heute zu sagen? Jede Zeit muss für sich selbst entscheiden, welche Art und Weise der Ausbildung junger Menschen für sie die richtige ist. Das Besondere der letzten Dezennien des 20. Jh. ist die ungeheuer rasche wissenschaftliche und technische Entwicklung, die es im Zusammenwirken mit dem ebenso schnell anwachsenden Umfang an erforderlichem Wissen und der Einbeziehung der gesamten Welt in ein politisches und wirtschaftliches Bezugssystem einfach unmöglich machen den Lebensablauf in einen an den Anfang gestellten Zeitraum des Lernens und einen anschließenden des Anwendens zu unterteilen. Das den Beruf begleitende ständige Lernen ist unausweichlich geworden. Dennoch oder gerade deshalb ist eine solide Grundausbildung weiterhin unumgänglich. Somit ist es noch wichtiger geworden festzulegen, was in dieser Periode getan werden muss, um später all das hinzufügen zu können, was der konkreten beruflichen Verwendung und dem an Neuem Hinzukommenden gerecht wird.

Frühere Epochen hatten sehr genaue Vorstellungen über den Kanon dessen, was für den Menschen erforderlich war, um fachlich und moralisch bestehen zu können. Dementsprechend waren die Lehrpläne auch angelegt. Seit der Aufklärung und in ihrem Gefolge der liberalen Gesellschaftsauffassungen wurde die Wahl in zunehmendem Maße dem aufgeklärten Individuum überlassen. Die Ausbildung der Universitäten überließ es immer mehr jedem Einzelnen, das zu wählen, was ihm lernenswert erschien. Nach und nach werden nun auch die unteren Stufen davon erfasst. Dem breit gefächerten Lehrangebot mit Namen Universität muss in einer an Berufen orientierten Anstalt ein Ausbildungskonzept gegenüberstehen, das sich an beruflichen Erfordernissen engerer Art orientiert und dementsprechend vorschreibt, was zu lernen ist. Die erste Auseinandersetzung über dieses Konzept fand im Jahr 1870 unter dem Vorsitz des Reichskanzlers Graf Beust in einer mehrtägigen Konsularenquete statt.[35] Interessanterweise sprachen sich damals die Vertreter der liberalen Wirtschaftskreise für eine freiere und der Universität unterstellte Ausbildung der künftigen Konsularbeamten aus. Heute ist es eher umgekehrt, denn die Fachhochschulen mit ihrem strengeren und mehr den Berufen angepassten Regime werden gerade von der Wirtschaft unterstützt. Das Pendel schlägt immer weit aus. Die Frage nach dem Ziel einer Ausbildung und den zu verwendenden Methoden bleibt jedoch immer aktuell.

Für die Diplomatische Akademie von heute ist diese Frage ganz brisant geworden, denn als am Beruf orientierte Ausbildungsstätte muss sie damit fertig werden, dass der Beruf der Diplomaten und Konsuln im gewohnten Sinne infolge der Globalisierung der menschlichen Gesellschaft und dem damit verbundenen Verlust der Souveränität der Staaten zugunsten einer Art Weltinnenpolitik ganz neue Berufsbilder für die Beziehungen von Menschen unterschiedlicher Kulturen und Traditionen geschaffen hat. Der Autor des Werks über das deutsche Auswärtige Amt in der Bismarckzeit hat in den Quellen für die auf Bismarck folgende Periode gefunden, dass ein Mangel an politischer Zielsetzung für die Beamten des Reiches beklagt wurde, da es ihnen somit an einem der neuen Zeit würdigen Sinngehalt gefehlt habe.[36] Den jungen Menschen von heute wird es angesichts der Herabstufung des souveränen Nationalstaates und der an Macht zunehmenden weltweiten und kontinentalen, politischen und rechtlichen Systeme gar nicht so leicht fallen, die eigene Loyalität zu begründen sowie den für eine engagierte Berufsausübung über das eigene Fortkommen hinausweisenden Sinngehalt zu finden und mit Überzeugung zu verfolgen. Sie müssen sich mit einer Flut von Wissen auseinander setzen und in einer multiethnischen und -kulturellen Gesellschaft leben, die weit über das hinausgeht, was Österreich-Ungarn zu bieten und zu fordern hatte. Vielleicht hilft es ihnen gelegentlich, einmal nachzusehen, wie vorangegangene Generationen, manchmal mit und manchmal ohne Erfolg, mit ähnlichen Anforderungen zurechtgekommen sind, denn eines scheint trotz einer sich verändernden Umwelt nur sehr bedingt wandelbar: die „Condition Humaine".

Anmerkungen

1 Weiß Edler von Starkenfels, Victor, Die kaiserlich-königliche Orientalische Akademie zu Wien, ihre Gründung, Fortbildung und gegenwärtige Einrichtung (Wien 1839). Die k. u. k. Konsularakademie von 1754 bis 1904. Festschrift zur Feier des 150jährigen Bestandes der Akademie hrsg. von Agenor Graf Goluchowski (Wien 1904). Pfusterschmid-Hardtenstein, Heinrich, Von der Orientalischen Akademie zur k. u. k. Konsularakademie in Die Habsburgermonarchie im System der Internationalen Beziehungen 1.Teil, Wien 1989.

2 Godsey, William D. Jr. Aristocratic Redoubt The Austro-Hungarian Foreign Office on the Eve of the First World War, West Lafayette Indiana 1999

3 Gerbore, Pietro, Formen und Stile der Diplomatie (Rowohlts dt. Enzyklopädie 211/12, Reinbek bei Hamburg 1964) S. 14 u. 93

4 Für die Monarchie siehe: Malfatti di Montetretto, Josef Ritter von, Handbuch des österreichisch-ungarischen Consularwesens (Wien ¹1879, ²1904) 4f. Lentner, Konsulate; in: Österreichisches Staatswörterbuch, Handbuch des gesamten österreichischen öffentlichen Rechtes, hrsg. Von Ernst Mischler und Josef Ulbrich III (Wien ²1907), für das Deutsche Reich: König, Handbuch des deutschen Konsularwesens (5. Auflage1896), für Frankreich vgl. Les Affaires Étrangères Tome I S. 180f

5 Eine eindrucksvolle Darstellung des Umfangs und der Vielseitigkeit der Aufgaben eines k.u.k. Konsulates findet sich bei: Eliav, Mordechai, Österreich und das Heilige Land, Ausgewählte Konsulatsdokumente aus Jerusalem 1849-1917 Verlag der Österreichischen Akademie der Wissenschaften, Wien 2000

6 Hampe, Karl-Alexander, Das Auswärtige Amt in der Ära Bismarck Bonn Bouvier 1995 S. 62/63

7 Jahrbuch des k.u.k. Auswärtigen Dienstes 1914, Wien 1914 S. 223 ff.

8 Godsey weist auf Ausnahmen von Aufnahmebedingungen wie im Falle Graf Lützows u.a. hin. Bei einem so sehr von der Persönlichkeit abhängigen Beruf, wie dem der hohen Amtsträger der Diplomatie, ist eine begrenzte Zahl von Ausnahmen durchaus nicht negativ zu beurteilen, vorausgesetzt die Aufnahme erfolgt nicht auf Grund eines Irrtums in der Person oder reiner Protektion. Immerhin haben die Brüder Paul und Jules Cambon, die vom Journalismus kamen, als Botschafter Frankreichs in London und Berlin vor dem Ersten Weltkrieg wesentlich zur Bildung der Entente gegen die Mittelmächte beigetragen.

9 Für Gott und den Herrscher lautete die Devise in persischer und deutscher Sprache über dem Stiegenaufgang des neuen Gebäudes der Konsularakademie in der Boltzmanngasse. Siehe Pfusterschmid-Hardtenstein, Heinrich, Von der Orientalischen Akademie zur k. u. k. Konsularakademie a.a.O. S. 185

10 Stimmer, Gernot, Zur Herkunft der höchsten österreichischen Beamtenschaft. Die Bedeutung des Theresianums und der Konsularakademie; in: Student und Hochschule im 19. Jahrhundert. Studien und Materialien, hrsg. Von Christian Helfer und Mohammed Rassem (= Studium zum Wandel von Gesellschaft und Bildung im 19. Jahrhundert. Göttingen 1975) S. 318 f.

11 Rumpler, Helmut, I. Die rechtlich-organisatorischen und sozialen Rahmenbedingungen für die Außenpolitik der Habsburgermonarchie 1848-1918 insbesondere 4. Die Reichsbürokratie des „Ballhausplatzes" als Träger der äußeren und inneren Staatspolitik S. 88 f. in Die Habsburgermonarchie 1848-1918, Band VI, 1.Teilband Die Habsburgermonarchie im System der Internationalen Beziehungen

12 Nicolson, Sir Harold, The Faults of American Diplomacy, Harper's Magazine, New York, January 1955, S. 53 „The fourth characteristic bequeathed by the French System was the establishment in every European country of a professional diplomatic service on a more or less identical model. These officials representing their government in foreign capitals possessed similar standards of education, similar experience, and a similar aim." Varé, Danielé, Der lachende Diplomat, Berlin 1940

13 Gross, Nachum Th. I. Die Stellung der Habsburger Monarchie in der Weltwirtschaft S. 18 u. 23 und Rudolph, Richard L. V. Quantitative Aspekte der Industrialisierung in Cisleithanien 1848-1914 S. 237 f in: Die Habsburger Monarchie 1848-1918 Band I Die wirtschaftliche Entwicklung bzw. der gesamte Band

14 Gargas, Dr. Sigismund, Zur Reform des österreichisch-ungarischen Konsularwesens, Wien 1910 enthält eine eindrückliche Schilderung der Aufgaben und Probleme des Konsularwesens.

15 Jahrbuch des k.u.k. Auswärtigen Dienstes 1914, S. 463 Verordnung des k.u.k. Ministeriums des k.u.k. Hauses und des Äußeren vom 20.1.1914 2/0/2 betreffend die Erfordernisse für den Eintritt in den Konzeptsdienst dieses Ministeriums oder in den diplomatischen Dienst. § 8 betreffend den einjährigen Vorbereitungskurs „unter der pädagogischen Leitung der Direktion der k.u.k. Konsularakademie, in deren Räumen" und die §§ 9-14 betreffend die Diplomatenprüfung.

16 Siehe in diesem Zusammenhang die ähnlichen Vorkehrungen, die man in Frankreich und später unter Bismarck auch im Deutschen Reich getroffen hat, bei Les Affaires Étrangères und Hampe, Karl Alexander, Das Auswärtige Amt der Ära Bismarck

17 Stimmer, Gernot, Herkunft der Beamtenschaft. S. 303-345

18 Konsular-Akademie Festschrift 1904 S. 23 f und Die Orientalische Akademie in Wien. Beilage zu Nr. 78 der Allgemeinen Zeitung vom 19. März 1849. Beschwerdeschreiben Dr. Selingers über seine unerwartete Absetzung und die dadurch hervorgerufene Bestürzung bei den Studenten und Professoren; Bericht Oberstleutnant Koerbers über die zu frei gehaltenen Zöglinge und die Notwendigkeit zur Überwachung des sittlichen Lebenswandels, sowie neuer Statuten; beides in: HHStA, Staatskanzlei Interiora, Karton 58 alt, Faszikel 67h.

19 Konsular Akademie Festschrift 1904 S. 28 und HHStA, Archiv der Orientalischen bzw. Konsularakademie, Karton 5, 12/1870 bzw. Min. f. Äußeres 3863/X vom 12. 3.1879

20 Siehe dazu den Beitrag von Claudia Römer in diesem Band.

21 Protokolle der Sitzungen vom 15.3. (unter Vorsitz Goluchowskis) 16.3., 18.3., 25.3., und 17.4.1898 (unter Vorsitz des Gesandten Dr. Julius Freiherr von Zwiedineck-Südenhorst, Zögling 1857) HHStA, Neue Administrative Registratur F 8, Karton 364. Pidoll, Promemoria 1898.

22 Lugmayr, Maria, Die Geschichte der k.u.k. Konsularakademie1898-1918, ungedruckte Hausarbeit (Wien 1981) insbes. S. 59, Doderer, Heimito von, Die Strudlhofstiege oder Melzer und die Tiefe der Jahre (Wien 1951) S. 269, 279. Wildner, Clemens, Von Wien nach Wien (Wien 1961) S. 33-38

23 Siehe die im Besitz der Diplomatischen Akademie befindlichen Aquarelle von Wilhelm Pendel u. Telmi, Edith u. Hauptmann, Terzy, History of the Consular Academy and Boltzmanngasse 16, American Embassy Vienna, June 2001

24 Pfusterschmid-Hardtenstein, Heinrich, Von der Orientalischen Akademie zur k.u.k. Konsularakademie S. 167 f.

25 Pfusterschmid-Hardtenstein, Heinrich, Von der Orientalischen Akademie zur k.u.k. Konsularakademie Anhang S. 191 ff.

26 Konsular-Akademie. Festschrift 1904 40. Pidoll Promemoria 1898, S. 1 f.

27 Wirtschaftsuniversität Wien http://www.wu-wien.ac.at/portal/geschichte.html vom 05.07.2003

28 Romstedt, Oswald von, Diplomatenerziehung; in: Der Tag (Berlin) vom 1. Mai 1910

29 Zirkular des k.u.k. Ministerium des kaiserlichen Hauses und des Äußeren Zl.23.271/1o 1909 vom 27. März 1909

30 Eliav, Mordechai, Österreich und das Heilige Land S. 241 „Die für die k.k. Oest.-Ung. Consulate in der Levante vorgeschriebene Dienstsprache ist die italiänische." Konsul Graf Caboga in Jerusalem am 3. Juni 1875 an den deutschen Konsul Baron v. Münchhausen, der sich beschwert hatte, dass ihm amtliche Schriftstücke in Italienisch zugefertigt wurden.

31 Eliav, Mordechai, Österreich und das Heilige Land S. 376

32 vgl. Csáky, Emerich, Vom Geachteten zum Geächteten: Erinnerungen des k. und k. Diplomaten und k. ungarischen Außenministers Emerich Csáky (1882-1961) hg. von Eva-Marie Csáky, Wien 1992

33 Die heutige Wirtschaftsuniversität Wien wurde am 1. Oktober 1898 als „k.k. Exportakademie" im ehemaligen Palais Festetic in der Berggasse gegründet und 1919 zur staatlichen „Hochschule für Welthandel" erhoben. Siehe: 100 Jahre Geschichte Wirtschaftsuniversität Wien, http://www.wu-wien.ac.at/portal/geschichte.html

34 Stourzh, Gerald, Der Dualismus 1867 bis 1918: Zur Staatsrechtlichen und Völkerrechtlichen Problematik der Donaumonarchie, insbes. Kapitel 3 in: Die Habsburgermonarchie 1848-1918 Band VII Verfassung und Parlamentarismus

35 HHStA, Archiv der Orientalischen bzw. Konsularakademie, Karton 53: Protokoll über die Sitzungen der Consular-Enquete

36 Hampe, Karl Alexander, a.a. O Schlussbetrachtung S. 234

Abstract

Heinrich Pfusterschmid-Hardtenstein, From the Oriental to the Consular Academy

In the heyday of the sovereign nation state in the second half of the nineteenth century, interstate relations were discharged by three services: the diplomatic for the relations between heads of state and governments, the consular for the protection and promotion of the citizen abroad (and increasingly to support trade) and the ministerial for the co-ordination and administration of state matters vis-à-vis the outside world.

A prerequisite for the diplomats was their social integration on both sides of national borders, with French as the common language of integration. The Council of Ministers required a knowledge of law and administration. But greatest of all was the knowledge necessary for the consular service as a consequence in the increase in trade and economic ties; hence the professional consul.

The Oriental Academy was unique as a training centre. Above all it set the standards for a modern training based on science and practice. Even if only one third of the members of the three services actually attended the Academy, it was nonetheless the yardstick for a generally high professional level. This is confirmed by the fact that graduates of the Academy, in spite of the strict division of the three services, rose to leading positions in all three, as their specialist knowledge was in demand, e.g. in questions of the Balkans or the Middle East. Thus four of the six delegates, including the Common Minister of Foreign Affairs, at the 1878 Congress of Berlin were graduates of the Academy. A residential five-year study and training course proved successful in the forming of an intercultural consciousness of society and state, an important factor in the Double Monarchy rent by nationalist disputes. Not least the granting of scholarships and recruitment into paid state service immediately upon graduation allowed many talented young people without financial means to have access to careers which otherwise would have remained the preserve of a privileged and wealthy few.

The curriculum was divided fifty-fifty between languages and other subjects, supplemented by fencing, dancing, horse-riding or swimming. In 1883 the Oriental Academy moved into the Consular Wing of the Theresianum built for this purpose. But it was above all through the reform of 1898-1905, together with the construction of a new, well-equipped building in the Boltzmanngasse, that this institution, so rich in tradition, was adapted to the requirements of a Great Power striving for economic supremacy (as the Foreign Minister, Count Goluchowsky put it). In accordance with an intellectually rigorous "Promemoria" by the Director, Michael Baron Pidoll zu Quitenbach, particular value was placed on modern methods of teaching and learning. Seminars, well-equipped classrooms with modern teaching materials, excursions to parts of the Monarchy of economic importance complemented a course of study which selected its teachers from prominent professors at the University of Vienna and leading civil servants.

Résumé

Heinrich Pfusterschmid-Hardtenstein, De l'Académie orientale à l'Académie consulaire : 1848-1918. Un institut universitaire spécialisé précurseur à l'époque de l'industrialisation

Dans la 2ème moitié du 19ème siècle, lors de l'apogée de l'État national pleinement souverain, les relations interétatiques relevaient de trois services : du service diplomatique pour les relations entre les chefs d'États, les gouvernements et la société, du service consulaire pour la protection et le secours des citoyens à l'étranger ainsi que, de plus en plus, pour l'appui aux exportations, et du service ministériel dépendant du ministère de la Maison impériale et royale et du ministère des Affaires étrangères pour la coordination et l'administration des affaires d'État en rapport avec l'étranger.

Pour devenir diplomate il fallait disposer des deux côtés de la frontière d'un ancrage social, le français servant de langue de communication. Pour être à la tête d'une direction d'un ministère, des connaissances en droit et une pratique de l'administration étaient requises. C'est le service consulaire qui exigeait les connaissances les plus approfondies, du fait de l'augmentation des échanges, des relations économiques et par voie de fait du nombre des consuls professionnels.

L'Académie orientale, qui à partir de 1898/89 devint l'Académie consulaire impériale et royale, était une institution de formation unique en son genre pour répondre à ces exigences. Elle a surtout défini les normes d'une formation moderne basée sur la science et la pratique. Même si seulement environ un tiers du personnel de ces trois services avait fréquenté cette institution, elle constituait cependant un défi et un indicateur pour atteindre un haut niveau professionnel général. Ceci est confirmé par le fait que les diplômés sortant de l'Académie, malgré une séparation marquée des trois services, furent promus, de nombreuses fois, à des fonctions importantes dans les trois services, dès qu'une expertise particulière était requise, par exemple pour les problèmes virulents des Balkans ou du Proche-Orient. Ainsi, parmi les six délégués au Congrès de Berlin en 1878, y compris le ministre des Affaires étrangères de l'Autriche-Hongrie, quatre étaient d'anciens élèves de l'Académie, qui venaient par ailleurs de contribuer à la préparation de l'administration nationale de Bosnie-Herzégovine.

Des études et une formation d'une durée de cinq ans en internat s'avérèrent être un succès pour la constitution d'une communauté interculturelle et d'une prise de conscience nationale, facteur important pour la double monarchie ébranlée par le conflit des nationalités. Et enfin l'attribution de place à des boursiers et une admission directe, dès la fin des études, dans le service rémunéré de l'Etat permirent à de jeunes étudiants brillants mais démunis un accès à des types de services, qui, autrement, étaient réservés à des cercles restreints de candidats financièrement et socialement favorisés.

La moitié du programme d'études était réservée à l'étude des langues et des matières académiques, complétée par l'escrime, la danse, l'équitation et la natation.

En 1883, l'Académie orientale déménagea dans l'aile consulaire du Theresianum construite à cet effet sans l'égarde d'avec une direction commune. C'est surtout grâce à la grande réforme des années 1898-1905 qui vit sa transformation en Académie consulaire, avec la construction d'un nouveau bâtiment équipé au mieux dans la 'Boltzmanngasse', que l'établissement riche de traditions fut fondamentalement remanié pour répondre aux exigences des grandes puissances en conflit pour la domination économique du monde, comme l'avait expliqué le ministre des Affaires étrangères, Agenor Graf Goluchowski. En même temps l'accent fut particulièrement mis sur les nouvelles formes d'enseignement et d'apprentissage, suite à un mémorandum de nature scientifique et didactique de grande tenue présenté par le directeur Michael Freiherr Pidoll zu Quintenbach.

Des séminaires, un équipement en matériel d'enseignement moderne et des voyages dans le but de visiter des zones stratégiques économiquement parlant pour la monarchie vinrent compléter un programme d'études, qui sélectionnait ses enseignants parmi des professeurs éminents de l'Université de Vienne et des fonctionnaires de direction des ministères.

Gernot Stimmer

Die Konsularakademie im Spannungsfeld zwischen Leistungs- und Gesinnungselite

1. Methodische Vorbemerkung

Der nachfolgende Beitrag beschäftigt sich mit Funktion und Stellenwert der Orientalischen Akademie bzw. der späteren Konsularakademie im Rahmen der Hochbürokratie der österreichischen Monarchie, der Ersten Republik und des „Ständestaates" (1933/34-1938). Ausgangspunkt der Untersuchung ist die Feststellung, dass die Entwicklung des modernen Verwaltungsstaates im Europa des 18. Jahrhunderts generell mit der Ausformung eines Berufsbeamtentums verbunden ist, dessen Rekrutierung nicht mehr nach Kriterien der sozialen Herkunft und des geburtsbedingten Status, sondern durch Qualifizierung über Wissen und Ausbildung erfolgte.[1] Dieser Transformationsprozess, der fast zeitgleich in den sich bildenden Großstaaten Europas wie England, Frankreich, Preußen bzw. der österreichischen Monarchie einsetzte, soll hier anhand einer spezifischen Ausbildungsanstalt für den Bereich der diplomatisch-konsularischen Beamtenschaft der Monarchie analysiert und empirisch vergleichend dargestellt werden.

Die Entwicklung „bürokratischer Verwaltung" nach den Kriterien von Max Weber (Ausschluss der Amtsapprobation, Amtshierarchie und Kompetenzzuteilung, Fachschulung durch Ausbildung und Wissensqualifikation)[2] beginnt in der Habsburgermonarchie mit den Theresianischen Reformen und findet ihren Abschluss mit der formellen Aufhebung der ständischen Berufsbeschränkungen und der allgemeinen Zugänglichkeit aller „öffentlicher Ämter" 1849 bzw. definitiv 1867[3]. Die Überwindung des auf der Approbation der öffentlichen Ämter durch die Aristokratie basierenden Feudalsystems in Richtung auf ein fachlich qualifiziertes und leistungsmäßig selektiertes Berufsbeamtentum des modernen Verwaltungsstaates vollzieht sich dabei nicht linear, sondern in teilweise gegenläufigen Phasen und mit länderspezifisch unterschiedlichen Instrumenten.

Während etwa in Großbritannien und Preußen (abgesehen von der Offiziersausbildung) die fachliche Ausbildung der Zivilbeamtenschaft ausschließlich über das allgemeine Schul- und Universitätssystem erfolgte, setzten Frankreich und Österreich zusätzlich auf die Installierung von nebenuniversitären spezifischen Ausbildungsanstalten, womit auch der abschließende ausführlichere Vergleich zwischen den beiden Staaten begründet erscheint.

2. Untersuchungsrahmen

Das konkrete Untersuchungsinteresse konzentriert sich auf eine vergleichende Gegenüberstellung von drei etwa zeitgleich entstehenden spezifischen Anstalten:
- Der Theresianischen Akademie (1745)
- Der Orientalischen Akademie (1753 bzw. ab 1898 Konsularakademie)
- Der Theresianischen Militärakademie in Wiener Neustadt (1755)

Die Absolventen der drei Eliteanstalten werden dabei nach folgenden Kriterien untersucht:
- Der sozialen Herkunft mit besonderer Berücksichtigung des Adelsanteils bzw. der bürgerlichen Rekrutierungsquote
- Der Berufsstruktur der Väter unter dem speziellen Aspekt der Selbstrekrutierung der Hochbürokratie
- Der beruflichen Laufbahn unter spezieller Erfassung des Staatsdienstes mit Schwerpunkt auf der diplomatisch-konsularischen Beamtenschaft

I. Die österreichische Monarchie 1780-1918: Diplomatie als Form monarchischer Adelspolitik

1. Zum Sozialprofil der Eliteanstalten

Trotz der stark divergierenden Absolventenzahlen der erfassten Anstalten sowie der unterschiedlichen Qualität der erfassten Sozialdaten lassen sich daraus bestimmte, für den Gesamtzeitraum der Monarchie bzw. darüber hinaus wirkende Trends ableiten:

a) Adelsquote und Verbürgerlichung

Stellen wir die jeweilige Gesamtbezugsgruppe Adel (d.h. Hochadel, niederer Adel, Dienstadel, Nobilitierungen) dem bürgerlichen Rekrutierungsanteil gegenüber, zeigen sich bereits deutliche anstaltsspezifische Unterschiede:[4]

Für die Theresianische Militärakademie ergibt sich zwar von der Gründung an eine klare Priorität des Adels, die jedoch bereits bis 1848 von der bürgerlichen Rekrutierungsquote egalisiert wird:

Theresianische		N	Adelsanteil	bürgerl. Anteil
Militärakademie	1755-1805	2.277	62,6%	37,4%
	1806-1819	677	45,6%	54,4%
	1820-1849	2.217	52,3%	47,7%

Dies entspricht allerdings einem allgemeinen Trend der Offiziersrekrutierung, speziell in den neu geordneten technischen Militäranstalten (Ingenieurakademie, Bombardiercorps), die vor allem in der Gründungsphase (1717-1797) einen bürgerlichen Rekrutierungsanteil von über 80% erreichen, der erst im Vormärz auf etwa 35% absinkt.

		N	Adelsanteil	bürgerl. Anteil
Ingenieurakademie	1717-1755	452	19,7%	81,3%
Ingenieurakademie und Bombardier-Corps	1755-1797	731	16,4%	83,6%
Ingenieurakademie und Bombardier-Corps	1798-1819	2.294	59,5%	40,5%
	1820-1850	1.297	64,9%	35,1%

Mit der 1849 bzw. definitiv 1867 verankerten allgemeinen Zugänglichkeit auch aller militärischen Ämter setzt in allen Militärakademien ein breiter Verbürgerlichungsprozess ihrer Absolventen ein, der vor allem in der Theresianischen Militärakademie den Adelsanteil in den letzten Jahrzehnten der Monarchie auf 27% sinken lässt.

		N	Adelsanteil	bürgerl. Anteil
Theresianische Militärakademie	1850-1866	1.658	53,3%	46,7%
	1868-1893	3.079	34,6%	65,4%
	1897-1918	2.674	26,8%	73,2%

Am durchgehendsten erweist sich die Adelspräsenz in der Theresianischen Akademie, deren aristokratische Exklusivität bis 1848 eine hundertprozentige ist, und auch nach 1849 einem sehr langsamen Verbürgerlichungsprozess ausgesetzt ist:

	N	Adel ges.	Hochadel	bürgerlich
1755-1784	1.128	100,0%	76,7%	0,0%
1797-1849	1.798	100,0%	51,3%	0,0%
1850-1912	2.588	87,5%	43,4%	12,5%

Trotz ihrer leistungsorientierten Ausbildungsmaximen (sprachliche und juridische Fachschulung, rigide Semestral- und Jahresprüfungen, begrenzte Aufnahme von Stipendiaten und Stiftlingen[5] erweist sich auch die Orientalische Akademie bis 1849 als standesgemäße Erziehungsanstalt.

	N	Adel ges.	Hochadel	bürgerlich
1754-1805	142	73,2%	27,5%	26,8%
1806-1849	86	82,6%	37,2%	17,4%
1850-1903	299	54,0%	14,9%	46,0%

Diese starke Position des Adels lässt sich zum einen damit erklären, dass trotz der offiziellen Funktionsbestimmung als Ausbildungsanstalt für den diplomatischen Dienst insbesondere in den islamischen Staaten (Osmanisches Reich, Persien) die Absolvierung der Akademie als standesgemäße aristokratische Erziehung betrachtet wurde und über die Einrichtung der Zahlplätze auch in Anspruch genommen wurde.

Dieses allgemeine Sozialprofil der Anstaltsabsolventen entspricht indes der allgemeinen Sozialstruktur der Hochbürokratie der Monarchie im Vergleichszeitraum. Nach Waltraud Heindl ist für den Zeitraum zwischen 1781 und 1841 zwar der Rekrutierungsanteil bürgerlicher bzw. kleinadeliger Beamten sehr hoch (1781: 83%), sinkt jedoch bis 1841 auf 76%.[6] Differenzieren wir dieses Gesamtfeld, so steigt zwar die reine Verbürgerlichung von 35% auf 47%, jedoch zu Lasten des niederen und Beamtenadels, der von 46% auf 30% absinkt, was allerdings auch durch den Aufstieg in den Hochadel durch die Nobilitierungsstrategie der Krone erklärt werden kann.[7]

Gegen die Annahme einer durchgehenden Verbürgerlichung der österreichischen Hochbürokratie zu diesem Zeitraum spricht zum anderen der hohe und sich steigernde Anteil der Hochadels von 17% (1771) auf 24% (1841).

- Eine Sonderstellung nimmt innerhalb der Bürokratie der Zentralstellen der Bereich der diplomatischen Beamtenschaft ein: Zwar ist seit Beginn der Ausformung einer organisatorisch und kompetenzmäßig abgesonderten Außenpolitik und des auswärtigen Dienstes (konkret der Geheimen Haus-, Hof- und Staatskanzlei) ein rein bürgerlicher Anteil von 30% feststellbar, doch bleibt vor allem der entstehende Außendienst (Gesandtschaften, Botschaften) eine durchgehende Domäne der Hocharistokratie.[8]
  Dieser von Heindl u. a. für den Zeitraum der absolutistischen Monarchie bis 1848 festgestellte Befund wird durch die nachfolgende Längsschnittanalyse über Adelsquote vs. Verbürgerlichungsprozess

  - der Beamtenschaft der für die auswärtigen Agenden zuständigen innerösterreichischen Behörden (Haus-Hof und Staatskanzlei, ab 1852 Ministerium des Äußeren bzw. ab 1867 k. u. k. Ministerium des Kaiserlichen Hauses und des Äußeren)
  - der diplomatischen und konsularischen Beamtenschaft der auswärtigen Vertretungen (Botschafter, Gesandte und Beamte sowie Konsule und Vizekonsule in ausländischen Staaten[9]

verifiziert und in einen gesamteuropäischen Vergleichsrahmen gestellt:

Grafik 1a und 1b: Soziale Herkunft der diplomatischen Beamtenschaft

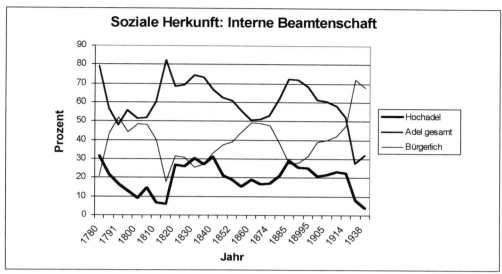

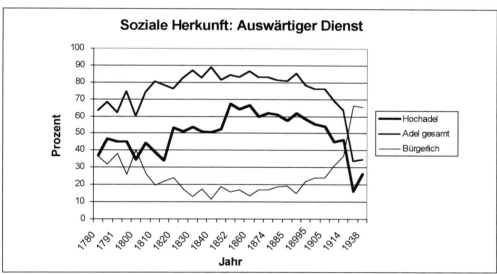

Legende: Hochadel: Kategorie 1: Erzherzog, Fürst, Prinz, Graf, Kategorie 2: Freiherr, Baron, erbländischer Ritter
Sonstiger Adel: Niederer Adel, nobilitierter Dienstadel

Aus den sozialen Herkunftsdaten der Beamtenschaft zwischen 1780 und 1918 lassen sich folgende langfristige Trends erkennen:

- Das auch nach den Theresianischen Reformen ungebrochene Besetzungsmonopol von Hochadel und Gesamtadel, das allerdings von einem rein ständisch gestaffelten aristokratischen Besetzungsmodus zu Gunsten einer funktionalen Rangordnung der Amtspositionen abweicht. So weist etwa der Reichshof-Rat 1752 noch statusspezifische getrennte Positionen für den „Grafen- und Herrenstand" bzw. den „Ritter- und Gelehrtenstand" auf, während die Haus-, Hof- und Staatskanzlei 1763 bereits eine funktional nach Kompetenz und Amtsrängen gegliederte Hierarchisierung aufweist.[10] Am aristokratischen Besetzungsmonopol für die höheren und insbesondere die Spitzenpositionen ändert sich zwar zunächst nichts, wenn auch der für die niedereren Positionen vorgesehene bürgerliche Beamtenanteil bereits ab 1780 bis 1805 konstant steigt, um im Vormärz auf einen Mittelwert zwischen 27% (1835) und 38% (1845) zurückzugehen.

- Mit der Reform des öffentlichen Dienstes ab 1852 steigt der bürgerliche Anteil dann wiederum sehr rasch auf fast 50% (1874) um mit dem Ende des politischen Liberalismus abzusinken und bis zum Ende der Monarchie wieder auf 48% (1914) zu steigen.

- Diese Rekrutierungsschwankungen korrelieren umgekehrt proportional mit der Besetzungsstärke des niederen bzw. Dienstadels der langfristig (ohne Berücksichtigung periodischer Schwankungen) bis zur Revolution von1848 seine Position hält (1780: 47%,1845: 41%).

Im neu errichteten Ministerium des Äußeren pendelt der Anteil dieser österreichischen „Noblesse de robe" konstant um die 40-Prozent-Marke, um erst im letzten Jahrzehnt der Monarchie darunter zu fallen. Politisch relevant erscheint die schon von Heindl konstatierte permanente Präsenz des Hochadels[11], die zwar in der Josephinischen Ära stark zurückgeht, mit der Konsolidierung der Monarchie nach 1814 jedoch wieder ansteigt und erst vor der 1848er Revolution deutlich unter die Ausgangsmarke von 32% sinkt.

In der Phase der neoabsolutistischen bzw. liberalen Reformen geht der hochadelige Anteil bis auf 17% zurück, um etwa ab 1880 konstant zu steigen und 1914 fast den Ausgangswert wieder zu erreichen (1914: 28%). Differenzieren wir dieses Bezugsfeld etwas genauer, so ist diese konstante Präsenz vor allem von den mittleren Rängen (Freiherrenschaft, Barone) getragen, während die Spitzenvertreter dieses Feldes etwa 1780 noch einen Anteil von 11% aufweisen, der in der Folge phasenweise bis auf 1% bis 3% zurückgeht, um gegen Ende der Vergleichsperiode bei 5% zu bleiben.

Dieses Bild eines ausgewogenen Gleichgewichts zwischen steigender Verbürgerlichung und einer knappen, aber konstanten, diesen Prozess durch Aufstiegs- und Nobilitierungsmöglichkeiten neutralisierenden Adelsdominanz kontrastiert deutlich mit der Herkunftsstruktur der auswärtigen diplomatischen Beamtenschaft. Innerhalb desselben Vergleichszeitraumes sinkt etwa der bürgerliche Anteil von 37% (1780) auf Niedrigwerte von 13% bzw. 19% im Vormärz, ein Anteil, der in der neoabsolutistischen wie liberalen Periode gleich bleibt und erst in den letzten Jahren der

Monarchie sich wieder der Ausgangsmarke nähert (1914: 37%). Demgegenüber ist die Gesamtadelsquote in der Josephinischen Ära die niederste (1780: 63%) und steigt sodann konstant auf über 80%, ein Anteil, der erst knapp vor dem Weltkrieg auf den Ausgangswert zurückgeht (1914: 63%).

Innerhalb dieser aristokratischen Konstante des auswärtigen Dienstes schwankt der niedere Dienstadel zwischen 17% und (während der napoleonischen Kriege) kurzfristigen Spitzenwerten von über 40%. Mit der Professionalisierung und Zugangsöffnung der Hochbürokratie nach der Revolution stagniert der Anteil bis zum Ende des Systems um die 20-Prozent-Marke. Dementsprechend konstant stark verläuft die Rekrutierungslinie der beiden hochadeligen Bezugsgruppen: Von 37% 1780 steigt sie im Vormärz auf über 50%, um nach den Reformen konstant etwa 60% zu halten und erst im letzten Jahrzehnt der Monarchie unter 50% zu sinken. Dabei liegt die eigentliche Besetzungskapazität eindeutig bei der Spitzengruppe der Vertreter der Grafen und Fürstenfamilien, die ihren Anteil von 18% (1780) bis zur Revolution auf 30% steigern, um in der neoabsolutistischen wie konstitutionellen Monarchie permanent über diesem Wert zu liegen.

Mit der ab 1780 erfassbaren Trennung zwischen internem Dienst in der Hof- und Staatskanzlei und den auswärtigen diplomatischen Beamten wird eine zunehmende Differenzierung des Rekrutierungsprofils der diplomatischen Gesamtbeamtenschaft ersichtlich: Im Bereich des internen Dienstes vollzieht sich die bereits von Heindl generell für die Zentralbürokratie festgestellte Verbürgerlichung bzw. Umgewichtung der Adelsquote zu Gunsten des niederen bzw. Dienstadels: zunächst rasant, um im Zuge der nachnapoleonischen Konsolidierung der Monarchie wieder zurückzugehen, dem gegenüber verliert zwar der Hochadel während der Josephinischen Reformen, gewinnt jedoch ab 1814 wieder deutlich an Rekrutierungsstärke.

b) Selbstrekrutierung versus Zivilgesellschaft
Unter der Annahme einer permanenten Selbstrekrutierung der Hochbürokratie aus der vorgegebenen zivilen und militärischen Beamtenschaft und damit des kontinuierlichen Ausschlusses der privatwirtschaftlichen Berufsgruppen der bürgerlich-liberalen Gesellschaft bietet die genaue Berufsstruktur der Väter der Absolventen einen weiteren, das Gesamtbild des Sozialprofils der elitären Bezugsgruppen schärfenden Aspekt:[12]

Subsumieren wir unter dieses „Selbstrekrutierungsfeld" die Gesamtheit aller zivilen und militärischen Beamten (ohne Unterschied des Grades und der Funktion), verzeichnen die Absolventen der Theresianischen Militärakademie eine konstante Selbstrekrutierungsquote zwischen 79% (1755-1805) und 77% (1897-1918), während das gesamte privatwirtschaftliche Berufsspektrum nie über ein Viertel der Absolventen reicht. Aufschlussreich ist dabei weiters, dass innerhalb des administrativen Gesamtfeldes die Selbstrekrutierung über das Offizierskorps mit Anteilen zwischen 72% (1756-1805), 69% (1805-1848) bzw. 42% (1902-1918) dominiert, während das bürgerliche Rekrutierungssegment durch den Einbezug des Berufsfeldes Grundbesitz, Privatier mit Anteilen von 20-22% (ab 1755), bzw. noch 6% 1902-1918) weiter relativiert werden muss, da die eigentlichen bürgerlichen Berufsfelder (selbstständige Akademiker, Unternehmer, leitende wirtschaftliche Positionen) nur einen marginalen Anteil von 1%-2% aufweisen und erst in der letzten Phase 1902-1918 auf 8% ansteigen. Diesen Grad bürokratischer Selbsterneuerung verzeichnen auch die technischen Militärakademien mit Quoten von 63% (1755-1797), 38% (1820-1850) bzw. 84%.

Für die Theresianische Akademie lässt sich für den Vergleichszeitraum mangels ausreichender Herkunftsdaten die Berufsstruktur nur indirekt über die Adels- bzw. Hochadelsquote ableiten, die als Indikator für eine frühere Tätigkeit der Väter im öffentlichen Dienst zu interpretieren wäre.

Dieses Defizit gilt grundsätzlich auch für die Orientalische Akademie, allerdings modifiziert durch zwei quantitativ und zeitlich eingeschränkte Analyseergebnisse:

- Zum einen lässt sich aus den erfassbaren Einzelbiografien bekannter Absolventen für den gesamten Zeitraum 1755-1918 eine Selbstrekrutierungsquote von 80% ableiten, dem andererseits ein wesentlich höherer Rekrutierungsanteil bürgerlicher Oberschichtberufe (20%) gegenübersteht.[13]
- Deutlicher noch wird die abweichende Herkunftsstruktur der Konsularakademiker durch eine Analyse der Absolventen der letzten Phase 1879-1918 erhellt mit einem administrativen Selbstrekrutierungsanteil von 53%, konterkariert durch eine signifikante Rekrutierungsstärke des Bildungs- und Besitzbürgertums.[14]

Väterliche Berufsstruktur der Absolventen der Konsularakademie 1879-1918	
N (beruflich erfasst)	291
Hohe Beamte	34,7%
Offiziere	16,5%
Niedere Beamte und militärische Chargen	2,0%
Beamtenschaft gesamt	53,2%
Grundbesitz, Privatier	21,0%
Unternehmer	4,8%
Selbständige Akademiker	14,8%
Leitende wirtschaftl. Positionen	4,8%
Niedere Berufe	1,4%
Privatwirtschaftliche Berufe gesamt	46,8%

Quelle: Hörerverzeichnis der Konsularakademie 1879-1918

Jahrgangsfoto der Konsularakademiker 1914

Diese Selbstrekrutierungsanteile der allgemeinen bzw. diplomatischen Beamten-schaft entsprechen indes den Selbstergänzungsquoten der Hochbürokratie anderer europäischer Länder: So wird für das absolutistische Frankreich bis zur Revolution ein Mittelwert von 44%, danach von 23%, für Preußen im 18. bzw. frühen 19. Jahr-hundert von jeweils 33% bzw. 31% festgestellt.[15]

c) Berufsstruktur: Staatsdienstmonopol versus Privatwirtschaft
Trotz der speziellen Funktionsbestimmung der zu vergleichenden Eliteanstalten für spezifische Bereiche des öffentlichen Dienstes der Monarchie – Armee, Außenvertre-tung und Zentralverwaltung – stellen alle drei verglichenen Anstalten von ihrer Gründung an auch standesgemäße Erziehungseinrichtungen für Aristokratie und später bürgerliche Oberschicht dar. Diese Ambivalenz zwischen leistungsorientierter Ausbildungsanstalt und sozial exklusiver Bildungseinrichtung schlägt sich vor allem in der Gründungsphase in einer teilweise extrem hohen Ausfalls- bzw. Austrittsquo-te nieder (was andererseits auch als Kriterium für die leistungsorientierte Ausbil-dung zu werten ist).

Empirisch quantifizierbar ist dieses Phänomen bei den Militärakademien:[16]

Technische Militäranstalten:	Austrittsquote	1755-1797	59%
		1820-1850	48%
		1869-1918	1%
Theresianische Militärakademie		1755-1805	7%
		1806-1849	8%
		1897-1918	0,3%

Für die zivilen Eliteanstalten fehlen analoge exakte Daten. Indirekte Rückschlüsse auf vorzeitige Austritt oder Ausschluss lassen sich ableiten:
aus der Anzahl der absolvierten Anstaltsjahre:[17]
Theresianische Akademie 1850-1900: 1-4 Jahre 17%
5-8 Jahre 34%
aus dem späteren Berufsfeld Grundbesitz – Privatier

Vergleichen wir die konkrete Berufsstruktur der Absolventen, so ergibt sich eine anstaltsspezifisch und phasenweise sehr unterschiedliche Ausrichtung auf den öffentlichen Dienst. Bei den Militärakademien ist die militärische Laufbahn eindeutig vorgezeichnet:[18]
- Bei der Theresianischen Militärakademie von der Gründung an mit einer ständigen Quote von etwa 90%: 1755-1800: 91%
1820-1849: 89%
1897-1918: 99%
Verstärkt wird diese klare Funktionsbestimmung durch eine zwar geringe, aber konstante Rekrutierungsquote (1%-3%) für die Zivilbürokratie.
- Bei den technischen Militäranstalten mit teilweise stark schwankenden Quoten zwischen 26% (1755-1797), 51% (1820-1850) und 97% (1869-1918).
- Die Absolventen der beiden zivilen Anstalten hingegen weisen in ihrer Berufsstruktur zwar eine deutliche Priorität für den öffentlichen Dienst auf, die jedoch durch andere Berufsoptionen relativiert wird.
Theresianische Akademie: Öffentlicher Dienst gesamt 1755-1784: 34%
1797-1849: 48%
1850-1900: 57%

Wie aus der genauen Berufsstruktur hervorgeht, erweist sich das Theresianum als „generalistische" Ausbildungseinrichtung, nicht nur für die spätere Laufbahn in der Allgemeinen Verwaltung, sondern auch als Vorstufe für speziellen Sparten des öffentlichen Dienstes wie der Armee (16%-21%) bzw. des diplomatischen Dienstes (1%-4%).

Theresianum

Berufsstruktur der Absolventen des Theresianums

	1755-1784	1797-1849	1850-1900
N1 = Gesamtzahl	**1.128**	**1.798**	**2.110**
Nicht erfasst*	0,6%	1,8%	5,7%
N2 = Beruflich erfasst	**1.121**	**1.766**	**1.990**
Offizierkorps	16,0%	20,9%	21,9%
Diplomatischer Dienst	1,0%	1,3%	3,5%
Admin. Verwaltung	17,0%	25,6%	31,2%
Beamtenschaft gesamt	34,0%	47,8%	56,6%
Klerus	4,0%	1,1%	0,5%
Grundbesitz, Privatier**	61,5%	49,2%	36,4%
Selbständige Akademiker	0,2%	1,3%	2,8%
Techniker	0,3%	0,3%	2,5%
Unternehmer, Kaufmann		0,3%	1,2%
Privatwirtschaftliche Berufe gesamt	0,5%	1,9%	6,5%

* Nicht erfasste Ausländer, Österreicher im Ausland, bürgerliche Absolventen ohne Berufsangabe
** Einschließlich adeliger Absolventen ohne Berufsangabe

Quelle: Stimmer, Eliten. Band I, S. 230

Für die Konsularakademie liegen keine entsprechenden beruflichen Daten der Absolventen vor – die Staatsdienstquote kann daher nur aus partiellen Erhebungen abgeleitet werden:

- Über die erfassten Karrieremuster der Absolventen:
  Danach ergibt sich, dass etwa 1/3 der Absolventen der Akademie vor allem in der Gründungsphase nicht in den Staatsdienst eintreten, sondern (bei sonstigen marginalen bürgerlichen Berufsoptionen) zum Großteil im schwer zu differenzierenden Berufsfeld von Grundbesitz bzw. Privatier verschwinden – was wiederum eine Bestätigung für die Bildungsfunktion der Akademie für die gesellschaftliche Oberschicht der Monarchie bedeutet.[19]

- Über Biographien von später (meist durch ihre Karriere im Staatsdienst) bekannten Absolventen[20]:
  Von den 49 (zwischen 1780 und 1918) erfassten Persönlichkeiten sind 90% adelig (davon 49% aus dem Hochadel, 16% nobiliert und nur 10% bürgerlich). Erwartungsgemäß gehen 84% der Bezugsgruppe in den diplomatische Dienst, 49% davon avancieren in Spitzenpositionen (Botschafter, Staatsrat, Sektionschef), weitere 10% schlagen eine Karriere in der Armee bzw. sonstigen Zivilverwaltung ein, nur 6% weisen atypische privatwirtschaftliche Berufe (Unternehmer, Künstler) auf. Nur 12% weisen ein Universitätsstudium auf, jeweils 20% der Diplomaten sind zusätzlich wissenschaftlich bzw. politisch (Herrenhaus, Magnatenhaus) aktiv.

- Über ein erst 1937 erstelltes Verzeichnis der noch lebenden Absolventen der Anstalt zwischen 1870 und 1918[21]:
  Aus diesem ebenfalls nicht repräsentativen Sample ergibt sich ein Quasimonopol der Zivilbeamtenschaft von 93% (mit einem Schwerpunkt im diplomatischen Dienst von 90%) gegenüber einem marginalen Anteil von 5% an privatwirtschaftlichen Berufen und 2% ohne Angaben.

- Durch ein (auf biographischen Daten von Spitzenbeamten beruhendes Sample zwischen 1800 und 1848 (N= 265) bzw. 1849-1918 (N= 367)[22] mit einem jeweiligen Rekrutierungsanteil
  der Militäranstalten von 7,6% bzw. 8,3%
  des Theresianums von 7,6% bzw. 7,7%
  der Konsularakademie von 2,7% bzw. 3,3%

2. Die diplomatische Beamtenschaft zwischen Adelsreservat und Anstaltskonkurrenz

Dem Vergleich des allgemeinen Sozial- und Berufsprofils der Absolventen der drei verglichenen Anstalten soll abschließend die Rekrutierungsstruktur der diplomatischen Beamtenschaft gegenübergestellt werden.

Methodisch stützen wir uns dabei wieder auf eine Reihe von periodisch zwischen 1780 und 1914 durchgeführten Querschnittsuntersuchungen der höheren Beamtenschaft sowie die erfassten Karrieren der verglichenen Eliteanstalten.
* der funktional dafür geschaffenen Orientalischen bzw. Konsularakademie,
* der durch die Breite der Ausbildung ebenfalls dafür qualifizierten Theresianischen Akademie
* und den sowohl von ihrer allgemeinen standesgemäßen Erziehung wie unter dem Aspekt unbedingter Dynastieloyalität besonders geeigneten Militärakademien (worunter wir hier generell Vertreter aus dem Offizierskorps subsumieren).

Die Bezugsgruppe wurde dabei extensiv erfasst, d.h. unter Einbeziehung aller für die Karriere in der Staatskanzlei zu durchlaufenden Positionen, d.h. einschließlich von Konzipisten und Offizialen (außer niederen Bediensteten), sowie der Nebenämter (Staatsarchiv) bzw. des gesamten diplomatischen Personals (bis zum Kanzleisekretär), um die Karriere- und Aufstiegsmuster der Leistungseliten in dieser aristokratischen Domäne auch quantitativ möglichst breit zu quantifizieren.

Diagramm 2a und 2b: Rekrutierungsanstalten der diplomatischen Beamtenschaft

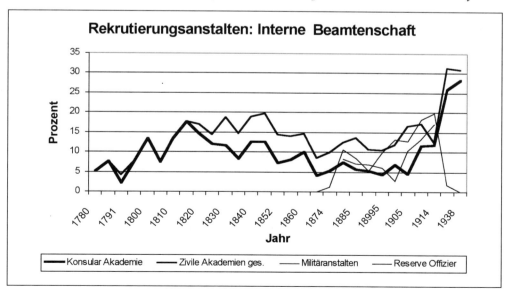

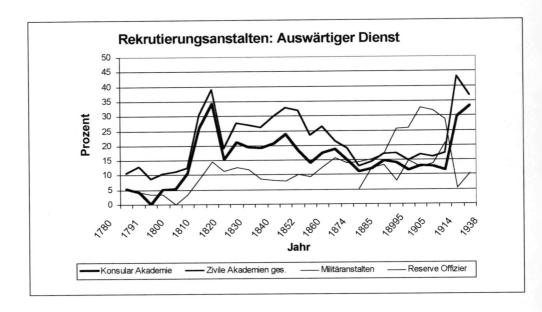

Rekrutierungsanstalten: Auswärtiger Dienst

Prozent / Jahr

— Konsular Akademie   — Zivile Akademien ges.   — Militäranstalten   — Reserve Offizier

Die Verlaufskurve der Rekrutierungsstärke der drei Anstalten zeigt generell eine zunächst eher langsame Integrierung der neuen Leistungseliten in den ständisch-aristokratisch beherrschten diplomatischen Beamtenapparat. Innerhalb der Staatskanzlei finden wir bereits vor 1780 einzelne durchwegs adelige Vertreter des Theresianums bzw. des Offizierskorps. Die Absolventen der Orientalischen Akademie arbeiten sich erst über ihren langjährigen Dienst in der Internuntiatur in Konstantinopel und den Konsulaten im Osmanischen Reich hoch, um dann Spitzenpositionen innerhalb der Staatskanzlei zu besetzen.

Mit der tief greifenden Staats- und Verwaltungsreform der Österreichischen Monarchie ab 1849 ist die (definitiv 1867) verankerte allgemeine Zugänglichkeit zu allen öffentlichen zivilen und militärischen Ämtern sowie die Standardisierung und Objektivierung der schulischen und universitären Anforderungskriterien für den Staatsdienst und damit das Ende jeder ständisch-askriptiven Besetzungsform verbunden.

Für die monarchischen Systeme in Europa ist mit diesem zeitlich unterschiedlich einsetzenden Modernisierungsschub die Herausforderung gegeben, einerseits eine nach Leistungskriterien rekrutierte moderne zivile und militärische Verwaltung zu schaffen und andererseits die bisherige soziale und ideologische Geschlossenheit der systemstabilisierenden Institutionen des Offizierskorps bzw. der zivilen Hochbürokratie zu erhalten. Die Intention von Fürst Felix Schwarzenberg nach der Revolution eine „neue Variante traditioneller monarchischer Adelspolitik" zu kreieren, „um dem aristokratischen Element wenigstens in der Zukunft eine Chance zu geben ..." deckt sich mit der Funktionsbestimmung des Begründers der französischen Eliteanstalt der „Ecole libre des Sciences Politiques", Emile Boutmy, gegen die Flut der Demokratie eine zweite Verteidigungslinie zu schaffen: „... errichtet aus klar erkennbaren und nützlichen Fähigkeiten, aus überragenden Eigenschaften, deren Prestige sich nicht bestreiten läßt ...”[23]

Für die österreichische Monarchie bedeutete diese Zäsur einerseits die Standardisierung und Generalisierung der formalen Zugangs- und Aufnahmekriterien für den öffentlichen Dienst wie Matura, obligatorisches Rechtsstudium (3 Staatsprüfungen), Diplomaten- bzw. Konsularattachéprüfung, Praktikumsjahre etc.[24] Zum anderen verschoben sich die Qualifikationsmaxime von Leistungswissen und Fachausbildung bei der Rekrutierung des Offizierskorps und der höheren Beamtenschaft zunehmend in Richtung auf ideologische Qualifizierung im Sinne von Gesinnungstüchtigkeit, politischem Habitus und Gruppenmentalität[25], gewährleistet durch ein möglichst geschlossenes System von speziellen militärischen und zivilen nebenuniversitären Erziehungs- und Ausbildungsanstalten mit bevorzugten Aufstiegschancen im öffentlichen Dienst (vergleichbar mit dem Modell der „Grandes Ecoles”).

Vor diesem Hintergrund erklärt sich die signifikant steigende Rekrutierungsstärke der Eliteanstalten innerhalb der gesamten Hochbürokratie einerseits bzw. die zunehmende Abstützung der Krone auf besonders systemloyale Gruppen wie Hochadel bzw. Offizierskorps andererseits. Beide Rekrutierungsstrategien lassen sich im Bereich des Ministeriums des Äußeren sowie des Diplomatischen Corps idealtypisch nachweisen. Von besonderer Bedeutung erscheint dabei die schon traditionelle Rekrutierung von Diplomaten aus dem Offizierskorps bzw. den Militäranstalten, worin in Verbindung mit dem neuen Sozialisationsinstrument des Reserveoffizierstitels (1914 gesamt 52%) eine deutliche Tendenz der Militarisierung gegeben ist.

Erst mit der Schaffung einer flächendeckend stationierten professionellen Konsularbeamtenschaft vor allem im Levante- und Balkanraum etwa ab 1870 entsteht (neben dem klar zu differenzierenden Institut des Honorarkonsuls) ein neuer Typus von Konsularbeamtentum, dessen soziale Herkunfts- und Rekrutierungsstruktur sich der des Auswärtigen Diestes angleicht: So steigt die Gesamtadelsquote deutlich ab 1880 auf 30% bis 40%, der Anteil des Hochadels leicht auf 8% bis 12%.

Signifikanter verläuft der Angleichungsprozess hingegen auf der Ebene der anstaltsspezifischen Rekrutierung: Beläuft sich der Anteil von Absolventen aus den drei verglichenen Eliteanstalten 1856 noch auf knapp 3%, so steigert sich dieser bis 1910 auf über 50%. Neben der aus ihrer ursprünglichen Funktion zu erwartenden Stärke der Konsularakademie, die 1910 fast ein Drittel der (hauptberuflichen) Konsularbeamten stellt, erscheint auch die Position der Militäranstalten bzw. des Offizierskorps bemerkenswert, aus denen sich bis zu 20% der Konsularbeamten rekrutieren.

Wie aus den periodischen Rekrutierungsprofilen ablesbar ist, stellen somit die Anstaltseliten zwischen 20% und 30% der diplomatischen bzw. 25% bis 50% der Konsularbeamtenschaft in den Auslandsvertretungen, sowie 20% bis 30% der Botschafter und Gesandten. Schwerpunkt der Präsenz insbesondere der Konsularakademie ist der Levante und Balkanraum bzw. das Osmanische Reich, wo ständig zwischen 50% und 100% der jeweiligen Beamtenschaft aus den Akademien kommen. Demgegenüber werden die westeuropäischen diplomatischen Vertretungen stärker vom Hochadel beherrscht, insbesondere die fast ausschließlich vom ungarischen Adel dominierte Vertretung im Deutschen Reich.

Das Ministerium des Äußeren selbst weist eine Rekrutierungsquote der höheren Beamtenschaft von durchschnittlich 25-40% aus den Elitenanstalten auf.

Die hier für einen speziellen Bereich des öffentlichen Dienstes exemplarisierte Besetzungsstrategie über Eliteanstalten und wertverbundene Stützungsgruppen der Monarchie – Hochadel, Offizier bzw. Reserveoffizier – kann auch innerhalb der gesamten Hochbürokratie nachvollzogen werden. Der nachfolgende Vergleich der Besetzungsquoten der Orientalischen Akademie sowie der anderen verglichenen Elitegruppen gibt, differenziert nach k.k. Ministerien (Cisleithanien) und den drei k.u.k. Ministerien der Gesamtmonarchie, folgendes Rekrutierungsprofil:[26]

Allgemeine soziale und politische Rekrutierungsstruktur der k. k. und k. u. k. Ministerialbürokratie (einschließlich: Oberster Rechnungshof, Ministerratspräsidium, Reichsratsbüro, Zentralverwaltung für Bosnien-Herzegowina) in %:

Jahr	N	1	2	3	4	5	6	7	8
1856	160	67,5	32,5	21,9	--	1,0	--	4,01	5,0
1866	117	59,0	41,0	17,7	--	1,0	--	11,4	12.3
1876	134	56,7	43,3	22,4	--	3,0	--	7,5	10,4
1885	144	72,2	27,8	17,4	--	3,5	--	13,2	16,7
1890	159	57,9	42,1	28,9	--	3,8	--	18,2	22,0
1895	170	67,0	33,0	39,1	--	5,3	1,8	16,4	21,7
1900	240	57,5	42,5	39,4	--	2,9	8,8	18,0	20,8
1905	266	47,4	52,6	45,9	0,4	3,4	10,9	16,5	19,9
1910	392	39,5	60,6	51,5	0,3	3,6	14,3	15,8	19,3
1915	432	42,8	57,2	50,2	0,2	2,5	20,8	15,7	18,3

1 = Adel gesamt   5 = Militäranstalten
2 = bürgerlich   6 = Reserveoffiziere
3 = Doktorate   7 = Zivile Elitenanstalten
4 = Klerus   8 = Elitenanstalten gesamt bereinigt

Quelle: Stimmer, Eliten in Österreich Bd I, S. 407

Demnach steigt der Anteil der Eliteanstalten in den Spitzenpositionen (Sektions-, Ministerialrat, Sektionschef) der Zentralbürokratie Cisleithanien mit der Konstituierung der Doppelmonarchie von 13% (1866) auf 17% (1885), um in den letzten Jahrzehnten bei 20% zu verbleiben. Dabei sind Absolventen der Orientalischen bzw.

späteren Konsularakademie jedoch nur marginal vertreten. Bei den k.u.k. Ministerien beträgt die Quote – bedingt durch die Stärke der militärischen-diplomatischen Anstaltsabsolventen – zunächst 40% (1866) um ab 1900 etwa auf 30% zurückzugehen. Begleitend dazu wird generell eine mentalitätsmäßig wirksame Militarisierung der Beamtenschaft durch verstärkte zivile Verwendung von Offizieren bzw. die Forcierung des Reserveoffizierspatentes betrieben, sowie speziell in den k.u.k. Ministerien verstärkt auf den Hochadel zurückgegriffen.

II. Die Erste Republik: Kontinuität im Kleinstaat

Der Zusammenbruch der österreichisch-ungarischen Monarchie und die Konstituierung der Ersten Republik stellen einen politischen Parameterwechsel dar, der auch direkte Auswirkungen auf die zur Untersuchung stehenden bisherigen monarchischen Eliteanstalten hatte.

Die Theresianische Militärakademie wurde geschlossen und erst 1934 wieder eröffnet, der Offiziersnachwuchs für das Bundesheer der Ersten Republik aus der Heeresschule Enns bzw. über Offizierslehrgänge in Wien rekrutiert.[27]

Die Konsularakademie – zunächst ebenfalls von der Schließung bedroht – sollte 1920 nach den ehrgeizigen Plänen der damaligen österreichischen Regierung als „Internationale Hochschule für staatlichen Außendienst" unter Beteiligung der Nachfolgestaaten umgewandelt werden, nahm jedoch (nach Beendigung der Studien der letzten alten Absolventen im Jahr 1922) in reduzierter Form als „Akademie für Politik und Volkswirtschaft" ab dem Wintersemester 1921/1922 wieder ihren Betrieb auf[28].

Weitere Pläne einer Internationalisierung der Anstalt unter Beiziehung anderer europäischer Staaten bzw. Richard Coudenhove-Kalergis 1935 im Rahmen seiner PanEuropabewegung präsentierte Idee einer „Europäischen Akademie für Politik und Wirtschaft" scheiterten ebenfalls.[29] Die Konsularakademie blieb demnach einerseits funktionale Ausbildungsanstalt für die diplomatische und konsularische Beamtenschaft vor allem der Nachfolgestaaten der Monarchie, zum anderen weiterhin standesgemäße Bildungsanstalt der europäischen gesellschaftlichen Oberschicht.

Das Theresianum sollte zunächst unter Staatssekretär Glöckel zur republikanischen Eliteanstalt umgewandelt werden, wurde jedoch schließlich auf der Basis eines von Alttheresianisten besetzten Kuratoriums als Gymnasium weitergeführt[30].

Diesem grundsätzlichen Wandel des Status und der verminderten Bedeutung der ehemals monarchischen Eliteanstalten im neuen System der parlamentarischen Parteiendemokratie steht der innenpolitische Stellenwert der bereits zu Beginn der Republik entstehenden Verbände der ehemaligen Absolventen der Anstalten entgegen, die über ihr Patronagesystem und ihre Kontakte vor allem innerhalb der zivilen Hochbürokratie auch Einfluss auf die Entwicklung ihrer Mutteranstalten und deren neue

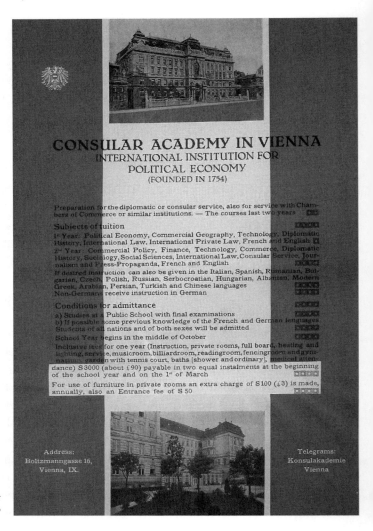

*Informationsplakat
der Konsularakademie 1922*

Studierende nahmen.[31] Vor diesem Hintergrund erscheint es methodisch vertretbar, den Vergleich der drei Eliteanstalten im Rahmen der diplomatischen Beamtenschaft nach den für die Monarchie entwickelten Kriterien auch auf die parlamentarische Demokratie und den Ständestaat der Ersten Republik zu übertragen.

1. Zur Herkunftsstruktur der neuen Absolventen der Anstalten

Am stärksten von den politischen und gesellschaftlichen Veränderungen nach 1918 wurde die Theresianische Militärakademie betroffen, deren von 1934 bis 1937 erfassten Jahrgänge einen Gesamtadelsanteil von 8% (Ausmusterungsjahrgang 1938: 9,6%) aufwiesen, der zwar den marginalen Anteil im Offizierskorps in der Phase der demokratischen Republik (1%) übertraf, an den Stand der ehemaligen Militärakademiker (Alt-Neustadt) mit 42% (davon 3% Hochadel) jedoch nicht herankam.[32] Für das Theresianum ergibt sich für die Maturajahrgänge 1919-1938 eine Gesamtadelsquote von 16% (Hochadel 3%). Diese Angaben sind indes nur relativ, da etwa im Theresianum ab 1927 nur mehr die Adelstitel der ausländischen Studierenden angegeben wurden, in den ersten Jahrgängen 1919-1926 lag die Adelsquote allgemein bei 43% (Hochadel 7%).[33]

Bei der Konsularakademie weisen die Jahrgänge 1931-1942 einen Gesamtadelsanteil von 24% resp. 5% Hochadel) auf.[34]

Weitere Angaben basieren nur auf der Sozialstruktur die Absolventenverbände:[35]
- Der ehemaligen (internen) Theresianisten (1925) mit einer Quote von 92% (resp. 21% Hochadel).
- Der externen Theresianisten (1925) mit analogem Anteil von 3% bzw. 4%
- Der Altakademiker der Konsularakademie (1937) mit 49% (davon 5% Hochadel)

Einen genaueren Vergleich gibt nur die berufliche Herkunftsstruktur der Absolventen der Konsularakademie 1921-1942 im Vergleich zu den Bewerbern für den Jahrgang 1935 in der Theresianischen Militärakademie:[36]

Beruf des Vaters		
	Konsularakademie	Ther. Militärakademie
N	795	231
Hohe Beamte	22,0%	8,5%
Niedere Beamte	5,9%	35,7%
Offiziere	10,3%	35,7%
Beamte gesamt	38,2%	53,7%
Politiker	2,4%	–
Selbständige Akademiker	15,1%	2,6%
Künstler, Schriftsteller, Klerus	1,4%	–
Industrie, Unternehmer	10,9%	3,9%
Leitende wirtschaftl. Positionen	9,7%	4,8%
Grundbesitz, Privatier	10,5%	2,6%
Kaufmann, Gewerbe	8,5%	13,0%
techn./kaufm.Angestellte	5,8%	12,5%
Niedere Berufe	0,3%	2,6%
ohne Angabe	7,1%	4,3%

Quelle: Haus-, Hof- und Staatsarchiv

Daraus lässt sich bei beiden Anstalten die Kontinuität der Selbstrekrutierung aus Militär und Zivilbeamtenschaft bzw. die (schon in der Monarchie feststellbare) Rekrutierungsstärke der Konsularakademiker aus gesellschaftlichen Oberschichtberufen ableiten.

Ein weiterer nur für die beiden zivilen Anstalten geltender sozialstruktureller Indikator ist der steigende Ausländeranteil an den Absolventen. Während für das Theresianum in der Monarchie dieser Anteil auf maximal 3% (1849-1912) beschränkt blieb, steigt er in der Ersten Republik deutlich an – allerdings nur indirekt abzuleiten aus den Namen bzw. den bei Ausländern angeführten Adelsprädikaten. Die Konsularakademie hingegen weist gegenüber den Vergleichsanstalten den höchsten Diversifizierungsgrad ihrer Studierenden auf. Dies ist einerseits bedingt durch die Aufnahme von Frauen ab 1925[37], deren Gesamtanteil mit 24% den universitären Frauenanteil übertrifft (1930/31: 22%). Der Frauenanteil kommt allerdings vor allem aus der hohen Quote ausländischer Studentinnen aus den verschiedensten europäischen und außereuropäischen Ländern mit Schwerpunkt aus den Nachfolgestaaten der Monarchie (32%) bzw. Deutschland (10%) sowie weiteren 13% aus europäischen und 6% aus außereuropäischen Ländern gegenüber einem österreichischen Gesamtanteil von 39%, der jahrgangsweise nur langsam von 25% (1922) auf 34% (1930) bzw. 57% (1936) steigt. Diese nationale Diversifizierung bringt auch eine breitere konfessionelle Streuung der Studierenden. Die katholische Dominanz von 84% (Absolventen 1879-1918) geht auf 61% zurück zu Gunsten protestantischer (von 10% auf 24%) und auch jüdischer Studierender (von 1% auf 7%).[38]

2. Berufsstruktur

Auch hier beschränkt der Mangel an repräsentativen Daten der Bezugsgruppen den Aussagewert der Untersuchung, abgesehen von den Absolventen der Theresianischen Militärakademie, die zum größten Teil in das österreichische Bundesheer bzw. später in die Deutsche Wehrmacht übernommen wurden. Mangels genauer Berufsdaten der Absolventen der beiden Zivilanstalten nach 1918 stützen wir uns daher nur auf die vorhandenen Angaben der jeweiligen Absolventenverbände, aus denen sich als allgemein vergleichbare Ergebnisse ableiten lassen:

Ein sehr hoher Anteil von im Ausland bzw. in den Nachfolgestaaten der Monarchie bzw. Deutschland tätigen bzw. dort lebenden Absolventen (Interne Theresianisten 1925: 41%, Konsularakademiker 1937: 51% bzw. Militärakademiker: 20%).

Ein anstaltsspezifisch unterschiedlich starker beruflicher Schwerpunkt im öffentlichen zivilen und militärischen Dienst (hier unter Einbeziehung von Pensionisten bzw. im Ausland aktiver Absolventen):

Interne Theresianisten 1925: 79% (davon 22% Offizier- bzw. Polizeikorps)
Externe Theresianisten 1925: 34% (resp. 1%)
Militärakademiker 1928: 78% (resp. 64%)
Konsularakademiker 1937: 89% (resp. 1%)
Innerhalb des schmalen Sektors der privatwirtschaftlichen Berufe ergibt sich eine deutliche Dominanz der Oberschichtberufe (Selbständige Akademiker, Unternehmer, wirtschaftliche Spitzenpositionen, Grundbesitz) von
+) 39% (externe Theresianisten)
+) 30% (interne Theresianisten)
+) 12% (Konsularakademiker)
+) 5% (Militärakademiker)[39]

Wie weit sich diese strukturellen Veränderungen der Altabsolventen auf die neuen Jahrgänge in der Zeit der Ersten Republik übertragen lassen, kann nicht ausreichend beantwortet werden. Es darf jedoch ein allgemeiner langsamer Wandel der Absolventen der zivilen Eliteanstalten von ihrer ehemaligen exklusiv auf den Staatsdienst fixierten zur privatwirtschaftlichen Karriereorientierung angenommen werden.

Gerade für die Konsularakademie sprechen Einzelangaben dafür, so etwa die erfasste Berufsstruktur der Absolventen des Jahrganges 1921-1922 (60% Beamtenschaft, 40% Privatwirtschaft) oder der sich aus der Beantwortung einer Anfrage aus dem Jahr 1921 an (91) ehemalige Absolventen der Konsularakademie über ihre berufliche Karriere ergebende Befund (Staatsdienst 63% vs. Privatwirtschaft 37%).[40]

3. Eliteanstalten und diplomatische Beamtenschaft 1918-1938

Die nachfolgende spezielle Untersuchung des internen und auswärtigen diplomatischen Dienstes beruht auf 4 Querschnittsuntersuchungen über die Gesamtheit der höheren Beamtenschaft des Außenministeriums (bzw. ab 1928 der dem Bundeskanzleramt zugeordneten Abteilung für auswärtige Angelegenheiten) sowie der österreichischen Vertretungsbehörden im Ausland (einschließlich der hauptamtlichen Konsularbeamten ohne die Honorarkonsuln).[41]

Aus diesem Vergleich von 4 Samples ergibt sich sehr deutlich die soziale und rekrutierungsmäßige Kontinuität des Profils der diplomatischen Beamtenschaft und speziell des eigentlichen Diplomatischen Corps der Ersten Republik:

Rekrutierungsstruktur der diplomatischen Beamten in %

	Gesamtbeamtenschaft				a. o. Gesandte			
	1922	1928	1935	1937	1922	1928	1935	1937
N	147	105	107	126	17	21	24	28
Konsularakademie Theresianum*)	54	48	49	41	53	57	50	54
Militäranstalten	4	3	7	7	--	5	8	4
Hochadel	7	6	12	14	12	14	17	14
Monarch. Elite ber.	59	52	63	56	59	71	67	64

*) einschl. Jesuitengymnasien Kalksburg, Stella Matutina

Quelle: Eigene, adaptierte Erhebung

Adelsdomäne und soziale Exklusivität:
Die (für den Zeitraum 1919-1933 nur über die früheren Daten in der Monarchie ableitbare) Adelsquote innerhalb der gesamten Bezugsgruppe sinkt zwar nach 1918 drastisch von 62% (1914) auf 32% (1928), steigt jedoch im Ständestaat wieder auf einen konstanten 1/3-Anteil, wobei Präsenz des Hochadels 1937 bereits wieder das Niveau vor 1914 erreicht (15%). Als erwartungsgemäß höher erweist sich die Adelsquote bei den Inhabern der Spitzenpositionen der auswärtigen Vertretungen mit Höchstwerten von 71% (1922) bzw. 54% (1935) und einem konstanten Anteil des Hochadels zwischen 12% und 17%. Deutlicher noch wirkt sich diese „Neoaristokratisierung" im Bereich der Auslandsvertretungen aus, die im Ständestaat wieder eine vergleichbare Stärke wie in der Monarchie erreicht (1937 Gesamtadel 38%, Hochadel 21%).

Berücksichtigt man die gesellschaftliche Homogenität auch der neuen Absolventen der Konsularakademie bzw. des Theresianums in der Ersten Republik, bedeutet der Anstieg der bürgerlichen Quote zwar eine sozialstrukturelle Verschiebung, aber keine Veränderung des soziokulturellen Milieus bzw. der Mentalität dieser Bezugsgruppe, da auch die aus der gesellschaftlichen Oberschicht der Republik kommenden neuen bürgerlichen Beamten dem Typus des von den Leitbildern des monarchischen Systems – Offizier und Adel – geprägten Diplomaten entsprachen.

Ungebrochen erweist sich weiters die Rekrutierungsstärke der alten monarchischen Eliteanstalten, vor allem der Konsularakademie, die mit einem Gesamtanteil von über 50% in der demokratischen Republik wie im Ständestaat den Endstand von 1914 übertrafen und vor allem innerhalb der Spitzenpositionen (Gesandte, Botschafter) mit einem Anteil von über 60% dominierten. Unter Einbezug des in der Ersten Republik in Gestalt der „Vereinigung katholischer Edelleute in Österreich"[42]

Studenten des Jahrgangs 1938 (v.l.n.r.): Rudolf v. Meran, Otto Haase, Paula Schadlbauer, Helmut Holdegel, Zvonimir Cihlar, Frau Kopecek (Nichtkonsularakademikerin), Maximilian Bitterl, Fahir Öner, Georg Olszynski

auch politisch organisierten höheren Adels ergibt sich somit ein zwischen 52% und 63% schwankender Anteil der alten d.h. monarchisch geprägten Elitegruppen innerhalb des diplomatischen Dienstes der Ersten Republik mit einer grundsätzlich systemunabhängigen Staatsloyalität bzw. geringer parteipolitischer Affinität sowohl gegenüber den Parteien der demokratischen Republik als auch gegenüber dem ab 1933 den Staatsapparat infiltrierenden Nationalsozialismus. Diese Feststellung gilt indes nicht für die Absolventen und Studierenden der Konsularakademie zwischen 1921 und 1938, unter denen sich nachweislich auch illegale Nationalsozialisten befanden, noch schließt sie den Beitritt österreichischer Diplomaten zur NSDAP nach ihrer Übernahme in den Auswärtigen Dienst des Dritten Reiches aus.[43]

III. Konsularakademie und diplomatische Beamtenschaft im europäischen Vergleich

Stellen wir abschließend die Ausbildungs- und Rekrutierungsmuster der diplomatischen und konsularischen Beamtenschaft im Kontext zur allgemeinen Entwicklung der Hochbürokratie ausgewählter europäischen Staaten (Frankreich, Großbritannien, Preußen, Deutsches Reich) in der Zeitspanne zwischen aufgeklärtem Absolutismus und parlamentarisch-republikanischem bzw. monarchischem Regierungssystem gegenüber, so lassen sich sowohl länderspezifische Unterschiede wie gemeinsame Tendenzen erkennen:

In allen Vergleichsländern bleibt der auswärtige Dienst ein Sonderbereich innerhalb der allgemeinen staatlichen Verwaltung, in dem am längsten feudal-askriptive Besetzungs- und Rekrutierungsmuster erhalten bleiben. Dem steht andererseits die allgemeine Durchsetzung der allgemeinen Zugänglichkeit aller öffentlichen Ämter und die Standardisierung der Aufnahme- und Aufstiegsbedingungen durch kompetitive objektivierbare Qualifikationskriterien wie schulische und universitäre Abschlüsse, Aufnahme- und Aufstiegsprüfungen etc. entgegen.

Die Art, in der das politische Establishment auf diese Herausforderung reagiert, um einerseits eine leistungsfähige Hochbürokratie zu schaffen, andererseits die bisherige soziale und politische Geschlossenheit der monarchischen zivilen und militärischen Bürokratie zu garantieren, zeigt sehr unterschiedliche länderspezifische Formen und Strategien.

Dazu ein exkurshafter Ländervergleich:

Frankreich

In Frankreich ist die anstaltspezifische Ausbildung der Beamtenschaft insbesondere für die diplomatischen Auslandsvertretungen bereits ab den Reformen unter Richelieu feststellbar: Speziell die seit 1669 für den Einsatz im Osmanischen Reich geschaffene „École des Jeunes de Langue" (Sprachknaben) mit einer späteren dreijährigen sprachlichen Weiterbildung in Konstantinopel und Smyrna bildet das Modell für die 1753 in Österreich geschaffene Orientalische Akademie mit einer analogen Sprachknabenausbildung in Konstantinopel.[44] Die Erste Republik radikalisierte diese anstaltsspezifischen Ausbildungsansätze des Ancien Regime, indem nach der Abschaffung der Universitäten die gesamte Ausbildung des privaten und öffentlichen Lebens in Gestalt spezialisierter Schulen (Grandes Écoles) verlagert werden sollte. Ausdruck dieser Reform ist einerseits die 1794 geschaffene „École Polytechnique" für technisch-naturwissenschaftliche Funktionen der zivilen und militärischen Bürokratie bzw. die 1795 eingesetzte „École de langues orientales" unter Leitung des Innenministeriums zur speziellen Sprachausbildung (Türkisch, Arabisch, Persisch) zukünftiger Diplomaten mit anschließender Praxis in den Konsulaten im Osmanischen Reich.[45] Nachdem eine Erweiterung des Polytechnikums um eine analoge Ausbildungseinrichtung für administrativ-diplomatische Beamte nicht gelang, blieb die allgemeine Ausbildung des diplomatischen Personals Aufgabe der 1802 gegründeten „École diplomatique" bzw. des „Auditoriums" im Rahmen des Conseil d'Etat.[46]

Die kurzfristige Zweite Republik 1848-1849 setzte mit der Gründung der „École Nationale d'Administration" einen neuen Ansatz einer Professionalisierung der allgemeinen und diplomatischen Beamtenschaft unter besonderer Berücksichtigung des Zugangs aus sozial niederen Schichten, ein Experiment das bereits 1849 beendet wurde.[47]

Erst mit der endgültigen Etablierung der Dritten Republik wurden ab 1877 die grundlegenden, bis 1945 geltenden Reformen des nunmehr allgemein zugänglichen diplomatischen und konsularischen Dienstes geschaffen:[48]

- Abschluss eines Rechtsstudiums (licence en droit) oder der (1871 privat gegründeten) „École Libre des Sciences Politiques",
- Obligatorischer „Concours"

In der Vierten Republik kam es (nach Vorarbeiten bereits seit 1938) zur Neukonstituierung der „École Nationale d'Adminstration" in Form einer öffentlichrechtlichen Anstalt- als exklusive Ausbildungseinrichtung zur Vorbereitung auf den Concours für den allgemeinen Verwaltungsdienst in den „Grands Corps" bzw. der diplomatischen Beamtenschaft. Die ENA löste damit das Monopol der weiterhin als wissenschaftliches Institut bestehenden „École des Sciences Politiques" ab und kreierte in ihren Studienprogrammen einen neuen Typus des stärker von der früheren Kameralistik und der aktuellen keynesianischen Ökonomie geprägten Verwaltungsmanagers.[49] Dieser „Triumph der ökonomieorientierten Ausbildung"[50] kann bei der Orientalischen Akademie bereits mit der Studienreform und Umwandlung zur Konsularakademie im Jahre 1898 bzw. mit der Neueröffnung als „Akademie für Politik und Volkswirtschaft" 1922[51] angesetzt werden.

Trotz dieser frühen Professionalisierung der diplomatischen und konsularischen Beamtenschaft blieb die Besetzung der höheren diplomatischen Positionen während des Ancien Regimes eine exklusive Domäne des hohen Klerus bzw. des Adels, wobei der französische Hochadel bereits sehr früh zu Gunsten des niederen und Dienstadels (noblesse de robe) in den Hintergrund rückte[52], eine Tendenz, die wenn auch nur kurzfristig in der österreichischen Monarchie in der Phase des Josephinismus zu verzeichnen war.

Mit der „Laizistischen Diplomatie" ab 1648 wurde der Klerus durch die Offiziersspitze der reformierten Armee ersetzt, die etwa zwischen 1648 und 1789 30% der insgesamt 350 diplomatischen Positionsinhaber stellte[53], eine Rekrutierungsstrategie, die in der Habsburger Monarchie nur bei einzelnen Spitzendiplomaten Anwendung fand. Das Ancien Regime stützte sich somit bis zum Ende auf ein zu 100% adelige diplomatische Beamtenschaft, die sich vornehmlich aus zivilem und militärischem Dienstadel rekrutierte und in Lycees und Rechtsfakultäten ausgebildet wurde. Die Französische Revolution bewirkte nur eine kurzfristige Modifizierung dieser Rekrutierungspraxis zu Gunsten bürgerlicher Repräsentanten, die jedoch sehr rasch von einer personellen Säuberung von Elementen eines zu radikalen „Jakobinismus" gefolgt wurde.

Die diplomatischen und konsularischen Positionen wurden in der Folge im Sinne allgemeinen „Patronage familial" des politischen Establishments einerseits aus dem bürgerlichen Offizierskorps, andererseits bereits wieder aus der alten „noblesse de robe" bzw. zurückgekehrten Vertretern des Altadels des Ancien Regimes besetzt.[54]

1810 waren etwa von 103 Inhabern diplomatischen Spitzenpositionen 52% adeliger, 27% großbürgerlicher (Anwälte, Unternehmer) und 34% kleinbürgerlicher Herkunft (letztere vor allem aus dem Offizierskorps). Diesem drastischen sozialstrukturellen Wandel der französischen Diplomatie stand andererseits ein fortgesetzter Aristokratisierungsprozess innerhalb der auswärtigen diplomatischen Beamtenschaft entgegen, der etwa bis 1815 eine Adelsquote der Botschafter 60% der unteren Positionen von 70% erbrachte und mit dem Beginn der Juli-Monarchie 1830 bereits eine 100-prozentige Rekrutierung der höheren diplomatischen Beamtenschaft aus Altadel des Ancien Regimes bzw. nobilitierten „Nouveaux Riches" erreichte[55] (ein Anteil, der vergleichsweise selbst in der Vormärzphase der Habsburger Monarchie im auswärtigen Dienst nicht mehr erlangt wurde).

Trotz der sozialstrukturellen Öffnung des diplomatischen Dienstes durch den extrem leistungsbezogenen Concours blieb das großbürgerlich-großstädtische Profil der Absolventen der sich als exklusive Vorbereitungsanstalten für diese Zulassungsprüfung etablierenden „École libre des Sciences politiques" (85% aus großbürgerlichem Milieu) wie später der ENA (60%-65%, allerdings 90% der später in die Grands Corps aufsteigenden Absolventen) bis in die Vierte bzw. Fünfte Republik erhalten.[56] Ab 1945 konnten auch Frauen in die ENA eintreten, ihr Anteil stieg zwischen 1945-1995 von 10% auf 30%.[57]

Großbritannien

Grundsätzlich unterschiedlich verläuft dagegen die Rekrutierungsstrategie für den öffentlichen Dienst in Großbritannien: Nachdem der Versuch der Krone, ein zentralistisches königstreues Berufsbeamtentum zu schaffen, frühzeitig gescheitert war, erfolgte die Besetzung der höheren Beamtenpositionen der Zentralbürokratie in Form ausschließlicher Patronage von Aristokratie und den das Parlament beherrschenden Interessengruppen. Erst unter den Liberalen erfolgte ab 1855 eine grundsätzliche Reform durch strikte Trennung von Politik und Verwaltung und die Schaffung eines „Civil Service", dessen Qualifikationskriterien von einer „Civil Service Commission" überwacht und objektiviert wurden. Der damit allgemeine Zugang zum öffentlichen Dienst erfolgte nach Abschluss eines Universitätsstudiums durch die Ablegung eines (mit dem Concours vergleichbaren) Examens.[58]

Dieser formalen Objektivierung des Zulassungsverfahrens steht andererseits das bis heute wirksamen „Oxbridge"-Monopol bei der Ausbildung von später erfolgreichen Kandidaten für den allgemeinen Staatsdienst und insbesondere die Spitzenbeamtenschaft der „Administration Group" entgegen: Die beiden sozial exklusiven Eliteuniversitäten stellten zwischen 1899 und 1965 kontinuierlich zwischen 72% und 90% der erfolgreichen Kandidaten (jeweils in Verbindung mit einer voruniversitären Ausbildung in den „Public Schools" mit Quoten zwischen 29% und 62%).[59]

Preußen – Deutsches Reich

Ein vergleichbares Bild bietet Preußen: Bis zu den napoleonischen Kriegen und den dadurch bedingten Reformen bestand in Preußen ein von Krone und Grundadel gemeinsam verteidigtes Besetzungsmonopol des Altadels für Offizierskorps und diplomatische Spitzenbeamte – während die Zivilverwaltung aus niederem Dienstadel und bürgerlichen Bezugsgruppen rekrutiert wurde, deren formale Ausbildung über die Universitäten erfolgte.[60]

Mit den Staats- und Verwaltungsreformen unter Stein und Hardenberg wurde vergleichsweise sehr früh (1808) das allgemeine Zugangsrecht für den zivilen und militärischen Staatsdienst mit rein leistungsorientierten Zulassungskriterien dekretiert (im Sinne von Hardenbergs Forderung nach „Every position in the State, without exception, is to be open not to this or that caste, but to.the service and the skill and competence from all strata").[61]

Dem Zugzwang einer Verbreiterung der Rekrutierungsbasis für Offizierskorps und Hochbürokratie und ihrer Professionalisierung durch Ausbildung begegnete das monarchische System Preußens wie das spätere Kaiserreich mit einer Doppelstrategie: Die Professionalisierung erfolgte für das Offizierskorps über Kadettenanstalten, Kriegsschule bzw. Kriegsakademien, für die zivile Beamtenschaft über die reformierte Humboldt'sche Universität, insbesondere die positivistisch dominierten Rechtsfakultäten. Zum anderen wurde der Zugang zu diesen Ausbildungsstätten zunehmend durch sozial restriktive Maßnahmen[62] den exklusiven Bezugsgruppen des Adels und des aufsteigenden und nobilitierten Großbürgertums vorbehalten. Dieses Bündnis zwischen grundbesitzendem Altadel und industriellem nobilitiertem Großbürgertum garantiert auch die soziale Exklusivität der diplomatischen Beamtenschaft, deren formale Ausbildung über die rechtswissenschaftlichen Fakultäten bzw. spezielle universitäre Sprachinstitute (wie etwa das Seminar für orientalische Sprachen in Berlin) erfolgte. Diese Selbstrekrutierung des öffentlichen Dienstes aus Aristokratie und nobilitiertem Großbürgertum basierte auf einem ausgefeilten System von studentischem Korporationsnepotismus, insbesondere über die hochadeligen Corps des Kösener Senioren Convents in enger Verbindung mit einem sozialstrukturell gegliederten Reserveoffizierskorps[63], und blieb speziell in der diplomatischen Beamtenschaft bis zum Ende der Weimarer Republik erhalten.

Das Institut des Reserveoffiziers wurde von der österreichischen Monarchie mit Erfolg übernommen und führte zu dem früher ausgeführten hohen Militarisierungsgrad speziell des auswärtigen Dienstes. Die Korporationspatronage der auch in Österreich nach deutschem Muster entstandenen Studentenverbindungen zeigte hingegen – abgesehen von einigen (hochadeligen) Corpsiers in der diplomatischen Beamtenschaft – keine Wirkung.[64]

Österreich

Aus der Gegenüberstellung drängt sich ein Vergleich speziell zwischen dem monarchisch-republikanischen Frankreich und dem absolutistisch-konstitutionellen Österreich auf, die beide auf eine betont parauniversitäre Rekrutierungsstrategie über funktionale Elitenanstalten setzen. Demgegenüber erfolgt die Ausbildung der Hochbürokratie in Großbritannien und Preußen (bzw. dem Deutschen Kaiserreich) über die (staatliche oder private) Schule und Universität. Die Konsularakademie weist zwar eine seit ihrer Gründung ungebrochene Kontinuität ihrer Ausbildungsfunktion bis 1938 auf, ohne indes eine vergleichbare Monopolstellung wie die „Grandes Ecoles" in Frankreich bzw. die Eliteuniversitäten Oxford und Cambridge in Großbritannien bei der Vorbereitung zu den obligatorischen Zulassungsprüfungen (Concours) zu erreichen.

Zwischen 1897 und 1937 ergibt sich etwa folgende Gewichtung der (bereinigten) Rekrutierungsanteile der drei verglichenen Eliteanstalten der Monarchie:[65]

Rekrutierungsanteile der drei Eliteanstalten in %

	1897	1914	1922	1937	1897	1914	1922	1937
N	447	737	147	126	47	78	17	28
Konsularakademie	26	23	52	39	30	25	47	50
Theresianum*)	7	9	3	8	4	7	12	4
Militärakademie	10	15	4	7	13	8	--	4

*) einschl. Jesuitengymnasien Kalksburg, Stella Matutina

Quelle: Jahrbuch des k.u.k. Auswärtigen Dienstes, 1897/1914, Mitgliederverzeichnisse

Die sogar leicht abnehmende Rekrutierungsstärke der Konsularakademie zwischen 1897 und 1914 wird indes zwischen 1919 und 1938 wieder nach oben korrigiert, in welchem Zeitraum die bereits aktiven Altabsolventen der Akademien, insbesondere der Konsularakademie, innerhalb der diplomatischen Beamtenschaft einen Stellenwert erlangen, der an die vorhin zitierten französischen Eliteanstalten heranreicht.

Trotz der seit 1849 geltenden Voraussetzung eines Rechtsstudiums für den höheren öffentlichen Dienst bleiben his zum Ende der Monarchie für den diplomatischen und konsularischen Dienst unterschiedliche, noch Elemente askriptiv-aristokratischer Selektion (ad hoc Berufung zum Gesandten, bis 1914: 10% supernumeräre Beamte) aufweisende Zulassungswege offen.[66] Dazu ein Überblick über die Aufnahmekonditionen der diplomatischen Beamtenschaft 1897 bzw. 1914:[67]

- Diplomatenprüfung
- KonsularAttachéprüfung
- Eintritt nach Universitätsstudium
- Übernahme aus Armee und Zivilverwaltung nach (bzw. auch ohne) Universitäts-studium
- Übernahme ohne Universitätsstudium
- Eintritt aus Konsularakademie (ohne obligatorische universitäre Ausbildung) in den konsularischen bzw. auch diplomatischen Dienst bzw. mit der Möglichkeit der Befreiung auch von der KonsularAttachéprüfung (1914: 50% der aktiven Absolventen)

Die aristokratische Grundstruktur der diplomatischen Beamtenschaft bleibt somit bis zum Ende der Monarchie bzw. selbst in der Ersten Republik bis 1938 erhalten. Der von Robert Putnam exemplarisch anhand von vier europäischen Staaten nachgewiesene drastische Abfall der Adelsquote in Offizierskorps und Diplomatie ab 1900 müsste für Österreich somit bis 1938 durch eine wesentlich flachere Kurve korrigiert werden.[68]

Anmerkungen

1 Max Weber, Wirtschaft und Gesellschaft. Grundriß der verstehenden Soziologie, 5. revid. Aufl., bes. von J. Wichelmann, Studienausgabe Tübingen 1972, Kap. III, S. 127
2 Weber, Wirtschaft und Gesellschaft, S 122-130
3 Ernst Mayerhofer's Handbuch für den politischen Verwaltungsdienst in den im Reichsrath vertretenen Königreiche und unter besonderer Berücksichtigung der diesen Ländern gemeinsamen Gesetze und Verordnungen, hrsg. von Ernst Mayerhofer und Anton Pace, 5. verm. und verb. Aufl. Wien 1895-1903, Band 1, 4. Hauptst. S. 200-236, Waltraud Heindl, Bürokratie und Beamte in Österreich, Habil Schrift Wien 1989.
4 Stimmer, Gernot, Eliten in Österreich 1848-1970, 2 Bde Wien 1997(= Studien zu Politik und Verwaltung hrsg. von Christian Brünner, Wolfgang Mantl und Wolfgang Welan) Band I, S. 200-204
5 Stimmer, Eliten. Band I, S. 202-203
6 Heindl, Bürokratie, S. 212 und 220
7 Heindl, Bürokratie, S. 222
8 Heindl, Bürokratie, S. 220
9 Die Angaben basieren auf den jeweiligen Amtskalendern, konkret dem Königlich und Kaiserlichen wie auch Erzherzöglicher dann Dero Haupt- und Residenz-Stadt Wien Staats- und Standeskalender, ab 1853 dem allgemeinen Beamten- und Adelsbuch der k. k. Haupt- und Residenzstadt Wien, ab 1859 dem Hof- und Staatshandbuch des Kaiserthums Österreich.
10 Staats- und Standeskalender für das Jahr 1752 S. 140-143 bzw. für 1763 S. 223-227
11 Schon aus Vergleichszwecken zu den Untersuchungen von Heindl verwenden wir einen extensiv interpretierten Begriff dieser Kategorie (Fürst, Prinz, Graf, Freiherr, Baron und erbländischer Ritter) Vgl. dazu Heindl, Bürokratie, S. 192
12 Stimmer, Eliten. Band I, S. 208-213
13 Errechnet aus Daten von Einzelbiografien aus Constantin v. Wurzbach's Biographisches Lexikon des Kaisertumes Österreich, Bd 1-60, Wien 1858-1890.

14 Errechnet auf der Grundlage des Hörerverzeichnisses der Konsularakademie 1879-1930, Archiv der Republik, Archiv der Konsularakademie, Band 116

15 John A. Armstrong, European Administrative Elite, Princeton 1973, S. 81

16 Stimmer, Eliten. Band I, S. 225-226

17 Stimmer, Eliten. S. 222-223

18 Stimmer, Eliten. Band I, S. 225-227

19 Die Angaben basieren auf dem Verzeichnis der Zöglinge der Akademie von 1754 bis 1904, in: Die k. und k. Konsular-Akademie von 1754 bis 1904. Festschrift zur Feier des hundertfünfzigjährigen Bestandes der Akademie und der Eröffnung ihres neuen Gebäudes, hrsg. von Agenor Graf Goluchowski v. Goluchowo, Wien 1904, S. 93-99

20 Alle Daten aus Wurzbach's Biographisches Lexikon, sowie Neue Österreichische Biographie

21 Meeting der Altakademiker 1937: Namensverzeichnis der noch lebenden Hörer der k. u. k. Orientalischen Akademie bzw. der Konsularakademie 1870-1918. Archiv der Republik, Archiv Konsularakademie, Karton 66 Fasz. „Wiener Meeting der Altakademiker 1937"

22 Österreichisches Biographisches Lexikon, Neue österreichische Biographie

23 Kiszling, Rudolf, Fürst Felix Schwarzenberg, Der politische Lehrmeister Franz Josefs, Graz 1952, S. 67, Wunder Bürokratie, S. 18, Theodore B. Bottomore, Elite und Gesellschaft. Eine Übersicht über die Entwicklung des Elitenproblems, München 1966, S. 90.

24 Mayerhofer's Handbuch, 4. Hauptst. S. 204-206, Handbuch des k.u.k. auswärtigen Dienstes 1897

25 Rumschöttel, Hermann, Das bayerische Offizierscorps 1866-1914, Berlin 1973 (=Beiträge zu einer historischen Strukturanalyse Bayerns im Industriezeitalter hrsg. von Karl Bosl, Bd 9), S. 202-206

26 Stimmer, Eliten in Österreich Band I, S. 406-410

27 Stimmer, Eliten in Österreich, Band II, S. 97ff

28 Giesing, Martha Maria, Die Organisation des Auswärtigen Dienstes in der Phase 1918-1938, Diss. phil, Wien 1990, S. 242-249, S. 253-256 und S. 266

29 Giesing, Organisation des Auswärtigen Dienstes, S. 272 und S. 295-297

30 Körber, Theresianische Akademie, S. 34-83

31 Wir beziehen uns dabei konkret auf den Absolventenverband der ehemaligen (internen) Theresianisten (1925 ca. 900 Mitglieder), den Absolventenverband der externen Theresianisten (1925 ca. 150 Mitglieder), den Traditionsverband der ehemaligen Militärakademiker „Alt-Neustadt" (unter Einschluss der Absolventen der Technischen Militärakademie) (1928 ca. 1.200 Mitglieder) sowie die Altakademiker der Konsularakademie (1937 ca. 200 Mitglieder).

32 Stimmer, Eliten in Österreich, Band II, S. 595

33 Stimmer, Eliten in Österreich, Band II, S. 594

34 Die Angaben basieren auf den Grundbuchblättern der Hörer der Konsularakademie 1921-1942, Haus-, Hof- und Staatsarchiv.

35 Stimmer, Eliten in Österreich, Band II, S. 594

36 Stimmer, Eliten in Österreich, Band II, S. 594

37 Die Angaben basieren auf der Hörerstatistik nach Staatszugehörigkeit der 1921 neu eröffneten Akademie in: Siesling, Organisation des Auswärtigen Dienstes, S. 308

38 Grundbuchblätter der Konsularakademie 1921-1942

39 Stimmer, Eliten, Band II, S. 600

40 Stimmer, Eliten in Österreich, Band II, S. 600

41 Stimmer, Eliten in Österreich, Bd II, S. 878 Die Daten wurden der Tabelle V I: Rekrutierungsstruktur der diplomatischen Beamten entnommen und für unseren Untersuchungsansatz modifiziert.

42 Jahrbuch der Vereinigung katholischer Edelleute in Österreich, Wien 1928, hier insb. S. 3

43 Vgl dazu Einzelbiographien in: Biographisches Handbuch des deutschen Auswärtigen Dienstes 1871-1945 Bd. 1 A-F, hrsg. vom Auswärtigen Amt – Historischer Dienst, Paderborn 2000

44 Les Affaires etrangères et le Corps Diplomatique Francais, hrsg. von Jean Baillou, Paris 1984, Bd. 1, S. 182-184

45 Les Affaires Etrangères, Bd 1 S. 351 und 452, weiters Coing, Ausbildung von Elitebeamten, S. 10-12

46 Les Affaires Etrangères, Band I S. 418

47 Les Affaires Etrangères, Band I, S. 651

48 Les Affaires Etrangères, Band I, S. 141-155

49 Helmut Coing, Ausbildung von Elitebeamten in Frankreich und Großbritannien, Berlin 1983, S. 10-20, sowie Armstrong, The European Administrative Elite, S. 195-197

50 Armstrong, European Administrative Elite, S. 194

51 Giesing, Organisation des Auswärtigen Dienstes, S. 274-276 und S. 266

52 Les Affaires Etrangères, Band I, S. 185-189

53 Les Affaires Etrangères, Band I, S. 189

54 Les Affaires Etrangères, Band I, S. 414-418

55 Les Affaires Etrangères, Band I, S. 423-424 und S. 589

56 Armstrong, European Administrative Elite, S. 194

57 Braibant, Le droit administratif, S. 362

58 Coing, Ausbildung von Elitebeamten, S. 36-45

59 Armstrong, European Administrative Elite, S. 154-155

60 Wunder, Geschichte der Bürokratie, S. 8, S. 30-31 und S. 95

61 Armstrong, European Administrative Elite, S. 164, Zur konfessionellen Einschränkung dieser Öffnung Wunder, Geschichte der Bürokratie, S. 93

62 Armstrong, European Administrative Elite, S. 1, weiters Wunder, Geschichte der Bürokratie, S. 94-95

63 Armstrong, European Administrative Elite, S. 77-78, Zu den Kösener Corps Vgl. Grieswelle, Zur Soziologie der Kösener Corps 1870-1914 in: Student und Hochschule im 19. Jahrhundert. Studien und Materialien hrsg. von Christian Helfert und Mohammed Rassem, Göttingen 1975 (= Studien zum Wandel von Gesellschaft und Bildung im 19. Jahrhundert hrsg. von Otto Neuloh und Walter Rüegg, Bd 12), S. 346-355, hier insb.: S. 357-358

64 Stimmer, Eliten in Österreich, Band I, S. 426

65 Jahrbuch des k. u. k. auswärtigen Dienstes 1897/1914

66 Dazu auch Sieder, Erich, Österreichs Botschafter und Gesandte zwischen Wiener Kongress und Erstem Weltkrieg 1812-1914 Diss. phil, Wien 1969, S. 52

67 Daten aus: Jahrbuch des k. u. k. auswärtigen Dienstes 1897/1914

68 Putnam, Robert D., The comparative study of political elites, Englewood Cliffs 1976, Figure 7-5, S. 181

Bibliographie

Armstrong, John. A., The European Administrative Elite, Princeton 1973

Biographisches Handbuch des deutschen Auswärtigen Dienstes 1871-1945 Bd. 1 A-F, hrsg. vom Auswärtigen Amt – Historischer Dienst, Paderborn 2000

Bottomore, Theodor B., Elite und Gesellschaft. Eine Übersicht über die Entwicklung des Elitenproblems, München 1966

Braibant, Guy, Le droit administratif francais, Paris 1999

Coing, Helmut, Ausbildung von Elitebeamten in Frankreich und Großbritannien, Berlin 1983 (= Schriften zum öffentlichen Recht, Bd 437)

Das Jahrbuch der Wiener Gesellschaft hrsg. von Franz Planer, Wien 1928

Die geistige Elite Österreichs – Ein Handbuch der Führenden in Kultur und Wirtschaft, Wien 1936

Die Habsburgermonarchie 1848-1918, hrsg. von Adam Wandruszka und Peter Urbanitsch, Wien 1975 (= Verwaltung und Rechtswesen, Bd 2)

Die k. und k. Konsular-Akademie von 1754 bis 1904. Festschrift zur Feier des hundertfünfzigjährigen Bestandes der Akademie und der Eröffnung ihres neuen Gebäudes, hrsg. von Agenor Graf Goluchowski v. Goluchowo, Wien 1904

Ernst Mayerhofer's Handbuch für den politischen Verwaltungsdienst in den im Reichsrath vertretenen Königreiche und unter besonderer Berücksichtigung der diesen Ländern gemeinsamen Gesetze und Verordnungen, 8 Bde, hrsg. von Ernst Mayerhofer und Anton Pace, 5. verm. und verb. Aufl. Wien 1895-1903

Festschrift: 10 Jahre Theresianum redivivum (221 Jahre Theresianische Akademie Wien) hrsg. von Roger Kerber, Wien 1967

Gemell-Fischbach Max Frh. v. Album der k. k. Theresianischen Akademie (1746-1912). Verzeichnis sämtlicher Angehöriger der k. k. Theresianischen Akademie, fortgesetzt und erg. von Camillo Manussi, Edl. v. Montesole, Wien 1913

Gatti, Friedrich, Geschichte der k. u. k. Technischen Militärakademie, 1.Teil: Geschichte der k. k. Ingenieur- und k. k. Genie-Akademie 1717-1869, Wien 1901

Gatti, Friedrich, Geschichte der k. u. k. Technischen Militärakademie, 2.Teil: Geschichte des Bombardiercorps, der k. k. Artilleriehauptschule und der k. k. Artillerie Akademie 1786-1869, Wien 1905

Giesing, Martha Maria, Die Organisation des Auswärtigen Dienstes in der Phase 1918-1938, Diss. phil, Wien 1990

Handbuch des k. u. k. auswärtigen Dienstes 1897/1914, Wien 1897-1914

Heindl, Waltraud, Bürokratie und Beamte in Österreich, Habil. Schrift Wien 1989

Hof- und Staatshandbuch des Kaiserthums Österreich, Wien 1859-1918

Jahrbuch der Vereinigung katholischer Edelleute in Österreich, Wien 1928

Kiszling, Rudolf, Fürst Felix Schwarzenberg, Der politische Lehrmeister Franz Josefs, Graz 1952

Les Affaires etrangères et le Corps Diplomatique Francais, 2 Bde hrsg. von Jean Baillou, Paris 1984

Mitglieder-Verzeichnis der Vereinigung ehemaliger Externer des Theresianums, Wien 1925

Mitglieder-Verzeichnis der Vereinigung ehemaliger Theresianisten 1949, Wien 1949

Mitglieder-Verzeichnis der Vereinigung ehemaliger (interner) Theresianisten, Wien 1925

Mitgliederverzeichnis des Vereins „Alt Neustadt" mit einem Verzeichnis der ungarländischen „Neustädter" hrsg. vom Sekretariat des Vereins „Alt Neustadt" 3.Aufl, Wien 1928

Neue österreichische Biographie 1815-1918, Bd 1-XX, Wien 1923-1979

Niederösterreichischer Amts-Kalender, Wien 1865-1921

Österreichischer Amts-Kalender, Jg 1-17, Wien 1922-1938

Österreichs Bundesheer, verf. und hrsg. vom Bundesminister für Heereswesen, Wien 1929

Putnam, Robert D., The comparative study of political elites, Englewood Cliffs 1976

Rumschöttel, Hermann, Das bayerische Offizierscorps 1866-1914, Berlin 1973 (= Beiträge zu einer historischen Strukturanalyse Bayerns im Industriezeitalter hrsg. von Karl Bosl, Bd 9)

Sieder, Erich, Österreichs Botschafter und Gesandte zwischen Wiener Kongress und Erstem Weltkrieg 1812-1914 Diss. phil, Wien 1969

Stimmer, Gernot, Eliten in Österreich 1848-1970, 2 Bde Wien 1997(= Studien zu Politik und Verwaltung hrsg. von Christian Brünner, Wolfgang Mantl und Wolfgang Welan, Bd 57/I, II)

Student und Hochschule im 19. Jahrhundert. Studien und Materialien hrsg. von Christian Helfert und Mohammed Rassem, Göttingen 1975 (= Studien zum Wandel von Gesellschaft und Bildung im 19. Jahrhundert hrsg. von Otto Neuloh und Walter Rüegg, Bd 12)

Svoboda, Johann, Die Theresianische Militär-Akademie zu Wiener Neustadt und ihre Zöglinge von der Gründung bis auf unsere Tage, 3 Bde, Wien 1984-1987

Weber Max, Wirtschaft und Gesellschaft, Grundriß der verstehenden Soziologie, 5 revid. Aufl, bes. von J. Winchelmann, Studienausgabe, Tübingen 1972

Wunder, Bernd, Geschichte der Bürokratie in Deutschland, 1. Aufl., Frankfurt a. M. 1986

Wurzbach, Constantin v. Wurzbach's Biographisches Lexikon des Kaisertumes Österreich, Bd 1-60, Wien 1858-1890

Zapf, Wolfgang, Wandlungen der Deutschen Elite. Ein Zirkulationsmodell deutscher Führungsgruppen 1919-1961, 2. Aufl. München 1966 (= Studien zur Soziologie hrsg. von Ralf Dahrendorf, Bd 2)

Abstract

Gernot Stimmer, Meritocracy and Esprit de corps: the Consular Academy between two Elites

The genesis of the modern state in Europe is inextricably bound up with the creation of a professional civil service. In Austria the transformation process from a feudal system based on birth and rank to a bureaucracy recruited on the strength of its expertise and abilities arose from the reforms instituted by Maria Theresa. This led to a quite specific recruitment strategy, one which was still in place at the end of the Habsburg Monarchy. Certain educational institutions, parallel to and equivalent in status to the universities, were established to train (future) members of the central administration of the army and diplomacy. Nonetheless, the officer corps and the higher echelons of the civil service, particularly in diplomacy and the foreign service, continued to be the domain of the aristocracy. This ambivalent strategy gained in importance after public posts were opened to all-comers in 1849, a change which demanded objective criteria for training and admission to the public service. At the same time the social unity and esprit de corps of the officers and higher-ranking civil servants had to be guaranteed. The Oriental Academy (and later the Consular Academy), together with the Theresianum and the Military Academy founded at more or less the same time, appear to be a perfect example of this. All three were achievement-oriented, functional organisations, yet assured the socio-cultural and ideological unity of the Monarchy down until the First Republic.

Résumé

Gernot Stimmer, Former une élite professionnelle ou une élite sociale: Le rôle de l'Académie consulaire

L'émergence d'un État moderne en Europe est intimement liée à la constitution d'un corps de fonctionnaires professionnels. Un processus de transformation commence sous la monarchie autrichienne avec les réformes de Marie-Thérèse pour aboutir à une stratégie de recrutement spécifique qui durera jusqu'à la fin du système monarchique. On passe ainsi d'un système féodal reposant sur une nomination aux charges publiques légitimée par la naissance et le statut social au recrutement sur des seuls critères de performance d'une bureaucratie d'élite qualifiée par son expertise.

D'une part, la monarchie des Habsbourg, tout comme la France, choisit de mettre en place des établissements d'enseignement spécifiques et extra-universitaires pour certaines fonctions régaliennes de l'État comme l'administration centrale de l'armée et la diplomatie. D'autre part les corps d'officiers et de fonctionnaires et en particulier le corps diplomatique ainsi que les Affaires étrangères demeurent toujours un domaine réservé à l'aristocratie.

Après 1849, cette stratégie ambivalente acquiert de l'importance grâce à une accessibilité étendue à toutes les charges publiques, puisque maintenant des critères de recrutement et de formation objectivables et fonctionnels pour le service public doivent être garantis d'une part, et d'autre part la cohésion sociale et symbolique du corps des officiers et de la bureaucratie d'élite doit être maintenue.

Le rôle de l'Académie orientale puis, plus tard, de l'académie consulaire, conjointement à celui joué par le Theresianum et par l'Académie militaire de Marie-Thé-

rèse, fondés à la même époque, illustre parfaitement cette évolution. Tous trois in-
carnent d'une part le type même d'établissements de formation fonctionnels tournés
vers la performance, et d'autre part ils garantissent, grâce à leur fonction de sociali-
sation reposant sur une éducation conforme au rang et sur le dynamisme de leurs
valeurs, la formation d'un esprit de corps socioculturellement et idéologiquement
soudé des officiers et des fonctionnaires de la monarchie, dont l'efficacité restera sen-
sible jusque sous la Première République. La continuité de cette évolution va être dé-
montrée de façon empirique en s'appuyant sur l'exemple de l'Académie orientale
puis consulaire dans le cadre de l'ensemble du corps diplomatique pour une période
qui s'étend de 1780 à 1938.

William D. Godsey, Jr.

"… nun kaufmännisch zu verfahren bemüßigt ist …"[1]: The Consular Academy at Vienna in the First Austrian Republic 1918-1938[2]

In the pale, cold sunshine of a late December morning in 1916, the students of the Imperial and Royal Consular Academy witnessed the opulent and, as it turned out, last coronation festivities of a Hapsburg monarch at Budapest. As representatives of a grand and time-honoured institution of higher learning, the only one that was actually financed by and thus embodied both halves of the Danubian Monarchy, they had been given front-row seats in an official grandstand set up just across from the Cathedral of St. Matthias. From their vantage point, they had excellent views of the procession to the church, the return of the newly crowned Queen Zita, and the oath of King Charles IV (1916-18). The Academy's director, Consul General Anton von Winter (1866-1942), who had accompanied his charges to the Hungarian capital, came back to Vienna convinced that the spectacle had "not only strengthened their dynastic sentiments, but had also favourably influenced their education in constitutional law".[3] A scant twenty years later, a second ceremony brought a temporary end to an era of tumultuous change that could not have been foreseen at the earlier event. On that occasion, another generation of students, at least the so-called "Aryans" among them, gathered at the Academy to celebrate Hitler's birthday (April 20, 1938) with a florid and fawning address by Winter's successor, Friedrich Hlavac von Rechtwall (1885-1975).[4] Where students of the Academy down to 1918 had been the bearers of the proud traditions of a European great power, they found themselves in 1938 – whatever Hlavac's confidence in the "German" future – in an establishment threatened by the Anschluss with closure and in a provincial city of the so-called "Third Reich". The director's wretched attempt to recast the Academy's history as "German" nevertheless fit into a pattern well-established after 1918.

The often troubled, even schizophrenic history of the Consular Academy in the interwar years mirrored that of the first Austrian Republic generally. The republican Academy was not identical to its predecessor. Indeed, no true institutional continuity between old and new existed. Apart from the school's actual physical facilities in Vienna's Boltzmann Street (Ninth District), the chief tie between the two was a personal one: Anton (von) Winter served every ruler from Francis Joseph (1904) to Engelbert Dollfuß (1933) as director. Otherwise the end of the dynasty, the break-up of the Danubian state, and the creation of the new Austria broke the tradition of the old Academy, which Winter nevertheless evoked in marketing and maintaining his new school. Under his charge, the complexion of the student body altered almost beyond recognition; a new faculty was mustered; and the curriculum shifted fundamentally. The school abandoned the scholarly hallmark of what until 1898 had been called the Oriental Academy. These changes reflected neither Winter's personal priorities or most likely his wishes, but rather the political and economic straitjacket of the early 1920s. Winter furthermore shared the ambivalent attitude toward the new regime of so many of his countrymen, and though an undeniable consolidation under difficult circumstances took place, the new Academy, like the Republic, never achieved real stability. The fact that the Academy also never truly committed itself to the new Austrian state, to which it owed its existence, may be seen as paradigmatic for the ultimate failure of the first Republic.

The collapse of the Hapsburg Monarchy strangely did not bring about the simultaneous end of several of its leading institutions. Among others, these included the imperial and royal Foreign Office, the imperial and royal Finance Ministry, the imperial and royal War Ministry, the Austro-Hungarian Bank, and the imperial and royal Consular Academy. Their functions had simply been too complex for immediate or even quick dissolution. Though gradually reduced, the Foreign Office existed almost exactly two years longer than did Austria-Hungary itself.[5] Its last "head" (*Leiter*), Baron Ludwig Flotow (1867-1948), became responsible for overseeing what was known as the "Liquidating Ministry of Foreign Affairs" (*Liquidierendes Ministerium des Äußern*) with its wide-ranging competencies.[6] Thus it came about that several foreign states, most notably the Papal See, Switzerland, and Brazil, for some two years anomalously maintained diplomatic relations with that office rather than with "German Austria". Only at the end of October 1920 was the last Austro-Hungarian diplomat withdrawn from abroad and Flotow did not resign his post until November 8, 1920. The Austro-Hungarian Bank, which had been responsible for the Hapsburg Monarchy's common currency, likewise continued its activity down past November 1918, though its rights were repeatedly violated by the successor states.[7] The Treaty of Saint-Germain of September 1919 provided for its disappearance, which did not come about, however, until the spring of 1922.

The old Consular Academy had an almost similarly long lease on life. At first a "dependency" of the former Foreign Office (*Liquidierendes Ministerium des Äußern*), it carried on, if in reduced form, until 1922. The uncertainty following the collapse of the Monarchy caused both faculty and students to petition for its continued existence.[8] On July 29, 1919, the German Austrian Cabinet Council (*Deutschösterreichischer Kabinettsrat*) compromised by permitting the Academy to operate until the last of its students had completed the prescribed course of study.[9] Though the previous curriculum was to be maintained, the new German Austrian State Office of Foreign Affairs (*Deutschösterreichisches Staatsamt für Äußeres*) assumed as of August 1, 1919 authority over the Academy in place of the Liquidating Ministry of Foreign Affairs and paid the institution's expenses.[10] Some 30 students were still enrolled at the Academy in the summer of 1919, their social and cultural backgrounds reflective of the school's traditional mix of non-nobles and the lesser nobility from all corners of the (former) Empire.[11]

In large part, the curriculum between 1919 and 1922 remained as it had been, with courses in five general areas (law, history and politics, economics, commerce, and languages). The students were in turn divided, according to the system established at the time of the reform in 1898, into those who specialized in western languages (principally English and French) and those who concentrated on eastern tongues (Turkish, Arabic, and Persian).[12] The new circumstances nonetheless required certain novelties, such as making English obligatory for all students and demoting Italian, the time-honoured language of trade in the Near East, to a non-obligatory subject.[13] Hungarian went the same way as Italian, whereas provision was made for Czech and Serbo-Croatian, neither of which had previously been taught.[14] Other topics that no longer seemed appropriate, such as army affairs (*Heerwesen*) and military geography, were also dropped and even the offerings in commerce were reduced. Another sign of coming change was the reduction in the length of study. Those students admitted as the last batch before the end of the Monarchy – in the winter semester 1918/19 – graduated at the end of the summer semester 1922 after having spent only three and a half rather than what had been the traditional five years at the Academy. The elimination of courses such as Hungarian permitted this compression, though it also cut the institution's ties to its Austro-Hungarian past and probably reduced the interest of Austria's eastern neighbor in its continuation.[15] The faculty was pensioned off.

The winter semester of 1921/22 saw the launch of the new Consular Academy, which used the old name, albeit subtitled an "Academy for Politics and Political Economy" (*Akademie für Politik und Volkswirtschaft*), and overlapped with its predecessor institution during the academic year 1921/22. Its origins went back to 1919, when it became clear that the new, truncated, and unstable Austrian state could not afford to maintain a school originally meant for nourishing the Near Eastern aspirations of a European great power. The disastrous financial situation following war and revolution, as well as Austria's relative international insignificance, also weighed against keeping the Monarchy's elaborate diplomatic and consular establishment. Though the old Consular Academy had provided few recruits to Francis Joseph's diplomatic corps, which had been dominated by the Court's aristocracy, it had bred generations of capable officials who manned the 108 effective consular offices around the world in 1914.[16] Up through the summer of 1919, it was not even clear whether Austria would survive as an independent state. But there was obviously hesitation on the part of the new authorities to dispense with an educational institution not per se monarchical and that enjoyed a long tradition and European renown.

Solutions to the problem of how the Academy should be reorganized, if it were to be saved at all, depended above all on the international situation and the future of the young state itself. Though an independent German Austria had been called into existence on October 30, 1918, few believed in its viability. Otto Bauer (1881-1938), who as head of the new German Austrian foreign office from November 1918 to September 1919 would play an important initial role in deciding the future of the Consular Academy, saw a constitutional union either with the successor states of the Hapsburg Empire or with Germany as the only alternatives. Pessimistic about an acceptable accommodation with the traditional partners in east-central Europe, he believed that Austria should "claim the right to look for a union (*Anschluss*) where it could be found, where we by nature belong, and from where we were artificially separated only a few decades ago – the union with the German Empire".[17] Bauer captured thereby what would become not only the interwar Austrian dilemma generally, but also that of the Consular Academy in particular. Sceptical about Austria's ability to stand alone, Bauer tended to see cooperation with Germany rather than with Czechoslovakia, Hungary, or Yugoslavia as the way out of its weakness and isolation, though he did not altogether exclude the latter possibility. Until 1938 (the union with Germany) and then 1945 (the establishment of the Second Republic), no resolution was found to these contradictions and uncertainties, which also characterized the Consular Academy. For most of the interwar years, the Academy too inclined toward a German resolution of its recurring existential predicament, though Austria's and its own broader European and international heritage was never entirely forgotten.

Given the early expectations of a union with Germany, the preference for the German option for saving the Consular Academy quickly emerged. The State Office for Foreign Affairs set both tone and pattern with a directive from March 1919 informing the Academy's director of Otto Bauer's diplomatic demarche regarding the Academy's future: "In case of the union of German Austria and the German Empire, the takeover of the Consular Academy und the reorganization of this institution as a college (*Reichshochschule*) for the foreign service have been suggested to the German government."[18] The authorities in Berlin reacted favourably and requested a "compilation of all regulations relative to the course of study and the facilities of the Academy", which Consul General von Winter was instructed to provide "as quickly as possible" together with information about the school's finances and capacity. Both the German interest and the hopes pinned on it by the Austrians became decisive motifs in the history of the Consular Academy down to 1938. This aspect alone was a manifest break with tradition, as the Academy had earlier admitted only citizens of the two halves of the Dual Monarchy and no connection to Germany had existed. Winter's attitude to the German option at this early point remains unclear, though he no doubt shared the faculty's belief that the Academy only had a chance of being rescued by a "union with the German Empire" or "a more or less far-reaching economic merger" with the other Hapsburg successor states.[19] But like Otto Bauer, Winter probably regarded the latter chance as stillborn, as well as contrary to his own alleged ethnic-national tradition. In any event, Winter became for the remainder of his tenure an advocate of close ties to Germany. It was rather the students who defended the Academy's supranational traditions: "Belonging to all nations of the former Austro-Hungarian Monarchy and therefore to the present successor states, we would [...] like to attest expressly and with full praise that this institution has never violated nor infringed our nationality, which, to the contrary, has here always been effectively cultivated and protected".[20]

Following the Treaty of Saint-Germain (September 1919), it looked as if the Academy would have no choice but to mend the supranational thread. The treaty forbade the union of Austria with Germany without the consent of the Council of the League of Nations, though a self-contained Austria continued to be regarded in much of official Vienna as incapable of surviving. Indeed, State Chancellor Karl Renner (1870-1950) publically expressed his doubts about Austria's viability only a few days after peace had been concluded.[21] In the second half of 1919, a concensus among Austrian leaders nevertheless emerged that the Academy should be preserved, albeit in reorganized form, even if Saint-Germain had eliminated the question of its relatively seamless mutation from an imperial Hapsburg into a republican German institution. With the direct road to Berlin cut off, the answer instead became an internationalization of a revitalized academy involving both Germany and the successor states of the Hapsburg Empire. Again, maintaining the institution as a school for the foreign service of the new Austrian republic alone was apparently not considered a serious alternative. On December 7, 1919 Renner directed that preparatory work be undertaken for an invitation to Austria's neighbors to participate in the creation and support of a joint "international college for state foreign service" at Vienna.[22] Negotiations were planned for the late spring of 1920.

On May 20, 1920, Renner issued a memorandum meant to serve as the basis for such negotiations.[23] He began by addressing a problem faced by all central European states: the lack of an adequate preparatory school for their foreign services. Though both law faculties and schools of trade and commerce (*Handelshochschulen*) qualified diplomats in some respects, neither could provide, he argued, a complete theoretical and practical training. He therefore asked "whether it would not be in the interest of [Central Europe's] states to educate their foreign service officials in an institute that for more than 150 years had applied itself to that task in a way unanimously recognized as exemplary – the Oriental Academy (later Consular Academy) founded in

1754". Whether the appeal here to a Theresian tradition found an echo in the other successor states, who regarded themselves as freed from the Hapsburg yoke, is open to question. At any rate, Renner proposed "completely to internationalize the management, administration, faculty, and students" and to build up a "supranational" (*übernational*) Academy.

The new "International College for State Foreign Service" was to be governed by a committee (*Kuratorium*) whose members were to be drawn from the states who used the institution, with Austria represented by its state secretary for foreign affairs and the others by their envoys at Vienna. As a corporate body in international law (*Körperschaft internationalen Rechtes*), the committee was to be solely responsible for the school, its operation, and its personnel. The weight of the votes in committee of the individual states would depend upon the number of their students. A rector, elected from among the faculty for a three-year term, was to manage the Academy on a day-to-day basis and be responsible for carrying out the policies set by the curators. The yearly costs of the institution – estimated at some 350,000 Austrian crowns – were to be borne by the participating states, which then had the right to enroll their own students (known as *ordentliche Hörer*) there. Other, tuition-paying students (known as *ausserordentliche Hörer*) could also be admitted. Attendance of the Academy would, however, give no student the automatic right to be admitted to the diplomatic service of his home country. To keep costs down, Renner suggested recruiting professors and lecturers already employed at other universities who would be willing to teach at the Academy part-time. Austria offered to place the building in Boltzmann Street and its inventory at the disposal of the new institution free of charge.

The curriculum recommended by Renner – probably as advised by Winter – rather departed from than continued that of the old Consular Academy, despite his appeals to its traditions. Study was to be reduced from five to two years, explained chiefly by the elimination of most legal topics except for the law of nations. These had earlier been, next to commerce, the most time-consuming but were now regarded as within the purview of the individual national states. Only material labelled of general application and divided into three areas – economic-commercial subjects (*wirtschaftlich-kommerzielle Fächer*), historical-political and legal subjects (*historisch-politische und juridische Fächer*), and languages (*Sprachen*) – was to be offered, whereby economics and commerce, previously treated separately, were condensed. The teaching of history and politics at the Academy was to be modernized, with "social history and social policy" and "press and propaganda" added to such time-honoured courses as diplomatic history.

The most remarkable deviation from the past, however, concerned the abandonment of the Academy's historic Near Eastern specialization. French and English became the only languages of study required of all students, with Italian, Hungarian, "Czechoslovak", Serbo-Croatian, Arabic, Persian, and Turkish offered as electives.

Only one of these languages was demanded of native speakers of German, with German prescribed for non-native speakers. In theory it thus became possible for the Academy to produce entire graduating classes who lacked any knowledge of Near Eastern tongues. The course of study for 1922/23 in fact foresaw the teaching of only French, English, German, and Serbo-Croatian.[24] In some respects, this innovation

Lehrplan.
(Übersicht.)

Gegenstand		I. 1.	I. 2.	II. 1.	II. 2.
		Semester			
Wirtschaftlich-kommerzielle Fächer	Volkswirtschaftspolitik	4	4	4	. .
	Handelspolitik	.	.	.	4
	Finanzwissenschaften	4	4	2	2
	Wirtschaftsgeographie (Internationale)	2	2	.	.
	Warenkunde	2	2	2	2
	Handelskunde	.	.	2	2
Historisch-politische und juridische Fächer	Diplomatische Staatengeschichte	2	2	2	2
	Soziale Geschichte und Sozialpolitik	2	2	2	2
	Internationales Recht (wichtigste Gebiete)	3	3	2	2
	Völkerrecht	.	.	2	2
	Konsularwesen	.	2	.	.
	Preß- und Propagandawesen	.	.	2	2
Sprachen	Französisch	4	4	4	4
	Englisch	3	3	3	3
	Deutsch (für Nichtdeutsche)	2	2	2	2
	Wahlsprache (obligat für Deutsche) *)	2	2	2	2
	Spezialkurse **)	2	2	2	2
	Summe für Deutsche	30	32	31	31
	Summe für Nichtdeutsche	30	32	31	31

*) Italienisch, Ungarisch, Tschechoslowakisch, Serbokroatisch, Arabisch, Persisch, Türkisch.
**) Vergleichendes Verwaltungsrecht, moderne staatsrechtliche Theorien, Wesen und Wirken der politischen Parteien.

Curriculum 1920

nonetheless picked up on the reform of 1898, when the previous "Oriental" monopoly at the school was abandoned in favor of a two-track approach in which a specialization in western languages became possible. Where the earlier reform had taken into account the rising importance of the non-European and non-Mediterranean world in the Monarchy's trade and foreign policy, the further de-emphasis of the Near East reflected the geo-political realities following the First World War and republican Austria's new international role.

With minor adjustments, such as the stipulation that a Slavic language be obligatory for Austrian students, this curriculum became the basis for what was taught at the Academy down to 1938.[25] Not achieved, however, was the plan truly to "internationalize" the Academy as a college for the foreign services of Austria, the other successor states, and Germany and to place it under the joint curatorship of those powers. Instead, no agreement was apparently reached with Austria's Slavic or Hungarian neighbors and the Germans were accorded a role in the new institution that could hardly have been greater had the *Anschluss* taken place, as had been hoped, in 1919. A combination of factors probably explain the failure to accord with the other successor states in 1920/21: the deep bitterness engendered by Czech-German national rivalry in Bohemia in the pre-war years; the German nationalism of leading Viennese figures, not least the Academy's director; fears that Austria was trying to reassert its old pre-eminence; and the economic desolation and financial straits of the other succesor states who would have paid the Academy's bill.

The failure of the negotiations, apart from those with Germany, meant the end of the idea of a joint foreign-service school for central and eastern European states. Though it was restyled as an institution for imparting to graduates or students in law the "specialized knowledge required for employment abroad in either state or private service", the new Academy nearly became the "German" institution foreseen in the late winter of 1919.[26] The provisions of Saint-Germain obviously forbade turning the house in Boltzmann Street into the German foreign-service academy, but the role reserved for the Germans was nonetheless a decisive one. In an agreement signed on October 3, 1921 between Director Winter for the Consular Academy and the German envoy in Vienna, Hans von Rosenberg (1874-1937), on behalf of the foreign office in Berlin and scheduled to last initially for one year, Germany agreed to provide the lion's share both of the Academy's budget and its students.[27] It engaged to send up to 20 candidates for admisssion to its foreign service to Vienna and to pay 150,000 marks for their education and room and board. For the financially strapped Consular Academy, these terms were a windfall, as they covered some three-quarters of its budget in 1921/22, the first academic year of the reorganized institution.[28] Seven of the original 13 students came from Germany, with the remainder from Austria, Hungary, Yugoslavia, Italy, and Romania. In 1922/23, Germany provided another three students, giving it a total of ten.

Though the directorate of the new Consular Academy obviously hoped for the indefinite renewal of these favorable conditions, the newly found stability in fact lasted only a few months. Thanks to the galloping inflation of the early 1920s and the collapse in the value of the mark, the foreign office in Berlin and Director Winter could not agree on the terms of renewal. Winter requested some four million marks, and later asked for payment in Swiss francs or even, when they steadied briefly, in Austrian crowns (210 million). The Parliament in Berlin finally approved money to cover the expenses of the German students in Vienna only up through the end of the winter semester 1922/23, money that furthermore lost value daily. Winter later recorded that the 10,000-15,000 marks in pocket cash available each month to the young Germans barely allowed them to buy cigarettes and pay for the streetcar, to say nothing of the many cultural opportunities in Vienna that remained out of their reach. Despite intense pressure by Austrian diplomats in the German capital, who told their hosts that the Academy would have to be closed and converted into a hotel if help were not forthcoming, Berlin withdrew its contingent in early 1923.[29] The Academy's existence was once again called into question.

The collapse of the cooperation with Germany coincided dangerously for the Consular Academy with the efforts of the government of Ignaz Seipel (1876-1932), who took office at the height of Winter's negotiations with the German foreign office, to cure Austria's catastrophic economic ills. Rather than the previous temporary fixes, Seipel offered what two historians have called the first realistic opportunity in the postwar period to constitute a durable state for republican Austria.[30] The new chancellor's reforms, however, required the radical reduction of the public budget and thereby threatened the existence of the Consular Academy, regarded as a luxury for such a small state. The government's so-called "Economizing Commission" (*Einsparungskommission*) estimated a savings to the treasury of 10 million crowns yearly through the dissolution of the Consular Academy, which it recommended.[31] The commission reported that Vienna's College of World Trade (*Hochschule für Welthandel*) could train Austria's consular officers more efficiently and cheaply. The foreign office rejected both the commission's figures and view of the school's mission, which it understood – quite in contrast to the one that prevailed at the time of the Monarchy – as one of preparing officials for all branches of the foreign service, both abroad and at the Ballhausplatz.[32] Despite the foreign office's backing, the government cut off financial support for the Academy beginning in 1923.[33] Having always been dependent on the state, the Academy had never established its own endowment. It was therefore faced with shutting down or adapting itself to the open market.

The qualified good fortune of the first two years encouraged Director Winter to adopt the latter strategy, which was retained down to 1938. Halting in the first decade after the collapse of the Monarchy, Director Winter completed toward the end of the 1920s a remarkable transformaton from an imperial and royal official to a modern and successful entrepreneur. Since its inception in the eighteenth century, the Academy had depended for its existence on the state and this had been no less the case under the republic. When it appeared that the new Austria might not survive or be able to support the institution, Winter first looked not to the market, but to the government in Berlin for salvation. The possibility of the Academy's becoming de facto the German school of foreign service disappeared in the inflation of 1922 and the authorities in Vienna withdrew funding in 1923. These setbacks inaugurated a rethinking by Winter, the results of which only became apparent years later. Though the Austrian government later gave the Academy a "subvention" and though Winter also negotiated fellowships for students paid for by foreign states, he and his successor had to run the school primarily as a commercial venture. The multiple pillars of financial support enabled the Academy to withstand even the Great Depression, there being no evidence that it was in danger of closing in the 1930s.

Between 1921/22, the first academic year of the new Academy, and 1936/37, the last one completed before the Anschluss, the number of students per annum increased exponentially.[34] The turning point only came in the second half of the 1920s after the third existential crisis (1918/19, 1922/23, and 1926/27) in a decade.[35] Where the number of students never exceeded 50 before 1927/28, it jumped by 50 per cent to 75 in 1928/29 and nearly topped 100 by 1931/32. In 1933/34, more than 100 students matriculated at the Academy, with the highpoint of 125 reached in 1936/37. Most importantly, the rise in the number of fees-paying students decreased the financial burden of the personnel, especially of the faculty, who in any case were nearly all part-time. Citizens of thirty-five states on five continents attended the refounded Consular Academy before 1938. In an interesting echo of the old Monarchy, only two states provided students continuously between 1921/22 and 1936/37: Austria and Hungary. Austria's share varied between one (1921/22) and 68 (1935/36), Hungary's between one (1921/22) and 14 (1936/37). The Academy's appeal to its long tradition also remained more than rhetoric, with the Hapsburg successor states of Czechoslovakia, Yugoslavia, and Rumania each represented in every class but one or two of the interwar years. Poland sent a handful of young people regularly to Vienna beginning in 1924/25. Germans never again dominated the student body as they had between 1921 and 1923 and none at all matriculated in 1926/27. They first returned in larger numbers at the end of the 1920s, with their presence in the 1930s again becoming, as we shall see, a political issue. The Academy also hosted students from more than a dozen other European states, from Albania to Spain and from Italy to Sweden. The Anglo-Saxon world was about as well represented as non-Central Europe outside the Baltic states, the North Americans and British together accounting for more than four dozen students in the fifteen years between 1922 and 1937. The early trickle of students (3) from the Soviet Union dried up as the regime intensified its totalitarian hold under Stalin. Of the Africans, South Americans, and Asians at the Academy, the Egyptians (12) and Turks (10) were best represented.

The socio-economic and religious breakdown of the students at the Academy reflected, on the one hand, the predominance of persons there from the Hapsburg successor states, and on the other hand, the social traditions of diplomacy. Roman Catholics outnumbered Protestants by more than two to one in the academic years for which we have reliable statistics.[36] Other groups, such as the Greek Orthodox, the Greek Catholics, Muslins, and Jews, were marginally represented, the Jews sometimes outnumbering the Greek Orthodox or vice versa. Probably no more than five or six members of these confessions belonged to any given class at the Academy. The postwar blatancy of anti-Semitic prejudice, early apparent in Karl Renner's rejection of one official for an ambassadorial post because of his allegedly "Jewish-sounding" name[37], reached an altogether different level with the advent to power of Hitler in neighboring Germany. It was probably that event rather than an anti-Semitic reputation of the Academy that caused one possible candidate to inquire whether Jews were even accepted as students.[38] He was told that "race and religion were not taken into consideration for admission".[39] The German-speaking and Hungarian-speaking element at the Academy prevailed even more so than the data on citizenship would suggest. The student body included the sons of Hungarian estate-owners in what had become Slovakia (formerly Upper Hungary); German-speaking Jews from Hungary, Czechoslovakia, and Poland; other German-speaking natives of what had been Bohemia; German-speakers from the Baltic states; and those with Hungarian or German as mother tongue in Yugoslavia. Though not absent from the rolls of the Academy's students, native speakers of Czech, Slovak, and Romanian were thus relatively underrepresented.

The (former) nobility – in 1924/25 more than one-third of the students – was well-represented in comparison to its proportion of the general population. Despite the end of most of Central Europe's monarchies, diplomacy remained an attractive career for nobles. Their reputation for elegant manners, a talent with languages, and good international connections also made them, if only grudgingly, an asset for the new authorities. Even Lenin and Stalin had kept on a noble representative of the former tsarist diplomatic corps, G.V. Chicherin (1872-1936), as "people's commissar" for foreign affairs (1918-30). The new Consular Academy educated two members of sovereign houses – Prince Robert of Bourbon-Parma (1930-32) and Prince Constantin Liechtenstein (matriculated 1933) –, a score of nobles whose ancestors had not long before served the Hapsburgs as diplomats (Skrzyński, Hadik, Schlechta, Brusselle-Schaubeck, Calice, Riedl-Riedenstein, Schönborn, Ambrózy, etc.), and members of German, French, and English noble families (Mumm von Schwarzenstein,

Lascelles, d'Aumale, etc.).[40] Such names certainly added to the Academy's glamour, even if most students came from middle-class backgrounds, many from the high bourgeoisie. Among their fathers, we find high officials, industrialists, officers, bankers, clergymen (including a Hungarian rabbi and the Anglican dean of Windsor), engineers, lawyers, and doctors, as well as teachers, businessmen of various sorts, and pharmacists. Less well-represented, though certainly not lacking, were the offspring of the working classes. They included the daughter of a baker and the sons of a hairdresser, a butcher, a tailor, and a locomotive driver. The chief innovation of the new Consular Academy was the expansion of the student body for purposes of commercial viability, rather any change in its social make-up. The Oriental Academy had accepted students from a broad range of backgrounds as well.

One major novelty, however, was the Academy's admission of women in the mid-1920s. Diplomacy and foreign policy had earlier been regarded in Europe's chancelries as the domain of males, the Ballhausplatz having accepted women neither in the central office nor in the diplomatic and consular services. Under these circumstances, women had also been denied access to the Academy. But "total war" and, with it, the entry of women into careers previously closed to them loosened up old stereotypes about the workplace.[41] Even before the end of the Monarchy, the Acade-

*Student's room in the Academy
building in Boltzmanngasse*

my received at least one request of a father on behalf of his daughter – Helene Veturia Stroca –, who had graduated from a Hungarian college of trade and commerce.[42] By that point, the Academy had evidently concluded that turning a candidate down because of her sex was at best problematic, rejecting her instead for not having attended a Gymnasium.[43] When the Strocas stubbornly resubmitted their petititon, they were sarcastically advised that "female persons had previously not been allowed to study at the Imperial and Royal Consular Academy" and that they could apply directly to the Foreign Ministry for an exemption from the rule.[44] It is doubtful that Director Winter, who remained in office only a few years later when the Academy accepted its first women, changed his views in principle on the matter. Rather, his motives most likely sprang from economic necessity. Just as the recruitment of students from beyond Central Europe promised a welcome infusion of funds, so too did the enlistment of women.

The Consular Academy under Winter's direction paradoxically became a pioneer in the education and preparation of women for foreign service and international work generally. In the immediate post-war period, Soviet Russia had posted the famous feminist Alexandra Kollontai (1873-1952) abroad as envoy in Scandinavia, but female representatives otherwise remained a rarity and, except in the United States, no country offered them systematic training for diplomacy.[45] They were first admitted to the Consular Academy at Vienna in the academic year 1925/26, at about the same time as the student body began to undergo a broad internationalization. The first contingent numbered at least one native Viennese, Henriette Kreuz (1925-27), and an Englishwoman and Sephardic Jew named Alexandra Arditti (1925-27), who was additionally the first person from Great Britain to complete the two-year course of study. By the end of the 1920s, at least 16 women had taken up their studies at the Academy, including the Bukovinian Ilse von Rezzori (1929-31), a sister of the later well-known writer Gregor von Rezzori (1914-1998) who recalled in his memoirs that she had "aspired to become a secretary with an international commission, if at all possible the League of Nations in Geneva".[46] Her early death thwarted that dream, though she did begin a promising career in the International Danube River Control Commission at Galatz in Romania. In the case of at least one female graduate, the American Virginia Hall (1927-29), a diploma from the Academy facilitated an actual vocation in the foreign service. She entered the American diplomatic corps and later transferred to the Central Intelligence Agency. If Winter's decision to admit women had been primarily a financial calculation, then it had paid off by the early 1930s. 15 of the 84 students (18 per cent) in the academic year 1929/30 were female, a proportion that by 1931/32 had risen to one-quarter.[47] Women remained a common sight as day-students at the Academy until 1938.[48]

The economic recovery that restored a shaky stability to Austria in the middle and late 1920s gave the Consular Academy above all a breathing space. Though the institution itself had not yet been placed on solid footing, its decision-makers seem nonetheless to have at least partly shared the frail confidence in Austria's independent future that was a product of the Seipel era, even if an eventual union with Germany had not been forgotten. In any event, the evidence suggests that the Academy occasionally contributed its resources to shaping and strengthening a new Austrian identity.[49] As early as the summer semester 1923, it sponsored a series of public lectures on various aspects of Austria's public life.[50] The titles included "Austria's Population", "The European Significance of Vienna's Stock Exchange and Banks", "Austrian Agriculture", "The Conditions of Production in Austrian Industry", and even a topic as difficult and controversial as the "Austrian Constitution". In one presentation called "The Most Important Products of the World as They Relate to Austria", we even detect the glimmerings of the settled, narcissistic, and rather overdone patriotism that became characteristic in the Second Republic.

Director Winter's first aggressive attempt to cut costs, increase enrollment, and expand the pool of possible recruits dates to the period immediately following the collapse in 1922/23 of the agreement with the foreign office in Berlin.[51] Contrary to his own national inclinations, he had been forced to conclude that if the Academy could not be German, then it would have to be international. At that time, he approached the Viennese envoys of several neutral powers, including Sweden, the Netherlands, and Denmark about the possibility of students from those countries. All toured the Academy, and Winter later extended his efforts to local representatives of the former enemy, such as France, the United States, Italy, and Japan.[52] At the latest by 1923, he had arranged for English-language advertising about the Academy.[53] Given the later, regular presence of citizens of the United States at the Academy, the American consul may well have carried out his enthusiastic offer to make the "liveliest propaganda" for the school. Practical advantages were negotiated for students from several neighboring states. Semesters spent at the Academy were regarded by Hungary as equivalent to those of the Faculty of Political Economy at the University of Budapest, while the University of Belgrade recognized the Academy's diploma as equal to its own degrees with respect to admission to state service in Yugoslavia.[54] The Collegium Hungaricum in Vienna sponsored fellowships for Hungarians who wished to attend the Academy, which anyway enjoyed the friendly patronage of the Hungarian envoy in Vienna, Count Ludwig Ambrózy (1868-1945), who had himself attended the Oriental Academy (1886-91) and whose son graduated (1932) from its successor.[55] A plan existed as well for stipends paid for by the Polish government.

Director Winter never abandoned hope, however, that the connection to Germany could be reestablished. Though the re-introduction in 1927 of the so-called "German stipends" (*deutsche Stipendien*) cannot be understood outside the context of the director's drive to increase enrollment, it is also incomprehensible outside the unresolved question of whether Austria was to be Austrian or German. By the fall of 1927, Winter indeed believed he could do without the Germans financially: "I would like to mention that I have not undertaken this step[56] [...] because the Academy is needy. To the contrary! The crush [to get in] has never been as great as it has been this year".[57] The priority of the director's German nationalist sympathies was clear even before his entrepreneurial skills had proven themselves: "Despite official fidelity to the agreements of Saint-Germain, we must leave nothing untried to create ties between Germany and Austria and thus to strengthen the bond that binds us".[58] Though Winter could rely on a network of sympathizers in the Austrian legation in the German capital, the Ballhausplatz, the Wilhelmstraße, and the German legation in Vienna, his initial efforts in 1925/26 to reach a new agreement miscarried. Not only were the Germans still short of money, but the foreign office in Berlin had in the meantime (1925) established a series of courses for training its own diplomats.[59]

But Winter did not let up. In early 1927, he revealingly appealed for assistance to the two greater German nationalists (Großdeutsche) in Seipel's cabinet, Vice-Chancellor Franz Dinghofer (1873-1956) and the Minister of Trade and Transportation, Hans Schürff (1875-1939).[60] Dinghofer offered to intervene on Winter's behalf with both the German ambassador and the German foreign minister.[61] Winter also re-enlisted various Austrian and German diplomats in influential positions, including Felix Frank (1876-1957), the Austrian minister in Berlin who was a former vice-chancellor and likewise großdeutsch. Frank in particular proved an energetic and effective backer, reporting that he and his staff had "hunted down the gentlemen responsible [for the question]" in the German foreign office until a definitive answer had been given.[62] Foreign Minister Gustav Stresemann (1878-1929) himself was won over to a plan that, while it revived Austro-German cooperation with regard to the Consular Academy, nevertheless differed in important ways from the agreement of 1921. The financial advantages to the Academy from the new contract – signed in Vienna on November 26, 1927 in the wake of a visit by Stresemann in Boltzmann Street – were purely secondary.[63] Germans thereafter never made up more than 15 per cent of the student body, whereas they had been the absolute majority in 1921/22, and the Academy also never became financially dependent on Berlin. In an odd hint of Austrian patriotism in this German nationalist, Director Winter later remarked that his school's "favorable development" meant that it was "definitely not reliant" on German funding.[64] Winter also turned down an offer by the German foreign office to promote the Academy abroad as likely to compromise the "international character that I have given it."[65] On its side, the German foreign office did not regard the institution in Vienna as a substitute for its own recently established educational courses, but rather as supplemental specialization, possibly for those of its diplomats destined for Balkan posts. As was earlier the case, those German students who attended the Academy had no legal claim to later admission to their country's foreign service.

As long as Austrian and German domestic affairs remained quiet and the threat of an *Anschluss* did not re-materialize, the presence of German students at the Academy and Winter's own German nationalism did not become meaningful political issues. However, with the disintegration of parliamentary democracy in Austria in 1932/33, the seizure of power by the National Socialists in Germany (January 1933), and the crackdown of the Dollfuß regime on the domestic National Socialist threat, Winter's political views caused his undoing. His dismissal in May 1933 was most likely a part of Dollfuß's purge of officials sympathetic to National Socialism.[66] The membership in the Nazi party of Winter's son, the diplomat Hanns (1897-1961), may have played a tangential role here as well. If the Austrian government had hoped to find in Winter's replacement, Consul General Friedrich Hlavac, an ideological opponent of Nazism, then it was to be disappointed. A former student at the Academy later characterized Hlavac as a great "maneuverer" (*Lavierer*) whose Catholic-conservative airs did not rule out "sympathies for the German cause".[67] Hlavac's desire to ingratiate himself with the authorities in Berlin, repeatedly manifested, in fact threatened to undermine the "international character" of the Academy that even Winter had thought so worth preserving.

In important respects, the change of directors did not disturb the lines of development laid down earlier. As an alumnus of the old Consular Academy, a former imperial and royal consul, and since the 1920s a high-ranking official at the *Ballhausplatz*, Hlavac had been well acquainted with Winter's work. With the economic crisis of the 1930s, the Academy had again lost what funding it had received from the Austrian government and remained more dependant than ever on commercial success. This led both to innovations in the course of study to make it more attractive to students, such as the introduction in 1936/37 of a one-year program in international law or economics for university graduates, and to an effort at tapping new financial sources. An application for support was apparently filed with the Rockefeller Foundation.[68] The Academy's publicity was also given a new turn by the issue of its first yearbook (1934).[69] During Hlavac's tenure, the number of students continued to increase as it had done under Winter, rising by some 20 per cent in the four years after 1933/34. Italians began to study again at the Academy for the first time since the early 1920s, while Magyars matriculated in 1936/37 in greater numbers than ever. These statistics probably reflected the affinity of Vienna's authoritarian regime for Mussolini's Italy and Horthy's Hungary – as evidenced by the Rome Protocols signed in 1934 by the three countries –, whereas the comparatively sharp rise in the enrollment of Czechoslovak citizens is likely traceable to the disappearance of educational possibilities for them – at least for the Czechs, Slovaks, and Jews – in Nazi Germany.[70] The costs to the Academy of the faculty continued to be minimal. Of the 22 professors and lecturers in 1936/37, only one – Basset Parry-Jones for the English language – appears to have been employed there full-time.[71] The others were drawn, as in previous years, from Ballhausplatz officialdom and from Viennese institutions of higher learning.

The general crisis that culminated in the brief Austrian civil war of February 1934 caused Director Hlavac officially to forbid the students "every political statement or action that was in contradiction to the policy of the Austrian Federal Government".[72] His repeated admonition to them that they were there "to study politics, rather than to pursue politics" was further evidence of his lip service to Dollfuß, and later Schuschnigg.[73] But Hlavac obviously could not prevent the students from having their own views, nor cut them off from the charged political atmosphere of the city. Under these circumstances, incidents at the Academy were perhaps unavoidable. Socialist agitation does not seem to have been a problem, though some students sympathized with the left.[74] Hlavac knew which of his students – primarily representatives of the nobility – belonged to the Heimwehr and of their open antagonism to the sympathizers of National Socialism.[75] Rivalry sometimes flared up between the two camps, at times yielding scenes of comic relief. In 1936 one ardently National Socialist student stormed out of class after his Catholic-conservative professor, Franz Rottenberg, ridiculed the German Minister of the Economy: "Denn dieser Herr heisst Hjalmar von Schacht, jawohl, Hie–almar von Schacht, Hie–almar, das ist kein Hundename, das ist ein nordischer Name. Bitte sehr, ich sage nichts, ich werde mich hüten, sonst komme ich ins Konzentrationslager".[76]

The chief consistency in Hlavac's own politics down to 1938 as director of the Academy, apart from his "maneuvering", was his cringing anxiety to avoid giving offence to National Socialist Germany. Though it would be an exaggeration to refer to the Academy as a Trojan horse for the infiltration of National Socialists into Austria – the numbers in this case were simply too small –, Hlavac's accomodation of Nazis within his walls well symbolized the way Austrian independence was undermined from within and above. As a consquence of the discord between Vienna and Berlin after Hitler's accession to power, the number of Germans at the Academy dropped steadily beginning in 1934/35, a development that the director hoped to reverse. Although the "German stipends" and the fees of German students were not decisive for the Academy's budget, Hlavac did everything he could to avoid alientating Berlin's official representatives in Vienna. He delayed dismissing from his staff a lecturer and former student of the Academy, Baron Friedrich August von der Heydte (1928-30), whose National Socialist antics repeatedly provoked incidents, but who enjoyed the favor of the German diplomatic mission. Rather, Hlavac portrayed Heydte as a victim and personally called on Hitler's envoy a short time later to assure himself of the continuing "friendly disposition of the German foreign service".[77]

The director also torpedoed a plan lanced by three students – Claude Alterman (1934-36) from France, and Georg Schmidt (matriculated 1934) and Kurt Spitz (1934-36), both from Czechoslovakia – for transforming the Academy from an

An application of a German student for a fellowship at the Academy

"international" into a "European" institution. What Hlavac might otherwise have shrugged off as an irritating prank had to be taken seriously after the Pan-Europeanist, Count Richard Coudenhove-Kalergi (1894-1972), lent his support to the idea. Indeed, Coudenhove submitted a memorandum to the Austrian foreign office behind Hlavac's back proposing that the Academy be reorganized as a "European Academy for Politics and Economics".[78] That the three students and Coudenhove thus presented Hlavac with a fait accompli indicates their lack of confidence in him, skepticism that he fully justified. One of the first of the director's many objections was that "the entire mentality of the Third Reich was opposed to the Pan-European idea".[79] Again, the German financial contribution to the Academy, which Hlavac mentioned in this context, was in itself not large enough to have been a real mitigating factor here.

Most revealing of all was Hlavac's readiness to admit members of the NSDAP to the school, although its Austrian branch was illegal and although it posed a mortal threat to Austrian independence. Here his policy mirrored the fatal one of the Schuschnigg government itself, which in 1936 sought a modus vivendi with its National Socialist neighbor. The "German stipends" conveniently allowed the government in Berlin to place several young Nazis at the Academy, a course of action that apparently first began in 1935/36 and of which the director was fully aware.[80] The curricula vitae of applicants for the "German stipends", who naturally did not hide their membership in the party and its organizations from their own foreign office, all landed on Hlavac's desk. After 1936, ideologically committed National Socialists – rather than fellow-travellers – seem to have made up at least 50 per cent of the small contingent of German students studying at the Academy. Two of them – Otto Haase (1936-38) and Kurt Marschelke (1936-38) – actually belonged to the SS (*Schutzstaffel*).[81]

The incidental contradictions and absurdities of the Austrian tragedy, as manifested at the Consular Academy, increased as the international tension mounted before the *Anschluss*. With apparently no sense of irony, Hlavac allowed one student arrested for National Socialist agitation to take his examination in international law in his jail-cell! He managed only a hint of humour in his characterization of the work as a "Klausurarbeit par excellence".[82] In 1937, the director allowed Jürgens Wernicke (1937-38) to matriculate at the Academy, although Wernicke must have been known to him as a German citizen who had been living and working in Vienna since 1933 for the Austrian branch of the NSDAP's "Organization Abroad" (*Auslandsorganisation*). Wernicke's political affiliation was duly reported to the Federal Police, which saw fit to certify him – also apparently without tongue in cheek – the "best reputation".[83] Hlavac's speech at the Academy in honor of Hitler's birthday a few weeks after the *Anschluss* (March 1938) marked the end of his own long metamorphosis from an imperial and royal consul to a servant of National Socialism. But Hlavac's accom-

Direktion der Konsularakademie.

Nr. 322

Gegenstand: ~~Einladung zur~~ Feier des Geburtstages des Führers und
Reichskanzlers an der Konsularakademie,

Adresse: An die Professoren, Dozenten und Studierenden der
Konsularakademie.

Wien, 12. April 1938.

R u n d s c h r e i b e n.

Mittwoch, den 20. ds.Mts. findet anläss-
lich des Geburtstages des Führers und Reichskanzlers um
9 Uhr im Festsaale der Konsularakademie eine Feier statt,
zu der ~~alle~~ die Mitglieder des Professorenkollegiums und ~~alle die~~
arischen Studierenden eingeladen werden.

Die Akademiedirektion darf der Erwar-
tung Ausdruck geben, dass alle Eingeladenen zu dieser Feier
pünktlich erscheinen werden.

H e i l H i t l e r !

Der Akademiedirektor:

*The invitation to
the celebration of the
birthday of the "Führer
und Reichskanzler"*

modation with the new masters availed him and his institution little. As we shall see in the next chapter, the union with Germany meant not only the end of Austria, but also of a public institution that by the 1930s had become one of the republic's most prestigious and successful.

Notes

1   Quotation taken from a letter from Professor Dr. Arnold Winkler to Federal Chancellor Dr. Ignaz Seipel, Vienna, Dec. 31, 1927, Archiv der Republik, Konsularakademie (KA), Carton 38. The contents of the letter discussed a curriculum calculated to attract students and ensure the Academy's commercial success.
2   The author would like to thank Vera Ahamer for her excellent and indispensable assistance in preparing this article. Dr. Rudolf Agstner kindly placed his list of the Academy's students, which is published in this volume, at the author's disposal.
3   Winter to the Foreign Office, draft, Jan. 12, 1917, KA, Carton 35.
4   A draft of Hlavac's speech found in KA, Carton 48. The nobility in Austria was abolished on April 4, 1919, Winter and Hlavac both having been noble until that time. The use of titles of nobility then became a punishable offence. See Reinhard Binder-Krieglstein, Österreichisches Adelsrecht 1868-

1918/19. Von der Ausgestaltung des Adelsrechts der cisleithanischen Reichshälfte bis zum Adelsaufhebungsgesetz der Republik unter besonderer Berücksichtigung des adeligen Namensrechts, Rechtshistorische Reihe, vol. 216, Frankfurt am Main 2000.

5 Erwin Matsch, Der Auswärtige Dienst von Österreich(-Ungarn) 1720-1920, Vienna–Cologne–Graz 1986, p. 165-80.

6 See Flotow's memoirs, November 1918 auf dem Ballhausplatz. Erinnerungen Ludwigs Freiherrn von Flotow des letzten Chefs des Österreichisch-Ungarischen Auswärtigen Dienstes 1895-1920, Vienna–Cologne–Graz 1982.

7 György Kövér and Ánges Pogány, Die binationale Bank einer multinationalen Monarchie: Die Österreichisch-Ungarische Bank (1878-1922), Beiträge zur Wirtschafts- und Sozialgeschichte, eds. Jürgen Schneider, et al., no. 94, translated from the Hungarian by Anikó Szmodits, Stuttgart 2002, p. 162-73.

8 Copies of these petitions from May 26, 1919 and June 6, 1919, both passed along to the Liquidating Ministry of Foreign Affairs as the competent authority, found in KA, Carton 61.

9 Direct quotation from the decision of the Cabinet Council found in a letter from the Liquidating Ministry of Foreign Affairs to Directorate of the Consular Academy, Vienna, Aug. 12, 1919, KA, Carton 61.

10 German Austrian State Office of Foreign Affairs to Anton Winter, Vienna, August 11, 1919, KA, Carton 61.

11 A list of students of the Academy in 1918 found in KA, Carton 79. A handwritten breakdown of the students according to "nationality" as of October 1918/January 1919 found in KA, Carton 35. In January 1919, seven "South Slavs", four Poles, 10 Czechs, 11 Hungarians, and 12 German Austrians were enrolled.

12 For the reform, see Heinrich Pfusterschmid-Hardtenstein, Von der Orientalischen Akademie zur k.u.k. Konsularakademie. Eine Maria-Theresianische Institution und ihre Bedeutung für den auswärtigen Dienst der österreichisch-ungarischen Monarchie, in: Adam Wandruszka und Peter Urbanitsch, ed., Die Habsburgermonarchie, vol. VI: Die Habsburgermonarchie im System der internationalen Beziehungen, 1. Teilband, Wien 1989, p. 160-67 and his article in this volume.

13 "Lehrplan für das Studienjahr 1919/20, 1920/21 und 1921/22", KA, Carton 61.

14 The plan to introduce the study of Czech mentioned in a letter from the Consular Academy to Professor Dr. J. Heyer, draft, Vienna, Oct. 13, 1919, KA, Carton 35.

15 Consul General von Winter to the German Austrian State Office of Foreign Affairs, draft, March 31, 1919, KA, Carton 61.

16 William D. Godsey, Jr., Aristocratic Redoubt: The Austro-Hungarian Foreign Office on the Eve of the First World War, West Lafayette, Indiana 1999, p. 14.

17 Quoted in Wilhelm Brauneder, Deutsch-Österreich 1918. Die Republik entsteht, Vienna–Munich 2000, p. 111.

18 German Austrian State Office of Foreign Affairs to Consul General von Winter, Vienna, Mar. 24, 1919, KA, Carton 61.

19 Petition of the faculty of the Consular Academy to the Liquidating Ministry of Foreign Affairs, copy, Vienna, May 26, 1919, KA, Carton 61.

20 Petition of the students of the Consular Academy to the Directorate of the Consular Academy, Vienna, June 6, 1919, KA, Carton 61.

21 Friedrich Heer, Der Kampf um die österreichische Identität, 3rd ed., Vienna–Cologne–Weimar 2001, p. 337.

22 Pro Memoria, copy, Vienna, Nov. 21, 1921, KA, Carton 61.

23 Promemoria über die Schaffung einer Internationalen Hochschule für staatlichen Außendienst, Vienna, May 20, 1920, KA, Carton 61.

24 Studienplan pro 1. Halbjahr 1922/23, KA, Carton 35.

25 The introduction of a required Slavic language, which "for pedagogical reasons [became] Serbo-Croatian", took place in 1924. Office of the Federal Chancellor, Department of Foreign Affairs, to Directorate of the Consular Academy, Vienna, March 11, 1924, KA, Carton 61.

26 Satzungen der Konsularakademie, Vienna, Apr. 29, 1922, KA, Carton 36.

27 A copy of this contract found KA, folder Deutsche Stipendien.

28 Director Anton Winter to Dr. Alfred Grünberger, Minister of Foreign Affairs, draft, Vienna, June 19, 1923, KA, Carton 36.

29 Legation Counselor Karl Buchberger (Austrian legation in Berlin) to Director Anton Winter, Berlin, Sept. 19, 1922, KA, Folder Deutsche Stipendien.

30 Walter Goldinger and Dieter A. Binder, Geschichte der Republik Österreich 1918-1938, Vienna–Munich 1992, p. 115.

31 Vorschlag der Ersparungskommission, copy, [ca. August 1922], KA, Carton 35.

32 Memorandum "pro domo", Austrian Federal Ministry of Foreign Affairs, draft, August 24, 1922, KA, Carton 35. Graduates of the earlier Oriental, later Consular Academy had rarely been admitted to the diplomatic corps or to service in the Viennese central office.

33 Beantwortung von Fragebogen betreffend Konsularakademie, [Feb. 1, 1923], KA, Carton 35.

34 The figures in the following paragraph are drawn from the table "Hörerstatistik nach Staatszugehörigkeit", 1921/22-1936/37, in Jahrbuch der Konsularakademie zu Wien, Vienna 1937, p. 10.

35 Having risen steadily from 13 (1921/22) to 46 (1925/26) in the initial years, the number of students dropped to 35 in 1926/27. The question of the closure of the Academy reappeared in the fall of 1926. Director Winter to Consul General Friedrich Hlavac, draft, Vienna, Oct. 19, 1926, KA, Carton 37.

36 Ergebnis der Einschreibungen für das Studienjahr 1929/30, and, Ergebnis der Einschreibungen in den Studienjahren 1930/31 and 1931/32, KA, Carton 42. These statistics do not break the Protestants down into their individual denominations (Lutheran, Calvinist, etc.).

37 See William D. Godsey, Jr., 'Seine Sporen in Kosovo verdienen …'. Ein Altösterreicher als Albanienkenner: Alfred Ritter Rappaport v. Arbengau (1868-1946), in: David. Jüdische Kulturzeitschrift, vol. 12, no. 45 (June 2000): p. 3-7.

38 Alfred Schödl to the Consular Academy, Gablonz a.N. (Czechoslovakia), June 24, 1933, KA, Carton 43.

39 Consular Academy to Alfred Schödl, draft, Vienna, June 26, 1933, KA, Carton 43. The original German wording here nevertheless suggests the extent to which Judaism had come to be regarded primarily as a race and only secondarily as a religion: "Die Rassen- oder Religionszugehörigkeit bildet für die Aufnahme in die Konsularakademie keinen Gesichtspunkt". The words "oder Religions-" have been added as a handwritten afterthought to the typewritten draft.

40 Robert of Bourbon-Parma (1909-1974) was a direct nephew of the Austrian ex-Empress Zita, née Princess of Bourbon-Parma (1892-1989).

41 Bonnie G. Smith, Changing Lives: Women in European History since 1700, Lexington, Massachusetts and Toronto 1989, p. 368-79. For women specifically in Austria, see David F. Good, Margarete Grandner, and Mary Jo Maynes, eds., Frauen in Österreich. Beiträge zu ihrer Situation im 19. und 20. Jahrhundert, Vienna–Cologne–Weimar 1994.

42 Johann Stroca (k.u.k. Marinekurat) to Directorate of Oriental [sic!] Academy, Lavis in Tirol, May 22, 1918, KA, Carton 34.

43 Consular Academy to Johann Stroca, draft, Vienna, May 28, 1918, KA, Carton 34. An aggressively worded rejection of Stroca's daughter ("daß weibliche Personen die Studien an der k.u.k. Konsularakademie unter keinen Umständen aufnehmen können") has been crossed out in this draft in favor of the following wording: "daß nur Absolventen von Gymnasien in die k.u.k. Konsularakademie, vormals k.u.k. Orientalische Akademie, aufgenommen werden".

44 Consular Academy to Johann Stroca, draft, Vienna, June 6, 1918, KA, Carton 34.

45 Frauen an der Konsularakademie. Die ersten Hörerinnen, in: Neues Wiener Journal, Apr. 7, 1927.

46 Gregor von Rezzori, The Snows of Yesteryear: Portraits for an Autobiography, transl. from the German by H.F. Broch de Rothermann, New York 1989, p. 209-210.

47 Ergebnis der Einschreibungen für das Studienjahr 1929/30, and, Ergebnis der Einschreibungen in den Studienjahren 1930/31 and 1931/32, KA, Carton 42.

48 Consular Academy to Michaele Pflanzl, draft, Jul. 29, 1938, KA, Carton 48. The wording in this letter reads: "Auf Ihr Schreiben vom 28. ds. Mts. beehrt sich das unterzeichnete Sekretariat mitzuteilen, dass

die bisherige Studienordnung, nach welcher auch weibliche Studierende zugelassen waren, außer Kraft getreten ist".

49 For the question of Austrian identity in the interwar period, see Heer, Der Kampf um die öster-reichische Identität, p. 321-69 and more recently Peter Thaler, The Ambivalence of Identity. The Austrian Experience of Nationan-Building in a Modern Society, West Lafayette 2001, pp.68-74

50 Einladung zu den Vorträgen an der Konsular-Akademie im April und Mai 1923, KA, Carton 36.

51 Various cost-cutting measures – from reducing personnel to raising tuition and fees – mentioned in a list drawn up by the Federal Ministry of Foreign Affairs, Aug. 24, 1922, found in KA, Carton 35

52 Directorate of the Consular Academy to the Federal Ministry of Foreign Affairs, draft, Vienna, Nov. 14, 1922, KA, Carton 65.

53 An example, "Consular Academy in Vienna (former Oriental Academy). Academy for Political Economy", Vienna, March 1923, found in HHStA, KA, Carton 36.

54 Amtserinnerung, Kanzlei der Konsularakademie, Vienna, Aug. 24, 1927, KA, Carton 37.

55 A clipping from an unknown newspaper with an article by Ambrózy entitled "Das Collegium Hungaricum in Wien. Eine Aktion des Kultusministers Grafen Klebelsberg" attests to the existence of stipends for the Consular Academy. This article found in KA, Carton 37.

56 Winter's request for a new agreement with the German foreign office.

57 Winter to Heinrich Pacher (Austrian chargé d'affaires in Berlin), Oct. 10, 1927, KA, folder Neuer Vertrag ab 1927.

58 Winter's original language: "Wir müssen doch trotz offiziellem Festhalten an den Abmachungen von St. Germain nichts unversucht lassen, um Verbindungen zwischen Deutschland und Österreich zu schaffen und so das uns einigende Band immer weiter zu knüpfen." Winter to Richard Riedl (Austrian envoy in Berlin), draft, May 18, 1925, KA, folder Deutsche Stipendien.

59 Heinrich Pacher (Austrian legation in Berlin) to Director Anton Winter, Berlin, Aug. 19, 1925, HHStA, KA, folder Deutsche Stipendien.

60 Winter's draft letters to them, dated Vienna, Mar. 12, 1927, found in KA, folder Neuer Vertrag ab 1927.

61 Anton Winter to Legation Counselor Hans Redlhammer (in the German foreign office), draft, Feb. 21, 1927, KA, carton 63, Folder Korrespondenz mit dem Auswärtigen Amt in Berlin.

62 Felix Frank to Anton Winter, Berlin, June 2, 1927, KA, Folder Neuer Vertrag ab 1927.

63 Stresemann's visit to the Academy on Nov. 15, 1927 is mentioned in the Neues Wiener Tageblatt, Nov. 16, 1927.

64 Winter to the Federal Chancellery, Department of Foreign Affairs, Vienna, Jan. 20, 1930, KA, folder Deutsche Stipendien.

65 Anton Winter to Legation Counselor Hans Redlhammer (in the German foreign office), KA, carton 63, Folder Korrespondenz mit dem Auswärtigen Amt in Berlin.

66 This purge referred to in Ernst Hanisch, Der lange Schatten des Staates. Österreichische Gesellschaftsgeschichte im 20. Jahrhundert, Österreichische Geschichte 1890-1990, ed. Herwig Wolfram, Wien 1994, p. 305.

67 George Weidenfeld, Remembering my good friends: An Autobiography, London 1995, p. 67.

68 Consular Academy to the Rockefeller Foundation, draft, Vienna, May 12, 1936, KA, Carton 60.

69 Jahrbuch der Konsularakademie zu Wien 1934, Wien 1934. Only four volumes apparently appeared (1934, 1935, 1936, and 1937).

70 The importance of the newly intensified "cultural relations" with Italy and Hungary mentioned in a report from Friedrich Hlavac to the Federal Chancellery, Department of Foreign Affairs, draft, Vienna, Jan. 3, 1935, KA, Carton 45.

71 Jahrbuch der Konsularakademie zu Wien 1937, Vienna 1937, p. 8-9. A brief description of Barry-Jones, as a "fiery Welshman", found in Weidenfeld, Remembering my good friends, p. 68.

72 Zirkular, Ergänzung der Hausordnung, Jan. 25, 1934, KA, Carton 43.

73 Friedrich Hlavac to the Federal Chancellery, Department of Foreign Affairs, draft, Vienna, Jan. 23, 1934, KA, Carton 83.

74 For an example of a German student at the Academy with leftist inclinations, see Weidenfeld, Remembering my good friends, p. 68.

75 In a report from May 19, 1934 to the Federal Chancellery, Department of Foreign Affairs, Hlavac re-
fers by name to members of the Heimwehr (Conrad-Eybesfeld, Coreth, Rainer-Harbach, etc.) at his
institution. KA, Carton 83.

76 Helmut Niemann (1935-37) to Directorate of the Consular Academy, Vienna, March 11, 1936, KA,
Carton 90.

77 Friedrich Hlavac to the Federal Chancellery, Department of Foreign Affairs, draft, Vienna, Jan. 2, 1935,
KA, Carton 44. Concerning the political background of Heydte see Oliver Rathkolb, The Austrian
Foreign Service and the "Anschluss" 1938, in: German Studies Review, Vol. XIII, No.1/Feb. 1990, p. 61.
After 1945 the former SA-man, now a CSU member in Bavaria, became a prominent professor of in-
ternational law in the Federal Republic of Germany.

78 A copy of this memorandum found in KA, Carton 45.

79 Friedrich Hlavac to the Federal Chancellery, Department of Foreign Affairs, draft, Vienna, Dec. 30,
1935, KA, Carton 45.

80 For the first such application, see German foreign office to the Directorate of the Consular Academy,
Berlin, Apr. 6, 1935, KA, Carton 63, folder Deutsche Stipendien 1935/36.

81 Their curricula vitae found in KA, Carton 63, folder Deutsche Stipendien 1936/37.

82 Friedrich Hlavac to Professor Dr. Alfred Verdroß, draft, Aug. 20, 1937, KA, Carton 90.

83 This correspondence found in KA, Carton 63, folder Deutsche Stipendien 1937/38.

Zusammenfassung

William D. Godsey Jr., „… nun kaufmännisch zu verfahren bemüßigt ist …": Die Konsularakademie Wien in der Ersten Republik 1918-1938

Die alte k.u.k. Konsularakademie (ehemals Orientalische Akademie) überstand – um
den schon inskribierten Studenten die Möglichkeit zu geben, ihre Studien zu beenden
– den Zerfall der Habsburgermonarchie um mehr als drei Jahre und wurde erst 1922
aufgelöst. Schon 1919 fällte allerdings die deutschösterreichische Regierung die Entscheidung, Verhandlungen über eine Neugründung der geplanten „Hochschule für den
staatlichen Außendienst" mit anderen habsburgischen Nachfolgestaaten und dem
Deutschen Reich aufzunehmen. Dieses Projekt wurde nicht realisiert, aber es entstand
1921 unter maßgeblicher finanzieller Beteiligung des deutschen Außenamtes eine neue
Konsularakademie als „Akademie für Politik und Volkswirtschaft". Schon 1922/23 hörte
wegen der Inflation und dem Sturz der deutschen Währung die Kooperation zwischen
der Konsularakademie und dem Deutschen Reich auf und die neue Akademie stand,
auch weil die österreichische Regierung sich keine Zuschüsse mehr leisten konnte, vor
dem Aus. Danach entwickelte der langjährige Direktor der Konsularakademie, Anton
Winter (1904-1933), eine erfolgreiche, eher kaufmännische Strategie, um seine Institution zu erhalten. Dieser Strategie kam der modernisierte und gekürzte (von fünf auf
zwei Jahre) Lehrplan zugute – dabei wurde die alte „orientalische" Tradition aufgegeben

– und die Einnahmen wurden durch die vielfache Erweiterung der Zahl der Studenten erhöht. Zwischen 1921 und 1938 studierten Personen aus mindestens 35 Ländern an der Akademie und 1925/26 wurden erstmals Frauen zum Studium zugelassen. Die Zahl der Studierenden stieg von 13 (1921) auf 125 (1937). Trotz diesem Erfolg spiegelte die Geschichte der Konsularakademie die unruhige Geschichte der ersten österreichischen Republik wider, vor allem in Hinblick auf die Beziehungen Österreichs zu Deutschland, und sie erlangte nie eine echte Stabilität. Immer wieder stellte sich die Frage, ob die Akademie (wie auch Österreich überhaupt) deutsch werden oder österreichisch-national bleiben sollte. Schon 1919 tauchte die Idee auf, die Konsularakademie als Hochschule für deutsche Diplomaten weiter zu führen, und der deutschnationale Winter, der 1933 vermutlich wegen seiner Sympathie für den Nationalsozialismus von Dollfuß entlassen wurde, pflegte auch nach Saint-Germain die engsten Kontakte zu Deutschland. Winters Nachfolger, Friedrich Hlavac, war nicht weniger bedacht, Nazi-Deutschland zu kultivieren. Ab 1935/36 nahm er nationalsozialistische Studenten aus Deutschland, einschließlich Mitglieder der SS, in die Akademie auf.

Résumé

William D. Godsey Jr., L'Académie consulaire à Vienne sous la Première République autrichienne 1918-1938

L'ancienne Académie consulaire impériale et royale (autrefois Académie orientale) survécut plus de trois années à la chute de la monarchie des Habsbourg et fut seulement fermée en 1922, pour permettre aux étudiants déjà inscrits de terminer leurs études.

Mais dès 1919, le gouvernement germano-autrichien prit la décision d'entamer des négociations avec les autres États prétendant à la succession des Habsbourg et avec l'Empire allemand à propos de la nouvelle fondation d'une « Université pour le service diplomatique ». Ce projet ne fut pas réalisé mais en 1921, grâce à une participation financière substantielle de la part du ministère des Affaires étrangères allemand, une nouvelle académie consulaire vit le jour : « L'Académie de politique et d'économie nationale ».

Dès 1922/1923, la coopération entre l'Académie consulaire et l'Empire allemand cessa à cause de l'inflation et de l'effondrement de la monnaie allemande et l'académie nouvellement fondée faillit fermer, le gouvernement autrichien ne pouvant plus accorder de subventions. Par la suite, le directeur de longue date de l'académie consulaire, Anton Winter (1904-1933), afin de conserver son institution, développa une stratégie à caractère plutôt commercial mais couronnée de succès. Le programme d'études plus moderne et réduit de 5 ans à 2 ans bénéficia de cette stratégie – à cette occasion l'ancienne tradition « orientale » fut abandonnée – et les recettes augmentèrent grâce à un nombre d'étudiants de plus en plus important.

Entre 1921 et 1938, les personnes étudiant à l'académie provenaient d'au moins 35 pays et en 1925/26, pour la première fois, les femmes furent admises dans ce cursus. Le nombre d'étudiants passa de 13 (1921) à 125 (1937). Malgré cette réussite, l'histoire de l'Académie consulaire a reflété l'histoire mouvementée de la première république autrichienne, avant tout dans la relation Autriche-Allemagne et elle n'atteignit jamais de réelle stabilité.

De façon récurrente se posa la question de savoir si l'Académie (tout comme l'Autriche de manière plus générale) devait devenir allemande ou bien rester autrichienne et internationale. En 1919, apparut l'idée de faire de l'Académie consulaire une université pour les diplomates allemands. Le nationaliste allemand Winter, démis de ses fonctions en 1933 par Dollfuß, probablement à cause de ses sympathies national-socialistes, entretint, même après le traité de Saint-Germain-en-Laye, des contacts des plus étroits avec l'Allemagne.

Le successeur de Winter, Friedrich Hlavac, n'était pas moins considéré comme quelqu'un qui cultivait des relations avec l'Allemagne nazie. A partir de 1935/36 il admit à l'académie des étudiants national-socialistes venant d'Allemagne, y compris des membres des SS.

Oliver Rathkolb

Die Konsularakademie unter dem „Hakenkreuz" 1938 bis 1941ff.

Ähnlich wie zahlreiche andere Eliten-Institutionen vor dem „Anschluss" 1938 machte auch die Konsularakademie als politisches Biotop gruppendynamische Mikroprozesse mit, die die gesamtpolitischen Rahmenbedingungen reflektierten. Der damalige Direktor, Generalkonsul 1. Klasse Friedrich Hlavac-Rechtwall, selbst Absolvent der Akademie (1903-1908), diente während der Habsburger Monarchie als Vizekonsul in Konstantinopel und in der Ersten Republik als Leiter der Personalabteilung der entsprechenden Abteilung für Auswärtige Angelegenheiten im Bundeskanzleramt (1922-1933). Bereits im November 1933 stufte die Deutsche Gesandtschaft in Wien[1] Hlavac-Rechtwall als „deutsch-freundlich" ein. Auch im Unterricht und bei Debatten wurde von den StudentInnen aus dem Deutschen Reich die offizielle Linie Hitler-Deutschlands hochgehalten[2] – toleriert von dem als generell pro-deutsch eingestuften Lehrkörper. Hlavac war weder ein verdeckter Nationalsozialist noch ein offener Antisemit, beugte sich aber den allgemeinen politischen Rahmenbedingungen ohne Vorbehalte. Dazu gehörte vor 1938 auch die Umsetzung der offiziellen Regierungslinie des Schuschnigg-Regimes, zwar die Demokratie nicht hochzuhalten, aber doch gegen einen „Anschluss" an Hitler-Deutschland aufzutreten. So versammelte er die Studierenden noch am 12. März 1938, um zum Ballhausplatz zu marschieren, und eine Loyalitätsadresse an den längst politisch marginalisierten Kanzler Schuschnigg vorzubringen und noch einmal „Österreich" zu huldigen.

Doch bereits Tage zuvor hatte er dem jüdischen Konsularakademiker Artur Weidenfeld, der seit Oktober 1937 an der Akademie studierte, signalisiert, an Emigration zu denken – nicht aber nach Palästina, „dort gebe es zu viele Araber, eher nach Madagaskar oder Paraguay". Diesen Vorschlag wiederholte Hlavac auch Tage nach dem „Anschluss"[3]. Weidenfeld, in Großbritannien nach 1945 wegen seiner Verdienste geadelt, bezeichnet retrospektiv Hlavac als Persönlichkeit mit Hinweisen auf temporären Antisemitismus. Diese retrospektive Einschätzung wird durch NS-Spitzelberichte über Hlavac bestätigt: „Bejahend zum heutigen Stand der Partei, Judengegner, beteiligt sich am öffentlichen Leben, gebefreudig, NS-Presse, früher Neue Freie Presse. Loyal. … es ist Gewähr gegeben, dass er sich für den NS-Staat einsetzt".[4]

Insgesamt wurden am 16. Mai 1938 an der Konsularakademie offiziell 12 „Nichtarier" vom Vorlesungsbesuch ausgeschlossen, aber jene aus dem 2. Jahrgang konnten

Schlussprüfungen abgelegen.[5] Die NS-Statistik verschwieg, dass weitere drei junge Frauen und ein Mann von diesen rassistischen Ausgrenzungen betroffen waren. Die Staatsbürgerschaft der 16 Betroffenen – unter ihnen 10 Frauen – spielte eine Rolle, da „nicht-arische" Studierende vom Internat, aber nicht von den Vorlesungen ausgeschlossen wurden. Insgesamt umfasste der I. Jahrgang 62 HörerInnen (davon 25 Frauen) und der II. Jahrgang 60 (davon 23 Frauen). An der Universität Wien hingegen war der Frauenanteil niedriger – so z.B. 1930/1931 29%[6]. Nach 1933 gab es im Deutschen Reich im Hochschulbereich Bestrebungen, den 19%igen Frauenanteil aus 1932 auf 10% mit einem speziellen Numerus Klausus gegen Frauen zu drücken, wobei 1938/1939 dieses Ziel mit 11,2% fast erreicht wurde[7].

Inwieweit es bei der Aufnahme von Studierenden an der Konsularakademie bereits vor 1938 einen geschlechtsspezifischen „Arierparagraphen" – jüdische Frauen eher als jüdische Männer zu akzeptieren – gegeben hat, ist nicht geklärt. Auch fällt die niedere Zahl jüdischer KonsularakademikerInnen im 1. Jahrgang 1937/1938 auf. Aus dem Verhalten von Hlavac-Rechtwall gegenüber Frauen im Allgemeinen – er wollte unbedingt ein Frauenstudierverbot durchsetzen – wäre dies denkbar, da er Frauen von vornherein hierarchisch herabstufen wollte. Bezüglich der weiteren Schicksale dieser Gruppe wurde Folgendes eruiert: Sechs Personen konnten in die USA flüchten, drei fanden in Großbritannen, eine Frau in Kanada Zuflucht und eine in Israel. Bei fünf von ihnen ist das Schicksal ungeklärt – zwei befanden sich 1938 in Triest bzw. Prag auf der Flucht. Alle jüdischen österreichischen KonsularakademikerInnen mit Vermögen wurden auch Opfer der NS-Ausbeutungspolitik.

Das Verhalten der nicht rassistisch stigmatisierten Studierenden war unterschiedlich. Engagierte Protagonisten des Schuschnigg-Regimes wie Helmut Joham, Sohn des Generaldirektors der Creditanstalt-Bankverein Josef Joham, der auch in Uniform

Einladung zum Fünfuhr-Tee

der „Ostmärkischen Sturmscharen" aufgetreten war, wechselten rasch die politische Richtung und ignorierten ihre stigmatisierten jüdischen KollegInnen. Wenige Kollegen wie beispielsweise Kurt Waldheim setzten ihre sozialen Kontakte fort – so auch mit Arthur Weidenfeld, die meisten „schauten weg" und/oder passten sich total an das neue Regime an. Der offensichtlich bei manchen bereits fest verankerte latente Antisemitismus führt zu vorauseilender „Übererfüllung" des NS-Rassismus wie die hier reproduzierte gedruckte Einladung des Klubs der Konsularakademie – mit dem Zusatz „zu dem am 2. April 1938 in der Konsularakademie stattfindenden Fünfuhr-Tee einzuladen, an welchem die Juden nicht teilnehmen werden" – dokumentiert.

Im Lehrkörper wurde ebenfalls im Nachhinein eine politische und rassistische Beurteilung vorgenommen[8]. Die Aufzählung der Bestellungen und Änderungen zur Zeit des Dollfuß-Schuschnigg-Regimes wies aus NS-Sicht nur einen „schwarzen Fleck" auf, den Hlavac jedoch versuchte, zu relativieren: „Dr. Friedrich August Freiherr von der Heydte, der infolge seiner nationalsozialistischen Einstellung und doppelten Staatsbürgerschaft – er war deutscher Reichsangehöriger und österreichischer Bundesbürger – Anfeindungen seitens einiger vaterländisch gesinnter Hörer ausgesetzt war, kehrte Ende Mai 1934 ins Altreich zurück".

Hlavac-Rechtwall erwähnte aber nicht, dass der Vorstandsdirektor der Creditanstalt-Bankverein, Hofrat Dr. Franz Rottenberg, nicht nur bereits 1936 von einem nationalsozialistischen Hörer wegen „politischer Äußerungen in der Vorlesung" denunziert wurde[9], sondern auch nach 1938 wegen seiner jüdischen Herkunft nicht mehr an der Konsularakademie als Dozent verwendet und auch von der Creditanstalt-Bankverein zwangspensioniert wurde.

Hlavac selbst hatte nicht nur Rottenberg als Dozenten für Volkswirtschaftslehre, Finanzwissenschaft, Dogmengeschichte, Sozialpolitik „enthoben", sondern auch den Französischlehrer René Fabian.[10]

Eine Reihe von anderen Dozenten wurden aber bereits vom NS-Regime an der Universität Wien aus der Lehre entfernt – so einer der Vordenker des Korporatismus und ständischen Universalismus im Dollfuß-Schuschnigg-Regime, Richard Kerschagl[11], Mitglied des Staatsrates und Bundestages, der an der Konsularakademie Handelspolitik unterrichtete und als Leiter des volkswirtschaftlichen Seminars fungierte. Nicht so sehr parteipolitisch, aber sehr wohl kulturideologisch exponiert war Professor Eduard Castle, der sich mit seiner Österreichischen Literaturgeschichte zunehmend vom radikalen Deutschnationalismus entfernte. Noch wenige Wochen vor dem „Anschluss" hatte er vom „alten Ostarrichi mit all den Ländern, die es im Lauf der Jahrhunderte zu einer Schicksals- und Kulturgemeinschaft zusammenband", geschrieben[12]. Er wurde im Mai 1938 an der Universität Wien pensioniert und durfte auch an der Konsularakademie nicht mehr Wirtschaftsgeographie und Deutsche Sprache unterrichten, da er dem verordneten rigorosen Deutschnationalismus in Kulturfragen nicht entsprochen hatte. Da half es auch nichts, dass Castle auf seine Bereitschaft zum „rückhaltslosen Eintritt für den NS-Staat" hinwies, oder eine Auflistung antisemitischer Passagen aus seiner Literaturgeschichte anführte, dessen Schlussband er mit dem Bekenntnis einleitete, der „individualistische Liberalismus hat sich überlebt"; auch zeige sein Werk, dass „ein Widerstreit zwischen Deutsch und Österreich für den „Deutschösterreicher nie bestanden hat und auch nie bestehen wird".[13] Für die NS-Dienststellen blieb er ob seiner früheren Liberalität und seines enzyklopädischen Objektivismus ein „liberaler Katholik, streng christlich eingestellt, jedoch nicht als Gegner des Nationalsozialismus zu werten", doch galt er als ehemaliger „Roter" und in der Gesamtbeurteilung als politisch unzuverlässig. Ebenfalls pensioniert wurde der Wirtschaftshistoriker Ferdinand Graf Degenfeld-Schönburg – vor allem wegen seiner prononciert legitimistischen Grundeinstellung, laut dem ehemaligen, radikal rassistisch eingestellten, deutschnationalen Rektor der Universität Wien Wenzel Gleispach „dem Nationalsozialismus geradezu feindlich gegenüber eingestellt".[14]

Eine als besonders ambivalent eingestufte Persönlichkeit, die aber einen zentralen politischen Lehrstuhl innehatte, war Alfred Verdroß, der seit 1933 auch das Völkerrechtliche Seminar an der Konsularakademie leitete. Zum Unterschied zum eher wissenschaftlich unbedeutenden Degenfeld-Schönburg, der auch als Dekan 1933/1934 dem NS-Regime negativ aufgefallen war, wurde Verdroß nach einigen Debatten und einer „Abkühlphase" 1939 doch wieder zugelassen. Zwar war er ein Schüler des rassistisch stigmatisierten Hans Kelsen, ging aber ab 1933 zunehmend auf Distanz zur Reinen Rechtslehre. Der prominente nationalsozialistische Rechtslehrer Ernst Schönbauer bezeichnete ihn „als starke wissenschaftliche Begabung und ausgezeichneten Lehrer", gleichzeitig galt er auch als „Opportunist und ‚Diplomat'". So unterstützte Verdroß einerseits öffentlich den politischen Katholizismus, protestierte aber gleichzeitig in einem vertraulichen Schreiben an Bundespräsidenten Wilhelm Miklas 1933 gegen die Beseitigung der demokratischen Verfassung. Bereits vor dem Juli-Abkommen mit Hitler-Deutschland 1936 näherte er sich immer mehr den Nationalsozialisten an, begutachtete Proklamationen der zentralen Führung der illegalen NSDAP in Österreich[15] und hatte bereits 1933/1934 einen radikalen deutschen Nationalsozialisten, von der Heydte, als Assistenten protegiert[16]. Von der Heydte trug dazu bei, an der Konsularakademie unter Verdroß die „bisher stiefmütterlich behandelte reichsdeutsche Auffassung in aktiven politischen Fragen mehr in den Vordergrund zu rücken".[17] Deutsche Diplomaten stuften Verdroß bereits 1934 als Persönlichkeit ein, die „den Maßnahmen der österreichischen Regierung recht skeptisch gegenüberstanden, und die, ohne selbst Nationalsozialisten zu sein, doch einem Zusammengehen mit dem neuen Deutschland das Wort redeten".[18] Sein Werk „Völkerrecht", 1937 erschienen, galt auch in Hitler-Deutschland unter regimetreuen Experten bereits als „eine völkerrechtlich-wissenschaftliche Gesamtschau vom deutschen Standpunkt".[19] Seine völkerrechtliche Rechtfertigung der deutschen Militärintervention im Spanischen Bürgerkrieg wurde politisch so positiv bewertet, dass sie im Deutschen Reichsrundfunk gesendet wurde. Obwohl diese „katholisch-nationale Zwischenschicht", der Verdroß zu Recht zugeordnet wurde, bei vielen radikalen NS-Funktionären wie dem Reichsdozentenführer Marchet auf Ablehnung stieß, waren gerade derart prominente Experten für das NS-Regime unersetzlich und politisch höchst wertvoll. Ab Mitte Juli 1939 durfte er wieder an der Universität Wien Vorlesungen halten, jedoch nur im Bereich Völkerrecht und nicht mehr für Rechtsphilosophie, dieser Teil seiner *venia legendi* war Verdroß entzogen worden.

Doch ehe es zur konkreten personellen Neuorientierung der Konsularakademie kam, wurde ein umfassender Studienreformdiskurs geführt und in diesem Zusammenhang auch das neue „Verhältnis" zum Auswärtigen Amt in Berlin geregelt. Den ersten Entwurf einer Umgestaltung der Diplomatischen Akademie in ein „College für die Dauer von sechs Semestern mit Hochschulcharakter" stammte vom Wilhelm Wolf. Am 11. März 1938 für wenige Tage zum Außenminister bestellt, war der ehemalige Ministerialrat im Bundesministerium für Unterricht, seit 1.1.1938 NSDAP-Mitglied, als Verbindungsmann illegaler nationalsozialistischer Kreise um Globocnik und Rainer sowie zu „reichsdeutschen Vertretern im Kulturausschuss" tätig. Nach den Berichten des Sicherheitsdienstes der SS „stammt er aus dem konservativen Lager … ihm ist eine nationale Empfindung nicht abzusprechen".[20]

Wolf hatte einen persönlichen Auftrag zur Ausarbeitung eines Reorganisationsplanes für die Konsularakademie von Außenminister Ribbentrop erhalten[21]. Hlavac

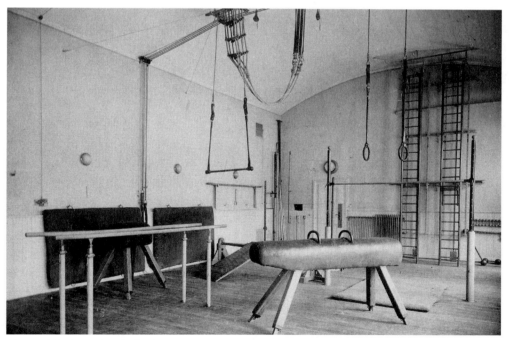

Turnsaal der Konsularakademie

nützte diese politische Grenzgängerposition des nunmehr „freien" Wilhelm Wolf für die Reformpläne. Entsprechend klar waren auch die Bildungsziele der neuen Akademie formuliert: „Bildung des deutschen Menschen, nationalsozialistischen Kämpfers und tüchtigen Fachmannes durch Erfassung und Schulung aller Anlagen, der körperlichen, gemüts- und verstandesmäßigen, sowie der Willenkräfte"[22]. Ganz im Sinne der nationalsozialistischen Rassedoktorin galt es nunmehr: „Nicht Züchtung einseitiger Gelehrter, Bildungsziel ist der volle in sich geschlossene Mensch, Politiker und Fachmann". Immer wieder betonte Wolf die essentielle Bedeutung der „Körpererziehung" und forderte auch eine Internatsvariante mit englischem Collegecharakter, „jedoch unter Anwendung des nationalsozialistischen Grundsatzes von Führung und Gefolgschaft, militärischer Disziplin und weitgehender Selbstverantwortung der Jugend".

Hlavac griff diese Ideen sofort auf und teilte – obwohl die Studienreform noch keineswegs paktiert war – interessierten Frauen bereits Ende Juli 1938 mit, dass „weibliche Studierende nicht mehr zur Ausbildung zugelassen würden, da in einem „militärisch organisierten Internat nur männliche Studierende" herangezogen werden. Im Vergleich zu den 40% Frauenanteil bei den letzten Jahrgängen vor dem „Anschluss" war dies ein totaler Rückschritt – aber durchaus im Sinne nationalsozialistischer Frauenbilder. Gleichzeitig muss aber festgehalten werden, dass keine weiblichen Lehrenden tätig waren und damit die Konsularakademie nur teilweise aus dem bildungspolitischen und gesellschaftspolitischen Mainstream vor 1938 gefallen war. Wolfs machogeladener Deutschnationalismus war überhaupt nicht mehr zu bremsen, und daher plädierte er für „ausschließlich deutschstämmige Hörer" mit österreichischem Übergewicht und wenigen nichtreichsdeutschen Gasthörern. Die künftigen „deutschen" Diplomaten sollten eine besondere Sportausbildung erhalten – vom Reiten, Kraftfahren, über Tennis, Golf bis zur Jagd. Letzteres hätte aber die Pacht eines Jagdreviers vorausgesetzt. Bezüglich des „neuen" Lebensstils der künftigen Konsularakademiker konnte Wolf seine konservative Grundeinstellung nicht ganz verdecken – trotz radikaler Schnörksel über den künftigen „neuzeitlichen Menschen", „der das Wertvolle der Vergangenheit mit dem Mut zum Neuen, noch nicht Dagewesenen verbindet".

Hlavac-Rechtwall schrieb Wolfs Entwurf etwas um, reklamierte mehr Rechtsgeschichte und Rechtsphilosophie hinein, argumentierte aber eher zu Gunsten praktischer Details bzw. für eine Erweiterung der Lehrenden durch Experten auch außerhalb der Universität Wien[23]. Fest stand, dass für den ersten neuen Jahrgang NS-Weltanschauung (2 Stunden), Rassen- Menschen- und Vererbungslehre (2 Stunden) vorgeschrieben wurden, die meisten Stunden entfielen aber auf 3 fremde Sprachen (9), 4 auf die Enzyklopädie der Rechts- und Staatswissenschaften, 3 auf die Volkswirtschaftslehre, je 2 auf Wirtschaftsgeographie, Warenkunde, Zeitungskunde, und Vortragskunst, und 3 auf sportliche Grundausbildung.

Die von Hlavac erhoffte rasche Entscheidung blieb aber vorerst aus, da sich zunehmend mehr Akteure in den Entscheidungsprozess einmischten, nachdem die ersten

Entwürfe an den Reichsaußenminister Ribbentrop und seinen Vertrauten in Wien, den Stellvertretenden Hauptschriftleiter der Wiener Ausgabe des *Völkischen Beobachters*, Dr. Walter Schmitt, geschickt worden waren. Schmitt hatte eine „Vertrauensstellung" bei Reichsaußenminister Ribbentrop inne und war ebenso wie Wolf von diesem mit der Erarbeitung eines Reorganisationsplanes beauftragt worden[24]. Im August 1938 meldete der Wiener Gauleiter Globocnik Interesse an der Neugestaltung an, und Hlavac war nicht nur mit zwei Reorganisationsplänen, geprägt durch ideologische Konkurrenzpositionen, konfrontiert, sondern erfuhr auch, dass ein Akademiekuratorium bestellt wurde, ohne je einen entsprechenden Erlass erhalten zu haben. Gleichzeitig wollte aber Hlavac-Rechtwall die Vorlesungen und Seminare des 2. Jahrganges mit den bisherigen Dozenten bzw. deren Assistenten fortsetzen, sofern „sie politisch nicht belastet sind"[25]. Stolz präsentierte der Direktor der Konsularakademie die Parteigenossen unter den verbliebenen Lehrenden: Karl Hofbauer als Assistenten von Markus Leitmaier (Internationales Recht) oder für Diplomatische Staatengeschichte Dr. Bernert, für Volkswirtschaftspolitik Universitätsdozent Lagler.

Tatsächlich begannen am 3. November 1938 die Vorlesungen für den 2. Jahrgang, die Diplomverleihung erfolgte im Juli 1939. 1938/1939 wurden 45 HörerInnen betreut, 20 aus dem Inland, 2 aus dem Deutschen Reich (Grenzen 1937), 3 aus dem Sudetengebiet der Tschechoslowakei – davon 9 Frauen – sowie 20 AusländerInnen (darunter 5 Frauen)[26]. Unter den nicht-deutschen Nationalitäten dominierten die Ungarn (4), Jugoslawen (3) sowie je 2 Hörer aus Polen, der Tschechoslowakei und Rumänien sowie Finnland.

Schlagzeilen machte dieser Jahrgang 1986ff. im Zusammenhang mit der Auseinandersetzung über die NS- und Kriegsvergangenheit des ehemaligen Außenministers, UNO-Generalsekretärs und späteren Bundespräsidenten Kurt Waldheim. Im vorliegenden Beitrag spielt nur seine Zeit an der Konsularakademie eine Rolle. Vor allem auf der Basis der von Richard Mitten[27] genau ausgewerteten Korrespondenz zwischen dem Direktor der Konsularakademie Hlavac-Rechtwall und der Handelskammer über ein Stipendium für Waldheim und andere Studierende wird deutlich, dass Waldheim 1938 keineswegs als NS-Regimegegner betrachtet wurde. Zwar waren vier Stipendien noch vor dem „Anschluss" zugesprochen worden, aber die gleichgeschaltete Handelskammer wollte von Hlavac-Rechtwall die Bestätigung erhalten, dass es sich bei den Stipendiaten um „Arier" handle und nichts gegen sie vorliege. Während einer der Kandidaten, Hans Schernhorst, als Mitglied illegaler NS-Formationen in der Mittelschulzeit bezeichnet wurde, kam Waldheim als „gesinnungsmäßiger Nationalsozialist" vor, der aber aufgrund seines Wehrdienstes seit 1936 politisch nicht aktiv war.[28] Politisch gesehen hatte Waldheim ohne besondere Auffälligkeiten den Schritt in Richtung Systemanpassung erfolgreich geschafft, was ihm scheinbar auch deswegen gelang, weil er vor 1938 politisch nicht hervorgetreten war und offensichtlich die Unterstützung Hlavac-Rechtwalls besaß.[29] In der Folge scheut sich aber Waldheim nicht, die „politische Karte" zu spielen – so beispielsweise bei der Bewerbung um ein Italien-

Stipendium. Diesem Antrag fügte er ein Schreiben des Hauptschriftleiters der gleichgeschalteten *Amtlichen Wiener Zeitung*, Lambert Haiböck, der ein ausgewiesener NSDAP-Funktionär und Vortragender für Presse- und Propagandawesen an der Konsularakademie war, bei. Zu diesem Thema hatte Waldheim eine sehr gute Seminararbeit geschrieben und Haiböck vermerkte zu ihm, aber auch anderen, im Mai 1939: „Er verkörpert den Studententyp unserer Zeit und unseres Landes in guter Weise".[30]

Dass es durchaus auch andere Verhaltensweisen im Korps der Konsularakademiestudenten gab, dokumentiert die Vita des Schriftstellers und Malers Max Riccabona, Jahrgang 1936-1938, der nach der Rückkehr aus Paris 1942 wegen monarchistischer Widerstandsaktivitäten verhaftet wurde und bis 1945 im Konzentrationslager Dachau inhaftiert blieb[31]. Dass es aber auch völlig andere politische Extrem-Karrieren gab, zeigt sich am Lebenslauf eines Absolventen des Jahrgangs vor Riccabona (1935-1937), Reinhold von Mohrenschildt. Dieser arbeitete bereits während seines Studiums an der Konsularakademie für den Wiener Sicherheitsdienst der NSDAP und trat 1938 auch der SS bei. In weiterer Folge war er ab 1942 als SS-Hauptsturmführer im Generalgouvernement tätig und lebte in Odilo Globocniks Villa in Lublin als Beauftragter des Reichskommissars für die Festigung Deutschen Volkstums. In dieser Funktion arbeitete er auch mit dem Reichsführer SS, Heinrich Himmler, eng zusammen[32]. Globocnik war vor 1938 sein Kontaktmann in Wien gewesen und sollte nach einem Zwischenspiel als Wiener Gauleiter als SS- und Polizeiführer des Distrikts Lublin (im „Generalgouvernement") die „Aktion Reinhard" leiten, d. h. die innerhalb von eineinhalb Jahren durchgeführte Ermordung der polnischen Juden.

Doch spielten die auslaufenden Jahrgänge keine wirkliche Rolle mehr, die Neugründung stand im Zentrum der politischen Debatte. Diskutiert wurden dann auf zwei Kuratoriumssitzungen der Konsularakademie am 13. und am 20. Dezember 1938[33] zwei Entwürfe Dr. Schmitts in Anwesenheit von Reichsstatthalter Seyß-Inquart, Gauleiter Odilo Globocnik, Staatskommissär Plattner, Botschaftsrat Freiherr von Stein, Minister a.D. Wolf und SS-Sturmführer Ernst Natter. Aufgabe der Konsularakademie sollte nunmehr eine „Politische Hochschule internationalen Charakters" sein, ein Internat für 70 Männer (Deutsche und Ausländer). Wolfs deutschnationale Exklusivität war gefallen. Die Aufnahmekommission bezüglich ordentlicher Hörer sollte klar politisch besetzt sein, das heißt mit Repräsentanten des Auswärtigen Amtes, der NSDAP sowie der Hitler-Jugend und des Nationalsozialistischen deutschen Studentenbundes. Eine Bedingung für „Reichsdeutsche" war Parteimitgliedschaft sowie abgeleisteter Arbeitsdienst und Wehrmachtsdienst, jedoch konnte davon Abstand genommen werden. Die Studiendauer wurde nunmehr auf 2 Jahre verkürzt. Bei den Hauptfächern tauchten auch zwei klare ideologische Zentralthemen auf, „Die Judenfrage als internationales Problem" und „Wesen und Programm des Kommunismus". Sonst blieb der Fächerkanon wie bei den ersten Entwürfen von Wolf und Hlavac-Rechtwall. Die Wahlfächer wurden noch stärker ideologisch unterfüttert mit Bereichen wie „Die Führeridee und das Prinzip der Freiheit", „Die Geschichte und Aufbau der NSDAP – mit Führungen oder Geschichte und Idee des Faschismus".

Schmitt hatte an Wolfs Entwurf dessen verdeckte konservative Bildungskontinuität kritisiert. So wurde gegen die „allzu intellektuelle Erziehung des Studenten" in Wolfs Entwurf – mittels Kursen über Psychologie, Beobachtungs- und Ausdrucksschulung, Menschenkunde – argumentiert, da diese Dinge durch das tägliche Zusammenleben thematisiert werden sollten. Auch genüge nicht eine Einführungsvorlesung in die Grundidee des Nationalsozialismus, denn der „Nationalsozialismus müsse in sämtlichen Vorlesungen auf den Spezialgebieten in Erscheinung treten"[34].

Letztlich setzte sich die Grundhaltung des Auswärtigen Amtes durch, im Gegensatz zu den Ideen von Wolf, „vor allem ausländische Hörer" zu unterrichten, „an inländische Hörer war demnach nur insoweit gedacht, als sie auf ausländische Kameraden den gewünschten Einfluss auszuüben vermöchten"[35]. Diese expansive „Brainwashing" Strategie wurde aber durch den Angriff Deutschlands auf Polen und den II. Weltkrieg verhindert, sodass – ungewollt – das Konzept Wolfs wieder Platz griff, und überdies versucht wurde, inländische Studierende der Universität Wien zum „Doppelstudium" auch an der Konsularakademie zu gewinnen. Das Auswärtige Amt akzeptierte diesen Inländerüberhang aber nur provisorisch.

Anfang November 1939 begann wieder ein neuer Lehrgang, jedoch im „kriegsmäßig eingeschränktem Umfang" mit 28 ordentlichen HörerInnen und 6 Gasthörern[36]. Die öffentliche mit der Konsularakademie räumlich und personell verbundene „Lehranstalt für orientalische Sprachen" hingegen zählte bereits 550 KursteilnehmerInnen. Das Geschlechterverhältnis hatte sich zwar zur Zeit vor 1938 doch etwas verändert, aber noch immer waren – trotz der männlichen Internatsträume von Hlavac aus 1938 – 8 Frauen unter den ordentlichen HörerInnen, davon 4 Frauen aus dem Ausland (2 aus Ungarn, 1 Italienerin und 1 Jugoslawin), gegenüber 20 Männern, davon 4 aus dem Ausland (2 Slowaken, 1 Jugoslawe und 1 Tscheche).

Im Lehrpersonal war von den „Alten" vor 1938 nur Alfred Verdroß übergeblieben, der nach einer politischen Abkühlphase durchaus den nächsten Anpassungsschritt an das NS-Regime problemlos vollzogen hatte und aber vorerst nicht Völkerrecht las, sondern eine Einführung in die Rechtswissenschaft (Enzyklopädie des Privat- und Strafrechts) hielt, die Hlavac-Rechtwall vorgeschlagen hatte. Randolf Rungaldier, erst ab 1943 NSDAP-Mitglied und Außerordentlicher Professor an der Hochschule für Welthandel und Präsident der Geographischen Gesellschaft lehrte Wirtschaftsgeographie. Der Historiker Paul Müller, Privatdozent der Universität Wien, hingegen suchte nicht um NSDAP-Mitgliedschaft an. Politisch eindeutig nationalsozialistisch eingestellt war der Gaudozentenführer und Rektor der Hochschule für Welthandel, Kurt Knoll, der in Staaten- und Völkerkunde den „Erzfeind", das britische Reich, präsentierte, Gesandter Heinz Schmid für Frankreich war hingegen als politisch neutral eingestuft. Als neues Fach war „Allgemeine Rassen- und Vererbungslehre" eingeführt worden, die von einem der „Schreibtischtäter" in diesem Bereich, Arend Lang, vom Rassenamt der Stadt Wien bestritten wurde – mit einem Überblick zur „Praktischen Erb- und Rassenpflege", bei dem auch die antisemitische Gesetzgebung pseudowissenschaftlich gerechtfertigt wurde und Maßnahmen gegen „Erbkrankheiten" präsentiert wurden. Das Wahlfach „Führerprinzip und Idee der Freiheit" war ebenfalls einem radikalen Parteigänger der NSDAP anvertraut worden, Norbert Gürke, ein „alter Parteigenosse seit 1930", mit viel politischer Protektion und einem höchst mageren wissenschaftlichen Ouevre.[37]

In der öffentlichen Darstellung der „Wiedereröffnung" Ende 1939 wurde zwar auf die Tradition seit 1754 abgestellt, aber deutlich gemacht, dass unter der „Schirmherrschaft des Reichsaußenministers" hier etwas Neues entstanden ist: eine „hochschulartige Lehranstalt internationalen Charakters für politische und wissenschaftliche Willensgebiete".[38] Grundvoraussetzung für den Eintritt war neben dem Mindestalter von 18 Jahren auch der Nachweis der Mitgliedschaft zur NSDAP oder einer ihrer Gliederungen für inländische HörerInnen. Der Studienbetrieb dauerte 4 Trimester bei einer Gesamtgebühr von 760 Reichsmark. Auch die Vorgaben des Auswärtigen Amtes wurden bei der Außenrepräsentation betont: „… jungen ausländischen Akademikern … auch mit inländischen Hörern innige Kameradschaft zu halten und so an dem Kulturleben des deutschen Volkes regen Anteil zu nehmen".[39] Der geplante Internatsbetrieb wurde nicht durchgeführt, nur Zimmer zur Miete angeboten (40 RM monatlich).

Eine Durchsicht der erhalten gebliebenen 40 Aufnahmebewerbungen[40] ermöglicht auch eine Evaluierung dieser politischen Vorgaben. 32 waren Deutsche (einer davon Volksdeutscher in der Slowakei), 3 NSDAP-Mitglieder, 9 Mitglieder der Hitlerjugend, 4 Bund Deutscher Mädchen, 15 Mitglieder beim Nationalsozialistischen Studentenbund. Nur eine Frau gehörte überhaupt keiner NS-Nahen Vereinigung an, wurde aber doch akzeptiert, ebenso wie alle NSDAP-Mitglieder. Letztlich brauchte die Konsularakademie Geld, sodass die „harten" politischen Vorgaben nicht mehr zur Anwendung gebracht wurden.

Rasch bremste aber das Auswärtige Amt die Propagandainitiativen Hlavac-Rechtwalls, der bereits auch die diversen deutschen Auslandsvertretungen zur Werbung eingebunden hatte und Zeitungsinserate schaltete und stoppte im Februar 1940 die Werbung für einen neuen Lehrgang[41], da die vom Auswärtigen Amt forcierte paritätische Zusammensetzung Aus- und Inländer wegen der Kriegslage nicht gewährleistet war. Der viertrimestrige Kriegslehrgang dauerte bis zum 31. März 1941. Selbst eine Intervention auf höchster Ebene von Reichsleiter Baldur von Schirach bei Außenminister Joachim von Ribbentrop brachte nur die Zusage, dass das Projekt Konsularakademie „bis zur Beendigung des Krieges gegen den Bolschewismus ausgesetzt wird"[42]. Nochmals wurde auch auf dieser Ebene unmissverständlich klargestellt, dass „der Herr Reichsaußenminister nicht wünscht, dass die Frage des diplomatischen Nachwuchses des Auswärtigen Amtes mit der Konsularakademie verknüpft wird. Infolgedessen ist ein Projekt ausgearbeitet worden, das die Billigung des Herrn Reichsaußenministers

gefunden hat, wonach die Konsularakademie eine Ausbildungsstelle für einen Perso-
nenkreis des In- und Auslandes werden soll, dessen Beruf ihn mit dem Ausland und
den außenpolitischen Fragen in Verbindung bringt, vor allem also Kaufleute, Journalis-
ten, Offiziere, Funktionäre der Parteiorganisationen etc. Die Konsularakademie wird
dabei in Zukunft die europäischen Probleme besonders zu behandeln haben"[43].

Auch prominente Lehrer der Akademie wie Alfred von Verdroß oder der SS-Ober-
sturmbannführer, Gauamtsleiter und Gaudozentenführer von Wien, Knoll, der Rektor der Hochschule für Welthandel konnte mit ihren Interventionen beim Reichs-
ministerium für Wissenschaft, Erziehung und Volksbildung nichts ausrichten. Verdroß
hatte argumentiert, dass die „Kulturmission der KA niemals eine bloß deutsch-österreichische, sondern immer eine gesamtdeutsche war. Das ergibt sich schon daraus,
dass selbst in den Zeiten der größten Spannung zwischen dem Dritten Reiche und
der damaligen Wiener Regierung die Beziehungen zwischen der Akademiedirektion
und dem Berliner Auswärtigen Amte in keiner Weise getrübt waren. Gerade in dieser Zeit sandte das Auswärtige Amt verschiedene altreichsdeutsche Stipendiaten an
die KA, Vertreter der deutschen Gesandtschaft nahmen an den Prüfungen der KA
teil und die Hörer berichteten über ihre Fortschritte und Erfolge"[44]. Verdroß Appell,
dass es ihm „ein dringendes nationales Gebot zu sein erscheint, dieses wertvolle
deutsche Kulturgut in die neue Zeit hinüberzuretten" scheiterte ebenso, wie die Initiative des hochrangigen SS-Mannes Knoll, eine Spezialausbildung für Kaufleute mit
Südosteuropa-Ausrichtung in Kooperation mit dem Mitteleuropäischen Wirtschafts-
tag an die Wiener Konsularakademie zu verlegen. Das Auswärtige Amt lehnte ab, da
dies die autonome Entscheidung über die Konsularakademie gefährdet und das
Reichserziehungsministerium involviert hätte.

Generalkonsul Hlavac-Rechtwall wurde die Planstelle eines Ministerialrates des
Auswärtigen Amtes mit 1. April 1939 zugewiesen, aber nicht in den Auswärtigen
Dienst übernommen. Am 21. April 1941 erhielt er den Auftrag „die noch verbleiben-
den Directionsgeschäfte der Konsularakademie einstweilen weiterzuführen" und beendete diese Tätigkeit am 31. Dezember 1942.[45] Aufgrund von Unterbeschäftigung
agierte Hlavac im Auftrag des Auswärtigen Amtes als Liquidator des ehemaligen
tschechoslowakischen Generalkonsulates in der Penzinger Straße in Wien[46].

Bereits nach dem Überfall auf Polen wurden Sanitätsfähnriche des Luftgaukom-
mandos XVII im Hause der Konsularakademie in der Boltzmanngasse untergebracht sowie Angehörige eines „meteorologischen Lehrganges".[47] Im Februar 1942
folgte die Einrichtung des Reservelazaretts XIII. In weiterer Folge kam die Bibliothek
nach deren Schießung am 1. April 1943 (11.000 Bände in 7.399 Werken) in ein
Depot, eine Reihe von Lehrbüchern wurden an die in die Hochschule für Welthandel von der Konsularakademie abgesiedelte Lehranstalt für orientalische Sprachen
verliehen. Die orientalischen Handschriften (bis auf 2, die an die Nationalbibliothek
entlehnt waren) bewahrte das Reichsarchiv in 2 Panzerschränken auf, ebenso wie das

100 Kartons umfassende Archiv der Konsularakademie seit 1850. Das Warenmuseum wurde ebenfalls der Hochschule für Welthandel übergeben[48].

Zwar liquidierte das Auswärtige Amt die Konsularakademie nicht völlig – Anfragen von wissenschaftlichen Instituten bezüglich der Bibliothek und Handschriften wurden negativ beantwortet –, aber es war klar, dass eine etwaige künftige Diplomatenausbildung nur in Berlin erfolgen sollte. Die Konsularakademie in Wien sollte, wie bereits 1938/1939 von Berlin forciert, primär ausländischen StudentInnen vorbehalten sein, vielleicht auch als Sonderausbildung – zusätzlich zum Berliner „Nachwuchshause" des Auswärtigen Amtes[49].

Zusammenfassend kann festgehalten werden, dass die Konsularakademie typisch für die Entwicklungen unmittelbar vor und nach dem „Anschluss" an Hitler-Deutschland 1938 war. Trotz einer immer wieder propagierten „Österreich-Treue" waren sowohl im Lehrkörper als auch unter den StudentInnen Tendenzen vorhanden, den „Anschluss" von innen her mitzutragen. Bei den Professoren eher zurückhaltend, bei einigen StudentInnen durchaus bereits in Form von NSDAP-Mitgliedschaften. Die Illusion eines selbständigen, wenn auch undemokratischen Österreichs brach bereits am 12. März 1938 zusammen und brachte völlig unterschiedliche Verhaltensweisen unter Studierenden und Lehrenden zu Tage. Wie in vielen anderen Lebens- und Arbeitswelten wurde der Antisemitismus des NS-Regimes sofort und kompromisslos umgesetzt, und auch die ideologische Umorientierung mit vorauseilender Pflichterfüllung angestrebt – in manchen Bereichen wie der Forderung nach einem Männerinternat durchaus über das letztlich vom Auswärtigen Amt in Berlin bestimmte Ziel hinausschießend. Die Konsularakademie sollte keinesfalls die Diplomatenschule des „Dritten Reiches" mit einer „Ostmärker-Majorität" werden, sondern eine Art postgraduale Zusatzausbildungsstätte für In- und Ausländer, um das Deutsche Modell nationalsozialistischer Prägung auch in der Außenwirkung vermarkten zu können.

KONSULAR AKADEMIE IN WIEN

Anmerkungen

1 Politisches Archiv des Auswärtigen Amtes, Berlin, Bestand Konsularakademie Wien (B 2625/53), Brief an Rieth, 9. Nov. 1933.

2 Ebd., B 710/34, Prinz von Erbach (Entwurf), 22. März 1934.

3 George Weidenfeld, Remembering my good friends, London 1995, S. 67f. und S. 5.

4 Archiv der Republik, Inneres, Gauakt Friedrich Hlavac, geb. 10.3. 1885.

5 Johann Bacsó war ursprünglich auf diese Femeliste, wurde aber als ungarischer Staatsbürger zu den Vorlesungen zugelassen, aber aus dem Internat als Jude verbannt. Betroffen waren daher vom I. Jahrgang Dorothea Hellmann, Mara Landauer, Arthur Weidenfeld, die auch die Prüfungen für den ersten Abschnitt ablegten. Weidenfeld erhielt auch ein Empfehlungsschreiben von Hlavac-Rechtwall „to continue his studies abroad" (HHST, Konsularakademie, Karton 92); vom II. Jahrgang Alice Dukes, Elisie Khuner, Géza Nagel, Anneliese Schwarzmann, Wilhelm Steiner, Walter Süßmann, Susanna Wertheimer und Käthe Zallik. (Haus-, Hof- und Staatsarchiv, Konsularakademie, Karton 120, No. 446); weitere vier Personen wurden ebenfalls aus rassistischen Gründen verfolgt, aber nicht in dieser NS-Statistik angeführt: Maria Koretz, Annemarie Marmorek, Eduard Schneider und Thea Stern. Die Exildaten wurden vom Nationalfonds eruiert, wofür ich Frau Mag. Hannah Lessing und Herrn Helmut Wartlik sehr herzlich danke.

6 http://www.univie.ac.at/archiv/rg/23.htm. Geschichte der Universität im Überblick, Frequenzentwicklung.

7 Vgl dazu Alwine Hartwig, Frauenstudium, in: http://www.m-freya.org/html/r_aktuell2.htm.

8 Haus-, Hof- und Staatsarchiv, Konsularakademie, Karton 101, Anfrage Reichsstudentenführung an Rektorat der Konsularakademie, 2. März 1939.

9 Ebd., Karton 90, Nr. 156, Beschwerdeschreiben Helmut Niemanns an Direktion, 11.3.1936, Hlavac setzt sich für den bekannten Nationalsozialisten ein!

10 Ebd., Karton 113, Verzeichnis der Professoren der Konsularakademie.

11 Peter Berger, Die „Hochschule für Welthandel" in Wien und ihre Lehrer, 1938-1945, in: *Österreichische Zeitschrift für Geschichtswissenschaft* 10/1999, S. 9-49.

12 Vgl. dazu Matthias Bauer: Eduard Castle als akademischer Lehrer. Wien, phil. Diss. 1981 sowie die Ausstellung http://www.stadtbibliothek.wien.at/ma09/cgi-bin/embed-wo.pl?lang=-de&l=3&doc=http://www.stadtbibliothek.wien.at/ausstellungen/1995/wa-229/literaturgeschichte-de.htm

13 Zitiert nach Sebastian Meissl, Wiener Ost-Mark Germanistik, in: Gernot Heiß u.a. (Hrsg.), Willfährige Wissenschaft. Die Universität Wien 1938-1945, Wien 1989, S. 136.

14 Oliver Rathkolb, Die Rechts- und Staatswissenschaftliche Fakultät der Universität Wien zwischen Antisemitismus, Deutschnationalismus und Nationalsozialismus 1938, davor und danach, in: Heiss, Willfährige Wissenschaft, S. 220.

15 Hanns Schopper, Presse im Kampf, Brünn o.J., S. 231.

16 Kopien aus dem Nachlass Eduard Rabofskys im Besitz des Verfassers, Schreiben Schönbauers an den Reichskommissar für Wiedervereinigung, 14. Feb. 1939 sowie Gauakt Verdroß im Archiv der Republik, Inneres.

17 Zitiert nach Rathkolb, Rechts- und Staatswissenschaftliche Fakultät, S. 18.

18 Ebd., S. 18.

19 Gustav Adolf Walz, in: Zeitschrift „Völkerbund und Völkerrecht" 1938. Walz (Universität Köln), NSDAP Mitglied seit 1931, hatte bereits 1934/1935 in derselben Zeitschrift zum Thema Nationalsozialismus und Völkerrecht publiziert und galt als höchst linientreuer Interpret einer nationalsozialistischen Völkerrechtsdoktrin.

20 Archiv der Republik, Inneres, Gauakt Wilhelm Wolf.

21 Haus-, Hof-, und Staatsarchiv, Konsularakademie, Karton 113, Memorandum, Beilage zum 15. Mai 1939.

22 Haus-, Hof-, und Staatsarchiv, Konsularakademie Karton 113, Erster erweiterter Entwurf

23 Ebd. Nr. 662, 28. Juli 1938, 1. Gegenentwurf

24 Ebd., Nr. 326, Auswärtiges Amt an Hlavac-Rechtwall, 26. April 1939.

25 Ebd., Nr. 662.

26 Ebd., Karton 114, Aufstellung für Studentenführer Swolensky, 9. Juni 1939.

27 Richard Mitten, The Politics of Antisemitic Prejudice. The Waldheim Phenomenon in Austria, Boulder 1992, 66.

28 Die anderen ursprünglichen Stipendiaten Helmut Guttmann und Rudolf Weihs hingegen unterstützte Hlavac-Rechtwall nicht mehr, sondern schlug zwei illegale Nationalsozialisten Gustav Rudolf Bock und Wolfgang Janesch vor. Hierfür dürften keine politischen Gründe ausschlaggebend gewesen sein, denn beide haben das Diplom 1938 (Guttmann) und 1939 (Weihs) erhalten.

29 Hanspeter Born, Für die Richtigkeit Kurt Waldheim, München 1987, 20f.

30 Born, Für die Richtigkeit, S. 5.

31 Vgl. dazu http://www2.uibk.ac.at/brenner-archiv/projekte/riccabona/biographie/kurzbiographie. html

32 Siehe dazu Berndt Rieger, Visitation der Vernichtung. Recherchen, Norderstedt 2001.

33 Haus-, Hof- und Staatsarchiv, Ebd., Karton 113, Nr. 2 Entwürfe Schmitts.

34 Ebd., Schmitt an Hlavac, 4. August 1938, Beilage S. 1, Kritik zum „Ersten erweiterten Entwurf" des Herrn Dr. Wolf.

35 Haus-, Hof- und Staatsarchiv, Konsularakademie, Karton 48a, Nr. 726, Weiterführung, 5. Okt. 1939

36 Ebd, Nr. 918.

37 Rathkolb, Rechtswissenschaftliche Fakultät, S. 209.

38 Völkischer Beobachter, Wiener Ausgabe, 5. Nov. 1939, S. 12.

39 Neues Wiener Tagblatt, 5. Nov. 1939, S. 4.

40 HHST. Konsularakademie, Karton 49.

41 HHSt., Konsularakademie, Karton 112, Pers. H 1018

42 Dokumentationsarchiv des Österreichischen Widerstandes, Nr. 4096 Kopie des Aktes Auswärtiges Amt, Kult. Gen. 2882/41 vom 16. Dez. 1941.

43 Ebd.

44 Ebd., Bericht Verdroß.

45 Ich danke Herrn Dr. Rudolf Agstner für die Abschriften dieser Personalakten (Österreichisches Staatsarchiv, Bundesministerium für Auswärtige Angelegenheiten, NAP. 1945-1965, Hlavac, Auswärtiges Amt Pers. H 4045 und H 3239 sowie H 11975 aus 1942

46 HHSt., Konsularakademie, Karton 114.

47 Ebd., Aufzeichnungen über die Konsularakademie, 16. Jänner 1947.

48 Ebd. Silber, Geschirr, Porzellan landeten nach 1945 im Bundeskanzleramt.

49 HHSt., Karton 120, Vertraulich: Notiz, betreffend die Konsularakademie.

Abstract

Oliver Rathkolb, The Consular Academy under the Swastika 1938-1941

Following the "Anschluss" with Hitler's Germany in 1938 the Consular Academy, which till then had outwardly presented itself as a firm supporter of the Schuschnigg government, was transformed almost overnight into a loyal "Großdeutsch" training institute. Of the 122 students then registered 12 were excluded from further studies on the basis of their Jewish origins, whilst even for cultural events the Aryan laws applied, but allowed to pass their final exams. Among the teaching staff changes were made on the basis of race and political orientation. Despite a certain sympathy within the Academy for the "Anschluß", the Foreign Ministry hesitated until November 1939 before authorising new courses. Local Nazi and SS functionaries influenced (either directly or through a new Curatorium imposed on the Academy) the revision of the curriculum – one which included a number of National Socialist themes, even the teaching of racial theory. The idea, heavily promoted in Vienna, of creating a German-Austrian training institution with just a few international guest students (women were no longer to be admitted) was reversed at Berlin's insistence. However, due to the German attack on Poland and the beginning of the Second World War the plans to develop a kind of prestige institution for German foreign policy with a heavy international participation in order to propagate the German model could not be put into practice. Courses were discontinued in 1941 and the following year the School of Oriental Languages was relocated. Thereafter, the premises of the Consular Academy in the Boltzmanngasse served primarily as a field hospital. In 1945 the building was occupied by the US forces and two years later sold by the Republic of Austria to the USA. Courses were not resumed for the time being.

Résumé

Oliver Rathkolb, L'academie consulaire sous le régime de la « croix gam-mée » de 1938 à 1941 et suivantes

« L'Anschluss » ou rattachement de l'Autriche à l'Allemagne hitlérienne en 1938 eu également des répercussions sur l'Académie consulaire, présentée jusque là vis-à-vis de l'extérieur comme fidèle au gouvernement et au régime de Schuschnigg, en la transformant pratiquement du jour au lendemain, en un établissement de formation diplomatique loyal envers la Grande Allemagne. Parmi les 122 étudiants des première et deuxième promotions, 12 ont été exclus de l'établissement au motif racial de leur origine juive, mais ont participés aux examens ; pour les manifestations culturelles le « paragraphe aryen » fut également mis en application. Dans le corps enseignant on procéda aussi à des changements pour des motifs raciaux et politiques. Malgré un accueil interne plutôt favorable de l'Anschluss, le ministère des Affaires étrangères hésita jusqu'en novembre 1939 à autoriser la reprise de l'activité de formation. Les fonctionnaires locaux du NSDAP et des SS influencèrent directement, par le biais d'un conseil d'administration désigné par leurs soins, la réorganisation du programme d'enseignement qui inclut alors une série de thèmes national-socialistes – allant même jusqu'à la doctrine des races. Cette transformation voulue à Vienne en un éta-blissement de formation germano-autrichien, où les auditeurs libres étrangers se firent rares et où les femmes ne devaient plus être admises, fut transformé à la de-mande des autorités berlinoises en son contraire. Mais les plans initiaux de créer un établissement de prestige pour la politique étrangère allemande, avec une forte implication internationale, destiné à la propagation du modèle allemand dans le monde, n'étaient plus réalisables du fait de l'attaque allemande de la Pologne et du début de la seconde guerre mondiale. En 1941, l'activité d'enseignement fut inter-rompue et en 1942 l'Académie pour les langues orientales déménagea. Par la suite, les bâtiments de l'Académie consulaire dans la Boltzmanngasse firent avant tout office d'hôpital de campagne. En 1945, les bâtiments furent occupés par les forces améri-caines et en 1947, vendus par la République autrichienne aux États-Unis. Les activités d'enseignement ne furent pas reprises dans un premier temps.

Gerald Stourzh

Eine Besprechung in der Armbrustergasse

Die hier vorgelegte Miszelle soll den Verlauf einer Besprechung wiedergeben, die am Samstag, den 16. November 1963 in der Wohnung des damaligen Bundesministers für Auswärtige Angelegenheiten, Bruno Kreisky, in der Armbrustergasse in Wien-Döbling stattfand und die „Lehrplan und Organisation der Diplomatischen Akademie" zum Inhalt hatte. Die Besprechung dauerte von 11 Uhr, unterbrochen durch ein gemeinsames Mittagessen, bis 15 Uhr. Der Schreiber dieser Zeilen war damals Schriftführer der Besprechung und ist heute der einzige noch lebende Teilnehmer. Als Quellen dienen handschriftliche Notizen des Verfassers und das auf Grund dieser Notizen verfasste maschinschriftliche Konzept des Gedächtnisprotokolls (Durchschlag mit geringen handschriftlichen Korrekturen des Verf.), sowie ein den Teilnehmern vorliegendes vierseitiges Arbeitspapier mit dem Titel „Anregungen für die Gestaltung des Lehrplans an der Diplomatischen Akademie in Wien"[1].

An der Besprechung nahmen teil: Bruno Kreisky, Bundesminister für Auswärtige Angelegenheiten; Botschafter Erich Bielka, Generalsekretär für Auswärtige Angelegenheiten;[2] Gesandter Walter Wodak, Leiter der Sektion I des Außenministeriums, die damals die Personalabteilung, die Budget- und Verwaltungsabteilung, sowie die Abteilung für den Chiffre- und Übersetzungsdienst umfasste;[3] Univ.-Professor Stephan Verosta, seit März 1962 Ordinarius für Völkerrecht und Rechtsphilosophie an der Universität Wien; Verosta hatte vor seiner Berufung an die Wiener Universität dem höheren auswärtigen Dienst angehört, als langjähriger Leiter des Völkerrechts-büros und zuletzt als österreichischer Botschafter in Warschau;[4] Univ.-Professor Slawtscho Sagoroff, Ordinarius für Statistik an der Universität Wien und Direktor des „Instituts für Höhere Studien und wissenschaftliche Forschung". Dieses Institut, kurz nach dem wichtigsten Mitinitiator und ersten Geldgeber, der Ford-Foundation, „Ford-Institut" genannt, hatte nach längerer Vorbereitungsphase 1963 seine Tätigkeit aufgenommen.[5] Es spielte damals, wie noch zu zeigen sein wird, in Bruno Kreiskys Plänen für die Diplomatische Akademie eine wichtige Rolle. Weiters waren anwesend: Professor Adolf Kozlik, ein österreichischer sozialdemokratischer National-ökonom, der, aus der Emigration in den USA und Mexiko 1959 nach Österreich zurückgekehrt, damals als Beigeordneter Direktor des Ford-Instituts tätig war;[6] Gesandter Hans Thalberg, damals Leiter der Presseabteilung des Außenministeriums und Bruno Kreisky nahe stehend;[7] Alexander Auer, Präsident des „Österreichischen College" (Trägerverein der Alpbacher Hochschulwochen), der im Begriff war, ins

Außenministerium zu wechseln, wo er ab 1964 leitende Positionen im Auslandkulturdienst übernahm (Leitung der Kulturabteilung, Kulturrat an den Botschaften Warschau, Moskau und Paris, in Warschau und Paris, gleichzeitig Leiter der dortigen österreichischen Kulturinstitute); und schließlich der Schreiber dieser Zeilen, damals als Attaché im höheren auswärtigen Dienst, und zwar als Europarat-Referent in der politischen Sektion tätig, jedoch seit 1962 auch als Universitätsdozent für Neuere Geschichte an der Universität Wien habilitiert, und (im November 1963) bereits im Besitz eines Rufes als Ordinarius an die Freie Universität Berlin, dem er im April 1964 folgte. Gesandter Wodak, als Leiter der Sektion I für die Errichtung der Diplomatischen Akademie federführend, hatte Alexander Auer und den Verfasser beauftragt, an den Planungen für die Diplomatische Akademie teilzunehmen. Das bereits genannte Arbeitspapier zur Gestaltung des Lehrplans an der Diplomatischen Akademie entstand in konsensualen Gesprächen zwischen Auer und Stourzh; eine erste Fassung war von Stourzh ausgearbeitet worden; die zweite dürfte von Auer diktiert worden und jene sein, die als Vorlage bei der Besprechung am 16. November diente; die dritte wurde wie die erste von Stourzh direkt in die Maschine geschrieben; alle drei Fassungen stimmen in den wesentlichen Punkten der vorgesehenen Lehrplangestaltung miteinander überein, sie divergieren vor allem bezüglich der Zahl der geplanten Wochenstunden sowie einzelner aufgelisteter Vorlesungsthemen.[8]

Die „Anregungen für die Gestaltung des Lehrplans an der Diplomatischen Akademie in Wien" gingen von folgenden Voraussetzungen aus:
a) „Die Diplomatische Akademie dient dem postgraduierten Studium und setzt somit ein abgeschlossenes Hochschulstudium voraus. Die Akademie dient daher in erster Linie der Spezialausbildung."
b) Da sowohl Inländer mit unterschiedlicher Hochschulbildung als auch Ausländer mit ausländischer Hochschulbildung in Betracht kämen, sollte eine „weitgehende Flexibilität" der Lehrplangestaltung ins Auge gefasst werden.
c) Die Akademie sollte nach Möglichkeit jenen Interessierten für den höheren auswärtigen Dienst, die die bisher geltenden Anstellungserfordernisse für den HAD nicht besäßen, die Möglichkeit bieten, durch Besuch und erfolgreichen Abschluss der Akademie dieses Anstellungserfordernis zu erwerben.
d) Die Dauer eines Kurses an der Akademie sollte 15 Monate betragen und in drei Unterrichtsabschnitte (Semester) eingeteilt werden.

Als Grundlage wurde die „intensive und regelmäßige" Ausbildung in drei Sachgebieten genannt: historisch-politische, wirtschaftliche und juristische Fächer. Zu allen drei Sachgebieten wurde eine breit gefächerte Auflistung einzelner Fächer oder Themen vorgeschlagen. Zu den drei großen Sachgebieten sollten obligatorisch drei weitere Fächer hinzukommen: Presse- und Informationswesen, Kulturpolitik, sowie Soziologie und Sozialpsychologie. Wahlweise, und nach Disponsibilität der Dozenten, sollten Lehrveranstaltungen über Kulturgeschichte, insbesondere die kulturelle Entwicklung des 20. Jahrhunderts angeboten werden.

Zum Sprachstudium hieß es, dass grundsätzlich drei Fremdsprachen obligatorisch zu lehren seien: Für Studenten mit deutscher Muttersprache Englisch, Französisch und eine dritte, aus den offiziellen UN-Sprachen auszuwählende Fremdsprache, für Ausländer waren Deutsch, Französisch und Englisch vorgesehen.

Betont wurde, dass die Ausbildung auf historischem, nationalökonomischem und rechtlichem Gebiet so wichtig sei, dass Lehrveranstaltungen (Vorlesungen oder Seminare) aus jedem dieser Sachgebiete in jedem der drei Studienabschnitte vorgesehen werden sollten. Sei dies gewährleistet, könne „die größte Flexibilität" über Spezialthemen bewahrt werden. Weiters wurde festgehalten, dass auf die „durch das Ford-Institut einzuladenden Dozenten" Rücksicht genommen werden solle – ein Hinweis auf den Verfassern bereits bekannte Intentionen des Bundesministers Kreisky betreffend einer Kooperation zwischen dem Ford-Institut und der Diplomatischen Akademie, Intentionen, die im Zuge der Besprechung am 16. November noch deutlicher zum Ausdruck kamen.

Das Arbeitspapier enthielt zwei weitere Vorschläge, die insbesondere dem Schreiber dieser Zeilen wichtig waren. Erstens wurde die Verfassung einer Diplomarbeit in Aussicht genommen. Falls den Studenten der Akademie die „Ausarbeitung einer Diplomarbeit als Voraussetzung für den erfolgreichen Abschluss ihres Studiums" auferlegt würde, wäre als Regel aufzustellen, dass die Diplomarbeit aus einem der drei grundlegenden Sachgebiete zu nehmen sei. Zweitens sollte der Unterricht „intensiv, nicht extensiv" erfolgen, „d.h. mit einem Minimum an Lehrveranstaltungen und einem Maximum an selbständiger Arbeit (Lektüre, schriftliche Arbeiten in regelmäßigen Abständen) unter der Anleitung und Kontrolle von Assistenten und Tutoren". Der Schreiber dieser Zeilen möchte betonen, dass er damals (wie heute) unter dem Eindruck des englischen und des amerikanischen Universitätssystems stand, das er während eines Studienjahres in England (Universität Birmingham) und mehrerer Jahre in Chicago (als „research associate" und gleichzeitig „PhD. student" an der University of Chicago) kennen gelernt hatte. Der wesentlich größere Anteil an schriftlichen Arbeiten und verpflichtender Lektüre, die Teilnahme an „tutorials" (allerdings von erfahrenen Dozenten durchgeführt), der wesentlich geringere Anteil an „Vorlesungen" im in Österreich üblichen Sinne, hatten (und haben) ihn tief beeindruckt. Dazu kam die Erwägung, dass in Österreich selbst im Jus-Studium (einschließlich des Doktorats) schriftliches Arbeiten unterentwickelt war, keine schriftlichen Staatsprüfungsarbeiten oder Dissertationen vorgesehen waren, und in Hinblick auf einen zu erwartenden größeren Anteil von Absolventen des Jus-Studiums auch aus diesem Grund die stärkere Forcierung schriftlicher Ausarbeitungen, insbesondere eben einer Diplom-Arbeit, wünschenswert wäre.

Wohnung des damaligen Außenministers Bruno Kreisky in der Armbrustergasse

Die Besprechung in der Armbrustergasse stand – wie nicht anders zu erwarten – unter dem dominierenden Eindruck der zahlreichen Wortmeldungen Bruno Kreiskys. Kreisky verwies zunächst auf seine Ausführungen zur Diplomatischen Akademie im Budgetausschuss des Nationalrats.[9] Dort hatte Kreisky am 15. November erklärt, „dass in Kürze eine Konferenz von Fachleuten" stattfinden werde – sie fand also schon am Tag danach statt –; und dass er für diese Konferenz bezüglich des Lehrplans „als Richtlinie gegeben habe, dass nur solche Kenntnisse vermittelt werden sollen, die an den österreichischen Hochschulen nicht zu erwerben sind." Recht kategorisch hatte Kreisky weiter bemerkt: „Wer sich nicht der Mühe unterzogen hat, diejenigen Fächer auf den Hochschulen zu studieren, die er für die kommende Diplomatentätigkeit benötigt, gilt von vornherein als disqualifiziert. Als theoretische Fächer sollen auf der Akademie Nationalökonomie, einschlägige Bereiche aus dem Gebiet der Geschichte, der Soziologie und der Sozialpsychologie gelehrt werden. Für praktische Lehrgänge werden vor allem hohe Beamte des Bundesministeriums für Auswärtige Angelegenheiten sowie anderer Ministerien als Lehrer herangezogen werden." Schließlich sei eine sehr intensive sprachliche Ausbildung vorgesehen.

Tags darauf, die Besprechung in der Armbrustergasse einleitend, sagte Kreisky, dass der Lehrplan drei Hauptgebiete umfassen müsse: erstens „den theoretischen Lehrgang", zweitens „den praktischen Lehrgang" und drittens „den sprachlichen

Lehrgang".[10] Das Institut „darf keine subsidiäre Funktion" ausüben; „es soll nur das gelehrt werden, was an keiner anderen Hochschule Österreichs gelehrt wird."[11] Den Hörern solle „durch eine Auswahl von hervorragenden Lehrern Respekt vor der geistigen Leistung und Respekt vor dem Intellektuellen [sic] nahe gebracht werden. Das Niveau solle „vor allem durch die Zusammenarbeit mit dem Ford-Institut gewährleistet werden.[12] Kreisky nannte „zwei Vorbilder: die Schweizer und die schwedische Diplomatie". Es wäre zu vermeiden, „dass die Leute zu etwas ‚dazuriechen', etwa Ökonometrie". In die Nationalökonomie sollte „echte Einsicht" vermittelt werden.[13]

Nach dieser prinzipiellen Einleitung begann die Diskussion des Arbeitspapiers; zuerst wurden die Punkte a) bis d) (siehe oben) zur Diskussion gestellt. Der Bundesminister meinte, dass die Aufnahmsprüfungen in Form von „Rigorosen" und nicht von „kommissionellen Prüfungen" stattfinden sollten; der Sinn dieser Aussage ist nicht ganz klar. Da damals (juristische) Rigorosen in Form von Einzelprüfungen stattfanden, scheint Kreisky von Einzelpersonen geführte Aufnahmsgespräche anstatt kommissioneller Prüfungen (Aufnahmsprüfungen) im Sinn gehabt zu haben. Bald entspann sich eine Diskussion zu Punkt c) des Arbeitspapiers, d.h. über die Anstellungserfordernisse für den höheren auswärtigen Dienst. Kreisky meinte, die Studenten der Akademie sollten auf die (geltenden) Aufnahmeerfordernisse für den höheren auswärtigen Dienst hingewiesen werden; im Laufe der Zeit sollte darauf hingearbeitet werden, den Besuch der Akademie „als Anstellungserfordernis für den höheren auswärtigen Dienst anzuerkennen".[14]

Hierauf besprach man die geschätzte Anzahl der Akademiestudenten. Kreisky meinte, die Akademie würde zunächst nicht voll besetzt sein. Walter Wodak wies auf den erst ab 1970 steigenden Bedarf des Außenministeriums hin. Erich Bielka, selbst Konsularakademiker der Zwischenkriegszeit, erwähnte, dass auch die Konsularakademie nach dem Ersten Weltkrieg zunächst schwach besetzt war und die Hörerzahl erst später anstieg.[15] Kreisky meinte, dass zunächst bis zur Hälfte der Plätze an ausländische Teilnehmer Ausländer vergeben werden könnte; es wäre nützlich, an zuständige Stiftungen heranzutreten, um gute Hörer zu gewinnen; diese würden wiederum in Österreich werbekräftig für die Akademie sein. Der Bundesminister erwähnte auch, dass ein Programm für die Ausbildung von Diplomaten aus Entwicklungsländern mit Budgetmitteln von einer halben Million Schilling vorbereitet werde.[16]

Professor Sagoroff, der Direktor des Ford-Institutes, regte eine Unterscheidung von ordentlichen und außerordentlichen Hörern an; damit könnten Gasthörer gewonnen werden, die nicht den ganzen Lehrgang mitmachen und abschließen wollen. Kreisky fügte hinzu, dass zu einem späteren Zeitpunkt auch an Abendkurse zu denken wäre, an denen z.B. Beamte des höheren auswärtigen Dienstes teilnehmen könnten.

Nun ging man zu dem historisch-politischen Teil des im Arbeitspapier skizzierten Programms über. Im Arbeitspapier vorgesehen war:

- Die Außenpolitik der großen Mächte (nach Disponibilität der Dozenten je eine Spezialvorlesung über die Außenpolitik der USA, der UdSSR, Großbritanniens);
- Diplomatische Geschichte der Zwischenkriegszeit;
- Die Grundlagen der österreichischen Außenpolitik;
- Die Theorie der internationalen Politik;
- Die Entwicklung der internationalen Organisationen: Völkerbund und Vereinte Nationen;
- Die Entwicklung der neuen Staaten in Asien und Afrika.

Kreisky meinte, dass nicht nur die großen Staaten, sondern auch die Außenpolitik anderer für Österreich wichtiger Staaten gelehrt werden solle: die der neutralen Staaten Schweiz und Schweden, die der anderen paktfreien Staaten inklusive der neutralistischen Staaten; bei den großen Staaten nannte er auch Frankreich, Deutschland, Italien; auf einen Einwurf Bielkas hin[17] auch die Außenpolitik der Nachbarstaaten; es sollte nicht zu weit zurückgegangen werden. Der Bundesminister bemerkte weiter, dass dieses Programm auch eine günstige Gelegenheit bieten könnte, namhafte ausländische Historiker zu einer wissenschaftlichen Tätigkeit nach Österreich einzuladen[18]; hier sei insbesondere an die Mitarbeit des Ford-Instituts zu appellieren.

Bezüglich der Vorlesung über die Grundlagen der österreichischen Außenpolitik meinte Kreisky, dass mit 1918 begonnen werden sollte. Stourzh bemerkte, „dass diese Vorlesung als Zyklus mit verschiedenen Vortragenden aufgebaut werden könnte, wobei der Herr Bundesminister entweder die Einleitung oder den Abschluss übernehmen könnte". Dieser war hierzu „grundsätzlich bereit" und fügte hinzu, dass auch über österreichische Innenpolitik vorgetragen werden müsste. Kreisky meinte weiters, Persönlichkeiten mit praktischer Erfahrung aus der Ersten Republik könnten für diesen Zyklus herangezogen werden.[19]

Nun wandte man sich den Wirtschaftsfächern zu. Im Arbeitspapier waren vorgesehen: Internationale Handelspolitik; Internationale Finanzpolitik; Wirtschaftsprobleme der europäischen Integration, alle Fächer jeweils systematisch und institutionell. Bei der europäischen Integration wurden namentlich aufgezählt: „Marshall-Plan, OEEC, Große Freihandelszone, EWG, EFTA, COMECON etc". Hinzu kamen Wirtschaftsgeographie und (hinzugefügt[20]) das wirtschaftliche Wachstum in den Entwicklungsländern. Adolf Kozlik schlug vor, eine eigene Themengruppe für Grundlagenfragen der Nationalökonomie vorzusehen; die Themen wären: Vergleichende Betrachtung der modernen Volkswirtschaftslehre und der marxistischen Volkswirtschaftslehre; der Vergleich der Wirtschaftssysteme, und allgemeine Voraussetzungen des Wirtschaftswachstums. Kreisky ersuchte Kozlik, einen Vorschlag auszuarbeiten.

Generalsekretär Bielka schlug zusätzlich vor, eine eigene Vorlesung über österreichische Wirtschaftsprobleme einzubauen. Kreisky betonte, dass auch Praktiker zu Wort kommen sollten; er nannte Dr. Kartal von der Nationalbank. Weiters regte Kreisky an, auch Vorlesungen über österreichische Sozialpolitik und über österreichische Agrarpolitik einzubeziehen. Es zeigte sich – nicht überraschend – dass die Wunschliste immer länger wurde.

Kurz war die Diskussion zu den juridischen Themen: Vorgesehen waren zunächst: Das Recht der internationalen Organisationen; das Recht der diplomatischen und konsularischen Beziehungen (mit Hinweis auf die Wiener Konventionen von 1961 und 1963); Neutralitätsrecht; Internationales Privatrecht; Vergleichendes Verfassungsrecht;[21] Konsularwesen und Staatsbürgerschaftsrecht. Stephan Verosta bemerkte, dass er mit dem vorgeschlagenen Katalog einverstanden sei; er glaube, dass man vorläufig mit dem hier vorgeschlagenen Katalog auskommen könne.[22]

Zum Sprachstudium betonte Kreisky, „dass der Sprachunterricht vor allem auch auf die Entwicklung des Sprachgefühls eingestellt sein sollte. Es sollte ein einwandfreier Stil der mündlichen und schriftlichen Ausführungen nicht nur in den Fremdsprachen, sondern vor allem in der deutschen Sprache erreicht werden." Kreisky fügte hinzu, man könne eventuell die Texte von Zeitungen und Zeitschriften auf ihre sprachliche Qualität hin analysieren. In diesem Zusammenhang wäre es interessant, „etwa Professor Torberg oder Dr. Nenning für die Akademie gewinnen zu können."[23]

Zum Thema Presse- und Informationswesen meint Kreisky, dass erstens der ganze Fragenkomplex der „public relations" einbezogen werden müsste, und zwar „in seinem verschiedenartigen Auswirkungen" in Skandinavien, Großbritannien, den USA, Frankreich etc.; zweitens müssten auch die Massenmedien Radio und Fernsehen berücksichtigt werden. Gesandter Hans Thalberg meinte, dass in der Ausbildung darauf Bedacht zu nehmen wäre, dass die Diplomaten in die Lage versetzt werden, das „image" Österreichs darzustellen; auch könnte die Besichtigung eines großen Zeitungsbetriebes in das Programm aufgenommen werden. Der Bundesminister wünschte, dass anhand von konkreten Beispielen die verschiedenartige Darstellung ein und desselben Ereignisses durch verschiedene Weltblätter analysiert werde. Erich Bielka erinnerte daran, dass auch in der seinerzeitigen Konsularakademie derartige Analysen von Pressemeldungen gemacht wurden, um die Tendenz der Meldungen herauszuarbeiten.

Nach dem Mittagessen wurde zunächst die allgemeine Diskussion wieder aufgenommen. Professor Sagoroff meinte, dass ihm das Programm sehr umfangreich erscheine. Stourzh verwies auf das Arbeitspapier, in dem vermerkt sei, dass einzelne Vorlesungsthemen (innerhalb der Sachbereiche) von Jahr zu Jahr variieren könnten. Erich Bielka stellte grundsätzlich fest, dass mehr Lehrveranstaltungen zu Österreich-Themen in das Programm einzubauen wären. Alexander Auer betonte, dass im Arbeitspapier auch vorgesehen sei, alle Möglichkeiten, die Wien als große Zentrale kultureller

Aktivität bieten könne, für die Hörer der Akademie fruchtbar zu machen, wobei mit einer Vielzahl von Institutionen zusammengearbeitet werden sollte.[24]

Kreisky kam auf die Einteilung der Kurse zu sprechen. Er wünschte, „dass die theoretischen Fächer vor allem im Ford-Institut gehört werden sollen." Nun wurden Termin-Fragen besprochen. Der Bundesminister nannte als Eröffnungstermin den 15. September (1964), wobei die Eröffnung „in einem sehr feierlichen Rahmen, bezüglich der Publizität vergleichbar mit dem Prinz-Eugen-Jubiläum" erfolgen sollte.[25] Staatsarchivar Dr. Neck sei beauftragt worden, eine Festschrift zu verfassen. Längere Diskussionen gab es zur Semester-Einteilung. Während das Arbeitspapier vorsah, die universitären Semesterferien im Monat Februar auch bei der Semestereinteilung der Diplomatischen Akademie einzuhalten, wollte Kreisky den Februar in den Unterricht einbeziehen; er schlug für den 2. Studienabschnitt den Zeitraum 15. Jänner bis 15. Juni vor; Auer plädierte für einen freien Februar, weil dann die universitären Lehrkräfte nicht zur Verfügung stehen würden; Stourzh gab zu bedenken, dass eine allzu ungleiche Dauer der Studienabschnitte vermieden werden sollte (wie dies in Kreiskys Terminvorschlägen der Fall war). Sowohl der Bundesminister als auch der Generalsekretär traten nachdrücklich für die Nutzung des Monats Februar ein; in diesem Monat, so Kreisky, könnten die Beamten des Ministeriums verstärkt für die Tätigkeit an der Akademie herangezogen werden. Bielka kritisierte überdies, dass die im Arbeitspapier angegebene Zahl der Wochenstunden zu gering sei;[26] Stourzh und Auer entgegneten, dass in dem vorgelegten Schema weder das Studium mit den Tutoren noch die Zeit für Pflichtlektüre enthalten sei. Kreisky griff das Thema der Pflichtlektüre von eigens auszuwählenden Werken auf; dies schien ihm wichtig. Weiters betonte er, dass bei Ausbildung der Hörer großer Wert darauf zu legen sei, dass sie präzise und kurz zu sprechen und zu diskutieren lernen sollten.

Adolf Kozlik stellte eine Frage bezüglich der im Arbeitspapier angeregten Diplomarbeit. Stourzh betonte, „dass eine Diplomarbeit den Charakter der Akademie als postgraduiertes Institut unterstreichen würde und auch den Ehrgeiz der Studenten besonders anregen könnte; gute Diplomarbeiten könnten allenfalls veröffentlicht oder prämiert werden."[27] „Der Bundesminister stimmte der Einführung der Diplomarbeit grundsätzlich zu", heißt es im Gedächtnisprotokoll. „Das überzeugt mich", erinnert sich der Schreiber dieser Zeilen an Kreiskys Worte, die ihn naturgemäß freuten, denn die Diplomarbeit war eines seiner wichtigsten Anliegen.[28] Stourzh stellte auch die noch nicht besprochene Frage der Art des Studienabschlusses zur Diskussion – etwa durch Ausstellung eines Diploms nach Ablegung schriftlicher Prüfungen und eines mündlichen Colloquiums über die Diplomarbeit (die traditionelle „defensio" einer Dissertation, wie in Frankreich und anderen Ländern üblich, stand bei diesem Vorschlag Pate). Der Bundesminister ersuchte um Ausarbeitung einer Prüfungsordnung und bemerkte, dass er auf lange Sicht den Übergang auf einen zweijährigen Kurs ins Auge fasse, der jeweils zu Beginn des Kalenderjahres anzufangen hätte.

Finanzierungs- und Organisationsfragen standen am Schluss der Besprechung.[29] Einerseits war ein Stipendienfonds vorgesehen; wie Sektionsleiter Walter Wodak informierte, wären die Kosten für Unterbringung und Verpflegung aus den Mitteln des Stipendienfonds und aus den Beiträgen der Hörer kombiniert zu decken.[30] Eine Stiftung für die Diplomatische Akademie, von einem Kuratorium geleitet, ohne Einfluss auf die Gestaltung des Lehrplans, sollte im wesentlichen die Aufbringung und Verteilung der Stipendien übernehmen. Wodak erklärte ferner, dass der Leiter der Akademie Abteilungsleiter innerhalb der Sektion I des Außenministeriums wäre. Falls der Direktor der Akademie aus dem Kreis der Beamten des Außenministeriums genommen werden sollte, müsste es sich um einen Beamten handeln, der im Inland zu bleiben gewillt sei. Wodak meinte, dass man allenfalls durch Zurverfügungstellung einer Dienstwohnung die Bezüge des Betreffenden verbessern könnte. Alexander Auer warf ein, dass man außer dem Leiter der Akademie auch eine Dame als Directrice für den wirtschaftlichen Betrieb einstellen könnte. Diese sollte auch das äußere Auftreten der Studierenden, ihre Umgangsformen, ihre Kleidung etc. beaufsichtigen. Außerdem sollten mindestens zwei der Tutoren im Hause wohnen und sich auch auf diese Art disziplinär der Hörer annehmen.

Zum Schluss wurden die zwei Gremien besprochen, denen die organisatorische Leitung obliegen sollte. In Aussicht genommen wurde erstens der „Beirat für die Diplomatische Akademie im Bundesministerium für Auswärtige Angelegenheiten". Dieser Beirat sollte sich aus folgenden Mitgliedern zusammensetzen:

Der Bundesminister für Auswärtige Angelegenheiten
Der Staatssekretär im Außenministerium
Der Generalsekretär für Auswärtige Angelegenheiten
Der Leiter der Sektion I
Der Chef des Kabinetts des Bundesministers
Der Leiter der Akademie
Der Direktor des Ford-Instituts
Der beigeordnete Direktor des Ford-Instituts
Der Leiter des Dolmetsch-Instituts der Universität Wien
Herr Professor Verosta
Der Leiter der Informationsabteilung (im BM f. Auswärtige Angelegenheiten)
Der Leiter der Kulturabteilung (im BM f. Auswärtige Angelegenheiten)
Der Direktor des Theresianums.

Als zweites Gremium war das Kuratorium der Stiftung Diplomatische Akademie vorgesehen. Dem Kuratorium sollten neben dem Bundesminister für Auswärtige Angelegenheiten und dem Staatssekretär im Außenministerium je ein Vertreter der Stipendiengeber angehören; außerdem wurden auch weitere Persönlichkeiten in Betracht gezogen: Generaldirektor Kamler (Felten & Guillaume), Sektionschef Heilingsetzer (BM für Finanzen), Generalkonsul Leslie (New York) als Vertreter der Honorarkonsuln,[31] Generaldirektor (der Atomenergiebehörde) Eklund, Professor Carl J. Burckhardt (der bedeutende Schweizer Historiker und Diplomat), Sir William Hayter (ein britischer Spitzendiplomat), sowie je ein Vertreter Afrikas, des mittleren Ostens und Asiens.

Bezüglich des Stipendienfonds und der Stipendiengeber bemerkte Bundesminister Kreisky, dass etwa eine Million Schilling in den Stipendienfonds eingezahlt werden sollten. Bei Ausgaben von jährlich S 600.000 sollten S 400.000 als Reserve verbleiben. Die jährlichen Beiträge könnten sich etwa wie folgt zusammensetzen:

S 250.000,-	Honorarkonsuln
S 100.000,-	Stadt Wien
S 100.000,-	verschiedene Bundes- und Länderbeiträge
S 100.000,-	Bankenverband
S 200.000,-	Kammer, Industriellenvereinigung etc.
S 100.000,-	Bundesministerium für Auswärtige Angelegenheiten.

Dies machte allerdings noch nicht eine Million Schilling aus.[32] Als Richtpreis, den die Hörer monatlich für Schulgeld sowie für Unterkunft und Verpflegung zu entrichten hätten, wurden S 5000,- für ausländische, S 3000,- für Österreicher vorgeschlagen.

Abschließend machte Alexander Auer Mitteilung, dass er informiert worden war, dass von der im Jahre 1963 in Wien abgehaltenen Konsularkonferenz (UN-Konferenz zur Ausarbeitung einer internationalen Konvention zur Kodifizierung des Konsularrechts) noch ein Rest von eineinhalb Millionen Schilling zur Verfügung stehe, woraus z.B. eine Bibliothek für die Diplomatische Akademie angeschafft werden könnte. Einvernehmlich wurde festgehalten, dass die Diplomatische Akademie eine Bibliothek in ihrem Internatsgebäude im Theresianum besitzen solle und dass geeignete Wege zum Ankauf der Bücher gefunden werden sollten. Die Besprechung endete um 15 Uhr.

Es ist nicht mehr Aufgabe dieses Beitrags zu untersuchen, wie viele der hochfliegenden Pläne dieser Besprechung – etwa die enge Zusammenarbeit mit dem Ford-Institut – in die Tat umgesetzt werden konnte, wie vielen Dauer beschieden war. Manche der Strukturelemente des Unterrichts zumindest in den ersten Jahren der Akademie standen aber doch, zumindest in der Wahrnehmung des Schreibers dieser Zeilen, in engem Zusammenhang mit den Arbeitsunterlagen und den Beschlüssen jener Besprechung im November 1963. Der Verfasser, der wenige Monate darauf endgültig von der diplomatischen in die wissenschaftliche Laufbahn wechselte, blickt jedenfalls mit freundlichen Erinnerungen an seine Teilnahme an den Vorbe-

Sitz der Diplomatischen Akademie (alter Konsulartrakt des Theresianums)

reitungen zur Errichtung dieser Akademie zurück. Er reiht sich gerne in die Schar der Gratulanten zum vierzigjährigen Bestandsjubiläum der Diplomatischen Akademie ein, die in diesen vier Jahrzehnten zum unverwechselbaren und unverzichtbaren Mittelpunkt wissenschaftlich-akademischer, diplomatischer und außenpolitischer Ausbildung, Diskussion und Weiterbildung in Österreich geworden ist.

Anmerkungen

1 Quellen in Besitz des Verfassers. Zitiert wird nach dem maschinschriftlichen Gedächtnisprotokoll.
2 Bielka war nachmals in den Kabinetten Kreisky II und III zwischen 1974 und 1976 Bundesminister für Auswärtige Angelegenheiten.
3 Wodak war später Botschafter in Moskau und von 1970 bis zu seinem Tode 1974 Generalsekretär für Auswärtige Angelegenheiten. Vgl. hierzu die von Reinhold Wagnleitner verfasste „Lebensskizze Dr. Walter Wodaks" in: R. Wagnleitner, Hg., Diplomatie zwischen Parteiproporz und Weltkonflikt, Salzburg 1980, 5-20.
4 Zu Verosta vgl.den Nachruf von Ignaz Seidl-Hohenveldern in: Almanach der Österreichischen Akademie der Wissenschaften, 149. Jg., 1998/99, 475-482.
5 In der Vorbereitungsphase des „Ford-Instituts" waren zwei bedeutende in den USA tätige, aus Österreich kommende Wissenschaftler federführende: der Nationalökonom Prof. Oscar Morgenstern (Universität Princeton), und der Soziologe Prof. Paul Lazarsfeld (Columbia University), vgl. auch Lazarsfelds Beitrag „The Pre-History of the Vienna Institute for Advanced Studies", in: Bernhard Felde-

rer, Hg., Wirtschafts- und Sozialwissenschaften zwischen Theorie und Praxis. 30 Jahre Institut für Höhere Studien in Wien, Wien 1993, 9-27. Siehe auch im Detail Christian Fleck, Wie Neues nicht entsteht. Die Gründung des Instituts für Höhere Studien in Wien durch Ex-Österreicher und die Ford Foundation, in: Österreichische Zeitschrift für Geschichtswissenschaften (=ÖZG) 11/2000/1, 129-178; Helmut Kramer, Wie Neues doch entstanden ist. Zur Gründung und zu den ersten Jahren des Instituts für Höhere Studien in Wien, ÖZG 13/2002/3, 110-132.

6 Zu Kozliks bewegter Lebensgeschichte siehe die gründliche Wiener geisteswissenschaftl. Dissertation von Gottfried Fritzl, Adolf Kozlik – „Rebell mit Humor". Leben und Werk eines sozialistischen Ökonomen, Wien 2001. Kozlik verstarb unerwartet am 2. November 1964; vgl. ebd., 232.

7 Von Thalberg, der Österreich 1938 verlassen musste, liegt eine bemerkenswerte Autobiographie vor: Hans Thalberg, Von der Kunst, Österreicher zu sein. Erinnerungen und Tagebuchnotizen, Wien/Köln/Graz 1984.

8 Durchschläge aller drei Fassungen, leider nicht datiert, teilweise mit handschriftlichen Notizen des Verf., im Besitz des Verfassers; die dritte Fassung dürfte erst nach der Besprechung von 16. November redigiert worden sein. Die im Besitz des Verfassers befindlichen Unterlagen werden mit Erscheinen des vorliegenden Bandes dem Archiv der Diplomatischen Akademie übergeben.

9 Parlamentsarchiv Wien, Parlamentskorrespondenz vom 15. November 1963, Budgetdebatte über die Gruppe Äußeres" im Finanz- und Budgetausschuss des Nationalrats. Zunächst hatte der Generalberichterstatter für das Budget, Abgeordneter Machunze, mitgeteilt, dass – wie für 1963 – auch für das Budget 1964 1 Million Schilling für die Diplomatische Akademie vorgesehen seien. Er erwähnte weiters, dass im Jahr 1962 das Finanzministerium durch ein Bundesgesetz ermächtigt worden war, ein Darlehen bis zur Höhe von 15 Millionen Schilling aufzunehmen und dessen Erlös der Stiftung „Theresianische Akademie" für den Wiederaufbau und für die Einrichtung des ihr gehörenden und im Zuge der Kriegshandlungen zerstörten Konsulartraktes in der Favoritenstraße unentgeltlich zuzuwenden.

10 Maschinschr. Gedächtnisprotokoll.

11 Handschriftl. Notizen G. St.

12 Gedächtnisprotokoll.

13 Handschriftl. Notizen G. St.

14 Gedächtnisprotokoll.

15 Ebd. Den handschriftl. Notizen zufolge sprach Bielka davon, dass nach dem Krieg zuerst 16 Leute, in den Dreißigerjahren 40 Leute die Akademie besuchten.

16 Gedächtnisprotokoll.

17 Hinweis auf Bielka in handschriftl. Notizen G. St.

18 In den handschriftlichen Notizen findet sich die Bemerkung Kreiskys, „keinesfalls österr. Historiker", worauf Stourzh doch den Namen Fritz Fellners einwarf. An ausländischen Historikern wurde von Kreisky der Name des Schweizers Walter Hofer genannt, Kreisky sprach auch von „Freude am Kontroversiellen". Im Amtsdeutsch des Gedächtnisprotokolls heißt es: „Der Herr Bundesminister meint ferner, dass kontroversiellen Themen nicht ausgewichen werden sollte."

19 Gedächtnisprotokoll. In den handschriftlichen Notizen sind die Namen (Ludwig) Kleinwächter etc., Allmayer-Beck, (Eduard) Ludwig, (Theodor) Hornbostel notiert.

20 Hs. in der 2. Fassung, maschinschr. in der 3. Fassung.

21 In einem dem Verf. vorliegenden Exemplar der zweiten Fassung, in dem in der Handschrift des Verfassers eine Anzahl von Namen potentieller Vortragender genannt werden, wird hier der Name Kelsens genannt!

22 In der dritten vorliegenden Fassung werden als zusätzliche Themen genannt: „Der völkerrechtliche Schutz der Menschenrechte" sowie „Rechtliche Aspekte der europäischen Wirtschaftsintegration".

23 Gedächtnisprotokoll.

24 Gedächtnisprotokoll. In den handschriftlichen Notizen ist zu Auers Wortmeldung notiert „Wien kulturelles Reservoir".

25 Am 18. Oktober 1963, also nur einen Monat zuvor, war das Jubiläum des 300. Geburtstages des Prinzen Eugen begangen worden. In den handschriftlichen Notizen heißt es: „Mindestens wie Prinz Eugen".

26 Das Arbeitspapier (zweite Fassung) gab 12 bis 15 Wochenstunden für die obligatorischen Lehrveranstaltungen plus 8 bis 10 Wochenstunden Sprachunterricht an.

27 Gedächtnisprotokoll.

28 Die Diplomarbeit wurde auch tatsächlich eingeführt; Diplomarbeiten wurden zumindest auszugsweise in den ersten Jahrgängen des Jahrbuchs der Akademie veröffentlicht. Der Schreiber dieser Zeilen betreute in den Anfangsjahren der Akademie Diplomarbeiten; nach einigen Jahren wurde die Diplomarbeit aus dem Lehrplan herausgenommen, aus Gründen, die dem Verfasser, der damals nicht an der Akademie lehrte, nicht bekannt sind.

29 Die weitere Darstellung folgt dem Gedächtnisprotokoll.

30 Am Vortag hatte Kreisky im Budgetausschuss des Nationalrats festgestellt, sicherlich werde „der Besuch der Akademie viel kosten, aber es sind heute schon Vorkehrungen für einen Stipendienfonds getroffen, für den bisher Beträge in Höhe von rund einer halben Million zugesagt wurden. Mit anderen Zuschüssen wird man mit etwas einer Million Schilling für den Stipendienfonds rechnen können, sodass die Möglichkeit gegeben ist, begabte Bewerber, die für die Ausbildung finanziell nicht aufkommen können, entsprechend zu unterstützen." Der Außenminister fügte hinzu, geplant sei, „dass etwa ein Drittel der Schüler der Diplomatischen Akademie – wie das schon bisher üblich war – aus dem Ausland kommen kann". Dafür sei „zurzeit bei verschiedenen Staaten bereits erhebliches Interesse vorhanden". Parlamentsarchiv Wien, Parlamentskorrespondenz vom 15. November 1963 (vgl. auch oben Anm. 9).

31 Von der Gruppe der Honorarkonsuln wurden Beiträge für den Stipendienfonds der Akademie erwartet.

32 In den handschriftlichen Notizen findet sich folgender Satz: „Jeder, der 100.000 S. zahlt, wird Mitglied des Kuratoriums".

Abstract

Gerald Stourzh, A meeting in the Armbrustergasse

This paper is based on minutes taken by the author at the meeting where the final decisions on the founding of the Diplomatic Academy were made in the private Armbrustergasse flat of the then Foreign Minister, Bruno Kreisky, on 16 November 1963. The curriculum, to be modelled on Anglo-American principles, was the subject of intensive discussion, as was the cooperation with the Ford Institute, later the Institute for Advanced Studies. As well as intensive language training, at the heart of the new syllabus lay the study of history, politics, economics, and law, plus the submission of a thesis. Teaching, which was to be practice-oriented, was to be conducted by prominent academics from domestic and foreign universities, complemented by practitioners from the worlds of diplomacy, economics etc. A Scholarship Fund was to make it possible for suitably qualified graduates lacking sufficient financial resources to study at the Academy. Approximately 50% of the students should come from abroad, especially from developing countries.

Résumé

Gerald Stourzh, L'Académie diplomatique en discussion au domicile de Bruno Kreisky

Cette contribution met en lumière les orientations principales, les objectifs et les instances de décision de l'Académie diplomatique en s'appuyant sur un compte-rendu, rédigé par l'auteur lui-même le 16 novembre 1963, à l'issue de la réunion de synthèse décisive qui a procédé à la création de cette institution, réunion qui s'est tenue au domicile du ministre des Affaires étrangères de l'époque, Bruno Kreisky, dans la « Armbrustergasse ».

A cette occasion, on discuta beaucoup du programme d'enseignement – conçu selon le modèle anglo-américain – et on aborda la coopération avec l'Institut Ford, devenu plus tard l' Institut des Hautes Études. A côté d'une formation linguistique intensive, les thèmes historico-politique, économique et juridique sont placés au centre du programme ainsi que la rédaction d'un mémoire. L'enseignement, orienté vers la pratique, devait être dispensé par des universitaires éminents, des scientifiques étrangers, mais aussi des experts de la diplomatie et du monde économique . Un fond d'attribution de bourses d'études devait permettre aux diplômés de l'enseignement supérieur répondant aux critères de qualification mais ne disposant pas des ressources financières suffisantes d'avoir accès à ce programme d'études post-universitaires. 50 % des étudiants devaient provenir de l'étranger – et notamment de pays en développement.

Oliver Rathkolb

Die neue „Konsularakademie" 1964 – Diplomatische Akademie, ein „Lieblings-projekt" Außenminister Bruno Kreiskys

In der Zweiten Republik wurde mit einem eigenen Bundesgesetz aus 1946[1] das historische Gebäude der Konsularakademie, das einem eigenen Konsularstiftungsfonds gehörte, am 30. Juni 1947 um US $ 350.000 an die USA verkauft. Im August 1945 war das bis auf die Pedellwohnung leer stehende Gebäude im Zuge der Alliierten Verwaltung von den USA requiriert worden. Ursprünglich sollte jedoch das dort untergebrachte amerikanische Generalkonsulat nur zwei Jahre bleiben. Gesandter Paul Winterstein lud daher im April 1946 sogar den in Radstadt, Neuhof lebenden Hlavac-Rechtwall ein, die „Vorarbeiten für die Reaktivierung der Konsularakademie" zu leiten[2]. Letztlich wurden aber diese Pläne nicht in die Praxis umgesetzt. Vor allem der Verkauf des symbolischen Gebäudes setzte den Reaktivierungsplänen für mehr als 20 Jahre ein Ende.

1952 folgte eine Initiative von Rudolf Blühdorn und Alfred Verdroß, der ja noch an der Konsularakademie gelehrt hatte, mit Finanzmitteln der „Ford Foundation" ein Instiut für Internationale Beziehungen zu gründen, das Diplomaten und Mitarbeiter internationaler Organisationen ausbilden sollte[3]. Im Jänner 1954 präsentierte Blühdorn, der 1945 die Völkerrechtsabteilung in der Staatskanzlei geleitet hatte, diese Idee dem neuen SPÖ-Staatssekretär im Bundeskanzleramt, Auswärtige Angelegenheiten, Bruno Kreisky[4]. Dieser regte damals an, ein kleineres „Institut für auswärtige Politik" anzudenken und ein Projekt auszuarbeiten. Die „Ford-Foundation" lehnte diese Blühdorn-Verdroß-Idee aber zu diesem Zeitpunkt ab, da sie damals noch nicht in Österreich tätig werden wollte. Erst im Zusammenhang mit Aktivitäten von Emigranten wie Paul Lazarsfeld u.a. wurde – nach komplexen parteipolitischen Verhandlungen – dann im September 1963 ein „Institute for Advanced Studies" in Wien gegründet, das auf innovative Forschung in Sozial- und Wirtschaftswissenschaft ausgerichtet war.

Diese Diskussion um das „Ford Institut", das spätere Institut für Höhere Studien, reaktivierte aber auf Seiten Kreiskys Überlegungen, die Konsularakademie wieder zu beleben. Als Außenminister begann er sich mit der Reaktivierung der Konsularakademie konkret auseinander zusetzen. Bereits in den Koalitionsverhandlungen 1959 setzte er die Selbständigkeit eines eigenen Bundesministeriums für Auswärtige Angelegenheiten durch – bisher gab es nur einen Außenminister mit einer dem Bundeskanzleramt zugeordneten Abteilung Auswärtige Angelegenheiten. Im ersten Jahr konzentrierte sich Kreisky jedoch auf die Reorganisation nach innen und die Entwicklung einer aktiven Neutralitätspolitik mit starker und offener Medien- und Pressepolitik. Zwar thematisierte er bereits zu diesem Zeitpunkt die Bedeutung der Weiterbildung der jüngeren Beamten und forderte die Aufnahme von jungen HochschulabgängerInnen auch aus sozial benachteiligten Schichten, wenn sie intellektuell geeignet waren, und versuchte gesellschaftliche Fortbildungskurse auf Schloss Wartenstein für die Nachwuchsbeamten zu etablieren.

Im Jänner 1960 erzielte Kreisky Einigung mit ÖVP-Unterrichtsminister Heinrich Drimmel, dass „anstelle der Konsularakademie ein einjähriges Diplomseminar im Theresianum nach unseren Gesichtspunkten errichtet werde. Kreisky wird Richtlinien dafür selbst diktieren, sucht aber [einen] diesbezüglichen Entwurf"[5]. Die ersten Gespräche leitete Kreisky daher auch selbst, so vor allem mit dem Direktor des Theresianums, Scapinelli. Zum Unterschied von den politisierten Verhandlungen um das „Ford-Institut" hatte Kreisky in Sachen „Diplomseminar" relativ freie Hand, obwohl damit das Bildungsmonopol des Unterrichtsministeriums untergraben wurde, und es gab auch in diesem Bereich nicht die sonst üblichen Proporzbesetzungen und Einflusszonendebatten wie bei allen politischen Themen und auch in forschungs- und bildungspolitischen Fragen.

Bereits bei der Abteilungsleitersitzung am 18. Juli 1960 in Kreiskys Wohnung in der Armbrustergasse wurde deutlich, dass dies ein wichtiges Projekt in seiner Amtszeit werden sollte, wie der Generalsekretär im Außenministerium, Martin Fuchs, in seinen Tagebüchern notierte: „Theresianum: Zeitgemäße Wiedererweckung des Gedankens der Konsularakademie. Nur der, der diesen Kurs absolviert, braucht kein préalable abzulegen. Aber keine Exklusivität wegen Grundsatzes der Gleichheit vor dem Gesetz. Gewinnung entsprechender ausländischer Lehrkräfte. Österreichisches Institute of Advanced Studies. (Theresianum:) Das ist zweifellos eines seiner Lieblingsprojekte. Man muß der Angelegenheit den Charakter eines sozialen numerus clausus nehmen. Demokratisches Ausleseprinzip"[6].

Ganz offensichtlich versuchte Kreisky, parallel zu den bereits auch im Beitrag von Gerald Stourzh thematisierten Initiativen zur Gründung eines Instituts für Höhere Studien in Wien, im eigenen Verantwortungsbereich eine Institution zu schaffen, die die traditionellen Bildungs- und Ausbildungsbarrieren durchbrechen sollte, um eine neue Elite in den Bereich der höheren Diplomatie zu bringen. Offensichtlich hatte Kreisky erkannt, dass aufgrund der relativ hohen Anforderungsbedingungen im Rahmen des „Examen Préalable" als Voraussetzung für die Aufnahme in den Höheren Auswärtigen Dienst – von Sprachengewandtheit bis zu juristischen und ökonomischen Kenntnissen – eine entsprechende Zusatzausbildung notwendig war, um diesen Karriereweg „durchlässiger" und damit auch demokratischer zu gestalten. Gleichzeitig dokumentiert der Hinweis auf ein Institut für Höhere Studien die Zielsetzung, innovative wissenschaftliche Erkenntnisse, die noch nicht an den österreichischen Universitäten der 1960er Jahre verankert waren, auch in den Lehrplan der Diplomatischen Akademie aufzunehmen.

Die Wahl des Sitzes der Diplomatischen Akademie wurde letztlich auch dadurch bestimmt, dass bereits nach der Errichtung 1883-1884 in diesem Seitentrakt des Theresianums die Orientalische Akademie angesiedelt war, die jedoch dann 1905 in das neue Gebäude in die Boltzmanngasse, das der Architekt Ludwig Baumann geplant hatte, übersiedelte. Der erste „Erinnerungsort" der Orientalischen Akademie, das Haus im Jakoberhof (dem späteren Handelsgericht in der Riemergasse) stand nicht mehr. Man merkt bereits bei der Wahl des Ortes, dass die Legitimation der neuen Akademie durch einen historisch besetzten Ort unterstrichen werden sollte. Da der Seitenflügel des Theresianums im Zweiten Weltkrieg zerstört worden war und das Theresianum selbst erst nach Unterzeichnung des Staatsvertrages den unter sowjetischer Verwaltung stehenden gesamten Gebäudekomplex der Favorita restituiert erhielt, war dies ein optimaler Bauplatz. Die Bauplanung betreute der Architekt Alfons Hetmanschek, der aber 1962 während der Vorbereitungen verstarb, sowie sein Nachfolger Erich Schlöß in Zusammenarbeit mit dem Vorsitzenden des Kuratoriums der Theresianischen Akademie, Senatspräsident Paul Scapinelli und Botschafter Franz Herbatschek für das Außenministerium[7]. Die Vorgaben für den Architekten waren bei insgesamt 16.000 Quadratmeter Kubatur Einrichtung von einem Internat mit Einzelzimmern für rund 38 männliche Studierende, sowie von entsprechenden Direktions-, Verwaltungs-, Unterrichts- und Übungsräumen für 40-50 HörerInnen sowie Veran-

Außenminister Bruno Kreisky besichtigt die Bauarbeiten in der Diplomatischen Akademie

staltungsräume, Speisesaal (mit Klimaanlage!) sowie einer Küche. Die Mischung aus Tradition und Moderne waren auch in der Gestaltung deutlich geworden, da die benachbarten historischen Fassaden Berücksichtigung finden mussten und die Geschoßhöhen und Fensterausteilungen nicht verändert werden durften, gleichzeitig aber auch eine moderne Formensprache verwirklicht werden sollte.

Bereits am 5. Juli 1962 wurde ein Bundesgesetz im Nationalrat verabschiedet, durch das die finanziellen Mittel für eine „Zuwendung zur Wiederherstellung des Konsulartraktes der Theresianischen Akademie" zur Verfügung gestellt wurden[8]. In zwei Übereinkommen vom 5. Juni 1963 wurde überdies seitens der Theresianischen Akademie das Recht auf unentgeltliche und zeitlich unbeschränkte Benützung des nun wieder hergestellten Konsulartraktes (aus der Zeit vor dem Bezug des Konsularakademiegebäudes in der Boltzmanngasse) festgeschrieben und umfasste auch den Holzhof samt Festsaaltrakt der Theresianischen Akademie. Zwar blieb die Theresianische Akademie Eigentümerin des Gebäudes, den Betrieb der Diplomatischen Akademie samt Internat übernahm aber vollständig das Bundesministerium für Auswärtige Angelegenheiten[9].

Bereits ein Jahr vor der Eröffnung im September 1964 und in der Mitte der Umbauarbeiten wird im Jahrbuch des Bundesministeriums für Auswärtige Angelegenheiten 1962/1963 das Projekt Diplomatische Akademie vorgestellt, die „eine alte Tradition Österreichs in den modernen Umständen angepaßter Form" fortsetzen soll. Die Zielrichtung ist dieselbe wie bei dem Institutsprojekt von Blühdorn und Verdroß aus 1952: Vorbereitung zum Eintritt in die diplomatische Laufbahn bzw. in internationale Organisationen.

Bemerkenswert ist, dass Bruno Kreisky – sehr ungewöhnlich für einen Sozialisten in den 1960er Jahren – in dieser Frage auch keinerlei Berührungsängste zur Monarchie zeigte. Typisch für diese Haltung war, dass Kreisky am 19. September 1964 bei der Eröffnung in Anwesenheit von Bundespräsident Adolf Schärf, Maria Theresia ausführlich als Gründerin würdigte – auch unter Hinweis auf die Bedeutung ihres Beraters Josef von Sonnenfels[10]. Ganz bewusst versuchte Kreisky einen breiten internationalen Zugang zu vermitteln und benützte die Monarchie als eine Art historische Legitimation, in größeren Zusammenhängen und Dimensionen zu denken und zu argumentieren. Unbewusst spielte bei diesem historischen Ausflug wohl auch eine Rolle, dass Kreisky sich zu dieser Zeit aufgrund seiner jüdischen Herkunft und des latenten Antisemitismus in der österreichischen Gesellschaft nur als „bester Zweiter" in der Politik und auch in der Sozialdemokratie fühlte – ähnlich wie Sonnenfels, dem „Großen der österreichischen Aufklärung", der ein getaufter Jude war, und dessen Denkmal 1938 vom Rathausplatz verschwand und erst nach 1945 wieder aufgestellt wurde. Kreisky stellte diese Verbindung sicherlich nicht bewusst her und thematisierte auch die jüdische Herkunft von Sonnenfels nie öffentlich.

Bruno Kreiskys außenpolitisches Konzept beinhaltete bereits in den 1960er Jahren die „aufgeklärte öffentliche Meinung" und deren Einfluss auf außenpolitische Entscheidungsprozesse, verbunden mit einem entsprechenden Bildungsauftrag durch Geschichte und Journalismus, um die aufgeklärte öffentliche Meinung auch entsprechend zu motivieren[11]. Er verstand Außenpolitik auch als einen Teil der österreichischen Identitätsfindung – durchaus vor dem Hintergrund der historischen Entwicklungen: „Österreich ist das Ergebnis eines mehr als 2000jährigen Prozesses der Integration verschiedener großer europäischer Völkerschaften"[12]. In diesem Zusammenhang forcierte Kreisky die „junge Generation", da sie den Kleinstaat Österreich nicht in Frage stellte – unter Hinweis auf ein Zitat von Konrad Adenauer, dass „man Deutschland nur mit Großvätern und Enkeln aufbauen könne".

Vor diesem Hintergrund betrachtet, war die Einrichtung der Diplomatischen Akademie ein Teil eines Gesamtdesigns zur Stärkung der Außenreputation des Kleinstaates im Rahmen einer „selbstbewußten Außenpolitik", die Bruno Kreisky 1961 so beschrieb, dass sie „eine nationale Politik im besten Sinne des Wortes ist. ... Österreich kann eine selbstbewußte Außenpolitik, die in einer vernünftigen Relation zu seinen Möglichkeiten steht, die jedoch dem Land eine Reputation gibt, die über das Maß seiner tatsächlichen wirtschaftlichen und politischen Potenz hinausgeht". Einen Monat nach der Eröffnung der Diplomatischen Akademie nützte Kreisky die Gründung der

Der Hausherr des Theresianums, Scapinelli, übergibt Außenminister Bruno Kreisky den Schlüssel des Hauses, 19. September 1964

Lenau-Gesellschaft[13], um eine radikale Kultur- und Bildungs- sowie Forschungsreform zu fordern – durch Investition in Forschung und Bildung, Öffnung der österreichischen Universitäten auch für internationale Kapazitäten; Forcierung der Nachwuchsförderung auch durch Überwindung sozialer Barrieren sowie die intellektuelle Auseinandersetzung mit dem wissenschaftlichen und kulturellen Erbe des Exils. Er war sich wie nur wenige Politiker des bildungspolitischen Rückstands Österreichs in den 1960er Jahren bewusst und engagierte sich immer wieder in diesen Fragen.

Die Eröffnung der Diplomatischen Akademie wurde der Öffentlichkeit perfekt präsentiert. Bereits am 18. September kündigte Außenminister Kreisky zu Beginn der „Woche des Außenministeriums", mit der die ersten 5 Jahre des selbständigen Ministeriums gefeiert wurde, diesen Event an. Ganz im Sinne der von Kreisky geforderten Demokratisierung der Außenpolitik wurde diese Woche übrigens in der Wiener Stadthalle mit 1.000 Angehörigen des Ministeriums beendet – von allen Missionschefs, die zu einer Botschafterkonferenz gekommen waren, bis hin zu Sekretärinnen und Portieren[14].

Diese perfekte Medienarbeit wurde durch eine eigene vorgezogene Presseführung ergänzt, wobei Kreisky betonte, dass es sich bei der Einrichtung der Diplomatischen Akademie um einen seiner „Herzenswünsche" handelte. Indirekt übte er dabei Kritik an der Wissensproduktion an den Hohen Schulen, obwohl die Akademie keine Gegenuniversität im herkömmlichen Sinn sein sollte und konnte. Mit Hinweis auf seine Aussage, dass die neue Akademie durchaus nicht eine Hochschule ersetzen oder einer Universität Konkurrenz machen soll, sondern zusätzliches Wissen vermitteln wird, das damals nicht an den österreichischen Hochschulen gelehrt wurde, meinte er: „Ich bitte diese Bemerkung nicht von vornherein polemisch aufzufassen, wenn sie auch durchaus so gemeint ist"[15].

Signifikant war die unterschiedliche Medienpräsentation, die auch die parteipolitischen Perzeptionen sichtbar machte: Während die ÖVP-Parteizeitung „Volksblatt" unter der Schlagzeile „Oesterreichische ‚Berufsschule' für Diplomaten" mit einem Bild von Maria Theresia klar auf die Traditionen seit der Akademie der orientalischen Sprachen hinwies und Kreisky, obwohl Initiator und Ressortminister, nicht einmal erwähnte, stellt die sozialistische „Arbeiter-Zeitung" einen kurzen Beitrag mit Fotos von Kreisky mit dem Kurator der Theresianischen Akademie, Scapinelli, aber auch mit Hinweis auf das moderne Sprachlabor in den Vordergrund[16]. Die historische Dimension brachte in der AZ nur der Hinweis auf Kreiskys Sonnenfels-Zitat ein. Beide Berichte signalisierten aber die Bedeutung der Akademie für die Professionalisierung der Ausbildung von Diplomaten, ein Faktum, das auch Bundespräsident Adolf Schärf mit dem Hinweis, „Diplomaten sollen keine Dilettanten sein"[17] ebenso heraus stellte wie das „Volksblatt" mit dem Hinweis „Berufsschule". In dieser Hinsicht gab es 1964 ein entsprechendes gesellschaftspolitisches Nachholbedürfnis quer durch alle Parteien.

Außenminister Bruno Kreisky
besucht die Diplomatische Akademie,
5. Februar 1965

In der historischen Darstellung wurde aber ein Aspekt – ganz im Sinne der österreichischen Opferdoktrin – falsch in den Medien reproduziert und offensichtlich auch so von Kreisky und anderen präsentiert: Die Konsularakademie wurde 1938 nicht geschlossen, sondern arbeitete durchaus freiwillig und höchst aktiv bis 1941 weiter. In der vorliegenden Studie wurde diese Fiktion endgültig dekonstruiert.

Trotz zahlreicher moderner Ansätze und Zugänge und der angestrebten Internationalität des Lehrkörpers, blieb die Diplomatische Akademie 1964 doch in manchen Bereichen im gesellschaftlichen Mainstream der Zeit. In der Geschlechterfrage wurde vorerst nur ein „Männerinternat" eingerichtet, Frauen blieben extern, waren aber voll berechtigte HörerInnen. Beim Lehrpersonal dominierten Männer eindeutig wie auch an den Universitäten. Auch gelang es in der Folge nur punktuell mit Gastvortragenden die angestrebte Internationalität umzusetzen, da die angestrebte Lehrtätigkeit von internationalen WissenschaftlerInnen vom Institut für Höhere Studien nicht permanent umgesetzt wurde und sich die Kooperation rasch auflöste. Verglichen mit der Universität Wien, aber auch mit der Hochschule für Welthandel wurde aber an der Diplomatischen Akademie durchaus ein neuer Anfang gemacht und ein Ausbildungsexperiment begonnen, das sich an internationalen Vorbildern und Entwicklungen orientierte.

Anmerkungen

1   http://www.usembassy.at/en/embassy/history.htm. Vgl dazu auch die Broschüre – leider ohne Fuß-
    notenapparat – History of the Consular Academy and Boltzmanngasse 16 der US Botschaft in Wien,
    Wien, Juni 2001.
2   Österreichisches Staatsarchiv, BmfAA, NAP 1945-1965, Hlavac, BKA-AA 116.434-Pers./48, 8.4.1946.
    Ich verdanke ein Transkript dieses Akts Herrn Dr. Rudolf Agstner. Leider konnten trotz Durchsicht
    der Indices im Österreichischen Staatsarchiv für Pol. und Kult-Akten des Bestandes Bundesministe-
    rium für Auswärtige Angelegenheiten keine Akten zur Errichtung und Vorbereitung der Diplomati-
    schen Akademie gefunden werden; auch in der Stiftung Bruno Kreisky Archiv fehlt ein vergleichba-
    rer Bestand. Dies legt die Vermutung nahe, dass es einen Sammelakt gegeben hat, der noch nicht
    gefunden werden konnte.
3   Christian Fleck, Wie Neues nicht entsteht. Die Gründung des Instituts für Höhere Studien in Wien
    durch Ex-Österreicher und die Ford Foundation, in: Österreichische Zeitschrift für Geschichtswissen-
    schaften 11 (2000), 138, FN 20. Hier wird Blühdorn irrtümlich als Richard B. bezeichnet.
4   Stiftung Bruno Kreisky Archiv, Bestand Außenministerium, Karton 1272, Blühdorn an Kreisky, 22.
    Feb. 1954.
5   Österreichisches Institut für Zeitgeschichte, Wien, Nachlaß Martin Fuchs, Tagebuch, 27. Jänner 1960.
    Martin Fuchs war sowohl unter ÖVP-Außenminister Leopold Figl als auch in den ersten Jahren
    Kreiskys Generalsekretär im Bundesministerium für Auswärtige Angelegenheiten (bzw. unter Figl
    im Bundeskanzleramt. Auswärtige Angelegenheiten)
6   Ebd., 18. Juli 1960
7   Vgl. dazu Neues Österreich, 19. Sept. 1964, Beilage: Modernes Bauen in Österreich.
8   Diplomatische Akademie, aktuelles Archiv, Vereinbarung 19. Sept. 1978 über den Ausbau des Fest-
    saaltraktes sowie BGBl. Nr. 200/1962.
9   Ebd., Übereinkommen vom 5. Juni 1963.
10 Bruno Kreisky, Reden, Wien 1981, S. 531.
11 Ebd. S. 432ff. im Zusammenhang einer Rede beim Internationalen Diplomaten-Seminar auf Schloss
    Kleßheim, 28. Juli 1963.
12 Stiftung Bruno Kreisky Archiv, Bundesministerium für Auswärtige Angelegenheiten Bestand, Proto-
    koll Abteilungsleitersitzung 6. Juli 1961, S. 17.
13 Kreisky, Reden, Band 1, S. 537-543.
14 Wienert Zeitung, 24. September 1964.
15 Neues Österreich, 19. Sept. 1964, S. 38.
16 Arbeiter-Zeitung, 20. September 1964, S. 2.
17 Ebd.

Abstract

Oliver Rathkolb, The Foundation of the Diplomatic Academy in 1964

As early as 1960 the SPÖ Foreign Minister, Bruno Kreisky, had agreed with his coalition partner, Heinrich Drimmel, the ÖVP Minister of Education, to establish a residential postgraduate diplomatic training course, with a hall of residence in the Theresianum, continuing the traditions of the Consular Academy. The aim was to ensure
the flow of new blood into the Foreign Ministry and, at the same time, to remove any

social barriers to making a career there. This was to be achieved by a curriculum based on the latest scientific international discourse – and in close cooperation with the Institute for Advanced Studies (today the IHS). In comparison to other institutions, there was to be no division of jobs etc. along party lines. Nonetheless, the close ties with Ministry of Foreign Affairs were a given. Although, as a Socialist, he had no problem with reviving an institution associated with the Monarchy, Kreisky attempted to "democratise" the symbolism of the foundation of the Oriental Academy under Maria Theresa in 1754 and to found an international postgraduate establishment. Parallel to the training within the framework of an international "biotope", the imparting of an Austrian national consciousness through the particular emphasis on the policy of neutrality stood at the very core of the new institution.

Résumé

Oliver Rathkolb, La « nouvelle » Académie consulaire – Académie diplomatique, le projet favori du ministre des Affaires étrangères, Bruno Kreisky

Dès 1960, dans le cadre de la grande coalition, le ministre socialiste des Affaires étrangères Bruno Kreisky avait convenu avec le ministre conservateur de l'éducation, Heinrich Drimmel, de créer une formation diplomatique post-universitaire avec un internat au Theresianum, qui devait indirectement s'inscrire dans la tradition de l'Académie consulaire. Les problèmes de relève au ministère des Affaires étrangères devaient être résolus, sur la base de discours scientifiques internationaux des plus modernes – en étroite collaboration avec l'Institut des hautes études de Vienne (aujourd'hui IHS), tout en empêchant que ne s'installe un numerus clausus sur des critères sociaux lors du recrutement. A la différence d'autres initiatives, les organes de direction n'étaient pas constitués selon la règle de répartition proportionnelle des postes selon l'appartenance politique, mais le rattachement demeure avec le ministère fédéral des Affaires étrangères. Sans complexe par rapport à l'héritage monarchique, Kreisky cherche à 'démocratiser' la symbolique de la fondation de l'Académie orientale, en 1754, sous le règne de Marie-Thérèse, et il cherche à établir une institution internationale post-universitaire. A côté d'une formation dans le cadre d'un « biotope » international, la transmission d'une conscience nationale autrichienne représente un enjeu majeur de la refondation de l'établissement, par le biais d'un accent particulier mis, dans la formation, sur la politique de neutralité.

Zeitzeugenessays
von ehemaligen Direktoren

Ernst Florian Winter

Heimweh nach der Welt

Einleitung

Ein Zeitzeugnis, und die folgenden Seiten sind ein solches, schwankt ständig zwischen dem Versuch objektiv zu sein und dem erweckten subjektiven Gefühl. Dies ist auch hier der Fall. Es soll bewusst subjektiv geschildert werden mit der Unterstützung von Fakten, Namen und Daten. Die Tätigkeit als Direktor der neu gegründeten Diplomatischen Akademie erstreckte sich von 1964 bis 1967; ebenso die Tätigkeit als Professor für Politische Wissenschaften und Internationale Politik beziehungsweise Internationale Beziehungen. Danach erfüllte ich ein weiteres Jahr als amtsführender Konsulent in einem weiteren Vertragsverhältnis im Bundesministerium für Auswärtige Angelegenheiten und schließlich bis 1969 und der Berufung zum Direktor der Abteilung für angewandte Sozialwissenschaft der UNESCO in Paris als wissenschaftlicher Konsulent. Die Außenminister waren damals Kreisky, Tončić-Sorinj und Waldheim, ich war zugeteilter Konsulent bei Coreth und Breycha-Vauthier.

Die politische Atmosphäre, so wie sie die Akademie beeinflusste, war die einer Aufbruchstimmung. Österreich benötigte eine größere Anzahl von jungen Diplomaten. Ebenso brauchte man Experten für internationale Organisationen. Das Studium wurde mit Karrieremöglichkeiten belohnt. Das Außenministerium selbst war der Akademie freundlich gestimmt. Die Direktion erhielt volle Unterstützung. Es gab keine materiellen Einschränkungen. Fast alle Akademiker hatten Freiplätze. Ein gewisser Lebensoptimismus war sehr förderlich, denn ich trat mit vielen innovativen Konzepten das Amt an. Sogar die bürokratischen Gepflogenheiten wirkten selten störend.

Berufung, Eröffnung und Auftrag

Als Vorstand des Ostinstitutes am Internationalen Forschungszentrum in Salzburg (seit 1962) und dort selbst Professor für Ostpolitik, war die Berufung an die Diplomatische Akademie eine unerwartete Überraschung. 1960 hatten die damaligen Minister Klaus (Finanzen) und Drimmel (Unterricht), anlässlich eines New York-Aufenthaltes, meine Frau Baronesse Johanna von Trapp und mich gefragt, ob wir nicht nach Österreich zurückkehren wollten. Es sollte auf universitärem Boden die Politikwissenschaft eingeführt werden. Die Mehrzahl der österreichischen Exilanten hatte eigentlich die Hoffnung der Heimkehr aufgegeben. Sowohl die Siegermächte des 2. Weltkrieges wie die Baumeister der Zweiten Republik zogen vor, diese reiche Intelligenz, die einst Österreichs internationaler Stolz war, zu verlieren.

Während meines Seminars mit Erich Fromm, welches später als Buch (Socialist Humanism, Doubleday, New York, 1965) erschienen ist, kam ein Telefonat von Außenminister Kreisky aus dem Ministerrat. Die Koalitionsregierung beabsichtigte mich, mit meiner Einwilligung, zum Direktor der neu errichteten Diplomatischen Akademie zu bestellen. Nur bruchstückhaft waren meine Kenntnisse über jene Maria-Theresianische Gründung vor damals 210 Jahren und deren Phasen als Orientalische Akademie und später Konsularakademie. Im Außenministerium klärte mich Alexander Auer freundlichst auf und organisierte noch am selben Tag ein Treffen mit Kreisky. Er war die treibende Kraft, nicht nur, was die Wiedererrichtung anbelangte, sondern vor allem in der Verwirklichung weitestgehend seiner Ideen. Für mich als jungen Professor, nach 25 Jahren amerikanischen Exils, aber auch fruchtbarster Tätigkeit an der Columbia University, war die Begegnung und Zusammenarbeit mit Kreisky ein Höhepunkt meines Lebens. So unwirklich dies in Wien klingen mag, wir hatten trotz gewisser verschiedener Wertvorstellungen eine ausgezeichnete Zusammenarbeit, ohne jeglichen Streit. Das war für den Anfang der Akademie von größtem Wert.

Als Kreisky nach meinen Vorstellungen fragte, meinte ich, mich der Tradition und den Interessen des Amtes anzupassen, hätte aber schon innovative Konzepte anzubieten. „Ja, Herr Professor, dann machen's Sie so wie in Amerika." Das aber wollte ich nicht ganz gelten lassen und meinte spontan, meine drei Leitmotive wären Betonung der österreichischen Identität, der österreichischen Neutralität und die zeitgemäße Erarbeitung eines österreichischen Beitrags zur Friedenspolitik. Dabei kam mir plötzlich Heinrich Lammasch in den Sinn, über den ich gerne in den USA dissertiert hätte, aber zu wenig Material vorfand. Kreisky erteilte mir den Auftrag mit einem Sondervertrag des Außenministeriums. Man erhielt Einblick in die Vorarbeiten. Es handelte sich dabei vor allem um Vorbereitungsgespräche u.a. unter Bielka-Karltreu, Kozlik, Verosta, Wodak und Sagoroff. Aber auch an der Wiener Universität, wo bislang Diplomaten quasi ausgebildet wurden, hatte es Vorarbeiten gegeben. Dieses universitäre Modell sagte Kreisky aber überhaupt nicht zu. Im Gegenteil, wir kannten uns kurz von der Südtirol-Debatte vor der UNO, und er hatte von gewissen innovativen Ansätzen meinerseits gehört. Noch in Salzburg ersuchte mich eines Tages Ermacora, seine Vorlesung und sein Seminar in Innsbruck zu Ende zu führen, denn er sei nach Strasbourg gerufen worden. An der Universität Innsbruck lernte ich die Akademische Vereinigung für Außenpolitik (AVA) kennen und hielt für sie in Innsbruck, Wien und Graz rein fakultative Seminare „Einführung in die Politikwissenschaft" ab. So manche jener Teilnehmer kamen dann in die Diplomatische Akademie und sind auch heute im Außenministerium anzutreffen.

Coreth verband meine Pionierarbeit mit „seiner ihm eigenen Dynamik". Ich freute mich also sehr auf die neue Aufgabe. Die Eröffnungsfeierlichkeiten waren für mich als Wienerkind echt wienerisch. Da weiß man zu feiern. Mit Optimismus und Vorschusslorbeeren ging es in die Gestaltung des Studienprogramms.

Studienprogramm

Wie in späteren Leitartikeln meinerseits in den Jahrbüchern der Diplomatischen Akademie zu lesen ist, wollte ich nicht so sehr Amerika nachahmen, obwohl meine Ausbildung und Lehrtätigkeit in der Ivy League-Tradition sich sicherlich einschlich. Vielmehr wollte ich eine Zukunftsperspektive einbringen. Die Jungdiplomaten müssten ja für eine ganz neue und anders geartete kommende Welt vorbereitet werden. Später gründete ich mit Robert Jungk das erste Zukunftsforschungsinstitut der Welt, unter aktiver Mithilfe von Weikert im Unterrichtsministerium. So wurde die Lehrplanberatung der erste Abschnitt, bevor noch der Betrieb begonnen hatte. Auer hatte die Vorarbeiten von Stourzh und den Herren an der Universität eingebracht. Eigenartigerweise waren es aber Kreisky, Thalberg und ich, die sich immer wieder trafen, um neuere Konzepte einzubringen. Wir drei hatten einiges gemeinsam. Wichtige Jahre des Lebens und der Sozialisierung erlebten wir im Ausland (Frankreich, Skandinavien, die Vereinigten Staaten). Ab und zu brach das Heimweh nach jener weiten Welt mächtig über uns herein. Es war fruchtbar. Die Akademie sollte ein „college"-Betrieb (à la Cambridge/Oxford) sein. Lehre sollte im Gespräch mit Forschung einhergehen. Eine großzügige Bibliothek sollte emsiges Lesen fördern (wie an einer Ivy League Universität). Vor allem sollte der reife Abschluss durch eine Dissertation bewiesen werden. Wir waren daher nicht unbedingt glücklich mit dem existierenden Vorschlag, das Studienprogramm ausschließlich auf folgende traditionelle Gegenstände zu reduzieren: Diplomatische Geschichte, Völkerrecht, Internationale Ordnung, Internationale Wirtschaft und dessen Organe, Internationale Politik. Natürlich sollte dies vorkommen, aber eher in Erwartungshaltung. Man kann ja darüber lesen. Die Seminare, die ich vorschlagen durfte, handelten von Simulation, UNO-Sitzungsspielen, Spieltheorie, Kulturpolitik fremder Länder, Österreichkunde, Kaltem Krieg usw. Vor allem sollten Problemlösungen das akademische Ziel sein. Dazu brauchte man aber auch Sprachkenntnisse. Ich war der Meinung,

Direktor Prof. Dr. Ernst Florian Winter (Bildmitte)

dass Deutsch, Englisch und Französisch die Grundsprachen sein sollten; Russisch, Chinesisch und Arabisch die Neusprachen; und dann als sehr wichtige und vergessene Sprache Spanisch. Eine solche Konzentration stellt eine Bürde dar, für die auch die vorgesehenen zwei Jahre eigentlich zu kurz wären. Daher musste ein Sprachlabor her und Sprachtutoren. Das Labor stützte sich auf eine rumänische Praxis. Jeder Akademiker hatte seinen eigenen kleinen Bandspielapparat. Die Sprachlehrer besprachen jene Bänder, die dann im Labor und – das war die Aufsehen erregende Neuerung – auch unter dem Kopfpolster des einschlafenden Akademikers noch liefen. Bei manchen brachte dies Verwunderung. Das Tutorensystem wurde aber allgemein sehr hilfreich aufgegriffen.

Diese jungen Menschen aus dem Ausland waren beim Essen an der Akademie und während gewisser freier Stunden immer präsent. Die Konversationen in den Fremdsprachen erhielten somit einen großen Auftrieb. So mancher Tutor stieg dann auch in den Lehrkörper auf, wie z.B. Cullin. Ich selbst profitierte vom Unterricht in russischer und chinesischer Sprache. Ohne die sehr engagierte Mitarbeit des Wiener Dolmetschinstitutes, vor allem Matejkas, wäre der durchschlagende Erfolg ausgeblieben. Sprachstudium ist nicht leicht.

Die Akademiker

Von allem Anfang war es klar, dass die Akademie nicht nur für die Akademiker da ist, sondern dass auch sie selbst an der Gestaltung mitwirken würden. Sie sollten die Kurse mitbestimmen. Sie sollten in einer geheimen Wahl das Lehrpersonal benoten und Wünsche äußern, wen sie haben und wen sie lieber nicht haben wollen. Die Mitbestimmung in allen Aspekten des Hauses wurde verankert, indem ein Selbstverwaltungsausschuss gewählt wurde, jener einen Exekutivausschuss wählt, um mit der Direktion Lehrstoffgestaltung, das Leben im „college", Freizeitgestaltung und dergleichen zu besprechen, planen und auszuführen. Dazu gehörte auch die Errichtung und Einrichtung eines Raumes für körperliche Ertüchtigung. So wurden die beiden Ziele Fachkenntnisse für Diplomaten und Persönlichkeitsentfaltung sehr gefördert.

Schon bei der obligatorischen Aufnahmeprüfung sollten die Akademiker älterer Jahrgänge mitreden können. Ebenso wurden die Abschlussprüfungen neu gestaltet. Einige Akademiker und einige Lehrpersonen sollten sich einen halben Tag zu einem Gespräch einfinden, bei dem jeder jeden benoten würde. Diese Neuerung und einige ähnliche, obwohl sehr populär, konnten sich aber nicht einbürgern lassen. Sie sind bislang verschwunden. Natürlich war die Direktion jederzeit offen, außer zu Mittag. Dazu eine kleine Anekdote: Als Direktorenzimmer wählte ich mir einen kleinen Raum, um eine bescheidene Nahbarkeit auszudrücken. Außer, wenn das Zeichen „Nicht stören" aufleuchtete, konnte man anklopfen und eintreten. Zu Mittag aber, nach der Mahlzeit, legte ich mich auf den Teppichboden, um ca. 7 Minuten fest zu schlafen. Scheinbar wurde dies entdeckt, aber nicht darüber gesprochen. Bei der Abschiedsfeier 1967 zeigte man ein kleines Stück „Der Winterschlaf", das sich über so manche ungewöhnliche Neuerung lustig machte.

Der Lehrkörper

Es war nicht einfach, die mannigfaltigen Interessen, ja sogar „lobbies" zu einem Ganzen zusammenzubringen. Auch hier hat Kreisky sehr weise empfohlen, dass jeder eine Chance haben sollte, der sich um eine Position im Lehrkörper bemühte. Die Formel war einfach und genuin. Die Akademie hatte einen kleinen Kreis von Professoren, die pro Semester eine gewisse traditionelle Grundausbildung anbieten sollten. Der Rest wurde in zwei Kategorien geteilt: Gastprofessoren als Spezialisten mit wenig Stunden und Einzelvortragende mit einem Auftritt. Letztere allerdings, sollten auch für die Öffentlichkeit zugänglich sein. Somit startete Kreisky das Vortragsforum der Diplomatischen Akademie. So mancher konnte danach berufen werden, um das Studienprogramm zu bereichern. Da die Dotierung und das Budget ausreichend waren, konnte die Diplomatische Akademie auch weltberühmte Koryphäen einladen. Das Wiener Publikum kam gerne zu jeder Veranstaltung. Man konnte der Vielfalt des Angebotenen und der Persönlichkeiten auf engem Raum gar nicht gerecht werden. Die auserwählten Namen sollten aber die objektive Breite kundtun. Die Diplomatische Akademie wurde zu einem Forum für Österreich, Neutralität und Frieden. Für österreichische Politik wurden meist Kreiskys Vorschläge angenommen. Ausländer waren meist meine Kontakte. Die drei Listen sind sehr gekürzt und spiegeln aber wieder die innenpolitische Rolle der Versöhnung der so genannten Lager; die außenpolitische Funktion Ost und West zu Wort kommen zu lassen. Rückblickend muss aber gesagt werden, dass wenig Asiaten und fast keine Afrikaner und Latein-Amerikaner aufscheinen.

Im permanenten Lehrkörper finden sich Friedrich Engel-Janosi, Fritz Fellner, Gerald Hinteregger, Herbert Huber, Ludwig Jedlicka, Siegfried Loewe, Hans Reichmann, Karl Stadler, Stephan Verosta, Ernst Florian Winter, Karl Zemanek usw.

Als Gastprofessoren sind zu erwähnen: Walter Clemens, Michael Crezier, Milan Dubrović, Maurice Duverger, Ernst Fraenkel, Carl Friedrich, Helmut Frisch, Jim Gardener, Friedrich Hacker, Eduard Hartmann, Ernst Hoor, Rudolf Kirchschläger, Henry Kissinger, Fritz Machlup, Oskar Morgenstern, Robert Neumann, Fritz Stern usw.

Darunter waren aus der österreichischen und deutschen Emigration in die USA die ersten Einladungen nach Europa. Darauf kann die Diplomatische Akademie stolz sein. In der öffentlichen Vortragsreihe gab es u.a.: Christine Busta, Paul Fent, Ernst Fuchs, Fritz Häusserman, Fritz Hochwälder, Walter Koschatzky, Otto Mauer, Fritz Molden, Richard Neutra, Gustav Peichl, Maximilian Schantl, Helmut Zilk usw.

Aktivitäten

Die Diplomatische Akademie sollte ein Institut neuen Typs sein. Dergleichen hatte es noch nicht gegeben. Die Orientalische Akademie war ein neuer Typ gewesen. Unter anderem sollten vormalige Feinde gemeinsam studieren und die kulturellen Anliegen des Orients gepflegt werden. Es wäre interessant zu erforschen, wie dies seinerzeit ankam. Die Konsularakademie war ein neuer Typ, denn der Honorarkonsul sollte abgelöst werden von einem professionell ausgebildeten Konsul. Aus dem Nahen Osten kamen weiterhin Studierende, aber neu war der Andrang der US-Amerikaner. Ich hatte noch einige während der Emigrationszeit kennen gelernt. Sie waren sogar kurze Zeit in einer Vereinigung zusammengefasst. Es ist schade, dass diese für Österreich sicherlich positiven Kontakte versandet sind. Einige haben noch den Bemühungen österreichischer Exilkreise geholfen; sogar bis hinauf ins Verteidigungsministerium.

Die Idee Kreiskys aber war – und daher auch die neue Namensgebung – Diplomaten aus aller Herren Länder gemeinsam auszubilden. Es gab daher am Anfang eine Kontroverse, auch innerhalb des Außenministeriums. Kreisky und ich waren der Meinung, trotz – besonders seiner – Ablehnung der Sowjetunion (beeinflusst von Kreiskys Erlebnissen an der finnischen Front als Journalist) auch aus kommunistischen Staaten Studenten einzuladen. Die Bedingungen konnten sie erfüllen, nämlich ein Doktorat oder Äquivalent; Sprachkenntnisse für die Aufnahmeprüfung in Deutsch, Englisch und Französisch. Es gelang mir sofort, einen Russen und einen Polen zu gewinnen. Es wurden daraus sehr wertvolle Kontakte. Österreichs Neutralität bewährte sich auf diesem fast unbekannten Gebiet. Die geopolitische Lage Österreichs in Zentraleuropa hätte aber auch mehr Kandidaten aus dem Donauraum ansprechen müssen. Merkwürdigerweise gelang dies nicht. Dieses Versäumnis muss beiden Seiten angelastet werden.

Es stellte sich aber noch eine weitere heikle Frage. Wie steht es mit Kandidaten aus Israel und den arabischen Ländern? Hier hat Kreisky sein Veto eingelegt. Er gestattete mir nicht, israelische Kandidaten zuzulassen. Staatssekretär Bobleter war ähnlicher Meinung, aber wollte dafür Araber einladen. So kam es im zweiten Sommer zu einem Seminar für die Arabische Liga. Unlängst traf ich den Militärattaché des Libyschen Volksbüros in Wien, der mich von damals kannte und von diesem, seinem ersten Auslandsaufenthalt, besonders in Wien, schwärmte. Diese völkerverbindende Rolle der Diplomatischen Akademie hat sich unter meinen Nachfolgern ständig verbessert. Vor allem Direktor Missong hat die DA dem vormals kommunistischen Osten geöffnet.

Eine weitere Neuerung, die ich in vollem Einvernehmen mit Kreisky betrieb, war Frauen in die DA aufzunehmen. Es entpuppte sich als weniger heikel als vorausgesagt. Da die Akademie ein Internat ist, mussten einige Änderungen vorgenommen werden. Es gab daher spezifische Stockwerke. Das gemeinsame Studium und gesellschaftliche Leben von Männern und Frauen erwies sich als äußerst positiv. Es sind sogar diplomatische Ehen daraus hervorgegangen. Es wuchs das Bewusstsein, dass Frauen eine besondere Begabung für die moderne Diplomatie mitbrachten. In Verhandlungsspielen, die wir übten, in Szenarien, brachten sie Gedanken und Fähigkeiten ein, die ohne sie gefehlt hätten. Heute sind Frauen ein fixer und sehr positiver Teil der Klassen, die ich noch immer unterrichten darf.

Die gesellschaftliche Komponente entwickelte sich nur langsam. Die Baulichkeit der DA war noch nicht abgeschlossen. Wir hatten gerade begonnen, den stark beschädigten Seitentrakt wieder aufzubauen. Darin sollten eben gewisse Gesellschaftsräume untergebracht werden. Meine Idee, eine Art geschlossenen Innenhof zu gestalten, damit eben der „college"-Charakter betont wird, ist weitgehend an dem Protest der Nachbarschaft gescheitert. Es ist auch müßig zu spekulieren, ob die stattliche Konsularakademie in der Boltzmanngasse nicht eher geeignet gewesen wäre, anstatt sie den Amerikanern als neues Botschaftsgebäude zu übergeben. Das Gebäude und Gelände der Boltzmanngasse waren sehr geeignet, eine Elite heranzubilden. Das war aber nicht der Zweck der DA. Der historische Ursprung wurde auf jeden Fall im linken Flügel des Theresianums bekundet. Leider war das Verhältnis zum Theresianum etwas getrübt. Es kam nie zu einem Abkommen, gewisse Teile gemeinsam zu nutzen. Über gegenseitige Einladungen zu Sonderveranstaltungen hinaus kam es zu keiner Entspannung. Das fand ich schade.

Die Nachbarschaft aber machte uns aufmerksam auf die Wiener Neustädter Militärakademie, dessen Kommandant der DA sehr wohl gesinnt war. So gelang es in den ersten Jahren, die Ausbildung von österreichischen Militärattachés an der DA zu beheimaten. Weniger erfolgreich war das Angebot, auch Wirtschaftsattachés ausbilden zu helfen. Ein Hindernis war sicherlich, dass im Anfangsstadium praktisch nur Dr. juris zugelassen wurden. Es gelang mir, einige Absolventen der Wirtschaftsuniversität zu gewinnen. Sie hatten aber Mühe, sich zur Aufnahmeprüfung vorzubereiten. Es wurde eben in dieser Anfangszeit noch wenig Bedacht auf andere Karrieremöglichkeiten für die Absolventen genommen, außer dem diplomatischen Dienst. Übrigens betonte dies auch immer wieder Kreisky, der Ziehvater eben einer Diplomatischen Akademie. Eine weitere Aktivität erfuhr keinen Erfolg. Im angloamerikanischen Raum ist der „alumnus" sehr wichtig. Er kittet den Zusammenhalt über die Studienzeit hinaus. Er spendiert Geld, um seine „alma mater" zu fördern. Er gehört einem Netzwerk an, verstreut über den ganzen Globus und zur gegenseitigen Hilfeleistung eingeschworen. Eine Anstalt, die Wert darauf legt, anerkannt und bekannt zu sein, benötigt ein „alumni & placement office". Anfangs war das nicht so zentral, weil die Absolventen sowieso in den diplomatischen und später in den „international civil service" aufgenommen wurden. Heute ist das Feld weit offen und die Karrieremöglichkeiten nicht nur auf eine Richtung beschränkt. Und schlussendlich gelang es nicht, meiner Lieblingsidee einen echten Erfolg zu gewähren.

In der UNO gab es ähnliche Erwägungen. Sollte die UNO selbst eine UN-Universität gründen? Soll sie sich nur auf „peace training" konzentrieren? Ein Inder, Col. Rikhye, bemühte sich in der UNO zumindest, eine Peace Academy ins Leben zu rufen. Es gelang ihm. Ich lud ihn daher einige Male nach Wien ein, und wir hofften gemeinsam, dass die beiden Akademien die Pioniere einer zukunftsträchtigen Friedensarbeit sein würden. Wir hielten einige gemeinsame Kurse ab. Darüber hinaus ergab sich aber nichts. Es blieb bei einer rein intellektuellen Tätigkeit. Da kam die Idee auf mehreren Seiten auf, doch eine internationale Konföderation Diplomatischer Akademien zu gründen. Obwohl in so manchen Ländern auf den Universitäten Kurse für angehende Diplomaten abgehalten wurden, gab es zu wenige rein Diplomatische Akademien. Dieser Gedanke griff erst dann, als man die universitären Bemühungen mit den wenigen diplomatischen in Verbindung brachte. Es blieben also eine ganze Anzahl Ansätze und Ideen für kommende Direktoren.

Während dieser Anfangs- und Aufbauzeit entwickelten sich aber einige Bräuche, die heute noch populär sind. Es handelte sich um die Österreich-Fahrt, die dann verschiedene Formen annahm. Es handelte sich um den Skikurs, der sich zu einem Diplomatenausflug ins Weiße entwickelte. Wir konnten gemeinsam mit Jungdiplomaten anderer Länder Österreich erkundschaften. Mittels Kulturforen, Exkursionen und neu bearbeitete Zeitgeschichte entfaltete sich unter den österreichischen wie ausländischen Akademikern eine positive Haltung zu unserem Land und unserer Nation. Alte politische Wunden fingen an zu heilen. Wenn man mich fragt, was mir am besten zusagte in meinen Dienstjahren an der DA, so antworte ich ohne Zaudern: die Entfaltung eines modernen Österreich-Bewusstseins. Das mag fremd klingen, wenn wir uns um Europa bemühen sollten. Man bedenke aber, dass gerade in der europäischen Geschichte „österreichisches" Denken immer „europäisch" Denken bedeutete. Am Kreuzpunkt Europas gelegen, hat gerade, angefangen mit dem kleinen Noricum vor 2.500 Jahren, nun das kleine Österreich seinen völkerverbindenden europäischen Beitrag geleistet.

Es sei mir daher ein kurzes Nachwort gestattet: Gerade die Pionierleistung der Diplomatischen Akademie hat bewiesen, dass gemeinsame Erfahrung der jungen Menschen aus West-, Zentral- und Osteuropa eine Gruppe von Entscheidungsträgern heranbildet, die ihre Identität kennen, um europäisch entscheiden zu können. Keine noch so versierte Universität mit Kursen für internationale Beziehungen kann dieses pädagogische Erlebnis ersetzen. Schon alleine die Tatsache, dass die besten derartigen Institute im Westen es nicht der Mühe wert finden, sich für Zentraleuropa, ja den ganzen Osten unseres Kontinents, wie auch den Orient zu interessieren, verspricht nichts Gutes für die Zukunft Europas. In seinen großen Zeiten war Österreich immer unter den führenden „Orientalisten". Die DA kann nur gewinnen, dies intensiv fortzusetzen. Slawische Sprachen, politische Kenntnisse unserer östlichen Nachbarn und Dialog mit den orientalischen Kulturen sind eigentlich die Urgesteine, auf denen die Maria-Theresianische Orientalische Akademie aufbaute.

Abstract

Ernst Florian Winter, Homesick for the World

Winter was the first Director of the Diplomatic Academy between 1964 and 1967. He brought to the task in Vienna a whole range of innovative ideas from American universities (as an exile from Nazi Germany, he had spent 25 years in the USA) and his own vision. Party politics played no part in his appointment. Though he was the son of a well-known Christian-Socialist politician and not a member of the SPÖ, the SPÖ foreign minister Bruno Kreisky entrusted him with the task of establishing the new Diplomatic Academy, which in its programme of study, strove for a strong emphasis on the Austrian identity through integration in international activities and discourse (e.g. in the field of peace policy). Together with Kreisky, who also had been in exile in Sweden until 1950, and the diplomat Hans Thalberg (in exile in Switzerland from 1938 to 1945), Winter developed a programme that was a mixture of the traditional (diplomatic history, international law etc) and special seminars such as UN simulations, cultural policy of foreign countries and so on. At its heart lay a broad and intensive programme of language training (not only English, French and German, but also Arabic, Chinese and Russian). Evaluations of the teaching staff, student co-determination and a language laboratory were all innovations in the 1960s. The nucleus of the academic staff was drawn from the University of Vienna, but guest professors and international experts of the rank of Henry Kissenger, Fritz Stern or Oskar Morgenstern also featured prominently. The goal was to train diplomats from different countries together, thereby overcoming such barriers as the North-South divide or the East-West conflict; in this, however, there was only partial success. International networking with similar training institutions, as well as an Alumni Association, were also planned at this time, but these ideas were first put into practice by subsequent Directors.

Résumé

Ernst Florian Winter, La nostalgie du monde

Cet article traite principalement de la mise en oeuvre des objectifs des directeurs fondateurs de l'Académie Diplomatique de 1964 à 1967. A cause du régime de terreur national-socialiste, Winter dût s'exiler et vécut aux Etats-Unis pendant 25 ans. Il revint à Vienne imprégné des idées novatrices en cours dans le monde universitaire américain (et en dernier lieu à la Columbia University), qu'il développa cependant selon ses propres conceptions.

Les considérations d'appartenance politique ne jouèrent aucun rôle dans sa nomination. Bien qu'il fût le fils d'un ancien homme politique chrétien-démocrate connu et n'appartînt pas au parti socialiste autrichien, le ministre socialiste des Affaires étrangères, Bruno Kreisky, lui confia la direction de la refondation de l'établissement. Celle-ci visait, dans le programme d'études également, à une plus forte accentuation de l'identité autrichienne par le biais d'une implication dans les activités et les discours internationaux (comme dans le domaine de la politique de paix).

Avec Kreisky, dont l'exil en Suède se prolongea jusqu'en 1950, et avec le diplomate Hans Thalberg – exilé en Suisse de 1938 à 1945 – ils développèrent un système mixte comprenant des cours traditionnels tels que l'histoire diplomatique, le droit international complétés par des séminaires spécifiques : simulations de réunions de l'ONU, politique culturelle de pays étrangers etc. …

L'accent était mis sur l'intégration de ces enseignements dans un programme linguistique intensif et diversifié (qui comprenait non seulement l'allemand, l'anglais et le français mais aussi le russe, le chinois et l'arabe), mis en place grâce à un tout nouveau laboratoire de langues. L'évaluation du corps enseignant et la participation des étudiants – marquée par une féminisation croissante des effectifs – représentaient des approches complètement novatrices pour les années 60.

Le corps enseignant était constitué pour l'essentiel par des professeurs de l'Université de Vienne, auxquels s'ajoutaient ponctuellement des intervenants extérieurs et à des experts internationaux de la qualité de Henry Kissinger, Fritz Stern ou Oskar Morgenstern. Il s'agissait de former ensemble des diplomates originaires de pays différents et de surmonter ainsi des barrières comme le conflit Nord-Sud ou Est-Ouest, ce qui ne réussit que partiellement. Une mise en réseau des établissements d'enseignement de même nature fut envisagée, comme la création d'une association d'anciens élèves, mais ces idées ne purent se réaliser que sous des directions ultérieures.

Johannes Coreth

Rückblick und Ausblick

(Auszug aus dem 3. Jahrbuch der Diplomatischen Akademie
1967/68)

Vier Jahre sind vergangen, seitdem die Diplomatische Akademie ihre Pforten geöffnet hat und die Nachfolge nach ihren berühmten Vorgängern, der „k. k. Akademie der Orientalischen Sprachen" und der „Konsular-Akademie", angetreten hat. Der IV. Lehrgang steht nun schon im zweiten Semester. Die Absolventen zweier Lehrgänge, insgesamt 31 Österreicher und zehn Ausländer, streben nach intensivem Studium dem Eintritt in das Berufsleben entgegen. Auch von den Absolventen des III. Lehrganges, die Anfang Februar 1968 ihre Diplome ausgefolgt erhielten, ist ein beachtlicher Prozentsatz der österreichischen Hörer nach erfolgreicher Ablegung des „Examen Préalable" in das Bundesministerium für Auswärtige Angelegenheiten aufgenommen worden. Die ausländischen Akademiker sind nach Erlangung des Diploms in ihre Heimat zurückgekehrt und werden fast ausnahmslos ihre Kenntnisse in den Dienst ihrer Außenministerien stellen. Andere Absolventen, Österreicher ebenso wie Ausländer, beabsichtigen in internationale Konzerne und vielleicht der eine oder andere in internationale Organisationen, wie z.B. bei der in Wien neu etablierten UNIDO, einzutreten.

Die Diplomatische Akademie hat sich bewusst zur Aufgabe gestellt, nicht nur Ausbildungsstätte von Diplomaten, d.h. Beamten der Staatsverwaltung, zu sein, sondern bemüht sich künftighin durch Intensivierung des Unterrichts in wirtschaftlichen Fächern, ihre Hörer auch für die Tätigkeit in der internationalen und heimischen Wirtschaft vorzubereiten. Die Akademie stellt sich mit anderen Worten das Ziel, in verstärktem Maße eine Ausbildungsstätte für Führungskräfte zu werden, die über gründliches, internationales Fachwissen verfügen müssen.

Im Jahre 1967 hat die Akademie einen schweren Verlust durch das plötzliche Ableben ihres Direktors, Botschafter Dr. Robert Friedinger-Pranter, erlitten, der durch den Tod mitten aus seinem Wirken, dem er sich mit all seinem Wissen und all seiner Erfahrung gewidmet hat, gerissen wurde. Die Akademiker werden seiner, der ihnen mit so viel Liebenswürdigkeit und Herzensgüte entgegengetreten ist, stets dankbar gedenken. Ich schätze mich glücklich, die Nachfolge nach einer so hervorragenden Persönlichkeit angetreten zu haben, möchte aber rückblickend auch noch einem besonders verdienstvollen Vorgänger, nämlich Prof. Dr. Ernst Florian Winter, den Dank dafür aussprechen, dass er den III. Lehrgang, der die Akademie im Februar verlassen hat, durch zwei Semester so erfolgreich als Direktor und dann als wissenschaftlicher Konsulent betreute.

Das Jahr 1967 war für die Akademie auch in sonstiger Beziehung ein ereignisvolles Jahr. Haben doch die gesetzgebenden Körperschaften das Bundesgesetz, betreffend die Errichtung der Diplomatischen Akademie, verabschiedet und dadurch jene gesetzliche Grundlage geschaffen, die für den Bestand einer solchen Schule in einem Rechtsstaat unumgänglich notwendig ist. Dieses Gesetz regelt sowohl den Charakter der Akademie als einer Anstalt des Bundes, ihre Aufgaben und ihre Organisation, als auch die Grundzüge des Unterrichtsplanes, die Beziehungen zu den österreichischen Hochschulen im Rahmen des wissenschaftlichen Beirates und die Bedingungen für die Zulassung zum Studium und für die Verleihung der Diplome.

Durch die Erfahrung der letzten Jahre gestärkt, kann nun die Akademie vertrauensvoll in die Zukunft blicken. Sie wird weiterhin trachten, ihrer Aufgabe, die in- und ausländischen Hörer für eine verantwortungsvolle Berufsarbeit im öffentlichen Leben vorzubereiten, gerecht zu werden. Die Akademie wird darüber hinaus Begegnungsstätte für junge Akademiker vieler Nationen bleiben. Sie trägt dadurch in ihrem Bereich bei, Verständnis zwischen den Nationen zu fördern, damit der Friede und die freundschaftliche Zusammenarbeit der Völker in der Welt von morgen gesichert werden.

5. Direktorentreffen, Wien 27.-29. Juni 1977: Botschafter Arthur Breycha-Vauthier (stehend, 5.v.r.) und Botschafter Johannes Coreth (vorne, 1.v.r.)

Arthur Breycha-Vauthier

Die Diplomatische Akademie nach sieben Jahren

(Auszug aus dem 6. Jahrbuch der Diplomatischen Akademie 1970/71)

Als der damalige Außenminister und heutige Bundeskanzler Dr. Bruno Kreisky am 1. Juni 1964 den Gründungsakt der wieder errichteten Akademie unterzeichnete, sollte diese „eine Ausbildung von höchstem Standard gewähren" und dazu „auch Bürgern anderer Staaten offen stehen, und unter den Hörern der Anstalt den Geist der internationalen Zusammengehörigkeit und Zusammenarbeit fördern."

Dynamisch und schöpferisch wird seither der Unterrichtsplan weiter entwickelt im Zusammenwirken von Wissenschaftlichem Beirat, Direktion und einer Studentenvertretung, die sich ihrer Mitverantwortung für das Gedeihen der Akademie stets voll bewusst ist. Von hervorragenden Professoren, Spezialisten und Praktikern werden unsere Hörer hier geschult. Besonders auch durch regelmäßige Diskussionen von Herrn Bundesminister Dr. Kirchschläger mit den Hörern der Akademie werden die Beziehungen zum Bundesministerium für Auswärtige Angelegenheiten und dessen Mitarbeit vertieft.

Wertvolle internationale Beziehungen werden durch Austauschvereinbarungen mit verwandten Instituten des Auslandes weiter ausgebaut; einbezogen in den Studienplan ermöglichen sie unseren Hörern während der Arbeitsferien Sprachpraktika in diesen Ländern. So war im Sommer 1970 die Akademie in vollem Betrieb, nicht nur durch die Arbeitsseminare der „International Peace Academy", sondern auch durch die Austausch-Hörer, welche die „École Nationale d'Administration" in Paris und die spanische „Escuela Diplomática" zu uns entsandt haben. Zu diesen trat heuer erstmalig das Genfer „Institut de Hautes Études Internationales". Regelmäßige Veranstaltungen des „Clubs der Absolventen und Freunde der Diplomatischen Akademie" sowie der „Vienna Diplomatic Association" haben gleichfalls dazu beigetragen, die Akademie in der öffentlichen Meinung Österreichs, aber auch des Auslandes immer fester zu verankern.

Als eine Neuerung erscheinen in diesem Jahrbuch erstmalig Zusammenfassungen der wichtigsten, auszugsweise deutsch veröffentlichten Diplomarbeiten, auch in englischer Sprache, um dem wachsenden Interesse Rechnung zu tragen, das der Akademie auch von Ausländern entgegengebracht wird.

Seit ihrer Gründung hat der Bundesminister für Auswärtige Angelegenheiten 112 Hörern, davon 15 Hörerinnen, das Diplom der Akademie überreicht. 69 kamen aus Österreich und 43 aus dem Ausland; aus Australien, Belgien, Brasilien, BRD, Dominikanische Republik, Frankreich, Hongkong, Indien, Indonesien, Irak, Italien, Jordanien, Jugoslawien, Kambodscha, Libanon, Niger, Obervolta, Pakistan, Polen, Rumänien, Schweiz, Spanien, Syrien, Taiwan, UdSSR, USA, VAR.

Von diesen diplomierten Akademikern sind ein Drittel in ihren Außenämtern tätig, davon 25 Österreicher; die übrigen in Wirtschaftsunternehmen, im Bankwesen, in internationalen Organisationen und an zahlreichen verantwortlichen Stellen des In- und Auslandes. Die Vielfalt dieser Berufe zeigt einer dynamischen Jugend die weiten Möglichkeiten, die eine Spezialausbildung eröffnet, wie sie gerade die Diplomatische Akademie in Wien bietet.

Emanuel Treu

Zehn Jahre Diplomatische Akademie

(Auszug aus dem 10. Jahrbuch der Diplomatischen Akademie, 1974/75)

Der Ablauf der ersten Dekade der neu gegründeten Akademie bietet Anlass zur Rückschau und Bilanz. Zunächst kann festgestellt werden, dass die Problematik der Wiedererweckung dieser auf alten Traditionen fußenden Institution als überwunden angesehen werden kann. Jene Männer, die bisher mit der Leitung der Diplomatischen Akademie betraut waren, haben ihr nicht nur zu neuem Sinn und zeitgemäßer Funktion verholfen, sondern haben auch dazu beigetragen, diese altehrwürdige Schule mit modernem Geist zu erfüllen und Österreich neue Freunde im Ausland zu gewinnen.

Da war vorerst Prof. Dr. Ernst Florian Winter (1965-1967), der mit seiner reichen Auslandserfahrung und der ihm eigenen Energie das Image der Akademie vorgezeichnet hat und Pionierarbeit leistete. Mit Dankbarkeit gedenken wir des Botschafters Dr. Robert Friedinger-Pranter (1967), dessen Ableben nach nur kurzem Wirken besonders schmerzlich empfunden wurde. Nach ihm übernahm Botschafter Dr. Johannes Coreth (1967-1968) die Leitung der Diplomatischen Akademie, der sich hierbei auf die Bestimmungen des Akademie-Gesetzes vom 15. November 1967 stützen und den Studienbetrieb auf solide Grundlagen stellen konnte.

Es blieb Botschafter DDr. Arthur Breyha-Vauthier (1968-1975) vorbehalten, die Periode des Experiments abzuschließen und durch seine aufopfernde und weise Führung der Akademie jenes Ansehen und jene Aufwärtsentwicklung zu sichern, die diese älteste Institution ihrer Art in der Welt wieder den ihr zukommenden Platz erringen ließ. Zehn Jahrgänge mit mehr als 200 Absolventen, von denen die meisten heute schon verantwortungsvolle Stellungen im Auswärtigen Dienst ihres Landes, in der Wirtschaft, der Verwaltung, in internationalen Organisationen und in anderen Berufszweigen mit internationalem Wirkungskreis bekleiden, legen hiefür Zeugnis ab.

In zunehmendem Maße wird die Diplomatische Akademie daher auch als Tagungsort bedeutsamer Bildungsveranstaltungen und Seminare ausländischer Institutionen gewählt, wobei besonders hervorzuheben ist, dass hier auch die 3. Tagung der Direktoren der bedeutendsten gleichartigen Akademien und Institute stattfinden wird (23.-25. Juni 1975), als deren informelles Sekretariat die Diplomatische Akademie bereits seit Anbeginn dieses Arbeitskreises wirkt.

Die Diplomatische Akademie hat sich demnach nicht nur als Ausbildungsstätte, sondern auch als Faktor der internationalen Zusammenarbeit bewährt und ist im Rahmen der ihr zugewiesenen Aufgaben bestrebt, am österreichischen Beitrag zur Völkerverständigung mitzuwirken.

Johannes Coreth

Die Diplomatische Akademie – Bewährung heute und morgen

(Auszug aus dem 12. Jahrbuch der Diplomatischen Akademie 1976/77)

Zum zweiten Mal innerhalb einer Dekade zum interimistischen Leiter bestellt, sehe ich meine Aufgaben darin, die Akademie im Sinn und Stil meiner Vorgänger fortzuführen.

Eine schmerzliche Rückblende sei gestattet: Ein unerbittliches Schicksal hat Botschafter Emanuel Treu im vergangenen Jahr plötzlich der Diplomatischen Akademie entrissen. Es war ihm nicht gestattet, ihr als Leiter länger vorzustehen. Gerade dem scheidenden Lehrgang hatte er sich mit so viel Elan und Verständnis gewidmet. Die Hörer, die unter seiner Direktion studierten und alle, die mit ihm zusammengearbeitet haben, werden ihm stets ein ehrendes Gedenken bewahren.

Der 12. Lehrgang hat im Februar d.J. die Akademie verlassen. Es war ein stark besetzter Lehrgang mit breitgefächerter internationaler Zusammensetzung. Getreu dem Gründungsauftrag der Diplomatischen Akademie wurden auch diese jungen Menschen für die Aufgaben und Entscheidungen im internationalen, diplomatischen und wirtschaftlichen Bereich vorbereitet. Damit haben fast 250 Absolventen, darunter 45 aus Entwicklungsländern, seit der Neugründung im Jahre 1964, mit der der damalige Außenminister und heutige Bundeskanzler Dr. Bruno Kreisky so verdienstvoll die Tradition der früheren Orientalischen und der späteren Konsularakademie aufleben ließ, die Akademie verlassen und sind in Österreich, aber auch in vielen Ländern der Welt im diplomatischen Dienst, in internationalen Organisationen, im Bank- und Wirtschaftsbereich, zum Teil an verantwortungsvoller Stelle tätig. Sie alle können auf eine solide Ausbildung in der Diplomatischen Akademie zurückgreifen, damit sie mit dem nötigen Wissen als Rüstzeug, aber auch mit Takt, Geduld und vor allem mit Toleranz an die Entscheidungen, die sich ihnen stellen, bzw. die vorzubereiten ihre Aufgabe ist, herantreten.

Die Diplomatische Akademie hat heute einen weltweiten Ruf. Dieser spiegelt sich in der stetig ansteigenden Zahl ihrer ausländischen Hörer wider, aber auch in den engen Bindungen mit anderen gleichartigen Institutionen im Ausland. Sie ist berechtigterweise stolz auf darauf und betrachtet diese weltweite Reputation als wertvollen Beitrag Österreichs zum friedlichen Gedankenaustausch zwischen jungen, strebsamen Menschen. Die Sonderstellung der Diplomatischen Akademie besteht nämlich darin, dass internationale Beziehungen nicht nur gelehrt, sondern auch von den Hörern erlebt werden. Denn es wird von ihnen Verständnis erworben für Gleichartiges und Verschiedenartiges und dadurch Eigenschaften von Toleranz entwickelt, welche die Grundlage gesunder Beziehungen auch im internationalen Bereich bilden.

Die Akademie kann nur dann ihrem Gründungsauftrag gerecht werden, wenn sie sich selbst einer „éducation permanente" unterzieht und ihr Lernprogramm, ihre Strukturen und ihre Methoden einer ständigen Überprüfung aussetzt. In einem solchen Prozess des Überdenkens wird das, was sich als positiv erwiesen hat, zu bewahren, und das, was noch besser gemacht werden kann, zu erneuern sein. Ein solches Bemühen wird dann von Erfolg gekrönt werden, wenn es behutsam erfolgt und auf dem Konsens aller beteiligten und betroffenen Seiten aufbaut.

Abstract

Arthur Breycha-Vauthier, Johannes Coreth, Emanuel Treu,
Extracts from Reports

A number of common themes and continuities run through the Director's reports from the first twelve years of the Diplomatic Academy. Above all, there was the international character of this institution, whether it found form in the origin of the students themselves or the contacts with similar establishments around the world, contacts aimed at promoting international unity and cooperation. To this may be added the constant endeavour to provide the students with a sound basis for subsequent careers in diplomacy, international organisations and business. And finally, there was the opening to the outside world in the Academy's function as a meeting place for numerous events. The Directors of the young Diplomatic Academy always gave priority to these modern approaches, without, however, letting the traditions of the Oriental and Consular Academies fall into oblivion.

Résumé

Arthur Breycha-Vauthier, Johannes Coreth, Emanuel Treu,
Extraits de rapports

A la lumière des rapports des directeurs portant sur les douze premières années d'existence de l'Académie Diplomatique, on remarque une continuité dans les orientations : en premier lieu le caractère international de cette institution, que ce soit du point de vue de l'origine des étudiants, ou du point de vue des contacts entretenus avec des institutions du même type dans le monde entier, dans le but de favoriser la solidarité et la collaboration internationale. À cela s'ajoute la volonté de procurer aux étudiants une base pour le déroulement ultérieur de leur carrière dans la diplomatie, les organisations internationales et dans les entreprises. Et dernière chose, et non des moindres, on trouve une ouverture vers l'extérieur de l'Académie qui assure une fonction de centre de conférences pour de nombreuses manifestations. Les directeurs de la jeune Académie diplomatique ont constamment accordé la priorité à ces approches modernes, sans pour autant laisser tomber dans l'oubli les traditions de l'Académie orientale et de l'Académie consulaire.

Heinrich Pfusterschmid-Hardtenstein

Diplomatische Akademie 1978-1986

Nach mehr als sechs Jahren in Finnland war für mich die Zeit zur Rückkehr nach Österreich gekommen. Als daher Bundeskanzler Bruno Kreisky im Mai 1978 zu einem offiziellen Besuch in Helsinki weilte, nahm ich die Gelegenheit wahr, um ihn zu ersuchen, mir entweder die Leitung der Wirtschaftspolitischen Sektion, als dem Gebiet, in dem ich am längsten gearbeitet hatte, oder die Direktion der Diplomatischen Akademie zu übertragen. Da die Sektion III bereits einem Kollegen versprochen war, ließ mich der Bundeskanzler nach seiner Rückkehr nach Wien postwendend wissen, dass ich zum Direktor der Diplomatischen Akademie bestellt würde. Ich trat dann diesen Posten mit 1. September 1978 an. Damit begannen 8 Jahre einer Aufgabe, die mir in menschlicher Hinsicht eine der schönsten Perioden meines Berufslebens bescherte.

Im Vorfeld getätigte Erkundungen erbrachten, dass sich diese mit ihren Vorgängerinnen der Orientalischen und der Konsularakademie über 200 Jahre alte Institution in Schwierigkeiten befand. Sie sollte daher durch ein neues Akademie-Gesetz reorganisiert werden. Durch den plötzlichen Tod eines meiner Vorgänger, Botschafter i. R. Emanuel Treu, und die dann erfolgte nur kurzzeitig vorgenommene Betrauung mit der Leitung zunächst des ehemaligen Direktors und Botschafters Dr. Arthur Breycha-Vauthier und danach von Botschafter i. R. Johannes Coreth war eine Periode der Ungewissheit über die Zukunft entstanden, die verstärkt wurde durch die seit der Neugründung im Jahre 1963 eingetretenen Entwicklungen des Umfelds. Die Verwaltungsdirektorin und Ministerialrätin Inge Turek hatte sich mit größtem Einsatz bemüht, die Kontinuität der Studienbedingungen zu wahren. Die sich ausbreitende Stimmung, vom Ministerium verlassen worden zu sein, konnte jedoch trotz aller Bemühungen nicht überwunden werden. Überdies plante das Ministerium eine Änderung der gesetzlichen Grundlagen vor allem im Studienbereich. In Gesprächen mit dem Präsidenten des Clubs der Absolventen und damaligen stellvertretenden Kabinettschef des Außenministers, dem leider allzu früh verstorbenen Botschafter und Universitätsprofessor Winfried Lang, konnte ich auf einige Punkte hinweisen, die mir in den Entwürfen zum neuen Gesetz problematisch erschienen waren. Bei meinem Antrittsbesuch beim Bundesminister für Auswärtige Angelegenheiten, Willibald Pahr lehnte er mein Ersuchen mir etwas Zeit zu lassen, damit ich die Situation untersuchen könne, jedoch ab. Für das nächste Jahr standen Wahlen zum Nationalrat bevor, für die man eine Reform als Ausweis der Tätigkeit wollte.

Bald konnte ich an Ort und Stelle erfahren, dass tatsächlich so manches einer Veränderung bedurfte. Auch in der Hörerschaft war Unruhe eingetreten, die sich nach außen vor allem gegen die Verpflegung richtete, die mir jedoch für eine solche Institution als recht gut erschien. Da die Beschwerden später aufhörten, schließe ich heute daraus, dass den Studierenden einfach das Studienprogramm, seine Durchführung und die sich daraus ergebenden Aussichten für die spätere Karriere zu wenig Erfolg versprechend erschienen. Es schmeckte ihnen einfach alles nicht so recht und im Kampf über Kartoffeln oder Nudeln, Salat oder Gemüse konnte man seinem Unmut am ehesten Lauf lassen, ohne beim Ministerium, der Direktion oder den Professoren die eigenen Berufsaussichten zu gefährden.

Ganz allgemein war das Umfeld der Diplomatischen Akademie nicht gerade günstig. Der neuen, von den Ideen des Jahres 1968 getragenen Linken war diese Institution zu elitär. Dies galt vor allem auch der französischen Sprache, die der ehemaligen Oberschicht zugeordnet wurde, wie überhaupt das Argument, dass die Söhne und Töchter der Arbeiter durch das Erfordernis von Fremdsprachkenntnissen in ihren Karrierechancen benachteiligt würden, dazu geführt hatte, dass von Berkeley über Harvard bis zur neu gegründeten Linzer Universität und zur Hochschule für Welthandel das Sprachstudium so weit reduziert worden war, dass in der Folge ganze Sprachdepartements geschlossen werden mussten. Aber auch so manche Kollegen im Ministerium und im Diplomatischen Dienst hätten die immerhin für die Akademie im Budget vorgesehenen mehr als elf Millionen Schilling gerne anderen Verwendungen, wie beispielsweise zusätzlichen Auslandsvertretungen, neuen Botschafts- und Residenzgebäuden zugeführt gesehen. Hinzu kam noch, dass jene, die ihr Auslandstudium bei der Außenstelle der Johns Hopkins Universität in Bologna oder beim Collège d'Europe in Brügge absolviert hatten, deren Ausbildung bevorzugten und schließlich noch das keineswegs leicht zu nehmende Argument hinzufügten, dass es nicht mehr schwer wäre, Stipendien für ausländische Universitäten zu erlangen und die beste Einführung in die Welt außerhalb Österreichs doch ein Auslandsaufenthalt wäre.

Die Akademie litt tatsächlich an schwer zu lösenden Problemen, die sich bereits von ihrer Anlage her ergaben: So gab es außer den Wohnzimmern für die Studenten und einigen wenigen Seminarräumen keine geeigneten Gemeinschaftsräume und keinen Saal für größere Veranstaltungen. Die ursprünglich gedachte Verwendung als „Think Tank" des Ministeriums mit Vorträgen und Diskussionsforen für die Öffentlichkeit scheiterte bereits daran. Dazu kam, dass sie nur über eine rudimentäre, mangelhaft betreute Studienbibliothek verfügte. Nicht zuletzt war die personelle Ausstattung der Akademie mit einem Direktor und einem/einer für die Verwaltung zuständigen AkademikerIn aber ohne eigene Professoren für über die Lehre hinausgehende wissenschaftliche oder intellektuelle Aufgaben gänzlich ungeeignet. Somit bestand das Studienprogramm aus einem Vorlesungsprogramm für die Sachfächer, das sich nicht sehr vom Internationalen Lehrgang an der Universität unterschied und zudem im großen und ganzen von den gleichen Professoren getragen wurde, sowie einer recht guten Ausbildung in mehreren Fremdsprachen. Die Akademie war bald nach der Gründung in ihrer Entwicklung stecken geblieben. Der an ihrer Entstehung maßgeblich beteiligte und ihr stets sehr gewogene Außenminister und spätere Bundespräsident Rudolf Kirchschläger fasste es mehrmals im Satz zusammen: Dann haben sie eine Kindsweglegung begangen.

Nicht zuletzt hatte sich das Außenministerium aus verständlichen Gründen vorbehalten, die besten Bewerber ohne Rücksicht auf die Lehranstalt, die sie absolviert hatten in den Dienst aufzunehmen. Jeder konnte sich daher für das Examen Préalable anmelden. Nur alle jene, die keinen Studienabschluss der Jurisprudenz, der Geschichte oder der Wirtschafts- bzw. Handelswissenschaften vorweisen konnten, mussten die Diplomatische Akademie zusätzlich absolvieren, bevor sie zum Préalable antreten konnten. Wer also die Akademie besucht hatte, musste vor der Aufnahme in den Dienst des Ministeriums in etwa den gleichen Fachgebieten seine Eignung einmal vor dem Studium an der Akademie und dann bei dessen Abschluss sowie noch einmal beim Préalable im Ministerium unter Beweis stellen. Da es sich beim Préalable um einen Concours handelt, war selbst bei einigermaßen günstigem Erfolg die Aufnahme im Falle besonders qualifizierter Mitbewerber ungewiss. Aus diesen Gründen wurde die Akademie vor allem als Vorbereitung in den Fremdsprachen geschätzt. Die Bewerbung für das Ministerium war in den Jahren guter Konjunktur aber auch dadurch beeinträchtigt, dass in der freien Wirtschaft wesentlich bessere Anfangsgehälter gewährt wurden. Somit waren die Jahrgänge nach und nach auf unter 20 HörerInnen geschrumpft. Da die Studiendauer drei Semester betrug, war im Sommersemester nur dieses kleine Häuflein im Hause. Besondere Seminare, wie die Peace Academy unter der Ägide der Vereinten Nationen, konnten dies nicht aufwiegen. Nicht zuletzt war der für Studium, Verpflegung und Aufenthalt in der Akademie verlangte Kostenbeitrag lange nicht aufgewertet worden. Da etwa die Hälfte der Studierenden aus dem Ausland kam, das war auch für Österreicher mit ein Grund für die Anziehungskraft der Akademie, war abzusehen, dass es nicht lange dauern würde, bis die Akademie als für die Republik zu kostspielig in Frage gestellt werden würde.

Das neue Bundesgesetz über die Diplomatische Akademie von 1979

Die durch Gesetz in Aussicht stehende Reform hätte sich mit allen diesen Fragen ernsthaft auseinander setzen müssen. Leider ging es wie nur allzu oft in der Politik, man orientierte sich an einzelnen Beschwerden und Vorwürfen, folgte den eigenen Vorurteilen und versäumte eine tief schürfende Untersuchung. Vor allem wurde nicht genau definiert, zu welchem Ziel die Ausbildung erfolgen solle. Das wichtigste Versäumnis war jedoch, dass kein klares Konzept entworfen wurde, wie unter den so sehr veränderten

Gegebenheiten der diplomatischen und internationalen Beziehungen die Ausbildung vor und während der aktiven Dienstzeit gestaltet werden sollte. Das alte Konzept, dem zufolge die Universität bzw. die Akademie alles in den Tornister zu packen hätte, was für die intellektuelle Bewältigung der dienstlichen Aufgaben während einer beruflichen Karriere erforderlich ist, hatte ausgedient. Die Bemerkung so mancher Kollegen: „Da war letztens einer deiner Schüler bei mir, der keine Ahnung in dem oder jenem Spezialgebiet hatte; habt ihr denn dafür keine Vorlesung vorgesehen?" ging an den Realitäten vorbei, denn die Addition von Vorlesungen konnte nur zu einer Agglomeration von auswendig gelernten, ständigen Veränderungen unterworfenen Einzelkenntnissen führen, nicht aber zu einer Beherrschung der Materie, und der damit verbundenen Fähigkeit Probleme zu lösen.[1]

Beabsichtigt wurde vor allem die Verlängerung des Studiums auf 4 Semester d.h. zwei Jahre, die Abschaffung der Diplomarbeit und zunächst auch die Abhaltung der Lehrveranstaltungen auf Englisch sowie die Reduktion des Französischen auf ein Wahlfach. Die beiden letzteren Absichten wurden jedoch schon in den Vorbesprechungen fallen gelassen, da Französisch weiterhin Bedingung für die Aufnahme in den Diplomatischen Dienst war und gerade in dieser Sprache auch bei aussichtsreichen Bewerbern ein Manko bestand. Mein Argument, dass es wohl nicht in unserem Interesse sein könne, ausländische Studenten für den Dienst in ihren Ländern nach Wien zu bringen, um sie nach zwei Jahren ohne Deutschkenntnisse wieder zu entlassen, dürfte verstanden worden sein, denn diese Idee wurde nicht weiter verfolgt.

Die beiden ersten Punkte waren nicht ohne Problematik. Die Verlängerung des Studiums war mit höheren Kosten auch für jene HörerInnen verbunden, die ein Stipendium erhielten, sie würden erst später in den Beruf eintreten können und es sich daher überlegen, das Studium an der Akademie aufzunehmen, dafür aber nach einer kürzeren anderweitigen Vorbereitung gleich zum Préalable anmelden.

Natürlich hatte eine Verlängerung auch Vorteile für die Gestaltung des Lehrprogrammes. In diesem Zusammenhang wäre es zweckmäßig gewesen, sich mit der Frage zu befassen ob und wie die Weiterbildung der Beamten des Ministeriums an der Akademie erfolgen könnte. Mein diesbezüglicher Vorschlag wurde jedoch vom Minister glatt mit dem Bemerken abgetan, dass dafür die Verwaltungsakademie des Bundes zuständig sei. Diese meldete sich jedoch sehr bald bei mir mit der Frage, was und wie sie solche Kurse für den Auswärtigen Dienst organisieren solle. Die Abschaffung der Diplomarbeit und ihre Ersetzung durch zwei Klausurarbeiten war nicht nur negativ zu sehen, da in Ermangelung eines eigenen Lehrkaders die Betreuung der Diplomanden ungenügend war und daher manche Diplomarbeiten objektiv betrachtet, aber auch für den Diplomanden nur von sehr beschränktem Wert waren.

Im für die Akademie zuständigen Ausschuss des Parlaments war dann die Debatte über den Gesetzesentwurf von geringem Niveau. Die Österreichische Volkspartei bemängelte den Wegfall des im alten Gesetz enthaltenen Wortes Wissenschaftlichkeit und die FPÖ, vertreten durch den Abgeordneten Scrinzi, wischte Einwände betreffend Nachteile für minderbemittelte Hörer mit Erfahrungen seiner Kinder vom Tisch. Das Gesetz wurde hierauf mit den Stimmen der SPÖ und FPÖ vom Plenum des Nationalrates angenommen.[2] Die Programmierung einer neuen Studienordnung war nun mir überlassen. Trotz der Verlängerung der Studienzeit verblieb das Problem des großen Umfangs dessen, was an Kenntnissen und Fähigkeiten für eine internationale Laufbahn unbedingt von Nöten ist. Ich ging nun von meinen Erfahrungen mit einem Masters-Studium in den USA aus, an dessen Beginn mir der Student Adviser Prof. Robert Dorfman, ein hervorragender Nationalökonom, die von mir zur Inskription ausgewählten Seminare auf maximal drei mit dem Bemerken reduziert hatte, bereits diese Anzahl würde vom Studierenden eine erfahrungsgemäß gerade noch zu bewältigende Lektüre an einschlägiger Fachliteratur erfordern. Im folgenden Studium hatte ich gelernt, dass es viel mehr um die Erfassung der Denkweisen und Lösungsansätze ging, als um die Ansammlung vorgefertigten Wissens. So nahm ich mir die Frage zum Ausgangspunkt, in welchen Fachbereichen ein angehender Diplomat oder internationaler Beamter die gängigen Denk und Arbeitsweisen kennen müsste, um sein Land erfolgreich zu vertreten. Ich kam zum Schluss, dass vor allem: 1. die geschichtlichen und geographischen Grundlagen der Internationalen Beziehungen, 2. die Internationalen Beziehungen und die Politik, mit der Theorie und Praxis der internationalen Organisationen, 3. das Völkerrecht und das Internationale Recht sowie 4. die Internationalen Wirtschaftsbeziehungen in ihrer jeweils besonderen Anlage erfasst werden müssten, ergänzt durch 5. spezielle Fähigkeiten, Persönlichkeitsentwicklung und Öffentlichkeitsbeziehungen und 6. Fremdsprachenkenntnisse. Dem entsprechend gliederte ich das Studium in fünf Bereiche, die durch das nach wie vor wichtige Sprachstudium flankiert wurden.[3] Wie jedoch sollte die verworfene Diplomarbeit als abschließende Krönung des Studiums ersetzt werden?

Die wahrscheinlich einschneidendste Entwicklung der internationalen Beziehungen der zweiten Hälfte des 20. Jh. war die sich zunehmend verstärkende Verschiebung der politischen Entscheidungsmechanismen von den bilateralen Beziehungen souveräner Staaten zu inter- ja sogar supranationalen Institutionen. Das Verhandeln im Kreis von Vertretern mehrerer, meistens sogar vieler Staaten und die Regelung von Konflikten und von gemeinsamen Problemen durch über den Staaten stehende Organe, wie die Vereinten Nationen oder die damals noch unter der Bezeichnung Europäische Gemeinschaften sich entwickelnde Integration des Kontinents, setzten auch für die Lehre neue Maßstäbe. Universitätsprofessor Karl Zemanek hatte in der Akademie im Rahmen seines Seminars die Verhandlung eines Problems, meist im Rahmen der Vereinten Nationen durch Betrauung jedes Hörers mit der Vertretung der Interessen je eines Mitgliedslandes der in Frage kommenden Institution mit viel Erfolg vorgenommen. Ich dachte nun diese Vorgangsweise auf einen beträchtlichen Teil des letzten Semesters auszudehnen und die HörerInnen sowohl mit der Vorbereitung der Dossiers als auch mit der Vertretung von Mitgliedsstaaten in der gewählten Organisation zu betrauen, um sie mit der Entwicklung einer Verhandlung in einem internationalen Rahmen vom Anfang bis zum Ende vertraut zu machen.

Für die Seminare der einzelnen Bereiche sah ich mehr Zeit und weniger Themenvielfalt vor, in der schon beschriebenen Überlegung, dass die Studierenden sich dadurch mit der Materie eingehender befassen können, um auf diese Weise die Schlüssel zur Öffnung anderer ähnlich gelagerter Probleme zu erarbeiten. Das Studienprogramm wurde dann noch durch an der Praxis orientierte und die Persönlichkeit fördernde Lehrveranstaltungen angereichert, einschließlich der Wiederaufnahme sportlicher Übungen, für die das Theresianum gute Voraussetzungen bot. Nachdem das Programm mit den Professoren abgestimmt worden war, die viele Jahre hindurch an der Akademie gelehrt hatten, wurde es nach Einholen der Stellungnahme des Verfassungsdienstes des Bundeskanzleramtes als Verordnung vom Bundesminister genehmigt und hierauf im Bundesgesetzblatt verlautbart.[4]

An die Spitze der Verordnung hatte ich in Form einer Präambel als Ausbildungsziel das Profil der in internationalen Beziehungen Tätigen gesetzt.[5] Es dürfte dies die einzige Institution gewesen sein, für die von da an ein Berufsprofil in eine rechtliche Form gebracht worden war. Umso erstaunlicher war es, dass es ohne Einwände oder Abänderungen angenommen wurde.[6]

Nun ging es an die Umsetzung dieses mit dem im Herbst 1979 aufgenommenen 16. Lehrgang (1979-1981) in Kraft tretenden Programms. In der Periode des bis dahin auslaufenden Programms war mir klar geworden, dass eines der schwerwiegendsten Probleme der Akademie der Mangel einer ständigen fachlichen und menschlichen Betreuung der Studierenden war. So kam erst in einem Seminar über Konfliktmanagement und Kommunikation zutage, dass sich die in der Anstalt wohnenden HörerInnen isoliert fühlten, da es zu wenig Verbindungsmöglichkeiten zur Außenwelt gab. Sie waren nämlich mangels einer entsprechenden Anlage zur Öffnung des Eingangstors und der nötigen Telefone am Wochenende von außen kaum erreichbar. Dies war leicht abzuändern. In diese Zeit fiel auch die Trennung der Wohnzimmertrakte für Hörer und Hörerinnen. Vor allem wurde stets besonders darauf geachtet, dass die Direktion jederzeit für Anregungen und Beschwerden ein offenes Ohr hatte.

Ein Manko an Eingehen auf jeden der HörerInnen ergab sich auch aus dem Mangel an einer eigenen Fakultät. Die anderen Institutionen verpflichteten Vortragenden und Seminarleiter mussten von der Direktion angeworben und mit Werkverträgen angestellt werden. In einzelnen Fällen waren die Professoren bereits seit vielen Jahren an der Akademie tätig, in anderen gab es Fluktuationen. Fakultätsbesprechungen gab es nicht. Lehrer von außerhalb Wiens waren wegen der damit verbundenen Kosten kaum zu verantworten. Die Honorierung hatte sich über die Jahre hinweg relativ und in einzelnen Fällen sogar absolut vermindert. Beamte erhielten weniger als Nachhilfelehrer von Mittelschülern und Professoren konnten kaum mit Elektroinstallateuren mithalten. Der Versuch das Niveau der Honorare heraufzusetzen, scheiterte am Einwand des Finanzministeriums, dass auch die Ausbildung der Zollbeamten ein vergleichbares Niveau der Lehre – post graduate – habe. Nur die Anhänglichkeit einer ganzen Reihe von Vortragenden und Seminarleitern, sowie der Ruf der Akademie und damit die Möglichkeit im Curriculum eine Lehrtätigkeit an ihr anzuführen, sicherten den Lehrbetrieb.

Hatte ich mich aus grundsätzlichen und praktischen Erwägungen dagegen ausgesprochen den Lehrbetrieb ganz auf Englisch umzustellen, so war mir klar, dass es dringend geboten war in der Art der Präfekten der Orientalischen Akademie ein oder zwei ständig im Haus anwesende Persönlichkeiten von englischer und französischer Muttersprache mit einschlägiger Berufs- oder Lehrerfahrung zu gewinnen. Dafür waren jedoch keine Dienstposten vorgesehen. Der Zufall kam mir zu Hilfe, denn gerade zu diesem Zeitpunkt meldete sich beim Generalsekretär des Bundesministeriums für Auswärtige Angelegenheiten ein ihm von einer früheren Auslandsverwendung bekannter britischer Diplomat, der soeben in den Ruhestand getreten war und an einer Lehrtätigkeit in der Akademie interessiert war. Mr. James S. Rooke C.M.G., O.B.E. verfügte über die besten Voraussetzungen, denn er war ausgebildeter Germanist, kannte Österreich bereits vor der Kriegszeit, war mit einer Österreicherin verheiratet und hatte im britischen diplomatischen Dienst vor allem wichtige Positionen in den Wirtschaftsbeziehungen innegehabt. Für den französischen Bereich wandte ich mich an die französische Botschaft in Wien mit der Bitte uns einen der „Coopérants", das waren jüngere in der Ausbildung für internationale Karrieren stehende Akademiker, zur Verfügung zu stellen. Auch da erhielt ich eine Zusage. Das Problem bestand nun in der Anstellung, denn Dienstposten erhielt ich vom Ministerium keine. Da ich wusste, dass es im Bereich der Universitäten eine große Zahl von Lektoren gab, stellte ich dort Nachforschungen an und wurde fündig. Das Ministerium für Wissenschaft und Forschung hatte im Auslandsstudentendienst einen Verein geschaffen, der unter der Leitung und Aufsicht eines Beamten des Ministeriums die Lektoren personal- und sozialrechtlich anstellte und bezahlte, dafür aber aus dem Sachbudget der jeweiligen Institution jährlich refundiert würde. Stolz über den Fund kehrte ich zurück zu meinem eigenen Ministerium, das jedoch keineswegs so erfreut war, da dies doch eine Umgehung der Budgetvorschriften wäre. Nach längeren Gefechten, dem Hinweis auf die sehr gut eingeführte und weit verbreitete Praxis des für die Ausbildung zuständigen Ministeriums und die tatkräftige Unterstützung des Generalsekretärs, Botschafter Alois Reitbauer wurde die Anstellung genehmigt. Sie erwies sich in den folgenden Jahren als eine neue Stufe in der Qualität der Ausbildung, da vor allem Mr. J. Rooke die hervorragenden Qualitäten britischer Pädagogik mitbrachte und die HörerInnen von da an Ansprechpartner sowohl in sprachlicher als auch in inhaltlicher Hinsicht aus zwei anderen Sprach- und Kulturregionen in der Akademie hatten.

Die Ausbildung an der Akademie unter den neuen Voraussetzungen entwickelte sich im Allgemeinen gut. Die nächste Herausforderung war die große simulierte Abschlusskonferenz. Sie bedurfte einer intensiven Vorbereitung durch die Professoren, insbesondere durch den sehr erfahren Völkerrechtslehrer Karl Zemanek. Trotz allem war es dann gar nicht so einfach, da beispielsweise ein besonders begabter Student die ihm gestellte Aufgabe der Vertretung des von ihm gewählten Landes so perfekt und erfolgreich erledigte, dass die Konferenz fast vorzeitig zu einem Ende gekommen wäre. Auch die Einbeziehung der HörerInnen in die Beurteilung der Ergebnisse in Form von Noten erwies sich als ein psychologisch nicht so leicht zu lösendes Problem, da sie sich wehrten ihre Kollegen zu bewerten oder auch zu scharf in der Bewertung waren. Andererseits war es schwierig, die Arbeit jedes Einzelnen richtig zu beurteilen, da sich sehr gewichtige Vorgänge in der Zusammenarbeit abspielten und ausdrücklich die Kooperationsbereitschaft als Teil der Beurteilung gefordert war. Die Lösung bestand in einer ersten Festsetzung der Noten durch die Professoren und einer anschließenden Besprechung mit der Hörerschaft, in der diese Korrekturen anbrachten, wenn sie eine Beurteilung für nicht angemessen hielten. So konnten wir dann mit allgemeiner Zustimmung zu einigermaßen gerechten Noten gelangen. Allerdings wurde in Einzelfällen von sehr guten, aber zu sehr im Alleingang arbeitenden HörerInnen die negative Bewertung eines Mangels an Gemeinschaftsarbeit nicht ganz verstanden und angenommen.

Überhaupt zeigte sich immer wieder, dass die Gruppendynamik für die jungen Menschen in einem Kreis von KollegInnen mit verschiedenen kulturellen Hintergründen häufig schwierigere Probleme hervorrief, als das Studium mit seinen Prüfungen selbst. Gerade in der Überwindung dieser Schranken lag jedoch der besondere Wert einer Akademie mit internationaler Besetzung und dem Zusammenleben in einem Haus während nahezu zwei Jahren.

Der Ausbau des Unteren Stöckltrakts

Die Raumaufteilung des Gebäudeteils des Theresianums, in den die Akademie – so wie einst ihre Vorgängerinstitution, die Orientalische Akademie während der beiden letzten Dezennien des 19. Jh.[7] – nach der Neugründung im Jahre 1963 und der Eröffnung im September 1964, im Jänner 1965 mit dem ersten Lehrgang einzog, war für Aufgaben, die über einen Seminarbetrieb hinausgingen, unzureichend. Etwa 40 Schlafzimmern standen zwei Hörsäle, ein Speisesaal, Aufenthaltsraum und ein Sprachlabor sowie drei Räume für die Verwaltung gegenüber. Die Bibliothek war in einem kleinen Raum untergebracht und über eine Grundausstattung nicht hinausgekommen. Die Absicht ein intellektuelles Zentrum für das Ministerium zu werden, konnte damit nicht verwirklicht werden. Aus diesem Grund hatte der Direktor Botschafter Emanuel Treu während seiner Amtszeit vom damaligen Finanzminister Hannes Androsch die Zusage über einen Budgetposten von 15 Millionen Schilling für den Ausbau des Unteren Stöckltrakts erwirkt. Dieser an der Front der Favoritenstraße stadteinwärts anschließende Trakt war ursprünglich ein Tanz- und Fechtsaal gewesen, der zuletzt bis in die Kriegszeit als Volksschule in Verwendung war und seitdem weitgehend verfallen leer stand.

Der Architekt des Theresianums Baurat Dipl. Ing. Schlöss hatte einen Ausbau entworfen, der im ebenerdigen Geschoß einen Speisesaal und einen großen Vortragssaal mit Eingangsbereich vorsah. In einem mittleren Geschoß sollte eine Bibliothek mit Leseräumen untergebracht werden und in einem Dachgeschoß modern ausgestattete Schlaf- und Wohnzimmer für Hörer, Vortragende und Gäste.[8] Die Gestaltung der Fassade zum Innenhof war sehr gut gelungen, während in der Favoritenstraße aus Gründen des Denkmalschutzes die alte, nicht gerade besonders eindrucksvolle Fassade erhalten bleiben musste.

Es sollte so bald als möglich mit den Bauarbeiten begonnen werden, kein einfaches Unterfangen: Eigentümer war das Theresianum, Auftraggeber die Republik Österreich vertreten durch das Bundesministerium für Auswärtige Angelegenheiten, Bauträger das Bundesministerium für Bauten und die bauliche Durchführung war der Burghauptmannschaft übertragen worden. Natürlich hatte auch das Finanzministerium weiterhin einiges zu sagen. Das Auf und Ab beim Bau und bei der Einrichtung näher zu schildern, würde den Rahmen dieses Artikels sprengen. Ich machte mich lediglich für einige Punkte der ästhetischen Gestaltung und für die Einrichtung eines Gesellschaftsraumes mit Bar für die Hörerschaft stark. Vor allem aber setzte ich mich nachhaltig für einen verstärkten Ausbau der Bibliothek mit einem zusätzlichen Bücherspeicher im Keller ein. Gleichzeitig konnte ich das Ministerium bewegen, die Bibliothek des Außenministeriums mit der der Akademie zusammenzulegen und durch voll ausgebildete ganztägig angestellte Bibliothekare betreuen zu lassen. Dies ist auch gelungen und hat dazu geführt, dass Ministerium, Akademie und alle interessierten Fachleute heute über eine erstklassige Bibliothek für Internationale Beziehungen verfügen. Sie wurde, wie ich gehofft hatte, nicht der Direktion der Akademie unterstellt, sondern dem Generalsekretariat des Ministeriums. Vielleicht hat dies zu mehr Engagement des Ministeriums und zur Entlastung der Verwaltung der Akademie beigetragen. Die Ende November 1979 begonnenen Bauarbeiten konnten im August 1983 erfolgreich abgeschlossen werden. Die neuen Räumlichkeiten wurden allseits enthusiastisch angenommen, die HörerInnen konnten die Pausen und die Freizeit an der von ihnen nun selbst verwalteten Bar im Gesellschaftsraum verbringen und mussten nicht mehr in das Hörsaal 3 titulierte Café auf der anderen Straßenseite hinüberwechseln.

Der Alltag der Akademie

Für die HörerInnen ebenso wie für die Verwaltung der Akademie begann er nun jeweils Ende Juni mit der Aufnahmsprüfung und endete zwei Jahre später Mitte desselben Monats mit der Diplomprüfung. Dazwischen war ein dichtes Studienprogramm zu absolvieren, bei dem sehr unterschiedliche Lernbereiche zu bewältigen waren. Die Sprachstudien mussten am Vormittag en bloc angesetzt werden, da die vielen kleinen Tutorien einen ausgeklügelten Stundenplan erforderten und die Sprachlehrer nur an den Vormittagen, die Sachreferenten wegen ihres Hauptberufs nur während der Nachmittage verfügbar waren. Das damals gerade modern gewordene Sprachlabor wurde wegen der Tutorien und dem fortgeschrittenen Niveau kaum angenommen. Von den HörerInnen arabischer Nationalität wurde die Frage gestellt, ob man nicht von der alten von Vokabular und Grammatik ausgehenden Lehre abgehen und zu modernen Methoden des „instant learnings" übergehen sollte, aber nach eingehenden Überlegungen verneint, da gerade in dieser Sprache sehr unterschiedliche Landessprachen gegeben sind und knappe zwei Jahre gerade ausreichen um das nötige Grundlagenwissen zu erwerben. Später, bei einer Auslandsverwendung, kann man sich leichter auf die lokalen Gegebenheiten einstellen und wäre somit vielseitiger einsetzbar.

Ein nur schwer zu lösendes Problem ergab sich aus den Folgen unzureichender Ergebnisse in einzelnen Fächern bei den Abschlussprüfungen. Die Wiederholung eines ganzen Studienjahres war praktisch nicht möglich, da eine beträchtliche Zahl der Studierenden nur mit einem Stipendium das Studium angetreten hatte und ein weiterer Verbleib in der Akademie nicht in Frage kam. Einzelne Wiederholungsprüfungen waren nur beschränkt sinnvoll. Andererseits war das nicht ganz unberechtigte Gerücht, dass man auf alle Fälle positiv abschließen würde, dem Lerneifer nicht förderlich. Sollte man jemanden, der in einzelnen Fächern sehr gut abschnitt, wegen ungenügender Leistung in einem anderen, die auch mit unterschiedlichem Talent für die Fächer begründet sein konnte, zwei ganze Jahre seines Lebens als vergebens bestätigen? Die Antwort bestand in hohen Anforderungen bei der Aufnahmsprüfung und einem strengeren Regime während der gesamten Studienzeit. So konnte nach und nach das Niveau gehoben werden, wobei natürlich auch eine Rolle spielte, dass in Jahren guter allgemeiner Konjunktur die Privatwirtschaft mit ihren höheren Anfangsgehältern besonders Begabte dem öffentlichen Sektor abspenstig machte und der erfolgreiche Besuch der Akademie auch in den Banken und Unternehmen geschätzt wurde. Man sollte in ausschließlich intellektuellen Leistungen während des Studiums auch nicht die einzige Grundlage für den Erfolg im späteren Leben sehen, denn dann spielen häufig andere Charaktermerkmale und Fähigkeiten eine ebenso große Rolle.

Gerade in dem für die Akademie relevanten Berufsbild ist die Kommunikationsfähigkeit von ganz besonderer Bedeutung. Sie wurde durch das gemeinsame Leben in der Anstalt gefördert. Durch die zunächst eineinhalb und dann zwei Jahre dauernde Studienzeit ergab sich auch der zusätzliche Effekt, dass zwei Jahrgänge miteinander in der Akademie verbrachten und ihre HörerInnen damit enger verbunden blieben. Das Gemeinschaftserlebnis wurde durch die verschiedensten Veranstaltungen verstärkt, so etwa durch die Österreichrundfahrt während des zweiten Semesters, an der die Leitung der Akademie in gleicher Weise wie die Studierenden teilnahm. Es war dies auch eine Möglichkeit Österreich den Ausländern unter ihnen bekannt zu machen. Andere Höhepunkte waren z.B. der jährliche Besuch des Bundespräsidenten. Rudolf Kirchschläger legte selbst großen Wert darauf und unterhielt sich sehr eingehend mit seiner Zuhörerschaft. Ein Problem blieb jedoch die rigide Kameralistik des Ministeriums, die keine Mittel für nicht im Lehrplan vorgesehene Aktivitäten zur Verfügung stellte. So bemühte ich mich gegen Ende meiner Funktion um die Einrichtung eines von Sponsoren genährten Fonds, der schließlich durch das aktive Engagement von Absolventen gegründet wurde, die im Wirtschaftsleben erfolgreich waren, jedoch sofort wieder unter die Kuratel des Finanzministeriums geriet und damit nicht bei der Finanzierung besonderer Honorare ausländischer Wissenschafter für normale Seminare verwendet werden konnte.

Bundespräsident Rudolf Kirchschläger bei einem seiner alljährlichen Besuche in der Diplomatischen Akademie

Das Verhältnis zu den Professoren und Referenten war aus der Sicht der Direktion sehr gut. Man konnte den Eindruck gewinnen, dass alle in ihrer Lehrtätigkeit mehr erblickten, als nur eine, wenn auch schwache Geldquelle. Es wurde immer versucht die besten in Wien verfügbaren Vertreter ihres Faches zu gewinnen. Am schwierigsten erwies sich, wie auch an anderen vergleichbaren Instituten die Lehre der volkswirtschaftlichen Zusammenhänge. Entweder war das Niveau für Akademiker ohne einschlägige Vorkenntnisse schwer verständlich oder bestand die Gefahr im Abgleiten zu Trivialitäten. Nach und nach konnte die Zahl der Lehrgangsteilnehmer von knapp 20 pro Lehrgang (vor 1978) auf über 25 (1986) gesteigert werden und das trotz der längeren Studiendauer. Damit war die Akademie mit etwa 50 Studierenden während des ganzen Jahres auch wirtschaftlicher geführt. Dazu kam eine mäßige Erhöhung der Studiengebühren. Unter der Aufsicht von Ministerialrätin Inge Turek wurde sehr darauf geachtet, dass sich die Einrichtungen und der Zustand des Hauses durch jeweils rechtzeitige Reparaturen und Erneuerung stets auf hohem Niveau befand, wie ein zu Gast weilender Rektor einer Pariser Universität einmal mit Bewunderung anerkannte.

Willibald Pahr, Bundesminister für Auswärtige Angelegenheiten, bei seinem Besuch in der Diplomatischen Akademie anlässlich der Diplomverleihung für den 16. Jahrgang am 10.6.1981 mit dem Direktor der Akademie, Botschafter Heinrich Pfusterschmid-Hardtenstein, und der Verwaltungsdirektorin Inge Turek

In diesen Jahren des allgemeinen „laissez faire" war es nicht ganz einfach, die Einhaltung der Hausordnung aufrechtzuerhalten. Der Krawattenzwang beim Mittagessen schien vielen angesichts von Ministern, deren erste Handlung bei einem Besuch aus dem Abwerfen des Sakkos bestand, reichlich altmodisch. Zu viel Protokoll und Etikette, wie es alte Angehörige des Dienstes gerne gesehen hätten, war jedoch auch nicht empfehlenswert. In Gesprächen über den Sinn von Regeln konnte jedoch Einverständnis erreicht werden, dass ein ordentliches Aussehen nur dazu dient, das Vertrauen in die Person und damit auch die beruflichen Erfolgschancen zu erhöhen. So musste auch in diesen Jahren einmal ein Professor aus den USA wieder in sein Zimmer zurückkehren, um sich mit einer Krawatte für den Mittagstisch zu bewaffnen. Er hat es übrigens als dem Hause entsprechend gut aufgenommen. Nicht vergessen werden soll auch die Küche und die freundliche Betreuung der Bewohner durch das Hauspersonal. Die ursprünglichen Beschwerden, die mehr auf einem allgemeinen Unbehagen als auf konkreten Missständen beruhten, verschwanden bald. Die Mahlzeiten aus den Töpfen des nun schon viele Jahrzehnte dafür zuständigen Kochs, Herrn Spieß, wurden auch von den Gästen geschätzt und vor allem von jenen, die später einmal im Beruf auf öffentliche Küchen angewiesen waren, wenn sie wieder einmal in ihre Akademie für eine Mahlzeit zurückkehrten.

Eine stets als wertvoll empfundene Unterstützung erhielt die Akademie vom „Club der Absolventen und Freunde der Diplomatischen Akademie". Unter der engagierten Führung ihrer Präsidenten Dr. Winfried Lang, Dr. L.B. Abele-Emich, Dr. Ernst Porpaczy und Dr. Robert Karas legten sie durch ihre beruflichen Kontakte so manches gute Wort für ihre ehemalige Ausbildungsstätte im Ministerium und bei den Unternehmen des öffentlichen und privaten Sektors ein. Von ihnen und den noch häufig die Akademie besuchenden Absolventen aus der Vorkriegszeit konnte die Direktion manchen wertvollen Rat beziehen. In der Direktion wurde der Club liebevoll von Frau Theodora Krähsmaier betreut. Es ist sicher schwierig einen verlässlichen Überblick zu gewinnen, wie erfolgreich die Ausbildung letztlich war. Im Abstand von nahezu zwei Jahrzehnten, lässt sich feststellen, dass fast alle ehemaligen Absolventen ihre Karriere gemacht haben und darunter einige eine recht bedeutsame, nicht nur im Diplomatischen Dienst, sondern auch in der Privatwirtschaft, in der Politik und in der allgemeinen Verwaltung.

Internationale Anerkennung

Als älteste weltliche Anstalt für die Ausbildung zu Berufen in den internationalen Beziehungen und insbesondere im konsularischen und diplomatischen Dienst, hatte die Akademie bereits vor den beiden Weltkriegen einen hervorragenden Ruf. Nach dem Ersten Weltkrieg hatten ehemalige Zöglinge in den Nachfolgestaaten Österreich-

Ungarns viel dazu beigetragen, deren Auswärtigen Dienst einzurichten. Auch der österreichische verdankte ihnen in der zweiten Nachkriegszeit Kontinuität und Tradition eines gut eingespielten Verwaltungs- und Vertretungsapparates. Nach mehr als 20 Jahren Unterbrechung durch das erzwungene Aufgehen Österreichs im nationalsozialistischen Großdeutschen Reich musste sich die wieder erstandene, nunmehr Diplomatische Akademie genannte ihre internationale Anerkennung zurückerwerben. Da war es eine Sternstunde für sie, als im Jänner 1973 der damalige dynamische Dekan der Foreign Service School der Georgetown University in Washington, Peter F. Krogh, zusammen mit dem Direktor der Akademie, Botschafter Arthur Breycha Vauthier im Generalsekretär des Bundesministeriums für Auswärtige Angelegenheiten Botschafter Walter Wodak einen aufgeschlossenen Gesprächspartner fanden, der sofort der Idee eines Treffens von Leitern von Bildungsstätten für internationale Beziehungen seine volle Unterstützung gewährte. So fand die erste Tagung bereits am 26. Juni 1973 in der Akademie in Wien statt.[9]

Damals noch in einem kleinen Kreis von 12 vertretenen Instituten. Informell organisiert und geführt hat diese Einrichtung seit damals einen Aufschwung genommen, so dass bald die Frage zum Hauptproblem wurde, wie man die Teilnehmerschaft mit den vorhandenen räumlichen Voraussetzungen in Einklang bringen könne. Die jährlichen Tagungen fanden abwechselnd in Wien in der Akademie und in jedem zweiten Jahr auf Einladung der Ausbildungsstätte eines anderen Staates statt. Dadurch dass dabei niemand einen Staat oder eine Institution in offiziellem Auftrag vertrat und auch keinerlei Beschlüsse außer zur Durchführung der Tagung gefasst wurden, kam ein sehr fruchtbarer Gedankenaustausch zustande, der viel zur Verbesserung der Lehrprogramme und ihrer Durchführung in vielen Staaten beitrug. Peter Krogh prägte für diese Treffen den Ehrentitel: „Sons and Daughters of Maria Theresia".

Für die Akademie ergaben sich daraus viele fruchtbare Beziehungen. Georgetown wurde zu einem äußerst wertvollen Gegenpol. Auch in Saudi-Arabien hatte man davon gehört, und so wurde der Direktor der Akademie zusammen mit dem Leiter der Oxford University Foreign Service School, Ralph Feltham und dem Dekan der Fletcher School of Law and Diplomacy der Tufts University in Medford USA, Botschafter Edmund A. Gullion als Beraterteam des saudiarabischen Außenministeriums für die Errichtung einer Diplomatischen Akademie zunächst in Djidda und dann in Rijadh bestellt. Bei mehreren Besuchen konnte dabei diesem Institut geholfen werden, schnell ein modernes Studienprogramm zu entwickeln.

Aber auch mit vielen anderen Instituten und den Vereinten Nationen war es möglich erfolgreich zusammenzuarbeiten. So konnte auch im Eisernen Vorhang ein Spalt geöffnet werden, indem die Akademie die Fakultät des Lehrstuhls für Internationale Beziehungen der Karl Marx Universität in Budapest nach Wien einlud, von wo deren Professoren Fäden zu anderen akademischen Instituten im Westen spinnen konnten. Besuche und Gegenbesuche fanden statt, bis nach dem Fall des Eisernen Vorhangs

Mitglieder dieses Lehrstuhls zu den Posten von Außenminister und Staatssekretär aufstiegen. Die den Vereinten Nationen nahe stehende Peace Academy tagte wiederholt in der Akademie. Mit den Gästezimmern im neu gestalteten Stöckltrakt wurde es auch möglich Gäste von Rang und Namen in der akademischen und politischen Welt zu empfangen und die Studierenden damit in ihre zukünftige berufliche Umgebung einzuführen. Diesem Zweck dienten auch die meist im Sommer durchgeführten Austauschprogramme mit der berühmten französischen Verwaltungsakademie ENA, Instituten in Moskau und der Diplomatischen Akademie in Madrid. Häufig waren auch in Wien akkreditierte Diplomaten zu Vorträgen in der Akademie. Mit Genugtuung kann auf diese Jahre als Ausgangspunkt für neue Entwicklungen der Akademie zurückgeblickt werden. Eine alte Institution hatte bewiesen, dass Tradition nicht Rückständigkeit bedeuten muss, sondern die Möglichkeit aus den Erfahrungen vergangener Generationen Neues für die Zukunft zu entwickeln.

Anmerkungen

1 Pfusterschmid-Hardtenstein, Heinrich, Das neue Lehrprogramm der Diplomatischen Akademie, in 16./17. Jahrbuch der Diplomatischen Akademie Wien 1980-1982, S 87 ff
2 Bundesgesetz über die Diplomatische Akademie, BGBl. Nr 135/1979 siehe auch 16./17. Jahrbuch der Diplomatischen Akademie Wien 1980-1982, S 107 u.f.
3 413.Verordnung des Bundesministers für Auswärtige Angelegenheiten vom 14. August 1980 über den Unterrichtsplan für den ordentlichen Lehrgang zur Vorbereitung auf eine berufliche Tätigkeit internationalen Charakters siehe 16./17. Jahrbuch der Diplomatischen Akademie Wien 1980-1982, S 117 u. f.
4 siehe Fußnote 2
5 § 2.(2) der zitierten Verordnung lautete wie folgt:
   Die Ausbildung soll daher
a) das Wissen der an der Diplomatischen Akademie studierenden Akademiker in den für ihre künftige Tätigkeit besonders wichtigen Bereichen erweitern,
b) ihre Fähigkeiten zur Analyse konkreter Situationen und zur Ausarbeitung von Vorschlägen, die realistische Lösungsmöglichkeiten enthalten, schulen,
c) sie mit Techniken des Verhandelns, Berichtens, Repräsentierens, der Menschenführung und der Kommunikation im eigenen Berufsbereich sowie im Verhältnis zur Öffentlichkeit bekannt machen,
d) ihr Interesse für die Angelegenheiten der Politik, der Internationalen Beziehungen und der Internationalen Wirtschaft fördern, und ihre Urteilsfähigkeit schärfen,
e) ihr Verantwortungsgefühl in politischer wie sozialer Hinsicht stärken,
f) ihr Verständnis für andere Kulturen, Religionen und Ideologien heben und damit im Zusammenhang
g) ihre aktiven und passiven Verständigungsmöglichkeiten in mehreren Sprachen entwickeln und erweitern,
h) sie zu Umgangsformen anleiten, die sowohl in der gesellschaftlichen Umgebung des eigenen Landes als auch in jener künftiger Empfangsstaaten Voraussetzung menschlicher Verständigung sind,
i) ihr Bewusstsein wecken gegenüber den gesundheitlichen Voraussetzungen physischer und geistiger Natur bei Tätigkeiten, die häufig unter großem Druck und bei unterschiedlichen klimatischen Bedingungen ausgeübt werden müssen,

j) die Voraussetzungen schaffen, dass sie die dem eigenen Land, einer internationalen Organisation oder einem Unternehmen als Auftraggeber geschuldete Loyalität mit den Verpflichtungen gegenüber der ganzen Menschheit in Einklang bringen vermögen: für Recht, Frieden, Freiheit und dem Menschen würdige wirtschaftliche wie soziale Verhältnisse einzutreten.

6 Pfusterschmid-Hardtenstein, Heinrich, Das neue Lehrprogramm der Diplomatischen Akademie, S 87 ff

7 Guglia, Eugen, Das Theresianum in Wien Vergangenheit und Gegenwart, Wien 1912, S 161

8 Schlöss, Erich, Baugeschichte des Theresianums in Wien, Böhlau Verlag Wien Köln Weimar 1998, S 147 ff

9 Kirk-Greene, A.H.M. + Feltham R., International Forum on Diplomatic Training, Occasional Paper 1/1997 Diplomatische Akademie Wien

Abstract

Heinrich Pfusterschmid-Hardtenstein, The Diplomatic Academy 1978-1986

After Arthur Breycha-Vauthier, Johannes Coreth, and Emanuel Treu, whose period in office was tragically cut short by his sudden death, Pfusterschmid-Hardtenstein sought to rectify the all too evident signs of fatigue, following the euphoria of the 1960s, in the relationship between the Ministry of Foreign Affairs and the DA by a structural reform and new legislation on the Academy, all this with the aim of laying a firm basis for its future activities. These were years of change. Universities and students were beginning to find a period of study abroad desirable and attractive, whilst graduates of the DA were looking to new pastures, notably in the world of business, for their careers. Account was taken of these changes in the new law on the DA of 1979. Courses were extended to two years, whilst the tendency to cover everything in such fields as international law, economics and international relations was reversed. Increasingly, special seminars with a practical bent, e.g. international law through concrete negotiation simulations, now formed the core of the syllabus. Additionally, greater emphasis was placed on personal development and even sporting activities. The fundamental prerequisite for this structural reform lay in the development of a training profile relevant to international relations. The level of teaching was improved by hiring permanent staff (previously all teachers had been employed on a part-time basis). The expansion of the Academy itself allowed greater opportunities not only on the academic side, but also for the organising of special events, as well as offering a home for the library of the Foreign Ministry. Conditions were much improved for students too. The meetings for training institutions in international relations begun in 1973 were continued and the international networking increased. But in one thing little changed. The day-to-day relationship with the Foreign Ministry remained complicated on account of the bureaucratic financing arrangements; there was little independence for the DA.

Résumé

Heinrich Pfusterschmid-Hardtenstein, L'Académie diplomatique de 1978 à 1986

Après les directions d'Arthur Breycha-Vauthier, de Johannes Coreth et celle d'Emanuel Treu, écourtée par son décès brutal, Pfusterschmid-Hardtenstein essaya par une réforme structurelle et une loi relative à l'Académie de remédier aux signes de lassitude qui, après l'euphorie des premiers temps dans les années 1960, se firent clairement sentir dans les rapports entre le ministère des Affaires étrangères et l'Académie diplomatique; il comptait ainsi poser des bases solides pour l'activité future de l'établissement.

De la même façon que l'environnement économique et socioculturel des universités autrichiennes s'était également modifié et que les établissements d'enseignement à l'étranger attiraient de plus en plus les étudiants, les domaines professionnels occupés par les anciens élèves de l'Académie diplomatique s'élargirent, avant tout vers l'économie. Grâce à la nouvelle loi fédérale relative à l'Académie diplomatique de 1979, on put prendre en compte ces modifications, prolonger le cursus de deux ans et aller contre la tendance qui consistait à présenter tout l'état des connaissances dans l'ensemble des disciplines universitaires comme le droit international, l'économie, les relations internationales.

De plus en plus, des séminaires spécialisés centrés sur des applications concrètes, avec par exemple en droit international des simulations de négociations, furent placés au centre de l'enseignement, on renforça aussi les séminaires de développement personnel et les activités sportives. Ces réformes structurelles répondent à une exigence fondamentale de développement d'un profil de formation ciblé pour les relations internationales.

L'agrandissement de l'Académie devait apporter de nouvelles possibilités pour l'enseignement, l'organisation de manifestations supplémentaires et le transfert de la bibliothèque du ministère des Affaires étrangères dans les locaux de l'Académie; par ailleurs, l'engagement de professeurs contractualisés – jusqu'alors il n'y avait eu que des lecteurs – permit l'amélioration du suivi pédagogique des promotions.

On réalisa également pour les étudiants des améliorations essentielles, afin d'encourager l'organisation des loisirs et la communication entre eux. Les rencontres des institutions de formation aux relations internationales, entamées en 1973, furent poursuivies et approfondies et on intensifia la mise en réseau international.

Mais la relation avec le ministère des Affaires étrangères, surtout pour ce qui concernait les affaires courantes, demeura complexe, à cause de la comptabilité administrative, aucune autonomie n'ayant été accordée à l'Académie.

Alfred Missong

Das Ende des Kalten Krieges
und die Diplomatische Akademie 1986-1993

Als ich im Jahre 1986 vom damaligen Außenminister Dr. Peter Jankowitsch mit der Leitung der Diplomatischen Akademie betraut wurde, erfüllte mich dies mit großer Freude und Stolz. Schon lange hatten mich Fragen der Außenpolitik und der Geschichte der internationalen Beziehungen interessiert, denen ich mich nicht nur praktisch durch meine Berufserfahrung, sondern auch theoretisch und wissenschaftlich widmen konnte. „Im Hause" – wie das Bundesministerium für auswärtige Angelegenheiten im Jargon der österreichischen Diplomaten genannt wird – hatte ich bereits die verschiedensten Abteilungen durchlaufen und es bis zum Leiter der Presse- und Informationsabteilung gebracht, der als Pressesprecher des Ministers eine herausragende Stellung innehatte. Im Ausland hatte ich an verschiedenen Vertretungsbehörden das diplomatische Handwerk in Ost und West und in der dritten Welt bereits einigermaßen erlernt. Ich war also zuversichtlich, den neuen Herausforderungen, die die Diplomatische Akademie an mich stellen würde, gewachsen zu sein. Nun wurde mir die wertvolle Gelegenheit geboten, meine Erfahrungen und mein Wissen der jüngeren Generation künftiger Diplomaten weiterzugeben.

Natürlich wusste ich, dass die Arbeit eines Direktors der Diplomatischen Akademie mit meinen bisherigen Tätigkeiten wenig zu tun hatte. Aber ich war es bereits gewohnt, die unterschiedlichsten Aufgaben zu übernehmen, schließlich hatte sich ja das Rollenbild des Diplomaten unter den Zwängen der modernen Zeit im Vergleich zu früher radikal verändert. Heute darf er sich nicht mehr auf die traditionelle Tätigkeit der politischen Analysen und Berichterstattung, auf Verhandlungen und Repräsentation beschränken, sondern vielfältige neue Verpflichtungen verlangen von ihm ein hohes Maß an Flexibilität. Im Wirtschaftsleben, im Kulturbetrieb, in der modernen Medienwelt muss er heute genauso seinen Mann stellen, wie in Politik und Gesellschaft. Er hat die Aufgabe, die Interessen seines Landes auf allen denkbaren Gebieten bestens zu vertreten und sollte eigentlich ein Allround-Genie sein, das universell einsetzbar ist. Ich war also überzeugt, dass ich auch den Anforderungen der Leitung der Diplomatischen Akademie gewachsen sein würde und nahm diese wichtige Aufgabe mit Freuden an.

Rückblickend glaube ich, dass ein erfolgreicher Direktor der Diplomatischen Akademie in erster Linie über die Fähigkeit der richtigen Menschenführung verfügen muss. In der heutigen Zeit kann er nur dann erwarten, dass ihm seitens der Hörer, die ja alle schon erwachsene Akademiker sind, der nötige Respekt erwiesen wird, wenn er kraft seiner Persönlichkeit, seines Charakters, seiner Erfahrung und selbstverständlich auch seines Wissens eine natürliche Autorität ausstrahlt. Zweitens soll er über ausreichende Managerqualitäten verfügen, weil ihn der Betrieb eines großen Hauses, das ja nicht nur Schule, sondern auch Hotel und Restaurantbetrieb einschließt, buchstäblich täglich mit neuen Problemen konfrontiert. Eigentlich müsste der Leiter der Akademie eine Hotelfachschule absolviert haben, um Haus und Küche richtig verwalten zu können! Last not least bedarf es natürlich auch ausreichender akademischer und vor allem didaktischer Qualitäten, die für einen Diplomaten nicht unbedingt selbstverständlich sind, um eine Anstalt mit dem Anspruch auf eine postuniversitäre Ausbildung glaubhaft und erfolgreich führen zu können.

Sehr bald sollte ich erkennen, dass der Betrieb und die Leitung der Diplomatischen Akademie eine Herausforderung besonderer Art darstellte, die weniger in der Sache selbst, als in der speziellen Struktur begründet lag, die ihr ein Bundesgesetz aus dem Jahre 1979 und eine Verordnung aus dem Jahre 1980 sowie die übergeordnete Bürokratie vorschrieb. Der Lehrplan war gesetzlich nicht nur nach Gegenständen, sondern auch nach der Stundenanzahl strengstens vorgegeben, so dass kaum Raum für Veränderungen gegeben war. Noch wesentlich problematischer stellte sich aber die Tatsache heraus, dass die Akademie seitens des Ministeriums als eine Sektion wie jede andere administriert wurde. Die besonderen Erfordernisse dieser Lehranstalt wurden nicht immer in ausreichendem Maß berücksichtigt. Sie unterlag den kameralistischen Regeln, die sich für die Führung des Ministeriums im Allgemeinen bewährt haben mögen, die sich aber für die Akademie nachteilig auswirken mussten.

So wurde dem Direktor der Akademie nicht die für die Ausübung seines Amtes nötige Autonomie eingeräumt, er konnte weder seine Mitarbeiter auswählen, noch sie im Falle der Unfähigkeit entlassen. Die beruflichen Fähigkeiten, die für eine Tätigkeit als Schreibkraft im Ministerium nötig waren, reichten nicht für die vielfältigen und völlig anders gearteten Aufgaben aus, die auf der Diplomatischen Akademie bewältigt werden mussten. Die Angestellten wurden vom Ministerium jedoch häufig nach dem üblichen Schema bestellt, ohne auf die Besonderheiten der Akademie Bedacht zu nehmen. Ich erinnere mich noch an den Fall einer besonders tüchtigen Sekretärin, die aus persönlichen Gründen nicht bereit war, einen Auslandsposten anzutreten, obwohl das damalige Schema eine Versetzung auf einen Auslandsposten nach einer zweijährigen Dienstzeit in Wien für alle Sekretärinnen vorsah. Sie hatte sich ausgezeichnet in den sehr komplizierten Betrieb der Akademie eingelebt und war eine echte Stütze der Direktion. Alle meine Vorstellungen nützten nichts, sie wurde gekündigt und durch eine Kraft ersetzt, die man offensichtlich im Ministerium nicht besonders schätzte. Bisweilen musste man auch den Eindruck gewinnen, dass die Akademie als Abstellgeleise für Kräfte behandelt wurde, die man im Ministerium selbst lieber nicht verwenden wollte. Besonders grotesk war der Fall der „Abstellung" einer Person als Portier und Telefonist in der Akademie, der an einem schweren Sprachfehler litt. Letzterer machte es ihm unmöglich die Worte „Diplomatische Akademie" einigermaßen verständlich auszusprechen. Anrufende wurden daher von ihm mit der Formel „Asche, guten Tag" begrüßt!

Im Ministerium gab es nicht wenige, die in der Diplomatischen Akademie ein ungeliebtes Kind des „Hauses" oder gar einen Fremdkörper sahen, mit dem sie eigentlich nichts rechtes anzufangen wussten. Oft gaben mir einflussreiche Beamte zu verstehen, dass sie dem Ministerium im Vergleich zu ihrem Nutzen viel zu teuer käme. Man rechnete mir einmal vor, wie viel die Absolventen der Akademie, die später tatsächlich in den Diplomatischen Dienst eintreten, dem Staat kosten würden. Viel kostengünstiger wäre es doch, sie nach der Aufnahmsprüfung einfach auf eine gute ausländische Anstalt zur weiteren Ausbildung zu schicken! „Am besten wäre es deshalb, die Diplomatische Akademie wieder zu schließen", musste ich öfters gerade von jenen Beamten hören, die für unsere Finanzen zuständig waren! Diese Einstellung, die freilich nicht die herrschende war, zeigte ein völliges Unverständnis für die Bedeutung der Diplomatischen Akademie und das große außenpolitische Kapital, das Österreich mit ihr besaß. Zum Glück hatte die Diplomatische Akademie „im Hause" aber auch viele Freunde, die sie nach Kräften unterstützten. Zu ihnen gehörte nicht nur der Ressortchef Bundesminister Dr. Mock, sondern vor allem auch Generalsekretär DDr. Hinteregger, der sich trotz seiner großen Beanspruchung viel Zeit und Mühe gab, um auftauchende Schwierigkeiten zu meistern.

Obwohl die Diplomatische Akademie im Rahmen des Budgets des Außenministeriums über einen eigenen „Ansatz" verfügte, konnte der Direktor – abgesehen natürlich von den laufenden Aufwendungen – nur über Ausgaben bis zu einer Höhe von 2000 Schilling. d.h. ca. 140 Euro, frei verfügen. Für jede darüber hinausgehende Anschaffung musste ein schriftliches und gut begründetes Ansuchen an die zuständige Abteilung des Ministeriums gerichtet werden. Häufig wurden derartige Ansuchen abgelehnt. Abgesehen von dem arbeitsaufwändigen Aktenlauf stellte die fehlende Budgetkompetenz eine derartige Einschränkung der Dispositionsmöglichkeiten des Direktors dar, dass eine rationale Verwaltung der ganzen Akademie praktisch in Frage gestellt wurde. Schon kurz nach der Übernahme der Leitung der Akademie war ich daher bemüht, diese Einschränkung meiner Handlungsvollmacht durch Gespräche mit den zuständigen Verwaltungsbeamten zu beseitigen. Trotz aller meiner Bemühungen war mir ein Erfolg versagt, bis dann plötzlich ein geradezu grotesker Vorfall eine positive Wende brachte: Ich hatte um Bewilligung der Anschaffung einer großen Landkarte von Osteuropa ersucht, die mit der Bemerkung abgelehnt wurde, dass die Diplomatische Akademie diese Landkarte gar nicht benötige. Nichts Besseres hätte ich mir wünschen können. Nun hatte ich den Beweis in Händen, den ich brauchte, um den Minister persönlich auf diese unhaltbaren Zustände aufmerksam zu machen. Mit einem Federstrich räumte Außenminister Mock dem Direktor das

Recht ein, über das Budget der Akademie innerhalb vernünftiger Grenzen frei nach eigener Verantwortung zu verfügen.

Diese Verfügung von höchster Stelle bedeutete einen riesigen Fortschritt in Richtung einer vernünftigen Verwaltungsreform der Akademie, sie reichte aber nicht aus, um auch den Lehrbetrieb zu verbessern. Die Honorarsätze für die Vortragenden waren vom Finanzministerium innerhalb eines viel zu kleinen Rahmens festgelegt, der nicht überschritten werden durfte. Selbst innerhalb dieses Rahmens verlangte man die Heranziehung von möglichst billigen Vortragenden. In mühsamen Verhandlungen mit den Finanzbürokraten, die für jeden einzelnen Fall zu führen waren, konnte man selten Erfolge verzeichnen. Ihr Standpunkt, dass die Diplomatische Akademie ihre Vortragenden nach dem Billigstbieterprinzip auswählen müsse, war schwer und selten zu erschüttern. Wie sollte ich unter diesen Bedingungen eine diplomatische Ausbildungsstätte, die Anspruch auf Weltgeltung stellte, erfolgreich führen?

In den achtziger Jahren, als ich die Direktion der Diplomatischen Akademie innehatte, formierten sich im Grunde zwei Denkschulen hinsichtlich der Reform der Akademie und ihrer zukünftigen Aufgaben. Die eine vertrat die Auffassung, dass die Akademie auf ein höheres wissenschaftliches Niveau angehoben werden müsse. Das Hauptgewicht sollte auf wissenschaftliche Forschung gelegt werden, die sich vor allem den für Österreich so wichtigen Fragen der europäischen Integration zu widmen hat. Wien sollte sich an Brügge oder Bologna ein Beispiel nehmen. Eine enge Verbindung mit Universitäten würde eine organische Einbindung in bestehende westeuropäische Institute bewirken. Die Studien an der Akademie sollten sich in erster Linie auf die europäische Integration konzentrieren, damit auch in Österreich ein entsprechendes Europabewusstsein geschaffen und in den EG auch ein Goodwill für Österreich aufgebaut werde. Die eigentliche Diplomatenausbildung wäre nur mehr eine von vielen, vielleicht nicht einmal die wichtigste Aufgabe der Anstalt. Organisatorisch sollte die Akademie eine weitgehende Unabhängigkeit vom Außenministerium genießen und unter ein Kuratorium gestellt werden. Ihre Organisation und die Unterrichtsweise sollten weitgehend universitären Charakter besitzen.

Ich hatte Bedenken gegen diese Vorstellungen und vertrat die Auffassung, dass die wertvollen Teile der österreichischen Tradition erhalten werden sollten. Das Ziel der Diplomatischen Akademie bestehe in der post-universitären und praxisorientierten Ausbildung auf internationale und diplomatische Berufe und nicht sosehr in wissenschaftlichen Untersuchungen und Übungen. Sie soll tüchtige und den Herausforderungen des internationalen Lebens gewachsene Diplomaten ausbilden, die die Probleme unserer Welt verstehen und in der Lage sind, erfolgreich zu arbeiten. Wissenschaftliche Studien und Analysen schienen mir nur insofern sinnvoll, als sie für die Bewältigung diplomatischer Aufgaben erforderlich sind, nicht aber im Sinne echter wissenschaftlicher Forschung, für welche Universitäten oder Spezialinstitute besser geeignet wären. Auf diesem Gebiet könne die Diplomatische Akademie zur ersten Adresse in Europa gemacht werden. Österreich könnte einen speziellen Beitrag zur europäischen Integration leisten, indem es sich nicht in einen wenig chancenreichen Konkurrenzkampf mit schon bestehenden wissenschaftlichen Forschungs- und Lehrinstituten einlässt, sondern sich vielmehr auf jenem Gebiet eine Führungsposition sichert, wo es besondere Vorteile genießt und ein internationales Prestige sondergleichen aufgebaut hat, nämlich in der Ausbildung von Diplomaten. Jedenfalls dürfe die Diplomatische Akademie nicht vom Außenministerium getrennt werden, sondern sollte sie nur ein hohes Maß an Selbstverwaltung bzw. eine Teilrechtsfähigkeit besitzen. Nur die Führung durch erfahrene Diplomaten garantiere, dass die Diplomatische Akademie Nachwuchskräfte heranbildet, die tatsächlich für den Einsatz im Bereich der internationalen Beziehungen geeignet sind.

Eine Reform der Diplomatischen Akademie, die nicht nur eine administrative Autonomie, sondern auch eine Lehrplanänderung und eine der Zeit entsprechende umfassendere Aufgabenstellung bringen sollte, erschien auch dem Ressortminister Dr. Mock wie mir selbst als Direktor dringend geboten. Trotz vieler Anläufe und Beratungen auf verschiedenen Ebenen wurde diese Reform schließlich erst unter meinem Nachfolger, Botschafter Dr. Leifer, in Form einer „Ausgliederung aus der Bundesverwaltung" durchgeführt, die das heutige Antlitz der Akademie bestimmt. Obwohl sie nicht zu einer regelrechten Privatisierung dieser Anstalt führte, entspricht sie doch weitgehend den gegenwärtig herrschenden politischen Wertvorstellungen. Ich musste mich freilich im Vergleich mit heute noch mit einem äußerst bescheidenen Personalstand bestehend aus einem Stellvertreter, einer Verwalterin und zwei Sekretärinnen begnügen; von einer eigenen Fakultät und hauptberuflich für die Akademie tätigen Professoren, von einem Studiendirektor oder von Tutoren konnte ich nur träumen. Dass die Akademie dennoch in der Lage war, ein derart ambitioniertes Programm zu absolvieren und dann noch zusätzlich die Ausbildung von Diplomaten aus den Reformstaaten zu übernehmen, ist nur dem selbstlosen und vorbildlichen Einsatz hervorragender Mitarbeiter zu verdanken. Stellvertretend für andere darf ich hier die aufopfernde Tätigkeit von Frau Feodora Krähsmaier erwähnen, die als Sekretärin ihre ganze Energie dem Wohlergehen der Studenten und der Akademie widmete, sowie einen pensionierten britischen Diplomaten, Mr. James S. Rooke, C.M.G., O.B.E. In ihm hatte unsere Anstalt mehr als nur einen hervorragenden Lektor für die englische Sprache! Mr. Rooke hatte nämlich den Rest seines Lebens der Ausbildung junger Menschen zu tüchtigen Diplomaten und internationalen Beamten gewidmet, denen er mit seiner reichen Erfahrung buchstäblich von früh bis spät zur Verfügung stand. Mr. Rooke hatte nur den Erfolg der Akademiker und der Akademie selbst im Sinn, denen er jede freie Minute widmete. Ohne ihn hätte die Akademie auf viele erfolgreiche Lehrveranstaltungen verzichten müssen! Der Name dieses verdienten britischen Diplomaten, der seinem Land zur Ehre gereicht, soll deshalb für immer in die Annalen der Diplomatischen Akademie aufgenommen sein!

Dass sich das akademische Niveau der Diplomatischen Akademie trotz des ihr von Gesetz und Verordnung auferlegten engen finanziellen Korsetts international durchaus sehen lassen konnte, war natürlich der Einsatzbereitschaft zahlreicher österreichischer Universitätslehrer aber auch vor allem den Beamten des Außenministeriums und Praktikern aus anderen Ministerien und aus der Privatwirtschaft zu verdanken, die ihr Wissen und ihre Erfahrung für ein eher bescheidenes Entgelt einer jüngeren Generation zu vermitteln bereit waren. Dennoch erschien die Heranziehung ausländischer Fachkräfte auf die Dauer unverzichtbar, wollte die Diplomatische Akademie ihr internationales Prestige als eine der weltbesten Ausbildungsstätten für internationale Berufe festigen. Mangels entsprechender Finanzmittel konnte dieses Ziel nur durch Gewinnung von privaten Sponsoren erreicht werden. Bereits wenige Monate nach meinem Amtsantritt im Dezember 1986 konnte der „Verein zur Förderung der Lehre an der Diplomatischen Akademie" gegründet werden, in welchem sich namhafte österreichische Banken und Wirtschaftsunternehmen zusammenfanden. Mit der Unterstützung dieses Vereins konnte die Akademie regelmäßig bedeutende internationale Persönlichkeiten aus Lehre und Praxis für Seminare und Einzelvorträge gewinnen und damit nicht nur das Lehrniveau, sondern auch das Renommée der Akademie erhöhen und sie als geistigen Brennpunkt von internationalem Format einer breiteren Öffentlichkeit in Österreich bewusst machen. Schon im Jahre 1987 konnte die Akademie Persönlichkeiten wie Chefredakteur André Fontaine (Le Monde), den Schriftsteller Prof. Maurice Duverger, den Präsidenten des Deutschen Industrie- und Handelstages Otto Wolff von Amerongen u.a. für Vorträge vor einem weiten Kreis interessierter Menschen gewinnen. In den folgenden Jahren konnten unzählige bekannte Persönlichkeiten, von Regierungschefs und Außenministern bis zu bedeutenden Vertretern des akademischen Lebens, buchstäblich aus der ganzen Welt ihre Ideen auf dem Boden der Diplomatischen Akademie in Wien einem breiten Publikum zur Kenntnis bringen.

Besondere Erwähnung verdient an dieser Stelle ein Vortragszyklus über „Die kulturelle Einheit des Donauraumes", der durch das ganze denkwürdige Jahr 1989 hindurch abgehalten werden konnte. Die Idee, diese höchst aktuelle Thematik gerade im Rahmen der Diplomatischen Akademie von den besten Gelehrten und Fachleuten Österreichs für ein breites Publikum zu organisieren, kam von Bundesminister Dr. Mock. Sie stellte zweifellos auch ein außenpolitisches Signal an die Reformstaaten dar. Ich nahm sie begeistert auf, weil auch ich der Meinung war, dass die außenpolitische Entwicklung in Mitteleuropa alte Bindungen Österreichs an die Donaustaaten wiedererstehen ließ und sich die österreichische Öffentlichkeit viel zu wenig der kulturellen Einheit des Donauraumes bewusst war. Diese Veranstaltung war ein Riesenerfolg, wurde sie doch von den angesehensten Wissenschaftlern und Schriftstellern wie Dr. Moritz Csáky, Dr. Peter Kampits, Dr. Arnold Suppan, Dr. Zoran Konstantinović, György Sebestyen, Dr. Wolfgang Kraus, Dr. Horst Haselsteiner und last not least vom späteren Leiter der Kultursektion des Außenministeriums und hervorragenden Kenner Mitteleuropas, Dr. Emil Brix, bestritten.

Das Hauptgewicht bei der Auswahl der Vortragenden wurde selbstverständlich auf die Weiterbildung der Akademiker gelegt, öffentliche Veranstaltungen sollten nur in beschränktem Umfang durchgeführt werden, um die Akademie nicht ihrem eigentlichen Zweck zu entfremden. Die Mehrsprachigkeit der Hörerschaft und die auf der Akademie herrschende Multikulturalität erübrigten in den meisten Fällen eine Übersetzung der Vorträge von Ausländern. So konnte z.B. im Jahre 1991 der bekannte sowjetische Wirtschaftswissenschaftler Professor Schatalin, der Schöpfer des „Plans der 500 Tage", in welchen nach seinen Vorstellungen die Perestroika durchgeführt werden sollte, ein Seminar für zwei Dutzend Akademiker in russischer Sprache ohne Übersetzung abhalten. Schatalin war von dieser Tatsache so angetan, dass er zum Abschied das Kompliment machte, dass eine derartige Veranstaltung im Ausland wohl nur auf der Diplomatischen Akademie in Wien denkbar sei.

Eine zeitgemäße weitere Adaptierung des Lehrprogramms beschränkte sich nicht auf rein wissenschaftliche Veranstaltungen, sondern vor allem auch auf praktische Übungen, die für die Heranbildung moderner Diplomaten unerlässlich sind. So wurden Seminare für Rhetorik, für Public Diplomacy, und vor allem über die Kunst der Verhandlungsführung von den Akademikern mit großem Interesse aufgenommen. Gleichzeitig mit den vom erwähnten Verein finanzierten Veranstaltungen konnte die Akademie fest in den Rahmen des Fulbright Programms eingebunden werden. Zusammen mit der Institutionalisierung des Besuchsprogramms von Professoren der Wirtschaftswissenschaften der Georgetown University, Washington D.C., das bereits von meinem Vorgänger, Botschafter Dr. Pfusterschmid, entriert worden war, wurde so die Akademie in die Lage versetzt, ihr Lehrprogramm durch reguläre Kurse von international renommierten Vortragenden anzureichern.

Besondere Aufmerksamkeit wurde aktualitätsbezogenen Fächern im Lehrplan der Akademie gewidmet, wie der politischen und wirtschaftlichen Integration Europas und vor allem der Zeitgeschichte und der Wirtschaft und Politik der mittel- und osteuropäischen Staaten. Die an der Akademie präsentierten Lehrinhalte mussten ja die großen Veränderungen, die sich vor allem in Europa in der letzten Dekade des vergangenen Jahrhunderts abspielten, mit der gebotenen Intensität und auf wissenschaftlicher Grundlage behandeln. Aber nicht nur auf wissenschaftlichem Gebiet musste sich die Diplomatische Akademie den Erfordernissen der modernen Zeit stellen. Auch technisch mussten Neuerungen eingeführt werden, gegen welche sich bisweilen die Bürokratie wehrte. Während die öffentlichen Schulen Wiens schon längst mit Computern als Lehr- und Übungsutensilien für ihre Schüler ausgestattet waren, verfügte die Diplomatische Akademie im Jahre 1986 weder für die Verwaltung, noch für die Hörerschaft über derartige Geräte! Da die Ausstattung der Akademie mit modernen EDV-Anlagen für Hörer wie für die Verwaltung immer unverzichtbarer wurde, der Direktion aber die dafür nötigen Budgetmittel verweigert wurden, musste abermals versucht werden, willige Sponsoren aufzutreiben. In der Person des Generaldirektors von Siemens Austria, Dr. Wolfsberger, konnte ich einen hilfsbereiten und verständnisvollen Mäzen für die Verwirklichung dieses Anliegens ausfindig machen. Nachdem er uns anfangs nur leihweise Computer zur Abhaltung der von mir eingeführten EDV-Kurse für die Hörer zur Verfügung stellte, übergab er der Akademie 1991 mehrere komplette EDV-Anlagen, die von nun an den Hörern in einem eigenen Computerraum zur Verfügung gestellt werden konnten. Mag sein, dass man sich heute über derartige „Errungenschaften" nur wundert, damals stellten sie einen großen Schritt in die moderne Zeit dar, den wir ohne den erwähnten edlen Wohltäter erst später hätten machen können.

Der Sprachunterricht stellte schon am Anfang der Akademie – als sie noch „Orientalische" genannt wurde – ein wesentliches Element des Unterrichts dar. Waren es damals die orientalischen Sprachen Türkisch, Arabisch, Persisch, Neugriechisch und natürlich Französisch, die obligatorisch erlernt werden mussten, so musste das jetzige Sprachprogramm an die Erfordernisse der Gegenwart angepasst werden. Was die Diplomatische Akademie in dieser Hinsicht von allen anderen vergleichbaren Instituten unterscheidet, war die Tatsache, dass sie als dreisprachige Anstalt konzipiert wurde, in welcher nicht nur der eigentliche Sprachunterricht, sondern auch der Fachunterricht in Deutsch, Englisch und Französisch erteilt werden sollte. Daneben wurde noch der Unterricht der spanischen, russischen, arabischen und chinesischen Sprache angeboten. Trotz des übervollen Lehrprogramms fanden sich jedes Jahr genügend Interessenten, die das Lehrangebot dieser schwierigen Sprachen rechtfertigten. Allerdings empfand ich es als ausgesprochenen Mangel, dass die Sprachen unserer Nachbarländer nicht unterrichtet wurden. Es erschien mir absurd, wenn Österreich mit dem Anspruch besonderer Kenntnisse und Erfahrungen der Länder Mittelosteuropas international auftrat, seine diplomatischen Vertreter aber die Sprachen dieser Länder nicht beherrschten. Deshalb nahm ich auch noch Tschechisch, Ungarisch, Serbokroatisch, Slowenisch und Slowakisch ins Lehrprogramm auf. Seither kamen die so erworbenen Sprachkenntnisse nicht nur unmittelbar vielen österreichischen Vertretungsbehörden in unserer östlichen Nachbarschaft zugute, sondern vor allem auch dem Ansehen Österreichs in diesen Ländern.

Der historischen Wahrheit zuliebe muss allerdings auch einbekannt werden, dass der Sprachunterricht auf der Akademie bei einigen maßgebenden Verwaltungsbeamten auf größte Skepsis, ja, auf absolute Ablehnung stieß. Das mir häufig entgegengehaltene Argument lautete, dass die Akademie keine Sprachschule sei und ihre Kurse auch viel zu teuer kämen. Der Sprachunterricht sei deshalb auszugliedern und die Hörer sollten sich andernorts – auf Universitäten, Volkshochschulen oder privaten Anstalten – die erforderlichen Sprachkenntnisse erwerben. Dass diese Vorstellungen nicht in die Praxis umsetzbar waren, rettete den Sprachunterricht an der Akademie. Übrigens war auch die französische Sprache häufig Anlass zu Kritik. Französisch sei ziemlich unbedeutend geworden und werde international völlig vom Englischen verdrängt, wurde weniger von österreichischen Diplomaten als von Universitätslehrern behauptet. Ganz modern denkende Kollegen vertraten allerdings sogar den Standpunkt, dass die gesamte Akademie überhaupt auf ihre Tradition der Mehrsprachigkeit verzichten und sich ausschließlich als anglophone, amerikanischen Instituten nachgebildete postuniversitäre Anstalt konstituieren sollte. Selbst Deutsch hätte zu verschwinden, weil nur mehr Englisch internationale Bedeutung habe! Glücklicherweise konnten diese Anschläge auf die ererbte Kultur unserer Akademie bis heute erfolgreich abgewehrt werden.

Während meiner Tätigkeit als Direktor der Diplomatischen Akademie spielten sich in Europa wahrhaft epochale Ereignisse ab. Während sich im Osten des Kontinents der Zusammenbruch des Kommunismus und das Wiederentstehen der Nationalstaaten ankündigten und schließlich auch vollzogen, machte der Westen die gegenteilige Entwicklung in Richtung wirtschaftlicher und politischer Integration durch. Österreich war von diesen Entwicklungen in besonderem Maß betroffen; es wollte an der Integration teilnehmen und sah sich gleichzeitig einer völlig veränderten politischen Situation an seinen östlichen Grenzen gegenüber. Die seit dem Ende des Zweiten Weltkriegs bestimmenden Parameter der europäischen Politik hatten sich durch den Zerfall der Sowjetunion und ihres Imperiums radikal verändert. Diese Umstände sollten unmittelbare Konsequenzen für die Diplomatische Akademie in Wien haben, stellten sie doch eine Herausforderung und historische Chance für sie dar, die zu nutzen ich als Hauptaufgabe meiner Zeit als Direktor betrachtete.

Seit ihrer Gründung durch Kaiserin Maria Theresia im Jahre 1754 hatten die Vorgängerinstitute unserer heutigen Diplomatischen Akademie die Aufgabe, für den zentraleuropäischen Raum – bis 1918 war er unter dem Szepter der Habsburger in einem Staat vereint – erstklassige Beamte für internationale Berufe heranzubilden. Selbst nach dem Ende der Monarchie konnte die „Konsularakademie" diese Aufgabe in gewisser Weise weiter erfüllen, weil viele Bürger der Nachfolgestaaten sich an diesem renommierten Institut für den diplomatischen Dienst ihrer jeweiligen Heimatländer ausbilden ließen. Das Fallen des Eisernen Vorhangs und das Wiederentstehen demokratischer und freiheitlicher Ordnungen im Donauraum eröffnete der Diplomatischen Akademie nun mit einem Mal wieder die Möglichkeit, an diese Tradition anzuknüpfen und ihre Pforten wieder den jungen Diplomaten jener Länder zu öffnen, mit denen Österreich durch Jahrhunderte engst verbunden war. Außerdem war es geradezu eine Binsenwahrheit, dass die jungen Demokratien des Ostens außerstande waren, ihre berechtigten außenpolitischen Ziele erfolgreich mit den überholten Instrumenten ihrer kommunistisch indoktrinierten diplomatischen Apparate durchzusetzen. Die Reformstaaten bedurften dringendst eines Kerns gut ausgebildeter und mit den diplomatischen Spielregeln der westlichen Welt wohl vertrauter junger Diplomaten, die ihr Handwerk nicht in Moskau, sondern an einer Schule im Westen erlernt hatten. Die Diplomatische Akademie konnte diese wichtige Rolle am besten spielen, vorausgesetzt natürlich, dass ihr die Österreichische Bundesregierung die dafür nötigen Mittel zur Verfügung stellte.

Tatsächlich gelang es der Diplomatischen Akademie, die in Frage kommenden österreichischen Stellen innerhalb kürzester Zeit für das Projekt eines „Speziallehrgangs für Diplomaten aus Osteuropa" zu gewinnen. Rückblickend erscheint es mir geradezu als österreichisches Wunder, dass die Diplomatische Akademie bereits im Herbst 1990 – also kurz nach dem Fall des Eisernen Vorhangs – in die Lage versetzt wurde, den ersten derartigen Lehrgang abzuhalten, der ein volles akademisches Jahr dauerte. Die Diplomatische Akademie in Wien war die erste Lehranstalt der Welt, die die dringende Notwendigkeit dieser Hilfestellung für die Reformstaaten erkannte und ein umfassendes Kursprogramm entwickelte. Erst Jahre später folgten Einrichtungen anderer Länder diesem Beispiel unserer Akademie! Das größte Verdienst an der Realisierung dieses Projekts, dem meine ganze Überzeugung galt, kommt natürlich Dr. Alois Mock zu, der in dieser kritischen Periode das Bundesministerium für auswärtige Angelegenheiten leitete. Ihm unterbreitete ich im Frühjahr 1990 eine Denkschrift, die zu einer regelrechten Wertediskussion führte, die die grundsätzliche Ausrichtung der geplanten Ostkurse betraf. Sie darf deshalb auszugsweise wiedergegeben werden.

Diplomverleihung 12. Juni 1987: Botschafter Alfred Missong und Außenminister Alois Mock

In der erwähnten Denkschrift führte ich hinsichtlich der Aufgabenstellung meines Projekts der Ausbildung von Diplomaten aus Mittel- und Osteuropa u.a. Folgendes aus:

„… Es kann der Diplomatischen Akademie in Wien daher nicht <u>nur</u> darum gehen, Wissenslücken, die sicherlich bei den Teilnehmern an den Kursen bestehen mögen, zu füllen; der Sinn der in Aussicht genommenen Speziallehrgänge liegt – neben der selbstverständlichen Vermittlung zusätzlichen Fachwissens – vielmehr darin, den Diplomaten aus Osteuropa Verständnis für die Denkweise, die Praxis und die moralischen Grundlagen der Diplomatie der westlichen Welt zu vermitteln. In gewisser Hinsicht sollte hier vor allem auch ein ethischer Wissensschatz angeboten werden, der den osteuropäischen Diplomaten als Grundlage für ihre weitere berufliche und politische Tätigkeit dienen könnte.
Durch den Zusammenbruch der marxistischen Ideologie und der kommunistischen Gesellschaftsordnung in politischer und wirtschaftlicher Hinsicht wurden wohl die meisten Diplomaten aus Osteuropa in ein ideologisches Vakuum gestürzt, das mit neuen Werten gefüllt werden könnte. Eine glaubhafte Präsentation der politischen Wirklichkeit des Westens bedingt eine kritische Selbstdarstellung, die nichts beschönigen will, sondern auch die Nachteile und Schwächen des westlichen gesellschaftlichen und politischen Lebens aufzeigt. Es liegt daher durchaus im Interesse des Erfolgs der angestrebten Lehrveranstaltungen, wenn Vortragende nicht nur die Vorzüge unserer Gesellschaftsordnung darstellen, sondern auch ihre Unvollkommenheiten. … die Lehrgangsteilnehmer … (sollen sich) … ein möglichst realistische Bild über die in einer westlichen Gesellschaft wie der österreichischen herrschenden Verhältnisse machen können …“.

Außenminister Dr. Mock äußerte vorerst grundsätzliche Bedenken gegen die von mir geplante Vorgangsweise. In einem persönlichen Brief vom 1. Juni 1990 monierte er nämlich, „… dass man den Unterschied deutlich machen muss zwischen einem System, das die Menschenrechte respektiert und im Wege der sozialen Marktwirtschaft Wohlstand vermittelt, und einem System, das diese Menschenrechte nicht nur auf die brutalste Weise unterdrückt hat, sondern auch in keinster Weise geeignet war, den Wohlstandserwartungen der Menschen zu entsprechen." Erst nach der Einholung der Stellungnahme angesehener Gelehrter zu der von mir vorgelegten Projektstudie stellte mir der Außenminister eine endgültige Weisung in Aussicht. Diese erste Reaktion des zuständigen Ressortchefs überraschte mich außerordentlich. Sie erforderte unbedingt eine Klarstellung meines Standpunkts, um ein Scheitern meines Projekts zu verhindern, in das ich bereits viel Arbeit und Energie gesteckt hatte und das ich als die wichtigste der mir als Direktor der Akademie gestellten Aufgaben ansah. Um alle Zweifel an meiner korrekten demokratischen Gesinnung zu zerstreuen, versuchte ich meine Haltung in einem Brief vom 5. Juni 1990 an Bundesminister Dr. Mock zu erklären und mit folgenden Argumenten zu rechtfertigen:

„… Der ganze Sinn dieses geplanten Lehrgangs sollte ja selbstverständlich gerade darin bestehen, den Teilnehmern unsere Gesellschaftsordnung überzeugend darzustellen. … Wenn ich trotzdem für eine kritische Selbstdarstellung plädiere, so vor allem, weil ich sie für zielführender halte … dass man auch den möglichen Missbrauch unserer demokratischen Einrichtungen nicht verschweigen soll. Das Problem der Pressefreiheit in unserer westlichen Demokratie kann man z.B. nur verständlich machen, wenn man die Nachteile, die sie hat – unseriöse und entstellende Berichterstattung in der Boulevardpresse, unmoralischer Einfluss auf die Jugend, Inszenierung von politischen Kampagnen (Waldheim) etc.etc. – auch entsprechend darstellt. Ähnliches gilt für viele Bereiche unseres Lebens, wo vieles anders sein sollte.

Du selbst, verehrter Herr Bundesminister, hast … die Schwächen des österreichischen politischen Systems kritisiert, die Notwendigkeit seiner Reform betont und schließlich auch die Erneuerung unseres Landes betrieben. Sollte all das verschwiegen werden, damit unsere osteuropäischen Gäste an den Werten unserer Demokratie nicht vielleicht irre werden?

Schließlich glaube ich, dass unsere osteuropäischen Diplomaten geradezu allergisch auf alles reagieren würden, was sie auch nur im Entferntesten an Propaganda – von der sie wahrlich genug hatten – erinnern würde. Sie werden von den Werten unserer westlichen Ordnung hingegen dann nachhaltig überzeugt bleiben, wenn wir auch die Kraft haben, ihnen ungeschminkt auch deren Unvollkommenheiten aufzuzeigen …“.

Mit der Zustimmung des Außenministers, die alsbald einlangte, war es allerdings noch nicht getan. Die finanzielle Belastung, die mit der Aufnahme von zusätzlichen Hörern verbunden war, konnte in erstaunlich rascher Zeit positiv erledigt werden. Die Bundesregierung und die Mehrheit der Abgeordneten im Nationalrat unterstützten dieses Projekt vollinhaltlich. Problematischer war die Bereitstellung von Unterkünften für die jungen Diplomaten aus den Reformländern. Hier erwies sich die Unterstützung durch Bürgermeister Dr. Zilk als besonders effizient. Aus den Mitteln des Zuwandererfonds stellte er der Akademie Unterkünfte für 20 Hörer des Spezialkurses zur Verfügung. Zum Zeichen der Dankbarkeit und der Verbundenheit mit Wien statteten in der Folge sämtliche Teilnehmer der Ostkurse dem Herrn Bürgermeister Höflichkeitsbesuche ab.

Schon lange vor dem Zusammenbruch des Kommunismus hatte die Diplomatische Akademie Kontakte und Beziehungen zu Wissenschaftlern und Universitäten des europäischen Ostens. Die Hörer der Akademie verbrachten z.B. jedes Jahr eine

Woche in Budapest, wo sie am Institut für Internationale Beziehungen der Karl-Marx-Universität Vorträge über die Geschichte, Kultur und Wirtschaft Ungarns hörten. Die Diplomatische Akademie stellte auch gewissermaßen ein Refugium für Wissenschaftler aus Osteuropa dar, in welches sie sich dank der Neutralität Österreichs leichter begeben konnten als in andere Institute des Westens. Nicht zufällig wurde ich von der Diplomatischen Akademie Moskau, die vor der Perestrojka eine so genannte „geschlossene Anstalt" war, in welche kein Westler seinen Fuß setzen durfte, als erster Direktor einer westlichen Diplomatenschule bereits im Jahr 1988 eingeladen. Als Ergebnis dieses Besuches konnte für unsere Russischstudenten jeweils ein Sommerkurs in Moskau vereinbart werden.

Die längst etablierten Kontakte zu osteuropäischen Wissenschaftlern und der exzellente Ruf, den die Diplomatische Akademie in diesen Ländern genoss, die ja schon immer Hörer nach Wien geschickt hatten, erleichterten natürlich die Vorbereitung der Spezialkurse. Ich reiste persönlich nach Prag, Budapest, Zagreb und Laibach, um unser Projekt darzulegen und mich an Ort und Stelle über die Wünsche und Nöte hinsichtlich des diplomatischen Nachwuchses zu informieren. Gleichzeitig sprach ich offizielle Einladungen für Kandidaten zum Besuch des Spezialkurses aus. Im Gegensatz zu den regulären Lehrgängen wurden die Teilnehmer an den Spezialkursen keiner Aufnahmsprüfung unterzogen, sondern war ihre Auswahl ausschließlich den Außenministerien der angesprochenen Länder vorbehalten. Auch in anderer Hinsicht unterschied sich der Spezialkurs vom normalen Studienbetrieb. So waren nicht nur die Gegenstände auf die Bedürfnisse der Reformstaaten maßgeschneidert, sondern mussten die Hörer auch keine Prüfungen ablegen. Schließlich wurde der Spezialkurs nur in englischer Sprache abgehalten. Die Teilnehmer hatten aber Gelegenheit, Deutsch zu lernen.

Besonderes Augenmerk wurde darauf gelegt, den Gästen aus den Reformstaaten praktische Erfahrungen zu vermitteln, die sich nicht nur auf den diplomatischen Beruf bezogen, sondern ihnen auch die Probleme einer westlichen Gesellschaft, ihre politischen Einrichtungen und das Funktionieren ihrer Wirtschaft nahe bringen sollten. Als Ergänzung zu den in Wien stattfindenden Veranstaltungen fanden für die Teilnehmer am Spezialkurs Exkursionen nach Brüssel, Straßburg und Genf statt. So konnte ich als Vertreter eines neutralen Landes unsere Hörer aus den exkommunistischen Ländern bereits Anfang November 1990 ins Hauptquartier der NATO in Brüssel führen – ein merkwürdiges und eindrucksvolles Erlebnis für beide Seiten!

In der mir noch als Direktor der Akademie zur Verfügung gestellten Zeit bis Ende 1993 wurden diese Spezialkurse zu einer allgemein anerkannten und von den Regierungen unserer Nachbarstaaten sehr geschätzten Einrichtung. Es erfüllt mich mit großer Zufriedenheit, dass in meiner Zeit insgesamt 220 junge Diplomaten aus den ehemals kommunistischen Staaten in Wien eine hervorragende Ausbildung erhielten, die sie befähigen wird, erfolgreich auf dem Feld der internationalen Beziehungen tätig zu sein. Von diesen 220 Personen hatten 92 den einjährigen, der Rest crash-courses im Sommer besucht. Viele dieser Absolventen sind heute längst in Schlüssel-positionen tätig. Ich bin zuversichtlich, dass auch Österreich Gewinn aus dieser Initiative der Diplomatischen Akademie ziehen wird. Ein einjähriger Aufenthalt in Wien und die menschlichen Erfahrungen und Kontakte, die er mit Sicherheit bewir-ken wird, sollte die Grundlage für eine dauernde Freundschaft zwischen den Völ-kern schaffen. Ich bin überzeugt, dass die Diplomatische Akademie in Wien auf diese Weise immaterielle Werte geschaffen hat, die Österreich bereichern werden und in die Zukunft weisen. Für die Zukunft konnte so die Grundlage dafür geschaffen wer-den, dass Wien mit seiner Diplomatischen Akademie so wie in der Vergangenheit wieder zur ersten Adresse für die Ausbildung der Elite des diplomatischen Nach-wuchses der mitteleuropäischen Länder wird.

Ähnlich wie dies die spanische Escuela Diplomatica in Lateinamerika praktiziert hätte Wien jedes Jahr zwei Stipendien an junge Diplomaten der Außenministerien unserer mittel- und osteuropäischen Nachbarstaaten zum Studium an der Diploma-tischen Akademie vergeben sollen. Innerhalb weniger Jahre hätte sich unser Land auf diese Weise zahlreiche Freunde in jenen Staaten geschaffen, mit denen wir außenpo-litisch zusammenarbeiten werden müssen. Eine dauerhafte Kooperation mit den Ländern des Donauraumes, die immer von schicksalhafter Bedeutung für Österreich war, hätte auf diese Weise vorausschauend vorbereitet werden können! Im Rückblick bin ich glücklich, dass mir während meiner Tätigkeit als Direktor der Diplomati-schen Akademie die Gelegenheit geboten wurde, eine Weichenstellung vorzuneh-men, von der ich überzeugt bin, dass sie sich zum Nutzen für unser Vaterland und seine Nachbarn auswirken wird. Ich konnte als Direktor nicht nur die so wichtigen Spezialkurse einführen und dadurch eine 50-prozentige Leistungssteigerung der Akademie bei kaum erhöhtem Personalstand erreichen, sondern dadurch auch das internationale Ansehen und den guten Ruf unseres edlen Hauses weiter fördern.

Abstract

Alfred Missong, The End of the Cold War and the Diplomatic Academy 1986-1993

At the very beginning of his period in office, Missong was confronted, on the one hand, by the rigid parameters laid down in legislation on the Academy passed in 1979 (and a subsequent decree from 1980), which offered no room for manoeuvre in either the academic field or the recruiting of staff outside the schema of the Ministry of Foreign Affairs. At the same time the call was increasingly for the training of "allround geniuses", who could work as effectively in the worlds of business, culture or media as in diplomacy. Despite criticisms of the costs involved and even some thoughts of closure, the DA survived, not least due to the support of the ÖVP Foreign Minister Alois Mock, who also granted it more financial autonomy. With his concept of a modern training programme for diplomats firmly rooted in Austrian traditions, Missong resisted ideas of creating a scientific research institute out of the DA; in his view, the DA should retain its links with the Foreign Ministry enjoying however a growing autonomy. Through the foundation of "Friends of the Diplomatic Academy", the DA was able for the first time to tap private resources and thereby finance additional lectures from international personalities. The Academy reacted to the geo-political upheavals of 1989 by setting up a "Special Course for Diplomats from Eastern Europe" for 20 participants. This was tied to an intensive examination of the history and culture of Central Europe and firmly established within the traditions of the Consular Academy before (and after) 1918. Despite some initial reluctance on the part of the Foreign Ministry, it proved possible, with support from the City of Vienna and Mayor Helmut Zilk, to implement this new project. Though this placed increased demands on the DA, staffing levels remained almost unchanged.

Résumé

Alfred Missong, La fin de la guerre froide et l'Académie diplomatique. 1986-1993

Dès qu'il prit ses fonctions, Missong fut confronté d'une part aux structures rigides établies par la loi de 1979 relative à l'Académie et par une ordonnance de 1980 qui, dans le domaine des matières enseignées, des services enseignants ou dans le recrutement du personnel, ne laissaient aucune marge de manœuvre en dehors des schémas administratifs imposés par ministère des Affaires étrangères. D'autre part, il fut de plus en plus nécessaire de former des « génies généralistes », capable d'évoluer aussi bien dans la diplomatie que dans des domaines tels que l'économie, la culture et les média.

Si l'Académie diplomatique a finalement survécu malgré de nombreuses critiques à propos des coûts et des projets de fermeture, ce fut grâce au soutien apporté par l'ancien ministre ÖVP des Affaires étrangères, Alois Mock, qui accorda également plus de liberté au niveau de l'autonomie financière. Aux projets de faire de l'Académie un établissement de recherche scientifique, Missong opposa sa conception d'une formation diplomatique moderne tournée vers les traditions autrichiennes, dans laquelle, d'après lui, le lien avec le ministère des Affaires étrangères, malgré une autonomie croissante devait être conservé. Grâce à la création d'une association de mécènes, on obtint des moyens de financement privés et on finança ainsi des conférences supplémentaires animées par des personnalités internationales. L'Académie diplomatique réagit aux changements géopolitiques après 1989 en mettant en place une « formation spéciale pour les diplomates de l'Europe de l'Est » avec un effectif de vingt étudiants, renouant ainsi avec une confrontation plus intensive avec l'histoire et la culture de l'Europe de l'Est et avec les traditions de l'Académie consulaire d'avant 1918 et d'après. Malgré quelques réticences au début, notamment du ministre concerné, ce nouveau projet put être réalisé – avec le soutien de la Municipalité de Vienne et de son maire Helmut Zilk pour les locaux. Malgré le surcroît de travail, les effectifs du personnel restèrent pratiquement inchangés.

Paul Leifer

Reform und Ausgliederung: 1994-1999

Im August 1993 wurde mir nahe gelegt, mich für den Posten des Direktors der Diplomatischen Akademie (DA) zu bewerben. Nach 5 1/2 Jahren in Jugoslawien und nur etwas mehr als 2 Jahren in Marokko traf mich diese Einladung wie ein Blitz aus heiterem Himmel. Zwar war ich 1966-67 Vortragender an dieser Institution gewesen, hatte seither mit ihr aber nur im Rahmen der Tätigkeiten diplomatischer Vertretungsbehörden im Ausland Kontakt gehabt. Zu dieser Zeit standen außerdem die Herausforderungen des bevorstehenden EU-Beitritts im Vordergrund meines Interesses. Es war daher nahe liegend, zu bedenken zu geben, ob ich nicht in einer anderen Funktion nützlicher sein könnte; außerdem verhehlte ich nicht mein Desinteresse, den Status quo der Akademie zu administrieren. Dies sei auch nicht die Absicht, ließ mich Außenminister Mock wissen; meine Aufgabe sei vielmehr die „Reform" der Akademie.

Erst als ich Mitte Jänner 1994 meine neue Funktion übernahm, wurde mir voll bewusst, auf welch „unmögliche Mission" ich mich eingelassen hatte. Schon 1986 hatte mein Vorgänger kurz nach seinem Amtsantritt in einem Memorandum festgehalten, dass „die allgemein als notwendig empfundene Reform der DA nicht ohne Abänderung ihrer Rechtsgrundlage bewerkstelligt werden kann". Der von einer Arbeitsgruppe unter Beteiligung prominenter Universitätsprofessoren 1986 ausgearbeitete Entwurf eines neuen Akademie-Gesetzes war aber über die Begutachtungsphase nicht hinausgekommen. Spätere Bemühungen um eine Reform zumindest des Lehrplans blieben ebenfalls ohne konkrete Folgen. Die Absicht, die Akademie zu reformieren, wurde erstmals im Arbeitsübereinkommen der beiden Regierungsparteien für die XVIII. Gesetzgebungsperiode politisch verankert. Der im April 1994 zur Begutachtung ausgesandte Entwurf für ein neues „Bundesgesetz über die Diplomatische Akademie und das Wiener Institut für Höhere Europäische und Internationale Studien" scheiterte am Einspruch des BM für Finanzen: Das vorgelegte Ausgliederungskonzept[1] erfülle nicht die Erfordernisse der hiefür geltenden Richtlinien. In seiner negativen Stellungnahme kam es sogar zum Schluss, durch die Ausgliederung würde keinem volkswirtschaftlichen Anliegen in Übereinstimmung mit den Zielen der Sparsamkeit, Wirtschaftlichkeit und Zweckmäßigkeit besser entsprochen. Noch bevor das Schicksal dieser neuerlichen Reforminitiative, welche die Ausgliederung der Akademie aus der Bundesverwaltung und ihre Umwandlung in eine Anstalt öffentlichen Rechts vorsah, bekannt geworden war, hatte ich mich mit maßgeblicher

Unterstützung meiner Stellvertreterin, Frau Gesandte Dr. Gabriele Matzner-Holzer, zunächst auf eine Bestandsaufnahme und Bewertung des Inhalts und der Abläufe der bestehende Studienprogramme konzentriert. Dies erschien nicht nur wegen des spürbaren Unbehagens von Studierenden und Lehrenden vordringlich. Sie sollten auch die Grundlagen für eine Beurteilung liefern, inwieweit Modifikationen in Lehrangebot und Praxis des Studienbetriebs im Rahmen des bestehenden Gesetzes und der Studienverordnung möglich sein würden. Sie veranlasste uns zu einer Reihe von Verbesserungsmaßnahmen und Neuerungen, die wir noch vor Inkrafttreten der Ausgliederung schrittweise umsetzen konnten.[2]

1. Neuerungen bis zur Ausgliederung

a) Lehrinhalte und Studienbetrieb der Diplomlehrgänge

Als Ergebnis vertrauensbildender Gespräche[3] mit den TeilnehmerInnen der beiden laufenden Diplomlehrgänge ergriffen wir binnen kürzester Zeit folgende Maßnahmen betreffend den Studienbetrieb: Straffung der Vorlesungsverpflichtungen zwecks Schaffung von Freiräumen für das Selbststudium und zur Vorbereitung für aktive Partizipation am Unterricht; Verpflichtung aller Vortragenden, zu Beginn jeden Semesters einen Syllabus und eine obligatorische Leseliste für ihre Lehrveranstaltungen zu liefern; Führung von Anwesenheitslisten und konsequente Evaluierung von Lehrveranstaltungen und Vortragenden als ergänzendes Element zur Beurteilung der Akzeptanz von Inhalten und Vermittlungsmethoden; ab 1995 konnten wir durch ein differenziertes Angebot von obligatorischen und fakultativen Lehrveranstaltungen den Studierenden die Möglichkeit geben, individuelle Studienprogramme zu absolvieren, die auf die jeweiligen zusätzlichen Ausbildungsbedürfnisse und Vorstudien abgestimmt waren. Die damit verbundene persönliche Studienberatung und -betreuung und die Verstärkung partizipatorischer Lehrmethoden sollten ebenfalls dazu beitragen, die Ausbildungsqualität spürbar zu erhöhen.

Von besonderer Dringlichkeit erschien auch die Anpassung der Lehrinhalte an die eingetretenen Entwicklungen im internationalen Umfeld und das damit veränderte Anforderungsprofil für Karrieren in internationalen Berufen. Dies ließ sich jedoch nicht ohne das (Wieder-)Engagement profilierter österreichischer Universitätsprofessoren und eine vermehrte Heranziehung von Vortragenden, Experten und Ausbildnern aus dem Ausland bewerkstelligen. Dabei sahen wir uns mit erheblichen Hindernissen konfrontiert: zum einen der aus dem Jahre 1980 stammende Unterrichtsplan im Rang einer Verordnung, zum anderen die direkte Abhängigkeit vom Finanzministerium, das durch rigorose Handhabung der seit vielen Jahren unangepassten Honorarsätze und Reisegebühren für Vortragende den Einsatz von international renommierten Vortragenden erschwerte. Ein erster Schritt zur Erhöhung der Qualität und Internationalität des Lehrangebots war die verbesserte Koordination und Kooperation mit einem erweiterten Kreis von Institutionen aus Wissenschaft, Wirtschaft und Politik bei der Einladung prominenter Gastvortragender nach Wien. Dazu kam die gezielte Nutzung der Möglichkeiten, welche Wien als Sitz internationaler Organisationen und Institutionen (OSZE, UNOV, UNIDO, IAEA etc.) zu bieten hat. Schritt für Schritt konnten in allen Lehrbereichen neue Akzente gesetzt werden. Einen zentralen Aspekt bildete die Einbeziehung der Erfordernisse, die sich aus dem EU-Beitritt Österreichs ergaben: So wurde das reguläre Ausbildungsprogramm um Seminare über Institutionen und Entscheidungsprozesse in der EU sowie über EU-Recht bereichert. Die Vortragenden wurden ersucht, im Rahmen ihrer Veranstaltungen auch jenes Wissen zu vermitteln, das beim Concours Général für zukünftige EU-Beamte vorausgesetzt wird. Ein weiteres besondere Anliegen war uns der systematische Ausbau und die Qualitätsverbesserung von Veranstaltungen zur Vermittlung praxisorientierter, berufsspezifischer Fähigkeiten wie Präsentations- und Verhandlungstechnik, Rhetorik, Umgang mit den Medien, Public Diplomacy, Zeit- und Projektmanagement, Entwicklung von Teamfähigkeit und Führungsqualitäten.

Die bisher praktizierte Form des Abschlusses der Sprachausbildung in Englisch, Französisch, nämlich die Ablegung der (internen) Proficiency wurde von den Studierenden insofern als unbefriedigend empfunden, als sie mit keiner formellen externen Anerkennung verbunden war. Für ausländische Studierende, deren Muttersprache nicht Deutsch war, fehlte ein formeller Abschluss ihrer Sprachausbildung in Deutsch. Die Teilnahme an Sommersprachkursen im Ausland erfolgte nur auf freiwilliger Basis. Um die Kommunikationskompetenz in den Akademie-Sprachen zu erhöhen, wurde nach Ablegung der Proficiency-Prüfung die Sprachausbildung zunächst in Form von Fachsprache-Kursen und Rhetorik-Seminaren fortgeführt. Mit dem Sommersemester 1995 wurden eigene Vorbereitungskurse für die Ablegung der Cambridge Proficiency sowie des Diplôme Approfondi de Langue Française (DALF) eingeführt, wobei die Akademie auch die Kosten für die externe Ablegung dieser Diplome übernahm. Mit der Einführung des „Österreichischen Sprachdiploms für die deutsche Sprache" im Jahre 1995 bekamen ausländische Hörer, deren Muttersprache nicht Deutsch ist, auch die Möglichkeit, dieses Diplom im Hause kostenlos abzulegen. Diese Umstellung sollte ebenfalls zur Erhöhung des externen Stellenwertes des Studiums an der DA beitragen.

Je enger unsere persönlichen Kontakte mit den TeilnehmerInnen an den Diplomlehrgängen wurden, desto stärker empfanden wir es als unsere Verantwortung, ihnen auch bei der schließlichen Berufswahl und beim Berufseinstieg behilflich zu sein. Die Anzahl österreichischer AbsolventInnen, die vom Außenministerium bzw. anderen staatlichen Institutionen aufgenommen werden konnten, waren in den vergangenen Jahren ständig gesunken. Immer mehr AbsolventInnen tendierten nicht zuletzt wegen der besseren Verdienstmöglichkeiten zu Anstellungen in der Wirtschaft und bei internationalen Organisationen. Immer weniger BewerberInnen für die Diplomlehrgänge hatten bereits genaue Vorstellungen über ihren Berufswunsch. Ihre Zeit an der Akademie sollte daher genutzt werden, um ihnen die Möglichkeit zu geben, ihre persönlichen Fähigkeiten und Interessenpräferenzen kennen zu lernen und zu fördern, und ihnen eine Orientierungshilfe für ihre endgültige Berufswahl zu geben. Wir begannen daher auch mit dem Ausbau von Veranstaltungen zur Berufsberatung, vermittelten „Internships" für internationale Organisationen und suchten die Zusammenarbeit mit internationalen Personalberatungsunternehmen; auch wurden die Kontakte zwischen den Studierenden und den Angehörigen des Klubs der Absolventen gefördert.

b) Die Ausbildung von Diplomaten aus zentral- und osteuropäischen Staaten

Als besondere Verantwortung empfanden wir die Betreuung und Weiterentwicklung der von meinem Vorgänger verdienstvollerweise begonnenen Spezialkurse für Angehörige von Außenministerien der Reformländer Zentral- und Osteuropas sowie der GUS und der Mongolei. Ihr konkreter Beitrag zur Ausbildung professionellen diplomatischen Personals der Reformstaaten wurde von diesen auch anerkannt und geschätzt. Die Anwesenheit bereits berufstätiger Diplomaten aus Ländern des ehemaligen „Ostblocks" erwies sich darüber hinaus als menschliche, kulturelle und politische Bereicherung für die HörerInnen der Diplomlehrgänge. Seit Einführung dieser Spezialkurse im Oktober 1990 waren allerdings die unterschiedlichen Ausbildungstraditionen und divergierende Entwicklungen in der außenpolitischen Orientierung der einzelnen Reformstaaten immer mehr spürbar geworden. Auch verstärkte sich der Eindruck, dass die Qualifikation der Kandidaten aus bestimmten Reformstaaten von Jahr zu Jahr nachließ. Bei manchen TeilnehmerInnen am damals 2-semestrigen Spezialkurs wirkte sich die 9-monatige Abwesenheit von ihren Familien und von ihrer gewohnten Umgebung psychisch nachteilig aus. Die Notwendigkeit ihrer Verpflegung und Betreuung seitens der Akademie auch während der vorlesungsfreien Zeiten (Weihnachts-, Semester- und Osterferien) stellte die Direktion vor personelle und logistische Probleme, für die mit den beschränkten finanziellen Mitteln keine befriedigende Lösung gefunden werden konnte. Auch hatten inzwischen die meisten Reformstaaten ihre eigenen Programme und Institutionen für die diplomatische Grundausbildung entwickelt, sodass sie nur noch an einer spezifischen Aus- und Weiterbildung in solchen Bereichen interessiert waren, die sie selbst nur schwer oder gar nicht anzubieten in der Lage waren. Eine inhaltliche und zeitliche Neustrukturierung unseres diesbezüglichen Kursangebotes drängte sich daher auf. Dies erschien mir jedoch ohne vorherige Konsultation der Außenministerien der betroffenen Länder nicht zweckmäßig. Ein Besuch bei der Europäischen Kommission veranlasste mich schließlich, die Initiative zur Abhaltung eines Treffens der Anbieter- und Abnehmer-Institutionen in Wien zu ergreifen. Das im April 1995 in den Räumen der DA abgehaltene Treffen der Vertreter von 16 Außenministerien und 9 Ausbildungsinstitutionen aus den Reformstaaten sowie von 16 westeuropäischen Ausbildungsstätten und der Europäischen Kommission gab Gelegenheit, die aktuellsten Ausbildungserfordernisse der Reformstaaten zu erfahren, und einen Überblick über die bestehenden Ausbildungsangebote zu gewinnen. Die von uns daraus gezogenen Schlussfolgerungen wurden in der ab Oktober 1995 eingeführten neuen Kursstruktur umgesetzt: (1) Durchführung getrennter Kurse für die Diplomaten aus den mit der EU bereits assoziierten Reformstaaten und den Nachfolgestaaten des ehemaligen Jugoslawien einerseits, sowie für Diplomaten aus den GUS-Staaten und der Mongolei andererseits. Diese Trennung ermöglichte eine differenzierte Programmgestaltung, mit der auf die unterschiedlichen Ausbildungshintergründe und auf die spezifischen Interessen und Prioritäten dieser Staatengruppen stärker als bisher Rücksicht genommen werden konnte. (2) Kürzung der jeweiligen Kursdauer auf 3 Monate (einer vor Weihnachten, der andere bis Ostern). Dies hatte u.a. den erfreulichen Nebeneffekt, dass die Außenministerien auch kleinerer Reformstaaten wieder hoch qualifizierte Kandidaten entsandten, die sie zu Ausbildungszwecken zwar für 3 Monate, nicht jedoch für 9 Monate entbehren wollten oder konnten. Darüber hinaus schaffte diese Kürzung Zeit und Kapazität für zusätzliche Kursangebote der DA zwischen Ostern bis Ende Juni.

Anlässlich des vorerwähnten Treffens wurde auch die Idee einer Zusammenarbeit zwischen mehreren Ausbildungsinstitutionen geboren, um ihre jeweiligen standortspezifischen Angebote zu einem gemeinsamen Programm für Diplomaten aus den Anwärterstaaten für eine spätere EU-Mitgliedschaft zu integrieren. Unter dem Titel Eurodiplomacy wurde dann im Frühjahr 1996 ein derartiger 10-wöchiger Spezialausbildungskurs an der DA Wien, am Institut Universitaire de Hautes Etudes Internationales in Genf, dem Institut International d'Administration Publique in Paris, sowie den Institut d'Etudes Européennes der Freien Universität Brüssel durchgeführt. Aus Mitteln der PHARE-Programms finanziert, war diese erste mit EU-Mitteln unterstützte Aktivität für die Direktion auch eine lehrreiche Erfahrung und ein Test für die zukünftige Beanspruchung von EU-Mitteln für Ausbildungszwecke durch die DA.

c) Die Diplomatische Akademie als Informations- und Tagungszentrum

Die erfolgreiche Abhaltung eines internationalen Symposiums im Oktober 1994 anlässlich des 30-jährigen Bestehens der DA und des 240. Jahrestages der Gründung der Orientalischen Akademie, sowie das gemeinsam mit anderen Institutionen veranstaltete Internationale Historiker-Treffen zum 50-jährigen Bestehen der 2. Republik hatten uns vor Augen geführt, welches Potenzial die DA als Abhaltungsort für Informations-Veranstaltungen und Tagungen in Zusammenarbeit mit anderen in-

und ausländischen Institutionen darstellt. Sie bereichern nicht nur das Informationsangebot für HörerInnen an der Akademie, sie ziehen auch ein an internationalen Fragen interessiertes externes Publikum an und tragen so zu einer verbesserten Kapazitätsauslastung und einem höheren Bekanntheitsgrad der DA in der Öffentlichkeit bei. Durch eine gezielte Erweiterung des Kreises der Institutionen, die eigene oder gemeinsame Veranstaltungen an der Akademie abhielten, konnten Quantität und Qualität von Symposien, Seminaren, Expertengesprächen, Studientagungen, Buchpräsentationen etc. maßgeblich erhöht werden. Erstmals gelang es auch, die DA zum Abhaltungsort einer Wilton-Park Conference und eines OSCE-Mission Members Training Seminar zu machen. So begann sich der systematische Ausbau der Rolle der DA als Tagungs- und Veranstaltungsort als viel versprechende zukünftige Einnahmsquelle für den Fall der Ausgliederung aus der Bundesverwaltung abzuzeichnen.

d) Ausbau der personellen und materiellen Infrastruktur

Die als notwendig erachteten Maßnahmen im Studien- und Hausbetrieb konnten nur durch eine Verbesserung der unzureichenden Personalsituation in Angriff genommen werden. Erster Schritt war die Besetzung des frei gewordenen Tutorenpostens durch Frau Dr. Brigitta Hanna zur logistischen und menschlichen Betreuung der TeilnehmerInnen an den Spezialkursen für Reformstaaten. Ein vom BMaA dankenswerterweise zur Verfügung gestellter zusätzlicher Dienstposten ermöglichte die Einstellung einer im Beherbergungs- und Gastronomiegewerbe erfahrenen Wirtschafterin, der zunächst die Führung des Haus- bzw. Küchenpersonals anvertraut wurde; Frau Gabriele Schultze erwies sich in der Folge auch für die Planung und Durchführung der Umbauten, für das Veranstaltungsmanagement und für personalrechtliche Fragen als unentbehrliche Stütze der Direktion.

Im Verlauf des Jahres 1995 wurden wir durch die intensiver gewordenen Vorarbeiten für eine allfällige Ausgliederung der Akademie aus der Bundesverwaltung immer stärker in Anspruch genommen. Um den durch die Einführung der individuellen Studienberatung und das Management des Vorlesungs- und Prüfungsbetriebes sprunghaft gestiegenen Arbeitsaufwand bewältigen zu können, konnte durch die verständnisvolle Unterstützung des BMaA erstmals in der DA die Position eines Studiendirektors eingerichtet werden, die Dr. Michael Weber ab 1.9.1995 für 2 Jahre innehatte.

Akuter Handlungsbedarf bestand auch hinsichtlich des Umfangs und der Ausstattung der Internatszimmer und der Unterrichtsräumlichkeiten im Hause. Eine zusätzliche Dotierung seitens des BMaA ermöglichte es ab 1995, zunächst die Unterkünfte für StudentInnen auf einen zeitgemäßen Standard zu bringen, sodann in einem weiteren Schritt die Hörsäle im 1. Stock zu modernisieren und – als Vorbereitung für eine spätere Nutzung des Kellergeschoßes – das Stiegenhaus großzügig zum Untergeschoß zu öffnen. Auch wurde die erste Phase der Modernisierung der Büroräume in Angriff genommen. Diese und die späteren Umbauarbeiten im denkmalgeschützten Konsulartrakt zur Schaffung funktionaler Raumeinheiten mit zeitgemäßer Gebäudetechnik wurden von Architekt Dipl.Ing. Paul Prinz und seinen MitarbeiterInnen geplant und ausgeführt.

2. Reform und Ausgliederung

Die kategorischen Einwände des Finanzministeriums und andere Bedenken, die im interministeriellen Begutachtungsverfahren gegen den im Mai 1994 zirkulierten Entwurf für ein neues DA-Gesetz erhoben wurden, ließen eine baldige Umwandlung der Akademie in eine weitgehend autonome postgraduale Ausbildungs- und Forschungsstätte mit der Zusatzbezeichnung „Wiener Institut für Höhere Europäische und Internationale Studien" nicht erwarten. Nach Konstituierung der neuen Koalitionsregierung unterbreitete ich dem Außenministerium im Oktober 1994 eine Reihe von Überlegungen zu Ausbildungsfragen[4], wie die als immer dringlicher empfundenen Reformen zumindest teilweise mittels Novellierung des bestehenden DA-Gesetzes und einer neuen Studienordnung umgesetzt werden könnten. Diese Überlegungen fanden auch in der Beantwortung einer parlamentarischen Anfrage des Abg. Frischenschlager ihren Niederschlag, der wissen wollte, wie die im Arbeitsübereinkommen der beiden Regierungsparteien vom 29.11.1994 als Ziel postulierte „Reform der DA" im Einzelnen aussehen soll. Sie enthielt bereits eine Reihe von Elementen die Kursstruktur[5] betreffend, die später im Rahmen der Ausgliederung verwirklicht werden konnten, doch war zu diesem Zeitpunkt nur eine Novellierung des alten Gesetzes und die Teilausgliederung von wirtschaftlichen Aktivitäten ins Auge gefasst[6]. Eine Konkretisierung dieser Ideen scheiterte allerdings an den Spannungen innerhalb der Koalitionsregierung, die bald zu vorgezogenen Neuwahlen führten. In einem Gespräch mit dem neuen Außenminister und Vizekanzler Dr. Schüssel am 12. Mai 1995 gewann ich dann den Eindruck, dass eine neue personelle und politische Konstellation eingetreten war, die konkrete Fortschritte beim Reformvorhaben und möglicherweise sogar eine Totalausgliederung erreichbar erscheinen ließen. Einige Tage später unterbreitete ich dem Bundesminister und der Staatssekretärin für auswärtige Angelegenheiten, Benita Ferrero-Waldner, eine Information über den bisher erarbeiteten Stand des inhaltlichen Reformkonzepts, die zu seiner Realisierung notwendigen gesetzlichen, budgetären und administrativen Maßnahmen, sowie über die Implikationen einer Teil- oder Totalausgliederung. Kurz darauf beauftragte das Kabinett den Wirtschaftsprüfer Dr. Heinz Wöber mit der Ausarbeitung eines neuen Ausgliederungskonzepts. Dieses hatte – im Unterschied zu jenem des Jahres 1994 – die von der Direktion der DA erarbeiteten Vorgaben zur Grundlage, die auf ihren Erfahrungen und Ausbauplanungen unter Bedachtnahme auf die jüngste Entwicklung im Ausbildungs- „Markt" beruhten.

Das hierfür erforderlich gewesene Arbeitspensum wäre ohne Arbeitsteilung und Teamarbeit mit Gabriele Matzner-Holzer, meiner Stellvertreterin, nicht zu bewältigen gewesen. Sie leistete pionierhafte Vorarbeit zu den Entwürfen für eine neue Studien- und Hausordnung sowie für ein modifiziertes Akademiegesetz. Ich konnte mich auf eine Darstellung der zu erwartenden Einnahmen und Ausgaben auf der Basis des in Aussicht genommenen neuen Kursangebots und der dazu erforderlichen personellen und materiellen Voraussetzungen konzentrieren. Die intensiv geführten interministeriellen Vorverhandlungen (mit dem BKA, dem BM für Finanzen sowie für Wissenschaft, Forschung und Kunst) konnten nur dank der äußerst sachkundigen und wohlwollenden Unterstützung seitens des BMaA (insbes. Botschafter Dr. Moser als Leiter der Sektion VI, Min. Rat. Waldert als Leiter der Budgetabteilung sowie Botschafter Dr. Hamburger aus dem Kabinett des Bundesministers) zu einem vorläufig positiven Abschluss gebracht werden. Großer Widerstand gegen eine Vollrechtsfähigkeit der Akademie kam aber weiterhin von der zuständigen Beamtenschaft des Finanzministeriums. Unter Berufung auf die von ihr beigezogene Finanzierungsgarantie-Gesellschaft (FGG) wollte sie noch im September 1995 eine Ausgliederung (und damit eine Reduzierung ihrer direkten Einflussmöglichkeiten auf die Akademie) verhindern. Nachdem die Totalausgliederung dann aber auf politischer Ebene akkordiert worden war, wurde plötzlich statt der seit jeher in Aussicht genommenen Anstalt öffentlichen Rechts für die Rechtsform einer GesmbH plädiert. Wir widersetzten uns vehement gegen letztere, für die Akademie nicht aufgabenkonforme Rechtsform, mit der wir auch das Risiko einer Aushöhlung der finanziellen Basis der ausgegliederten Akademie erhöht sahen. Die Verhandlungen mit dem BM für Finanzen konnten schließlich erst auf Kabinettsebene finalisiert werden. Vor der parlamentarischen Behandlung des Gesetzesentwurfes hielt ich es für angebracht, die Klubobmänner/Frauen der 3 damaligen Oppositionsparteien aufzusuchen, weil uns an einer möglichst breiten parlamentarischen Unterstützung sehr gelegen war. Zu meiner Überraschung stieß nur die vorgesehene Zusammensetzung des Kuratoriums, des Aufsichtsorgans der ausgegliederten Akademie, insbesondere bei der FPÖ auf Widerstand. (Der diesbezügliche Vorschlag der Direktion der DA[7] war von der Überlegung ausgegangen, dass ein direktes Mitspracherecht politischer Parteien dem Ausgliederungszweck widersprechen würde; andrerseits erschien eine Mitgliedschaft des BKA im Hinblick auf dessen erhebliche EU-Kompetenzen der zukünftigen Arbeit der Akademie zweckdienlich. Die demokratische Kontrolle des Vollzugs des Gesetzes sahen wir durch die darin verankerte politische Verantwortung des Außenministers gewährleistet.) Klubobmann Stadler fand zwar unterstützende Worte für das Reformkonzept, kündigte aber an, seine Fraktion werde gegen

Diplomatische Akademie*WIEN*

Logo der Diplomatischen Akademie vor und nach der Ausgliederung

die Regierungsvorlage stimmen, sofern nicht jede im Hauptausschuss des Parlaments vertretene Partei das Recht erhielt, einen Vertreter in das Kuratorium zu entsenden; außerdem dürfe das BKA darin nicht vertreten sein. Stadlers diesbezüglicher Abänderungsantrag wurde sowohl im Außenpolitischen Ausschluss, wo er noch von der Klubobfrau der Grünen, Petrovic, unterstützt worden war, als auch im Plenum abgelehnt. Die im Außenpolitischen Ausschuss in einigen anderen Aspekten geringfügig modifizierte Gesetzesvorlage wurde dann vom Plenum am 13. März 1996 gegen die Stimmen der FPÖ verabschiedet.

Die Zeit bis zum Inkrafttreten des neuen Gesetzes[8] am 1.7.1996 stellte die Administration vor neue Herausforderungen, die sich aus der Errichtung einer betriebswirtschaftlich geführten Anstalt öffentlichen Rechts ergaben: Einrichtung eines eigenständigen Rechnungswesens, Übertragung des bisher im Eigentum des BMaA gestandenen, der DA gewidmet gewesenen beweglichen Vermögens einschließlich Forderungen und Verbindlichkeiten, sowie die Ausarbeitung von Dienstverträgen für jene bisher der DA dienstzugeteilten Vertragsbediensteten des Bundes, die nun Arbeitnehmer der DA wurden. Für die Dienstverträge bedurfte es der Erstellung eines Entwurfs für die (vom Kuratorium zu beschließenden) Dienst- und Besoldungs-Richtlinien für alle künftigen Arbeitnehmer der DA. Die Verhandlungen über diesen Entwurf erwiesen sich als äußerst schwierig, weil das BM für Finanzen die Leistungsabgeltung weitestgehend am Gehaltsschema des Bundes – das wir durch die Ausgliederung ja zu flexibilisieren hofften – orientieren, und Präzedenzfälle für andere Ausgliederungen verhindern wollte. Die schließlich erreichte Kompromisslösung[9] erwies sich zumindest in der Zeit meiner weiteren Amtsführung als hinreichend flexibel, um die zur angestrebten Steigerung der internationalen Konkurrenzfähigkeit erforderlichen Mitarbeiter und Vortragenden gewinnen zu können.

Die autonome Führungsstruktur hatte eine spürbare Entbürokratisierung im Verkehr mit dem BMaA zur Folge. Da die Tätigkeiten der Akademie weiterhin auch außenpolitischen Interessen dienten, war es wünschenswert, die wechselseitigen Vorteile der bisherigen Unterstellung der Akademie unter das Außenministerium möglichst zu erhalten. Zu diesem Zweck hatte ich einen Entwurf für eine Vereinbarung mit dem BMaA ausgearbeitet. Darin sind u.a. die kostenpflichtige Unterbringung und Verwendungsmodalitäten der Außenpolitischen Bibliothek durch die DA, ihre Benützung der fernmeldetechnischen und Dienstpost-Einrichtungen des BMaA, die Verwendung der Räumlichkeiten der DA für Zwecke des BMaA, die Rolle der österreichischen Vertretungsbehörden bei der Rekrutierung ausländischer HörerInnen und ein gegenseitiger Informationsaustausch geregelt[10].

3. Die „neue"[11] Diplomatische Akademie

Der neue Rechtsstatus der Akademie ermöglichte eine flexiblere und effizientere wirtschaftliche Führung. Durch die Erwirtschaftung von zusätzlichen, den Bundeszuschuss ergänzenden finanziellen Mitteln konnte eine leistungsorientierte Honorierung von Vortragenden und die Einstellung von hauptberuflichen Lehrbereichs-Verantwortlichen in die Wege geleitet werden. Weiters verfügte die Direktion nunmehr über ausreichende Autonomie für die Gestaltung und das Management des Ausbildungsbetriebes[12]. Von entscheidender Bedeutung war aber die neue gesetzliche Grundlage für ein modifiziertes, erweitertes und nachfrageorientiertes Ausbildungsangebot sowie für den Aufbau einer hauseigenen Fakultät zur Verbesserung der akademischen Betreuung der Studierenden.

Die bisherige Kursstruktur war schon im Motivenbericht für den Gesetzesentwurf vom Mai 1994 „im Hinblick auf die Europäische Integration und die Einrichtung zahlreicher konkurrenzierender Institutionen in anderen Ländern" als änderungsbedürftig erkannt worden. Die seit vielen Jahren auf niedrigem Niveau stagnierende Anzahl[13] der AbsolventInnen, die in den Höheren Auswärtigen Dienst des BMaA aufgenommen wurde, gab u.a. Anlass zur Frage, inwieweit die Aufrechterhaltung der DA als Organisationseinheit des BMaA mit der Diplomatenausbildung als ihrer primären Zielsetzung noch zu rechtfertigen war. Zweifel an der Existenzberechtigung der Institution in der bestehenden Form wurden auch durch das geringe Interesse von ÖsterreicherInnen an einem Studium an der DA genährt, für das u.a. folgende Gründe verantwortlich gewesen sein dürften:

- Der 2-jährige Lehrgang erschien vielen qualifizierten Interessenten zu lange, zumal der erfolgreiche Abschluss keine Garantie für die Aufnahme in den diplomatischen Dienst oder für den Einstieg in andere Berufe bot, für die das bestehende Ausbildungsprogramm nicht ausreichend zielgerichtet war. Auch konnte dieser Lehrgang die unterschiedlichen Studienziele pragmatische Berufsausbildung einerseits und wissenschaftliche Forschung andererseits nicht optimal verbinden.

- Der Wert des Abschlussdiploms – mangels akademischer Einbindung der DA kein anerkannter Titel – wurde als unzureichend empfunden, um den Verdienstentgang als Folge des um 2 Jahre späteren Eintritts in das Berufsleben zu kompensieren.

In teilweiser Modifizierung des Gesetzesentwurfs 1994[14] war nunmehr die Umwandlung des 2-jährigen Lehrgangs in einen durchgehenden 12-monatigen Intensivlehrgang zur Vorbereitung auf internationale Berufe, und die Einrichtung eines ergänzenden postgradualen „Höheren Lehrgangs" zwecks wissenschaftlicher Vertiefung internationaler Studien vorgesehen, der mit dem gesetzlich anerkannten Bezeichnung „Master of Advanced International Studies" abgeschlossen werden kann. Mit einer auch inhaltlichen Neustrukturierung des Ausbildungsangebots sollte darüber hinaus den neuen Gegebenheiten Rechnung getragen werden, mit denen AbsolventInnen auf der Suche nach einer adäquaten internationalen Berufstätigkeit heute konfrontiert sind. Unverzichtbar dafür war die Aufrechterhaltung des Konzepts der Pluridisziplinarität, wie es in der DA und ihren Vorläufer-Institutionen Tradition war. Die Vermittlung von Grundwissen in mehreren Disziplinen hatte durch die jüngste Entwicklung noch an Relevanz gewonnen: Die rasche Internationalisierung der öffentlichen Verwaltung und der Wirtschaft erfordert Sachkompetenz in mehreren Bereichen; die berufliche Laufbahn von derart ausgebildeten Fachkräften ist durch erhöhte Mobilität zwischen Verwendungen im öffentlichen und privaten Sektor auf nationaler und internationaler Ebene gekennzeichnet. Auf Grund einer Analyse der Nachfrage nach berufsbegleitender Spezialausbildung entwickelten wir auch ein maßgeschneidertes Angebot von kostenpflichtigen Kursen und Seminaren für österreichische und ausländische staatliche Funktionsträger. Diese begannen zusammen mit der kostendeckenden Abhaltung von wissenschaftlichen und gesellschaftlichen Veranstaltungen die Einnahmen und somit die Eigenmittelaufbringung der Akademie spürbar zu erhöhen.

a) Der neue Diplomlehrgang

Die Umstellung auf ein 12-monatiges Intensivprogramm zur Vorbereitung auf eine Vielfalt von internationalen Tätigkeiten stellte eine doppelte Herausforderung dar. Einerseits durfte die zeitliche Kürzung zu keinen Einbußen im Qualitätsstandard der Ausbildung führen (dies erforderte die Überprüfung jeder Stunde auf ihre Nützlichkeit zur Erreichung des Ausbildungszieles und die Verdichtung des Programmablaufs.) Andererseits mussten das Studienprogramm gestrafft und bei den Lehrinhalten neue Prioritäten gesetzt werden, die auf die veränderten Berufsaussichten ausgerichtet sind. Um dieses gleichzeitig verdichtete und mit größeren Wahlmöglichkeiten versehene Studienprogramm bewältigen zu können, wird für jede/n Studierende/n ein individuelles Ausbildungsprogramm erarbeitet, das die jeweiligen Vorstudien und persönlichen Interessen weitestmöglich berücksichtigt. Diese einschneidende Umgestaltung des Diplomlehrgangs dürfte gelungen sein, wenn man sie am Erfolg der Ab-solventInnen der ersten 12-monatigen Lehrgänge misst, mit dem sie den Einstieg in verschiedenste internationale Berufe geschafft haben.

b) Der postgraduale Höhere Lehrgang für internationale Studien

Der gesetzliche Auftrag, diesen Lehrgang in Zusammenarbeit mit der Universität Wien einzurichten, hatte folgende Vorgeschichte: Anfang 1995 erhielt ich die Einla-dung, Mitglied des Beirats des in Gründung befindlichen „Zentrums für internationa-le interdisziplinäre Studien" (ZIIS) der Universität Wien zu werden. Diese instituts-übergreifende, dem Akademischen Senat unterstellte Einrichtung war u.a. ermächtigt, den bisher vom Institut für Völkerrecht geführten „Lehrgang für internationale Stu-dien" auf postgradualer, interdisziplinärer Ebene weiterzuführen. Schon im ersten Gespräch mit dem damaligen Direktor des ZIIS, Univ.Prof. Dr. Georg Winckler, und dem Leiter des bisherigen Lehrgangs, Univ.Prof. Dr. Hanspeter Neuhold, zeichnete sich die Idee einer Zusammenarbeit mit der DA ab, die für die Einrichtung ihres nach der Reform geplanten postgradualen „Höheren Lehrgangs für internationale Studien" ohnehin eine Universität als Partner benötigte. Die Universität Wien bot sich hiefür durch ihren Standort und mit ihrem Reservoir von renommierten in- und ausländi-schen Vortragenden als besonders geeignet an.

Der Beirat setzte im Juni 1995 eine Arbeitsgruppe[15] ein, die in fast 1-jähriger Ar-beit das Konzept für einen neuen, gemeinsam vom ZIIS und der DA getragenen postgradualen interdisziplinären Lehrgang ausarbeitete. Nach einer Bestandsauf-nahme und Analyse konkurrierender Programme in Europa und den USA konzen-trierte sich die Gruppe auf die Ausarbeitung eines für den Standort Wien spezifi-schen Profils der Lehrinhalte und -methoden. Zur Umschreibung seiner inhaltlichen Schwerpunkte wurde der Lehrgang unter das Motto „Das neue Europa in einer sich verändernden Welt" gestellt. Das Curriculum umfasst die Lehrbereiche internatio-nale Beziehungen, Zeitgeschichte, vergleichende Politikwissenschaft, internationale Wirtschaft und Völker- sowie Europarecht. Seine Durchführung erfolgt unter den Prinzipien Interdisziplinarität, Internationalität, Aktualitätsbezug, partizipatori-sches Lernen und Teamarbeit der Studenten. Die Abfassung und positive Bewertung einer Master's Thesis ist Teil der Voraussetzungen für die schließliche Zuerkennung des Master of Advanced International Studies. Abgesehen von AbsolventInnen des Diplomlehrgangs der DA sollte dieser „höhere Lehrgang" qualifizierten Bewerbern auch von außerhalb der DA die Möglichkeit zur Spezialisierung und wissenschaft-lichen Vertiefung geben. Dabei sollte die Inanspruchnahme der in Wien verfügbaren Expertise für die interdisziplinäre Analyse der aktuellen europäischen Entwicklun-gen im globalen Beziehungsfeld von zusätzlicher Attraktivität sein. Dafür musste aller-dings den Zulassungsbedingungen besonderes Augenmerk geschenkt werden, nämlich eine dem 12-monatigen Diplomlehrgang der DA[16] gleichwertige multidisziplinäre Vorbildung. Um Nicht-DA-AbsolventInnen in- und ausländischer Universitäten die Erfüllung dieser anspruchsvollen Zulassungskriterien zu erleichtern, wurde in der Folge daher in der DA die Möglichkeit der Gasthörerschaft (recognized student) eingeführt.

Zwecks Errichtung und Durchführung dieses M.A.I.S.-Lehrgangs wurde im April 1997 ein Vertrag zwischen der DA und der Universität Wien unterzeichnet. Einen Monat später wurde unter dem Vorsitz von Univ.-Prof. Dr. Hanspeter Neuhold der Lehrgangsausschuss konstituiert, zu dessen Beratung später ein Akademischer Beirat mit international renommierten Persönlichkeiten[17] berufen wurde. Im Oktober 1997 begann der 1. M.A.I.S.-Lehrgang, zu dem 20 Kandidaten aus 14 Ländern zugelassen worden waren.

c) Spezialausbildung für Diplomaten aus den Reformstaaten

Die getrennte Abhaltung von Kursen für Jungdiplomaten aus den zentral- und osteuropäischen Staaten einerseits, und für solche aus den GUS-Staaten andererseits, erlaubte nunmehr eine Differenzierung der Ausbildungsprogramme. Bei den Nachwuchskräften aus den inzwischen mit der EU assoziierten Transitionsländern stand inzwischen die Vorbereitung für ihren Einsatz in den Beziehungen zu EU und NATO im Vordergrund. So wurde ihr Kursprogramm u.a. um Studienreisen nach Brüssel zu den EU- und NATO-Einrichtungen erweitert. Teilnehmer an den GUS-Staaten-Kursen erhielten ab 1997 durch Studienreisen nach Straßburg die Möglichkeit zum näheren Kennenlernen der Grundsätze und Arbeitsmethoden des Europarats und des Europäischen Gerichtshofs für Menschenrechte. Die Finanzierung dieser Neuerungen wurde nicht zuletzt durch Stipendienbeiträge aus dem Osthilfefonds des BKA erleichtert. In der Folge gelang auch die erstmalige Inanspruchnahme von Mitteln aus dem TACIS-Programm der Europäischen Kommission für den GUS-Staaten-Kurs, was als Zeichen der Anerkennung unserer Ausbildungstätigkeit durch die EU gewertet werden konnte.

d) Berufsbegleitende Fortbildung

Im neuen Akademiegesetz ist unter den diesbezüglichen Aufgaben und Befugnissen der DA nur die Fortbildung von Bediensteten bzw. die Schulung von Führungskräften des BMaA ausdrücklich erwähnt[18]. Gleichzeitig wird sie aber zur Abhaltung von Spezialkursen und Seminaren ermächtigt. Die herannahende österreichische EU-Präsidentschaft bot Gelegenheit, von dieser Möglichkeit gezielt Gebrauch zu machen. Wir entwickelten in Absprache mit der Verwaltungsakademie ein eigenes Programm von Spezialseminaren und Sprachkursen, die dazu dienen sollten, den mit EU-Agenden befassten Bediensteten nicht nur des BMaA, sondern der öffentlichen Verwaltung insgesamt und der Interessenvertretungen, die für die Vorsitzführung erforderlichen Kenntnisse und Fähigkeiten für die Verhandlungs- und Entscheidungsabläufe in den verschiedenen EU-Gremien zu vermitteln. Zwischen Dezember 1996 und Juni 1998 fanden an der DA insgesamt 33 kostenpflichtige Seminare statt, von denen 438 Bedienstete aus 11 Ministerien, der Parlamentsdirektion und 2 Parlamentsclubs, 5 Landesregierungen und 7 Interessenvertretungen Gebrauch machten. Der österreichische EU-Vorsitz bot weiters die Gelegenheit, die DA auch auf internationaler Ebene als berufsbegleitendes Fortbildungszentrum zu etablieren. So wurde sie 1997 von der GD IX der Europäischen Kommission mit der Abhaltung von 2 Ausbildungskursen für Beamte der Kommission, und vom Gemeinsamen Dolmetscher- und Übersetzungsdienst (SCIC) der EU 1997 und 1998 mit 2 Fortbildungskursen für insgesamt 47 EU-Dolmetscher betraut. Ziel dieser Veranstaltungen war die Vermittlung spezifischer Kenntnisse über die Verwaltungsstrukturen und Entscheidungsabläufe sowie sprachlichen Besonderheiten des neuen EU-Mitglieds Österreich.

Als weitere Zielgruppe für unsere Fortbildungstätigkeit identifizierten wir auch die Funktionäre aus den Beitritts-Kandidatenländern. Im Verlauf des Jahres 1998 wurden ein Seminar über Vorbeitrittsstrategien für 16 hochrangige Beamte und Staatssekretäre aus Lettland und Litauen, sowie 6 Seminare für 280 ungarische Regierungsbeamte und Funktionäre von Interessenvertretungen zur Vorbereitung auf die Beitrittsverhandlungen abgehalten. 1999 gab es eine Präsentation der österreichischen Erfahrungen bei den EU-Beitrittsverhandlungen für eine Delegation der Abgeordnetenkammer des Tschechischen Parlaments. Auch in diesem Fall konnten wir auf die Expertise und die Erfahrungen österreichischer Funktionäre zurückgreifen und eine externe kostendeckende Finanzierung sicherstellen.

e) Informations- und Veranstaltungstätigkeit

Schon vor der Ausgliederung hatten wir versucht, der DA durch Neugestaltung der Werbebroschüren und -plakate, des Briefpapiers, des Jahrbuchdesigns und des Logos ein neues Erscheinungsbild zu geben. Für die aus der Bundesverwaltung ausgegliederte Institution war es nun nicht mehr angebracht, den Bundesadler weiter zu verwenden. Er wurde durch einen neuen Stempel und Siegel ersetzt; auf diesem ist das neue Logo mit den Jahreszahlen 1754 (Gründung der Orientalischen Akademie), 1898 (Umwandlung in die Konsularakademie), 1964 (Wiedererrichtung als Diplomatische Akademie) und 1996 (Verselbständigung) umgeben, um Kontinuität und Wandel dieser Institution zu symbolisieren. Die Publikationstätigkeit der DA hatte sich seit ihrer Gründung auf die Herausgabe von Jahrbüchern beschränkt. Nunmehr erschien es mir unerlässlich, die „neue" Akademie auch durch einschlägige Fach-Publikationen zu akkreditieren. Mit Hilfe von öffentlichen und privaten Sponsoren konnten im Verlauf 1997 die ersten 4 Ausgaben veröffentlicht werden. Diese Publikationsserie mit dem vorläufigen Namen Occasional Papers der DA sollte die an ihr angebotene Ausbildung durch die Veröffentlichung von Texten ergänzen, die sowohl für Lehre als auch Praxis der diplomatischen, konsularischen und außenwirtschaftlichen Beziehungen relevant sind; sie dient auch der Dokumentation von Veranstaltungen im Rahmen der DA, die zum Verständnis der aktuellen internationalen Beziehungen beitragen.

War es schon bisher gelungen, der DA auch den Ruf eines interessanten Informations- und Tagungszentrum für internationale Fragen zu verschaffen, so konnte mit der Verfügbarkeit weiterer Seminar- bzw. Konferenzräume die Hereinnahme von Sonderveranstaltungen forciert werden. Immer öfter wurde die DA auch ein Abhaltungsort von nur bestimmten Zielgruppen vorbehaltenen Veranstaltungen. Dies war offenbar ein Zeichen für das steigende Bewusstsein in der Öffentlichkeit, dass die ausgegliederte Akademie trotz ihres Namens auch Dienstleistungen anzubieten hat, die für einen weit über die staatliche Administration hinausgehenden Kreis von Institutionen und Personengruppen nützlich sind. Eine zukunftsträchtige Dimension wurde auch durch den Abschluss eines Vertrags eröffnet, mit dem die DA zur Partnerinstitution der University of North Carolina, Chapel Hill (USA) für die periodische Abhaltung ihres praxisbezogenen Auslandsstudien-Programms für internationale Beziehungen wurde.

f) Personal- und Infrastruktur-Erweiterung

Nach Inkrafttreten des neuen Akademiegesetzes konnte mit Beginn des ersten 12-monatigen Diplomlehrgangs in der Person von Professor Dr. Werner Neudeck der Lehrstuhl für Ökonomie erstmals mit einem „hauptberuflich Vortragenden" besetzt werden. Die Besetzung der übrigen 3 Lehrstühle musste mangels ausreichender Ressourcen (die Einführung von Studiengebühren für den Diplomlehrgang war zu diesem Zeitpunkt noch tabu) vorläufig hinausgeschoben werden. Immerhin gelang es, den französischen Politologen und Historiker Professor Michel Cullin und andere ausländische Vortragende für längere Perioden an die DA zu binden, und den Austausch von Professoren mit dem Johns Hopkins University Bologna Centre zu vereinbaren.

Auch im Führungsteam der Akademie kam es zu Veränderungen. Neuer stellvertretender Direktor wurde Anfang 1997 Gesandter Dr. Gerhard Reiweger, und mit Beginn des 1. M.A.I.S.-Kurses übernahm Frau Dr. Elisabeth Hofer die Funktion der Studiendirektorin. Die vielen Sonderveranstaltungen erforderten auch die personelle Aufstockung der Wirtschaftsabteilung. In Antizipation des erhöhten Raumbedarfs der ausgegliederten Akademie wurde die Nutzbarmachung des Kellergeschoßes vorangetrieben. Noch 1996 begann der Einbau von Personalgarderoben im Untergeschoß. Der Keller, bis dorthin als Lagerraum benutzt, wurde für den Einbau eines

V.l.n.r.: Der Generalsekretär für auswärtige Angelegenheiten, Botschafter Albert Rohan, und Rektor Alfred Eben-bauer überreichen die M.A.I.S. h.c. Urkunde an Lord Weidenfeld, 2. Juli 1998, rechts: Botschafter Paul Leifer

EDV-Übungsraums mit 20 Arbeitsplätzen, eines Bibliotheksraums, einer zusätzlichen WC-Anlage und weiteren Personalräumen vorbereitet. Im Bereich der ehemaligen Dienstwohnung des Direktors im Erdgeschoß wurden zusätzliche Seminarräume sowie ein Aufenthaltsraum für externe Studierende eingerichtet. Alle diese Räumlichkeiten konnten rechtzeitig zum Beginn des 1. M.A.I.S.-Lehrgangs im Herbst 1997 in Betrieb genommen werden. Bis Herbst 1999 wurden noch im 1. Stock weitere Büroräume eingerichtet bzw. saniert, 2 Hörsäle neu ausgestattet und die gesamte Neugestaltung der Eingangshalle abgeschlossen.

Ende August 1999 konnte ich nach mehr als 5 1/2-jährigem Totaleinsatz die Leitung der Akademie meinem Nachfolger im Bewusstsein anvertrauen, den erhaltenen Auftrag zur Reform dieser traditionsreichen Institution im Rahmen der gegebenen Möglichkeiten erfüllt zu haben. Ihre Ausgliederung aus der Bundesverwaltung war eine Weichenstellung, die ihre Überlebensfähigkeit zumindest mittelfristig sicherstellen dürfte; sie hat der DA jedenfalls das Schicksal von staatlichen Institutionen wie der (inzwischen geschlossenen) Verwaltungsakademie des Bundes erspart, die sowohl hinsichtlich Zielpublikum als auch Finanzierung ausschließlich von staatlichen Institutionen abhängig war. Das Gefühl einer gewissen Genugtuung hatte mir auch ein Satz von Altbundespräsident Dr. Rudolf Kirchschläger vermittelt, der maßgeblich an der Ausarbeitung des Akademie-Gesetzes von 1964 beteiligt gewesen war: „Die Diplomatische Akademie kommt in ihrer Unabhängigkeit ja jetzt dem nahe, was sich Außenminister Kreisky bei der Schaffung der Akademie vorgestellt hat, er aber aus Gründen des ihm entgegen gebrachten Misstrauens nicht durchsetzen konnte"[19]. Durch die teilweise Neuorientierung und Erweiterung ihres Angebots und die ständige Verbesserung ihrer Ausbildungsqualität nimmt die DA heute trotz des immer härter werdenden internationalen Wettbewerbs wieder einen der prominentesten Plätze unter vergleichbaren Institutionen weltweit ein. Angesichts des sich radikal verändernden gesellschaftlichen und internationalen Umfelds wird sie ihre fortgesetzte Existenzberechtigung aber auch weiterhin durch neuerliche Anpassungen an den internationalen Ausbildungs-„Markt" beweisen müssen.

Anmerkungen

1   Keber, Christian, Ausgliederungskonzept für eine Reform der Diplomatischen Akademie, 1994

2   Für nähere Einzelheiten vgl. 29., 30. und 31. Jahrbuch der Diplomatischen Akademie Wien

3   Hierbei erwarb sich meine Stellvertreterin als ehemalige Absolventin der Akademie mit großem Einfühlungsvermögen für die Auslotung der Stimmung bei den Studierenden besondere Verdienste.

4   In diesem „Diskussionsbeitrag zur Ausbildungsfrage", datiert 10.10.1994, hatte ich auch für eine gesamthafte Überprüfung der Zulassungs- und Auswahlkriterien für den Höheren Auswärtigen Dienst, der Zulassungs-, Ausbildungs- und Abschlusskriterien für die DA und der Fortbildungspraxis des Höheren Auswärtigen Dienstes plädiert.

5   Es war auch ein 2-semestriger englischsprachiger Sonderkurs für Kandidaten nur aus Entwicklungsländern geplant, dessen Finanzierung jedoch nicht sichergestellt werden konnte.

6   Stenographische Protokolle des Nationalrats, XIX GP, Sitzung vom 26.1.1995

7   Der Vorsitzende des Außenpolitischen Ausschusses hob bei der Plenumsdebatte übrigens hervor, dass der Gesetzesentwurf in seinen wesentlichen Inhalten eine Schöpfung der Verantwortlichen der DA war (vgl. Stenographische Protokolle des NR, XX. GP, 10. Sitzung, 13. 3. 1996, S. 35)

8   Bundesgesetz über die „Diplomatische Akademie Wien" (DAK – Gesetz 1996), BGBl. 178/96, abgedruckt im 31. Jahrbuch der Diplomatischen Akademie Wien 1995/96, Seiten 154-64

9   Ihr Zustandekommen ist auch maßgeblich der Unterstützung durch Min.Rat Waldert und der dienstrechtlichen Expertise meiner Mitarbeiterin Gabriele Schultze zu verdanken.

10 Vereinbarung zwischen dem BMaA und der DA Wien über wechselseitige Leistungen, 1.8.1996, die für die ausgegliederte Akademie nicht unerhebliche positive finanzielle Auswirkungen hatte.

11 Vgl. hiezu auch Matzner-Holzer, Gabriele, Die „neue" DA Wien: Die Reform von 1996, abgedruckt im 34. Jahrbuch der Diplomatischen Akademie Wien, 1998-1999, S. 147-51

12 So ist z.B. bei der Festlegung der Lehrpläne, der Richtlinien für die Zulassung zu und den Abschluss von Studien, für die Feststellung des Studienerfolges, sowie bei der Bestellung von hauptberuflich Vortragenden nur noch das Kuratorium anzuhören.

13 Von den 176 österr. Absolvent/innen der 2-jährigen Lehrgänge (16. bis 32.) wurden insgesamt nur 60, also 34%, d.h. durchschnittlich 3,5 pro Lehrgang in den diplomatischen Dienst aufgenommen.

14 Dieser hatte eine Teilung des 2-jährigen Lehrgangs in einen 1-jährigen Berufsausbildungskurs und ein 1-jähriges wissenschaftlich orientiertes „postgraduales Studienprogramm für Europafragen" vorgesehen, und zwar gemeinsam mit der Donau-Universität Krems, was sich allerdings nach eingehender Prüfung als nicht gangbarer Weg erwies.

15 Sie setzte sich aus den Universitätsprofessoren Dr. Horst Haselsteiner, Dr. Hans-Georg Heinrich, Dr. Hanspeter Neuhold, Dr. Georg Winckler, Univ.-Assist. Dr. Arthur Mettinger, sowie dem Direktor der DA und seiner Stellvertreterin Ges. Dr. Gabriele Matzner-Holzer zusammen.

16 Dieses Diplom qualifiziert automatisch zur Zulassung zum M.A.I.S.-Lehrgang, der als Fortsetzung bzw. Vertiefung des insgesamt 2-jährigen Ausbildungsprogramms der DA konzipiert ist.

17 Erhard Busek, Hélène Carrère d'Encausse, Paul Lendvai, Krzysztof Michalski, Karl Johannes Fürst zu Schwarzenberg, The Lord Weidenfeld

18 Auf Wunsch des BKA enthält das Gesetz sogar eine Bestimmung, wonach die der Verwaltungsakademie des Bundes übertragenen Aufgaben durch dieses Gesetz unberührt bleiben.

19 vgl. sein an mich gerichtetes Schreiben vom 11. Juni 1997 (Original in der Stiftung Bruno Kreisky-Archiv, Wien).

Abstract

Paul Leifer, New Programmes and a New Status, 1994-1999

The need for a thorough-going reform of the Diplomatic Academy had been recognized for a number of years. However, several attempts, including the 1994 draft of a "Federal Law on the Diplomatic Academy and the Vienna Institute for Higher European and International Studies", had failed at their assessment phase. Committed to effecting just such a reform, the new director Leifer, assisted by his deputy Matzner-Holzer, concentrated as a first step on both improving the quality and sharpening the focus of the academic programmes within the existing legal framework, thereby making them more responsive to the professional requirements of the participants on the different courses. The role of the DA as a centre for meetings and seminars on international questions for an interested public was also expanded, and both its staff and physical infrastructure were increased accordingly.

Taking advantage of the new political constellation after elections in 1995, Leifer and Matzner-Holzer embarked on a fresh reform initiative based on a thorough analysis of the latest developments in the postgraduate training "market" in Europe, but retaining the time-proven elements of the DA tradition, such as a pluri-disciplinarity and multi-lingual instruction. After intensive preparatory work, the Austrian parliament adopted a new draft law granting the DA financial and administrative autonomy from the Foreign Ministry and enabling it to develop a new course structure. The two-year Diploma Course was replaced by an intensive 12-month programme and, together with the University of Vienna, a postgraduate course in advanced international studies (MAIS) was set up. In addition, numerous in-serving training courses for civil servants from Austria and the EU applicant countries were offered to satisfy the requirements of the first Austrian EU Presidency and EU Enlargement. With its separation from the Foreign Ministry, the DA finally achieved the independence which Bruno Kreisky had originally envisaged and secured a new lease on life under changed social conditions in a radically new international environment.

Résumé

Paul Leifer, Nouveaux programmes et nouveau statut, 1994-1999

Pendant de nombreuses années, on reconnut qu'il était nécessaire que l'Académie diplomatique entreprît des réformes de fond. Cependant, beaucoup de tentatives, notamment la rédaction, en 1994, d'une « loi fédérale relative à l'Académie diplomatique et à l'institut viennois de hautes études européennes et internationales » échouèrent alors qu'elles n'en étaient qu'à leurs prémices. S'étant engagé à effectuer une réforme, le nouveau directeur, monsieur Leifer, assisté par son adjointe Matzner-Holzer, se consacra, dans un premier temps, à l'amélioration de la qualité et au recentrage des programmes universitaires au sein du cadre légal existant, les rendant ainsi plus adaptés aux exigences professionnelles des participants aux différents programmes d'études. Le rôle de l'AD en tant que centre de conférences et de séminaires sur les questions internationales s'accrut constamment, également pour le public concerné, et son personnel et ses infrastructures augmentèrent corrélativement.

En 1995, profitant du nouvel ordre politique après les élections, Leifer et Matzner-Holzer se lancèrent dans une audacieuse initiative de réforme basée sur une analyse approfondie des dernières évolutions sur le « marché » de la formation post-universitaire en Europe, mais conservant les éléments de la tradition de l'AD qui avaient fait leur preuves, comme l'enseignement pluridisciplinaire et plurilingue. Après un travail de préparation intensif, le parlement autrichien adopta un nouveau texte de loi accordant à l'AD une autonomie financière et administrative par rapport au ministère des Affaires étrangères et lui permettant de développer une nouvelle structure de cours. La formation diplômante d'une durée initiale de 2 ans fut remplacée par un programme intensif en 12 mois et un programme d'études post-universitaire en études internationales avancées (MAIS) fut mis en place en collaboration avec l'université de Vienne. De plus, de nombreux programmes de formation continue destinés aux fonctionnaires de l'Autriche et des pays candidats à l'UE pourraient être proposés en fonction des exigences de la première présidence autrichienne de l'UE et de l'élargissement de l'UE. Grâce à sa séparation du ministère des Affaires étrangères, l'AD obtint finalement l'indépendance envisagée par Bruno Kreisky ce qui lui assura un nouveau départ avec de nouvelles conditions sociales et un environnement international radicalement différent.

A.H.M. Kirk-Greene, Ralph Feltham, Ernst Sucharipa

International Forum on Diplomatic Training

A 30th Anniversary History of the Annual Meetings
of Directors and Deans of Diplomatic Academies
and Institutes of International Relations, 1973-2003

Since 1973 the Diplomatic Academy of Vienna represented by its director, has been an active and indeed leading participant in the "Annual Meeting of Directors and Deans of Diplomatic Academies and Institutes of International Relations", or as this flexible association has become known, the "International Forum on Diplomatic Training". The Academy's particular role in this group has contributed largely to its international reputation as the oldest secular institution of its kind. In 1993 A.H.M. Kirk-Greene, Foreign Service Programme, Oxford, wrote a short history of the International Forum which was updated by Ralph Feltham in 1997 and published as Occasional Paper 1/1997 of the Diplomatic Academy. The following is a largely abridged account based on these earlier versions. I am of course deeply indebted to the earlier authors. The present account is supplemented by a paper written by Professor Alan Henrikson from the Fletcher School of Law and Diplomacy on the impressions he received while representing his institution at some of the more recent meetings of the Forum.

I. In the Beginning

The Birth of an Idea

It is conventional – and our Meeting is already old enough to have invented a few traditions of its own – to date the beginning of the International Forum back to the first Meeting in 1973. Yet even beginnings must have an origin, and a perusal of the files in the archives of the Diplomatic Academy, Vienna, makes it clear that we need to take the story back to at least 1968 – and to Georgetown University. It seems that in the summer of 1968 Father Joseph Sebes, Dean of the Edmund A. Walsh School of Foreign Service at Georgetown University, which was coming up to its 50th jubilee, found an opportunity casually to remind the Austrian Ambassador to the United States, Ambassador Dr. Arno Halusa, that the School's founder, Father Edmund Walsh, S.J., had not only studied theology at Innsbruck but had also, as he understood it, been so impressed by his knowledge of and contacts at the Diplomatic Academy in Vienna that he had come to the conclusion that the USA should have a similar institution. In view of this spiritual link, Father Sebes went on, might not the Diplomatic Academy, Vienna, make some recognition of the upcoming golden jubilee of Father Walsh's School of Foreign Service? In the event, on 14 March 1969 the Diplomatic Academy sent, through the Austrian Embassy to the USA, a diplomatically worded and sincere message of congratulation to the School of Foreign Service on the occasion of its jubilee.

It was to be more than three years before Georgetown University took up the invitation – and the challenge. On 19 September 1972 the new Dean of the School of Foreign Service, Dr. Peter F. Krogh wrote to the Diplomatic Academy's Director, Ambassador Breycha-Vauthier. Further exchanges and a visit of Dean Krogh in Vienna produced a joint "Statement of Plans for a Meeting of Directors" which read as follows:

"The Directors of the Diplomatic Academy of Vienna and the School of Foreign Service of Washington, D.C. met in Vienna to discuss education for international careers. It became apparent in the course of this discussion that the two academies faced similar questions in their development and that the Directors profited from the opportunity to exchange ideas and share experiences."

Further discussions were held later at the Austrian Ministry for Foreign Affairs with the Secretary General for Foreign Affairs (Ambassador Walter Wodak). At this meeting the utility of comparing different programmes of professionally oriented diplomatic and international studies became even more apparent. As a consequence the Secretary General proposed that a meeting of the major international studies academies in the world be convened for the purpose of exchanging programme information and sharing ideas for curriculum development in response to educational requirements of future public and private international professions.

In the discussions of the Secretary General's proposal, the following concrete planning points emerged:

"(1) The meeting should be kept small, limited to no more than twelve to fifteen participants;
(2) Participants should be the Directors of the most distinguished academies in the world which are educating graduate students for careers in the range of in-

ternational professions, including particularly official Foreign Service, international organizations, and international business;

(3) The meeting should be convened for three days in the last week of June at the Diplomatic Academy of Vienna;

(4) The agenda of the meeting would be divided into two parts. The first would be devoted to a description and comparison of the content of the professional education programmes represented at the meeting. The second part would consist of meetings with experts in the field for which the academies are preparing students. Experts would describe the future educational requirements in their field (e.g. diplomacy, international business) and participants would discuss programme improvements responsive to these requirements;

(5) The Directors of the Diplomatic Academy of Vienna and the School of Foreign Service, Georgetown University would commence preparations for the meeting by inviting participants and experts and by proposing a specific agenda for the meeting;

(6) A second meeting will be held two years later at the School of Foreign Service, Georgetown University, Washington D.C. Thereafter it would be hoped that the host for bi-annual meetings would rotate among the participating institutions. With agreement reached on these specific planning points, this memorandum was drafted for the record and to serve as background on a most promising project."

II. The First Meeting

Setting a Pattern: Vienna, 1973

There was much to do in Vienna before the invitations could be sent out. Indeed, a fundamental question was (and as we shall see later, still remains) exactly who should be invited as "Directors of the most distinguished academies in the world which are educating graduate students for careers in the range of international professions, including particularly official Foreign Service". In the end, seventeen invitations were sent out by the Diplomatic Academy, along with a copy of the "Statement of Plans", in the joint names of Director Breycha-Vauthier and Dean Krogh. Final letters with details of the programme were despatched on 16 May. Not all those invited could accept. A change in the Directorships of the Academies of Madrid, Rio Branco and Peru ruled out their presence, and for other reasons the Directors of the ENA, Paris, and of the College of Europe, Bruges, were unable to come. But when the Meeting opened on June 26, twelve members were present in Vienna, along with three "experts". Director Ambassador Breycha-Vauthier was designated host, with Dean Krogh as co-sponsor. Because of the historical interest of this First Meeting, the full list of participants, showing their affiliations, is given in Table A.

List of Participants at the First Meeting, 1973

Botschafter DDr. Arthur BREYCHA-VAUTHIER, Direktor, Diplomatische Akademie, Wien.

Dr. Peter E. KROGH, Dean, Foreign Service School, Georgetown University.

Professeur Lucius CAFLISCH, Institut Universitaire de Hautes Etudes Internationales, Genève, Suisse.

Dr. Henriette VAN DIJK, Assistant Director, Leergang Buitenlandes Betrekkingen, s'Gravenhage, Niederlande.

Mr. R. FELTHAM, Director, Oxford University Foreign Service School.

S.E. Ambassador Dr. Luciano GIRETTI, Director, Istituto Diplomatico, Roma, Italia.

Ambassador Edmund A. GULLION, Dean, Fletcher School of Law and Diplomacy, Tufts University, Medford, U.S.A.

M. Adamou Ndam NJOYA, Director, Institut des Relations Internationales du Cameroon, Université du Cameroun, Yaoundé, Cameroun.

Ambassador Ibrahim SABRI, Director, Diplomatic Institute, Ministry of Foreign Affairs, Cairo, Egypt.

Professor Gilbert SAUVAGE, Directeur des Programmes de Perfectionnement, Institut Européen d'Administration des Affaires, Fontainebleau, France.

Dr. Simon SERFATY, Director, The Johns Hopkins University Bologna Center, Bologna, Italy.

Dr. Howard E. SOLLENBERGER, Director, Foreign Service Institute, Department of State, Washington, DC, US.A.

One important convention established at the foundation Meeting was that of finance. It has become a principle of the Meetings that the participants should find their own travel costs to the conference. Once there the host institution originally took care of their accommodation, either in the relevant Academy or School or in a nearby hotel. With increasing numbers, however, it was subsequently agreed that participants would meet their own accommodation expenses, except in special circumstances.

The final proceedings make clear one important principle in the history of the Meetings. This is the generous but understandably limited offer by Ambassador Breycha-Vauthier that his Academy would serve as "a Secretariat for a loose organization to facilitate communications in the flow of information". There appears to have been little enthusiasm for the suggestion that a separate letter-head should be designed or a quarterly newsletter be established, probably because of their obvious financial implications. Nor was there any follow-up to the proposal to initiate an inter--library loan scheme among the participant institutions.

What does emerge, however, is a determination to keep the Meetings small, "with invitations extended to only a limited number of institutions with established reputations for excellence in international affairs education", while at the same time giving priority to a deliberate diversity in the group so as to ensure "a maximum of intellectual exchange and cross-fertilization".

Furthermore, it was agreed that "delegates were invited as representatives of their schools and institutions, and not of their countries". Of membership, the hope was unanimously expressed that it might be possible to widen the present Western Europe – North America circle so as to include one or two members "from East Asia" and maybe one from Eastern Europe, all this without prejudice to the overriding determination that "the group should be kept small and not exceed some eighteen to twenty members". That total should, it was noted, include the seventeen participants who had been invited to the foundation Meeting. Of these, twelve had accepted.

As the archives also reveal, a much rewritten communiqué was released to the press at the conclusion of the First Meeting. The historic role of the City of Vienna in the growth of the Diplomatic Academy and in international diplomacy was rightly given prominence, and emphasis was placed on the presence of "leading specialists" from Europe and the United States. The Diplomatic Academy had agreed to assume responsibility for maintaining the Secretariat and co-ordinating functions of the Conference. In conclusion, the Meeting was described as "an important step in the framework of the intensification of the international relations of the Diplomatic Academy", as well as having been a widely applauded contribution to the development of the participating institutions.

A further "one-off" event took place at the inaugural Meeting. This was the issue of a "Declaration of Intentions". During the Conference, the Director of the Diplomatic Institute, Cairo, Ambassador Ibrahim Sabri, had reflected whether it might not be useful to draft a short declaration setting out the objectives of the Meetings so that delegates "could take something home with them". A small sub-committee was nominated by the conference, and the Meeting subsequently endorsed the following text:

"The Directors of Academies and Institutes of Diplomatic and International Affairs, having informed one another of their programme and their future plans, convinced that the present meeting has been most useful, in particular have agreed:

1) To meet in a possibly enlarged group, however not exceeding 18 members, a year hence in the USA, hosted by the Georgetown School of Foreign Service.
2) In the meantime to progress in multilateral exchange of information and where possible in bilateral exchanges of students.
3) To establish an informal secretariat with the Diplomatic Academy in Vienna.
4) To have a programme for the forthcoming session drafted by the sponsors of the present meeting and to have it circulated to its members."

The Search for a Name

In an off-the-cuff remark, more than a formal proposition, Ambassador Breycha-Vauthier during one of the sessions wondered "if one should call this group anything?" He added, "For the time being, I like to think of us as 'the Sons and Daughters of Maria Theresa'". The inspiration was adroitly taken up at the official farewell luncheon held at the Diplomatic Academy two days later when, in the presence of the Austrian Minister for Foreign Affairs, the Co-chairman, Dean Peter Krogh, raised his glass and proposed a toast to "The Sons and Daughters of Maria Theresa for ever!!".

Although sporadic attempts were made in correspondence between Dean Krogh and Director Breycha-Vauthier, and then with his successors at the Diplomatic Academy, Ambassadors E. Treu and J. Coreth, to promote this nomenclature, no move was made over the next six years either formally to propose or tacitly to endorse the would-be name of the Meetings. A more prosaic suggestion in the search for an acronymic title came in the form of ROADE – "Roundtable of Approaches to Diplomatic Education". Fortunately, perhaps, this never caught the participants' imagination, though in the archives the draft proceedings of the 1974 Meeting were at first resoundingly headed "The Round Table of Directors and Deans of Academies and Institutes of Diplomatic and International Affairs." In the event, the search for a name seems to have died a natural and unlamented death. By 1979 one ambassador could say no more in his presentation than that here was an assembly of persons "who sometimes style their group 'the Sons and Daughters of Maria Theresa'". The Maria Theresa idea, for all its historical romanticism, receded into the mists of memory, and was replaced in 1995 by the current – and almost certainly permanent – name of International Forum on Diplomatic Training: prosaic, but in fact more precise.

III. The Evolving Nature of the Meetings

The inaugural Meeting set a pattern that was to prove eminently durable. Clearly there can be no opportunity here, or even need, to analyze all the subsequent Annual

Meetings in the same depth and detail as that devoted to our scrutiny of the foundation Meeting. Rather shall we identify the evolving procedures and some of the highlights of the successor Meetings so as to convey an overall idea of the nature and achievements of the Directors and Deans Annual Meeting. Basically, beyond the issue of venue and date there are four groups of documentation which characterize the make-up of the Annual Meetings: Invitation – Agenda and Programme – Proceedings and Conclusions – Publications and Projects. Some of these, notably the agenda, comprise several separate sub-heads. In this Part, we shall look at these in turn and comment on the most interesting aspects of each.

Venue and Date

As we have seen, the proposal put forward at the First Meeting that a biennial conference would meet the needs was not carried. Instead, an immediate follow-on meeting was suggested by the School of Foreign Service, Georgetown University. Thus, the conference moved to an annual meeting right from 1973. Although the second Meeting was rightly hosted by the School of Foreign Service, as a tribute to the pioneering initiatives of its Dean in helping to found the Forum jointly with the Diplomatic Academy, it soon became a tradition that, to honour its historical seniority in the world of foreign service training, the meetings would henceforth take place every alternate year at the Diplomatic Academy, Vienna. In the intervening year, the opportunity was left to one of the other participating institutions (including Georgetown University) to offer to host the Meeting.

With two single exceptions, such a peripatetic but constant pattern has been faithfully followed. The first exception was in 1989 when, with Georgetown University due to commemorate its bicentenary and its School of Foreign Service marking its 70th birthday, the 16th Meeting held in Geneva unanimously agreed to break the mould and accept the invitation from the School of Foreign Service to hold the next Meeting in Washington DC. Thus no Meeting took place in Vienna between 1987 and 1991. Similarly, the second exception had to do with the 250th anniversary celebrations of the Vienna Academy (established in 1754 as "Oriental Academy"). In order to allow for the organization of this singular anniversary to be part of the annual meeting of the Forum in (June) 2004, the 2002 meeting in Amman was immediately followed by the next meeting in Dubrovnik before reverting to Vienna in time for the celebrations.

While it has been customary for both the Director of the Diplomatic Academy, Vienna, and the Dean of the School of Foreign Service, Georgetown University, to co-chair the conference and invite the representative of the sponsoring country to act as host of the Meeting, the records indicate that the 8th Meeting in Cairo was chaired by Ambassador Gamal Barakar. Similarly, the 6th Meeting at Bruges was to

Eleventh Directors' Meeting, Vienna 20-23 September 1983

have been co-chaired by a troika comprising Messrs. Lukaszowski (Bruges), Gullion (Tufts) and Feltham (Oxford). The 10th Meeting in the USA was originally to have been co-hosted by the School of Foreign Service at Georgetown University and the Fletcher School of Law and Diplomacy (Tufts) at Medford, but later the two institutions found it administratively more convenient and logistically more comfortable to settle on a single rather than a shared venue 500 miles apart.

The first nine Meetings adhered to the 1973 date of a conference in the fourth week of June (the 4th Meeting, in Madrid, was advanced by one week). That of 1977 purposely followed on the UNITAR Seminar held at the Diplomatic Academy, Vienna, in the first half of June. However, in 1982, when the Meeting was scheduled for a return to Washington DC, Dean Krogh asked that it be moved to September. Such a postponement would allow the Meeting to take in the opening of the Inter-Cultural Center at Georgetown University. Back in 1975 the s'Gravenhage representative had raised the question of whether a date later than June might not be advantageously considered. Although nothing came of that proposal at the time, from 1983 the Meeting has settled down to a regular date, namely the second or third week of September, a month much appreciated by those Directors and Deans whose programmes are integrated into the normal university final examinations in June.

Venue and Dates of the Annual Meetings 1973-2003

Meeting	Place	Dates	No. of participants
1	Vienna	June, 26-28, 1973	12
2	Washington	June, 23-26, 1974	13
3	Vienna	June, 23-25, 1975	15
4	Madrid	June, 21-23, 1976	21
5	Vienna	June, 27-29, 1977	16
6	Bruges	June, 25-28, 1978	16
7	Vienna	June, 26-28, 1979	16
8	Cairo	June, 24-26, 1980	13
9	Vienna	June, 23-25, 1981	21
10	Washington	Sept, 22-24, 1982	26
11	Vienna	Sept, 20-23, 1983	23
12	Budapest	Sept, 17-21, 1984	17
13	Vienna	Sept, 16-20, 1985	26
14	Rome	Sept, 15-19,1986	28
15	Vienna	Sept, 21-25,1987	36
16	Geneva	Sept, 19-24,1988	37
17	Washington	Sept, 18-22, 1989	35
18	Cairo	Sept, 17-20, 1990	39
19	Vienna	Sept, 16-20, 1991	48
20	Mexico City	Sept, 23-25, 1992	49
21	Vienna	Sept, 20-24, 1993	39
22	Brasilia	Sept, 19-22, 1994	40
23	Vienna	Sept, 10-14, 1995	46
24	Ankara	Sept, 8-13, 1996	45
25	Vienna	Sept, 14-17, 1997	57
26	Seoul	Sept. 15-19, 1998	54
27	Vienna	Sept. 20-24, 1999	54
28	Washington	Sept. 18-20, 2000	55
29	Vienna	Sept. 17-19, 2001	60
30	Amman	Sept. 23-25, 2002	62
31	Dubrovnik	Sept. 28-30, 2003	57

Invitations and Membership

By custom now, invitations to take part in a Meeting are sent out some three to four months in advance (usually May). Regardless of who the host institution is, they are despatched from and by the Diplomatic Academy, Vienna, and are issued under the jointly signed names of its Director and of the Dean of the School of Foreign Service, Georgetown University, since 1999 by the Director of the Institute for the Study of Diplomacy at the School of Foreign Service, Professor Casimir Yost. To the provisional agenda is attached a copy of the proceedings of the previous year and a list of those who took part. Since 1989, the invitation has included a request for a brief written report on recent developments in the participants' institutions. This reduces the time taken up by the oral reports presented at the Meeting from a considerably increased number of participants. Importantly, for those invited for the first time, the invitation carries a succinct and valuable description of the purpose and nature of the Meeting:

> "The Annual Meetings of Directors have become a tradition. They represent an excellent occasion for sharing information about recent trends in diplomacy and experiences gained in training for diplomatic and international careers. During these meetings a valuable exchange of views takes place concerning training programmes, teaching methods and service requirements. The participants have found it an excellent occasion to meet old friends and make new ones. Some of the ideas developed during these meetings have already become the basis for new institutes and models for curricula. For all these reasons we very much hope that you will be able to attend."

Although the inaugural Meeting was resolute in its wish to restrict the Meetings to no more than eighteen or twenty participants (a decision reaffirmed in its "Statement of Intentions") so as to ensure a meaningful exchange of views from both old and new institutions, the growth of further institutes devoted to professional training in foreign service and international affairs has had a perceptible effect on the Meetings over the years. As Table B illustrates, the number of participants had doubled by 1982 and nearly doubled again by 1991, almost quadrupled by 1995; and again significantly increased by 2003. Indeed, the unpublished correspondence both between the co-chairmen, and again often from one or another Director bringing this Director or that new institution to their attention for favour of consideration of a possible invitation, has been characterized by a continuing concern with the matter of membership.

There has, of course, never been any questioning of the principle that no one has any right to expect to participate. The Meeting has firmly upheld its determination that attendance is solely by invitation, in just the same way as it has always been in total agreement that participants represent their institutions and not their countries. Nobody has wished to challenge the practice whereby it is left in the hands of the co-chairmen to review each year whom they believe it is appropriate to invite to the next Meeting. They, in their turn and in their wisdom, have shown themselves responsive to names suggested, whether at the Meeting, or, as the files reveal, subsequently by personal letter. Nevertheless institutional expansion, notably in the Third World and, since 1990, the welcome return to the international community of longestablished diplomatic academies in Eastern Europe, together mean that a built-in problem exists. Furthermore, it is one which looks set to flourish rather than fade.

At the 22nd meeting held in Brasilia in 1994, the following consensus emerged on the question of participation and status of the Annual Meetings:

"In preparing the list of invitees the following general criteria are applied: geographical balance, developmental needs and traditional participation. Those eligible to participate are academies and institutions, public or private/governmental or academic, which offer post-graduate programmes of preparation for, or advancement of international careers to participants of different nationalities. While aiming for global coverage, the numbers of institutions invited will be limited to a maximum of fifty to assure a reasonable opportunity for active participation by all during the three day meeting. (It is expected each institution will be represented by one individual). To respond to developmental needs and to extend the geographical reach of the forum, participation will necessarily have to rotate periodically."

And in more general terms:

"The Meetings of Deans and Directors of Institutes of International Relations and Diplomatic Academies are an informal Forum and network for heads of institutions primarily concerned with the training of diplomats, both present and future. They provide an opportunity for arranging the exchange of faculty, students, teaching and research material in addition to exchanging ideas on the development of the art and science of diplomacy as a professional tool in international relations.

Meetings are held during a period of three days, annually in September, alternatively in Vienna and at a venue offered by one of the participants. Host institutions provide conference facilities and a social programme. Participants are expected to meet their own travel and hotel expenses. Meetings are held under the joint presidency of the Founding and host institutions. The working language of the meeting is English although participants are free to make their presentations in the language of their choice.

An Organizational Group prepares, steers and reports on the meeting. In preparing the meeting the Organizational Group draws up an agenda on the basis of the recommendations of the last plenary. Members of the Group are the co-chairmen, the Representative of the host institution, the Rapporteur and others that may be consulted in their personal capacity on an ad hoc basis. The Secretariat of the meeting is based at the Diplomatic Academy of Vienna."

It is pleasing to note that the problems caused by the increasing interest shown in the work of the Forum developed a very positive side: the holding of Regional Conferences and the establishment of Regional Forums for Africa, Asia, Europe and Latin America. These sub-groups have created a productive momentum of their own in terms of regional co-operation and exchanges of students, materials and ideas, and relevant extracts of their deliberations are presented to the Annual Meetings of Directors and Deans. It was precisely this development which led to the decision of the Brasilia Meeting to henceforth call the Annual Meetings "International Forum on Diplomatic Training". In recent times it has become customary for the regional groups to meet right after or even before the official opening of the Meetings of the Forum and report back, through one spokesperson, to the plenary on regional developments in diplomatic training.

Agenda and Programme

The core operational items on the Agenda have progressively evolved into three classes. The first is the self-introduction round table of persons attending for the first time, often, too, of institutions represented for the first time. They are invited to talk for a few minutes and outline the essentials of their programme or, if they or a predecessor have attended before, to recount any major changes during the year in the programme's current conduct or purpose. From here, previous participants are called on to report on new directions in their programmes. In both cases, Directors are encouraged to table annual reports, brochures and publications relating to their institutions for distribution to the participants. The quantity and quality of such publicity materials grow by the year. For this mutual briefing session to take up some time is neither unusual nor useless. Arguably, it constitutes the very heart of the matter, and enables that critical getting-to-know-one-another atmosphere which has long been the hallmark of the Annual Meetings.

Short reports or initial papers are presented on a range of substantive items subsumed under a general theme or themes proposed at the previous year's Meeting. To give some idea of their spread and topicality, papers have been presented on "A

Changing World and its Implications for Diplomatic Services", "Diplomacy and the Predicament of Smaller Diplomatic Services", "The Diplomacy of Teaching Diplomacy to Third World Diplomats" and a special synthesis derived from previous Meetings, "Training for an International Career" by Ralph Feltham. More recently, there have been important reports and discussions on such issues as the "Methodology and Techniques of Case-study Teaching", "Diplomacy and the Media", "Management Training for Smaller Missions", "Crisis Management", "The Potential of E-learning for Diplomatic Training", "Training for Multilateral Diplomacy", "Training Needs for Newly Established Foreign Services", etc.

The earlier separation of the Business Programme from the Social Programme (originally described, in 1973, as "A Programme of Entertainment and Receptions") soon gave way to a franker, integrated programme. Typically this has tended to include a VIP guest luncheon, a visit to some related institution or enterprise (e.g. the Foreign Service Institute in Washington DC or the one of the UN Agencies in Geneva), and an official reception by the leading dignitary of the host country. Such splendid occasions have included audiences with His Holiness the Pope, with the Spanish and Belgian monarchs, and with the Presidents of the Republic of Austria and of the European Commission. Each programme has also tended to introduce a sort of "half-holiday" outing to the countryside and its famous sights, ending up with dinner and dancing, be it in a castle, on a boat cruising down the Nile, or at a traditional Heurigen-Abend, in Vienna. As every good professor knows (or at least maintains), students work all the harder on the following day.

As the Annual Meetings developed, a third Programme came into being. This was for a time called the "Wives Programme", then "Ladies Programme", and eventually – with good reason, given the changing gender composition of the Meetings in the 1980s – was renamed the "Spouses Programme". This has given spouses a wonderful opportunity during the conference working sessions to see something of the splendours of the city where the Meeting is being held, for instance the Lippizan Equestrian School in Vienna, the museums in Madrid, Rome and Geneva, the White House in Washington, the suk and the Grand Mosque in Cairo or the old city of Dubrovnik, before joining their spouses for the receptions and social items on the combined programme.

Proceedings and Conclusions

These have traditionally been prepared in two parts by a rapporteur, whose draft is first submitted to the co-chairmen for scrutiny. In the event, "Conclusions" generally represent a summary of "Proceedings", which in turn is a condensation of the longer – on at least one occasion – verbatim from a tape-recording. It should be noted that the record is purposely contained in a "Report" or "Proceedings", not in

"Minutes". Essentially, then, the Proceedings represent the record of the Meeting, and the responsibility for their thoroughness and their accuracy lies in the first instance in the hands of the rapporteur. It was accepted in 1975 (though not without at least one protest and one hiccup in the draft Proceedings) that "for reasons of simplification, English might be considered our working language, without precluding the use of any other UN language". Reports and statements, and of course frequently ritual courtesies, in French and Spanish remain a natural feature of the Meetings. After the initial work of Stephen Reichard and then Donald Guenther in the 1970s (exceptionally, in 1976 the Conclusions were drafted by a Commission), three rapporteurs have conspicuously dominated the preparation of the record: Mr. Jimmy Jamar of the College of Europe, Bruges, who was at every Meeting from 1978 to 1988, Dr. Paul Meerts of the Netherlands Institute of International Relations, Clingendael, who – for part of the time with Ms. Gail Griffith, Director of Executive and Leadership Programmes of the School of Foreign Service – acted as co-rapporteur of the 1990 to 1995 Meetings and Dr. John Hemery (CPDS, Oxford) who faithfully and superbly acted as rapporteur at all of the more recent meetings. The Proceedings may be said to represent the essence of what the Meetings do. It is to this source that one would turn to follow in depth the discussions, ideas and proposals through the years.

IV. Conclusion

What, then, is the Annual Meeting of the International Forum on Diplomatic Training, formally the Directors and Deans of Diplomatic Academies and Institutes of International Affairs? What, in summary, have been its rationale, its aims, its achievements and impact? And what of its future?

The Annual Meeting is not an Association, a Society or an Organization. It has, mercifully as many would look on it, no constitution, no mandate or formal membership, no provision for vulgar voting or rousing resolutions. On the contrary, it is an informal conference, a club, if you like, which one is invited to join. Its members do not represent their countries, they speak only for their institutions. Nowhere was the open, relaxed nature of the discussions more transparent than at the 1991 Meeting. Coming at the end of a year of glasnost in Eastern Europe and of goodbye to monopartyism and welcome to le Renouveau démocratique in Africa, and in the immediate aftermath of the attempted coup in Moscow, rewarding exchanges of opinions and on problems were possible to a degree which would have been totally unthinkable in any formal context. It may well be that the unique atmosphere and attraction of the thirty Annual Meetings lie in the fact that this has not been an association, with a charter and a constitution, votes and vetoes. Rather has it been, simply and successfully "a network". It has influence, it has respect, it has loyalty and support. It has neither official status nor authority.

After the rationale and the aims, what of the achievements and the impact of the Forum? They are at once positive, if not quickly susceptible to proof. Of course, among the tangible contributions is the literature generated, the way Programmes have learned to improve their own public relations and sophisticate their materials for distribution at the Meetings; and the long record of keenly attended annual conferences, with their impressive Proceedings and often a follow-up by participant institutions as they have developed and adopted ideas worked out during the Meetings. But it is perhaps the less tangible benefits which have been the most influential: the exchange of views and discussion of common problems, the sense of think-tank continuity, the sharing of experience and the informal dissemination of ideas.

Above all, there is the evidence as well as the sense that diplomatic training has come of age in the past thirty years, is now recognized and truly professionalised, and has earned that widespread respect which hitherto was either partial or generally lacking. In this conversion, the Annual Meeting of the Forum has played a conspicuous role. It has served as something of a think-tank on diplomatic training, with the Diplomatic Academy, Vienna, and the School of Foreign Service, Georgetown University, acting as an embryo clearing house.

On balance, few of us in international relations and diplomatic history who were born or brought up in the seemingly permanent international context of the Cold War, who then witnessed the total renversement of 1989-91 along with the eclipse of seemingly permanent superpowerism, the crumbling of Marxism in Europe, the rejection of socialism and the one-party state in Africa as well as Eastern Europe, and the disintegration of the Soviet Union, will be anxious to chance our reputation and confidently predict the future. The dimensions and nuances of international diplomacy will continue to change as they did in the wake of les événements of 1989-91 in Europe. We see today, how dramatically the terrorist attacks of Sept. 11, 2001 and the response of governments to them have already and will continue to change the environment in which diplomats work, the goals set for their work and their working methods.

As a result, young diplomats are likely to be called upon to be more involved – and at a far lesser seniority – in negotiating situations than they could ever have expected in the era of classical bilateral relations. The shift to more multilateral contexts – inspite of the instruments of a monopolar world – consequent on the collapse of the polarized world of international diplomacy we have all been brought up in; and the move towards institutions of regional co-operation, even integration, like ECOWAS and SADC and now the African Union in Africa, OAS in America and ASEAN in South East Asia, together must mean that in all this the Annual Meeting of the Forum, with its emphasis on training for foreign service and the professionalization of diplomats, will have a continuing role to play – and one in which to lead. The paramountcy of the Forum's professional concerns will ensure the primacy of its co-ordinating role at the beginning of the 21st century just as it has done in such sterling and successful manner since its principles were voiced in 1973, "We are interested in people's ideas, their impressions, their reactions, their hopes and plans, all of which are best drawn out in the course of relaxed, informal, personal discussions" (Dean Peter Krogh at the first annual Meeting in 1973).

Zusammenfassung

A.H.M. Kirk-Greene, Ralph Feltham, Ernst Sucharipa, Das Internationale Forum der Diplomatischen Ausbildung. Zum 30-jährigen Bestand des jährlichen Treffens der Direktoren Diplomatischer Akademien

Seit 1973 nimmt die Diplomatische Akademie Wien eine führende Rolle in den jährlichen Treffen der Direktoren Diplomatischer Akademien aus aller Welt ein. Diese Treffen gehen auf enge Kontakte zwischen der Akademie in Wien und der Georgetown University (School of Foreign Service) zurück. Deren Direktoren, Dean Peter Krogh und Botschafter Arthur Breycha-Vauthier luden gemeinsam 1973 zu einem ersten Treffen nach Wien. Dieser Einladung folgten damals zwölf führende Institutionen.

Der Beitrag berichtet über die Entwicklung dieser jährlichen Treffen, die – ohne formellen organisatorischen Charakter anzunehmen – zu einer wichtigen internationalen Einrichtung wurden und dem Erfahrungsaustausch über methodische Fragen der Diplomatenausbildung dienen. Das Rückgrat dieser Treffen bildet nach wie vor die Diplomatische Akademie Wien, die auch regelmäßig jedes zweite Jahr zum Treffen nach Wien einlädt. In den dazwischenliegenden Jahren finden die Konferenzen auf Einladung anderer Institute an abwechselnden Orten statt. Die jeweiligen Vertreter der Gründungsinstitutionen führen gemeinsam den Vorsitz bei diesen Treffen, die Diplomatische Akademie Wien fungiert darüber hinaus als Sekretariat und bereitet die Einladungslisten und auch die Programmentwürfe vor. Für die Wiener Akademie stellen diese Treffen ein wichtiges Instrument dar, ihre historische und bis heute fortwährende Rolle als weltweit älteste Einrichtung dieser Art zu dokumentieren.

Heute nehmen an die 60 verschiedene Institutionen an dem jährlichen Treffen teil. Ein Auszug aus den in den letzten Jahren diskutierten Themen zeigt die Aktualität der Treffen auf: Diplomatie und die Problematik kleiner diplomatischer Dienste;

Diplomatie und Medien; Management Training für kleine Vertretungsbehörden; Krisenmanagement; Ausbildungsbedürfnisse für neu eingerichtete auswärtige Dienste.

Die jährlichen Treffen bilden ein unverzichtbares Netzwerk für Erfahrungsaustausch und gegenseitige Hilfestellungen; sie sind eine Börse, an der neue methodische Entwicklungen im Lehrangebot dargelegt und neue Herausforderungen für die diplomatische Ausbildung diskutiert werden können. Für die Diplomatische Akademie Wien ist es eine Auszeichnung, im Mittelpunkt dieses Netzwerks zu stehen.

Résumé

A.H.M. Kirk-Greene, Ralph Feltham, Ernst Sucharipa, Le forum international de la formation diplomatique

Depuis 1973, l'Académie diplomatique de Vienne joue un rôle de premier plan dans les rencontres annuelles des directeurs des Académies diplomatiques du monde entier. Ces rencontres sont nées de contacts étroits établis entre l'Académie de Vienne et l'Université de Georgetown (École des Affaires étrangères). Leurs directeurs, le Doyen Peter Krogh et l'Ambassadeur Arthur Breycha-Vauthier, convièrent ensemble, en 1973, les directeurs des Académies diplomatiques à une première rencontre à Vienne. A l'époque, 12 institutions renommées répondirent à l'invitation.

Cette contribution retrace l'évolution de ces rencontres annuelles, qui sans institutionnaliser leur cadre organisationnel, devinrent une organisation d'importance internationale, consacrée à l'échange d'expériences en matière de méthodes pour la formation diplomatique. L'Académie diplomatique, demeure le pilier de ces rencontres ; elle organise régulièrement, à savoir tous les deux ans, une rencontre à Vienne. Les autres années, les conférences ont lieu, suivant les invitations faites par d'autres instituts, dans des endroits différents. Les directeurs respectifs des institutions fondatrices assurent ensemble la présidence de ces rencontres, l'Académie diplomatique fait, en outre, office de secrétariat et prépare les listes d'invités ainsi que les projets de programmes. Ces rencontres représentent pour l'Académie de Vienne un instrument important pour attester de son rôle historique constant jusqu'à nos jours en tant que plus ancien établissement de ce genre au monde.

Aujourd'hui, près de 60 institutions différentes prennent part chaque année à cette rencontre. Un aperçu des thèmes abordés les années précédentes illustre l'actualité des rencontres : la diplomatie et la problématique des services diplomatiques de taille réduite ; la diplomatie et les médias ; formation au management pour les petites ambassades ; gestion des crises ; besoins de formation pour les services des affaires étrangères nouvellement mis en place.

Ces rencontres annuelles constituent un réseau indispensable pour l'échange d'expériences et l'entraide. Elles sont une sorte de forum où sont présentées les nouvelles évolutions méthodologiques dans l'offre d'enseignement et où les nouvelles exigences relatives à la formation diplomatique peuvent faire l'objet de discussions. Pour l'Académie diplomatique de Vienne, c'est une distinction particulière de se trouver au centre de ce réseau.

Alan Henrikson

A Growing Appreciation

A Personal Recollection and Reflection upon the IFDT Meetings
in Vienna, September 1999, and Amman, September 2002

Diplomacy and diplomats – the profession and those selected to join it – have become, over time, one of the very constitutive "orders" of the international system. The
perspectives, composition, and training of the body of young men and, increasingly,
also young women who will be the diplomatic representatives of tomorrow should
be vital concerns, not just for the particular countries they are chosen to represent
but also for the international community as a whole. Those who have made up the
diplomatic "order", from the days of the Concert of Europe to those of the United
Nations, have served as a stable pillar and a steadying influence that often have been
needed, and must still be counted on, to help maintain international peace and safe-
guard world civilisation in times of stress.

Believing this as I do, I was delighted and honored, as a student of U.S. diplomat-
ic history and a faculty member of the Fletcher School of Law and Diplomacy at
Tufts University, to be asked to represent my institution at recent meetings of the International Forum on Diplomatic Training (IFDT) of "the Sons and Daughters of
Maria Theresa" or, formally, the Directors and Deans of Diplomatic Academies and
Institutes of International Relations. The first meeting I attended was the one in Vienna
during 21-24 September 1999. The second, to which I was invited also to speak on
"Religion, Politics, and Diplomacy", was held in Amman during 23-25 September
2002. A third, the Directors and Deans meeting taking place in Vienna in June 2004
in conjunction with the 40th anniversary of the Diplomatic Academy and the 250th
anniversary of its predecessor the Oriental Academy, is for me a kind of "homecoming"
to the Theresianum in a double sense. During the Spring of 2003 I had the privilege of
living and teaching there as Fulbright/Diplomatic Academy Visiting Professor of International Relations.

I have long known of the annual meetings of the Directors and Deans group, and
have indirectly gained a feeling for its special tradition. My "first" Dean at the Fletcher
School, Ambassador Edmund A. Gullion, a man whose intellect, experience, and
style I greatly admired, had participated in the very first meeting of the International
Forum on Diplomatic Training at the Diplomatic Academy of Vienna in 1973. Almost a quarter of a century later, in 1997, a now retired Dean Gullion was invited back

to Vienna to recount his role in the 1960s in conceptualising and institutionalising "public diplomacy". The Fletcher School's Edward R. Murrow Center of Public Diplomacy continues to give an annual award to a serving U.S. State Department information officer for Excellence in Public Diplomacy. In recent decades Public Diplomacy has become more and more a central function of the world's foreign ministries, many of which use that name for it.

When the 27th Meeting of the Directors and Deans opened on 21 September 1999 in the Festsaal of the Diplomatic Academy, I could not but be aware, if only from the accents of the (excellent) English spoken around the large rectangular table, of how few North American institutions were present. There was, of course, Georgetown University's School of Foreign Service, whose Dean, Dr. Peter Krogh (a graduate of the Fletcher School and previously Associate Dean there), had collaborated with the Diplomatic Academy of Vienna in initiating the Directors and Deans meetings. There was the Fletcher School, also present at the creation, which vied with the Georgetown SFS for being the "oldest" school of its kind in the United States. In a somewhat different category, there was the U.S. National Foreign Affairs Training Center, encompassing the Foreign Service Institute, and also its northern counterpart, the Canadian Foreign Service Institute.

With the privilege of participation comes an obligation, not only to maintain a strong focus on diplomatic studies and training – set within the context of rigorous work in related scholarly fields – but also to represent the subject of diplomacy to other academic institutions, to governments, to the media, and to the public, both at home and abroad. As the United States of America does not have a single "West Point" for diplomats but, rather, a pluralistic tradition of intake into the diplomatic and civil service from many institutional sources – including private liberal arts colleges, church-supported educational institutions, and large public universities from the Atlantic to the Pacific – any institution hoping to represent the country accurately must reflect a variety of ideas, styles, and points of view. There is no officially authorized American way of studying diplomacy and preparing for a diplomatic career. The original proposal for establishing an American "Peace Academy", it may be noted, was transformed, partly on the basis of (not wholly disinterested) advice from Fletcher and Georgetown to Congress, into the present, much more research-oriented United States Institute of Peace. The "Peace Academy" idea was opposed philosophically and as a matter of policy on grounds that it would deny the variety and even endanger the liberalism of America.

A diverse and free society often expresses itself best outside the governmental realm. In the course of conversation around the table in the Festsaal during the 27th Meeting, I mentioned, in connection the relatively new subject of "Leadership and Management" that was being presented, a course on foreign-affairs leadership that was being offered at the time by the current Dean of the Fletcher School, General

John R. Galvin, the former Supreme Commander of NATO and a life-long student of American literature. One of the readings he had recommended to his students was Leaves of Grass by the poet Walt Whitman, whose "great vicariousness" Galvin remarked upon. To me, this phrase suggested the ability that a leader, or a diplomat too, must have in order to be able to imagine persons and peoples, on a vast scale, whose experiences he could not directly share but whose lives his decisions or – in the case of diplomats – representations could intimately affect. Whitman himself was writing of America, which he saw as a "nation of nations". The same open, inclusive vision might be transposed to some other regions as well, if not to the world as a whole in an age of globalising flows and intermingling cultures.

"Globalisation" was the other major discussion topic on the agenda of the 27th Meeting – or, more specifically, how to teach diplomats to understand and manage that complex social, economic, and technological process. In 1999 the phenomenon of globalization, though no longer a novel subject, still had not become well-integrated into the curricula of most academic institutions and training programmes. A fascinating demonstration by Jovan Kurbalija, then Director of DiploEdu at the Mediterranean Academy for Diplomatic Studies in Malta, of the utility of computer technology for diplomatic planners suggested how software and telecommunications were going to help the diplomat monitor, and perhaps even to some degree to regulate, the pulse of the world.

Technology may drive history, but rarely does it make it. The actual story-line connecting the past to the future is produced by human agency, oftentimes responding to accidental events. The recent record of the history of the Balkans, and of current diplomatic efforts to write a more positive chapter for that region, was authoritatively told by the keynote speaker of the 1999 Vienna meeting, Dr. Erhard Busek, then Coordinator of the Southeast European Cooperative Initiative (SECI) and subsequently Special Coordinator of the Stability Pact for South Eastern Europe. As a former Vice Chancellor of Austria and as Chairman of the Institute for the Danube Region and Central Europe, he clearly understood the historical and geographical linkages of the peoples of these storied lands, and, surely owing in some part to his Austrian knowledge of the relative unity of much of this vast area during the Habsburg era, could imagine, "vicariously", the myriad steps of cooperation that would be needed to put that part of Europe together again, within the new and even larger perspective of possible integration into the European Union. His address was a case study of "Leadership and Management", of an essentially diplomatic kind, on a grand scale. It was intellectually impressive.

So, too, was the keynote address that opened the 30th Meeting of the Directors and Deans group, organised in collaboration with the Jordan Institute of Diplomacy, in September 2002. To gather in Amman, a year after the attacks by Al Qaeda on the World Trade Center and the Pentagon when many wondered whether the "Clash of

Civilisations" had come, was itself to affirm the value of diplomacy as a truly global institution. The speaker, His Royal Highness Prince El Hassan Bin Talal, had been a close partner of his brother the late King Hussein of Jordan in notable peacemaking efforts in the Middle East and was, in his own right, a prominent figure in the work of fostering understanding and cooperation among peoples of different religious groups around the world. To him, diplomacy is the "noble art of conversation", and a process that increasingly must involve citizens – "citizens conferencing" – as well as their "talking heads". Peace, such as that following the 1994 treaty between Jordan and Israel, had to exist "in the hearts and mind of people". Diplomacy, as he rationalised it, was thus not "a series of individual, whimsical, extemporaneous initiatives" but, rather, an achievement by "the international community", including its citizenry, of "a modus vivendi or a code of conduct". Public Diplomacy, he emphasised, should not be just Public Relations – a one-way effort at "being liked". What he advocated, instead, was "a civilised framework for disagreement by introducing people to the issues".

This was very much the theme of my own presentation to the meeting concerning the creative interplay of religion, politics, and diplomacy. What religious leaders contribute is understanding: as illuminators, they can help make things clear. What politicians contribute is power: as protectors, they can help make us safe. What diplomats contribute is skill: as facilitators, they can help make agreement easy, and cooperation feasible. But to what end? Is there one World Order or are there many?

The dialectic of difference, guided by faith and also by reason, is the inevitable process – a diplomatic as well as an intellectual process – by which the problems of today's world might be solved. Pope John Paul II, in his 1998 encyclical, "Fides et Ratio", emphasised that knowledge of the truth comes not just via revelation but also "through trusting acquiescence to other persons who can guarantee the authenticity and certainty of the truth itself". That is, dialogue is needed. Reason, and a comprehensive philosophy developed according to its rules, could provide a basis for such negotiations, which would need to be on a global level and also across faith lines. The papal encyclical advised that "the most pressing issues facing humanity – ecology, peace and the coexistence of different races and cultures, for instance – may possibly find a solution if there is a clear and honest collaboration between Christians and the followers of other religions and all those who, while not sharing religious belief, have at heart the renewal of humanity". Thus might be achieved "the true and planetary ethics which the world now vitally needs".

Responding to this hopeful line of argument, Professor Kamel Abu Jaber, former Foreign Minister of Jordan reminded the Forum participants that, as rapporteur John Hemery noted his words, "they were meeting in the shadow of the shared holy places of three faiths, where the clash of symbols had blighted the Middle East for 1500 years". From New York, by means of a teleconference link, Giandomenico Picco, Special Representative of the UN Secretary-General for the Dialogue of Civilisations, observed that Osama bin Laden and the Al Qaeda network had reacted to the marginalisation of the Middle East and the Islamic world, which did not have an adequate voice in international affairs. He suggested that Europe, also sensing international political marginalisation as well as an economic need for more workers owing to its declining population, might form a closer alliance with the Middle East, bringing to it its experience and spirit of settlement.

A special feature of the Amman meeting was "The Middle East Peace Process and Diplomacy", an up-to-date and detailed discussion of the current state of local, regional, and international efforts to resolve the Israeli-Palestinian dilemma. The invited speakers were Ambassador Terje Rød-Larsen, the UN Special Coordinator for the Middle East Peace Process, Senator Marwan Dudin, Rapporteur of the Foreign Relations Committee of the Jordanian Upper House of Parliament, and Edward Gnehm, the U.S. Ambassador to Jordan. This was followed by an equally informative discussion, "Training Diplomats in Interacting with the Defence Community", focused on the Golan Heights and on-the-ground relations between Israel and Syria with Major General Bo Wranker, Force Commander of the United Nations Disengagement Observer Force (UNDOF).

General Wranker offered an axiom of military training which he called "the principle of the objective", or a clear and steady focus on the mission assigned. One could only but reflect upon whether diplomats, as a profession, are similarly well-focused – and, if they are not, whether it is because their very objectives are broader, and more-collaborative. Diplomacy is not a zero-sum game, and essentially not even a "win" or "lose" game at all. The same is true, of course, of international peacekeeping conducted by the military.

The discussions of Middle East policy matters at the meeting in Amman were ones that, as a South Asian colleague said, he "would not have missed for anything". He went on, however, to express his view that the primary value of the Forum, for him as the director of a Foreign Service Institute, had to be what he could learn, from his colleagues and other speakers, about diplomatic training. The gap between the institutions present – in terms of size, resources, programme, and impact – was still large. Few present could match the account that Adrian de Hoog, Director General of the Canadian Foreign Service Institute, gave of using technology for diplomatic training, including development of a Virtual Campus through which courses could be taken by officers in the field. The possibilities of networking, however, were amply demonstrated by de Hoog's offering free access to the CFSI Virtual Campus to other participants at the Forum. Many have already accepted.

Training by technology, often at a distance, is a powerful way of further developing the diplomatic "order" that, as I have suggested at the outset, is a central column in the structure of international cooperation and comity. In a proposal for "An International Open University under the Auspices of the United Nations" that I was kindly permitted to outline for Forum participants for the benefit of their advice, the interlinking of faculties and students on participating campuses in different regions of the world by means of information and communication technologies was a key element. Global thinking does require global connection – intercontinental "wiring" by cable or satellite.

Yet it also, of course, requires much more. Diplomacy in an era of globalisation depends on imagination, involving a sense of the direction in which history is moving as well as a vision of a better world. Diplomats, though representing particular countries with particular traditions – regional as well as national – understand, perhaps uniquely, what it is that holds the world system together. Perhaps its essence is reason, applied across cultures in exercise of the persuasive, if usually gentle, art of conversation. Their own fine understanding, however, must be transmitted to others, to their successors as professional diplomats and also, increasingly, to other officials within their own governments as well as throughout the general public, both at home and abroad.

Those responsible for practical diplomatic training – for whom and for which I have a new and growing appreciation – have a truly challenging task: to prepare young men and women to serve in the world's only international profession, today more inclusively defined, at a time when the international system itself is undergoing a profound transformation. In Europe, the course of continental integration could displace the traditional diplomat, but raise the diplomatic function to a higher level of leadership, requiring an even broader sense of "vicariousness". In other regions, too, opportunities for diplomatic leadership detached from particular national identities might arise – as, for example, in the vital assignments that have been given to Special Representatives of the Secretary-General of the United Nations. Even outside the governmental or organisational field, as in the continuing "Dialogue of Civilisations", the diplomat, however precisely credentialed, will have a vocation, as the facilitator and maybe even a formulator of a common philosophy of global understanding.

Zusammenfassung

Alan Henrikson, Mit wachsender Wertschätzung: persönliche Erinnerungen an die Direktorentreffen Wien, September 1999, und Amman, September 2002

Diplomatie wie Diplomaten, der Berufsstand wie jene, die ausgewählt wurden ihm anzugehören sind zu einer der konstituierenden „Klassen" des internationalen Systems geworden. Sie haben es in sich, auch weiter eine Stütze und ein stabilisierender Einfluss zu sein, der benötigt wird, um internationalen Frieden und mehr noch die Zivilisation der Welt in Zeiten der Bedrängnis aufrecht zu erhalten.

Als Mitglied der Fakultät der „Fletcher School of Law and Diplomacy", „Tufts University" und Vortragender in diplomatischer Geschichte, hat Prof. Henrikson seine Institution in mehreren Direktorentreffen (International Forum on Diplomatic Training) vertreten. Die großen Themen des Treffens in Wien im September 1999 waren „Personalführung und Management" sowie „Globalisierung", beides relativ neue Themen für Diplomaten. Operatives Management von Globalisierung erfordert neue Methoden, einschließlich Computertechnologie, wie im Wiener Treffen von Jovan Kurbalija, damals Direktor der „Diplomatic Education" an der „Mediterranean Academy for Diplomatic Studies", demonstriert wurde.

Die Themen Religion und Mittlerer Osten standen im Zentrum der Diskussion in Amman im September 2002. In seinem grundlegenden Referat definierte SKH Prinz El Hassan Bin Talal Diplomatie als „noble Kunst der Konversation" und betonte die Bedeutung des Dialogs zwischen Bürgern. In seinem Beitrag, in dem er sich auf Papst Johannes Paul II und dessen Enzyklika „fides et ratio" bezog, unterstrich Professor Henrikson die Rolle von Vernunft (ratio) und rationaler Philosophie als Basis einer praktischen, über die Grenzen von Religionen hinaus reichenden Diskussion über globale Fragen. Diese Grenzen erweisen sich jedoch als weiterhin trennend, wie der ehemalige jordanische Außenminister, Professor Kamal Abu Jager, feststellte und auch andere Sprecher anerkannten, darunter auch Giandomenico Picco, der persönliche Vertreter des UN Generalsekretärs für den Dialog der Zivilisationen.

Vor diesem Hintergrund entsteht die Forderung, dass die internationale Klasse der Diplomaten, als heute stärker inklusiv definierter Berufszweig, ihr besonderes Verständnis für die Kräfte der Vernunft und deren infrakulturelle Anwendung auch mit anderen Personen, außerhalb des eigenen Berufszweiges, teile. Durch ihre Zusammenarbeit im Forum der Direktoren und auf weiteren Wegen sollten sie auf die politische Führung und die Zivilgesellschaft meinungsbildend wirken.

Résumé

Alan Henrikson, Avec une estime croissante : souvenirs personnels d'une rencontre de directeurs à Vienne en septembre 1999 et à Amman en septembre 2002

La diplomatie comme les diplomates, la profession comme les personnes choisies pour en faire partie, sont devenus une des « classes » constitutives du système international. Il leur appartient de continuer à représenter un soutien et une influence stabilisante nécessaire pour conserver la paix au niveau international et plus encore pour maintenir la civilisation du monde en temps de crises.

En tant que membre de la faculté de la 'Fletcher School of Law and Diplomacy', de l'Université de Tufts et professeur en histoire diplomatique, le professeur Henrikson a représenté son institution lors de nombreuses rencontres de directeurs (International Forum on Diplomatic Training / Forum international de la Formation diplomatique). Les thèmes principaux de la rencontre de Vienne en septembre 1999 portraient sur la « Gestion du personnel et Management » et la « Globalisation », ces deux thèmes étant relativement nouveaux pour les diplomates. Une gestion opérationnelle de la globalisation exige de nouvelles méthodes, entre autres la technologie informatique, comme cela avait été montré lors de la rencontre de Vienne par Jovan Kurbalija, ancien directeur de la formation diplomatique à l'Académie méditerranéenne pour les études diplomatiques.

Les thèmes « Religion » et « Proche-Orient » furent au centre des débats à Amman en septembre 2002. Dans sa présentation, S.A.R. le Prince El Hassan Bin Talal définit la diplomatie comme « l'art noble de la conversation » et souligna l'importance du dialogue entre les citoyens. Dans sa contribution où il faisait référence au Pape Jean-Paul II et à son encyclique « fides et ratio », le professeur Henrikson souligna le rôle de la raison (ratio) et de la philosophie rationnelle comme base de discussion sur des questions générales au-delà des frontières de la religion. Toutefois, ces frontières continuent de séparer, comme l'ont constaté l'ancien ministre jordanien des Affaires étrangères, le professeur Kamal Abu Jaber ainsi que d'autres intervenants, parmi eux Giandomenico Picco, le représentant personnel du Secrétaire général de l'ONU pour le dialogue des civilisations.

C'est dans ce contexte que naît la revendication en direction de la classe internationale des diplomates, profession définie aujourd'hui de plus en plus spécifiquement, de partager leur compréhension particulière du pouvoir de la raison et de son utilisation intraculturelle avec des interlocuteurs extérieurs à leur domaine professionnel. Grâce à leur collaboration au forum des rencontres de directeurs et par d'autres voies, ils doivent exercer une influence sur les dirigeants politiques et la société civile.

Chantal Cali

Der Wandel der Sprachausbildung an der Diplomatischen Akademie am Beispiel des Französischcurriculums für den Diplomlehrgang 1996-2004

Dank ihrer langen Tradition und Entstehungsgeschichte[1] hat die Ausbildung zur Mehrsprachigkeit an der DA einen besonderen Wert bis zum heutigen Tag behalten. Didaktik und Ziele der französischen Sprachausbildung waren aber lange Zeit vorwiegend vom Leitbild des perfekten „native speaker" geprägt und sprachimmanente Komponenten ausschlaggebend für die Gestaltung der Lehrinhalte. Im Folgenden soll anhand des Beispiels des Diplomlehrgangs von 1996 bis heute gezeigt werden, wie äußere Faktoren ein Umdenken in der Gestaltung eines Sprachprogramms beschleunigen können und die Betonung der Berufskommunikation neue Unterrichtsmethoden in den Vordergrund stellt.

I Sprachausbildung und institutioneller Rahmen

1. Der Einfluss der Ausgliederung auf den Sprachunterricht: 1996 als Wendepunkt

Als diese Institution im Jahre 1996 ihre Autonomie erlangte, stellte dies eine wichtige Wende in ihrer Geschichte dar. Von nun an sollte sie ihre Wettbewerbsfähigkeit auf dem universitären Markt der postgradualen Ausbildungen beweisen. Um den Erfolg zu sichern, wurde die Ausgliederung von einer Reform und Erweiterung der angebotenen Programme begleitet. Der Diplomlehrgang wurde auf ein Jahr verkürzt, ein „Master in Internationalen Beziehungen" in Zusammenarbeit mit der Universität Wien geschaffen, und der Ausbau der DA zum Seminar- und Vortragszentrum verstärkt.

Für die Sprachausbildung wurden von der damaligen Direktion[2] neue Curricula erwünscht, die folgende Merkmale berücksichtigen sollten: Ersetzung der internen Sprachprüfungen durch externe Anerkennung der Sprachleistung, Schwerpunkt auf der Fachsprache und der beruflichen Kommunikation, und Betonung eines modernen, sprich kommunikativen und interaktiven Unterrichtsstils.

Diese grundlegende notwendige Reorganisation des angebotenen Sprachprogramms hatte die folgenden Konsequenzen:

- Automatische Reduzierung der Stundenanzahl für den Diplomlehrgang auf die Hälfte: Im Durchschnitt stehen ab 1996 pro Stufe und Jahr für Französisch zur Verfügung: für die Fortgeschrittenen zwischen 100 und 150 Einheiten zu je 60 Minuten, für die mäßig Fortgeschrittenen 150 bis 200 Stunden und für die schwächere Gruppe 200 bis 250 Stunden. Unabhängig von der Leistungsgruppe können die Studenten einen Übersetzungskurs als Vorbereitung für das „Préalable" – das Aufnahmeverfahren im Außenamt – belegen, was diese Schwankung in der individuellen Stundenanzahl erklärt.
- Stärkere Differenzierung und Professionalisierung der angebotenen Kurse: Für Französisch strukturieren primär nun nicht mehr die Sprachstufen, sondern die angestrebten Ziele die angebotenen Kurse in vier verschiedene Kategorien. Neue Titel machen dies sichtbar: „Communication professionnelle" trainiert die Berufsfertigkeiten: Präsentationen, Verhandeln, Meeting- und Konferenzsprache und Schriftverkehr administrativer und diplomatischer Natur. Die Vorbereitung des „Diplôme Approfondi de Langue Française", bzw. dessen Zugangsprüfung für die erste Leistungsgruppe, sichert die externe offizielle Auswertung der Sprachstufen und das Üben der redaktionellen Fähigkeit von Synthese und Zusammenfassung auf einem hohen Niveau. Ein „Thématiques"-Kurs behandelt aktuelle Themen, die die französische Medienlandschaft bietet, und vermittelt die Terminologie in den Bereichen Recht, Wirtschaft, Verwaltung und internationale Beziehungen. Ein „Verstärkungskurs" in Grammatik ist der schwächeren Gruppe vorbehalten. Bis auf Letzteren werden all diese Kurse in den drei vorhandenen Leistungsstufen angeboten, was eine sehr individualisierte Anpassung an die Sprachbedürfnissen der Lernenden in Kleingruppen ermöglicht.
- Stärkere Differenzierung zwischen Haupt- und Wahlsprachen: Erstere – Englisch, Französisch und Deutsch – werden vormittags intensiv zwei- bis viermal pro Woche, je nach Anfangsniveau, unterrichtet und sind mit elf „Credits" gewichtet. Die Wahlsprachen finden in Abendkursen einmal pro Woche ihren Platz und sind erst 2003 mit einem „Credit" dotiert worden. Nicht-europäische Sprachen wie Chinesisch und Arabisch werden nicht mehr angeboten, dafür seit 2002 eine Nachbarsprache: Tschechisch. Sonst stehen Spanisch, Italienisch und Russisch zur Auswahl.

Diese Reform von 1996 hat alle Sprachen betroffen. Aber jede Sprache besitzt einen Wert, der nicht nur von den institutionellen internen Bestimmungen abhängt, sondern auch von ihrem Nutzwert auf dem „Sprachenmarkt", wie der Linguist Louis-Jean Calvet es treffend formuliert (Calvet, 1999, 2002). Wozu wird Französisch in der realen Welt in den Zielberufen benützt? Externe Faktoren bestimmen die Antworten auf diese Fragen, die nun kurz untersucht werden sollen, weil sie Inhalt und Status des Französischen an der DA und die Zweckmäßigkeit ihres Erlernens indirekt beeinflussen.

II Französisch als Berufssprache im europäischen Rahmen

Aus historischen Gründen[3] war Französisch immer eine „Staatsaffäre", und es ist kein Zufall, dass ein parlamentarischer Bericht[4] im Juni 2003 einen Überblick über die Sprachenvielfalt in Europa präsentierte, um eine Resolution zu unterstützen, die Maßnahmen zur Förderung dieser Vielfalt, und somit indirekt der französischen Sprache, vorschlägt. Dies geschah unter dem Motto: Die Zukunft der französischen Sprache als internationale Sprache entscheidet sich in der Europäischen Union.

* Eine beunruhigende Entwicklung: Siegeszug des Englischen als Lingua Franca der EU und regressiver Gebrauch des Französischen. Obwohl die erste Regelung der Union (1/58 vom 15. April 1958) das Gleichheitsprinzip aller offiziellen Sprachen in der Union rechtlich verankert, und Französisch in fast jeder Institution tatsächliche Arbeitssprache bleibt, sprechen die Zahlen[5] für sich. In der Kommission ist die Zahl der Originaldokumente, die primär auf Französisch verfasst worden sind, von 58% 1986 bis heute auf weniger als 30% gefallen. Umgekehrt entstehen jetzt etwa 60% der Dokumente direkt auf Englisch. Dasselbe Phänomen ist im Rat und in den Ratsarbeitsgruppen zu beobachten. Der Bruch wurde mit der kleinen Erweiterung von 1995 bemerkbar, wo Staaten Mitglieder geworden sind, die Englisch als Arbeitssprache bevorzugen. Die jetzige Erweiterung wird mit Sicherheit diese Tendenz noch verstärken, wenn man nur bedenkt, dass die Beitrittsverhandlungen der Union mit diesen Ländern ausschließlich auf Englisch stattgefunden haben, und dass in einer internen Umfrage im Europaparlament von den 162 Beobachtern aus den Beitrittsländern 82% Englisch als erste Fremdsprache, 14% Deutsch und nur 4% Französisch angaben. Wird sogar der Anspruch Frankreichs, die zweite Arbeitssprache der Union zu sein, in der Praxis damit gefährdet?
* Sprachenvielfalt und Entwicklung der asymmetrischen Kommunikation. Das neue Sprachenregime des COREPERS sieht ab 1. Mai 2004 in den meisten Ratsarbeitsgruppen keine Verdolmetschung und nur mehr Englisch und Französisch als Arbeitssprachen vor. Wenn in der Praxis eine Arbeitssprache die einzige gemeinsa-

me Fremdsprache aller Teilnehmer einer offiziellen Arbeitsgruppe darstellt, ist natürlich die Tendenz vorhanden, diese Sprache als gemeinsame Verhandlungssprache zu verwenden. Die französischen Beamten sind aber von verschiedenen Gesetzestexten und neuerdings durch ein Rundschreiben[6] von Premier Raffarin an seine Minister angehalten, Französisch in allen Gremien der EU zu benützen. Französisch wird also weiterhin in solchen Fällen vertreten sein. Ein Minimum an Sprachenvielfalt geht hier offenbar nicht ohne ein gewisses Machtspiel. Es führt immer mehr zu einer asymmetrischen Kommunikation, wo Französisch die Rolle der Passivsprache innehat, die nur mehr verstanden werden muss, und Englisch die Aktivsprache bleibt. Gleichzeitig mobilisiert Frankreich durch verschiedene Resolutionen[7] und über die Internationale Organisation der Frankophonie für die Sprachenvielfalt in Europa. Trotz einer Resolution des Rates[8] 2002 in dieser Causa steigt aber die Tendenz, die Lingua franca Englisch zu verstärken. Der Druck auf alle Sprachen, aber vor allem auf Französisch als de facto zweite EU-Arbeitssprache, ist gestiegen.

Was bedeuten diese Fakten, wenn man ein berufsnahes Unterrichtsprogramm gestalten will, und wie spiegelt sich der neue Wert des Französischen an der DA?

III Französisch am Campus der Diplomatischen Akademie

Wir werden nun im Sinne von Calvet (1999) den Mikrokosmos der Sprachen am Campus der DA untersuchen, und den Platz des Französischen als Lehr-, Lern- und informelle Kontaktsprache näher beschreiben. Als Quelle dieser Beschreibung werden die Mikroanalysen über den Sprachgebrauch und Mehrsprachigkeit an der DA, die wir seit Herbst 2002 jährlich durchführen, herangezogen. Aus diesen Analysen geht hervor, dass alle Studenten von der Notwendigkeit einer mehrsprachigen Sprachkompetenz als Basiswerkzeug ihrer zukünftigen Karriere überzeugt sind. Als Antwort auf eine qualitative Frage über die Mehrsprachigkeit assoziieren sie Offenheit, bessere Kommunikation zwischen den Kulturen und Toleranz. Die meisten sind sich dessen bewusst, dass Sprachen an der DA eine besondere Stellung einnehmen, und manche weisen darauf hin, dass sie deswegen hier studieren.

- Französisch als Sprache des Aufnahmeverfahrens. Die Aufnahmebedingungen im Diplomprogramm sehen vor, dass von den drei Hauptsprachen zwei auf sehr gutem Niveau beherrscht werden müssen, und die dritte sich auf Anfängerniveau bewegen kann. Diese Bedingung trifft in der Praxis meistens nur auf Französisch oder Deutsch zu. Dadurch ist eine dritte Leistungsgruppe im Französischsprachunterricht seit Herbst 2000 entstanden. Ihre Teilnehmer erreichen trotzdem nach

Studenten im Sprachlabor der Akademie, 1974

einem Jahr dank einem intensiven Unterricht in Kleingruppen ein sehr gutes Niveau (B2 bis C1) im Sinne des europäischen gemeinsamen Referenzrahmens[9].
- Französisch als Muttersprache am Campus. Wie der letzte zeichnet sich der 40. Diplomlehrgang durch eine Mehrheit von Deutschsprachigen aus. Französisch als
Muttersprache wird 2004 von 2 Studenten gesprochen, sonst sind Spanisch, Chinesisch, Kroatisch, Norwegisch, Rumänisch, Englisch und Slowakisch als Mutter-
sprachen vertreten.
- Französisch als Seminarsprache. Durch die Notwendigkeit, eine gemeinsame
Fremdsprache für alle Programme zu benützen, finden 90% der Seminare auf
Englisch statt, und nur ungefähr 5% jeweils auf Deutsch oder Französisch. Austauschprogramme und Konferenzen runden dieses Französischangebot ab.
- Französisch als Pflichtsprache in einer mehrsprachigen Konstellation. Je nach Niveau und Strategie besucht ein Student wöchentlich zwischen zwei und fünf Fran-
zösischkursen. 2004 studieren dazu zwei Drittel der Lehrgangsstudenten noch zwei
weitere Sprachen, ein Sechstel sogar eine dritte. Nach zwei Jahren, in denen die Studenten sich mehrheitlich auf zwei Fremdsprachen konzentriert hatten, zeugt also
dieser Diplomlehrgang wieder von mehr Sprachenfreudigkeit. Zwei Drittel haben
ihren Aufenthalt an der Akademie ausgenützt, um eine neue Wahlsprache zu erlernen. Dieses Jahr liegt Russisch vor Spanisch in der Gunst der Studenten.

Französisch als dritte informelle Kontaktsprache am Campus nach English und Deutsch. Die Mikroanalyse hat auch untersucht, welche Sprachen im Bereich der informellen Kommunikation – also alle Kontakte außerhalb des Unterrichts – dominieren. Ohne Überraschung sticht Englisch als Hyperzentrale Sprache (Calvet, 1999) an erster (20-mal genannt) und zweiter (10) Stelle klar heraus, gefolgt von Deutsch, das an erster (15) und zweiter (8) Stelle auch sehr gut abschneidet. Französisch wird an erster Stelle nur einmal genannt, rangiert knapp vor Deutsch als die Nummer zwei an zweiter Stelle (9), und ist die klare Nummer 1 an dritter Stelle (16), vor Spanisch (4), Deutsch (2) und Italienisch (1). An vierter Stelle werden alle anderen anwesenden Sprachen am Campus ein- oder zweimal angegeben.

IV Didaktische Konsequenzen

Insgesamt bietet die DA für die Pflichtsprachen einen idealen Lehrrahmen an: hoch motivierte Studenten, Kleingruppen-, Vormittags- und Intensivunterricht, Unterstützung moderner Technologien. Wir haben schon anfangs erwähnt, wie das Jahrescurriculum für Französisch mit der Ausgliederung umgestaltet worden ist. Da die Studenten sich in der Erstausbildung befinden, wurde ein anspruchsvolles Programm gestaltet. Französisch wird weiterhin in ihrer passiven und aktiven Komponente trainiert. Diese Orientierung wurde von zwei methodischen Neuerungen begleitet.

- Eine diskursive Auffassung der Terminologie. Damit ist nicht mehr allein das Vokabular von Bedeutung, sondern alle Übungen der rezeptiven Fähigkeiten – sei es das Verstehen eines Experten bei einer Fernsehsendung, eines Politikers in einer Radiodebatte, das Verstehen eines Artikels von „Le Monde" oder einer Resolution des Europaparlaments – zielen darauf hin, eine Sensibilität für den jeweiligen Diskurs[10] zu entwickeln. Jeder Diskurs entwickelt sich in einem besonderen, mehr oder weniger normativen Kontext, den er auch verändern kann. Er kann als Aktion betrachtet werden – man denke zum Beispiel an die Vorsitzführung einer Konferenz. Er ist auch eine subjektive und interaktive Angelegenheit. Diese verschiedenen Möglichkeiten, einen Text zu betrachten und zu analysieren, bewirken ein viel tieferes Verständnis und Erkenntnis der Struktur und Feinheiten einer diskursiven Produktion. Diese Kompetenz unterstützt dann die Versuche, sich adäquat beim Sprechen und Schreiben auszudrücken. Damit diese schriftlichen und mündlichen Produktionen nicht losgelöst, sondern sich in einem spezifischen Kontext entwickeln können, werden im Sprachunterricht Simulationen eingesetzt.
- Die Simulationen als besonders geeignete didaktische Methode: Diese Methodologie wurde ursprünglich für die nicht-sprachliche Didaktik entwickelt, und hat ihren Ursprung in den USA. Die amerikanische Zeitschrift „simulating and gaming" be-

weist seit 1970 die Lebendigkeit dieser Praxis an den amerikanischen Universitäten und hat 2001 eine Sondernummer über „Internationale Beziehungen und Simulationen[11] herausgebracht. Madeleine Albright erzählt in ihrer Biographie[12], wie sie ihre Studenten simulieren lässt, und schließt heute noch in Georgetown University ihr Seminar mit einem Simulationsspiel ab! Simulationen werden in den akademischen Fächern an der DA ebenfalls praktiziert. Im französischen Unterricht bieten wir Minisimulationen, von Rekrutierungsgesprächen bis Meetings und zweitägige Simulationen von Pressekonferenzen, internationalen Konferenzen und von Verhandlungen an. Dabei sind vier Kriterien[13] wichtig: der fiktive Rahmen und die fiktiven Identitäten, die auf die Teilnehmer befreiend wirken, gleichzeitig genug brauchbare und berufsbezogene Referenzen und Dokumente, damit das Spiel einen Sinn hat und sich realitätsnah entwickeln kann, dann eine kommunikative Aufgabe, die mit der Gruppe zu lösen ist, und schließlich ein integrativer und kooperativer Unterrichtsstil. Begleitet von pragmatischen Sprachübungen und von Feedback auf der linguistischen und prozeduralen Ebene vermitteln diese Simulationen den Studenten ein Begreifen von operationaler Kompetenz einer Sprache. Sie zeigen ihnen meistens, wie wirksam und differenziert sie schon auf Französisch agieren können.

Schlussfolgerung

Französisch unterrichten heißt 2004 an der DA schon lange nicht mehr, die Kompetenz eines „native speaker" zu fordern, sondern kontextbewusst und zielorientiert Sprachbenützer auszubilden, die selbstsicher, flexibel und kultursensibel genug ihre Französischkenntnisse aktiv und passiv mobilisieren können. Auch wenn die äußeren Faktoren und Perspektiven zur Zeit nicht optimal sind, zeigt das Engagement und die Motivation der Studenten am Französischlernen, dass der Wert individueller Mehrsprachigkeit sehr hoch eingeschätzt wird und neben der Lingua franca Platz für Sprachenvielfalt erwünscht wird. Es bleibt zu hoffen, dass die Sprachpolitiker in der EU dieser Tatsache Rechnung tragen werden, und innovativere Strategien von Sprachenkonstellationen fördern werden.

Anmerkungen

1 Siehe PFUSTERSCHMID-HARDTENSTEIN Heinrich (1989), „Von der orientalischen Akademie zur k. und k. Konsularakademie. Eine maria-theresianische Institution und ihre Bedeutung für den auswärtigen Dienst der österreichisch-ungarischen Monarchie", in: Adam Wandruszka/Peter Urbanitsch (hrsg.), *Die Habsburgermonarchie 1848-1918*, Bd VI, 1. Teilband: *Die Habsburgermonarchie im System der internationalen Beziehungen*, Verlag der österreichischen Akademie der Wissenschaften, Wien, 122-195.

2 Interview mit Bot. Dr. Leifer vom 13.10.2003

3 CERQUIGLINI Bernard, (2003) „Le Français, une religion d'État ?" in Le Monde vom 26-11-2003 oder auf dem Internetsite von der „Délégation générale à la langue française et aux langues de France" http://www.culture.gouv.fr/ culture/dglf/politique-langue/article_francais.html S. 1-2

4 HERBILLON Michel (2003), Rapport d'information déposé par la délégation de l'Assemblée nationale pour l'Union européenne sur la diversité linguistique dans l'Union européenne, présenté par M. Herbillon, député, enregistré à la Présidence de l'Assemblée nationale le 11 juin 2003, N°902, Paris. S. 1-144.

5 HERBILLON M. Rapport d'information, S. 77-82

6 Circulaire du Premier ministre du 14 février 2003 sur l'emploi de la langue française.(4.905/SG), Paris: „je vous invite donc à rappeler aux agents placés sous votre autorité les responsabilités particulières qui leur incombent au regard de la langue française, dont ils doivent systématiquement privilégier l'emploi."

7 Résolution sur la diversité linguistique dans l'Union européenne, n°229, adoptée le 6/01/2004 par l'Assemblée nationale française. Déclaration de Strasbourg adoptée le 15 janvier 2003 par l'Assemblée parlementaire de la Francophonie pour la promotion du français au sein des institutions européennes.

8 Résolution du Conseil du 14 février 2002 sur la promotion de la diversité linguistique et de l'apprentissage des langues dans le cadre de la mise en oeuvre des objectifs de l'année européenne des langues 2001.

9 Gemeinsamer europäischer Referenzrahmen für Sprachen. Europarat. 2001. Straßburg. Langenscheidt Verlag. S. 35-38

10 Dictionnaire d'analyse de discours (2002), sous la direction de P. Charaudeau et D. Maingueneau, Seuil, Paris. S. 187-190

11 Simulating and Gaming, an interdisciplinary Journal of Theory, Practice and Research, Volume 34, Nber 2, June 2003. „Symposium on International Relations and Simulation/Gaming". Sage Publications, Thsd Oaks.

12 „I was a great believer in role-playing, so I had my students renegotiate the Panama Canal Treaty and argue the merits of arm control from the perspective of senior government officials." in ALBRIGHT Madeleine (2003), Madam Secretary, Miramax Book, New York. S. 100

13 „Les simulations globales: élaboration de programmes et formation", in Le Français dans le Monde, numéro spécial sur „Français sur objectifs spécifiques: de la langue aux métiers", janvier 2004, Paris, Clé International. S. 134-146

Bibliographie

CALVET Louis-Jean (1999), Pour une écologie des langues du monde, Paris, Plon.

CALVET Louis-Jean (2002), Le marché aux langues. Les effets linguistiques de la mondialisation. Paris, Plon.

CALVET Louis-Jean (2003), „L'usage des langues dans les relations internationales" in Questions internationales numéro 1- mai-juin 2003, Paris, 100-103.

HERBILLON Michel (2003), Rapport d'information déposé par la délégation de l'Assemblée nationale pour l'Union européenne sur la diversité linguistique dans l'Union européenne, présenté par M. Herbillon, député, enregistré à la Présidence de l'Assemblée nationale le 11 juin 2003, N°902, Paris. 1-144.

PFUSTERSCHMID-HARDTENSTEIN Heinrich (1989),„Von der orientalischen Akademie zur k. und k. Konsularakademie. Eine maria-theresianische Institution und ihre Bedeutung für den auswärtigen Dienst der österreichisch-ungarischen Monarchie", in: Adam Wandruszka/Peter Urbanitsch (hrsg.), *Die Habsburgermonarchie 1848-1918*, Bd VI, 1. Teilband: *Die Habsburgermonarchie im System der internationalen Beziehungen*, Verlag der österreichischen Akademie der Wissenschaften, Wien, 122-195.

Abstract

Chantal Cali, The Evolution of Language Training at the Diplomatic Academy from 1996 to 2004: the Example of French within the Diploma Programme

This contribution deals with the evolution of the teaching of French at the Academy since it gained its financial autonomy in 1996. This change has had a deep influence on the organisation and the content of classes, encouraging the development of programmes with a focus on professional communication and the functional command of the language both written and spoken.

The article surveys the current situation on the European level, noting the setback of French and the surge of English as the predominant language. Then, with the help of a micro-survey on the practical use of languages at the Diplomatic Academy, it highlights the particular stance of French and the strategies used by the students, either on or off the campus, in respect of their formal and informal linguistic practices. This approach permits an enquiry about the nature and the didactic implications of a language taught in the context of a special field, in order to bring out some principles relating to methods.

The final section demonstrates in particular how a specific teaching approach, i.e. functional simulation exercises, also used in other special fields not linked with languages, can enrich language training.

As a conclusion, it can be said that the Academy has managed to develop its language-training programmes over the years in line with the didactic innovations while still granting them a high-ranking standing regarding quality and quantity on its syllabus. This provides the programmes of the Academy with a particular status among other similar postgraduate international programmes. Thus, the Academy fulfils the expectations of the students and is always committed to achieving the two components which are essential to them: individual multilinguism as a general rule and active command of French as a more particular one. Now our hope is that their fervent call for diversity will be heard and will find some followers in the future language practices of the European Union.

Résumé

Chantal Cali, La transformation de la formation linguistique à l'Academie Diplomatique de 1996 à 2004 : L'exemple du cursus de Français du Programme diplômant

Cette contribution va tenter de montrer l'évolution de l'enseignement du français à l'Académie diplomatique depuis l'autonomie budgétaire de l'établissement en 1996. Elle décrira comment cette dernière a profondément influencé l'organisation et le contenu des cours, en favorisant le développement d'un enseignement orienté avant tout sur la communication professionnelle et une maîtrise fonctionnelle de la langue à l'écrit comme à l'oral . Ensuite, un bref état des lieux au niveau européen sera esquissé, pour constater le recul du français et le développement de l'anglais comme langue hypercentrale. Puis, sur la base d'une micro-étude des usages pragmatiques des langues sur le campus, on essaiera de mettre en lumière le positionnement particulier du français et les stratégies utilisées par les étudiants, sur le campus et en dehors, dans leurs usages linguistiques formels et informels. Cette approche permettra de s'interroger sur la nature et les implications didactiques d'une langue enseignée dans un domaine et un contexte de spécialité, pour essayer d'en dégager quelques principes opératoires. La dernière partie s'attachera plus particulièrement à montrer comment une démarche pédagogique spécifique – la simulation fonctionnelle –, très employée par ailleurs dans les domaines de spécialité non linguistiques, peut apporter à l'enseignement-apprentissage d'une langue une pertinence supplémentaire. En conclusion, on peut dire que l'Académie diplomatique a su faire évoluer en profondeur ses enseignements linguistiques, en accord avec les avancées didactiques, tout en leur conservant qualitativement et quantitativement une place de choix dans ses programmes, ce qui participe de son profil particulier dans l'éventail des formations internationales post-universitaires comparables. Elle se trouve ainsi en phase avec les attentes des étudiants, pour lesquels la nécessité du plurilinguisme individuel en général, et de la maîtrise active du français en particulier, est toujours affirmée avec vigueur. Il reste à espérer que cette diversité appelée de leurs voeux trouvera un écho véritable dans les pratiques linguistiques à venir de l'Union européenne.

Isolde Cullin, Renate Faistauer

Deutsch als Fremdsprache an der Diplomatischen Akademie Wien

Die Entwicklung des Faches Deutsch in einem Konzept von Mehrsprachigkeit und Sprachenvielfalt von 1964 bis heute

Die Stellung der deutschen Sprache in der Welt – einige Gründe Deutsch zu lernen

Die internationale Stärke einer Sprache zeigt sich anhand unterschiedlicher Kriterien, wobei ein Kriterium die Zahl der Sprecher und Sprecherinnen dieser Sprache darstellt.

Nach einer Erhebung aus dem Jahr 1995 liegt Deutsch mit 100 Millionen Muttersprachlern am 10. Platz der Weltsprachen (Crystal, 1995, S. 287). In Europa rangiert Deutsch mit dieser Sprecherzahl auf Platz 2, innerhalb der Europäischen Union stellt Deutsch die größte Sprachgemeinschaft dar.

Ein weiteres Kriterium für die Bedeutung einer Sprache ist auch die Zahl derjenigen, die von sich behaupten, diese Sprache als Fremdsprache zu sprechen. Nach Finkenstaedt/Schröder (1992, S. 19) nutzen in der einen oder anderen Form weltweit etwa 1,6 Milliarden Menschen Englisch als Verkehrssprache, Russisch 125 Millionen, Deutsch 50 Millionen und Französisch 35 Millionen. Für Europa (Ost und West) ergibt sich dabei folgendes Bild: Englisch (104 Mio.) liegt vor Deutsch (56 Mio.) und Französisch (46 Mio.) gefolgt von Russisch (20 Mio.), Spanisch (12 Mio.) und Italienisch (6 Mio.).

Aber außer der numerischen Stärke gibt es noch andere Faktoren für den Rang einer Sprache und damit für Gründe, diese zu erlernen.

Der vermutlich wichtigste Faktor ist die ökonomische Stärke einer Sprache bzw. der sie sprechenden Sprachgemeinschaft.[1] Der ökonomischen Stärke nach ist Deutsch unter den Sprachen der Welt sehr gut platziert. Nach einer Untersuchung aus dem Jahr 1999 liegen vor Deutsch nur Englisch und Japanisch (Ammon, 1999, S. 101). Deutsch spielt dabei auch eine wichtige Rolle als internationale Verkehrssprache in der Wirtschaft. Nach dem Motto: „Die beste Sprache ist die Sprache des Kunden" wird in einer Welt, in der Deutschland noch immer eine führende Wirtschaftsmacht darstellt, diese Sprache sicher von vielen erlernt.[2]

Die Bedeutung einer Sprache zeigt sich aber auch darin, dass man sie lernen möchte, weil dies zur Bildung gehört oder nützlich ist. Die Zahl derer, die weltweit Deutsch als Fremdsprache lernen, wird auf ca. 40 Millionen geschätzt.

Allein in Mittel- und Osteuropa lernen 13 Millionen Menschen Deutsch als Fremdsprache. Die Nachfrage nach Deutsch ist enorm, in ländlichen Gebieten wird in den Schulen die Pflichtfremdsprache Deutsch häufiger als Englisch gewählt. Für Englisch entscheiden sich eher die städtische Bevölkerung und künftige Akademiker, für Deutsch die Angehörigen mittelständischer Berufe. Als Lernmotivation lässt sich heute in erster Linie der Nutz- und Marktwert des Deutschen erkennen.[3] Auf die Frage des Eurobarometers der Kandidatenländer nach den zwei nützlichsten Sprachen neben der Muttersprache wurde Englisch mit 86% gefolgt von Deutsch mit 58% vor Französisch mit 17% angegeben. (Eurobarometer 2002, S. 36)

Die Tradition des Deutschen in Osteuropa reicht von der Ostkolonisation (8.-14. Jh.) bis zur Institutionalisierung der deutschen Sprache als Amtssprache unter Josef II., was zwar vordergründig die deutsche Sprache stärkte, von der ansässigen Bevölkerung aber oft als gewaltsame Maßnahme empfunden wurde. Seit dem 17. Jh. entwickelt sich neben dem ungesteuerten Erwerb der Sprache auch gesteuerter Unterricht in der deutschen Sprache, an Ritterakademien und Hochschulen. Die Gründe dafür waren vielfältige: Bildungsbedürfnisse, religiöse Interessen (z.B. an den Schriften Luthers), aber auch wirtschaftliche oder politische.[4] Die wohl dynamischste Zeit der Ausbreitung war die Phase von 1871-1914. Deutsch wird in den damals ökonomisch führenden Ländern Pflichtfach an Schulen und Universitäten. Galten bis zum 17. bzw. 19. Jh. in Europa Latein und Französisch als Sprachen der Diplomatie, so versuchte Bismarck konsequent die Stellung des Deutschen gegenüber dem Französischen zu stärken. Der 1. Weltkrieg hat dieses Bemühen wieder zunichte gemacht und bis heute hat sich Deutsch in internationalen Organisationen nicht in dem Maße durchgesetzt, wie es seiner numerischen Stärke nach zukommen würde.[5]

Auch in den Wissenschaften unterlag die Stellung der deutschen Sprache vielfältigen Wandlungen. Ab dem 19. Jahrhundert blühten in Deutschland die Künste und Wissenschaften, z. B. Philosophie und Medizin, die auch international auf Deutsch gelehrt wurden. Deutsch war Weltsprache in den Wissenschaften (so mussten in den 30er Jahren US-amerikanische Chemiker ihre Lesefähigkeit im Deutschen nachweisen). Der 1. und noch mehr der 2. Weltkrieg hatten jedoch nachhaltig ungünstige Folgen für die Verbreitung des Deutschen in der Welt, besonders auf wissenschaftlichem Gebiet. Heutzutage liegt der Anteil des Deutschen vor allem in den naturwissenschaftlichen Publikationen bei unter 3%. Die Gründe dafür sind bekannt: Vertreibung und Ermordung von Wissenschaftlern im Nationalsozialismus, Emigration in Richtung USA. (Ammon, 1999, 2001)

Deutsch ist eine europäische Sprache, nicht nur weil es die Muttersprache der größten SprecherInnengruppe der europäischen Union ist (24% vor Englisch, Französisch und Italienisch mit je 16%), und in den Jahren nach 1989 in den MOE-Ländern (wieder) die Rolle einer Lingua Franca eingenommen hat, sondern auch, weil es die wichtige Funktion einer grenzüberschreitenden Brückensprache in Mitteleuropa und gerade in den Ländern, die in der nächsten Zeit der europäischen Union beitreten werden, einnimmt (vgl. dazu: Krumm, 1999).

Mehrsprachigkeit in der europäischen Union

Eine europäische Vereinigung kann nur gelingen, wenn die europäische Mehrsprachigkeit erhalten, ja sogar gefördert wird. Die Einführung einer europäischen Leitsprache hätte zur Folge, dass bestimmte Sprachen politisch und wirtschaftlich bevorzugt wären, viele kulturelle Errungenschaften Europas, die an einzelne Sprachen und Traditionen geknüpft sind, verloren gehen. Sprachen sind mehr als bloße Kommunikationsmittel. Sie stellen immer auch Symbole individueller und kollektiver Identität dar. Eine europäische Identität wird nur dann akzeptiert, wenn man in diesem neuen Europa die eigene Muttersprache wiederfindet. Enthält man den Bürgerinnen und Bürgern diese vor, so ist ein neuer Nährboden für nationalistische Ideologien bereitet (vgl. dazu: Wiener Manifest zur Europäischen Sprachenpolitik: „Die Kosten der Einsprachigkeit", 2003).

Im Weißbuch der Europäischen Kommission („Lehren und Lernen. Auf dem Weg zur kognitiven Gesellschaft", 1995) wird der Anspruch erhoben, dass jeder Bürger der EU neben seiner Muttersprache noch weitere zwei Fremdsprachen erlernen sollte. Die europäische Vielsprachigkeit zu bewahren und die individuelle Mehrsprachigkeit zu fördern, ist somit auch Ziel europäischer Bildungspolitik. Dies drückt sich auch in der Tatsache aus, dass wichtige Dokumente in alle Sprachen übersetzt und wichtige Sitzungen in alle Sprachen gedolmetscht werden.

Der Verzicht auf Mehrsprachigkeit hätte eine kulturelle Verarmung Europas zur Folge. So geht es nicht darum in die vergebliche Konkurrenz zur englischen Sprache zu treten (nach Krumm zählt Englisch gar nicht mehr zu den zu erlernenden Fremdsprachen, sondern zu den Kulturtechniken, über die Menschen heute verfügen müssen, wie z.B. den Führerschein zu besitzen oder einen PC zu benutzen), sondern Deutsch als sinnvolle Ergänzung dazu zu begreifen (Krumm, 2003).

Deutsch an der Diplomatischen Akademie Wien

Das Sprachangebot war – beginnend mit der Orientalischen Akademie, über die Konsularakademie bis zur heutigen Diplomatischen Akademie – immer schon ein sehr vielfältiges und umfangreiches.

Als 1964 die Diplomatische Akademie neu errichtet wurde und Ernst Florian Winter von Bruno Kreisky zum 1. Direktor bestellt worden war, wurde Wilhelm Matejka, Direktor des Dolmetschinstituts der Universität Wien, beauftragt, die Sprachausbildung zu organisieren[6].

Der Studienbetrieb begann am 1. Januar 1965, das Studium dauerte drei Semester und seit dem im März 1979 beschlossenen Akademiegesetz wurde es um ein halbes Jahr verlängert[7]. Das Sprachstudium sah vier Pflichtsprachen vor: Englisch, Französisch, Deutsch, und als vierte Sprache standen Russisch, Spanisch, Arabisch und Chinesisch zur Wahl. Ernst Florian Winter baute in Anlehnung an das amerikanische Modell das Sprachprogramm folgendermaßen auf:

Sprachkurs mit einem Sprachlehrer
Sprachübungen und Konversation mit Tutoren
Sprachtraining im Sprachlabor

Wichtig war ein lebendiger, praxisorientierter Sprachunterricht unter besonderer Berücksichtigung der Bereiche Politik, Wirtschaft, Kultur, mit Schwerpunkt Diplomatie. In den Vorlesungen beziehungsweise Sprachkursen wurde dieses Wissen vermittelt und die Tutoren, die meist native speaker waren, trainierten und festigten die erworbenen Kenntnisse durch intensive Konversation und begleitende Übungen. Erst Anfang der 90er Jahre kam man vom Tutorium ab, und dem jeweils verantwortlichen Sprachlehrer oblag die Sprachvermittlung durch interaktiven, kommunikativen Unterricht. Die drei Akademiesprachen waren gleichwertig, Deutsch sollte nicht das Aushängeschild sein, man musste es aber können, Kreisky wollte keine Anfänger.[8] Dabei blieb es nicht, die Aufnahmebedingungen die Sprachkenntnisse betreffend änderten sich einige Male.

Im Allgemeinen war in allen Jahrgängen das Verhältnis Deutsch Muttersprache – Deutsch nicht Muttersprache 1:1.

Deutsch hatte als Umgangs- und Arbeitssprache eine besondere Wertigkeit: sie wurde an der Diplomatischen Akademie in allen Lebensbereichen gesprochen, Ankündigungen wurden auf Deutsch ausgehängt, sie war Verkehrssprache und wurde im täglichen Leben praktiziert.

Herbert Huber, der bis Anfang der 90er Jahre Lehrbeauftragter und Verantwortlicher für Deutsch war, setzte für den Deutschunterricht 3 Schwerpunkte:
1. Da Wien ein geschichtsträchtiger Ort ist, bietet sich die Vermittlung eines kulturhistorischen Hintergrundwissens an. Dies sollte anhand aktueller Texte, deren Themenkreis sich von der Politik über Wirtschaft bis zur Kultur erstreckt, geschehen, wobei es nicht so sehr um angehäuftes Vokabelwissen sondern um eine differenzierte idiomatische Ausdrucksweise ging.

2. Die Sprache sollte aber auch kognitiv erlernt werden, wobei Grammatik nicht als Selbstzweck, sondern als Mittel zur Schaffung eines Sprachbewusstseins diente.
3. Schriftliche Ausdrucksfähigkeit, die dem Lernenden ermöglichen sollte, das „treffende Wort" zu finden und dabei Sensibilität und Sprachgefühl für die deutsche Sprache zu entwickeln.[9]

Unterrichtete man bis Ende der 80er Jahre „Deutsch" bzw. die „Deutsche Sprache", so wurde ab Beginn der 90er Jahre der Unterricht mehr nach den Prinzipien von „Deutsch als Fremdsprache" (DaF), d.h. nach stärker fremdsprachlichen Gesichtspunkten unterrichtet. Die Lernziele wurden in Bezug auf die Fertigkeiten *Hörverstehen, Leseverstehen, Sprechen/mündliche Interaktion, Schreiben/schriftlicher Ausdruck* definiert. Den Zielen Sprachgefühl und Sprachbewusstsein wurde das Ziel kommunikativer und interkultureller Kompetenz vorangestellt. Die Einführung in das österreichische Deutsch, eng verbunden mit österreichischer Landeskunde und Geschichte, war und ist den Lehrenden, wie den Direktoren der Diplomatischen Akademie immer ein besonderes Anliegen. Die Vermittlung landeskundlicher Kenntnisse, die die Studierenden motivieren sollten, autonom weiterzulernen und sich mit Österreich und seiner Kultur auseinander zu setzen, blieb weiterhin eines der Hauptziele des Deutschunterrichts.

1996 wurde durch die Reorganisation der Diplomatischen Akademie die Ausbildung von einem viersemestrigen Diplomlehrgang zu einem einjährigen Lehrgang reduziert, was für das Sprachstudium keine großen Änderungen mit sich brachte. Was den Deutschunterricht betrifft, wurden nur die Prüfungsbestimmungen geändert. Die Abschlussprüfung bestand bis dahin aus einer internen Deutsch-Proficiency. Es wurde beschlossen wie für Englisch (Cambridge Proficiency) und für Französisch (DALF und DELF), so auch für Deutsch eine international anerkannte Prüfung, das Österreichische Sprachdiplom Deutsch (ÖSD), zu wählen.[10]

Die Diplomatische Akademie ist seit 1997 Prüfungszentrum des ÖSD und alle Deutschlehrenden der Akademie sind ÖSD-qualifizierte PrüferInnen. Seit Beginn werden die Prüfungen *Zertifikat Deutsch, Mittelstufe Deutsch und DWD* (Diplom Wirtschaftssprache Deutsch) abgehalten. Die Erfolgsquote liegt bei 100%.

Seit 1990, mit der Einführung der *Spezialkurse für junge Diplomaten aus den Reformländern (SPC),* war Deutsch für alle TeilnehmerInnen neben Englisch und später auch Französisch optional. Im Zentrum dieser Kurse (Gesamtdauer 3 Monate mit einer Anzahl von 4-8 Wochenstunden) stand die Vermittlung von Alltagskommunikation und Fachdeutsch (für Fortgeschrittene), was durch Exkursionen, Museumsbesuche und Begegnungen mit Österreicherinnen und Österreichern vertieft wurde.

1997 wurde *der M.A.I.S.-Lehrgang,* ein einjähriges interdisziplinäres Studium zu Europafragen mit wissenschaftlichem Schwerpunkt zur Erlangung eines „Master of Advanced International Studies" eröffnet, in dem Deutsch mit 4-6 Wochenstunden ebenso optional ist.

2000 kam der einjährige *Special Course in International Studies (SPIS)* hinzu, dessen Ziel der Erwerb von Zusatzqualifikationen in Politikwissenschaft und Internationalen Beziehungen, Völkerrecht und Europarecht, Ökonomie und Zeitgeschichte ist und der als akademische Vorbereitung auf den M.A.I.S.-Lehrgang dient. In diesem Lehrgang ist Deutsch seit dem Studienjahr 2002/03 verpflichtend (4-6 Wochenstunden) und durch die hohe Anzahl von Studierenden ohne Deutschkenntnisse ist der Bedarf an Deutschstunden erheblich gestiegen.

Die Anzahl der Studierenden, die Deutsch verpflichtend und auch freiwillig wählen, hat in den letzten Jahren sehr zugenommen[11], was auch Veränderungen im Lehrplan mit sich brachte: Seit einem Jahr werden 4 Niveaustufen und Fachdeutsch angeboten.

Die Diplomatische Akademie hat seit Beginn – neben dem Sprachunterricht im Akademieprogramm – ihre Aufgabe darin gesehen, ihrem speziellen Standort Wien gerecht zu werden und die deutsche Sprache und österreichische Kultur Interessierten aus aller Welt auf akademischem Niveau im Rahmen der Sommerkurse zu vermitteln. 2000 wurden die bestehenden Sommerkurse neu konzipiert und der *Sommerkurs Deutsche Sprache und österreichische Landeskunde* im August angeboten. Schwerpunkte sind der Erwerb und die Vertiefung der Kenntnisse der deutschen Sprache und des Wissens über österreichische Politik, Wirtschaft, Geschichte und Kultur. Dies geschieht durch intensive Sprachausbildung, Vorträge zur österreichischen Politik, Geschichte, Wirtschaft und Kultur und so genannte „Themenrecherchen", die in Projektarbeit landeskundliches Wissen vermitteln sollen.[12]

Seit 2001 organisiert die Diplomatische Akademie auch in Kooperation mit dem ÖAD (Österreichischer Akademischer Austauschdienst) einen 60-stündigen Deutsch-Intensivkurs für Studierende aus außereuropäischen Ländern mit Schwerpunkt „Erlebte Landeskunde".

In dem Umfang, in dem die Zahl der Deutsch-Lernenden, die Zahl der Stunden, die Zahl der Angebote zunimmt, in dem Umfang nimmt die Bedeutung der deutschen Sprache als Umgangs-, Verkehrs- und Arbeitssprache an der Diplomatischen Akademie ab. Seit der Einführung der M.A.I.S.- und SPIS-Kurse, in denen ausschließlich Englisch Arbeitssprache ist, wird die deutsche Sprache und ihre österreichische Variante als Umgangs- und Arbeitssprache immer bedeutungsloser und von der Lingua Franca Englisch auch im Alltag der DA immer mehr verdrängt. Diese für das Deutsche negative Entwicklung steht sowohl in krassem Gegensatz zu allen sprachenpolitischen Absichtserklärungen der europäischen Union und internationalen wissenschaftlichen Erkenntnissen über Sinn und Nutzen von Mehrsprachigkeit als auch zu neueren didaktischen Modellen von Spracherwerb und Sprachunterricht.

Mehrsprachigkeit kann sich nur dann entwickeln, wenn sie eine bildungspolitische Unterstützung findet, wenn Instrumentarien geschaffen werden, die diese Mehrsprachigkeit möglich machen. Ein Element dabei ist, den vorhandenen Sprachenreichtum zu nutzen und, wie in unserem Fall, in das Bildungssystem der Diplomatischen Akademie zu integrieren.

Die Akademische Lehre an der DA kann in gewisser Weise noch immer ein Garant für Mehrsprachigkeit sein, wenn sie die sprachliche und kulturelle Vielfalt der Studierenden berücksichtigt.

Immer mehr junge Menschen, und dies gilt im besonderen Maße auch für die Studierenden der DA, bringen vielfältige Sprachbiographien und eine mehrsprachige Identität mit. Diese sprachliche Vielfalt muss sich natürlich auf den Unterricht auswirken indem Synergien genutzt werden und lernökonomisch vorgegangen wird: Lernende, die eine Fremdsprache nicht als erste, sondern als je weitere erlernen, wissen schon viel darüber, und dieses Sprachbewusstsein (language awareness) kann nutzbringend eingesetzt werden.

Sprachunterricht gewinnt darüber hinaus eine wichtige gesellschaftspolitische Funktion, indem er einen Beitrag dazu leistet, mit Vielsprachigkeit umzugehen. Im Vordergrund steht daher nicht eine möglichst vollständige Sprachbeherrschung, vergleichbar einem native speaker, sondern der Erwerb von Teilkompetenzen (bei Verzicht auf absolute Korrektheit). Ziel ist nicht die umfassende Beherrschung jeder Fremdsprache in gleicher Weise, sondern eine rezeptive Mehrsprachigkeit, was eben die unterschiedliche Beherrschung der Sprachen für unterschiedliche Zwecke bedeutet. Darüber hinaus geht es auch um die Herausbildung der Fähigkeit, verschiedene Lebenswelten, Kulturen, neue und andere Formen des Denkens und Wahrnehmens zu verstehen, mit Missverständnissen umzugehen und andere Wertsysteme einzuschätzen, d.h. die Fähigkeit interkulturelle Kommunikation zu entwickeln.[13] Hier müsste natürlich ein anderes Angebot des Fremdsprachenunterrichts geschaffen werden. Weg vom kontinuierlichen Kurs-Langzeitangebot hin zu einem modularen Prinzip: Projekte, Immersion, die Verwendung der Fremdsprache als Arbeitssprache.

Denn eine Politik der Mehrsprachigkeit bedeutet auch, die eigene Sprache (in unserem Fall Deutsch), als Wissenschaftssprache, als Sprache der Kultur, der Medien, zu fördern und zu entwickeln. Für die Akademie bedeutet dies, Deutsch als Umgangssprache zu verwenden und, anders als die anderen Fremdsprachen, entsprechend zu fördern. Denn viele Studierende wählen den Standort Wien auch, um hier Deutsch zu lernen. Die Vorteile, die ein Land genießt, wenn andere seine Sprache sprechen, sind vielfältige: kommunikative Vorteile, wirtschaftliche Vorteile, die Bindung anderer Personen an die eigene Gesellschaft, und vor allem transportieren Sprachen die sozialen und kulturellen Eigenheiten eines Landes und einer Gesellschaft. In diesem Sinne ist daher die Forderung nach einer mehrsprachigen Gesellschaft keine Utopie mehr, sondern ein sinnvolles Anliegen und die Aufgabe all jener Institutionen, die ihren Dienst in das Zusammenwachsen Europas und somit in den Dienst von Friedenserhaltung und -sicherung stellen.

Anmerkungen

1 Sie entspricht dem Bruttosozialprodukt, das die Mitglieder der Sprachgemeinschaft weltweit erwirtschaften (de Cillia, 2003, S.28).
2 Nach einer Untersuchung aus dem Jahre 1991 lag Deutsch in Ländern Mittel- und Osteuropas bei den in Stellenausschreibungen verlangten Sprachkenntnissen auf Platz 2 – weit vor Französisch.
3 Deutschkenntnisse sind in Slowenien am weitesten verbreitet (38%), die Tschechische Republik liegt an zweiter (27%), die Slowakei (20%) an dritter Stelle.
4 So sollten französische Soldaten im 30-jährigen Krieg Deutsch lernen, was eine Grammatik von 1635 belegt.
5 Im Rahmen der Vereinten Nationen besitzt es seit 1974 immerhin den Status einer Dokumentensprache, und in der Europäischen Union existieren derzeit elf Amtssprachen, zu denen auch Deutsch gehört. So spielt es immerhin eine gewisse (inoffizielle) Rolle als Arbeitssprache und rangiert an dritter Stelle.
6 Interview mit E. F. Winter am 14.10.03
7 Diplomatische Akademie (Hrsg.): 14. Jahrbuch, 1978/79, S. 7
8 Interview mit E. F. Winter am 14.10.03
9 Interview mit Herbert Huber am 30.10.03
10 Das Österreichische Sprachdiplom Deutsch ist das Prüfungssystem für Deutsch als Fremdsprache der Republik Österreich, welches staatlich unterstützt und international angeboten wird. Es orientiert sich sowohl inhaltlich als auch in seinen Durchführungsbestimmungen an internationalen Rahmenrichtlinien und Niveaubeschreibungen wie z.B. den Lernzielbeschreibungen des Europarats, dem *Common European Framework 1996*.
11 Waren es 2001/02 noch insgesamt 17 Studierende (DLG/MAIS), stieg die Zahl 2002/03 bereits auf 35 (DLG/ SPIS/MAIS) Studierende und beträgt 2003/04 schon 40 Studierende (DLG/SPIS/MAIS).
12 Vgl. dazu: Faistauer in: Barkowski/Faistauer, 2002 und Faistauer, 2003
13 Vgl. auch dazu den Europäischen Referenzrahmen, 2001, 103 ff., der als Zielsetzung für den Fremdsprachenunterricht den interkulturellen Sprecher fordert.

Bibliographie

Ammon, Ulrich, Die Verbreitung des Deutschen in der Welt, in: Deutsch als Fremdsprache – ein internationales Handbuch, hrsg. von Gerhard Helbig, Lutz Götze, Gert Henrici und Hans-Jürgen Krumm, Berlin, 2001, S. 1368-1381.

Ammon, Ulrich, Grundzüge der internationalen Stellung der deutschen Sprache – mit Hinweisen auf neueste Entwicklungen, in: Zeitschrift für Anglistik und Amerikanistik, 47/2 (1999), S. 99-119.

Crystal, David, Die Cambridge Enzyklopädie der Sprache, Frankfurt/New York, 1995.

de Cillia, Rudolf, Tendenzen und Prinzipien europäischer Sprachenpolitik, in: Sprachenvielfalt. Babylonische Sprachverwirrung oder Mehrsprachigkeit als Chance? Hrsg. von Hans-Jürgen Krumm, Wien 2003, S. 27-39.

Eurobarometer der Kandidatenländer 2001, März 2002

Faistauer, Renate, Landeskunde für künftige Diplomaten. Das Konzept der „Themenrecherche" in den Sommerkursen der Diplomatischen Akademie Wien – Ein

Bericht aus der Praxis, in: … in Sachen Deutsch als Fremdsprache, hrsg. von Hans Barkowski und Renate Faistauer, Hohengehren, 2002, S. 191-202.

Faistauer, Renate, Curriculum für Sommerkurse an der Diplomatischen Akademie, 2. Aufl. unter Mitarbeit von Isolde Cullin, Thomas Jochum, Eva Mandl, Tina Welke und Nadja Zuzok, Wien 2003.

Gemeinsamer europäischer Referenzrahmen für Sprachen: lernen, lehren, beurteilen, Straßburg, 2001.

Krumm, Hans-Jürgen, Die Zukunft von Deutsch im vereinten Europa, in: Begegnungen. Schriftenreihe des Europa Instituts Budapest, Band 14 (2003), S. 39-46.

Die Sprachen unserer Nachbarn – unsere Sprachen/The Languages of our Neighbours – our Languages, hrsg. von Hans-Jürgen Krumm, Wien 1999.

Sprachen – Brücken über Grenzen. Deutsch als Fremdsprache in Mittel- und Osteuropa, hrsg. von Hans-Jürgen Krumm, Wien 1999.

Sprachenvielfalt. Babylonische Sprachverwirrung oder Mehrsprachigkeit als Chance? Hrsg. von Hans-Jürgen Krumm, Wien 2003

Mehrsprachigkeit in der erweiterten Europäischen Union/Multilingualism in the enlarged European Union/Multilinguisme dans l'Union Européenne élargie, hrsg. von Juliane Besters-Dilger, Rudolf de Cillia, Hans-Jürgen Krumm und Rosita Rindler-Schjerve, Wien, 2003.

„Wiener Manifest zur europäischen Sprachenpolitik: Die Kosten der Einsprachigkeit", in: Die Kosten der Mehrsprachigkeit. Globalisierung und sprachliche Vielfalt. The Cost of Multilingualism. Globalisation and Linguistic Diversity, hrsg. von Rudolf de Cillia, Hans-Jürgen Krumm und Ruth Wodak, Wien, 2003, S. 9-12.

Abstract

Renate Faistauer, Isolde Cullin, German as a Foreign Language at the Diplomatic Academy. The Development of German within a Concept of Multilingualism and Linguistic Diversity from 1964 to Today

The European Commission's White Paper on Education and Training (Teaching and Learning – Towards the Learning Society (1995)) requires that every EU citizen should learn two foreign languages in addition to their mother tongue.

Foreign language teaching in the Diplomatic Academy therefore lies full square within the context of the European language policy. In view of the enlargement of the EU, linguistic diversity and multilingual identity are playing a greater role than ever both within Europe and beyond its borders.

At the Diplomatic Academy of Vienna, German, like English and French, is taught as a foreign language to all courses (indeed, it is obligatory for the Diploma Course and SPIS). However, both as an everyday language of communication and the language of instruction, it is being ousted by the new lingua franca, English.

The authors consider the role of the German language in both its European and international context, and the historical development and present position of German, particularly in Eastern and Central Europe; special attention is paid to the development of German teaching and the status of German (as a foreign language) at the Diplomatic Academy of Vienna. The authors advocate a truly pluralistic language policy, one where, in view of the location of the Diplomatic Academy, German is both a working language and an everyday tool of communication. This, they assert, would be not only to the advantage of the individuals studying at the Diplomatic Academy and the Academy itself, but also for society in general.

Résumé

Renate Faistauer, Isolde Cullin, L'Allemand langue étrangère à l'Académie Diplomatique de Vienne. L'évolution de cette matière dans un concept marqué par le plurilinguisme et la diversité des langues, de 1964 à nos jours

Dans le livre blanc de la commission européenne (Enseigner et Apprendre – Vers la société cognitive, 1995) il est spécifié que chaque citoyen de l'UE devrait apprendre deux langues étrangères en plus de sa langue maternelle. L'encouragement du plurilinguisme individuel est ainsi posé également comme un objectif de la politique européenne d'éducation.

L'enseignement des langues étrangères au sein d'un établissement de formation comme l'Académie Diplomatique se situe donc toujours dans le contexte d'une politique linguistique européenne et les programmes proposés ne peuvent s'en détacher. Face à l'élargissement de l'UE, la diversité des langues et l'identité plurilingue jouent, plus que jamais, un grand rôle au sein de l'Europe mais également au-delà de ses frontières.

A l'Académie Diplomatique, l'allemand, comme l'anglais et le français, figure, en tant que langue étrangère enseignée, dans tous les programmes d'études (obligatoire dans la formation diplômante et le S.P.I.S.) en revanche, en tant que langue de communication et de travail, elle perd de son importance, supplantée de plus en plus par l'anglais qui fait office de « lingua franca ».

Cette contribution traite du rôle de la langue allemande dans le contexte européen et international, en prenant en compte l'évolution historique et la position actuelle de l'allemand, notamment dans les pays de l'Europe centrale et orientale. Cet article met principalement l'accent sur l'évolution de l'enseignement de l'allemand et sur la place occupée par l'allemand (en tant que langue étrangère) à l'Académie Diplomatique de Vienne. Les auteurs réclament, dans l'esprit de cette politique du plurilinguisme, – à l'inverse de la tendance visant à favoriser une politique de langues dominantes – une politique linguistique vraiment axée sur la pluralité des langues, qui ne peut que se montrer favorable à l'allemand comme langue de communication et de travail, compte tenu de l'implantation géographique de l'Académie diplomatique de Vienne. Elles fondent leur demande sur les multiples avantages que les individus aussi bien que l'institution et la société pourront en retirer.

Keith Chester

English at the DA

When a quarter of a century ago in Germany I first started teaching English as a Foreign Language to adults, my students were of all ages and from a wide social spread and educational background. If I had to choose one aspect which distinguished them, then it would be the relatively high proportion of them who, as adults, were beginners in English. These were people who had never learned English at school (or had done so rather badly in the distant past), but who were now finding that they needed the language for their jobs and increasingly for their leisure.

Today, it is hard to imagine that any young teacher of English in Germany having to work with adults who had never before learned the language (with the possible exception of recent immigrants or refugees). English is now taught, and often very well indeed, as a core subject at schools throughout the Old Continent and there can be very few people under the age of 50 (especially in Western Europe) who have not had several years of fairly intensive English training. This is reflected in virtually all published surveys on the subject, which consistently report ever rising rates in the use of English worldwide as a first language and particularly as a second. And over the fifteen years I have been teaching English at the Diplomatic Academy, I have witnessed a similar trend: the proportion of students coming to us with high (and often very high) levels of competency in the language has also steadily increased.

It is then not unreasonable to claim that in this, the so-called American century, English is rapidly becoming the lingua franca of the Western, industrialised world. This is not the place to discuss why this is so nor to debate its desirability. Nonetheless, we should perhaps consider some of the implications for the future of English language training at the Diplomatic Academy; above all, we should address the question why in an age when nearly everybody has a reasonable mastery of the language young people coming to the Academy should be expected to follow an intensive programme of English.

Whilst there is no formal language requirement for acceptance on the Diploma course of the Diplomatic Academy, it is assumed that the great majority of candidates will have at least an upper intermediate knowledge of English and that very many of them may be regarded as advanced learners of the language. All of our students come to us with at least six or seven years of English at school (though here we can discern some national differences, some school systems clearly produce a better end product than others), possibly supplementary classes at university; increasingly, some have studied for one or two semesters at an English speaking university, whilst a select few have won their first degree at an American or British university. Yet the reality is that the level of competence many of them bring to the Diplomatic Academy is often superficial: on first hearing their English sounds good, but it soon becomes apparent that it is in fact rather limited in terms of grammatical accuracy and choice of vocabulary; writing skills are frequently particularly weak.

There are many reasons for this. One, I would suspect, is that in the age of the computer and the sound bite, young people are less often confronted with longer or more difficult material (though I recall my parents saying this of my generation, and they only had rock'n'roll to blame). Another cause may be found in the reliance in many school systems in the past two or three decades on the "communicative approach" to language learning. This, as its name suggests, tends to produce speakers of a foreign language who are able to adequately communicate their daily needs and wishes (the principle reason, after all, babies acquire language), but are not really able to go beyond them.

It is therefore necessary to expand the repertoire of our students' vocabulary and grammatical forms; to teach them to be more flexible in their use of language so that they understand that there is usually more than one way to express an idea (and that it can matter which one you choose); to teach them that one word or phrase does not fit all (that, for example, "freedom" and "liberty" are not necessarily synonymous) and to teach those strange things called collocations (why we say "in great detail" but not "in big detail". And so on and so forth, for the list is almost endless. This is the bread and butter of English language teaching at the Diplomatic Academy and all our students require this kind of training to a greater or lesser degree.

However, given the levels we expect our students to operate at once they have left the Diplomatic Academy, we cannot today restrict their training to these classic fields of grammar and vocabulary development, important though they undoubtedly are. We have to take them beyond these to those areas which native speakers take for granted, but which are not always obvious to learners of a foreign language. Let us take but three examples: politeness, formality and implicit messages.

It goes without saying that our students should leave the Diplomatic Academy with the ability to be polite and courteous in English. Many of them will follow careers in which they will frequently be called upon to represent the interests of their organisation or even their country. If they appear impolite when doing so, then their English native-speaking partner will not only form a negative opinion of them personally, but also of their organisation or country. Similarly, if they seem rude during negotiations, then their partners will, quite naturally enough, be less inclined to compromise and reach some sort of agreement with them.

Such observations are obvious enough and everybody believes they are "polite". Yet what may constitute politeness in one culture or language is not necessarily the case in another; merely "translating" the appropriate polite phrase of your own language into English is all too often not enough. What emerges can, quite unintentionally (and this far more often than most would believe), sound impolite. So the necessary "polite" phrases have to be taught (at the very least no student should leave the Diplomatic Academy still responding to a misunderstood question with a "What?"), but more important, though far less tangible, is the question of appropriateness, i.e. which phrase is suitable for which situation.

Politeness, like much else in English, is understated, so phrases like "Would you be so kind as to … " (which seemingly is drummed into the heads of every schoolboy and girl in Central Europe) sound so over the top that they frequently border on sarcasm for a native speaker. Yet the learner using this phrase does so in the belief they are being very polite. But it is not only a question of finding the right words, there are also matters of intonation (one reason German speakers of English are often wrongly considered impolite by the British) or gesture (no, we do not shake hands at every opportunity) and a thousand other considerations which all contribute to the perception: this is a polite person. Politeness forms an important part of the English training at the Diplomatic Academy.

Formality is a closely related issue. It is something we are all instinctively aware of as native speakers but which is extremely difficult to transfer to another language. Turning this on its head, whilst learners of German can very easily grasp the principle that you should not say "Du" to your boss, it is far more difficult for them to appreciate when in social situations you can make the transition from "Sie" to "Du". After nearly twenty years living in Vienna, I must confess this is still a mystery to me.

This is one type of formality, another is that of language itself. Here we mean knowing which words and phrases are, for example, appropriate in an e-mail and which for a report for the head of your organisation. A lifetime spent listening to English pop songs, surfing the Internet or using chat rooms is no preparation for any understanding of this, especially as, at best, it seems to be only hinted at at school, but never really pursued.

The reality is that most students come to the Diplomatic Academy with an eclectic mixture of registers, especially in their written language, of which they have little or no awareness. Perhaps even more difficult from a teaching point of view are the cases of those students who are very fluent and confident in their English, save for the fact that it is an English to be heard in a student bar and not at a diplomatic reception or in a meeting of senior civil servants. So a recurring theme of English language training at the Diplomatic Academy is first to teach an understanding of the differences of formality and informality, and then to teach the formal language required for future international careers. Graduates of the Diplomatic Academy should know how to use the appropriate word at the appropriate time in the appropriate place.

Our third area of concern is implicit messages, also a source of much confusion to learners of English. Whilst the cliché of English understatement is well known, less understood are similar predilections of the English, and especially of the educated members of the tribe, to avoid, for example, saying anything directly or being categorical; to this we may add a love of self-deprecation and irony. The real message therefore often differs significantly from the words spoken or written. Years of seeing confusion on my students' faces have taught me that there is often a wide gap between what was to me a very clear message, albeit an implicit one, and their understanding of what was actually said. So again it is necessary to teach an awareness and appreciation of this.

Why do all these things matter? The Diplomatic Academy is in the business of preparing young people for international careers, most of them in a world owing allegiance to a *Pax Americana*. Today in Western Europe, and rapidly so in Eastern, a command of English has become a matter of course, on a par with driving a car or using a computer. But merely to send our graduates out into the world with a greater knowledge of English grammar and vocabulary than other non-native speakers (admirable though this may be) is not enough. Let us examine two (of many) reasons why this may be so.

At higher levels, ideas, however good, which are badly expressed in poor written or spoken English will in all likelihood be taken less seriously than those well expressed in good English. This might be a subjective reaction, but also an understandable one. Does, for example, an educated Austrian take with the same degree of seriousness a readers' letter in the *Kronen Zeitung* and one in the *Standard*? I doubt it. The great majority of our students will at some stage in their subsequent careers almost certainly be dealing with educated native speakers of English and the same applies. We have outstandingly good students here at the Diplomatic Academy, and we want them to be taken seriously when they leave us. Such considerations, for example, lay behind the introduction of English writing courses at the Academy several years ago. Many of our Diploma course students come to us with poor writing skills, producing papers which are confused and often difficult to read. This has to be remedied for the reality is that in the age of the sound bite and information overload, nobody is willing to devote much time and energy to interpreting a poorly written paper, however good the ideas it might contain. On the contrary, the crucial first impression will be: confused paper, confused mind.

The second point concerns native speakers. The Diplomatic Academy offers intensive language training and most classes are now conducted in English; almost all of our students leave the Academy fluent. So what is the reaction of most native speakers to such a specimen? The assumption is that when a non-native speaker is at ease with the language at the highest levels of competence, then they are also fully aware of all the nuances and shades of meaning, all the implicit messages and so forth which native speakers take for granted. Yet the assumption is all too often a false one.

This is certainly a problem faced on a daily basis by my long-suffering Slovak born wife. Her knowledge of English is so good that I have come to consider her a de facto native-speaker. The result is that I constantly forget that she is a not and address her as I would an educated Englishwoman. Whilst she understands most of what I say (or diplomatically pretends to), it is evident that there are times when she does not, leading to a breakdown or failure in communication: not the purpose of speech. This is sometimes a question of vocabulary, but more often one of nuance. The word "quite", for example, may mean "rather" or "very" depending on context. Once on the phone my wife asked me how hungry I was, to which I replied, "Quite." As a native speaker, it was evident to me that "very" was the message. Imagine my horror to arrive home to a very modest meal as she had interpreted it as "rather". We both learned a lesson in English (and multiculturalism) that night. The anecdote is trivial, but it does illustrate both the expectations of a native speaker and the fact that simply knowing grammar and vocabulary at the highest levels is no longer sufficient.

So English training does have a continuing place at the Diplomatic Academy, but it is one which goes well beyond the traditional teaching of advanced grammar and vocabulary (though these still have to be learned). Our students should be equipped for the realities of the world in which they will be operating. Important negotiations conducted by graduates of the Diplomatic Academy should not end in failure because they failed to understand the implicit message of what was actually being said to them or because they were unintentionally impolite.

But perhaps in twenty years time, everything will have changed. Already linguists are beginning to distinguish a new form of English, an English evolving from its use as a lingua franca by millions of non-native speakers around the world, in chat rooms, in e-mail messages, at international conferences, on backpacking holidays. It is a simplified English, breaking many of the "rules" we still expect our students to acquire. But it exists, it is evolving, and it is slowly being identified by academics; certainly, we as language trainers cannot ignore it. English will change and so will English teaching, but I am sure both will continue to be needed at the Diplomatic Academy.

Zusammenfassung

Keith Chester, Englisch an der DA

Wir leben in einem Zeitalter, in dem Englisch die Funktion einer neuen *lingua franca* erfüllt: sei es im Internet, im Geschäftsleben, in der Unterhaltungsindustrie, oder, man kann diese Behauptung wagen, sogar in der Diplomatie. In vielen Teilen der

Welt wird vorausgesetzt, dass eine gebildete Person des Englischen mächtig ist, ebenso, wie die Fähigkeit Auto zu fahren oder einen Computer zu bedienen als selbstverständlich erachtet wird. Die Frage ist daher berechtigt, weshalb für Studenten an der DA ein Intensivkurs in Englisch vorgesehen ist, wenn doch bereits viele von ihnen über gute Kenntnisse dieser Sprache verfügen.

Eine Ursache liegt offensichtlich darin, dass die Niveaus unter den Studenten sehr unterschiedlich sind und alle, mehr oder weniger, vom Ausbau ihrer Grammatik- und Vokabelkenntnisse profitieren können. Der Schwerpunkt wird jedoch zunehmend auf die Vermittlung einer Sensibilität hinsichtlich des Auftretens und der Höflichkeit gesetzt, welche im traditionellen Sprachunterricht bestenfalls oberflächlich behandelt, von Native Speakern aber vorausgesetzt wird. So muss auch das Verständnis von Understatement, Ironie und impliziten Botschaften, aller linguistischen Nuancen, welche von gebildeten Muttersprachlern angewandt werden, einbezogen werden. Das Ziel besteht darin, den Absolventen der DA eine Sensibilität im Bezug auf Nuancen und Bedeutungsunterschiede, welche zum Sprachinventar der Native Speaker gehören, zu vermitteln und sie damit auf ihre zukünftige internationale Karriere vorzubereiten.

Résumé

Keith Chester, L'Anglais à l'Académie diplomatique

Nous vivons dans une époque où l'anglais est devenu la nouvelle lingua franca, que ce soit sur Internet, dans le monde des affaires, dans les divertissements populaires et, osons le dire, même dans la diplomatie. Dans de nombreux endroits du monde, on considère que toute personne éduquée doit connaître l'anglais, tout comme on pense qu'il va de soi qu'elle sache conduire, ou utiliser un ordinateur. Il est donc légitime de se poser la question suivante : pourquoi, alors que beaucoup d'entre eux disposent déjà d'une bonne connaissance de la langue, les étudiants doivent-ils suivre des cours d'anglais intensifs?

Une raison évidente est qu'il existe des disparités de niveau entre les étudiants et que tous peuvent bénéficier, dans une mesure plus ou moins large, d'un approfondissement de leurs compétences en grammaire et en vocabulaire. Mais, de plus en plus, l'enseignement se concentre sur une sensibilisation des étudiants à des éléments intangibles comme les registres formels de la langue et la politesse, qui sont, dans les meilleurs des cas, survolées dans l'apprentissage traditionnel des langues et que les locuteurs de la langue maternelle en question ont, quant à eux, entièrement assimilées. De même, il s'agit d'amener les étudiants à comprendre les euphémismes, les propos ironiques et les sous-entendus, procédés linguistiques souvent employés par les locuteurs de langue anglaise ayant fait des études. Le but est de faire prendre conscience aux étudiants qui seront diplômés de l'Académie des nuances sémantiques régulièrement employées par les locuteurs natifs, et ainsi de les munir des outils nécessaires à leur future carrière internationale.

Unterricht juristischer und wirtschaftlicher Fächer an der Konsular- und Diplomatischen Akademie

Werner Neudeck

Der Unterricht der Wirtschaftswissenschaften an der Akademie

Ein geschichtlicher Überblick*

„Die k. k. Akademie der morgenländischen Sprachen ist durch die väterliche Fürsorge unserer allergnädigsten Herrscher nur darum gegründet und gepflegt worden, um mittelst derselben für die politischen und kommerziellen Interessen der österreichischen Monarchie im türkischen Reiche würdige Vertreter zu bilden.“[1] Dieses Zitat aus einem frühen Disziplinargesetz zeigt, dass die Ausbildung von Staatsdienern im Ausland immer ein Hauptziel der Akademie war und dass diese Ausbildung nicht ausschließlich auf eine Sprachausbildung beschränkt sein konnte. Die Vermittlung ökonomischer Grundkenntnisse zählte immer zu den Aufgaben der Akademie. Allerdings war die Gewichtung dieses Fachgebietes im Laufe der 250-jährigen Akademiegeschichte sehr unterschiedlich. Im Folgenden werden die verschiedenen Abschnitte getrennt betrachtet.

I. Die Orientalische Akademie 1754-1898

Die Gründung der Akademie fällt in eine Periode, in der sich die Wirtschaftswissenschaften an den Universitäten des deutschen Reiches zu etablieren begannen[2]. Während die ältesten englischen Universitätslehrstühle erst im 19. Jahrhundert gegründet wurden, finden wir sie an den deutschen juridischen Fakultäten, denen die Ausbildung der (höheren) Staatsdiener oblag, bereits im 18. Jahrhundert (erstmals 1727 in Halle an der Saale und Frankfurt). An der Universität der Reichshauptstadt Wien wurde die neue Professur für „Polizey- und Cameralwissenschaften" im Jahre 1763 für *Josef von Sonnenfels* geschaffen. Dieser zentrale Vertreter der Aufklärung in Österreich und spätere Rektor schrieb mit seinen „Grundsätzen der Polizey-, Handlungs- und Finanzwissenschaft" (1765-76) das an den österreichischen Universitäten bis 1845 verwendete ökonomische Standardlehrbuch. Bald nach seiner Berufung an die Universität wurde *Sonnenfels* auch mit den entsprechenden Vorlesungen am Theresianum und an der savoyischen Ritterakademie betraut. Grundsätzliche Kenntnisse der Nationalökonomie konnten also bei Juristen und hohen Staatsbeamten in der zweiten Hälfte des 18. Jahrhunderts vorausgesetzt werden.

Die k. k. Akademie der orientalischen Sprachen widmete sich – ihrem Namen entsprechend – in den ersten Jahrzehnten ihres Bestehens vor allem der Sprachausbildung ihrer Zöglinge, die freilich auch in den „allgemeinen Bildungsfächern" wie Geographie, Geschichte oder Religion unterrichtet wurden. Weder in den Zöglingsbewertungen des Gründungsdirektors P. *Joseph Franz* noch in dem umfangreicheren Lehrplan seines Nachfolgers P. *Johann Nekrep* aus dem Jahre 1773 wird die Nationalökonomie erwähnt[3]. Zum Jubiläum 1804 weist *Bartholomäus von Stürmer* allerdings darauf hin, dass seit einigen Jahren „nützliche Wissenschaften" wie „die Statistik etc." vorgetragen würden[4]. Unter dem dritten Direktor Abt *Franz Hoeck* wurde das Studium 1812 neu geregelt und in fünf Jahrgänge eingeteilt. Während in den unteren Jahrgängen „Mittelschulfächer" dominieren, werden im fünften und letzten Jahrgang die politischen Wissenschaften und die Statistik angeführt[5]. Es ist wohl anzunehmen, dass in diesem Fachgebiet auch die Grundsätze der Ökonomie gelehrt wurden. Die staatswissenschaftliche Ausbildung wurde durch die Reformen von *Hoecks* Nachfolger *Othmar von Rauscher* intensiviert. Wegen der strengeren Aufnahmekriterien (Absolvierung der Humanitätsklassen oder auch der philosophischen Studien; kommissionelle Aufnahmsprüfung) konnten die Mittelschulfächer aus dem Lehrplan von 1833 gestrichen werden, sodass mehr Zeit für die diplomatisch-juristischen Studien übrig blieb. Statistik wurde nunmehr im vierten, der Unterricht in den politischen Wissenschaften weiter im fünften Jahrgang angeboten[6]. Die zunehmende Bedeutung der Staatswissenschaften ist auch daran erkennbar, dass *Engelbert Max Selinger* als Akademieprofessor für juridisch-politische Studien definitiv angestellt wurde. Diese Lehrveranstaltungen waren bis zu diesem Zeitpunkt von Professoren des Theresianums oder der Universität angeboten worden[7]. *Selinger* wurde als *Rauschers* Nachfolger sogar kurzzeitig Akademiedirektor.

Es ist schwer feststellbar, wann die Nationalökonomie (anstatt bzw. im Rahmen der Staatswissenschaften) auch explizit in den Lehrplan aufgenommen wurde. Bei der Konsularenquete 1870 wies der Referent des Außenministeriums jedenfalls darauf hin, dass dieser Gegenstand schon seit zehn Jahren an der Akademie gelehrt werde[8]. Im Jahre 1876 wurde schließlich *Franz Xaver Neumann von Spallart* mit den Vorlesungen für Volkswirtschaftslehre, Finanzwissenschaft und Statistik an der Akademie betraut, während diese Vorlesungen bis dahin an der Universität besucht werden mussten[9]. Die dreistündige[10] volkswirtschaftliche Grundvorlesung im 4. Jahrgang umfasste – nach einer dogmengeschichtlichen Einleitung – nicht nur die Grundlagen der nationalökonomischen Theorie (Produktion, Preis, Geld, Kredit, Verkehr und Handel, Verteilung und Konsum), sondern auch die Darstellung der praktischen Wirtschaftspolitik mit besonderer Berücksichtigung Österreich-Ungarns (z. B. Geldwesen und Währungsfragen, Handels- und Produktionskrisen, Zoll- und Handelspolitik). *Neumann-Spallart* beklagt, dass der Lehrstoff wegen der Zeitnot „sehr zusammengedrängt" bzw. „möglichst succint" vorgetragen werden müsse. Die Zöglinge würden daher dazu angehalten, wichtigere Fragen mit Hilfe der angegebenen Quellenmaterialien im Selbststudium zu erarbeiten[11]. In einem weiteren Kolloquium (im 5. Jahrgang) wurde die Finanzwissenschaft (Ausgaben und Einnahmen, Besteuerungsprinzipien, Staatsverschuldung etc.) – wieder mit Beispielen aus dem österreichisch-ungarischen Finanzwesen – behandelt. Im ersten Jahrgang standen einige Semesterstunden für die allgemeine (vergleichende) und die österreichisch-ungarische Statistik zur Verfügung.

Die Ökonomie wurde also etwa im Ausmaß des universitären Studiums der Rechte gelehrt. Wie bei diesem wurde sie im letzten Studienabschnitt vorgetragen. Überdies hatte der Unterricht an der Akademie einen mehr „seminaristischen" Charakter und war stärker wirtschaftspolitisch orientiert und statistisch unterlegt.

Vom Anfang an konnte die Akademie bedeutende Vortragende gewinnen. Bei der Auswahl der Professoren dürfte wohl nicht nur auf die wissenschaftliche Qualifikation, sondern auch auf die praktischen administrativen und politischen Erfahrungen sowie generell die „staatstragenden" Eigenschaften der Kandidaten geachtet worden sein. Die Vortragenden waren nicht selten hohe Verwaltungsbeamte und vertraten den ökonomischen „Mainstream". Sehr viele von ihnen kamen zu Ministerehren.

In der wissenschaftlichen und gesellschaftlichen Hochblüte der österreichischen Nationalökonomie zwischen 1870 und 1918, in der wissenschaftliche Leistung auch politischen Einfluss sicherte, erwies sich diese Auswahlpolitik als überaus erfolgreich. Gerade in den 70er Jahren des 19. Jahrhunderts wurden die zur „Entwicklungshilfe" an die österreichischen Universitäten berufenen deutschen Ökonomen durch österreichische Talente ersetzt. Der wichtigste Vertreter dieses neuen Professorentyps war der Begründer der „österreichischen Schule" der Nationalökonomie und Wiener Lehrstuhlinhaber *Carl Menger*[12]. Der erste Lehrstuhlinhaber an der Akademie *Neumann-Spallart* (er hielt die Vorlesungen zwischen 1876 und 1884) war dem bekannten deutschen Finanzwissenschafter *Adolph Wagner* an der Wiener Handelsakademie nachgefolgt. Als Zeitgenosse *Mengers* bekleidete er kurz vor ihm die ao. Professur an der Wiener Universität, bevor er ordentlicher Professor und später Rektor der neu gegründeten Hochschule für Bodenkultur wurde. *Neumann-Spallart* vertrat in der Volkswirtschaftslehre[13] wie in der Statistik eine streng analytische Richtung und war wirtschaftspolitisch ein Proponent des Freihandels[14]. Seine umfangreiche statistische Materialiensammlung zur Weltwirtschaft[15] wurde allseits verwendet und anerkannt. *Neumann-Spallarts* Nachfolger an der Akademie wurden der Wiener Universitätsprofessor und Präsident der statistischen Central-Commission *Karl von Inama-Sternegg* (für Statistik) und der Sozialreformer und spätere Finanzminister *Emil Steinbach* (für Nationalökonomie und Finanzwissenschaft). Auf diese folgten zwei Mitglieder der zweiten Generation der österreichischen Schule, die besonders enge Beziehungen zu *Menger* und seinem berühmten Schüler *Eugen Böhm von Bawerk* hatten. *Robert Meyer* unterrichtete Nationalökonomie und hatte sich mit einer bedeutenden Arbeit zur Steuerlehre[16] habilitiert. Er war der wichtigste Mitarbeiter *Böhm-Bawerks* bei der Ausarbeitung des Gesetzes zur Einführung der progressiven Einkommensteuer in Österreich (1896) und wurde später selbst Finanzminister. Schließlich war er wesentlich an der Akademiereform des Jahres 1898 beteiligt. Der Statistikunterricht wurde von *Böhm-Bawerks* Schüler *Hermann von Schullern zu Schrattenhofen* übernommen. Als bedeutender Agrarökonom[17] wurde er *Neumann-Spallarts* Nachfolger als Professor und Rektor der Hochschule für Bodenkultur, ehe er dieselben Funktionen an der Universität Innsbruck bekleidete.

Der Ökonomieunterricht an der Orientalischen Akademie wurde somit im Laufe des 19. Jahrhunderts stark ausgeweitet und dem Universitätsniveau angepasst, der Schwerpunkt des Unterrichts an der Akademie blieben aber die Sprachen mit etwa 5/7 der Stundenzahl.

II. Die k. u. k. Konsular-Akademie (1898-1918)

Die Reorganisation der Akademie im Jahre 1898 führte zu einer grundsätzlichen Neuorientierung und starken Ausweitung des Wirtschaftsstudiums. Die an der Akademie ausgebildeten Konsularbeamten der Monarchie benötigten nach Ansicht des Ministeriums vor allem umfassende wirtschaftliche Kenntnisse. Im Studienplan der reformierten Konsular-Akademie sollten daher die Sprachen zurückgedrängt werden. „Durch solche Maßnahmen würde aber auch in dem Lehrplan Raum geschaffen für die notwendig gewordene intensive Pflege der volkswirtschaftlichen Disziplinen, welche mit Rücksicht auf das angestrebte Ziel gleichsam der Brennpunkt des Studienganges werden müssten", schrieb Außenminister *Agenor Graf Goluchowski von Goluchowo*[18]. Im neuen Studienplan nahm die Ökonomieausbildung daher eine zentrale Stellung ein und erstreckte sich über alle 5 Jahrgänge.

Die Grundlagen der Nationalökonomie wurden nun bereits im ersten Jahrgang (7 Semesterstunden Vortrag, also in stark vermehrtem Ausmaß) vermittelt. Darauf aufbauend folgte im zweiten (6 Semesterstunden Vortrag) und dritten (4 Semesterstunden Vortrag) Jahrgang die bisher nur im Rahmen der Volkswirtschaftslehre unterrichtete Wirtschaftspolitik, also die Analyse der Rolle des Staates in der Wirtschaft (unterteilt in Agrar-, Gewerbe-, Verkehrs-, Währungs-, Handels-, Sozial- und Bevölkerungspolitik). Im dritten Jahrgang wurden auch 4 Semesterstunden Finanzwissenschaft unterrichtet. In den ersten 3 Jahren waren überdies Seminare aus den drei Gebieten im Ausmaß von 5 Semesterstunden vorgesehen. Nachdem die Hörer eine ausführliche Darstellung der Hauptgebiete der Volkswirtschaft erhalten hatten, konzentrierten sie sich in den letzten beiden Jahren auf das für den Konsularbeamten wichtigste Gebiet, die praktische Handelspolitik (18 Semesterstunden), insbesondere die Zollpolitik und die Handelsvertragspolitik. Der Statistikunterricht (4 Semesterstunden) wanderte ebenfalls in den letzten Lehrgang, um die Hörer mit den aktuellsten Statistiken vertraut zu machen. Überdies wurden kurze so genannte Spezialkurse angeboten, die die Studenten mit gerade aktuellen Fragen der Wirtschaft vertraut machen sollten (etwa Vorträge zu Wechselkursen oder zur internationalen Münz- und Währungspolitik)[19].

Ergänzt wurde der Lehrplan durch zahlreiche kommerziell-betriebswirtschaftliche Fächer (wie Muster-Comptoir, Warenkunde, Internationale Handelskunde und Handelsgeographie), die – wie die praktische Handelspolitik – großteils in den Räumlichkeiten der Export-Akademie des k. k. Handelsmuseums unterrichtet wurden. Diese Vorgängerinstitution der Hochschule für Welthandel und der Wirtschaftsuniversität wurde nicht zufällig ebenfalls im Jahre 1898 als Ausbildungsstätte für die kaufmännische Tätigkeit im Außenhandel gegründet. Die k. u. k. Konsular-Akademie und die k. k. Export-Akademie waren vielmehr eine bildungspolitische Antwort auf die zunehmende Bedeutung des Welthandels für die Monarchie und haben folglich seit ihrer Gründung eng kooperiert. Die Konsularakademiker wurden in den kommerziellen Fächern von Dozenten der Exportakademie unterrichtet und konnten auf Räume, Sammlungen und Unterrichtsbehelfe der Exportakademie zurückgreifen. Auf diese Weise sollte „in den Zöglingen das Interesse an commercieller Bethätigung in wünschenswerter Weise gefördert und die Gefahr einer gewissen Isolierung derselben von dem pulsierenden Leben der Gegenwart beseitigt werden."[20]

Dieser Studienplan blieb bis zum Ende der Monarchie im Wesentlichen unverändert. Die tatsächlich erfolgten Anpassungen bedeuteten allerdings fast immer eine Reduzierung der wirtschaftlichen Ausbildung[21]. Möglicherweise war die ursprünglich vorgesehene Stundenzahl doch zu großzügig bemessen. Jedenfalls konnten die den Beamten näher stehenden juristischen und historisch-politischen Realien etwas Terrain zurückgewinnen[22].

Die ökonomischen Vorlesungen wurden weiterhin von namhaften Mitgliedern der zweiten Generation der österreichischen Schule gehalten. An erster Stelle wäre *Viktor Mataja* zu nennen, der ab 1900 als Professor der politischen Ökonomie unterrichtete. Der Nachfolger *Böhm-Bawerks* in Innsbruck bekleidete nicht nur wich-

Übersicht

über die seit dem Studienjahre 1899/1900*) an der Konsular-Akademie abgehaltenen Spezialkurse.

A. Wirtschaftlich-kommerzielle Kurse.	
Gegenstand	**Dozent**
Eisenbahn-, Fracht- und Tarifwesen (inklusive Schiffahrtstarife)	Kaiserlicher Rat Alexander Freud
Zoll-u. Handelsbeziehungen Österreich-Ungarns auf Grund der Ausgleichsgesetze	Ministerial-Sekretär im k. k. Eisenbahn-Ministerium und a. o. Professor an der Konsular-Akademie Dr. Arnold Krasny
Statistik, insbesondere deren Geschichte und Methode (periodisch wiederholt)	Sektionschef im k. k. Handelsministerium und a. o. Professor an der Konsular-Akademie Dr. Viktor Mataja
Grundzüge der österr.-ungar. Industriepolitik	Sekretär des niederösterr. Gewerbevereines Dr. Rudolf Kobatsch
Die wichtigsten Rohstoffe und Produkte des Welthandels	Ord. Professor an der Export-Akademie des k. k. österreichischen Handelsmuseums Dr. Siegmund Feitler
Kommerzielle Beobachtungen durch die k. u. k. Konsularämter (wiederholt)	Sektionschef im k. k. Handelsministerium und Direktor des k. k. österreichischen Handelsmuseums Dr. Mauriz Ritter von Rößler
Die österreichisch-ungarische Valutaregulierung (1892 bis 1901)	Sektionschef im k. k. Finanzministerium Dr. Ignaz Gruber

*) Im Studienjahre 1898/99 sind wegen des Übergangsstadiums noch keine Spezialkurse aktiviert worden.

aus: Die k.u.k. Konsularakademie von 1754 bis 1904, Festschrift zur Feier des hundertfünfzigjährigen Bestandes

tige politische Ämter (Präsident der Statistischen Zentralkommission, zweimal Handelsminister und erster Minister für soziale Fürsorge), sondern war auch ein überaus bedeutender Wissenschafter. In seiner interdisziplinären Arbeit zum Schadenersatz[23] verwendete er Nutzenbewertungen bei Unsicherheit und wurde zu einem Begründer der ökonomischen Analyse des Rechtes. Als Autor eines klassischen Textes über Reklame[24] gilt er auch als ein Pionier der Werbewissenschaft. Weiters wäre *Richard Schüller* zu erwähnen, der sich als Wirtschaftspolitiker[25] und Außenhandelstheoretiker[26] einen Namen gemacht hatte. Er lehrte ab 1911 politische Ökonomie und später auch Handelspolitik. In der Zwischenkriegszeit sollte er zwei Jahrzehnte lang als Sektionschef für die Außenhandelspolitik Österreichs verantwortlich sein. Allerdings finden wir unter den Professoren auch einen reinen Praktiker und Juristen wie den Beamten des Eisenbahnministeriums (ab 1917 Sektionschef) *Arnold Krasny von Ergen*. Im commerziellen Fachbereich wurde Internationale Handelskunde (Welthandelslehre) zwischen 1898 und 1913 vom Begründer der betrieblichen Verkehrslehre *Josef Hellauer* vorgetragen, der später als Lehrstuhlinhaber in Frankfurt zu den angesehensten Betriebswirten der Zwischenkriegszeit zählte.

Die zwanzig Jahre zwischen 1898 und 1918 waren zweifellos eine Blütezeit der Wirtschaftswissenschaften an der Akademie. Die Konsular-Akademie konnte eine fünfjährige sehr intensive volkswirtschaftliche Ausbildung bieten, die über ein Universitätsstudium weit hinausging. Man könnte die Akademie daher als erste volkswirtschaftliche Speziallehranstalt Österreich-Ungarns bezeichnen, da der Ökonomieunterricht an der Wiener Universität bis nach dem Zweiten Weltkrieg nur im Rahmen des juridischen Studiums (und zwar im letzten Studienabschnitt) möglich war.

Die nationalökonomische Forschung fand allerdings weiterhin hauptsächlich an den Universitäten statt, da sich die Akademie auf die Ausbildung von Konsularbeamten und Diplomaten spezialisierte. Die volkswirtschaftlichen Kurse wurden zwar systematisch und auf hohem wissenschaftlichen Niveau von anerkannten Wissenschaftern vorgetragen, das Hauptgewicht aber lag bei der Anwendung auf die außenwirtschaftliche und diplomatische Praxis. Überdies übten die Akademie-Professoren (die meist auch Spitzenbeamte und/oder Minister waren) ihre Tätigkeit in der Regel nebenberuflich aus.

III. Die Konsularakademie als Internationale Lehranstalt für Politik und Volkswirtschaft (1921-1941)

Nach dem „Auslaufen" der alten Consular-Akademie im Jahre 1922 wurde die neue Akademie als ein zweijähriger Hochschulkurs für internationale Studenten (und bald Studentinnen) gegründet. Sie sollte auf eine internationale oder diplomatische Karriere im jeweiligen Herkunftsland vorbereiten. Wie schon der Zusatz „Akademie für Politik und Volkswirtschaft" andeutet, waren die wirtschaftlichen Studien weiterhin ein zentraler Bestandteil des Lehrplanes. Da bei den Studenten keine nationalökonomischen Kenntnisse vorausgesetzt werden konnten (Aufnahmevoraussetzungen waren nur Matura und – bis 1924 – vier absolvierte Semester an einer juridischen Fakultät), wurde auch weiterhin eine systematische und ausführliche Darstellung der Wirtschaftswissenschaften geboten. Die Verkürzung der Ausbildung auf zwei Jahre musste freilich zu einer Einschränkung des Lehrangebotes führen. Allerdings konnte man angesichts der internationalen Hörerschaft auf viele österreichspezifische Vorträge verzichten.

Die Volkswirtschaftslehre wurde wieder im ersten Jahrgang (4 Semesterstunden) unterrichtet und durch 1 Semesterstunde Dogmengeschichte im zweiten Jahrgang ergänzt, der Volkswirtschaftspolitik fielen 7 Semesterstunden (4 Stunden Vortrag im ersten Jahr, 2 Stunden Seminar und 1 Stunde Sozialpolitik im zweiten), der Finanzwissenschaft 2 Semesterstunden zu. Am stärksten gekürzt war die Handelspolitik (von 16 – im Jahr 1904 – auf 2 Semesterstunden), da die Studenten nun nicht mehr zu österreichischen Konsularfunktionären ausgebildet werden mussten. Die kommerziellen Fächer wurden in reduziertem Ausmaß weiter vorgetragen. An der Akademie war zudem ein Institut für Volkswirtschaftspolitik eingerichtet, welches einschlägige Bücher erwarb, mit anderen Forschungsstellen im Zeitschriftenaustausch stand und Vortragszyklen organisierte.

Bei der Auswahl der Professoren bewies die Akademie eine weniger glückliche Hand als ihre Vorgängerin. Die österreichische Schule der Nationalökonomie konnte in ihrer letzten Blüte der 20er und 30er Jahre zwar bedeutende Wissenschafter hervorbringen (etwa *Ludwig von Mises, Richard von Strigl, Friedrich August von Hayek, Gottfried von Haberler, Oskar Morgenstern* und *Fritz Machlup*), ihr Einfluss an den Universitäten und in der Politik war aber geschwunden[27]. Auch die Konsularakademie griff daher auf „Praktiker" und „staatstragende" – aber als Wissenschafter eher weniger bedeutende – Professoren zurück[28]. Der Generaldirektor der Kontrollbank und Vorstand der Credit-Anstalt *Franz Rottenberg* lehrte Nationalökonomie, Finanzwissenschaft und Sozialpolitik, während der ehrenwerte Wiener Universitätsprofessor *Ferdinand (Graf) Degenfeld-Schonburg* die Wirtschaftspolitik vortrug. *Richard Kerschagl* hielt Vorlesungen zur Handelspolitik und leitete das volkswirtschaftliche Seminar und Institut. Er war Professor an der Hochschule für Welthandel, die einen großen Teil der wirtschaftlich-kommerziellen Fakultät stellte. Als Mitglied des Staatsrates und des Bundestages war *Kerschagl* aber auch ein prominenter Vertreter des Ständestaates[29].

Sie alle wurden nach 1938 durch regimetreue Dozenten ersetzt. Nach dem Anschluss und dem Beginn des Zweiten Weltkrieges blieb die Grundstruktur des wirtschaftlichen Lehrplanes aber im Wesentlichen unverändert. Die Inhalte freilich wurden der neuen politischen Situation angepasst: Ausführlich behandelt wurde z.B. die deutsche Marktordnung, die deutsche Kriegspreispolitik, oder die Organisation und Durchführung des Vierjahresplanes sowie „die Mitwirkung der Partei"[30].

Die Konsularakademie bot somit auch in zwei Jahren ein zwar gerafftes, aber dennoch umfassendes volkswirtschaftliches Lehrprogramm an.

IV. Die Diplomatische Akademie (1964-2004)

1. Der Dreisemestrige Kurs (1964-1979)

Als die Akademie im Jahre 1964 als eine postgraduale Lehranstalt wieder eröffnet wurde, beschritt man in der wirtschaftswissenschaftlichen Ausbildung neue Wege. Auf eine systematische Darstellung des Faches wurde weitgehend verzichtet, da man wohl der Meinung war, dass die Studenten nationalökonomische Grundkenntnisse bereits während ihrer Universitätsstudien oder im Selbststudium (zur Vorbereitung auf die Aufnahmsprüfung) erworben hatten. Stattdessen wurden zunächst – oft in Kooperation und manchmal auch in den Räumlichkeiten des Instituts für Höhere Studien (IHS) – Spezialkurse zu Teilgebieten der Wirtschaftswissenschaften abgehalten. Die so behandelten Teilgebiete änderten sich im Laufe der Jahre.

So wurde etwa in den ersten Lehrgängen Wachstumstheorie (unter anderem vom namhaften deutschen Ökonomen *Gottfried Bombach*) und Sozialpolitik (vom bekannten christlichen Sozialpolitiker *Karl Kummer*) gelehrt. Für kurze Spezialseminare konnten sogar einige der seit 1938 im Ausland lebenden Vertreter der vierten Generation der „österreichischen Schule" gewonnen werden. *Fritz Machlup* (Princeton) sprach zur Theorie der Unternehmung und der Mitbegründer der Spieltheorie[31], *Oscar Morgenstern* (ebenfalls Professor in Princeton und Direktor des IHS), hielt Vorträge zur Theorie des politischen und wirtschaftlichen Verhandelns. Die in den ersten drei Lehrgängen durchgeführten Vorlesungen zur Spieltheorie zeigten das neue Konzept gleichsam in seiner idealen Form: In Kooperation mit dem IHS konnten den Hörern die neuesten Forschungsergebnisse auf einem heftig diskutierten Teilgebiet der Nationalökonomie, welches für Diplomaten zum Verständnis von Verhandlungstaktiken von besonderer Relevanz[32] ist, näher gebracht werden. Dieses typisch interdisziplinäre Thema wurde überdies von international führenden Vortragenden (neben *Morgenstern* scheint auch der spätere Nobelpreisträger *Reinhard Selten* auf) präsentiert.

In manchen Jahren fanden Spezialvorlesungen zur Volkswirtschaftlichen Gesamtrechnung, zur Geldtheorie, zur Geld- und Finanzpolitik (meist von „Praktikern" gehalten) und zur Entwicklungsökonomie statt. Regelmäßigere Lehrveranstaltungen gab es (ab dem 2. Lehrgang) zur Außenhandelstheorie (und Außenwirtschaftspolitik) und zu einem Vergleich der Wirtschaftssysteme. Der Umfang dieser Lehrveranstaltungen ging selten über 1 Semesterstunde hinaus. Neben den volkswirtschaftlichen Disziplinen wurden Wirtschaftsgeographie, Unternehmensführung (vom Linzer Ordinarius *Ernest Kulhavy* und vom Industriellen *Manfred Mautner-Markhof*) und Statistik in nicht geringem Umfang (meist 2 Semesterstunden) gelehrt. Zu den regelmäßig Vortragenden der Volkswirtschaft zählte vor allem der Wiener Universitätsprofessor und spätere Staatssekretär im Bundeskanzleramt *Adolf Nußbaumer*, aber auch der derzeitige Wiener Rektor *Georg Winckler*.

Das zentrale Problem des Ökonomieunterrichts ergab sich aus der Tatsache, dass vielen Hörern die Grundkenntnisse der Volkswirtschaftslehre und ihrer Methoden fehlten. Sie konnten daher den Spezialkursen schwer folgen und hatten Schwierigkeiten, die gesamtwirtschaftlichen Zusammenhänge zu begreifen. Ab dem dritten Lehrgang suchte die Direktion diesem Problem durch einführende Lehrveranstaltungen (teilweise Vorlesungen, teilweise Übungen mit Fallstudien) vor allem in Makroökonomie beizukommen. Angesichts der formalen Methoden und des umfangreichen

Stoffes auf der einen und des sehr begrenzten Stundenausmaßes (zwischen 1 und 3 Semesterstunden) auf der anderen Seite war diesen Bemühungen nur ein sehr beschränkter Erfolg beschieden.

2. Der viersemestrige Kurs (1979-1996)

Mit dem Akademiegesetz von 1979 wurde der Diplomlehrgang auf volle zwei Jahre ausgedehnt. Gleichzeitig wurde das Ökonomiestudium stärker strukturiert. Im ersten Semester wurde nun verpflichtend (jedenfalls für Nichtökonomen) eine Überblicksvorlesung (manchmal ergänzt durch Tutorien und Fallstudien) zur volkswirtschaftlichen Theorie im Ausmaß von (maximal) 2 Semesterstunden eingeführt. Im zweiten und dritten Semester folgten Kurse zur Außenhandelstheorie und -politik und zum internationalen Geld-, Währungs- und Finanzwesen. Diese Kurse waren zunächst vorwiegend praktisch-institutionell orientiert und wurden auch von Praktikern abgehalten, erhielten aber sehr bald einen theoretischen Teil (im Falle der Außenhandelstheorie schon im zweiten Lehrgang neuen Typs). Im letzten Semester wurden wirtschaftliche Länderstudien durchgeführt. Fallweise eingeschobene Kurzlehrveranstaltungen ergänzten das Programm. Bis 1986 wurde eine ausführliche Einführung in die Statistik und Informatik geboten. Im betriebswirtschaftlich-kommerziellen Teil beschränkte man sich auf Vorlesungen zur Personalführung (bis 1985) und zum Rechnungswesen im privaten und öffentlichen Sektor.

Den außenwirtschaftlichen Lehrveranstaltungen (die teils praktisch-empirisch-institutionell, teils theoretisch-wissenschaftlich ausgestaltet waren) wurde also ein volkswirtschaftlicher Grundlagenkurs vorangestellt, der freilich nur bruchstückhafte Einblicke in diese Wissenschaft liefern konnte. Die Kürze der theoretischen Kurse sorgte daher bei Studenten ohne ökonomische Vorbildung nicht selten für einige Verwirrung[33].

3. Die Diplomatische Akademie nach der Ausgliederung (1996-2004)

Die Umwandlung der Diplomatischen Akademie in eine selbständige Anstalt öffentlichen Rechtes (DAK-Gesetz 1996) brachte vor allem zwei Änderungen, die den Lehrplan nachhaltig beeinflussten. Erstens wurde der traditionelle Diplomlehrgang auf ein Jahr verkürzt und durch den ebenfalls einjährigen höheren „Master of Advanced International Studies" (MAIS) Lehrgang ergänzt. Zweitens wurde für Nationalökonomie und internationale Wirtschaftsbeziehungen ein Lehrstuhl für einen hauptberuflich Vortragenden geschaffen und auch besetzt. Dies führte zu einer starken Ausweitung des Ökonomieprogrammes.

Im Diplomlehrgang (wie auch im seit 2001 parallel dazu geführten „Special Programme in International Studies") konnte erstmals seit dem Ende der Konsularakademie wieder eine umfassende und systematische Darstellung der nationalökonomischen Theorie (für geschlossene und offene Wirtschaft) auf wissenschaftlichem Niveau geboten werden. Obwohl der Lehrgang auf ein Jahr verkürzt war, wurde die Stundenzahl für dieses Fach mehr als verdoppelt. Auf eine „Grundlagen"-Vorlesung zur Mikroökonomie (1 Semesterstunde) folgten nun eine ausführlichere Darstellung der Makroökonomie (3 Semesterstunden) und Vorlesungen zur Außenhandelstheorie und zur monetären Außenwirtschaftstheorie (je 2 Semesterstunden). Auf diese Weise erhöhte sich zwar die Belastung der Studenten nicht unwesentlich, es konnten aber auf dem Gebiet der Nationalökonomie fundierte und dem internationalen Standard entsprechende Grundkenntnisse der Absolventen sichergestellt werden. Dies schien auch deshalb geboten, da in vielen rechtswissenschaftlichen und sozialwissenschaftlichen Studienrichtungen die Außenwirtschaftstheorie oder sogar die gesamte Ökonomie zum Wahlfach abgewertet wurde.

Neben diesen Grundkursen umfasst das Studienprogramm fakultative Vorlesungen und Seminare, um den Studenten die Möglichkeit zu geben, ihre Kenntnisse in einzelnen Gebieten zu vertiefen. So wurden die Länderstudien beibehalten und neue Kurse zur Umweltökonomie, zu internationalen Finanzmärkten, oder zur internationalen Industriepolitik gestaltet. Der Ökonomieunterricht findet in englischer Sprache statt. Auf betriebswirtschaftliche Vorlesungen wurde völlig verzichtet.

Das M.A.I.S.-Programm kann auf der im Diplomlehrgang oder SPIS gelegten Grundlage aufbauen. Ökonomische Spezialkurse und Seminare (etwa zur ökonomischen Theorie der Politik oder zu den ökonomischen Konsequenzen der EU-Erweiterung) dienen der weiteren Vertiefung des Stoffes. Der Schwerpunkt in diesem rein wissenschaftlichen Programm liegt jedoch in der Interdisziplinarität: Im Rahmen von Seminaren und betreuten Diplomarbeiten werden aktuelle Probleme aus der Sicht mehrerer Disziplinen analysiert. Diese Verbindung verschiedener Wissensgebiete (Wirtschaft, Recht, Politik und Geschichte) war seit jeher ein zentrales Anliegen der Ausbildung an der Akademie.

Die Diplomatische Akademie bietet somit im Jahre 2004 ein umfassendes und klar strukturiertes volkswirtschaftliches Ausbildungsprogramm, in dem die Beziehungen der Nationalökonomie zu anderen wissenschaftlichen Disziplinen betont werden.

In den vergangenen 250 Jahren hat die Lehre der Wirtschaftswissenschaften an der Akademie viele Veränderungen erfahren. Konstant aber blieb die Aufgabe, jungen Menschen auf wissenschaftlicher Basis die grundsätzlichen wirtschaftlichen Zusammenhänge näher zu bringen, um sie auf eine internationale Karriere bestmöglich vorzubereiten.

Anmerkungen

* Ich danke meiner Assistentin, Frau Mag. Regina Rizzi, für ihre umfangreiche Literaturrecherche

1 zitiert nach Weiß von Starkenfels, Die kaiserlich-königliche orientalische Akademie, S. 6

2 vgl. Streißler, Carl Menger on Economic Policy, S. 107

3 Joukova, Dolmetsch- und Sprachausbildung, S. 39-41

4 von Stürmer, Rede bei der Feyer, S. 14

5 Die k. u. k. Konsularakademie, S. 11 f.

6 Die k. u. k. Konsularakademie, S. 18-20

7 Weiß von Starkenfels, Die kaiserlich-königliche orientalische Akademie, S. 35

8 Pfusterschmid-Hardtenstein, Von der Orientalischen Akademie, S. 148

9 Pidoll, Promemoria, S. 6

10 Mit „Stunden" sind in dieser Arbeit Semesterwochenstunden gemeint. Eine Semesterstunde entspricht etwa 15 Unterrichtseinheiten von 45 Minuten

11 Neumann von Spallart, Franz Xaver, Lehrplan: Volkswirtschaftslehre, Finanzwissenschaft, Statistik, 1880 (?), Karton 53/KA, HHStA

12 vgl. Streißler, Menger, Böhm-Bawerk, and Wieser, Kapitel I. Menger war auch als Akademieprofessor vorgesehen, musste aber aus persönlichen Gründen absagen (vgl. Pfusterschmid-Hardtenstein, Von der Orientalischen Akademie, S. 167)

13 Sein Lehrbuch (Neumann-Spallart, Volkswirthschaftslehre) war die Basis des Ökonomieunterrichtes an der Orientalischen Akademie

14 vgl. Neumann-Spallart, Die österreichische Handelspolitik

15 Neumann-Spallart, Übersichten

16 Meyer, Die Principien der gerechten Besteuerung

17 Schullern-Schrattenhofen, Untersuchungen

18 Vortrag vom 30. Juni 1898, No 29.858, K.Z. 18/1898

19 zum neuen Lehrplan siehe Pidoll, Promemoria, S. 10-19

20 Pidoll, Promemoria, S. 48

21 So wurde die Volkswirtschaftspolitik um 2 Semesterstunden und die Handelspolitik noch stärker gekürzt. Die Statistik und das volkswirtschaftliche Seminar im 1. Jahrgang wurden völlig abgeschafft.

22 Beispielsweise wurden im Personal-Status der Akademie die wirtschaftlichen Fächer bis 1903 an erster Stelle gereiht, während ihnen ab 1904 die juristischen und historisch-politischen Fächer vorangestellt wurden.

23 Mataja, Das Recht des Schadenersatzes

24 Mataja, Die Reklame

25 Schüller, Die klassische Nationalökonomie

26 Schüller, Schutzzoll und Freihandel

27 Nur Strigl erhielt einen Lehrstuhl (an der Hochschule für Welthandel). Man traf sich daher außerhalb der Universität in Mises' Privatseminar in der Wiener Handelskammer, bei den Veranstaltungen der Nationalökonomischen Gesellschaft oder im neu gegründeten Institut für Konjunkturforschung, dessen Direktoren zunächst Hayek und dann Morgenstern wurden.

28 Man verzichtete also auf den Mises-Kreis ebenso wie auf seinen extremen Gegenspieler, den Wiener Universitätsprofessor und radikalen Universalisten Othmar Spann.

29 Kerschagl, Die Quadragesimo Anno

30 Lehrstoffübersichten 1940, Karton 71/KA, HHStA

31 von Neumann und Morgenstern, Theory of Games

32 Vgl. Schelling, The Strategy of Conflict

33 So schrieb Direktor Pfusterschmid-Hardtenstein im Vorwort zum Jahrbuch 83/84: „Ein besonderes Problem ist weiterhin die Einführung in die Nationalökonomie für Nichtökonomen, u. z. mit der Zielsetzung, ihnen jenes Maß an theoretischem und praktischem Wissen zu vermitteln, das ein in

verantwortlicher Position in den internationalen Beziehungen Tätiger benötigt, um den Einfluss wirtschaftlicher Vorgänge auf das Gesamtgeschehen beurteilen zu können. Hier bestehen Probleme didaktischer Natur [...] da die Methoden und Modelle dieser Wissenschaft nicht jedermann leicht zugänglich sind ..."

Bibliographie

Die k. u. k. Konsularakademie von 1754-1904. Festschrift zur Feier des hundertfünfzigjährigen Bestandes der Akademie und der Eröffnung ihres neuen Gebäudes, hrsg. von Agenor Goluchowski v. Goluchowo, Wien 1904.

Joukova, Alexandra, Dolmetscher- und Sprachausbildung an der Orientalischen bzw. Diplomatischen Akademie in Wien, Diplomarbeit an der Universität Wien, Wien 2002

Kerschagl, Richard, Die Quadragesimo Anno und der neue Staat, Wien 1935

Mataja, Victor, Das Recht des Schadenersatzes vom Standpunkt der Nationalökonomie, Leipzig 1888

Mataja, Victor, Die Reklame. Eine Untersuchung über Ankündigungswesen und Werbetätigkeit im Geschäftsleben, Leipzig 1910

Meyer, Robert, Die Principien der gerechten Besteuerung in der neueren Finanzwissenschaft, Berlin 1884

von Neumann, John und Oscar Morgenstern, Theory of Games and Economic Behavior, Princeton 1944

Neumann von Spallart, Franz Xaver, Die österreichische Handelspolitik in Vergangenheit, Gegenwart und Zukunft, Wien 1864

Neumann von Spallart, Franz Xaver, Übersichten der Weltwirthschaft, Stuttgart 1878-87

Neumann von Spallart, Franz Xaver, Volkswirthschaftslehre mit besonderer Anwendung auf Heerwesen und Militärverwaltung, Wien 1873

Pfusterschmid-Hardtenstein, Heinrich, Von der Orientalischen Akademie zur k. u. k. Konsularakademie. Eine maria-theresianische Institution und ihre Bedeutung für den Auswärtigen Dienst der österreichisch-ungarischen Monarchie, in: Die Habsburgermonarchie 1848-1918, hrsg. von Adam Wandruszka und Peter Urbanitsch, Wien 1989 (=Die Habsburgermonarchie im System der internationalen Beziehungen, Band 6), S.122-194

Pidoll zu Quintenbach, Michael, Freiherr, Promemoria betreffend die Reorganisation des Studienplans der k. u. k. Orientalischen Akademie 1898, Karton 53/KA, HHStA

Schelling, Thomas, The Strategy of Conflict, Cambridge, Mass. 1960

Schüller, Richard, Die klassische Nationalökonomie und ihre Gegner. Zur Geschichte der Nationalökonomie und Socialpolitik seit A. Smith, Berlin 1895

Schüller, Richard, Schutzzoll und Freihandel. Die Voraussetzungen und Grenzen ihrer Berechtigung, Wien 1905

von Schullern zu Schrattenhofen, Hermann, Untersuchungen über Begriff und Wesen der Grundrente, Leipzig 1889

Streißler, Erich, Carl Menger on Economic Policy: The Lectures to Crown Prince Rudolf, in: Carl Menger and his Legacy in Economics, hrsg. von Bruce Caldwell, Annual Supplement, History of political Economy Vol. 22, Durham und London 1990, S. 107-130

Streißler, Erich, Menger, Böhm-Bawerk, and Wieser: The Origins of the Austrian School, in: Neoclassical Economic Theory, 1870-1930, hrsg. Von Klaus Hennings und Warren Samuels, Boston/Dordrecht/London 1990, S.151-189

von Stürmer, Bartholomäus, Rede bey der Feyer des fünfzigsten Jahres von der Stiftung der k. k. Academie der morgenländischen Sprachen, Wien 1804

Weiß von Starkenfels, Victor, Die kaiserlich-königliche orientalische Akademie zu Wien, ihre Gründung, Fortbildung und gegenwärtige Einrichtung, Wien 1839

Zur Ersten Säkularfeier der k. k. Akademie der orientalischen Sprachen, Wien 1854

Abstract

Werner Neudeck, Teaching Economics at the Academy. An historical Survey

Teaching the basic concepts of economics has always been an important function of the Academy. After 1876 economics was taught at university level and a chair of economics was established. The creation of the Consular Academy led to a great expansion of economic and commercial subjects, replacing languages as the centrepiece of the curriculum. Emphasis was placed not only on economic theory, but also on practical applications (especially in trade policy) and on the relevant statistics. Eminent members of the Austrian School of Economics taught at the Academy. The interwar Consular Academy continued this curriculum in a somewhat abbreviated form. As a postgraduate institution the Diplomatic Academy originally did not offer systematic courses in economics, but concentrated on short lectures and seminars on specific economic subjects (e.g. game theory or trade theory). Following international academic standards, the principal courses in economic theory (for closed and open economies) were reintroduced in the Diploma programme after 1996. In the M.A.I.S. programme a familiarity with economic concepts is necessary for the interdisciplinary analysis of international problems.

Résumé

Werner Neudeck, L'enseignement des sciences économiques. Un tour d'horizon historique

L'enseignement de connaissances fondamentales en économie a toujours compté parmi les missions de l'Académie. Depuis 1876, des professeurs recrutés à cet effet ont assuré des cours magistraux de macro-économie pour un volume comparable à celui que l'on trouve dans les cursus universitaires de droit. La transformation de l'Académie orientale en Académie consulaire impériale et royale, conduisit à un renforcement important des matières économiques et commerciales; celles-ci se substituèrent aux langues, jusqu'alors le noyau essentiel de la formation. On accorda de l'importance non seulement aux fondements de la théorie économique, mais également (surtout en politique commerciale) aux applications pratiques et à leur fondement statistique. D'éminents membres de l'école autrichienne d'économie enseignèrent à l'Académie. L'Académie consulaire de l'entre-deux guerres poursuivit cette formation sous une forme quelque peu raccourcie. Après 1964, l'Académie diplomatique, en tant qu'établissement d'enseignement post-universitaire, renonça, dans un premier temps, à une présentation systématique de la théorie économique et se concentra sur l'étude de domaines spécifiques pertinents (comme la théorie des jeux et la théorie du commerce international) dans des séminaires intensifs.

Après l'acquisition de son autonomie en 1997, l'Académie rétablit dans la formation diplômante un cours d'économie complet sur les modèles d'économies ouvertes et fermées, d'un niveau universitaire international, complété par des séminaires spécifiques. Dans le programme M.A.I.S., les connaissances économiques sont indispensables à la réflexion interdisciplinaire sur les problèmes internationaux.

Gerhard Loibl

Internationales Recht im Studienprogramm der Diplomatischen Akademie

Seit der Errichtung der Akademie im Jahr 1754 ist der Unterricht des internationalen Rechts ein zentraler Bestandteil des Studienprogramms. Die Schwerpunkte haben sich in den vergangenen 250 Jahren den jeweiligen Anforderungen, denen sich die Absolventen der Akademie im Berufsleben stellen, entsprechend verlagert. Der Unterricht des internationalen Rechts hat aber immer das Ziel verfolgt den Absolventen theoretische und praktische Kenntnisse über das internationale Recht zu vermitteln.

Internationales Recht wurde im Studienprogramm der Akademie in einer breiten Weise verstanden. Es umfasste alle internationalen Rechtsbereiche, die für einen Absolventen der Akademie in seinem späteren Berufsleben von Bedeutung sein könnten. Dabei wurde und wird in den einzelnen Lehrveranstaltungen besonders darauf Wert gelegt den Studenten nicht nur Wissen zu vermitteln, sondern insbesondere das „Handwerkzeug" zu übermitteln, internationale Rechtsprobleme zu erkennen, zu analysieren und Lösungen zu finden.

Ein wichtiges Element der Ausbildung im internationalen Recht ist die interdisziplinäre Ausrichtung der Studienprogramme an der Akademie. Der Unterricht im internationalen Recht steht in engem Zusammenhang mit anderen Schwerpunktfächern, z.B. Ökonomie, internationale Beziehungen und Geschichte. Aber auch der Sprachunterricht ist ein wesentlicher Bestandteil für das Verständnis des internationalen Rechts.

Bereits mit der Gründung der Akademie war die Vermittlung von Kenntnissen des Rechts ein wichtiger Bestandteil des Studienprogramms.[1] Die „k.k. Akademie der Orientalischen Sprachen", die am 1. Jänner 1754 ihre Tätigkeit aufnahm, sollte nicht nur sprachliche Fertigkeiten, sondern eine allgemeine Vorbildung für den Staatsdienst vermitteln. Diese umfasste auch die juristischen Elementarkenntnisse. Daher finden sich im Studienprogramm der Akademie juristische Fächer. So schienen im Lehrplan vom 31. März 1773 „Die Rechte nach allen ihren Teilen" auf.[2] Der Studienplan vom 25. September 1812, der ein fünfjähriges Studium vorsah, umfasste die folgenden juristischen Studien:

- Im dritten Jahr: Natürliches Privatrecht, Allgemeines Staats- und Völkerrecht, das Anwendbarste aus den Institutionen (des römischen Rechts);

- Im vierten Jahr: Römisches Recht, das gerichtliche Verfahren, Privat-, See- und Wechselrecht; und
- Im fünften Jahr: Politische Wissenschaften, Allgemeines Handelsrecht, Positives Völkerrecht und Österreichisches Recht.

Diese juristischen Fächer finden sich auch im Lehrplan vom 11. März 1833. Diese umfassende Ausbildung in den Rechtsfächern wurde im Laufe des 19. Jahrhunderts noch weiter ausgebaut. So wurde etwa ungarisches Staatsrecht, türkische Verwaltungskunde und ein Kurs über Enzyklopädie der Rechts- und Staatswissenschaften in den Studienplan aufgenommen. Damit wurde die „Orientalische Akademie" zu einer Schule des diplomatischen und des Konsulardienstes. Dies unterstreicht auch die Aussage des Direktors aus dem Jahr 1876: „Die Orientalische Akademie hat nunmehr die Bestimmung, den von der k. u. k. Regierung benötigten Bedarf an geeigneten Kandidaten für den diplomatischen und den Consulardienst im Orient zu decken."[3]

Die Reorganisation der Akademie im Jahr 1898 als „k. u. k. Konsularakademie" führte zu keinen großen Änderungen des Unterrichts juristischer Fächer, sondern baute auf dem erprobten Lehrprogramm auf. Es wurden aber eine Reihe von Spezialkursen angeboten, wie etwa Verfassung und Verwaltung der englischen Kolonien, die moderne Entwicklung des Parlamentsrechts und vergleichende Darstellung der Verwaltungsorganisationen.

Mit dem Ende der Donaumonarchie wandelte sich die Zielsetzung der Akademie entscheidend. Bisher war es die Aufgabe der Akademie Absolventen auf den öffentlichen Dienst, insbesondere im auswärtigen Dienst, vorzubereiten. Dies konnte nicht mehr die alleinige Aufgabe der Akademie in der Zukunft sein, denn der auswärtige Dienst der Republik Österreich war zu klein, um eine eigene Ausbildungsinstitution zu unterhalten. Eine neue Zielsetzung war für die Akademie notwendig. Die neue Aufgabe der Akademie wurde bereits durch den Namen „Konsularakademie – freie Hochschule für Politik und Volkswirtschaft von internationalem Charakter" deutlich. Im nunmehr auf zwei Jahre beschränkten Studienprogramm der Akademie wurde der Rechtsunterricht auf typisch internationale Disziplinen beschränkt. Unter dem Titel „internationales Recht" wurden folgende Lehrveranstaltungen angeboten: vergleichende Darstellung der Grundideen des modernen Privat- und Strafrechts, vergleichendes Handels- und Wechselrecht, internationales Kollisionsrecht, Fremdenrecht, internationale Regelungen. Der Gegenstand „Völkerrecht" umfasste folgende Themen: die wichtigsten Dogmen und deren allmähliche Ausbildung, dargestellt an geschichtlichen Ereignissen, Schiedsgerichtswesen, Völkerbund und Pazifismus. „Konsularwesen" umfasste Lehrveranstaltungen über „allgemein gültige Normen über die Stellung und Wirkungskreis des Konsuls" sowie über die „innere Organisation des Amtsbetriebs".

Bei der (Wieder-)Errichtung der Diplomatischen Akademie im Jahr 1964 wurde an die Tradition der Akademie angeknüpft. Völkerrecht und Europarecht wurde zu einem

Schwerpunkt des Studienprogramms an der Diplomatischen Akademie. Bereits in den ersten Jahren nach der Wiedererrichtung umfasste das Studienprogramm völkerrechtliche und europarechtliche Lehrveranstaltungen. Im Studienprogramm des ersten Jahrganges finden sich etwa Lehrveranstaltungen zur Neutralität, zum Diplomaten- und Konsularrecht, zu internationalen Organisationen und multilateralen Diplomatie und zum Recht der Europäischen Gemeinschaften.

Erst in den weiteren Jahren wurde das Programm dahingehend ausgebaut, den Studierenden generelle Grundkenntnisse des internationalen Rechts zu vermitteln. Damit wurde sichergestellt, dass die Absolventen der Diplomatischen Akademie nicht nur über einzelne Spezialbereiche Kenntnisse besitzen, sondern über ein generelles Wissen und Verständnis der Theorie und Praxis verfügen. Die unterschiedliche Vorbildung der Studierenden führte auch zu einer Zweiteilung der völkerrechtlichen Einführungslehrveranstaltungen: Völkerrecht für Nicht-Juristen und Völkerrecht für Juristen. Damit versuchte man zu gewährleisten, dass nach den ersten Monaten alle Teilnehmer am Diplomlehrgang ihre weiteren Studien auf einer vergleichbaren Basis aufbauen. Alle anderen (weiterführenden) Lehrveranstaltungen im Völkerrecht waren somit für alle Teilnehmer des Lehrganges zugänglich. Im Laufe der weiteren Jahre wurde das Studienprogramm durch Lehrveranstaltungen über das internationale Wirtschaftsrecht (GATT/WTO), Umweltrecht und den internationalen Menschenrechtsschutz ergänzt. Die Entwicklung der Europäischen Gemeinschaft und der Europäischen Union machte das „Europarecht" zu einem Schwerpunkt in der juristischen Ausbildung an der Akademie.

Besonderes Augenmerk wurde bei der Weiterentwicklung des völkerrechtlichen und europarechtlichen Programms aber nicht nur auf die Theorie des Rechts gelegt, sondern auch die praktische Anwendung des Völkerrechts und Europarechts. Die besondere Schwerpunktsetzung auf der Praxis des Völkerrechts und Europarechts kommt in einer Reihe von Lehrveranstaltungen zum Ausdruck. Die aktuelle Praxis des Völkerrechts und Europarechts wird in einer speziellen Lehrveranstaltung (durch Angehörige des Völkerrechtsbüro des Bundesministeriums für auswärtige Angelegenheiten unterrichtet) dargelegt. Diese Lehrveranstaltung ist somit den jüngeren und jüngsten Problembereichen gewidmet, dementsprechend verändert sich die inhaltliche Gestaltung jährlich. Eine weitere wichtige Lehrveranstaltung ist die „Simulation einer Konferenz im Rahmen der Vereinten Nationen". Diese jährlich in den letzten Wochen des Studiums an der Akademie durchgeführte Simulation ist stets einem aktuellen Problembereich gewidmet. Dementsprechend ändert sich die gewählte Problematik. So wurde etwa in den letzten Jahren auf der Basis der vorliegenden Dokumente der „Weltgipfel über nachhaltige Entwicklung" in Johannesburg (bereits im Juni 2002) simuliert oder die Verhandlungen im Rahmen der Generalversammlung über die Schaffung einer internationalen Konvention betreffend das Klonen des menschlichen Lebens (Juni 2004). Im Rahmen dieser Simulation haben die Teilnehmer die Möglichkeit ihre im Laufe des Studiums an der Akademie erworbenen Kenntnisse und Fähigkeiten anzuwenden.

Mit der Schaffung des „Master of Advanced International Studies (MAIS)" im Jahr 1997 und des „Special Programme of International Studies (SPIS)" im Jahr 2001 neben dem Diplomlehrgang wandelte sich auch der Unterricht des internationalen Rechts an der Akademie.

SPIS ist im Gegensatz zum Diplomlehrgang akademischer orientiert und nicht so sehr auf die Praxis ausgerichtet. Daher werden im völkerrechtlichen und europarechtlichen Lehrprogramm am Beginn des Studienjahres verstärkt die theoretischen Grundlagen der Rechtsgebiete vermittelt. Lehrveranstaltungen zu speziellen Themenbereichen des Völkerrechts (Umweltrecht, Menschenrechtsschutz) und Europarechts (z.B. EG Wettbewerbsrecht, Außenbeziehungen der EU) stehen aber sowohl den Hörern des Diplomlehrganges als auch des SPIS offen. In diesen Lehrveranstaltungen werden spezifische Regelungsbereiche des internationalen Rechts dargestellt und analysiert.

Im Programm des MAIS finden sich in erster Linie Lehrveranstaltungen zu ausgewählten Themenbereichen des Völkerrechts und Europarechts, wie etwa Umweltrecht und die Rechtsstellung der Europäischen Union im Völkerrecht und Europarecht. Diese Lehrveranstaltungen versuchen vor allem die Verknüpfung von Europarecht und Völkerrecht zu beleuchten. In Seminaren werden spezifische Fragen des internationalen Rechts behandelt.

Mit der Errichtung einer Abteilung für Völkerrecht und Europarecht im Jahr 2001 wurde der Schwerpunkt internationales Recht weiter vertieft. Damit ist seit langer Zeit erstmals wieder ein eigener „Lehrstuhl" für Völkerrecht und Europarecht geschaffen.

Der Unterricht des internationalen Rechts war seit der Gründung der Akademie ein wesentlicher Bestandteil des Lehrprogramms. Die Schwerpunkte des Unterrichts haben sich im Laufe der Jahre verschoben und den jeweiligen aktuellen Entwicklungen angepasst. Waren es in den ersten Jahrzehnten des Bestehens der Akademie die juristischen Fächer, die für den Staatsdienst der Habsburgermonarchie von zentraler Bedeutung waren, ist in den letzten Jahrzehnten das internationale Recht (insbesondere Völkerrecht und Europarecht) in den Vordergrund getreten, das für einen Absolventen, der in einem internationalen Umfeld tätig ist, von zentraler Bedeutung ist.

Vor allem seit der Wiedererrichtung der Akademie im Jahr 1964 ist der Unterricht des internationalen Rechts von der internationalen Ausrichtung der Akademie geprägt: Völkerrecht und Europarecht stehen im Mittelpunkt. Österreichisches Recht wird lediglich in einem begrenzten Rahmen angeboten (Verfassungsrecht). Neben der Vermittlung der Grundlagen des internationalen Rechts werden auf diesen aufbauend spezielle Themenbereiche behandelt.

Anmerkungen

1 Eine ausführliche Darstellung der Rechtswissenschaften im Studienprogramm der Akademie von der Gründung bis zum Jahr 1936 gibt Stephan Verosta, „Der Unterricht der Rechtswissenschaften an der Konsularakademie", Jahrbuch der Konsularakademie zu Wien 1936, 75-85.
2 Vgl. die Denkschrift „Satzungen der k. k. Akademie der Orientalischen Sprachen" von Pater Johann Nekrep, Abt von Teg (Direktor 1770 bis 1785).
3 Vortrag vom Direktor Heinrich Barb „Über die Zwecke der k. u. k. Orientalischen Akademie", gehalten am 22. März 1876.

Abstract

Gerhard Loibl, International Law in the Study Programme of the Diplomatic Academy

Since the foundation of the Academy international law has been an important part of its curriculum. Over the decades the focus of the legal fields covered has shifted. During the Habsburg Monarchy law studies centred on those subjects which were important for the civil service and in particular for the Foreign Ministry. Since the 1920s the Academy's programme has concentrated on international law subjects. In particular since 1964 the Academy has offered general courses on public international law and European law, which form the basis for specialised courses in, *inter alia*, international economic law, international and European environmental law and human rights law. A specific feature of the Academy's programme is the interdisciplinary approach, which enables law to be taught in close relationship to other subjects, such as economic and international relations.

Résumé

Gerhard Loibl, Le droit international dans le programme d'études à l'Académie diplomatique

Depuis la création de l'Académie, l'étude du droit représente une composante importante du programme. Au fil des décennies cependant, les matières étudiées en dominante ont changé. Pendant la monarchie des Habsbourg, les matières juridiques importantes pour l'administration publique et, en particulier, pour les affaires étrangères, se trouvaient au premier plan. Depuis les années vingt, le programme de l'Académie se concentre sur les matières internationales. Depuis 1964, notamment, des cours généraux de droit international et de droit européen sont proposés, qui constituent la base de séminaires consacrés au droit économique international, au droit de l'environnement et à la protection des droits de l'homme. Ce qui fait la particularité de l'Académie, c'est son orientation interdisciplinaire, qui garantit une étroite imbrication de la formation en droit avec les autres matières telles que l'économie et les relations internationales.

Melanie Sully

Reflections on the Challenge of Politics and History at the Diplomatic Academy

Politics and history are sensitive subjects to teach and present a challenge for the scholar at the Diplomatic Academy. For many students history is suspect since it may have been instrumentalised in their own countries for propaganda purposes and rewritten by ideologues. For others privileged to have been educated in democracies, history runs the danger of seeming boring or being regarded as a soft option. Yet history is none of these and along with political science is a vital piece of equipment in the diplomat's toolbox. For other professions, such as those in international organisations or journalism, a thorough grasp of history is also indispensable.

The challenge posed by these disciplines can be appreciated through a brief description of some courses I took since the early 1990s when breathtaking changes in and around Austria were underway. For some political scientists in the 1980s Yugoslavia was a federalist model which showed how different nationalities could happily live together. Other western academics praised the German Democratic Republic's health, education and social services and it was seen as one of the most loyal in the communist bloc. The dramatic events in domestic and international politics meant that textbooks, lecture notes and standpoints had to be constantly revised, updated and reassessed. This shows that study at the Diplomatic Academy is indeed a life-long learning process.

The Volatile Nineties

In the academic year 1992-1993 I took together with Michel Cullin a twenty-hour course on *"Austrian History since the Moscow Declaration"*. Right from the beginning students are confronted with a debate on the burden of Austria's past and the vexed question of its role as a victim or perpetrator, or both.

Another joint course was taken with former British foreign office diplomat James Rooke quaintly entitled *"The Political and Economic History of the English-speaking peoples"*. Today the title with its Churchillian overtones sounds slightly anachronistic but it presented a picture of an era that helped explain Britain's reluctance to join Europe and its involvement in the Falklands War 8,000 miles south which to many seemed a long way to go to salvage national pride and a few penguins. Mr. Rooke also led weekly current affairs discussions giving students the benefit of his long service as a career diplomat and encouraging them to develop debating skills by playing devil's advocate. Participating in such sessions was an education in itself for both students and staff.

In December 1992 I accompanied a group of students, together with the then deputy of the Academy, Wolfgang Paul, to Brussels. Students met diplomats and officials who gave briefings on the Treaty of Maastricht, the Edinburgh summit, "opting out" and the Danish position as well as monetary union at a time when only France and Luxembourg fulfilled the convergence criteria and the idea of a single currency seemed a far-off cry.

During this time I took diplomats from central and eastern European countries for a course on *"Problems of European Integration"* and a history course on *"The Weakness of the Democracies and the Emergence of Nazism and Fascism"*. This looked at, for example, the Weimar constitution and its part played in the demise of democracy. It asked how far constitutionalism can contribute to the collapse of a political system subject anyway to intense economic stress. Such discussions illustrated the simplicity of the monochasial view of history.

Many young diplomats coming to us in those days had been catapulted into posts resulting from sudden changes in their native countries. I remember one Albanian diplomat who weeks before coming to Vienna had worked as an engineer and his colleague who had been a farmer. His English was curiously perfect for someone who had never travelled far outside of Albania, and his pronunciation was reminiscent of "BBC English". When I asked him how he had learnt English, he replied "by listening to the BBC World Service on my short wave radio". His sense of commitment to learning was impressive and for many like him, coming to Vienna was a dream come true.

These courses continued in subsequent years but were complemented by a study of *"Diplomatic History from 1815 to 1914"*. This dealt with the congress of Vienna, Metternich, the congress system, Bismarck's diplomacy and the outbreak of the First World War. Discussions on destructive nationalism and the Balkans at the end of the nineteenth century prompted the question of whether it was possible to learn from history. Many students coming themselves from war-torn countries despaired that politicians would ever be capable of learning from past mistakes. Yet it was clear to students that a study of history was of utmost importance for the modern diplomat if he or she was to have any hope of understanding contemporary problems such as those that erupted in the Balkans at the close of both the nineteenth and twentieth centuries.

In addition for the academic year 1993-1994 I gave lectures on a joint course *"Diplomatic and Foreign Policy in the inter-war period"* with the Director of the

Diplomatic Academy, Ambassador Alfred Missong and Professor Moritz Csaky. The perennial problem of what to do with Germany in Europe was a leitmotiv and an analysis of mistakes made in the 1920s and 1930s showed once again the importance of a study of history, a discipline often underestimated as being essentially a catalogue of facts and figures. Although incomprehensibly some students still, even at postgraduate level, cling to this well trusted but limited approach the history pursued at the DA attempts to go beyond that to explore not only what happened when and where but why and how. Ambassador Missong's personal approach to the history course raised such questions with particular reference to Austrian history.

During this year diplomats from the "reforming countries" took a course on *"Austrian History and Austria Today"*. Then there was also a Summer July intensive course covering *"The Austrian Political System"*, and *"The Austrian Parliamentary System"*. Students looked at why democracy in Austria succeeded after 1945 in contrast to the period after the First World War. The debate on "overcoming the past" and comparisons between the polarised camps of the First Republic with its paramilitary organisations and what some saw as increasing modern political radicalism were reviewed by students in class work. Many students appreciated the need for constant vigilance to protect democracy but often disagreed on mechanisms to be adopted. Most agreed, based on their own experiences, that it was easier to destroy than build democracy and examined what lessons could be gleaned not only from Austria but also other European countries.

The Austrian case provided some unique features, like social partnership and neutrality, for the student of politics. The Second Republic with its politics of accommodation, consociational democracy, was an interesting case study for a small democracy and students could research the classic Great Coalition mechanisms of mutual veto, Proporz and Junktim. Students discussed political scientist's ideas on the "normalisation" or "westernisation" of Austrian politics as it took on some features common to a competitive democracy.[1]

In August starting in 1993 a summer exchange programme was organised for the first time with British Universities in London and Manchester. Students met with diplomats in London but could also appreciate life "outside the capital". This course I organised in response to a request from an Hungarian student who later became a diplomat for her country spending some time in London.

For the 1994-1995 academic year a new course was offered for the regular promotion on *"Diplomatic and Foreign Policy since 1918"* together with Professors Csaky, Cullin, Rooke and Rainer Stepan who had joined the DA team. This looked at the collapse of empires and the challenges to liberalism from an interdisciplinary perspective. Current Affairs also continued with Mr. Rooke joined by the new deputy Gabriele Matzner who contributed in her own inspirational and energetic way to the debates.[2]

For diplomats from countries in transition I took a joint course with Mr. Rooke on *"The Rise of Modern Diplomacy"* which looked at the development of foreign offices in different countries and examined the concept of the "balance of power" as well as nationalism, peacemaking and the international crises preceding the outbreak of World War II. For these students I also took a course on *"The Challenge of Democracy"* which looked at modern phenomena such as populism and the problems in making a democracy viable from a political and historical viewpoint. It looked at not only at the Weimar Republic, but also the rise and fall of Mosley in Britain, the post-war transition to democracy in Austria, Germany and Italy and the democratic deficit at the European level. At the same time I had the honour to take a course with the first director of the Academy, Ernst Florian Winter, on *"The Political History and System of the Austrian Republic"*. Students were able to explore questions relating to Austria's identity with someone possessing an astute personal insight and wealth of experience.

With the academic year 1995 – 1996 I participated in taking a new course *"Austrian History in the Twentieth Century"* with Ernst Florian Winter, Michel Cullin and Oliver Rathkolb from the University of Vienna. This covered a range of topics including the Habsburg Monarchy, the First Republic, Austro-Marxism, the Civil War, resistance, occupation, the State Treaty, neutrality, the role of the Church, and domestic politics right up until the 1980s. There were many questions covered that students would need a response to, if not an answer, for the entrance exams to the Austrian foreign ministry.

Weekly current affairs sessions continued with Gabriele Matzner, James Rooke and a French colleague, Christian Tirel, who introduced his own flair into discussions not only in class but in the bar, dining room, corridor and anywhere else it was possible to discuss. Christian's untimely death was a shock to many students and professors who lost a friend and intellectual sparring partner. Some themes discussed in those days have unfortunately remained topical until today. One example can be cited from October 1995 when a debate focussed on "Terrorism and the dilemma for the liberal state".

For the Special Course for diplomats from CIS countries I taught *"Western European Political Systems"* covering parties, interest groups, constitutions, the courts and role of parliaments. For many some western countries acted as a model for their fledgling democracies while others reacted sceptically to the idea of a kind of constitutional or political "transplant". It was important in teaching to avoid a kind of "imperialist arrogance" based on the unquestioned assumption that "west is best". Students were looking for models but were discerning and critical, all too well aware of flaws in many societal systems.

This class also followed *"The History and Political System of Austria"* including foreign policy taken by Alexander Christiani from the Austrian Ministry for Foreign Affairs. Now there were pressing issues for Austria in view of European Union membership adding a new dimension to an analysis of foreign policy but also changing the perspective on domestic policy. From now on the Austrian parliament had changes in its working methods, committees and rules of procedure to respond to the challenge of EU membership[3].

Students were received many times by Austrian parliamentarians including the then chief whip for the ÖVP, Heinrich Neisser in the club rooms of the parliament, speakers Heinz Fischer and Wilhelm Brauneder and Green member of parliament, Teresa Stoisits.

By 1996 a new course was on offer entitled *"The Development of European Democracies"*. This was taken by myself in English, by Ch. Tirel in French and by the new study director, Michael Weber, in German. This was a comparative course covering for the most part the "European Three", the United Kingdom, France and Germany with very different political cultures, traditions and philosophies. Students discussed the merits or otherwise of monarchies, republics, codified and non-codified constitutions or Basic Law, and the Westminster model of parliamentary democracy.

At the beginning of 1997 a course was offered to the 33rd promotion taken by myself along with colleagues Tirel and Weber and political scientist, Gerhart Mangott, a former student of mine from Innsbruck University, called *"Processes of Democratisation"*. This attempted something more than an examination of the mechanics of political or parliamentary systems but delved into the quality of democracy. It amounted to something like a democratic audit to see just how well some established democracies were working in practice and what reforms could be introduced either for parliament or in the constitution to improve its functioning. Students looked at the reasons for "Politik(partei)verdrossenheit" and analysed political participation. For western democracies this assessment of quality rather than quantitative elements was a particularly useful exercise. This was again a tri-lingual course. A follow-up course looking at public opinion and democratic change in Eastern Europe was offered together with Dr Peter Ulram.

The following academic year I took a course with Michel Cullin on contemporary history that looked at the dramatic events surrounding the implosion of the Soviet Union and its aftermath. This was a bilingual course giving students the chance to discuss and analyse questions of political history with native speakers.

The "Internet Generation"

Meanwhile a quiet revolution had taken place in terms of academy technology and staff and students were now plugged into the Internet. Whereas once students preparing country studies were told to head off for the libraries and archives they now simply downloaded the material onto a disc. Getting information was no real problem but what to do with it still remained a challenge. Now a new generation of students were entering the Academy shaped by different experiences and memories. When I started teaching at the DA students born in 1968 or thereabouts could remember the close of the Kreisky era, the beginning of the premiership of Mrs Thatcher and experienced as young adults the "Wende" in eastern Europe and the fall of the Soviet Union. Most students today were children in the 1980s and became politically aware in the 1990s. For the next generation of students knowledge of the Cold War will be based on classic spy films of the era or stories told by relatives.

On the eve of the new millennium a course on *"Political Actors"* gave the opportunity to invite experts from the field of politics and the academe to the DA to take part on a voluntary basis in Round Table discussions with students. Speakers included constitutional expert, Professor Manfried Welan and Rainer Stepan who was now working for the City of Vienna. Topics included presidential systems, electoral reform, constitutions, the case for federalism and the role of the media.

During politics classes in sanctions-bound Austria emotions often ran high. Students were learning about the role of civil society, demonstrations, protest and opposition politics not just from theoretical text books but from the news and events surrounding them daily. It was a reminder that many of the big issues in politics were not just for seminar study but would form part of a general education stretching well beyond the doors of Diplomatic Academy.

In 2001 I could offer a course on *"Parliamentary Reform and Perspectives"* which looked at the historical evolution of parliamentary democracy and its weaknesses in the twenty first century, the debate on reform and implementation as well as challenges to national parliaments facing a loss of power upwards to Europe and downwards to the regions or states. This was an aspect pursued in the course on *"British Politics"* which covered devolution in Scotland and Wales and the formation of the Scottish parliament and Welsh Assembly.

A course on *"The Mass Media"* made the connection with politics, the role of spin doctors, political communication and campaigning. For this course little Austria provided unique material with its influential "Kronen Zeitung" read by millions. Seminars examining key loci of power frequently reviewed the importance of the paper in shaping public opinion. The need to get news fast and disadvantages accompanying this were studied as well as the role of the media in some selected case studies such as the so-called "Waldheim affair". For many politicians a CNN interview is more important than informing their own national parliaments.[4] War reporting has also interested students who have been able to compare coverage of both Iraq wars. Students were given a practical input during a visit to the ORF near to the DA by Helmut Opletal, a highly successful journalist and recognised expert on Asia, especially China. He showed students the modern world of radio journalism and computer technology and offered advice to those seeking what they saw as a rather glamorous career as a foreign correspondent. An earlier visit to the ORF television studios gave students much to reflect on as they witnessed live pictures coming in of a massacre in a market place in the Balkans. In fact we were only able to see the television screens by accident since it was not part of the official tour. Students stood horrified as they saw film of parts of limbs of innocent people hanging from lampposts and market stalls. These shots were never fully televised leading to a debate on the merits of this decision. Should viewers be presented with the true horrors of war or do such pictures invade the privacy of innocent individuals and perhaps in the long run achieve little as viewers become desensitised by an ever increasing dosage of sensational visual material?

At this time l offered a course on Austrian history together with Professor Manfried Rauchensteiner. Students were expected to conclude with an oral exam in English and German covering topics such as the role of the Dollfuß, the Corporate State, 1938 and the State Treaty and many other questions a budding candidate for the Austrian foreign ministry should know inside out.

An intensive course in European Studies for young diplomats from the successor states to the USSR plus Mongolia presented the chance to give a course on *"The Political History and System of Austria"*. For students from Central and Eastern Europe, Turkey, Cyprus and Malta I offered a study of *"European Parliaments and the role of national parliaments"*. This was particularly relevant to students from countries on the eve of EU membership, or aspiring to it, and showed the way in which member countries had responded often ad hoc to the new challenges.

The last years have continued this theme and now for students with little previous knowledge of political science there is an introductory course looking at parliament, parties and the inner dynamics of political systems. Courses on *"British Politics"* give students the chance to look in depth at a case study providing material on an imperial legacy, Northern Ireland, a very distinct attitude to "Europe" and the specific politics of what has become known as Thatcherism up to the transformation of the Labour Party under Tony Blair and the performance of New Labour in government since 1997 in domestic politics and in the international arena, as well as a study of the "special relationship" with the United States. In this context students can assess the role of the personality in history and politics and the apparent declining importance of party programmes with an increased emphasis on political marketing.

Recently students have taken part in courses known as Intensive Seminars moving away from the formal frontal approach to classroom teaching which tends to reduce student participation. The intensive seminars, in my case, on politics look at issues such as political communication and campaigning and start by giving students ideas and theories to examine. Students have time in between sessions to follow up these leads in private study and develop their own arguments and impressions either based on a knowledge of countries they have lived in or on topics which they find particularly relevant or interesting. The next step is a seminar student-directed but involving the participation of all present either by comments or questions. In this way students have to take questions from their contemporaries and explain their own ideas. They have to be careful not to bore their fellow students and to engage them in a constructive dialogue. This exercise comes a little strange to students who have been used to a more passive role in the classroom and want to write down the facts without little more ado. The problem with much of history and politics is that this is not enough and the intensive seminars help develop a sense of critical, independent thought.

Within the framework of intensive seminars and sometimes in addition to the course programme offered, students have shown interest in visiting exhibitions or locations of historical interest in Vienna. In 2002 for example students were taken to the controversial exhibition on "the Crimes of the German Wehrmacht" and sacrificed a Saturday afternoon because the exhibition was so popular this was the only slot free for a guided tour in English. The discussion provoked by the documentary material on display continued with other visitors of the exhibition and back at the Academy. Students met those who had served in the Wehrmacht or had other experiences of those years and the aftermath of the war. They could form their own conclusions and impressions and for many this was living history in a country where the past is intricately intertwined with politics. Students were also interested in the initiatives made by the City of Vienna in paying homage to the children murdered under the Nazi "euthanasia" programme.

Another group of students volunteered for visits to central Vienna, the Jewish museum and the Judenplatz once the hub of rich Jewish culture in the medieval period centred on a synagogue which was one of the most important in central Europe. They also visited the Freud Museum in the Ninth District where the psychoanalyst lived before fleeing the Nazis in 1938. An exhibition on "the neighbours who disappeared" documented the fate of those who lived in the apartments in the Berggasse 19.[5] On another occasion students followed the "Third Man Trail" after visiting an exhibition and seeing the story behind the most Viennese of all films which provides a fascinating insight into the city in the immediate post-war period as a kind of fictional documentary.[6] Another foray into the neighbouring Third District included a visit to the Anti-Aircraft Towers built by the Nazis during the war. For this the Museum of Applied Arts specially opened the tower for the benefit of our students so that they could see inside these foreboding examples of Nazi architecture. Whilst conversion and restoration work is lengthy and costly and many different ideas exist on what the fate of these six war relics should be, one of them in the Third District has already been partially converted to a modern art laboratory and also shows films of the district and the towers in action during the war years. This visit seemed to make an awesome impression on students including those from Austria who had never seen inside these massive structures.

The DA Spirit

Throughout this period many students followed history and politics courses at the DA from universities abroad including Budapest, North Carolina and British Columbia. Many North American students were in Austria or even Europe for the first time. They could witness a country with a strong parliamentary democracy and a troubled history facing new social and political challenges and a continent growing in self-confidence and economic power. Discussions on post-war Austrian politics covered some turbulent years when raw spots were exposed and tolerance tested to the limit. But the tireless search for compromise and consensus in the best sense of the world came to the fore despite the political stress in a dynamic party system. It can only be hoped that students returning to their own homes whether in Ulaan Baatar or Vancouver will carry with them some understanding of that precious and magic "spirit of Vienna".

Notes

1 M. Sully, „Austria" in: *Western Europe 2004*, 2003.
2 G. Holzer, *Verfreundete Nachbarn. Österreich-Deutschland. Ein Verhältnis.* 1995
3 W. Zögernitz, *Bundesrat-Geschäftsordnung*, 2002
4 W. Ettmayer, *Eine geteilte Welt*, 2003
5 T. Walzer/S. Templ, *Unser Wien, 2001*
6 B. Timmermann/F.Baker, *Der Dritte Mann*, 2002

Zusammenfassung

Melanie Sully, Gedanken zu Politik und Geschichte als Herausforderung an der Diplomatischen Akademie

Das Studium von Politik und Geschichte an der DA stellt hinsichtlich permanenter Umwälzungen in jüngster Geschichte und Gegenwart einen lebenslangen Lernprozess dar. Vor diesem Hintergrund ist der Unterricht dieser beiden Fächer als Herausforderung zu betrachten, der auch in den vergangenen eineinhalb Jahrzehnten zahlreiche Aspekte in sich vereinen konnte:

Mehrere Lehrveranstaltungen waren der Geschichte und dem politischem System Österreichs gewidmet, andere wiederum bewegten sich im europäischen Kontext. Speziell auf Studenten aus den osteuropäischen Ländern waren Kurse etwa über westeuropäische politische Systeme ausgerichtet. Weiters beinhaltete das Vorlesungsprogramm immer zeitgeschichtliche Themen.

Dass das Geschichtestudium für angehende Diplomaten zum Verständnis gegenwärtiger Probleme unerlässlich ist, zeigte sich in all diesen Jahren immer wieder anhand lebhafter Diskussionen mit den Studenten in den Lehrveranstaltungen.

Résumé

Melanie Sully, Réflexions sur l'enseignement des sciences politiques et de l'histoire à l'Académie diplomatique : un défi

L'étude des sciences politiques et de l'histoire à l'Académie Diplomatique représente, du fait des bouleversements permanents dans l'histoire et le présent récents, un processus d'apprentissage qui se réalise tout au long de la vie. Dans ce contexte, l'enseignement de ces deux matières doit être considéré comme un défi. Cet enseignement, ces quinze dernières années, a pu concentrer de nombreux aspects : plusieurs séminaires furent consacrés à l'histoire et au système politique de l'Autriche, d'autres, au contraire, s'inscrivaient dans le contexte européen. Des cours portant sur les systèmes politiques de l'Europe de l'Ouest ont été élaborés spécifiquement pour des étudiants des pays de l'Europe de l'Est. Enfin, le programme des conférences intégrait toujours des thèmes consacrés à l'histoire contemporaine.

Durant toutes ces années, il s'est avéré de manière croissante, notamment lors de discussions animées avec les étudiants dans les séminaires, que l'étude de l'histoire est indispensable aux futurs diplomates pour la compréhension des problèmes actuels.

Courses Offered at the Diplomatic Academy Vienna in Its Various Programmes

Political Science and International Relations

Introduction to Political Science
Theories of International Relations
Peace building
Applied Conflict Theory
Analyzing Issues of Ethnic Conflict: Challenges for Media and Diplomacy
Debates on current issues in international affairs
International Relations I: Options for Security in a New Europe
International Relations II: Theories and Strategies for the Evolution of the EU
Comparative Politics
Comparing Political Systems
The Liberal International Order
Parliamentarism: Reforms and Perspectives
Human Security in the 21st Century
UN-Conference Simulation Exercise
Simulation Workshop on Negotiation and Mediation in Complex Conflicts

European Studies

Entre coopération et intégration: Histoire de la construction européenne de 1945 à nos jours
History of European Political and Economic Thoughts
The Political Process in the European Union
The European Union in the International System
The European Union and its Common Foreign and Security Policy on the International Stage
European Security: Concepts, Challenges, Institutions
NATO and the Politics of Transatlantic Relations
The Council of Europe

Regional and Country Studies

Processes of Democratisation in CEEC
Between Balkanization and Lebanization: implosion of state structures
Geschichte des Westbalkans im 19. und 20. Jh.
Le Proche Orient, l'Europe et les Etats-Unis: une histoire de malentendus
L'Afrique: « Les soleils des indépendances »
Latin America between Europe and the USA
Asia between Conflicts and Co-operation
Russia's Protracted Transition to Democracy
British Politics
Die Rolle Deutschlands innerhalb der Europäischen Union
La France et l'Europe
La France et l'Union Européenne: séminaire à l'Institut de Sciences Politiques de Nancy
Les relations franco-autrichiennes
European Integration and Regionalism: A Europe of and with Regions
The Politics of Central Europe: From Barricades to Brussels

Development Studies

Workshop on Sustainable Development
Development Co-operation
Oil – politics and economics of its markets (with an excursion to OPEC)

International Law / European Law / Austrian Constitutional Law

Principles of International Law
Legal Foundations of International Relations
Law of International Organisations and Multilateral Diplomacy
Human Rights and Minorities
International Economic Law and Institutions
International Environmental Law and Institutions
International Investment Law
Völkerrechtliche Fallstudien
Einführung ins institutionelle Europarecht
Selected Areas of Substantive EC-Law
European Law: External Economic Relations and Foreign Policy in the European Union

International and European Law I: Environmental Law – European and Global Challenges
International and European Law II: The European Union as a Global Actor
Environmental Security
The EU as a Global Actor (with particular emphasis on the Convention)
Public International Law
Institutional Law of the European Union
Österreichisches Verfassungsrecht
Simulated UN Conference

International Economic Relations

Microeconomics
Intermediate Macroeconomics
Principles of International Economics
International Trade and Development
International Monetary Economics
Country Analyses (IMF)
International Financial Markets and Instruments
Environmental and Resource Economics
Economic Strategies in Europe and International Competitiveness
Money, Trade, and the Economic and Monetary Integration of Europe
Public Choice
Economic Implications of EU Enlargement
The Size of Government

Contemporary History

Les Relations internationales, culturelles et diplomatiques
Evolution of the International System, 1815-1945
Problems in Modern European History and Historiography
Contemporary History I: Disintegration of Multinational European States in the 20th Century
Contemporary History II: The Idea of European Integration in Theory and Practice from World War I to the 1990s

Austrian Studies

Geschichte der Republik Österreich
Kultur und Literatur in der Ersten und Zweiten Republik
Österreichs Kultur in der Moderne
Österreichische Kulturpolitik / Kulturmanagement
Altes und Neues Europa – Einheit oder Spaltung?

Special Skills

Multilateral Negotiation Seminar
Presentation Techniques
Power Point for Presentations
Communication and Rhetoric
Project Management: Working together effectively
Team Management
Managing and Changing Organisations
Information Management
Information Security
Public Diplomacy
Conférence de Presse Simulée
Protocol, Etiquette, Diplomatic Correspondence

Cultural Studies

Cultural Theory / Cultural Studies: Construction of the Others
Polyglot in the EU: intercultural competence, strategies, problems (in English, en français)
Europe as Cultural Space

Interdisciplinary Courses

Developments in South Eastern Europe: Political, Economic and Legal Aspects
Interdisciplinary Seminar
Globalisation in an Interdisciplinary Perspective
Master's Thesis Seminar

Gerhard Reiweger

Graduate Profile

The main mission of the Diplomatic Academy of Vienna (DA) is to open doors to international careers, including the diplomatic service, for university graduates. The federal law of 1967 concerning the DA stipulates: "Aufgabe der Diplomatischen Akademie ist es, auf der Grundlage eines abgeschlossenen ordentlichen Hochschulstudiums für eine berufliche Tätigkeit internationalen Charakters … auszubilden."

And this idea was retained in the great reform of 1996: "Die Diplomatische Akademie hat die Aufgabe, … Absolventen und Absolventinnen eines mit dem akademischen Grad abgeschlossenen Studiums … auf die Berufstätigkeit im diplomatischen Dienst, in internationalen Organisationen oder in der internationalen Wirtschaft vorzubereiten" (Federal Law 178/1996).

The DA accepts participants of any nationality onto its postgraduate courses on the basis of their qualifications: their country of origin is immaterial. This principle has ruled since 1964 and has shaped both the character of the DA and the profile of its student body. Financial assistance in the form of scholarships is available and is intended to lower any social barriers.

And by opening its doors to graduates who have not studied the "classical" disciplines (law, political science, economics, history) the DA addresses a broad range of talents and prepares students of widely differing academic backgrounds for a career in the international sphere.

For the Diploma Course admission is through competitive entrance examinations. For the M.A.I.S. programme a selection board makes its decisions on the basis of written applications. The intention is always to guarantee a selection procedure that is as objective as possible, based upon the candidate's academic performance and personal qualifications.

The admission policy which the Academy has pursued since 1964 has proven to be far-sighted. By training students with many different academic backgrounds for international careers the Academy caters to the demand in job qualifications that results from the internationalisation of many fields of work: Increasingly, issues that used to be the domain of national politics are acquiring an international dimension. This means that the job requirements in an ever-increasing number of positions in public administration require international expertise, just as diplomats must be knowledgeable in many new fields such as the environment, biotechnology, intellectual property rights and so on. Moreover, the globalisation of the economy makes international and intercultural competences a "must" for anybody aspiring to a leading position in almost any large enterprise.

The DA's policy of admitting candidates from all over the world on equal conditions has stood the test of time, particularly in a view of the ever closer cooperation between states, which also holds in the field of education. It has always been considered a goal of the DA to have participants from as many countries as possible. In its current business plan the Academy defines the following targets for the geographic/national distribution of its student body: Austria 30 %, Western Europe 25%, Central and Eastern Europe 25%, rest of the world 20%. These targets, however, are not to be reached by national quotas as it would be contrary to the principle of admission on merit. Rather, the desired geographical distribution is to be achieved through targeted information activities.

This chapter analyses the results of the Academy's admission policies and endeavours to demonstrate to what extent these results square with the Academy's mission statement.

National background of DA graduates

Between 1964 and 2003 1,081 students graduated from the DA's postgraduate programmes. Of these 477 are Austrian. Non-Austrian graduates come from 99 different countries. The largest group among them are from Poland (42); second and third place are occupied by graduates from France (36) and Germany (33).

European Union					
Austria	477	Great Britain	15	The Netherlands	5
Belgium	12	Greece	17	Portugal	3
Finland	7	Ireland	1	Spain	12
France	36	Italy	23	Sweden	9
Germany	33	Luxemburg	7		
Total					657

EU Accession Countries 2004					
Czech Republic	6	Latvia	2	Slovakia	10
Estonia	1	Lithuania	2	Slovenia	8
Hungary	22	Poland	42		
Total					93

South-Eastern Europe

Bosnia-Hercegovina	1	Macedonia	2	Turkey	13
Bulgaria	17	Moldova	6	Yugoslavia	5
Croatia	5	Romania	16		
Total					**65**

Eastern Europe and Southern Caucasus

Armenia	1	Georgia	1	Ukraine	9
Belarus	3	Russian Federation	13		
Total					**27**

Rest of Europe

Liechtenstein	2	Norway	6	Switzerland	12
Total					**20**

Asia

Bangladesh	1	Iraq	5	The Philippines	6
Cambodia	1	Japan	3	PR China	11
China	3	Jordan	5	Sri Lanka	3
Hong Kong	1	Korea	4	Syria	4
India	8	Lebanon	6	Thailand	1
Indonesia	1	Pakistan	1	Uzbekistan	1
Iran	2	Palestine	2	Yemen	1
Total					**70**

Africa

Algeria	4	Democr. Rep. of Congo	2	Niger	2
Benin	2	Egypt	5	Senegal	10
Burkino Faso	3	Ethiopia	2	Sierra Leone	2
Cameroon	2	Kenya	1	South Africa	4
Cape Verde	1	Libya	1	Sudan	1
Central African Rep.	1	Madagascar	3	Togo	2
Chad	1	Mali	1	Tunisia	5
Côte d'Ivoire	10	Morocco	4		
Total					**69**

The Americas					
Argentina	5	Guatemala	2	Venezuela	3
Bolivia	1	Haiti	2		
Brazil	5	Honduras	1	**Australia**	
Canada	10	Jamaica	1	Australia	2
Chile	1	Mexico	4		
Colombia	3	Panama	2	**Others**	
Dominican Republik	1	Peru	3	ČSFR	1
Ecuador	2	USA	30	Stateless	1
Total					**80**

Grand TOTAL	**1,081**

Table 1: Nationality of DA graduates

The above figures are to be interpreted in the light of the fact that they are aggregates of programmes of very different compositions.

Diploma Course

The statistics show that as early as the 3rd Diploma Course (1966-67) the percentage non-Austrians was up to 53% and that non-Austrians represented, on average, 50% of the Diploma Course, and thus the whole DA student body, until the reform of 1996. Since the reform of the Academy the percentage of Austrians in the Diploma Course has increased significantly. This is explained by fact that the new Masters Programme (M.A.I.S.), which was introduced with the reform of 1996, has proved more attractive to foreign students; Austrians mostly opt for the Diploma Course, which is the more practice-oriented programme and the one which offers specific training for the entrance exam to the Foreign Ministry.

The great majority of Diploma Course graduates are from Europe. Western European participation has fluctuated throughout the years and no clear pattern is discernable. The number of students from Eastern Europe significantly increased after 1990 and reached a record number in the 34th Diploma Course (1997-98). The increase in tuition fees in 2002 seems to have put a brake on this development as the financial barriers became higher. Students from North America have participated in less than half the promotions of the Diploma Course, whilst South Americans have been fewer still. Asian participation was fairly strong in the first 12 years, then continued in low numbers until 1998. After then no Asian students attended the Diplo-

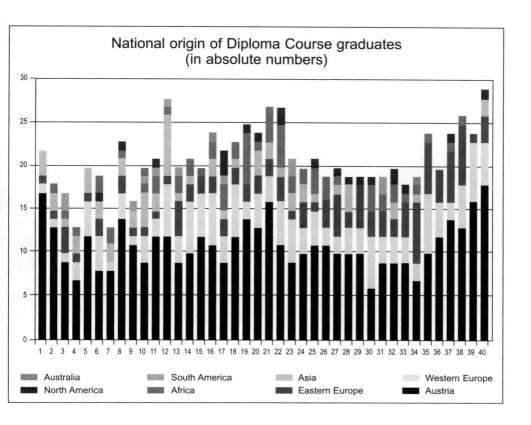

National origin of Diploma Course graduates
(in absolute numbers)

Australia South America Asia Western Europe
North America Africa Eastern Europe Austria

ma Course until the study year of 2003-04, when two Chinese students enrolled. The Diplomatic Academy used to have a strong tradition of training African students who attended the Diploma Course in significant numbers in the seventies and early eighties. Numbers have been dwindling since 1996 and there have been no graduates from Africa since tuition fees were raised in 2002.

M.A.I.S. Course

After the reform of the Academy in 1996 a new Master's programme was introduced (Master of Advanced International Studies). The M.A.I.S. course has a distinct profile and thus attracts a student body that is distinct from the Diploma Course. Since 2000 students have been able to prepare for the M.A.I.S. course in a Special Programme in International Studies (SPIS). In practical terms this means that the M.A.I.S. programme can be considered either as a one or a two year programme.

Among M.A.I.S. graduates non-Austrians form the great majority so that overall the student body of the DA has become more international since the introduction of

M.A.I.S.-Graduation in the large Hall of the University of Vienna, July 8, 2003 (first row from the left: 4 graduates, the President of the Austrian National Bank, Klaus Liebscher, the Rektor of the University of Vienna, Prof. Georg Winckler, Ambassador Ernst Sucharipa, Prof. Hans-Peter Neuhold; last row from the right: Prof. Werner Neudeck)

the M.A.I.S. and SPIS programmes in 1997 and 2000 respectively: Of a total of 161 M.A.I.S. graduates Austrians account for only 19 (12%). The next largest group comes from the USA (10), the third place being shared by Italy, Poland, Romania and Russia with seven 7 each.

Special Course in International Studies

Among the 75 SPIS graduates so far there are 15 Austrians (20%). 8% come from the USA, 6.6% from GB and 4% each from Moldova and Ukraine.

Special Courses for Young Diplomats

The DA also includes 600 young diplomats from Central and Eastern Europe, the Southern Caucasus and Central Asia among its graduates. They were trained in special courses that were commenced in 1990 after the fall of the Iron Curtain.

The largest contingent of graduates comes from Slovakia (41), followed by Croatia (38), Ukraine (35), Slovenia (33), Czech Republic (30), Albania (29) and Hungary (28).

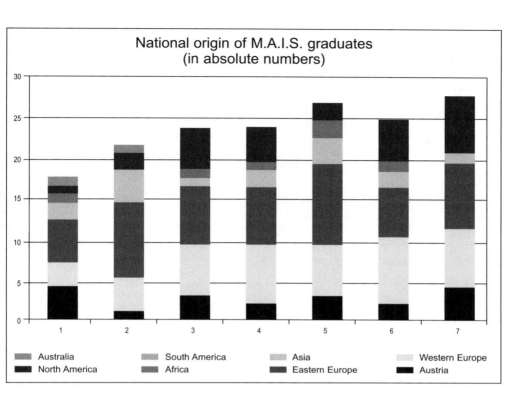

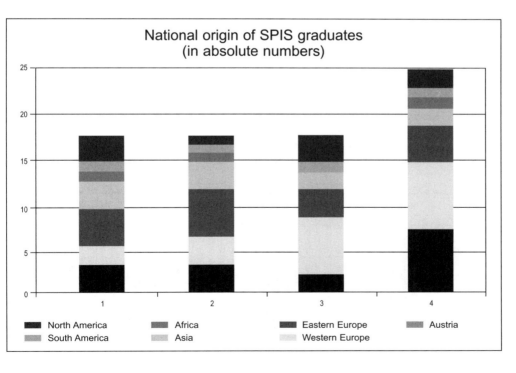

Albania	29	Hungary	28	Romania	26
Armenia	21	Kazakhstan	15	Russian Federation	10
Azerbaijan	24	Kyrgyzstan	12	Slovakia	41
Belarus	20	Latvia	24	Slovenia	33
Bosn.-Herz.	9	Lithuania	16	Tajikistan	5
Bulgaria	26	Macedonia	17	Turkey	3
Croatia	38	Malta	2	Turkmenistan	10
ČSFR	8	Moldova	12	Ukraine	35
Czech Republic	30	Mongolia	12	Uzbekistan	18
Estonia	15	Montenegro	5	Yugoslavia	10
Georgia	18	Poland	28		
TOTAL					**600**

Table 2: National origin of graduates from the DA's special courses for diplomats

Gender distribution in the DA's postgraduate programmes

In total the Academy has had 711 male (66%) and 370 female (34%) graduates attending its regular postgraduate programmes.

Diploma Course

Statistics show a significant change over time. During the first 20 years the percentage of female students fluctuated between 0% (3rd and 4th promotions) and 31% (17th promotion). On average, female students represented 16% of the DA student body be-

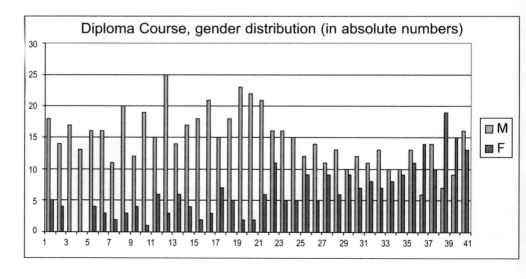

tween 1965 and 1985. With the 22nd promotion (1986-87) the percentage of female students began to rise and averaged 35% in the next 10 years. After the reform of 1996 (starting with the 33rd Diploma Course of 1997-98) the numbers of female students rose rapidly until more than two thirds in the 38th promotion of 2001-02 were women. On average women represent 53% of the Diploma Courses between 1997 and 2004.

M.A.I.S.

The figures on the M.A.I.S. and SPIS programmes demonstrate the advance of female participation in the Academy's programmes even more clearly: there has been a steady rise from 35% in the 1st M.A.I.S. Course of 1997-98 to 59% in the 7th M.A.I.S. Course of 2003-04 and from 35% in the 1st SPIS of 2000-01 to 66% in the 4th SPIS of 2003-04.

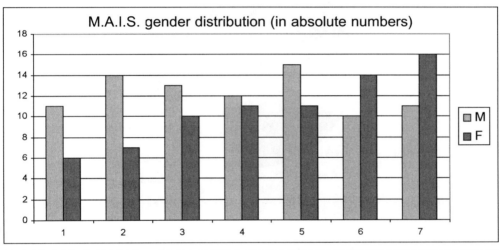

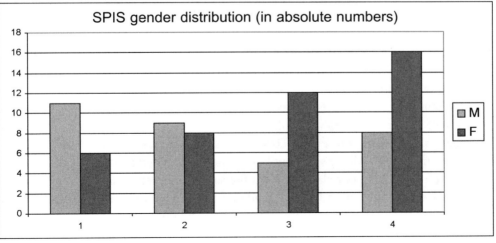

Social background of DA graduates

Statistics on the social background of DA graduates are based on data from the first 39 Diploma Course promotions; data is available for 680 of the 819 graduates of these promotions.

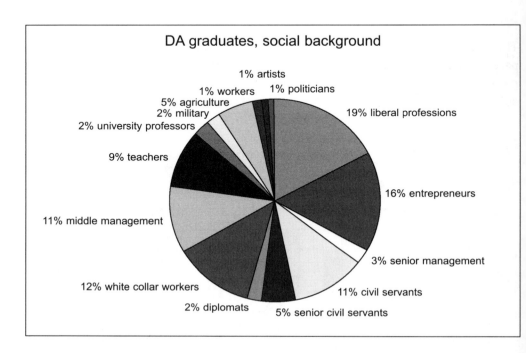

Statistics show that a majority of Diploma Course graduates come from families in which one of the parents is either a member of a liberal profession or an entrepreneur. Together these two groups, which are self-employed, account for 35 % of all graduates. The next largest group is that of white-collar workers (23% including middle management). Significant numbers of DA graduates are children of civil servants or come from families with a background in education.

Interestingly, few children of diplomats choose to attend the Academy (2%) and only 1% of DA graduates have a politician parent. 3% have parents that are leading managers of economic enterprises. This clearly demonstrates, contrary to some popular beliefs, that the Academy's student body is not dominated by the sons and daughters of diplomats or upper class elites. At the same time, very few children of working class parents have attended the Academy (1%), which makes the Academy an institution that mainly provides advancement for the middle class.

Diploma Course Graduation, Oct. 2, 2003, Ernst Sucharipa (center), Gerhard Reiweger (first from the right)

Careers chosen by DA graduates

Data is available from 56% of DA graduates on present positions held. Overall figures show that 37% of DA graduates have become (national) diplomats, 9% work for international organisations and another 4% for institutions of the European Union. 26% of DA graduates are employed by private companies. This compares to 57% who work for the public sector (national and international).

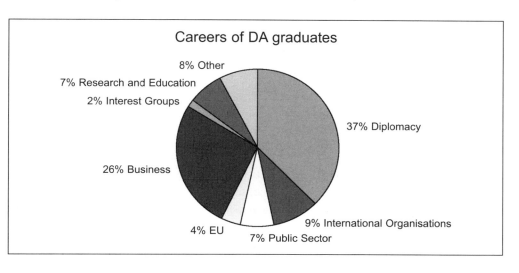

Career choices vary significantly in the Diploma and M.A.I.S. programmes:

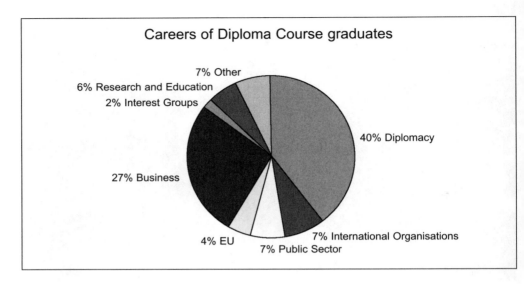

Careers of Diploma Course graduates

7% Other
6% Research and Education
2% Interest Groups
40% Diplomacy
27% Business
4% EU
7% Public Sector
7% International Organisations

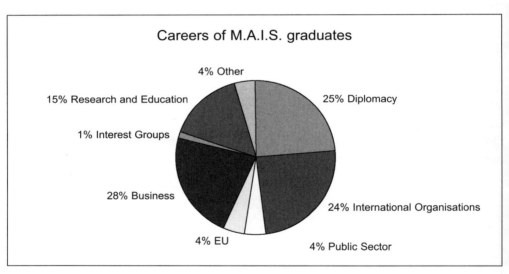

Careers of M.A.I.S. graduates

4% Other
15% Research and Education
1% Interest Groups
25% Diplomacy
28% Business
4% EU
24% International Organisations
4% Public Sector

Whilst 40% of Diploma Course graduates are diplomats, only 21% of M.A.I.S. graduates are following a diplomatic career. On the other hand, 24% of M.A.I.S. graduates have joined international organisations as compared to only 7% from the Diploma Course. Interestingly, the percentages of Diploma Course and M.A.I.S. graduates working for national and international public administrations is exactly the same (57%). Also the percentage of graduates working for private businesses is similar for both programmes. The fact that 15% of M.A.I.S. graduates are employed in the field of education and research as compared to only 6% of Diploma Course graduates may be explained by the fact that the M.A.I.S. programme, which requires the writing of a Master's thesis, is more research oriented than the Diploma programme.

A comparison of the career choices of Diploma Course graduates before and after the reform of 1996 shows that both the number of diplomats and the number of graduates working for private business has decreased, whilst the number of those employed by international organisations and the EU has increased. There has also been an increase in the numbers of those engaged in the field of education.

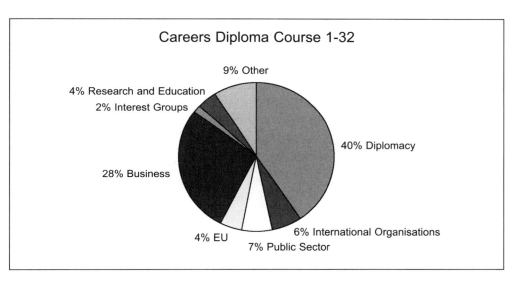

Careers Diploma Course 1-32

9% Other
4% Research and Education
2% Interest Groups
40% Diplomacy
28% Business
4% EU
7% Public Sector
6% International Organisations

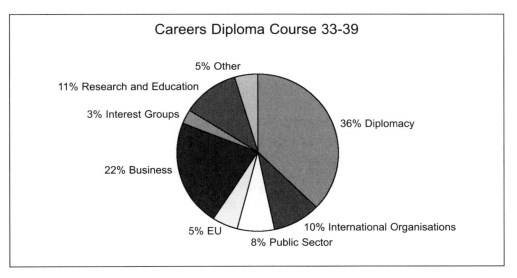

Careers Diploma Course 33-39

5% Other
11% Research and Education
3% Interest Groups
36% Diplomacy
22% Business
5% EU
8% Public Sector
10% International Organisations

Zusammenfassung

Gerhard Reiweger, Absolventenprofil

Das Absolventenprofil der Diplomatischen Akademie Wien (DA) wird bestimmt von den Grundsätzen der Aufnahmepolitik der DA seit 1964, die die Aufnahme auf Basis von Leistungskriterien und Ausländergleichbehandlung vorsehen. Der Beitrag analysiert das Absolventenprofil der postgradualen Lehrgänge der DA nach nationaler Herkunft, Geschlechterverteilung, sozialem Hintergrund und Berufskarriere. Vergleiche werden angestellt zwischen dem Diplomlehrgang, dem Master's Programm (Master of Advanced International Studies – M.A.I.S), das nach der Reform von 1996 eingeführt wurde, und dem Special Programme in International Studies (seit 2000). Auch werden die Auswirkungen der Reform von 1996 auf das Absolventenprofil des Diplomlehrgangs dargestellt.

Ergebnisse:
Von 1081 AbsolventInnen der postgradualen Lehrgänge stammen 44% aus Österreich. Die größte Gruppe der Nicht-Österreicher kommt aus Polen, gefolgt von den AbsolventInnen aus Frankreich und Deutschland. Insgesamt gibt es AbsolventInnen aus 99 Ländern. Im Diplomlehrgang kommt die überwiegende Mehrzahl von AbsolventInnen aus Europa. In diesem Lehrgang hat der Österreicheranteil nach der Reform von 1996 zugenommen. Von den AbsolventInnen des M.A.I.S.-Lehrgangs stellen ÖsterreicherInnen dagegen nur 12% und im M.A.I.S.-Vorbereitungslehrgang (Special Programme in International Studies) kamen bisher 20% aus Österreich. Mit der Einführung des M.A.I.S.-Lehrgangs ist daher die Studentenschaft der DA insgesamt noch internationaler geworden.

Von den 600 jungen DiplomatInnen aus Reformstaaten, die an der DA seit 1990 in Spezialkursen ausgebildet wurden, kommt die größte Gruppe aus der Slowakei, gefolgt von Kroatien, der Ukraine und Slowenien.

Der Frauenanteil unter den AbsolventInnen der DA, der in den ersten 20 Jahren im Durchschnitt 16% betrug, ist seither kontinuierlich angestiegen und liegt seit 1997 im Durchschnitt bei 53%.

Die Analyse des sozialen Hintergrunds von AbsolventInnen des Diplomlehrgangs zeigt, dass die überwiegende Mehrzahl aus der Mittelschicht kommt.

Bei der Berufswahl dominiert der nationale und internationale öffentliche Dienst, die diplomatische Laufbahn ergriffen 40% der Diplomlehrgang-AbsolventInnen und 24% der M.A.I.S.-AbsolventInnen. 27% der AbsolventInnen des Diplomlehrgangs und 23% der M.A.I.S.-AbsolventInnen arbeiten in Wirtschaftsunternehmen.

Résumé

Gerhard Reiweger, Le profil des diplômés

Le profil des diplômés de l'Académie Diplomatique de Vienne (DA) est déterminé par les principes de la politique de recrutement de la DA depuis 1964, qui prévoient l'admission sur la base de critères d'excellence et assurent l'égalité de traitement des étudiants étrangers. Cette contribution analyse le profil des diplômés issus des formations diplômantes post-universitaires de la DA selon leur nationalité, leur sexe, leur milieu social et leur carrière professionnelle. Elle compare également la formation diplômante, le Master of Advanced International Studies – M.A.I.S., créé suite à la réforme de 1996 ainsi que le S.P.I.S., Special Programme in International Studies (créé en 2000). Les répercussions de la réforme de 1996 sur le profil des diplômés de la formation diplômante seront également exposées.

Résultats :
Sur les 1081 diplômés issus des formations post-universitaires, 44 % sont autrichiens. La majeure partie du groupe des non-autrichiens est constituée d'étudiants polonais, suivis par les diplômés français et allemands. Au total, les diplômés sont originaires de 83 pays.

Dans la formation diplômante, la majorité des anciens élèves sont d'origine européenne. Dans ce cursus, la part occupée par les Autrichiens a augmenté après la réforme de 1996. En revanche, les Autrichiens représentent seulement 12 % du cursus M.A.I.S., et 20% jusqu'à présent dans le cursus préparatoire au M.A.I.S. (S.P.I.S.). Avec l'introduction du cursus M.A.I.S., l'internationalisation du public étudiant de la DA s'est encore accrue.

Parmi les 600 jeunes diplomates issus des Etats en transition, qui ont suivi, depuis 1990, les cours spéciaux à la DA, le groupe le plus important vient de Slovaquie, suivi par la Croatie, l'Ukraine et la Slovénie.

Le taux de femmes parmi les diplômés de la DA, qui s'élevait dans les 20 premières années en moyenne à 16 %, a depuis continuellement augmenté et se situe depuis 1997 en moyenne autour de 53 %.

L'analyse du milieu social d'origine des anciens élèves de la formation diplômante montre qu'ils sont issus pour une grande majorité des classes moyennes.

Dans les choix professionnels les administrations publiques nationales et internationales dominent, 40 % des anciens étudiants de la formation diplômante et 24 % des anciens étudiants du M.A.I.S. embrassent la carrière diplomatique, alors que respectivement 27 % des premiers et 23 % des seconds travaillent pour des entreprises privées.

Ernst Sucharipa

Die Zukunft der Diplomatischen Akademie

Nicht von ungefähr feiert die Diplomatische Akademie den 250. Jahrestag der Gründung ihrer Vorgängerinstitution, der Orientalischen Akademie im Jahre 1754 durch Kaiserin Maria Theresia, zusammen mit dem 40. Jahrestag der Wiedererrichtung als Diplomatische Akademie durch den damaligen Außenminister Bruno Kreisky. Die Akademie ist sich dieser in vielen Bereichen nahezu ungebrochenen Tradition sehr bewusst: Integration des Sprachunterrichts in die Ausbildungsprogramme, Mehrsprachigkeit, Schwerpunktbildung im Bereich Wirtschaftswissenschaften, interkulturelles Lernen. Zugleich ist sich die Akademie natürlich auch der neuen und spannenden Herausforderungen einer postgradualen Ausbildungsstätte für internationale Berufe zu Beginn des 21. Jahrhunderts bewusst: Gleichgewicht zwischen akademischem Fundament und Praxisnähe, zwischen theoretischem Fachwissen und „personal skills development", exponentielle Zunahme des verfügbaren Fachwissens, hohe Anforderungen an Sprachgewandtheit.

Diplomverleihung des 9. Lehrganges am 8. Februar 1974 mit Außenminister Rudolf Kirchschläger (Mitte, 2. Reihe); Botschafter Arthur Breycha-Vauthier (ganz rechts); Ernst Sucharipa als Absolvent (in der 1. Reihe 5. v. r.)

Die Diplomatische Akademie Wien, weltweit die älteste säkulare Institution ihrer Art, ist heute eine international anerkannte postgraduale Ausbildungsstätte für internationale Berufe, weit über den diplomatischen Beruf hinaus. Die den Ausbildungsprogrammen zugrunde liegende Annahme ist, dass für Spitzenkarrieren in allen internationalen Berufen zusätzliches postgraduales pluridisziplinäres Fachwissen vor allem in den Bereichen Wirtschaftswissenschaften, Internationale Beziehungen, Völkerrecht und Europarecht und diplomatische Staatengeschichte, ergänzt um analytische Fähigkeiten und Bereitschaft, mit den erworbenen intellektuellen Instrumenten umzugehen, ebenso erforderlich ist, wie die Entwicklung einer umfassenden Persönlichkeit mit ausgeprägter plurilingualer Kommunikationsbereitschaft. Die große Herausforderung besteht darin, einer von unterschiedlichen Studienrichtungen kommenden internationalen Studentengruppe in allen diesen vielfältigen Bereichen zusätzliches Wissen und Fähigkeiten in relativ kurzer Zeit erfolgreich, d.h. nachhaltig zu vermitteln.

Die Diplomatische Akademie ist bemüht, diesen großen Anforderungen auf verschiedenen Ebenen nachzukommen:
- Nahebeziehung zum österreichischen Außenministerium und zu internationalen Organisationen;
- Strukturelle Beziehungen zur Universität Wien und Partnerschaftsbeziehungen zu anderen in- und ausländischen akademischen Institutionen;
- Internationale, mit anerkannten und akademisch ausgewiesenen Fachkräften besetzte Fakultät;
- Strenges Auswahlverfahren bei Zulassung zum Studium;
- International zusammengesetzter Studentenkörper;
- Auffächerung des Studienangebotes in verschiedene Studienzweige (Lehrgänge):
  - einjähriger Diplomlehrgang: auf diesem oder dem parallel geführten Special Programme in International Studies aufbauendes und daher
  - zweijähriges Masterstudium (M.A.I.S.: Master of Advanced International Studies) mit Anrechenbarkeit früherer postgradualer oder pluridisziplinärer Studien.

Parallel mit der steten Ausweitung und Auffächerung der akademischen Programme findet auch eine stete Intensivierung des Angebotes an Trainingsseminaren (Verhandlungstraining, Präsentationstechniken etc.) statt, wie auch eine beachtliche Erweiterung der Anzahl von an der Akademie abgehaltenen Vorträge, Seminare und Workshops, womit die Akademie zu einem der wichtigsten Orte für wissenschaftliche Veranstaltungen dieser Art im Raum Wien wurde.

Ein Gutteil dieser Entwicklungen wurde durch die „Ausgliederung" der Akademie aus der Bundesverwaltung erleichtert, die im Jahre 1995 erfolgte (siehe Beitrag von

Paul Leifer in diesem Band). Die Akademie erhielt damit eigene Rechtspersönlichkeit als Anstalt öffentlichen Rechts und kann unter der politischen Verantwortlichkeit des Bundesministeriums für Auswärtige Angelegenheiten ihre Agenden sehr weitgehend selbst gestalten. Als Aufsichtsorgan fungiert ein aus Vertretern interessierter Ressorts, der Bundesländer, der Wissenschaft und der Wirtschaft zusammengesetztes Kuratorium, das zweimal jährlich zusammentritt und vor allem den jeweiligen Budgetvoranschlag und Rechnungsabschluss zu genehmigen hat. Seit der Ausgliederung ist der Umfang der Tätigkeiten der Akademie in allen Bereichen gestiegen (mehr Studenten, mehr Veranstaltungen, zusätzliche Seminare etc.), wobei der Eigenfinanzierungsgrad auf mittlerweile 42% angehoben wurde. Die Diplomatische Akademie Wien steht somit 40 Jahre nach ihrer Wiedererrichtung auf solidem Fundament, um sich den Herausforderungen der Zukunft und einem wachsenden Konkurrenzdruck und steigenden Qualitätsanforderungen mit sehr guten Erfolgsaussichten stellen zu können.

Die zukünftige Entwicklung in einem sich ständig ändernden internationalen Umfeld bedarf steter Hinterfragung einiger Grundannahmen und vor allem einer steten Qualitätskontrolle und flexiblen Reaktion auf sich ändernde Rahmenbedingungen. Der Erfolg und die Entwicklung der letzten Jahre spricht dafür, auch in Zukunft den Schwerpunkt auf die Entwicklung der akademischen Programme zu lenken. Dabei wird vor allem auf eine den Charakteristika der Akademie entsprechende harmonische Eingliederung in die im Entstehen begriffene europäische Hochschularchitektur (Bologna Prozess) Bedacht zu nehmen sein. Das auch vertraglich abgesicherte Naheverhältnis zur Universität Wien ist dafür Voraussetzung und Garant.

Ich übernahm die Leitung der Diplomatischen Akademie im Sommer 1999, also zu einem Zeitpunkt, zu dem das Reformkonzept 1995, die Ausgliederung der Akademie aus der Bundesverwaltung, weitgehend umgesetzt war, sodass eine gute Basis vorhanden war, auf der ich aufsetzen konnte, um bewährte Strukturen weiterzuführen, aber zugleich auch zu überlegen, was neu gestaltet werden sollte. Im ersten Bereich waren wesentliche strukturelle Gegebenheiten durch das Akademiegesetz (Bundesgesetz für die Diplomatische Akademie) vorgezeichnet: Die Akademie wird als post-graduale Einrichtung für pluridisziplinäre und mehrsprachige Studien geführt und auch die Kursangebote sind im Akademiegesetz und Reformkonzept vorgezeichnet, nämlich der traditionelle Diplomlehrgang mit seiner starken Praxisorientierung und das stärker akademisch orientierte Programm des M.A.I.S. Zusätzlich gibt es die Spezialkurse für junge Diplomaten aus europäischen und zentralasiatischen Transitionsländern.

Innerhalb dieses vorgegebenen Rahmens war es die erste und vordringlichste Aufgabe, die akademische Qualität des Angebots weiter zu erhöhen. Soll heißen: im Lehrkörper sowie bei der Auswahl der Vortragenden zusätzlich zur Praxisorientiertheit auch stärker die wissenschaftliche Komponente voranzustellen, (das vor allem auch im Diplomlehrgang) und zugleich eine stärkere Stringenz bei der Auswahl der

Unterrichtssprache herbeizuführen. Englisch als die Hauptlehrsprache sollte von Persönlichkeiten unterrichtet werden, deren Muttersprache Englisch ist oder die eine fast gleichwertige Beherrschung der Sprache besitzen. Im Master-Programm wurde eine stärkere Auffächerung des Vorlesungsangebotes vorgenommen und auch dort auf strikte Einhaltung des hohen akademischen Niveaus geachtet. Im Verlaufe der letzten Jahre ist klar geworden, dass das Masterprogramm am oberen Ende der akademischen Ausbildung anzusiedeln ist und ein erhebliches Vorwissen nicht nur in einem der unterrichteten Fächer, sondern pluridisziplinär voraussetzt: Bewerber, die sich mit einem abgeschlossenen Studium der Rechts- oder Wirtschaftswissenschaften, internationalen Beziehungen oder Geschichte für einen Studienantritt beworben haben, müssen darüber hinausgehend akademische Kenntnisse in den anderen Bereichen vorweisen können. Durch diese akademische Anhebung des Masterprogramms ist es heute so, dass der Master of Advanced International Studies zwar als einjähriges Programm angeboten wird, de facto aber den Abschluss eines zweijährigen Programms darstellt, bei dem das erste Jahr entweder im vorbereitenden SPIS der Akademie oder auch im Diplomlehrgang der Akademie absolviert werden kann oder der Studierende eine anderswo ähnliche vergleichbare Vorbildung nachweisen muss.

Die möglichen Ausbildungsschienen an der Akademie sind somit: den Diplomlehrgang allein zu absolvieren, mit der spezifischen praxisorientierten Ausrichtung und dem sehr starken Sprachenprogramm oder nach dem Diplomlehrgang in das Masterprogramm zu graduieren, oder aber von vornherein das Special Programme in International Studies zu wählen, das bei entsprechend gutem Studienerfolg auch in das Masterprogramm führt. Der wesentliche Unterschied zwischen den beiden Programmen liegt im Sprachenbereich. Im Diplomlehrgang wird in Englisch, Französisch und Deutsch unterrichtet, im Special Programme und Masterprogramm ausschließlich in Englisch. Das Special Programme und das M.A.I.S. Programme bieten zwar die Möglichkeit für ausländische Studenten Deutschkurse zu absolvieren, sowie für alle Studierenden, zusätzliche Sprachen zu belegen, wobei allerdings der Komponente der sprachlichen Zusatzausbildung aufgrund des Vorranges der akademischen Fächer hier bei weitem nicht jene Bedeutung zukommen kann, wie dies im Diplomlehrgang der Fall ist. Weiter fortgeführt wurden auch die Spezialkurse für junge DiplomatInnen in zwei geteilten Gruppen: eine Gruppe aus Zentral-, Ost- und Südosteuropa, die zweite Gruppe für junge Diplomaten aus dem Bereich der ehemaligen Sowjetunion. Bis Ende 2003 haben insgesamt 600 junge Kollegen aus diesen Ländern eine sehr intensive Zusatzausbildung an der DA konsumieren können. Dieses Programm hat somit einen nicht unbeträchtlichen Anteil daran genommen, junge Führungskräfte einerseits auf die unmittelbare Teilnahme am europäischen Integrationsprozess vorzubereiten, oder aber Angehörigen anderer europäischer Länder auf Interaktionen mit diesem Prozess vorzubereiten.

Diplomverleihung, 2. Oktober 2003 (v.l.n.r.): Botschafter Paul Leifer, Botschafter Hans Winkler, Leiter des Völkerrechtsbüros im Bundesministerium für auswärtige Angelegenheiten, Abgeordneter zum Nationalrat Caspar Einem, Bundesministerin für auswärtige Angelegenheiten Benita Ferrero-Waldner, Botschafter Ernst Sucharipa. 2. Reihe Mitte Prof. Ernst Florian Winter

Schwerpunktveränderungen ergaben sich unter meiner Direktion im folgenden Bereich: Die sprachliche Voraussetzung für die Aufnahme in die DA wurde flexibler gestaltet. Und zwar ausgehend vom Gedanken, dass es vor allem im Zuge der stärkeren akademischen Ausrichtung der Akademie darauf ankommt, akademisch hervorragend qualifizierte Studenten für die Akademie zu interessieren. Im Klartext: Wir wollten sehr gute Studenten für die Akademie gewinnen können, deren Qualifikation im Einzelfall in Französisch vielleicht nicht ausreichend war, wobei aber eine überdurchschnittliche Sprachbegabung sehr wohl vorhanden sein muss. Der Hintergedanke ist klar: Es sollte möglich werden, auf einem vorhandenen Sprachwissen aufzubauen, eine starke Anhebung des Sprachniveaus zu erreichen, ohne von vornherein Studierende nur wegen ihrer mangelnden Sprachkenntnisse auszuschließen. Im Prinzip gehen wir damit zurück auf einen der Grundgedanken, den der damalige Außenminister Kreisky bei der Gründung der Akademie verfolgte, nämlich den Zugang zu internationalen Berufen zu verbreitern.

Das setzte dann wieder voraus, dass während des Studiums an der Akademie ein noch stärkerer Akzent auf die Sprachausbildung gesetzt werden musste. Strukturell heißt das Zunahme der Anzahl von Kleingruppen im Sprachunterricht aber auch volle Ausnützung des französisch- und englischsprachigen Lehrangebotes, auch für solche Studenten, die in der Sprache erst am Ende des Studiums die zu erwartende Reife erlangt haben werden. Im Diplomlehrgang wurde auch daran gegangen, die Differenzierung zwischen praxisorientiertem Diplomlehrgang und akademisch stärker orientiertem Masterprogramm zu verdeutlichen und den Anteil von Veranstaltungen zur Entwicklung der persönlichen Fähigkeiten zu erhöhen. Stichwort Präsentationstechniken, Time-Management, Project-Management, Interviewtechniken und Ähnliches mehr. Auf dem Weg von der ursprünglich „einfachen" DA zur Vienna School of International Studies, wie die heutige Zusatzbezeichnung der DA lautet, erfuhr selbstverständlich auch der Lehrkörper der Akademie wesentliche Veränderungen. Das wichtigste Element hierbei ist die Einrichtung und der stete Ausbau einer permanent faculty, im Sinne von vollberuflich an der Akademie wirkenden Lehrstuhlinhabern, die jeweils einen Fachbereich koordinieren und selbst in diesem Fachbereich lehren. Es geht hierbei um die Bereiche Völkerrecht und Europarecht, Wirtschaftswissenschaften, Internationale Beziehungen und Geschichte. Zusätzlich konnte mit der Fulbright Commission die jährlich wechselnde Entsendung eines prominenten amerikanischen Vortragenden für jeweils ein Halbjahr vereinbart werden. Dieser „harte Kern" von Vortragenden wird ergänzt durch eine Vielzahl in- und ausländischer Persönlichkeiten aus Wissenschaft und Praxis, wobei ein traditionell gewachsenes, besonders enges Verhältnis zu den Professoren der Universität Wien und zu den Führungskräften des Bundesministeriums für auswärtige Angelegenheiten besteht.

Eine weitere deutliche Veränderung in den letzten Jahren liegt im Angebot öffentlich zugänglicher Vorträge und Seminarveranstaltungen. Der Ursprung dieser Veranstaltungen lag historisch darin, den Studierenden an der Akademie Gelegenheit zur Begegnung mit bekannten in- und ausländischen Persönlichkeiten zu bieten. Das ist nach wie vor natürlich Kern dieser Veranstaltungen; zugleich hat sich aber – erfreulicherweise – herausgestellt, dass ein inhaltlich angehobenes aber auch zahlenmäßig verstärktes Angebot solcher Veranstaltungen in Wien auf ein sehr interessiertes Publikum stößt und in weiten Bereichen das bindende Element ist, das die Diplomatische Akademie mit der Außenwelt verknüpft: jener Teil unserer Tätigkeit, durch den viele Interessierte erst sozusagen auf die Existenz der Diplomatischen Akademie aufmerksam gemacht werden. Für uns ist dieser Teil unserer Tätigkeit wichtig, weil es auch die Öffnung der Akademie nach außen repräsentiert, in beide Richtungen, nämlich dass Personen, die nicht an der Akademie studieren, über die Teilnahme an solchen Veranstaltungen und die Begegnung mit unseren Studierenden erstmals einen Einblick – oder besseren Einblick – bekommen, was die Akademie leistet. Und umgekehrt natürlich, dass den Studierenden dadurch auch ein Fenster geöffnet wird in Richtung auf wichtige in- und ausländische Persönlichkeiten, die sie nicht als unmittelbare Vortragende an der Akademie kennen.

Im Einklang mit der stärkeren akademischen Ausrichtung der Akademie wurde die schon vorhandene Publikationsreihe, ca. vier in loser Reihenfolge erscheinende Hefte im Jahr, ausgebaut, sodass diese Publikationsreihe nunmehr in erster Linie dazu verwendet wird, um die an der Akademie regelmäßig stattgefundenen ein- bis dreitägigen Seminare zu aktuellen EU- und internationalen Themen zu dokumentieren. Die einzelnen Publikationen in dieser Reihe haben sowohl an Umfang und Interesse gewonnen und dokumentieren zugleich auch einen Aspekt der Tätigkeit der Akademie, der in den Bereich der Forschungstätigkeit hineinreicht.

Weitere Erneuerungen begaben sich in den folgenden Bereichen: Der Akademie gelang es, sich einen festen Platz im Bereich der berufsbegleitenden Ausbildung junger Angehöriger des Außenministeriums zu verschaffen. Es finden jetzt jährlich acht zweitägige Ausbildungsmodule an der Akademie statt, die sich über die Bereiche Kulturmanagement, Entwicklungszusammenarbeit, über politische, wirtschaftspolitische Berichterstattung, Managementtraining, Pressearbeit und u.ä. erstrecken. Im Ausbau begriffen ist auch eine ähnliche berufsbegleitende Fortbildung im Bereich Mid-Career Training, derzeit in erster Linie für solche Kollegen im Außenministerium, die zum ersten Mal eine eigene unabhängige Vertretungsbehörde als LeiterIn übernehmen sollen. In weiterer Folge wäre auch zu überlegen, dieses Mid-Career Training auf Angehörige des Außenministeriums auszudehnen, die von einem 6- bis 8-jährigen Auslandseinsatz nach Wien zurückkommen und zusätzliche Informationen z. B. in Fragen der europäischen Integration benötigen. Die DA konnte in den letzten Jahren auch als Unterrichtstätte für ausländische Partnerinstitutionen etabliert werden, so organisieren verschiedene amerikanische Universitäten in den Zeiträumen Juni bis August akademische Sommerprogramme für ihre StudentInnen an der DA, woraus sich zum Teil auch eine interessante Verschränkung des Studienangebots ergibt. Überhaupt war die DA erfolgreich bestrebt, partnerschaftliche Beziehungen mit ausländischen Universitäten einzugehen. Ein Beispiel dafür ist die jährliche Abhaltung eines einwöchigen Seminars über verschiedene Themenbereiche, die sich an der Schnittstelle zwischen Diplomatie und Journalismus ergeben. Akademischer Partner hierbei ist das Stanford Institute am DeWitt Wallace Center der Duke University, geführt von Prof. Ellen Mickiewicz, der organisatorische und finanzielle Partner ist die American Austrian Foundation.

In den letzten Jahren war es auch möglich, mit ausländischen akademischen Institutionen formelle „dual degree programmes" zu vereinbaren, und zwar mit dem Bologna Center der School of Advanced International Studies (SAIS) der Johns Hopkins University und der University of Cincinnati. Diese Vereinbarungen ermöglichen eine Studienfortsetzung an der jeweiligen Partnerinstitution zum beschleunigten Erwerb eines weiteren akademischen Grades. Eine Kooperationsvereinbarung mit der Fulbright Commission ermöglicht die jährliche (Sommersemester) Entsendung eines anerkannten amerikanischen Wissenschafters als Distinguished

Fulbright/DA Visiting Professor an der Akademie und damit eine sehr erfreuliche Ausweitung der hauseigenen „permanent faculty".

Unter dem Titel „Diplomatische Akademie" – der, wenn auch fest etabliert, bis zu einem gewissen Grad irreführend ist – wurde in Österreich ein einmaliges fremd-sprachiges, postgraduales Ausbildungsprogramm nicht nur für den auswärtigen Dienst in Österreich oder in anderen Staaten sondern für internationale Berufszwei-ge in einem breiter gefächerten Sinn geschaffen. Die internationale Zusammenset-zung der Studentenschaft ist für die Erreichung dieses Ziels sowohl charakteristisch als auch Voraussetzung. Die AbsolventInnen der Akademie schlagen heute Karrieren im Bereich der internationalen öffentlichen Verwaltung (internationale Organisatio-nen), bei der Europäischen Union und den Vereinten Nationen genauso ein wie in nationalen Außenverwaltungen oder Außenministerien, aber auch anderen Verwal-tungsdienststellen, wo Auslandsbeziehungen zu bewältigen sind. Gut ein Drittel un-serer Absolventen findet sich aber erfreulicherweise auch in verschiedenen Berei-chen der internationalen Wirtschaft oder international tätigen nationalen Wirtschaft wieder. Der Anteil der Ausländer am Studentenkörper hat sich bei etwa 70% stabili-siert, das glücklicherweise wachsende Interesse aus dem Ausland zeigt sich in der in den letzten Jahren stark angewachsenen Zahl von Bewerbern.

Nach bald zehnjähriger Erfahrung mit der DA als ausgegliederter Anstalt öffentli-chen Rechts sollte auch eine kurze Bestandsaufnahme der Vor- und Nachteile dieser Rechtssituation getroffen werden. Die Ausgliederung hat es der Akademie ermög-licht, jeweils unmittelbar und sehr rasch auf sich ständig ergebende Änderungen im relevanten internationalen Umfeld zu reagieren. Diese Änderungen ergeben sich aus dem Fortschreiten des europäischen Integrationsprozesses, aus geänderten berufli-chen Anforderungen an unsere AbsolventInnen, natürlich auch aus dem Angebot von konkurrierenden Institutionen im europäischen Bereich, aber auch weltweit.

Die sehr weitgehende Möglichkeit, Entscheidungen autonom zu treffen und umzu-setzen, hat sich hier sehr bewährt, ebenso wie die zweimal im Jahr stattfindenden Sit-zungen des Lenkungsorgans der Akademie, des Kuratoriums, sicherstellen, dass die inhaltliche wie auch finanzielle Kontrolle der Geschäftsführung der Akademie durch Außenministerium, Finanzministerium und Wissenschaftsministerium gewährleistet ist. Die Ausgliederung führte notwendigerweise auch zur Herausbildung von finanz-politischen Lenkungsinstrumenten in der Akademie im Bereich des vor allem vom Fi-nanzministerium wahrgenommenen Controlling. Dazu zählt die Einführung der Kos-tenrechnung und die Entwicklung eines jeweils auf drei Jahre konzipierten und dann jeweils um ein Jahr fortgeschriebenen Unternehmenskonzepts, einschließlich einer dreijährigen Budgetvorausplanung. Nicht verschwiegen soll aber dabei werden, dass sich der Arbeitsaufwand der DA-Verwaltung, der durch diese Anforderungen erfor-derlich wird, gewaltig erhöht. Die Ausgliederung hat indirekt auch zur logischen Folge gehabt, dass an die Einführung von Studiengebühren gedacht werden musste; diese bewegen sich derzeit in einer Höhe, die für Österreich ungewöhnlich ist, aber in der Bandbreite der Studiengebühren vergleichbarer europäischer Institutionen steht (z.B. Beispiel European College, Brügge). Diese Studiengebühren von derzeit etwa 7000 Euro im Jahr, zusammen mit einem Betrag ähnlicher Höhe, der für Übernachtung und Verpflegungskosten in der Akademie anfällt, hat auch zu einer Verschiebung der Zusammensetzung des Studentenkörpers an der Akademie geführt. Der Anteil der ost- und südosteuropäischen Studenten ging aus finanziellen Gründen zurück, während der Anteil westeuropäischer und nordamerikanischer Studenten deutlich zunahm. Um hier bis zu einem gewissen Grad Abhilfe zu schaffen und auch einer wichtigen außenpolitischen Zielsetzung Rechnung zu tragen, versucht die DA das Angebot von Stipendien aus dem Bereich Wirtschaft, aber auch von Einzelpersonen anzuheben. In diesen Bereich fällt auch das Bemühen der DA, den Anteil des Sponsoring aus dem Bereich der Wirtschaft trotz der hiefür nicht günstigen Wirtschaftssituation anzuheben.

Die Akademie verfügt derzeit über die Möglichkeit aus eigenem, für jeweils drei Studenten pro Kurs, die Studiengebühren zu erlassen (tuition waiver), sowie zusätzlich durch Sponsoring und im Wege des Stipendienfonds der Akademie Stipendien in der Höhe der Studiengebühren zu vergeben. Ein wesentlicher Faktor hiefür ist auch die Bereitschaft der Mehrzahl der österreichischen Bundesländer, entsprechende Beiträge an den Stipendienfonds der Akademie zu leisten.

Diplomverleihung 2. Oktober 2003: Botschafter Ernst Sucharipa

Die wichtigste Herausforderung für die nächsten Jahre liegt meines Erachtens darin, das Lehrangebot der DA an die sich herausbildende europäische Universitätsarchitektur anzupassen und die Akademie bestmöglich in diese Architektur einzugliedern. Erschwerend erweist sich hier der bei Verabschiedung des Bundesgesetzes über die DA 1995 gewählte Schritt, die Akademie als postgraduale Ausbildungsstätte eigener Art zu konfigurieren, sodass eine unmittelbare Vergleichbarkeit mit universitären Einrichtungen nicht gegeben ist. Das laufende Bemühen, das Masterprogramm stark akademisch auszurichten, und die sehr weit gediehene Zusammenarbeit bei der Durchführung dieses Programms mit der Universität Wien stellen die Säulen der entsprechenden Aktivitäten dar. Für den Platz der DA im europäischen Bologna Prozess, dem Prozess der Herausbildung einer europäischen Universitätslandschaft, ist in den kommenden Jahren vorgesehen, unabhängig von der Grundlage des Akademiegesetzes, das Masterprogramm auch als universitären Lehrgang der Universität Wien einzurichten. Für den Besuch des Masterprogrammes sind bereits jetzt Kenntnisse Voraussetzung, die über einen einfachen Studienabschluss hinausgehen, und in ECTS-Punkten (European Credit Transfer System), das im laufenden Jahr an der Akademie eingeführt wird, wird die Einstiegsschwelle bei mindestens 240 ECTS-Punkten liegen und das Masterprogramm selbst mit 60 ECTS-Punkten festgelegt. Der Abschluss mit dem Masterprogramm liegt somit zumindest 120 ECTS-Punkte über einem Bakkalaureat. Für das Diplomprogramm werden – wegen der starken Betonung des Sprachunterrichts – 70 ECTS-Punkte veranschlagt.

An der thematischen Grundausrichtung, die am besten durch das Motto des M.A.I.S.-Programms „A Changing Europe in a Changing World" dargestellt wird, soll festgehalten werden: d.h. eine klare Fokussierung auf „European Studies" im globalen Kontext. Das schließt weitere Schwerpunktsetzungen, wie sie bereits jetzt z.B. im Bereich „Sustainable Development", Internationales Umweltrecht und Verhandlungen erfolgen, nicht aus. Die DA überlegt derzeit, in Zusammenarbeit mit der Technischen Universität Wien, dem International Institute for Applied System Analysis (IIASA) und anderen, auch ausländischen akademischen Einrichtungen, einen eigenen Studienzweig zu diesem Thema einzurichten.

Es wird auch darum gehen, die Differenzierung des Angebots aufrechtzuerhalten und für die Studierenden interessant zu erhalten. Das heißt in erster Linie Fortsetzung der bisherigen Strategie der Auffächerung in ein stärker praxisbezogenes Programm im Diplomlehrgang und in ein stärker akademisch ausgerichtetes Programm im Special Programme for International Studies und darauf aufbauend im Masterprogramm. In diesem Zusammenhang wird sich die Akademie bemühen, ihren Anteil bei der gesamteuropäischen Ausbildung junger Nachwuchskräfte im Bereich der internationalen Verwaltung, vor allem der Europäischen Union, zu leisten. Bereits jetzt leistet die Akademie einen substanziellen Beitrag zum European Diplomatic Programme (EDP), einem gesamt(EU)europäischen Ausbildungsprogramm für junge Diplomaten der Mitgliedstaaten und junge Bedienstete der Europäischen Union. Es ist vorstellbar, und wurde auch von der Kommission in diesem Sinne bereits angeregt, dass dieses europäische Diplomatenprogramm ausgeweitet werden könnte und an der Ausgestaltung dieses Programms modulartig einige namhafte europäische Institutionen, die in diesem Bereich tätig sind, mitwirken.

Die jüngste Erweiterung der Europäischen Union führt notwendigerweise auch zu einer Restrukturierung jener Programme der DA, die als Spezialkurse der Zusatzausbildung junger Diplomaten aus Mittel- und Osteuropa dienen.

Auf der einen Seite wird in Zukunft ein Großteil der bisherigen Adressaten als Angehörige der neuen Mitgliedstaaten für diese Kurse nicht mehr in Frage kommen, auf der anderen Seite ist vorgesehen, eine stärkere geographische Fokussierung in Richtung der Länder des Stabilitätspaktes, sowie der verbliebenen Beitrittskandidaten zur Europäischen Union vorzunehmen. Ebenfalls wird daran gedacht werden, entsprechende Ausbildungsprogramme für die so genannten „neuen Nachbarländer" der Europäischen Union anzubieten. Bestehende Programme für den Kaukasus und zentralasiatischen Bereich sollen fortgeführt werden, wobei jedoch für alle diese Vorhaben die Bereitstellung einer ausreichenden externen Finanzierung erforderlich ist.

Hohe Qualitätsanforderung, steter Konkurrenzdruck, Wissensexplosion, rasante Beschleunigung internationaler Abläufe einerseits und stete Zunahme internationaler Verflechtungen, erhöhte Mobilität, vor allem junger Menschen, qualitative und quantitative Zunahme internationaler Zusammenarbeit: Diese Tendenzen charakterisieren das Arbeitsumfeld und die Möglichkeiten der Diplomatischen Akademie Wien. Auf Bewährtem aufbauen, neue Entwicklungen rechtzeitig zu erkennen und nach Möglichkeit mitzugestalten, das muss auch weiterhin die Zielsetzung dieser einzigartigen Institution sein.

Abstract

Ernst Sucharipa, The Diplomatic Academy of Vienna Looks into the Future

The Academy, founded as "Oriental Academy" by Empress Maria Theresia in 1754 is today the oldest secular institution of its kind. It is an internationally recognised postgraduate academy which trains and educates gifted young postgraduates with a sound academic background for leading international careers in the fields of diplomacy, foreign services, international civil services, national administrative positions with foreign contacts as well as for careers in international banking institutions and private business.

The article describes the transformation process the Academy has undergone on its way towards evolving into an independent institution under public law, no longer part of the Austrian Foreign Ministry, and the constant challenges arising from the dynamics of international developments and an ever increasing knowledge base it is successfully facing. The Academy's response to those challenges has been:

- maintenance of a high academic profile;
- pluridisciplinarity in its approach: relevant international phenomena are taught from the angles of more than one academic discipline;
- emphasis on soft skills training:
- a rich language programme;
- working languages are English, French, and German;
- an internationally composed student body and faculty.

From an organizational point of view this has meant grouping the Academy's programmes in two fields: the traditional one-year diploma programme with its strong component of language training and personal skills development and a two-year, more strictly academic programme, the Master of Advanced International Studies. In this context the Academy will also further expand its particular experience in the area of sustainable development and education and training in international environment negotiations.

For the years to come the Academy will have to focus its attention on two separate developments, in order to maintain the role of a relevant player in both:

- the emergence of a Pan European academic architecture (the "Bologna Process");
- the emergence of a European Foreign Service built around the demands and necessities of the European Union's Commission and the new European Foreign Minister in developing a more coherent and stronger foreign action component.

Résumé

Ernst Sucharipa, L'Academie diplomatique de Vienne se tourne vers le futur

L'Académie, initialement « Académie orientale » fondée par l'impératrice Marie-Thérèse en 1754 est aujourd'hui la plus ancienne institution séculière de ce type. C'est une académie internationale qui offre à de jeunes étudiants de 3ème cycle disposant d'un solide bagage universitaire une formation aux carrières internationales de premier plan dans des domaines tels que la diplomatie, les affaires étrangères, le service civil international, les administrations nationales entretenant des contacts avec l'étranger ou encore les institutions bancaires internationales et le secteur privé.

Cet article décrit les différentes transformations que l'Académie a subies au cours de son évolution vers un statut d'institution indépendante régie par le droit public, indépendante du ministère autrichien des Affaires étrangères, et les défis perpétuels qu'elle a surmontés avec succès, grâce à la dynamique des développements internationaux et à une base de connaissances toujours plus importante. La réactivité de l'Académie par rapport à ces défis s'est concrétisée par les mesures suivantes :

- Maintien d'un profil universitaire de haut niveau
- Pluridisciplinarité dans son approche : les phénomènes internationaux significatifs sont enseignés sous l'angle non pas d'une mais de plusieurs disciplines universitaires.
- Accent mis sur l'entraînement aux savoir-faire professionnalisés
- Enseignement important des langues
- Langues d'enseignement : anglais, français, allemand
- Campus et corps enseignant à composante internationale

D'un point de vue organisationnel, cela s'est traduit par un regroupement des programmes de l'académie autour de deux pôles : la traditionnelle formation diplômante en un an fortement axée sur la formation linguistique et le développement des compétences personnelles et un programme plus universitaire en deux ans, le Master of Advanced International Studies. Dans ce contexte, l'Académie va également étendre son expérience particulière dans le domaine du développement durable, de l'éducation et de la formation aux négociations internationales.

Dans les années à venir, l'Académie devra concentrer son attention sur deux développements distincts, afin de maintenir dans les deux cas son rôle d'acteur majeur :

- La mise en place d'un système universitaire pan-européen (le processus de Bologne)
- La naissance d'un service européen des Affaires étrangères élaboré en fonction des attentes et des exigences de la Commission européenne et du nouveau ministre européen des Affaires étrangères dans le développement d'une action plus cohérente et plus solide en matière de politique étrangère.

Rudolf Agstner

Die Direktoren, Hörer und Hörerinnen der Orientalischen Akademie und der Konsularakademie 1754-1941

Einleitung

Zwischen 1754, als die k. k. Orientalische Akademie in der Philosophischen Stube der Alten Universität ihre Tätigkeit begann, und 1941, als die seit 1904 in einem prachtvollen, neubarocken Gebäude in der Boltzmanngasse 16 etablierte Konsularakademie kriegsbedingt ihre Pforten schloss, studierten an diesen beiden Institutionen – soweit feststellbar – 1491 Hörer bzw. Hörerinnen. Während „zu Kaisers Zeiten", d.h. bis 1918, die Orientalische bzw. k. u. k. Konsularakademie nur 725 Hörer verzeichnete, entfallen auf die zwei Jahrzehnte danach 766 Hörer und Hörerinnen, woraus sich der Wandel in der Aufgabenstellung der Akademie ablesen lässt.

Begannen 1754 zehn Hörer ihre Studien an der k. k. Orientalischen Akademie, schwankte deren Zahl in den nächsten 164 Jahren erheblich; waren es 1758 und 1777 je elf, 1789 zwölf, 1794 zehn Hörer, die ihre Studien aufnahmen, waren es z.B. 1756 und 1758 nur je zwei, in den Jahren 1798 bis 1801 nur je drei. In vielen Jahren wurden überhaupt keine Lehrgänge angefangen. Den ersten Höhepunkt weist das Jahr 1808 auf, als 16 Hörer in die Orientalische Akademie eintraten. Zwischen 1815 und 1867 lagen die Hörerzahlen zwischen 1 und 3 pro Jahrgang, nur 1826 verzeichnet mit 6 und 1857 bzw. 1859 mit 4 überdurchschnittliche Hörerzahlen. Zwischen 1871 und 1880 stieg die Zahl der Hörer auf 6 bis 14 pro Jahrgang, um in den nächsten zwei Jahrzehnten wieder auf zwischen 4 (1889-1894) und 12 (1913-1919) zu sinken.

Als Faustregel kann gelten, dass die Zahl der Hörer in etwa dem am Ballhausplatz erwarteten Personalbedarf an Konsuln entsprach, auch wenn weder alle Absolventen der Orientalischen bzw. Konsularakademie in den Konsulardienst aufgenommen wurden, noch der Ballhausplatz seinen – durch Errichtung neuer effektiver Konsulate oft rasch anwachsenden – Personalbedarf ausschließlich aus Konsularakademikern rekrutierte. In vielen Fällen wurden Staatsbeamte aus Österreich und Ungarn oder Offiziere der k. u. k. Marine in die konsularische Laufbahn übernommen.

Hatte ein Hörer das Studium an der Orientalischen Akademie abgeschlossen, folgte bis 1850 in der Regel die Entsendung an die k. k. Internuntiatur in Konstantinopel, wo die Laufbahn als Dolmetschadjunkt begann und über die Positionen des 3. und 2. zum 1. Dolmetsch führte. Möglich waren auch Zuteilungen an die Agentien in Jassy oder Bukarest. In der zweiten Hälfte des 19. Jahrhunderts waren auch – wie aus zahlreichen Lebensläufen ersichtlich – die Generalkonsulate Sarajewo (bis 1878), Saloniki, Beirut und Alexandrien übliche „Ausbildungsposten" für junge Konsulareleven bzw. Konsularattachés. Ab 1879 eröffnete sich für manche Absolventen der Orientalischen Akademie eine neue berufliche Perspektive im Inland – eine Tätigkeit bei der Landesregierung von Bosnien-Herzegowina.

Die Entsendung an aus damaliger Sicht exotische Orte mit ungesundem Klima im Osmanischen Reich am Balkan oder in Kleinasien, in Nordafrika oder – infolge der laufenden Ausweitung des Konsulardienstes – nach Asien oder Lateinamerika führte oft dazu, dass k. u. k. Konsularbeamte in jungen Jahren fern der Heimat verstarben oder sich mit Krankheitserregern infizierten und in Folge jung starben, wie manchem Personalakt zu entnehmen ist. Auch Selbstmorde verzweifelter jüngerer Konsularbeamter kamen vor. Unter den hier verzeichneten Absolventen der Orientalischen und der Konsularakademie finden sich – soweit feststellbar – 18 k. u. k. Konsuln und Diplomaten, ein Konsul der 1. Republik und ein Diplomat des Deutschen Reiches, die an ihrem Dienstort verstarben. Unter diesen sind besonders zu erwähnen der 1889 in Stuttgart verstorbene Gesandte Baron Herbert-Rathkeal, der 1918 in Teheran verstorbene Gesandte Graf Logothetti und der 1887 in Kairo verstorbene österreichisch-ungarische Vertreter bei der Ägyptischen Staatsschuldenverwaltung Albin Vetsera, Vater jener Mary Vetsera, die in Mayerling mit Kronprinz Rudolf aus dem Leben schied. Drei begingen am Dienstort Selbstmord (Holzinger von Weidich, Mikulicz, Graf Widter).

Das k. k., ab 1867 k. u. k. Ministerium des k. u. k. Hauses und des Äußern wies drei Dienstzweige auf – den diplomatischen, konsularischen und Ministerialdienst (Zentrale). Absolventen der Orientalischen Akademie bzw. der ab 1898 als k. u. k. Konsularakademie bezeichneten Institution begannen ihre Karriere im konsularischen Dienst. Da das „System" in der Monarchie wesentlich flexibler war als heute im Auswärtigen Dienst der Republik Österreich, wurden viele Konsuln aus der konsularischen Laufbahn in den diplomatischen Dienst übernommen. Viele dieser Absolventen der Orientalischen Akademie und nachmaligen Konsularbeamten brachten es zu Spitzenfunktionen. Der dem ersten Jahrgang angehörende Franz de Paul Thugut war von 1794 bis 1798 Minister der auswärtigen Angelegenheiten, weitere k. u. k. Minister des k. u. k. Hauses und des Äußern waren Heinrich Freiherr von Haymerle und Stefan Graf Burian von Rajecz. In jüngster Zeit sind die Bundesminister für Auswärtige Angelegenheiten Dr. Kurt Waldheim (1968-1970) und Dr. Erich Bielka (1974-1976) zu erwähnen.

Zu den Absolventen der Orientalischen bzw. der Konsularakademie zählen auch der k. k. Handelsminister Baron Call, und k. u. k. Botschafter wie Graf Ludolf (Rom) und Graf Pasetti-Friedenburg (Rom), und inbesondere viele k. u. k. Gesandte wie Herbert-Rathkeal (Belgrad, Dresden, Stuttgart), Hoenning O'Carrol (Buenos Aires, Kopenhagen), Graf Hohenwart (Mexico City, Lissabon), Kania (Mexico City), Kuczynski (Rio de Janeiro, Peking), Graf Logothetti (Teheran), Ottenfels-Gschwind (Konstantinopel), Rhemen zu Barensfeld (Buenos Aires), Sonnleithner (Lissabon, Rio de Janeiro), Graf Stürmer (Konstantinopel), Graf Trauttenberg (Bern) und Walterskirchen (Stuttgart, Stockholm, Den Haag).

Nach dem Zusammenbruch des Habsburgerreiches fanden viele Absolventen der Orientalischen bzw. der Konsularakademie, die im k. u. k. konsularischen Dienst gestanden waren, Aufnahme in die Auswärtigen Dienste der Nachfolgestaaten.

Der k. u. k. Diplomatische Dienst war vor dem 1. Weltkrieg ein Hort der Aristokratie.[1] Das demokratische Element des k. u. k. Auswärtigen Dienstes wurde gewissermaßen vom Konsularischen Dienst gebildet. Unter den zehn k. u. k. Botschaftern, welche die Monarchie im Juli 1914 vertraten, waren zwei Prinzen, ein Markgraf, vier Grafen, ein Freiherr, ein „von" und ein Bürgerlicher; so mancher Adel – ob Graf oder Freiherr – war dabei durchaus rezenter „Beamtenadel". Nach der Staatsbürgerschaft waren sechs Ungarn und vier Österreicher. Bemerkenswert ist aber die Durchlässigkeit des Systems – der k. u. k. Botschafter in Tokio (Ladislaus Freiherr Müller von Szentgyörgy) hatte die Orientalische Akademie absolviert und entstammte der konsularischen Laufbahn. Noch eindrucksvoller ist das Bild bei einer Untersuchung der 22 Diplomaten, die als k. u. k. Gesandte beglaubigt waren. Unter diesen finden sich 8 Grafen, 6 Freiherrn, 6 von und 2 Bürgerliche. Bei den Gesandten des Jahres 1914 machte der Anteil der Absolventen der Orientalischen Akademie, die aus der Konsularlaufbahn in die diplomatische Karriere übernommen worden waren, bereits 27,5 % aus. Allerdings blieben diesen Gesandten in Europa die politisch unbedeutenden (Kuhn, Lissabon), als Härteposten angesehenen (Otto, Cetinje), oder die ganz exotischen Destinationen vorbehalten, auf die wohl beides zutraf (Graf Logothetti, Teheran und Wodianer, Bangkok); besonders auffallend ist, dass 1914 alle k. u. k. Gesandtschaften in Lateinamerika mit aus der Orientalischen Akademie hervorgegangenen Gesandten besetzt waren: Kania in Mexico City, Kolossa in Rio de Janeiro, Hoenning O'Carrol in Buenos Aires und Graf Szapáry in Santiago de Chile. Wie William Godsey in seinem Buch nachweist, waren Posten in Lateinamerika damals überaus unbeliebt und kaum „vermittelbar".

Da keiner der meist der Hocharistokratie entstammenden k. u. k. Diplomaten bereit war, der Republik Deutschösterreich – oder einem der anderen Nachfolgestaaten – zu dienen, erfolgte im Frühjahr 1919 deren Pensionierung durch das liquidierende österreichisch-ungarische Ministerium des Äußern, das bis Oktober 1920 die Abwicklung des ehemaligen k. u. k. Ministeriums des Äußern und seiner Vertretungsbehörden im Ausland durchführte. Die umfangreichen Pensionierungen von Diplomaten führten zu einem großen Bedarf an Konsuln, wenn auch im Laufe des Jahres 1919 manch älterer k. u. k. Konsularbeamte pensioniert wurde. In gewisser Weise entwickelten sich die neu entstandenen Republiken zu „empires des consuls", die nun rasch Karriere machten, was aus zahlreichen Lebensläufen ersichtlich ist.

Von den k. u. k. Konsularbeamten setzten folgende Absolventen der Orientalischen bzw. Konsularakademie ihre – nunmehr diplomatische – Laufbahn fort in

Österreich: F. Adamovic, G. Alexich, K. Buchberger, F. Görtz, W. Haas, H. Hammer, R. Hein, E. Herzfeld, F. Hlavac, T. Hornbostel, E. Hügel, T. Ippen, R. Kohlruss, A. Kral, F. Kraus, A. Kunz, H. Leschanofsky, R. Lukes, E. Lurtz, R. Oppenheimer, F. Peter, H. Ploennies, R. Pogatscher, G. Prochnik, A. Retschek, H. Schmid, K. Schwagula, R. Seemann, W. Storck, F. Strautz, F. Stumvoll, H. Troll-Obergfell, A. Vollgruber, H. Wildner, K. Wildner, A. Winter, H. Winter, E. Wurzian (38)
Ungarn: E. Abele, F. Ambró, G. Apor, G. Barkóczi, G. Béldi, A. Bobrik, J. Bornemisza, E. Cindric, T. Daróczy, T. Edl, P. v. Forster, L. Györgyei, H. Hann, A. Haydin, G. Hoffmann, K. Kania, E. Kirchknopf, F. Kolossa, Z. Mariassy, A. Nuber, A. Pallavicini, B. Pap, J. Pelényi, T. Pözel, V. Posfai, A. Steiger, G. Szabo, L. Tahy, L. Villani, A. Wodianer, K. Woracziczki (31)
der Tschechoslowakei (CSR): A. Blahovsky, W. Fric, M. Kobr, M. Krupka, V. Krupka, W. Lejhanec, J. Potucek, W. Radimsky, F. Stepanek, R. Weinzetl (10)
Polen: F. K. Bertoni, M. Krupka, J. Michalowski, A. Ocetkewicz (4)
Italien: H. Silvestri (1)

In der Regel schafften die früheren k. u. k. Konsularbeamten in kürzester Zeit den Sprung vom Vizekonsul zum Gesandten Wiens, Budapests, Prags, Roms oder Warschaus. Der frühere k. u. k. Konsularbeamte und letzte k. u. k. Gesandte in Mexico City, Koloman Kania von Kanya, war über viele Jahre Außenminister Ungarns. Die Tätigkeit dieser Beamten führte auch dazu, dass k. u. k. Traditionen und das auf der k. u. k. Konsularakademie erworbene Wissen in den Auswärtigen Diensten mancher Nachfolgestaaten noch bis zum 2. Weltkrieg, in Ungarn bis 1945, in der Tschechoslowakei bis 1939 bzw. 1948 bewahrt wurden. Am Ballhausplatz ging der letzte Absolvent der k. u. k. Konsularakademie (Jahrgang 1908-1913), Alois Vollgruber, zuletzt österreichischer Botschafter in Paris, 1958 in Pension. Vier Jahrzehnte nach dem Ende der Monarchie hatte eine Epoche ihr Ende gefunden – genau ein halbes Jahr bevor das Bundesministerium für Auswärtige Angelegenheiten als selbständiges Bundesministerium wiedererrichtet wurde.

Während bis 1918 die k. u. k. Konsularakademie als Teil des k. u. k. Ministeriums des k. u. k. Hauses und des Äußern nur österreichische und ungarische Staatsbürger für den Konsulardienst Österreich-Ungarns ausbildete, änderte sich Lehrplan, Studiendauer und Zusammensetzung der Hörerschaft zu Beginn der 20er Jahre dramatisch. Der Lehrplan wurde von fünf Jahren auf eines verkürzt, dann auf zwei Jahre verlängert, und die Konsularakademie zu einer Lehranstalt mit internationaler Ausrichtung umgestaltet – mit entsprechender Zusammensetzung der Hörerschaft. Umfasste der Jahrgang 1921-1923 gerade 3 Hörer (2 deutsch, 1 rumänisch), wies der folgende Lehrgang schon 12 Hörer auf – aus Deutschland 7, Jugoslawien 2, Österreich 1, Ungarn 1, Italien 1. Der Jahrgang 1923-1924 hatte unter 25 Hörern erstmals solche aus Übersee – jeweils einen aus Indien, Ägypten und Kolumbien. Mit 30 Hörern erreichte der Jahrgang 1925-1926 einen ersten Höhepunkt, während der Jahrgang 1926-1928 mit einer wirklichen Neuerung aufwarten konnte – mit Olga Weissmann aus Lemberg die erste Hörerin der Konsularakademie.

In den 30er Jahren stiegen die Hörerzahlen – trotz der schlechten Wirtschaftslage – laufend an. Die wirtschaftliche Lage der 30-er Jahre und die sehr geringe Anzahl von Neuaufnahmen in den öffentlichen Dienst der Republik, ab 1934 des Bundesstaates Österreich lassen sich auch an der weiteren beruflichen Laufbahn der Absolventen und Absolventinnen der Konsularakademie ablesen: Nur die wenigsten der österreichischen Hörer und Hörerinnen fanden vor 1938 im Auswärtigen Dienst Österreichs Aufnahme – in der Regel erfolgte der Eintritt erst nach 1945.

Der Jahrgang 1931-1933 umfasste 35 Männer und 14 Frauen; von den Hörern waren 15 Österreicher – von denen nur einer 1935 (H. Calice), zwei weitere (H. Coreth, H. Standenat) nach 1945 in den Auswärtigen Dienst der Republik Österreich gelangten. Der folgende Jahrgang wies 38 Hörer und 15 Hörerinnen auf – von 13 Österreichern wurde kein einziger Diplomat; ebenso wenig fand von den 44 Hörern – darunter 20 Österreicher – und 16 Hörerinnen des Jahrganges 1933-1935 jemand Aufnahme in den Auswärtigen Dienst des nunmehrigen Bundesstaates Österreich.

Vom Jahrgang 1934-1936 (40 Männer, 24 Frauen) wurde ein Absolvent unter den 26 Österreichern nach 1945 in den Auswärtigen Dienst aufgenommen (G. Gudenus); ein anderer (W. Gredler) begann seine Laufbahn 1939 im Auswärtigen Amt in Berlin, wurde aber erst 1963 in den Auswärtigen Dienst der Republik Österreich aufgenommen. Von den 37 Hörern und 29 Hörerinnen des Jahrganges 1935-1937 waren jeweils 22 österreichische Staatsbürger bzw. Staatsbürgerinnen – von diesen fanden W. Apfel, W. Kurzel-Runtscheiner und J. Müller (verehel. Nestor) erst nach 1945 Aufnahme in den Auswärtigen Dienst. Dem Jahrgang 1936-1938 – der erste, der das Studium nach dem Anschluss Österreichs an das Deutsche Reich beendete – gehörten 51 Hörer und 23 Hörerinnen an. 24 Hörer waren österreichische Bundesbürger; von diesen wurden 3 (O. Eiselsberg, J. Manz und K. H. Schober) nach 1945 in den Auswärtigen Dienst Österreichs aufgenommen.

Mit dem Jahrgang 1937-1939 wurde der absolute Höhepunkt erreicht. Von den 85 Hörern (darunter 33 Frauen) waren 21 Österreicher – zwei traten nach dem 2. Weltkrieg in den österreichischen Auswärtigen Dienst ein: Dr. Franz Schlechta und Dr. Kurt Waldheim.

In den 20er und besonders in den 30er Jahren ist ein laufendes Ansteigen der Zahl der Hörer und Hörerinnen mosaischen Glaubens festzustellen, die vielfach aus den Nachfolgestaaten der Monarchie kamen. Bei den Jahrgängen 1936-1938 und 1937-1939 fallen Austrittsdaten zwischen Mitte März und Mai 1938 auf. Zu den Hörern, welche die Konsularakademie im März 1938 verließen, gehörte auch Arthur (Lord) Weidenfeld. In vielen Fällen ist das weitere Schicksal dieser Hörer und Hörerinnen nicht mehr feststellbar. Einige österreichische Hörer und Hörerinnen wurden nach Theresienstadt deportiert, anderen dürfte die Flucht gelungen sein.

Beim Anschluss 1938 umfasste der österreichische Auswärtige Dienst in allen Verwendungsgruppen 379 Personen, von denen 115 im Bundeskanzleramt – Auswärtige Angelegenheiten tätig waren (davon 34 Höherer Auswärtiger Dienst) und 203 an 21 diplomatischen Vertretungsbehörden (davon 54 Höherer Auswärtiger Dienst – HAD, 28 im Verwaltungsdienst) und 61 in 9 Generalkonsulaten, Konsulaten und in 6 Honorarämtern (davon 10 HAD, 14 Verwaltungsdienst) eingesetzt waren.

Von den 34 Beamten des Höheren Auswärtigen Dienstes im Bundeskanzleramt-Auswärtige Angelegenheiten waren 14 (Adamovic, Filz, Hammer, Herzfeld, Hlavac, Hoffinger, Hornbostel, Kripp, Leschanofsky, S. Lurtz, Nawe, Platzer, Schwagula, Zeileissen) Absolventen der Konsularakademie, von den 64 Beamten des HAD, die an Gesandtschaften und Generalkonsulaten im Ausland Verwendung fanden, waren dies 35 (Alexich, Attems, Bielka, Bischoff, Buchberger, Calice, K. Dreihann-Holenia, Falser, F. Görtz, Hügel, Jordan, Kohlruss, Kunz, E. Lurtz, Meran, Mitis, Prochnik, Retschek, Riedl-Riedenstein, Rotter, Schleinitz, Schmid, Schmidt, Schwinner, Seemann, F. Strautz, Stumvoll, Troll-Obergfell, Vivenot, Vollgruber, Wildmann, H. Wildner, K. Wildner, H. Winter, Woinovich), d.h. 55 % aller im Ausland tätigen österreichischen Diplomaten waren in der Boltzmanngasse ausgebildet worden.

Nach dem Anschluss wurden viele österreichische Diplomaten, darunter zahlreiche Absolventen der Konsularakademie (F. Adamovic, M. Attems, H. Calice, K. Dreihann-Holenia, H. Hammer, F. Hlavac, E. Hügel, R. Kohlruss, E. Lurtz, S. Lurtz, H. Meran, O. Mitis, W. Platzer, K. Schwagula, F. Strautz, H. Troll-Obergfell, H. Winter, P. Woinovich, K. Zeileissen), in den Auswärtigen Dienst des Deutschen Reiches übernommen. Der Politische Direktor am Ballhausplatz, Gesandter Hornbostel (Jahrgang 1907-1912), war fünf Jahre in den KZ Dachau und Buchenwald. Der Münchner Generalkonsul Dr. Ludwig Jordan und sein Mitarbeiter Dr. Erich Bielka fanden sich im März 1938 im KZ Dachau wieder, woran der Konsularakademiker und pensionierte k. u. k. Konsul Fillunger, der bei der Österreichischen Legion in München eine führende Rolle gespielt hatte, nicht unbeteiligt war.

Es dürfte aber leider auch in dieser Beziehung gelten, dass Österreichs Diplomaten nach 1938 nicht nur Opfer, sondern auch Schreibtisch-Täter im Dienste des Dritten Reichs waren. Die im Eingang des Palais am Ballhausplatz angebrachte Marmortafel *„Zum Gedenken an jene Angehörigen des österreichischen Auswärtigen Dienstes,* *die in Treue zu ihrem Vaterland Opfer nationalsozialistischer Verfolgung wurden. Ihr Vorbild ist uns und künftigen Generationen verpflichtendes Vermächtnis"* stimmt in dieser Form nicht – das einzige Todesopfer unter Österreichs Diplomaten der 1. Republik war der Heimwehrführer Dr. Richard Steidle, von 1934 bis 1938 mit Sondervertrag Generalkonsul in Triest.

Immerhin kann die Konsularakademie unter ihren Hörern auch Opfer im Kampf gegen Hitler vorweisen: den deutschen Diplomaten Dr. Herbert Mumm von Schwarzenstein, der 1922-1923 an der Konsularakademie studiert hatte. Im diplomatischen Dienst der Weimarer Republik, wurde Mumm 1935 entlassen, 1942 verhaftet und in die KZ Sachsenhausen und Ravensbrück eingeliefert, 1944 wegen Widerstand zum Tode verurteilt und noch am 20. April 1945 im Zuchthaus Brandenburg an der Havel hingerichtet. Der ungarische Absolvent Andor Szentmiklóssy, Diplomat in Brasilien und Japan sowie 1943-1944 ständiger Stellvertreter des Außenministers, wurde am 19.3.1944 verhaftet und starb im KZ Dachau. Der schon erwähnte Dr. Jordan kam im November 1945 in sowjetischer Haft in Frankfurt an der Oder ums Leben. Tragisch auch das Schicksal von Alexis Vivenot, der 1939 nach England auswandern konnte, dort als feindlicher Ausländer interniert und nach Australien deportiert wurde – und auf der schließlich ermöglichten Rückkehr nach England an Bord der „MS Abosso" den Tod im Atlantik fand.

Bei den großen Hörerzahlen der Jahrgänge in den 30er Jahren und der Herkunft der Hörer aus jenen Staaten, die nach dem 2. Weltkrieg den „Ostblock" bildeten, ist es nicht verwunderlich, dass nur von einem kleinen Teil der Absolventen ein Lebenslauf eruiert werden konnte. Die Konsularakademie kann unter ihren Absolventen nicht nur auf österreichische Diplomaten, darunter mit Dr. Kurt Waldheim einen Generalsekretär der Vereinten Nationen und Bundespräsidenten der Republik Österreich, sondern auch auf drei deutsche Diplomaten (Dr. G. Bock, Graf Lerchenfeld-Köfering, Dr. H. Mumm), einen französischen (Comte d'Aumale) und einen US-Diplomaten (H. F. Cunningham) verweisen, ja sogar auf eine CIA-Agentin (V. Hall). In schwierigen Zeiten bewährte sich das Netzwerk der Hörer der Konsularakademie: Ein Diplomat der ungarischen Gesandtschaft in Stockholm ermöglichte im 2. Weltkrieg seinem US-Kollegen Einblick in geheime Aktenstücke über den Holocaust. Der Hörer Manfred Lachs aus Polen (1932-1934) war von 1965 bis 1992 Richter des Internationalen Gerichtshofs in Den Haag und bedeutender Völkerrechtsexperte. Zu den Absolventen von Orientalischer und Konsularakademie, die Memoiren verfasst haben, zählen Otto Eiselsberg, Emmanuel Urbas, Kurt Waldheim, Lord Weidenfeld und Clemens Wildner, mit historischen und völkerrechtlichen Werken sind u.a. Erich Bielka und Heinrich Wildner hervorgetreten.

Eines galt für die Absolventen der Konsularakademie so wie auch heute für die der Diplomatischen Akademie gleichermaßen – nur ein Bruchteil fand tatsächlich Aufnahme in den Auswärtigen Dienst. Einige wandten sich anderen Aufgaben zu – Egon

Seefehlner (Jahrgang 1931-1933) war zweimaliger Direktor der Wiener Staatsoper sowie des Opernhauses in Zürich, Nikolaus Lukács von Perényi (Jahrgang 1922-1924) war Direktor der Budapester Oper. Harald König errichtete 1958 in Guatemala eine österreichische Schule. Max Riccabona wurde als ungewöhnlicher Schriftsteller und origineller Erzähler bekannt.

Vom Schicksal der Mehrzahl, die nicht in die Dienste ihres Heimatstaates traten, sondern in der Wirtschaft und Kultur tätig waren, berichten meist keine Akten.

Abkürzungen

(Sektions)R	Sektionsrat
AA	Auswärtiges Amt (Berlin)
AM	Außenminister, Außenministerium
ao	außerordentlicher Hörer
Att	Attaché
Ausw. Amt	Auswärtiges Amt Berlin
BG	Bezirksgericht
BH	Bezirkshauptmannschaft
BKA/AA	Bundeskanzleramt – Auswärtige Angelegenheiten (1923-1938,1945-1959)
BKdgW	Bundeskammer der gewerblichen Wirtschaft (heute: Wirtschaftkammer Österreich)
BM	Bundesministerium
BMÄ	Bundesministerium für Äußeres (1920-1923)
Bot	Botschafter, Botschaft
BS	Botschaftssekretär
DA	Diplomatische Agentie bzw. Diplomatische Akademie
DAAD	Deutscher Akademischer Austauschdienst
DCM	Deputy Chief of Mission (US)
Del	Delegierter
Disp.	in Disponibilität versetzt
dt	deutsch
ep	en pied (ständig)
ERP	European Recovery Program (Marshall-Plan)
geb	geboren(e)
Ges	Gesandter, Gesandtschaft
GesR, GsR	Gesandtschaftsrat (dt. bzw. ungar. Ausw.Dienst)
GK	Generalkonsul, Generalkonsulat

Gt	Gerent einer konsularischen Vertretungsbehörde
GT	Geschäftsträger einer diplomatischen Vertretungsbehörde
H	Honorar
HGKap	Honorargeneralkonsul ad personam
HHStA	Haus-, Hof- und Staatsarchiv
HVK	Honorarvizekonsul
int	interimistisch
K	Konsul, Konsulat
KA	Konsularakademie
KAao	Konsularakademie, außerordentlicher Hörer
KAG	Konsularakademie Gasthörer
KApg	Konsularakademie postgraduiert
KAtt	Konsularattaché
KA?	Angabe nicht gesichert
Kdo	Kommando
KEleve	Konsulareleve
KG	Kreisgericht
Kl	Klasse
komm	kommissarisch (vertretungsweise, im deutschen Ausw. Dienst)
Komm	Kommission
Landesger.	Landesgericht
LR	Legationsrat
LReg	Landesregierung
LRegKoär	Landesregierungs-Kommissär
LS	Legationssekretär
Ltg	Leitung
Ltr	Leiter
MdÄ	k. u. k. Ministerium des k. u. k. Hauses und des Äußern
MinRes	Ministerresident
Miss	Mission
MR	Ministerialrat
nSt	neuen Stils
OA	Orientalische Akademie
OAao	Orientalische Akademie, außerordentlicher Hörer
OAf	nur in der Festschrift 1904, nicht im Hörerverzeichnis 1879-1930 angeführt
öStAfÄu	österr. Staatsamt für Äußeres
pens	pensioniert
pol V	Politischer Vertreter
pr	provisorisch

RAA	Rechtsanwaltsanwärter
SChef	Sektionschef
SMRO	Souveräner Malteser-Ritterorden
StAfÄ	Staatsamt für Äußeres
Stellv	Stellvertreter
StS	Staatssekretär
SR	Sektionsrat
temp	temporär
Tit	Titular-
VBen	Vertretungsbehörden
VK	Vizekonsul, Vizekonsulat
w(LR)	wirklicher Legationsrat
w(LS)	wirklicher Legationssekretär
WPol	Wirtschaftspolitische Sektion
wpol.	wirtschaftspolitisch (e Sektion)

Die Direktoren der Orientalischen Akademie und der Konsularakademie 1754-1941

Pater Joseph **Franz** 1754 – 1769
* ?
gest. ?

Pater Johann von Gott **Nekrep**
1770 – 1785
* 1738
gest. 1785

Pater Franz **Höck** 1785 – 1832
* Pressburg, Ungarn (Bratislava, Slowakei)
11.10.1749
gest. Wien ? Dezember 1835

Josef Othmar von **Rauscher**
1832 – 15.4.1849
* Wien 6.10.1797
gest. Wien 24.11.1875

Dr. Max **Selinger** 1849 – 1852 prov. Ltr
(Pseudonym Dr. Wilhelm **Marchland**)
* Sternberg, Mähren
(Sternberk, Tschech. Rep.) 13.10.1802
gest. Wien 8.7.1862

Oberstlt. Philipp von **Körber**
1852 – 1861
* Ofen (Buda), Ungarn 27.12.1812
gest. Kierling (NÖ) 17.7.1861

Ottokar Maria Freiherr von **Schlechta von Wschehrd** 1861 – 1871
* Wien 20.7.1825
gest. Wien 18.12.1894

Heinrich **Barb** 1871 – 1883
* ?
gest. Wien 21.6.1883

Konstantin Freiherr von **Trauttenberg**
05-09/1883
* Troppau, Mähren (Opava, Tschech.
Rep.) 17.9.1841
gest. Rom 26.4.1914

Dr. Paul Freiherr **Gautsch von Frankenthurn** 1883 – 1885
* Wien 26.2.1851
gest. Wien 20.4.1918

Michael Freiherr **Pidoll von Quintenbach** 1886 – 1904
* Krakau, Galizien (Kraków, Polen)
24.7.1851
gest. Mödling (NÖ) 12.8.1941

Anton **Winter** 1904 – 1933
* Sopron, Ungarn 22.5.1866
gest. Wien 30.3.1942

Friedrich **Hlavac** 1933 – 1941
* Lemberg, Galizien (L'viv, Ukraine)
10.3.1885
gest. Wien 10.5.1975

Von folgenden Direktoren und Hörern der Orientalischen bzw. Konsular-Akademie befinden sich Porträts im Besitz des Bundesministeriums für auswärtige Angelegenheiten: Barb, Burian, Hammer-Purgstall, Haymerle, Holzinger, Huszár Valentin, Körber, Schwegel Joseph, Steiner Robert, Trauttenberg.

Die Zöglinge der Orientalischen Akademie
und Studierende der Konsularakademie 1754-1941

A

Aaspere Boris
KA 19.10.1935 – 1.7.1936
* Pöltsamaa, Estland 29.12.1905
gest. ?

Abaza Adly Abdullah
KA 15.10.1925 – 30.6.1926
* Kairo, Ägypten 21.10. 1902
gest. ?

Abele von und zu Lilienberg Egon Baron
KA 6.10.1905 – 30.9.1910
* Fiume, Ungarn (Rijeka, Kroatien)
11.6.1887
gest. ?
KAtt 1910, GK Smyrna 1910-1913, VK 1912, GK Skutari 1913-1915, GK Zürich 1915, GK Skutari 1916, GK Zürich 1916-1918; ungar. Ausw. Dienst 1919, GK in Hamburg 1927-?, GK in Mailand 1937

Aberg Carl Rudolf
KA 28.12.1926 – ?
* Gullered, Schweden 3.11.1890
gest. ?

Abramovich von Adelburg Eduard
OA 1821
* Brünn, Mähren (Brno, Tschech. Rep.)
1804
gest. Wien 14.12.1856
Orientalist; Dolmetschadjunkt in Bukarest, in Konstantinopel 1826-1840, GK in Beirut 1841-1849, pens. 1849, HHStA

1851-1856 zur Betreuung des Orientalisches Fachs und Erstellung eines Repertoriums sämtlicher im HHStA befindlicher orientalischer Urkunden

Abramoviciute Elena
KA 26.10.1932 – ?
* Kiew, Russland (Ukraine) 2.9.1913
gest. ?

Absolomani Michael von
OA 1756
* ?
gest. ?

Adami Franz von
OA 1755
* ?
gest. ?

Adamkiewicz Georg
KA 15.10.1900 – 30.9.1905
* Krakau, Galizien (Kraków, Polen)
10.6.1881
gest. ?
KAtt GK Skutari 1906, VK 1908, K Üsküb (Skopje) 1909, K Belgrad 1910-1914, VK in Turn-Severin 1914-1916, MdÄ 1916-1917, beim Vertreter des MdÄ in Bukarest 1917-1918

Adamovic (von Waagstätten) Franz
KA 4.10.1911 – 7.7.1917
* Krakau, Galizien (Kraków, Polen)
27.5.1893
gest. Innsbruck 26.2.1946

HK Dresden 1917-1918, GK Zürich 1918-1919, Ges Belgrad 1920-1926, Ges Budapest 1926-1931, Ges Den Haag 1931, int. GT in Den Haag 1932-1933, BKA/AA 1933-1938, LR 1934, dt. Ausw. Amt 1938, LR 1. 1939, dt. Ges Budapest 1940-1944, Ruhestand 1944, Zuteilung zum Generalbeauftragten des Ausw. Amtes für die Betreuung der ungarischen Regierung am Semmering Feb. 1945

Adelmann von Adelmannsfelden
Konz Graf
KA 11.1.1940 – 10.11.1941
 * Koblenz, D. 5.8.1920
gest. Salzburg 13.7.1984
EG-Beamter

Adil-Bey Salih
KA 16.10.1933 – 8.11.1935
* Samsun, Osman. Reich (Türkei)
24.6.1896
gest. ?

Agamal Franz
OA 1811
* ?
gest. ?

Aghion Klemens
OAao 1879
* ?
gest. ?

Aichelburg Raphael Graf
OA 1873
* 13.5.1854
gest. ?

Aillaud Dr. Enrico
KAao 6.4.1937 – Juni 1937
* Rom, Italien 8.11.1911
gest. ?

Aivasoff Peter
KA 23.3.1925 – 4.2.1926
* Alexandrowo, Bez. Lowetsch,
Bulgarien 18.6.1903
gest. ?

Albetzki Hubert
KA 8.10.1936 – 15.7.1938
* Pelplin, Polen 16.5.1916
gest. ?

Alexich Georg
KA 8.10.1913 – 3.3.1917
* Wien 14.9.1893
gest. Washington D.C./USA 15.7.1949
KAtt GK Zürich 1917-1918, K St. Gallen 1918, HK Dresden 1918-1919, Leiter Passstelle Pressburg 1920-1928, Ges Rio de Janeiro 1928, BKA/AA 1928-1930, Ges Sofia 1930, BKA/AA 1930-1933, GT in Den Haag 1933-1935; LR 2. Kl. 1935; BKA/AA-Präsidialchef von Vizekanzler Starhemberg, Ges 1936, Ges in Den Haag 1936-1938, Emigration nach Paris, Direktor einer pharmazeutischen Fabrik, niederländischer Staatsbürger 1939, Flucht über Portugal in die USA 1940, US-Bürger. Studium und Habilitation an der Georgetown University, Professor für internationales vergleichendes Recht und Diplomatie an der Georgetown University, Washington D.C 1943-1949

Allacz Christian Paul
KA 26.11.1921 – 30.6.1923
* Suczawa, Bukowina (Suceava,
Rumänien) 6.2.1903
gest. ?

Alston Thomas
KA 15.10.1923 – 28.2.1924
* London 24.6.1903
gest. ?

Altermann Claude
KA 15.10.1934 – 1.7.1936
* Paris 9.9.1914
gest. ?

Alth Waldemar Ritter von
OA 15.10.1896 – 30.9.1901
* Kremnitz, Ungarn (Kremnica,
Slowakei) 5.4.1879
gest. ?
*GK Moskau 1901-1903, KAtt 1902, K
Monastir (Bitola) 1903-1904, GK Mo-
skau 1904-1909, K in Bari 1909-1913, K
in St. Petersburg 1913-1914, GK Berlin
1914-1919, ungar. Auswärt. Dienst
1919, GK in Berlin 1919-1924, Ges in
Belgrad 1929-1938*

Amadé von Várkonyi Franz Graf
OA 1794
* ?
gest. ?

Ambró von Adamócz Franz
KA 5.10.1910 – 5.7.1915
* Castel Gandolfo, Italien 26.8.1890
gest. ?
*Kriegsdienst 1915-1917, KAtt 1916, MdÄ
1918, ungar. Ausw. Dienst 1919, Ges in*
*Brüssel 1934-1941, Ges in Madrid 1941-
1944*

Ambros Franz Karl
KA 7.10.1937 – 7.7.1939
* Wien 25.1.1918
gest. Wien 16.4.1986
nach 1945 in Istanbul

Ambrózy Georg Graf
KA 15.10.1930 – 8.7.1932
* Budapest 6.9.1912
gest. Wien 8.5.1994
*Bankpraxis in Ungarn und Wien, Beam-
ter der Pester Ungarischen Handelsbank,
zuletzt Prokurist beim Bankhaus Schoeller & Co. Wien*

Ambrózy de Seden Ludwig Baron
OA 24.10.1886 – 30.9.1891
* Wien 13.2.1868
gest. Budapest 1.12.1945
*KEleve 1892, GesAtt 1895, Ges Belgrad
1895, Ges Bukarest 1897, Ges Washington
1898, LS 1899, MdÄ 1901-1907, LR 1905,
Bot Washington 1907-1910, Botschaft
Rom/Quirinal 1910-1915, ungar. Grafen-
stand 1913, MdÄ 1915-1918; erbl. Mitglied
Magnatenhaus des ungar. Reichstages 1916*

Anderson Jean
KA 14.10.1929 – 16.6.1930
* Cove, Dunbartonshire, Scotland
10.6.1908
gest. ?

Andrássy Franz Graf
OA 1812
* ?
gest. ?

Andrássy Ladislaus Graf
OA 1808
* 1793
gest. 16.2.1874

Angeloff Assen
KA 23.3.1925 – 4.2.1926
* Goranovtzi,
Bez. Küstendil, Bulgarien 23.9.1898
gest. ?

Angelopoulos Spiridon
KA 18.10.1927 – Juli 1930
* Athen, 22.4.1905
gest. ?

Anthoine von
OA 1781
* ?
gest. ?

Antos von Sepsiréty Adam
OA 1.10.1879 – 30.9.1884
* Nagyabony, Ungarn
(Veklý Blakov, Slowakei) 12.8.1861
gest. Bombay, Indien 1.9.1889
*KEleve 1886, K Konstantinopel 1886, GK
Alexandrien 1886-1889, K Bombay 1889*

Anysas Jonas
KA 15.10.1932 – 6.7.1934
* Kiutew, Kreis Silute,
Litauen 28.5.1899
gest. ?

Apaváry Frigyes
KA 13.11.1933 – 4.7.1935
* Berlin-Wilmersdorf 1.11.1912
gest. ?

Apfel Wilhelm Adolf
KA 14.10.1935 – Juli 1937
* Wien 30.10.1916
gest. Zürich 22.1.1962
*LS 3.Kl. Ges Prag 1945-1948, BKA/AA
1948-1951, Bot Paris 1951-1956, BKA/
AA bzw. BMfaA 1957-1962, Kabinetts-
chef im BMfaA 1960-1962*

Apor von Altorja Gábor Freiherr
KA 4.10.1908 – 6.7.1913
* Sepsi-Köröspatak/Siebenbürgen,
Ungarn (Valea-Crisului, Rumänien)
7.11.1889
gest. Rom 21.2.1969
*Kriegsdienst 1914-1918 (Verbindungs-
offizier zur türk. Armee), KAtt 1915, Bot
Berlin 1918, ungar. Ausw. Dienst 1919,
LS bzw. LR Ges Warschau 1921-1925, LR
Ges Paris 1925-1927, Leiter Pol. Abt.
1927-1934, Ges in Wien 1934-1935, Ge-
neralsekretär des AM 1935-1938, Ges
beim Hl. Stuhl 1938-1944; danach in
Rom; Kanzler SMRO 1952-1956, Ges des
SMRO in Italien 1956-1969*

Apor von Altorja Stephan Freiherr
KA 4.10.1909 – 4.7.1914
* Kolozsvár, Ungarn (Cluj, Rumänien)
31.5.1890
gest. Budapest 14.12.1969
*Kriegsdienst 1914-1918, KAtt 1915, kgl.
ungar. Sektionsrat, ungar. Ausw. Dienst,
VK bis 1923*

Appel Ignaz
KA 15.10.1930 – ?
* Langenmoosen, D. 13.12.1909
gest. ?

Arditti Alexandra
KA 15.10.1925 – 2.6.1927
* Manchester, England 30.8.1897
gest. ?

Arsenovici Zoltán
KA 22.10.1926 – 2.7.1928
* Györ, Ungarn 10.3.1907
gest. ?

Arzrumli Kadri
KA 16.10.1933 – 6.7.1934
* Bagdad, Irak 19.7.1911
gest. ?

Asbeck Hans
KA 13.10.1928 – 5.7.1930
* Düsseldorf, D 24.4.1908
gest. ?

Astrup Henning
KAG 19.1.1937 – 23.6.1937
* Oslo, Norwegen 6.1.1913
gest. ?

Attems-Gilleis Anton (Graf) Dr. iur.
KA 16.4.1923 – 30.6.1924
* Baden, NÖ 11.2.1899
gest. Baden, NÖ 20.2.1989
Rechtsanwalt

Attems (Frh. v. Heiligenkreuz) Max (Graf)
KA 26.10.1922 – 30.6.1923
* Laibach, Krain (Ljubljana, Slowenien) 9.10.1892
gest. Wien 1.2.1977
BH Linz 1920-1926; Ausw. Dienst 1926, Ges Rom 1926-1928, LS 1 1928, BKA/AA 1928-1930, Ges London 1930-1936,

BKA/AA Kabinett StS Dr. G. Schmidt 1936-1937; Ges Warschau 1937-1938, dt. Ausw. Dienst 1938, komm. Bot Warschau 1938-1939, Ausw. Amt GesRat 1.Kl. 1939-1941 (Informationsabteilung, dann in der Politischen Abteilung/Referat V/Osteuropa – Polen, Sowjetunion, dann Informationsabteilung, Referat VII – Italien und Balkan), komm. beim Vertreter des AA beim Generalgouverneur in Krakau 1941-1942, Militärdienst als Rittmeister der Reserve bei der Auslandsbriefprüfstelle Wien 1942-1945; Amt der OÖ LReg 1945-1947, BKA/AA 1947-1952; LR 1 1948, Ges 1949, Ges in Rio de Janeiro 1952, Bot in Rio de Janeiro 1953-1955, Bot in Santiago de Chile 1955-1957

Augustin Reinhard
KAG 17.11.1939 – 1940?
* Charbin, Mandschurei, China 2.10.1921
gest. ?

Augusz Anton Freiherr von
OA 1872
* ?
gest. ?

Aumale Christian Comte d'
KA/G 8.10.1936 – 16.3.1937
* Lausanne, Schweiz 23.5.1918
französischer Ausw. Dienst 1943, Außenministerium 1943-1944, correspondent du bureau clandestin des Aff. Etrangères 1944, sous-chef du bureau Asie 1945, 2. Sekretär Bot Kopenhagen 1946-1948, Außenministerium (Europa) 1948-1953, 2. Botschaftsrat Bot Tokio 1953-1956, Außenministerium (Wirtschaft) 1956-

1962, 1. Botschaftsrat Bot Bonn 1962-
1963, Ges-BR Bot Bonn 1963-1968,
Außenministerium (Handelsverträge)
1968-1978, ministre plenipotentaire hors
classe 1975, Botschafter bei der OECD
1978-1982, ambassadeur de France 1982
(höchster Rang im franz. Ausw. Dienst,
nur 4 gleichzeitig möglich), pens. 1982

Auster Heinz
KA 17.2.1929 – 9.11.1929
* Reval (Tallinn), Estland 25.7.1910
gest. ?

Awasoff Peter
KA? 1925 – 1926
* ?
gest. ?

Azabagic Ferid Bey
OA 15.10.1896 – 30.9.1901
* Dolnja Tuzla, Bosnien 16.3.1878
gest. ?

Aziz Mehmet
KA 22.10.1926 – 2.7.1928
* Buchara, Turkestan 21.6.1892
gest. ?

B

Bacsó Johann Damjan
KA 7.10.1937 – 2.7.1938
* Baja, Ungarn 10.10.1919
gest. Budapest 23.3.1960
Journalist

Badian Hugo
KA 10.11.1928 – 5.7.1930
* Czernowitz, Bukowina
(Cernauti, Rumänien) 24.4.1911
gest. ?

Baernreither Georg M.
OA 1878
* ?
gest. ?

Bähr Carl Ludwig
OA 15.10.1882 – 30.9.1887
* Kassa (Kaschau),
Ungarn (Kosice, Slowakei) 15.5.1864
gest. Galatz (Galati), Rumänien 1890?
KEleve 1889, K Galatz 1889-1890?

Bässler Dr. Wilhelm
KA 22.11.1934 – 30.2.1937
* Freudenstadt, Württemberg 4.8.1909
gest. ?

Baier Franz
OA 1759
* ?
gest. ?

Baillie Alexander Georg
KA 20.10.1922 – 30.6.1923
* Rugby, Warwickshire, England
12.12.1901
gest. ?

Balási Adalbert
KA 8.10.1936 – 19.12.1938
* Curtuiuseni (Érkörtvélyes) Rumänien
19.5.1919
gest. ?

Balkanski Iwan Nedeff
KA 16.10.1933 – 13.2.1934
* Suschitza bei Gorne-Orechowitza,
Bulgarien 27.10.1902
gest. ?

Baráczy Gregor von
OA 1867
* ?
gest. ?

Barb Heinrich
OA 15.10.1884 – 30.9.1889
* Krakau, Galizien (Kraków, Polen)
10.4.1866
gest. ?
1892 nach einer „Ordensaffäre" entlassen

Barbul Nicolaus
KA 14.10.1929 – 4.7.1930
* Budapest 31.12.1911
gest. ?

Barcza-Rotter v. Nagyalásanyi Béla
KA 8.10.1936 – 6.7.1938
* Sopron, Ungarn 31.3.1918
ung. Ausw. Dienst, Sekretär der Abt. für Auslandsungarn 1941-1943, Ministerialsekr. 1944

Bárczay Stefan von
OA 1876
* ?
gest. ?

Bárczy Andreas von
KA 14.10.1928 – Juli 1929
* Besztercebánya (Neusohl) Ungarn,
(Banská-Bystrica, Slowakei) 16.6.1908
gest. ?

Baresch Kurt
KA 15.10.1934 – 1.7.1936
* Kolumbien 13.1.1915
gest. ?

Bargehr Alfred
OA 1861
* Feldkirch, Vlbg. 1842
gest. Kechegg, Gem. Villanders, Südtirol
1.5.1886
GK Sarajewo 1868-1869, GK Alexandrien 1869-1870, K Konstantinopel 1870-1875, Dolmetschattaché 1872, 3. Dolmetsch 1875, Richter 1. Instanz am Gemischten Tribunal in Ägypten (Alexandrien) 1875-1881, LR und Mitglied des Appellhofes beim Gem. Tribunal in Ägypten (Alexandrien) 1881-1885

Barkóczi von Nagy- und Kisbarkóz
Georg
KA 5.10.1906 – 30.9.1911
* Sümeg, Ungarn 2.2.1888
gest. ?
KAtt 1911, GK Hamburg 1911, K Galatz 1912-1916, VK 1913, in Bukarest 1916-1917, ungar. Ausw. Dienst 1919, GK Paris 1919-1930, GK London 1930-1932, Abt.Ltr im Außenministerium 1932-1935, Ltr K Istanbul 1935-1941, Ltr Abt. für Auslandsungarn 1942-1944

Bartal Erwin von
KA 15.10.1903 – 10.2.1905
* Síposkarcsa, Ungarn (Siposovske Kracany, Slowakei) 6.8.1885
gest. ?

Barte Karl
KA 16.10.1932 – 6.7.1934
* Wien 9.3.1913
gest. ?
nach 1945 Salinenbetrieb Bad Reichen-
hall

Bartha Georg von
KA 14.10.1935 – Juli 1937
* Kolozsvár (Klausenburg),
Ungarn (Cluj, Rumänien) 18.10.1910
gest. ?

Bartl Alois
KA 15.10.1934 – 20.4.1937
* Wien 5.8.1912
gest. Wien 10.2.1973

Bässler Dr. Wilhelm
KA? 1934 – 1936
* ?
gest. ?

Baumgartner Johann
OA 15.10.1887 – 30.9.1892
* Laibach, Krain (Ljubljana, Slowenien)
30.6.1869
gest. ?

Bäumen (verehel. Koch) Felizitas von
KA 24.11.1939 – 11.2.1941
* Graz, Stmk. 20.10.1918
gest. Wien 19.5.1985

Bayer Viktor
KA 8.10.1913 – 17.12.1919
* Wien 7.1.1894
gest. ?
tschechoslowakischer Ausw. Dienst 1920,
KAtt GK Dresden 1920-1921, KAtt in
Nürnberg 1921, VK in Warschau 1924-
1926?, K in Beirut 1929-1937

Becker Margaretha von
KA 8.10.1936 – März 1938
* Purkersdorf, NÖ. 14.8.1918
gest. ?

Beecker
OA 1783
* ?
gest. ?

Beer Anton
KA 14.10.1929 – 5.7.1930
* Au im Bregenzerwald, Vlbg. 14.9.1908
gest. ?

Béldi von Uzon Gregor Graf
OA 1832
* ?
gest. ?

Béldi von Uzon Gregor Graf
KA 7.10.1905 – 30.9.1910
* Béld, Ungarn (Beluj, Slowakei)
13.12.1887
gest. Marosvásárhely, Ungarn (Targu
Mures, Rumänien) 13.10.1966
KAtt 1911, K Alexandrien 1911-1913,
VK 1913, Ges Teheran 1913-1917, ungar.
Ausw. Dienst 1919, VK 1921-1923

Belkowska Ekaterina
KAG 5.10.1940 – 28.2.1941
* Sofia, Bulgarien 4.2.1920
gest. ?

Bellágh Sigmund von
OA 1874
* Budapest 26.7.1856
gest. ?
KEleve 1882, K Belgrad 1883-1886, strafweise entlassen 1886

Bencsik Georg
OA 1876
* ?
gest. ?
KEleve 1882, K Belgrad 1882-1883, K Jassy 1884-1888, bosn.-herzegow. Landesdienst 1890-?

Benedek Elisabeth von
KA 16.10.1928 – Juli 1929
* Fogaras, Ungarn (Fagaras, Rumänien) 21.12.1903
gest. ?

Benedikt(-Egger) Rudolf
KA 15.10.1930 – 8.7.1932
* Wien 13.12.1911
gest. ?

Bennitzer Ignaz von
OA 1758
* ?
gest. ?

Berger Fritz
KA 14.10.1928 – 5.7.1930
* Hohenmauth, Böhmen (Vysoké Mýto, Tschech. Rep.) 17.3.1910
gest. ?

Bernd Alexander von
OA 1870 – 1874
* ?
gest. Wien 24.4.1897
KEleve 1874, GK Smyrna 1874, GK Alexandrien 1875, Att Dragomanat Bot Konstantinopel 1876, VK 1877, K Kairo 1877-1880, K Galatz 1880-1882, K Venedig 1882, K in Amsterdam 1882-1888, pens. 1888

Berndt Edmund
KA 16.10.1932 – 6.7.1934
* Graz 6.3.1913
gest. Vöcklabruck, OÖ 5.10.1976
nach 1945 Vertreter d. steir. Magnesitwerke

Bernert Hans
KA 14.10.1931 – 7.7.1933
* Wien 11.8.1912
gest. Wien 22.8.1992
Kaufmann, Restaurantkritiker „Die Presse"

Bernhard Paul
KA 14.10.1928 – 5.7.1930
* Groß-Enzersdorf bei Wien 18.7.1907
gest. ?

Bertoni Ambrosio
KA 16.10.1933 – ?
* Lugano, Tessin, Schweiz 12.5.1913
gest. ?

Bertoni Karl Franz
OA 15.10.1894 – 30.9.1899
* Stanislau, Galizien (Stanislaw, Ukraine) 4.10.1876
gest. Rio de Janeiro, Brasilien 10.2.1967

KAtt K Bukarest 1900-1901, GK Rio de Janeiro 1901-1902, VK 1902, pr Gt K Curityba 1902-1904, GK Rio de Janeiro 1904-1905, st Gt K Sao Paulo 1905-1911, K 1910, Ltr GK Rio de Janeiro 1911-1913, Ltr K Sofia 1913-1918, poln. Ausw. Dienst 1918, Generalsekretär 1918, Ltr Admin. Dept. 1921-1931, AM 19.12.1923 -19.1.1924, Austritt aus Ausw. Dienst 1931, Regierungskommissar der Allg. Landesausstellung in Poznan 1929-?, Professor der Schule für Politische Wissenschaften in Warschau, Lehrer Dipl. Studium Univ. Lemberg, Präsident des Zentralkomites des poln. Instituts für polit. und wirt. Wissenschaften 1937-?, Vorlesungen über dipl. und kons. Arbeit an den Univ. Krakau und Warschau 1945-?, Auswanderung nach Brasilien 1949.

Beth Eleonore
KA 14.10.1935 – Juli 1937
* Wien 19.11.1916
gest. ?
nach 1945 in New York

Bettino Karl
OA 1812
* ?
gest. ?

Bianchi Cäsar Aloys
OA 1774
* ?
gest. ?

Bichler Anton
OA 15.10.1880 – 30.9.1885
* Klagenfurt, Kärnten 11.7.1863
gest. Wien 1926
KEleve 1886, GK Bombay 1887-1888, Gt GK Shanghai 1888-1890, VK 1890, GK Beirut 1890-1892, VK in Prisren 1892-1896, K 1896, Orient. Akademie bzw. Konsularakademie Lehrer für Türkisch 1897-1919, GK 1906, Konsularakademie ao. Professor 1906-1919, pens. 1919

Biedermann Maryla
KA 16.10.1934 – 28.2.1935
* Lodz, Polen 9.3.1914
gest. ?

Bielka (Ritter von Karltreu) Erich
KA 22.10.1926 – 2.7.1928
* Wien 12.5.1908
gest. Bad Aussee 1.9.1992
Lebensversicherungsanstalt Phönix, Büro Paris 1931-1932; Exportkonsulent der Wr. Handelskammer in Paris 1932-1935; BKA/AA Aspirant Ausw. Dienst 1935; GK München 1936-1938; Gestapohaft in München bzw. KZ Dachau 1938; Ausw. Dienst 1945; Ltr pol. Vertretung Bern 1946-1947; LR 1947, GTep in Kairo 1947-1948; BKA/AA 1948-1952; Ges in Ankara 1953-1958; BKA/AA bzw. BMfaA Leiter WPol 1958-1962; Generalsekretär 1962-1967; Bot in Paris 1972-1974; Bundesminister f Ausw. Angelegenheiten 1974-1976; Aufsichtsratsvorsitzender Generali Allg. Lebensversicherungs bzw. Allgemeine und Rückversicherungs AGen 1979-1985; Werk: Die Ära Kreisky, Wien 1983

Bilinski Constantin
OA 15.10.1891 – 30.9.1896
* Slawna, Galizien (Slavna, Ukraine)
20.7.1873
gest. Janina, Griechenland 17.11.1913
KAtt 1897, GK Scutari 1898, K Bukarest 1898-1899, GK Odessa 1899-1901, VK 1899, Dragomanat Bot Konstantinopel 1901-1907, 3. Dragoman 1902, LS 1905, dem Zivilagenten in Mazedonien zuge-teilt 1907-1908, st Gt GK Janina 1909-1913

Birk Roman
KA 13.9.1927 – ?
* Tallinn, Estland 21.5.1894
gest. ?

Birkbeck Edmund
KA 27.10.1930 – 8.7.1931
* Stoke-Holy Cross Hall by Norwich, Norfolk, England 9.11.1910
gest. ?

Biró Eugen
KA 8.10.1913 – 3.7.1919
* Balassagyarmat, Ungarn 25.7.1894
gest. ?
Kriegsdienst bis 1917, ung. Ausw. Dienst 1919, 1922 VK, GsR Belgrad 1923-1925, GsR Sofia 1925-1926, GsR Wien 1926-1930, Abt. Ltr im Außenministerium 1930-1944, 1937 K 2. Kl., 1940 K 1.Kl., 1944 GK 2. Kl.

Biro Zsuzsanna siehe **Magyari**

Bischoff Edler von Klammstein
Norbert
KA 7.10.1912 – 5.7.1919
* Wien 26.11.1894
gest. Schruns/Vlbg. 30.6.1960
Ausw. Dienst 1919; GK Köln 1919-1920; Staatsamt für Äußeres/BM für Äußeres/BKA/AA 1920-30, LR 1930, int. GT in Ankara 1930-1933, LR Ges Paris 1933-1938; Vorstandsmitglied des „Bureau autrichien" in Paris 1939-1940; pol. Be-richterstatter der Neuen Zürcher Zeitung und Landwirt in Südfrankreich 1940-1942, Mitarbeiter an der Monumenta Germaniae Historiae der Akademie der Wissenschaften in Wien 1942-1944, Ausw. Dienst 1945, Ges 1946, Aufbau der pol. Vertretung in Paris 1946, pol. Vertre-ter in Moskau 1946-1953, Bot in Moskau 1953-1960, maßgeblich an den Vorarbei-ten zum Staatsvertrag beteiligt

Bitterl Ritter v. Tessenberg Maximilian
KA 8.10.1936 – 27.7.1938
* St. Pölten, NÖ 16.4.1917
gest. ?

Blahovsky Anton
KA 4.10.1909 – 4.7.1914
* Neustadtl, Mähren (Nové Mesto na Moravé, Tschech. Rep.) 22.10.1891
gest. ?
K Bukarest 1914-1916, KAtt 1915, GK Köln 1917-1918, tschechoslowak. Ausw. Dienst 1918, VK in Frankfurt am Main 1919, Vizekonsul in München 1919-1923, K in Kairo 1923-1928, K in Kap-stadt 1931-1939, GK der tschechoslowak. Exilregierung in London 1939-1945

Blaskovich von Eleczk Nikolaus
KA 15.10.1923 – 30.6.1925
* Budapest 27.1.1905
gest. ?
ungar. Ausw. Dienst 1928-1931, KAtt in der CSR 1932-1935, GsR Bukarest 1936-1943, GsR in der Slowakei 1943-1944

Blauhorn Anna Lisbeth
KA 18.10.1934 – 28.2.1935
* Wien 23.5.1915
gest. ?

Blumendorf Leopold von
OA 1772
* ?
gest. ?

Bóbrik de Bóldva Arno
KA 4.10.1909 – 4.7.1914
* Triest 14.9.1891
gest. ?
KAtt 1915; ungar. Ausw. Dienst 1919, Ges in Buenos Aires 1939-1943, in Paris 1944

Bocevic Mihailo
KA 17.11.1939 – 8.1.1941
* Skoplje, Serbien (Skopje, Mazedonien) 24.9.1914
gest. ?

Bock Günther Dr. phil
KA 27.3.1922 – 28.2.1923
* Krefeld, Deutschland 28.6.1899
gest. Bonn 4.5.1968
dt. Ausw. Dienst 1923, Ges Athen 1925, GK Leningrad 1925-1927, Ausw. Amt 1927-1930, VK 1928, K Thorn 1930, Ausw. Amt 1930-1935, LS, Ges Addis Abeba 1935-1936, Ges Reval 1936-1939,

GesR 1939, K Vigo 1939, Bot Madrid 1939, GK Barcelona 1939-1941, K 1940, Bot Rom-Quirinal 1941-19456, BR 1944, Internierung 1945-1946, in Deutschland 1946-1948, in Italien 1948-1949, in Argentinien 1949-1952, Sekretär Deutsch-Argent. Handelskammer 1950-1952, dt. Ausw. Dienst 1952, Bot Buenos Aires 1952-1953, Ausw Amt 1953-1954, Ges in Ciudad Trujillo 1954-1955, Bot in Ciudad Trujillo 1955-1957, Ausw. Amt, VLR I 1957-1968, Titel Botschafter 1958

Bock Gustav Rudolf
KA 6.12.1937 – 2.7.1938
* Zemun, Serbien 4.3.1918
gest. ?

Bodolla von Zagon Samuel
OA 1877
* ?
gest. ?

Bogart Philip S.
KA 15.10.1934 – 1.7.1936
* Champaign, USA 25.2.1914
gest. ?

Bogdan Gregor
KA 14.11.1929 – ?
* Bocs, Ungarn (Bocin, Rumänien) 26.12.1893 (8.1.1894 n.St.)
gest. ?

Bogdan Theodor
KA 15.10.1933 – 13.7.1935
* Busteni/Prahova, Rumänien 15.6.1910
gest. ?

Bogdan von Tisza-Hegyes Iwan
KA 8.10.1913 – 17.12.1919
* Nagykikinda, Ungarn (Kikinda, Jugoslawien) 11.5.1894
gest. ?
Kriegsdienst 1914-1917, ungar. Ausw. Dienst 1920, KAtt Warschau 1921-1922, KAtt Stockholm 1922-1925, GsR Prag 1926-1927, GsR Berlin 1927-1928, GsR Athen 1928-1943

Bogdassaroff Gregor
KA 15.10.1925 – 23.9.1927
* Orgejeff, Rumänien (Orgejev, Moldawa) 7.4.1905
gest. ?

Bogdassarov Artemii
KA 15.10.1925 – ?
* Kischineff, Rumänien,
(Chisinau, Moldawa) 4. (15.) 9.1906
gest. ?

Bohdanetzky Gerda
KA 14.10.1935 – Juli 1937
* Wien 14.3.1914
gest. ?

Böhler Michel
KA 17.11.1939 – 6.3.1941
* Gries bei Bozen, Italien 26.6.1921
gest. ?

Böhm Johann Nepomuk von
OA 1754
* ?
gest. ?

Boila Iliane
KA 15.10.1931 – 12.12.1931
* Dicsöszentmárton, Ungarn (Diciosanmartin, Rumänien) 10.2.1912
gest. ?

Bokuvka Anton
KA 16.10.1927 – Juli 1928
* Drahanowitz, Mähren
(Drahanovice, Tschech.Rep.) 6.5.1907
gest. ?

Boncey Graf
OA 1796
* ?
gest. ?

Bongart Ludwig Freiherr von
KA 15.10.1923 – 30.6.1925
* Paffendorf, Bez. Bergheim,
Elsaß 29.10.1898
gest. ?

Borhek Viktorin von
OA 1874 – 1880
* Budapest 16.6.1857
gest. Budapest 3.4.1922
KEleve 1880, GK Alexandrien 1881-1884, Ges Teheran 1884, LS 1886, DA Kairo 1880-1890, K in Turn-Severin 1890-1892, K in Monastir (Bitola) 1892-1897, st.Gt. GK Saloniki 1897-1899, GK 1898, K in Galatz und Del. Donaukommission 1899-1911, GK in Köln 1911-1915, pens. 1915

Borisoff Kroum
KA 16.10.1932 – ?
* Sofia, Bulgarien 3.9.1912
gest. ?

Bornemisza Julius Baron
OA 15.10.1893 – 30.9.1898
* Kolozsvár (Klausenburg),
Ungarn (Cluj, Rumänien) 16.12.1873
gest. Brixen, Italien 30.12.1925
*KAtt GK Skutari 1899-1901, GK Sofia
1901-1902, GK Skutari 1902-1903, Ltr K
Durazzo (Durres) 1903-1907, st. Gt K
Pittsburgh 1907-1909, K 1907, Ltr K Monastir (Bitola) 1809-1911, Ltr K Bukarest
1911-1916, Vertreter MdÄ in Albanien
zugeteilt 1916-1918, ungar. Ausw. Dienst
1919, Ges in Bern 1920-1921, Ges in
Stockholm 1921-1924, Ges beim Hl. Stuhl
1924-1925*

Bosinger Alexander von
OA 1812
* ?
gest. ?

Bothmer Karl Freiherr von
KA 7.10.1912 – 6.7.1913
* Krassa, Böhmen (Chrastná, Tschech.
Rep.) 2.7.1893
gest. ?

Bourbon-Parma Robert Prinz
KA 15.10.1930 – 8.7.1932
* Schloß Weilburg, Baden, NÖ 6.8.1909
gest. Wien 22.11.1974

Brada Wilhelm
KA 17.10.1933 – 4.7.1935
* Eisenstadt, Burgenland 12.9.1914
gest. ?
nach 1945 Rechtsanwalt

Brandner Karl
KA 16.10.1933 – 4.7.1935
* Wien 8.6.1913
gest. Reservelazarett Olmütz, Mähren
(Olomouc, Tschech. Rep.) 5.4.1942

Brandstätter Otto
KA 15.10.1930 – 8.7.1932
* Bozen, Tirol (Bolzano, Italien)
4.6.1911
gest. ?

Brandt Georg
KA 15.10.1930 – 7.7.1933
* Odessa, Russland (Ukraine) 5.11.1910
gest. ?

Bräunl Walter
KA 7.11.1916 – 3.7.1920
* Arnau/Elbe, Böhmen
(Hostinné, Tschech. Rep.) 10.9.1896
gest. ?

Braunstein Alfred
KA 23.10.1934 – 14.7.1936
* Rustschuk (Russe), Bulgarien
24.4.1913
gest. ?

Breda Hans
KA 15.10.1930 – 12.11.1931
* Troppau, Schlesien (Opava,
Tschech.Rep.), CSR 20.9.1904
gest. ?

Breier Friedrich Artur
KA 7.10.1937 – 2.7.1938
* Wien 16.5.1919
gest. ?

Brenner-Felsach Ignaz Ritter von
OA 1786 – 1791
* Wien 28.3.1772
gest. Wien 10.1.1849
Orientalist; k. k. Konsularagent in der Walachei 1806, Hofsekretär in der Staatskanzlei 1810, Hofrat 1817

Breschar Rudolf
KA 15.10.1925 – 2.7.1927
* Cilli, Stmk. (Celje, Slowenien) 31.1.1907
gest. ?

Bretfeld Erwin
KA 22.10.1926 – ?
* Görkau, Böhmen (Jirkov, Tschech. Rep.) 15.8.1904
gest. ?

Brichta Othmar
KA 7.10.1937 – 31.7.1939
* Wien 11.12.1917
gest. ?

Brignon (verehel. Walp) Georgine
KA 8.10.1936 – 14.7.1938
* Wien 14.6.1918
gest. ?

Brognard Wenzel von
OA 1765
* ?
gest. ?

Bröll Heinrich
KA 15.10.1930 – 8.7.1932
* Ulmerfeld bei Amstetten, NÖ 23.10.1911
gest. ?

Bruchsteiner Alice
KA 15.10.1931 – 7.7.1933
* Budapest 11.3.1912
gest. ?

Bruckner Eugen Peter
KA 14.10.1935 – 10.11.1936
* Budapest 24.1.1915
gest. ?
nach 1945 in Argentinien

Brun Per Christian
KA 14.10.1929 – 2.7.1930
* Oslo, Norwegen 9.4.1908
gest. ?

Brünebarbe Joseph
OA 1789
* ?
gest. ?

Brunner Koloman
KA 15.10.1934 – 15.7.1936
* Wien 19.7.1916
gest. ?
nach 1945 HK in Bogotá, Kolumbien

Brunner (verehel. Kolb) Renate
KA 8.10.1936 – 30.7.1938
* Wien 22.3.1918
gest. Wien 24.7.1994

Brusselle Alexander Graf
KA 17.10.1936 – 16.7.1938
* Krakau, Galizien (Kraków, Polen) 26.5.1913
gest. Bad Gleichenberg, Stmk. 6.12.1953
Verwaltungsjurist

Bubenik Franz
OA 1854
* ?
gest. Rustschuk, Osman. Reich
(Russe, Bulgarien) 28.12.1869
KEleve 1959, K Jassy 1859-1862, Vize-
kanzler K Konstantinopel 1862-1866, GK
Sarajewo 1866-1867, Vizekanzler GK
Belgrad 1867-1869, VK Rustschuk 1869

Buchberger Karl
KA 5.10.1906 – 30.9.1911
* Olmütz, Mähren (Olomouc,
Tschech. Rep.) 14.8.1887
gest. Bad Ragaz, Schweiz 6.5.1974
KAtt K Üsküb (Skopje) 1911-1912, GK
Skutari 1912, GK Janina 1912-1913, im
Kabinett des Fürsten von Albanien 1914,
Bot Berlin 1915-1916, Zivilkommissär in
Mitrovitza 1916-1917, Bot/Ges Berlin
1917-1924, GTai in Stockholm 1924-
1928, GTep in Stockholm 1928-1933, LR
1926, Ges in Ankara 1933-1938; schwed.
Staatsbürger 1942

Bucher (Ritter von Ulmenau) Eberhard
KA 16.10.1933 – 6.7.1934
* Wien 25.4.1915
gest. Wien 19.6.2000

Buchner Hans
KA 16.10.1933 – 5.11.1935
* Zabreh a.O. Mähren, (Tschech. Rep.)
23.4.1915
gest. im 2. Weltkrieg gefallen

Bujanovics Karl von
OA 1810
* ?
gest. ?

Bulling (verehel. Lerz) Irmentraud
KA 15.10.1934 – 3.11.1936
* Wien 9.3.1915
gest. Wien 10.1.1991

Buresova Mailada
KA 9.11.1934 – 15.2.1935
* Prag 7.10.1913
gest. ?

Burián von Rajecz Stefan Freiherr
OA 1868
* Stomfa (Stampfen) bei Pressburg, Ungarn (Stupava, Slowakei) 16.1.1851
gest. Wien 20.10.1922
KEleve 1872, GK Alexandrien 1872-
1874, K Bukarest 1874-1878, VK 1875, K
Belgrad 1878-1880, GK Sofia 1880-1882,
Gt GK Moskau 1882-1886, Gt GK Sofia
1886-1887, DA und GK in Sofia 1887-
1895, Ges in Stuttgart 1896, Ges in Athen
1897-1903, k. u. k. Finanzminister 1903-
1912 und 1916-1918, k. u. k. Minister des
Äußern 1915-1916 und April-Oktober
1918

Burkert Hilda
KA 5.3.1937 – Juni 1939
* Mährisch-Ostrau, Mähren
(M. Ostrava, Tschech. Rep.) 10.8.1913
gest. ?

Burroughs William Seward
KAG 2.3.1937 – 30.4.1937
* St. Louis, USA 5.2.1914
gest. Lawrence, Kansas 2.8.1997
Schriftsteller, Autor von "Junk", "Confes-
sions of an unredeemt Drug Addict",
"The Naked Lunch"

Busch Dr. iur. Josef
KA 2.11.1927 – 2.7.1929
* Düsseldorf, D 2.10.1899
gest. ?
Kaufmann, Düsseldorf

Buschmann Karl Freiherr von
OA 1835
* ? 1819
gest. Wien 13.10.1876
Dolmetschgehilfe Intern. Konstantinopel 1841-1851, MdÄ, Hof- und Min.Konzipist 1857, Hof- und Min.Sekr. 1857, Sektionsrat 1866, Hof- u. Min.Rat 187, w. Hof- und MinRat 1872

C

Calice Edith siehe **Falta**

Calice Dr. Heinrich (Graf)
KA 15.10.1931 – 11.6.1932
* Stuttgart, D. 9.10.1909
gest. Wien 20.9.1978
Ausw. Dienst 1935; LS 3. Kl. Ges Berlin 1936-1938; dt. AA 1938-1939; dt. Ges Den Haag 1939-1940; dt. AA kulturpol. Abt. 1940-1942; Militärdienst 1942-1944; LR 1943; dt. AA Sonderreferat Schrifttumspolitische Information 1944; Generalsekretariat für das Kriegsgefangenenwesen Berlin 1944-1945; Finanzamt Linz bzw. FLD Salzburg 1948-1950; BKA/AA 1950-1953; GK in New York 1953-1956; BKA/AA 1956-1960; Ges in Prag 1960-1967; BMfaA Leiter Sektion I 1968-1970; Bot in Lissabon 1970-1974

Call zu Rosenberg und Kulmbach
Guido Freiherr von
OA 1867 – 1871
* Triest 6.9.1849
gest. Graz 12.5.1927
KEleve 1872, Ges Teheran 1872-1875, VK am K Konstantinopel 1875-1880, Att Bot Konstantinopel 1881, HLS 1881, Dolmetscher 1881, LS 1883, HLR 1887, LR 1889, Bot Berlin 1894, DA in Sofia 1895-1900, k. k. Handelsminister 1900-1905, 1. SChef im MdÄ 1907-1909, Bot in Tokio 1909-1911, Vizepräsident der Steiermärk. Sparcasse 1924-1927

Callenberg Ludwig von
OA 15.10.1884 – 30.9.1889
* Csicsóka, Kom. Zemplén, Ungarn (Čičava, Slowakei) 1.3.1866
gest. ?
KEleve 1891, Leg Cetinje 1892-1894, VK 1893, LS 1894, Ges Rio de Janeiro 1894-1897, Ges Stockholm 1897-1898, DA Kairo 1898-1901, Ges Washington 1901-1903, LR 1903, Ges Bukarest 1903-1906, SChef im MdÄ 1906, Ges in Stuttgart 1907-1909, Ges in Tanger 1909-1913, Vertreter MdÄ beim Kriegsüberwachungsamt 1914-1917, MdÄ 1917-1918

Canal von Ehrenberg Joseph
OA 1808
* ?
gest. ?

Canal von Ehrenberg Karl
OA 1808
* ?
gest. ?

Cancriny Koloman
OA 1871
* ?
gest. ?

Cavriani Philipp Graf
OA 1834 – 1840
* 10.10.1817
gest. Wien 2.11.1892
Staatskanzlei 1841, Sprachknabe Intern. Konstantinopel 1842-1846, LS Bot St. Petersburg 1846-1851, pr. Ges Dresden 1851, LS Ges Dresden 1852, Ges Turin 1852, MdÄ 1852-1857, Ges Brüssel 1857, Ges Hl.Stuhl Rom 1857-1858, Bot Paris 1858, MdÄ 1858, Ges Berlin 1859, Ges Neapel 1859-1860, Ges Hl. Stuhl 1860-1864, pens. mit Titel LR 1865

Chabert Thomas von
OA 1781
* Konstantinopel 1766
gest. 1841
Orientalist; Professor für oriental. Sprachen an der Oriental. Akademie 1785-1817; Schriftsteller

Chabert Ritter von Ostland Karl
OA 1819
* ?
gest. Wien 13.8.1873
Dolmetschgehilfe Intern. Konstantinopel 1823-?, DA Jassy, MdÄ, Hofsekretär 1856, pens. mit Titel Sektionsrat 1867

Chabert Ritter von Ostland Wilhelm
OA 1813
* ?
gest. Konstantinopel 30.10.1846
GK in Smyrna (Izmir) 1835-1846

Chance Derek A.
KA 16.10.1932 – 7.7.1933
* Birmingham, GB 26.2.1914
gest. ?

Chiari Rudolf Ritter von
OA 15.10.1892 – 30.9.1897
* Janina, Albanien (Griechenland) 9.4.1874
gest. ?
KAtt 1898, entlassen 1899

Chimani Franz
OA 1794
* ?
gest. ?

Chrisoveloni Nicolas Jean
KA 27.10.1927 – ?
* Neuilly sur Seine, Frankreich 29.6.1909
gest. ?

Christalnigg Alexander Graf
OA 1809
* Waisenberg 24.11.1799
gest. Wien 29.6.1869
Hofsekretär bei der Hofkammer für Münz- und Bergwesen

Christian Norbert
KA 14.10.1935 – Juli 1937
* Wien 8.12.1916
gest. ?

Cichy Doris
KA 7.10.1937 – 28.7.1939
* Mährisch-Ostrau, Mähren (M. Ostrava, Tschech, Rep.) 20.4.1918
gest. ?

Cihlar Zvonimir
KA 7.10.1937 – 7.7.1939
* Zagreb, Kroatien 21.2.1919
gest. ?

Cindric von Modrus Egon
KA 7.10.1912 – 5.7.1919
* Graz 28.8.1893
gest. ?
ungar. Ausw. Dienst 1919, GK in Köln ?-1945

Cischini Ernst Ritter von
OA 1877 – 1882
* 2.6.1858
gest. 20.12.1929
MdÄ 1883, KEleve am GK Alexandrien 1883-1887, VK 1887, am GK Odessa 1887, Ltr HVK Batum 1888-1891, Ltr GK St. Petersburg 1891-1895, K 1893, K in Jerusalem 1895-1896, in Syra/Siros) 1896-1899, in Patras 1899-1906, GK 1901, GK in Smyrna 1906-1909, GK in Barcelona 1909-1912, GK in Tunis 1912-1914, in Dispon. 1915

Clason Ingeborg
KA 8.10.1936 – März 1937
* Charlottenburg, D. 21.11.1914
gest. ?

Coglievina Marius
KA 15.10.1901 – 30.9.1906
* Wien 12.6.1881
gest. ?
KAtt 1907, K Konstantinopel 1908-1909, VK 1909, Dragomanat Bot Konstantinopel 1909-1914, Ges Sofia 1914, Bot Konstantinopel 1914, Kriegsdienst 1914-1915, K 1915, 3. Dragoman Bot Konst.

1915-1917, LS 1915, Kriegsdienst 1917-1918, Bot Konstantinopel 1918, pens. 1919

Cokorac von Kamare Milan
KA 14.10.1929 – 7.7.1931
* Magdeburg, D. 21.9.1908
gest. ?
nach 1945 Schauspieler, Wien

Colefax Michael
KA 15.10.1923 – 28.2.1924
* London 8.6.1906
gest. ?

Conrad-Eybesfeld Tassilo (Frh. v.)
KA 16.10.1933 – 4.7.1935
* Wien 17.3.1913
gest. ?
nach 1945 in Argentinien

Contrini Johann
OA 1761
* ?
gest. ?

Coreth Johannes (Graf)
KA 14.10.1931 – 7.7.1933
* Bielitz, Schlesien (Biala, Polen) 26.11.1912
gest. Wien 9.2.1986
RAA KG Krems 1936, Aspirant bzw. pr. LRegKoär Tirol 1937-1938, Angestellter Mautner Markhofsche Presshefefabrik 1938-1940, Kriegsdienst als Dolmetscher 1940-1941 und 1942-1944, Länderbank Wien 1944-1945, BKA/AA 1945-1946, Ges Paris 1946, Ges Washington 1946-1948, BKA/AA 1948-1951, LR 3.KL. 149, Ges London 1951-1954, BKA/ AA 1954-

1956, Ges in Bern 1956-1961, Bot beim Hl. Stuhl 1961-1966, BMfaA 1966-1968, Leitung der DA 1967-1968, Bot in Den Haag 1968-1976, pens. 1976, pr. Ltr DA 1977-1978

Cormic Reba Mac 14.1.1929 – 5.7.1930
* Arkansas, USA 16.2.1912
gest. ?

Coronini-Cronberg Rudolf Graf
OA 1877
* Hietzing bei Wien 24.6.1860
gest. München 21.4.1918
KEleve GK Saloniki 1883-1885, VK 1885, Bot Konstantinopel 1885-1890, Dragom. Att 1887, Ges Den Haag 1890-1891, Ges Kopenhagen 1891-1892, LS 1892, Ges Brüssel 1892-1893, Ges Belgrad 1893-1895, LR 1896, Bot Berlin 1895-1898, Bot beim Hl. Stuhl 1898-1903, Agent für geistl. Angelegenheiten an Bot beim Hl. Stuhl 1903-1906, Ges und Disp. 1906, pens. 1908

Coudenhove Franz Graf
OA 1842
* 1825
gest. 1893
Staatskanzlei 1847, Unterleutnant im ital. Feldzug 1848-1849, Oberleutnant 1849, Dolmetschadjunkt Internuntiatur Konstantinopel 1849-1852, Attaché 1849, Hauptmann 1851, LS 1853, Ges Dresden 1853, FMLt Graf Coronini nach Bukarest beigegeben 1854-1856, Bot Paris 1857-1858, Bot Rom-Hl. Stuhl 1858-1859, Ges Brüssel 1859-1864, LR 1864, beurlaubt 1864

Cramwinkel Johannes Hermann
KA 2.4.1934 – 14.6.1934
* Haag, Niederlande 29.8.1898
gest. ?

Csáky Emerich Graf
KA 15.10.1899 – 30.9.1904
* Szepes Mindszent, Ungarn (Bijacovce, Slowakei) 17.2.1882
gest. Santa Cruz, Teneriffa, Spanien 22.5.1961
GK Skutari 1905, GesAtt 1905, Ges Dresden 1905-1907, Bot St.Petersburg 1907-1909, LS 1909 an Bot Berlin 1909-1912, St. Petersburg 1912-1913, an Ges Bukarest 1913-1916, in Warschau 1916-1917, MdÄ 1917-1918, Mitglied der ö.-u. Delegation in Brest-Litowsk 1917, kön. ungar. Außenminister Januar-März 1919

Csáky Stefan Graf
KA 8.10.1913 – 5.7.1919
* Segesvár, Ungarn (Sighisoara, Rumänien) 18.7.1894
gest. Budapest 27.1.1941
ungar. Ausw. Dienst 1919, GsR Vatikan 1921-1923, GsR Bukarest 1924-1925, Ltr Presseabt. 1925-1933, GT in Madrid 1933-1935, Kabinettschef 1936-1938, Minister für Ausw. Angelegenheiten 1938-1941

Cseh Marzell von
OA 1873
* Sásd bei Pécs, Ungarn 25.6.1856
gest. Rustschuk (Russe), Bulgarien 21.1.1900
K. Eleve 1880, am K. Turn-Severin 1881-1882, VK 1881, am GK Jassy 1882, Ltr VK Plojesti 1883-1884, am K. Belgrad

1884-1887, st. Ltr VK Turn-Severin 1887-1890, K in Breslau 1890-1981, K in Rustschuk 1891-1900, GK 1898.

Csesznak Stefan von
OA 15.10.1889 – 30.9.1893
* Krakau, Galizien (Kraków, Polen) 20.8.1870
gest. ?
KEleve 1894, VK 1896, K Pittsburgh 1896-1897, GK New York 1897-1898, Entlassung 1898

Csicsery-Rónay Stephan Vitéz von
KA 7.10.1937 – 7.7.1939
* Budapest 13.12.1917
gest. ?
Leiter der Auswärtigen Abteilung der Kleinlandwirtepartei 1945-1947, Emigration in die USA 1947, ab 1949 in den USA, 1953 Bibliothekar an der Univ. Maryland, Schriftsteller, Gründer der Occidental Press, 1990 Rückkehr nach Ungarn, Journalist

Csiki von Nagyajta (verehel. Bruckner) Agnes
KA 14.10.1935 – Juli 1937
* Kolozsvár (Klausenburg), Ungarn (Cluj, Rumänien) 5.2.1914
gest. ?

Csipkay Georg von
KA 14.10.1932 – 6.7.1934
* Besztercebánya, Ungarn (Banská Bystrica, Slowakei) 25.5.1912
gest. ?
Sekretär in der Pester Ungarischen Handelsbank 1942-1943

Csurcsin Georg
OA 15.10.1896 – 30.9.1901
* Pancsova, Ungarn (Pancevo, Serbien) 5.9.1875
gest. ?
GK Odessa 1901-1906, KAtt 1902, VK 1905, K Bukarest 1906-1911, K in Bukarest 1911, K in Konstantinopel 1911-1916, Kriegsdienst 1916-1918

Cudic Leonidas
KA 15.10.1898 – 30.9.1903[2]
* Duga Resa, Kroatien 9.12.1879
gest. ?
GK Moskau 1903-1904, GK Saloniki 1904-1906, KAtt 1904, VK 1907, dem Zivilagenten für Mazedonien zugeteilt 1906-1909, K in Buenos Aires 1911-1913, K 1912, K in Montevideo/Uruguay 1913-1918, pens. 1921

Cunningham H. (Harry) Francis
KAG 26.10.1936 – 26.5.1937
* Washington D.C., USA 1.11.1912
gest. Lincoln, Nebraska, USA 6.5.1999
Ausw. Dienst der USA 1938, VK und 3. Sekr. Budapest 1938-1939, VK in Vigo, Spanien 1940, VK und 3. BS, Bot Berlin 1940-1941, Internierung in Bad Nauheim Dez. 1941-Mai 1942, 3. Sekr. Stockholm 1942-1945, 2. BS Bot Oslo 1945, Desk Officer, Scandinavian Affairs, State Department, Washington 1946-1949, Public Affairs Officer, K und 1. BS, Bot Saigon 1949-1950, Public Affairs Officer und K, Frankfurt bzw. Bonn, Foreign Service Placement Chief, Personnel Operations Division, State Department 1952-1954, National War College, Washington 1954-1955, BR und GK, DCM, Helsinki

1955-1957, BR und GK, Bot Bonn 1957-
1959, DCM, BR und GK, Bot Saigon
1960-1961, Director, Office of International Conferences, State Department 1961-
1965, GK in Quebec 1965-1969, pens.
1969

Czarnecka Halina
KA 29.10.1937 – 15.2.1938
* Lomza, Polen 18.7.1918
gest. ?

Czernin Friedrich Graf
OA 15.10.1896 – 11.9.1897
* Dimokur, Böhmen (Dymokur,
Tschech. Rep.) 8.5.1877
gest. ?

Czernin Otto Graf
OA 15.10.1893 – 30.9.1898
* Dimokur, Böhmen (Dymokur,
Tschech. Rep.) 27.8.1875
gest. Salzburg 14.6.1962
*KAtt 1898, Diplomatenprüfung 1899,
GesAtt 1899, Ges Athen 1899-1900, Ges
Dresden 1900-1903, LS 1902, Bot Hl.
Stuhl 1903-1907, DA Sofia 1907-.1909,
Ges Stuttgart 1907-1910, Ges Bukarest
1910-1912, Bot St .Petersburg 1912-1914,
Kriegsdienst 1914-1917, Ges in Sofia
1917-1918*

Czerny Friedrich
KA 14.10.1935 – 2.11.1939
* Wien 6.6.1909
gest. im 2. Weltkrieg gefallen

Czerwenka Waldemar
KA 15.10.1898 – 30.9.1903
* Piatra N., Rumänien 9.11.1880
gest. nach 1950
*GK Shanghai 1904-1907, KAtt 1904, VK
1907, K. Galatz 1907-1908, GK Kalkutta
1909-1913, K 1912, K in Bombay 1913-
1914, MdÄ 1914-1916, Ltr Auskunftsstelle Plojest 1917-1918, pens.1919, Bundesministerium für Volksernährung 1919 bis
zu dessen Auflösung 31.12.1921*

D

Damianovich von Vergado Johann
OA 1799
* ?
gest. ?

Dagoufsky Josefine
KA 13.10.1928 – 14.10.1930
* Brodina, Bukowina (Brodina, Rumänien) 28.9.1906
gest. ?

Dalmata-Hideghet Kurt
KA 16.10.1933 – Herbst 1935
* Wien 21.5.1914
gest. Wien 10.12.1990
*Kriegsdienst Wehrdienst (Oberleutnant),
in der IBV (damalige Verwaltungsgesell-
schaft der österreichischen verstaatlich-
ten Industrie), der CA und bei der österreichischen Tochtergesellschaft eines
deutschen Konzerns als Vorstand tätig,
nach 1945 in Argentinien*

Daróczy Thomas von
KA? – 1914
* Pécs, Ungarn 5.2.1891
gest. ?
Kriegsdienst 1914-1916, KAtt GK Zürich
1916-1918, VK 1917, ungar. Ausw. Dienst
1919, ausgetreten 1921

Daublebsky-Sterneck Moritz
(Freiherr von)
KA 14.10.1931-7.7.1933
* Wagstadt, Schlesien (Bilovec,
Tschech. Rep.) 28.2.1912
gest. ?

Debicki Kasimir Roman Ritter von
KA 26.10.1914-5.7.1919
* Kaisersdorf, Galizien (Sambor,
Ukraine) 20.1.1896
gest. ?

Declaude Hedda siehe **Kronholz**

Delmestri Baron
OA 1777
* ?
gest. ?

Dericks W.Y.
KAG 8.11.1936 – 31.3.1937
* Druten, Gelderland, NL 29.1.1914
gest. ?

Dessefwy Thomas von
OA 1877 – 1882
* 9.1.1859
gest. Tolcsva, Ungarn 19.11.1910
KEleve 1883, K Turn-Severin 1884-1886,
K Belgrad 1886-1887, K Bukarest 1887-
1890, VK 1887, pr. Ltr K Plojest 1890-

1893, Gt K Piräus 1894, K in Pittsburgh
1894-1900, GK in New York 1900-1906,
pens. 1906

Dessefwy Alexander von
OA 15.10.1894 – 30.9.1899
* Eperjes, Ungarn (Presov, Slowakei)
10.10.1875
gest. ?

Dessefwy Gyula Graf
KA 14.10.1929 – Juli 1930
* Budapest 21.11.1909
gest. Curitiba, Parana, Brasilien
12.8.2000
Journalist, Präsident der ungarischen
Kleinlandwirtepartei, 1945-1947 Abge-
ordneter im Parlament, 1947 Emigration,
1951-1954 Leiter der ungarischen Abtei-
lung des Radiosenders „Freies Europa" in
München und den USA, ab 1961 Planta-
genbesitzer in Brasilien

Deutsch Carla
KA 30.10.1930 – Juli 1931
* Wien 5.10.1912
gest. ?

Deutsch Madeleine
KA 16.10.1933 – Juli 1935
* Budapest 3.6.1914
gest. ?

Di Pauli Erika siehe **Kuenburg**

Dickmann Eugen Ritter von
OA 1808
* Wien 4.12.1793
gest. Töscheldorf, Kärnten 19.7.1867
Industrieller

Dickmann Karl Ritter von
OA 1808
* ?
gest. ?

Dierkes (verehel. Wolfrum)
Margarethe (von)
KA 15.10.1934 – 28.2.1935
* Wien 11.3.1915
gest. Wien 6.4.1985

Diesner (verehel. Swolensky) Utta
KA 14.10.1936 – 15.7.1938
* Salzburg 24.5.1917
gest. ?

Dietrich Leonhard Dr. rer. pol
KA 31.10.1921 – 30.6.1922
* Plauen im Vogtland, Sachsen, D
22.10.1896
gest. ?

Dittrich Fryd
KA 8.10.1936 – ?
* Mikolow, Polen 8.2.1918
gest. im 2. Weltkrieg gefallen

Diwald Otto
KA 14.10.1935 – Juli 1937
* Wien 3.7.1916
gest. ?

Dobritz Johann
OA 1812
* ?
gest. ?

Dolenc Josip
KA 13.10.1931 – 7.7.1933
* Eisnern, Krain (Zelezniki, Slowenien)
19.3.1912
gest. ?

Dombay von Dombóvár Franz
OA 1781
* Wien 10.8.1758
gest. Wien 21.12.1810
*Orientalist; Dragoman an der Militär-
grenze, 1802 Hofsekretär und Hofdolmetsch an der Staatskanzlei, 1809 Hofrat*

Dombay von Dombóvár Franz
OA 1803
* ?
gest. ?

Dominguez y Diaz-Cantillo Francisco
KA 15.10.1923 – 30.6.1925
* Santa Cruz de Tenerife,
Spanien 2.11.1908
gest. ?

Dominicé André
KA 2.1.1934 – 5.5.1934
* Genf, Schweiz 30.7.1911
gest. ?

Donegall Edward Marquis of
KA 15.10.1923 – 15.12.1923
* London 17.10.1901
gest. ?

Dopplinger Anton
KA 7.10.1937 – 15.1.1941
* Wien 29.7.1919
gest. ?

Döry von Jobbaháza Anton
OA 1795
* ?
gest. ?

Dosztály Tibor
KA 20.10.1922 – 30.6.1924
* Jókút, Ungarn (Kúty, Slowakei) 2.6.1902
gest. ?

Dózsé Eugen
KA 10.10.1927 – 2.7.1929
* Ungvár-Czeholnya, Ungarn
(Uzgorod, Ukraine) 7.5.1906
gest. ?

Draskovich Edmund (Graf)
KA 15.10.1930 – 8.7.1932
* Wien 1.4.1912
gest. Salzburg 27.7.1996
ungar. Ausw. Dienst 1940-1944, Sekretär
im Außenministerium, kgl. ungar. LS

Dreihann-Holenia Ernst
(Freiherr von und zu Sulzberg
am Steinhof)
KA 14.10.1928 – 14.10.1930
* Morawec, Mähren (Moradel, Tschech.
Rep.) 18.11.1909
gest. Klagenfurt 7.9.1974
Bezirkshauptmann, nach 1945 Landes-
reg.-rat, Kärnten

Dreihann-Holenia Karl
(Freiherr von und zu Sulzberg
am Steinhof)
KA 14.10.1928 – 14.10.1930
* Morawec, Mähren (Moradel, Tschech.
Rep.) 15.7.1906
gest. Aschach a.d.Donau, OÖ 2.7.1978

österr. Auswärtiger Dienst 1935, Aspirant
1935, pr. Attaché 1936, Ges Budapest
1936-1938. dt. Auswärtiger Dienst, Aus-
wärtiges Amt Berlin 1938, GK Memel
1938-1940, Ges Pressburg 1940-1944, LS
1942

Dresdnern Ferdinand Ritter von
OA 1803
* ?
gest. ?

Dressler Otto
KA 15.10.1934 – 1.7.1936
* Sassow, Polen 22.4.1914
gest. ?

Dreyhausen-Ehrenreich Johann
Wilhelm
KA 14.10.1929 – Juli 1930
* Wien 13.8.1908
gest. ?

Drott (verehel. Meier) Ursula
KA 15.10.1931 – 7.7.1933
* Magdeburg, D 17.12.1912
gest. ?

Du-Rieux von Feyau Leopold
OA 1798
* ?
gest. ?

Dubois Pierre E.
KA 1.3.1934 – 26.4.1934
* Tourcoing, Frankreich 10.2.1912
gest. ?

Dubsky Johann Freiherr von
OA 1774
* ?
gest. ?

Dufournier Bernard
KAG 8.10.1936 – 16.11.1936
* Paris 29.9.1911
gest. ?

Duka Géza Freiherr von
OA 8.10.1885 – 30.9.1890
* Kádár, Ungarn (Cadar, Rumänien)
2.1.1867
gest. Wien 22.1.1913
KEleve 1891, K Bukarest 1894-1895, Ges-Att 1895, Ges Athen 1895-1898, LS 1898, Ges Belgrad 1898-1901, LS 1901, Ges Stuttgart 1901-1905, Bot Konstantinopel 1905-1907, LR 2 Kat. 1906, Ges Den Haag 1907-1908, Dispon. 1908

Dukes Alice
KA 8.10.1936 – 12.7.1938
* Wien 21.9.1918
gest. ?

Duodo Anton
OA 1786
* ?
gest. ?

Duodo Marcus
OA 1787
* ?
gest. ?

Duras Karl
OA 1853
* ?
gest. ?

Dvorák Rudolf
KA 8.10.1913 – Ende 1913
* Prag 9.3.1893
gest. ?

Dyserinck Wilhelm
KA 15.10.1925 – 4.3.1926
* Haarlem, Holland 14.7.1903
gest. ?

E

Ebenhoch Walter
KA 8.10.1936 – 6.7.1938
* Schwanenstadt, OÖ 3.12.1917
gest. ?
Rechtsanwalt

Eberl von Wallenburg Friedrich
OA 1815
* ?
gest. ?

Ecsedy-Bálint Dr. Emerich
KApg 15.10.1937 – Juli 1938
* Gyula, Ungarn 12.5.1914
gest. ?

Eder Karl Freiherr von
OA 1840
* ?
gest. 8.2.1882
Dolmetschgehilfe zuget. Jassy 1846, Dolmetschgehilfe Intern. Konstantinopel

1846-1850, 3. Dolmetsch Intern. Konst. 1850-1851, GT Ges Athen 1852-1854, Ges Brüssel 1854-1855, LS 1854, DA Bukarest 1855, Agent und GK in Bukarest 1856-1868, Ges in Athen 1868-1869, Ges in Kopenhagen 1869-1872, Disp 1872, pens 1874

Edl Theodor
KA 15.10.1898 – 30.9.1903
* Wien 16.2.1880
gest. ?
K in Lugano 1916-1917, ungar. Ausw. Dienst 1919, Ltr Chiffre-Abt. 1933-1941

Egger Manfred
KA 15.10.1925 – 2.7.1927
* Wien 17.1.1903
gest. Salzburg 20.10.1974

Eiselsberg Otto (Frh. von)
KA 8.10.1936 – 1.7.1938
* Wien 7.3.1917
gest. Wien 9.12.2001
Ausw. Amt Berlin/Sonderdienst Seehaus 1941, Kriegsdienst 1940-1945, Sekretär OÖ Wirtschaftskammer Linz 1945-1946, RA-Konzipient Wien 1946-1947, Gerichtspraktikant KG Wels und Konzipent bei RA in Wien 1947-1948, BKA/AA 1949, Ges London 1950-1952, Verbindungsstelle VN Genf 1952, GT ep Cain Canberra 1952-1955, BKA/AA 1955-1958, LR 3.Kl. 1957, Bot Moskau 1958-1960, Bot Paris 1960-1963, BMfaA 1963-1966, Bot in Tokio 1966-1971, BMfaA/Ltr S. IV 1971-1974, Bot in Paris 1974-1982; Memoiren: Erlebte Geschichte 1917-1997, Wien 1997

Eisenbach August von
OA 1812 – 1821
* Graz 11.9.1800
gest. Graz 11.3.1890
Dolmetschgehilfe Intern. Konstantinopel 1821–1825, Agentie Bukarest 1825-1834, Hofkonzipist Internuntiatur Konstantinopel Leiter Poststelle 1834-1841, Agent in Moldau 1841-1849, Agent und GK in Jassy 1849-1851, GK in Korfu 1851-1867, Hofrat 1868

Ekestrand Arthur
KA 15.10.1925 – 28.2.1926
* Spelvik, Södermanlands, Schweden 22.6.1905
gest. ?

Ekielski Alexander
KA 7.10.1912 – 6.7.1913
* Lemberg, Galizien (L'viv, Ukraine) 10.9.1893
gest. ?

Ellrichshausen Karl Konrad Frh. von
KA 20.4.1925 – 3.7.1926
* Assumstadt ober Neckarsulm, D 14.7.1903
gest. ?

Elöd Livia siehe **Turchányi**

Emanuelli Victor
OA 1871
* 1854
gest. Hadersdorf, NÖ 16.9.1879
KEleve 1878, K Mostar 1878-1879

Emeny Brooks
KA 22.10.1926 – 4.12.1926
* Salem, Ohio, USA 29.7.1901
gest. ?
Schriftsteller, „The great powers in world politics: international relations and economic nationalism", New York 1939

Englis Karl
KA 15.10.1930 – 7.7.1931
* Brünn, Mähren (Brno, Tschech. Rep.)
8.6.1912
gest. ?

Entremont Paul von
KA 22.11.1917 – ?
* Wien 30.12.1899
gest. ?

Ernuszt Klemens von
KA 4.11.1911 – 13.3.1916
* Szombathely, Ungarn 26.3.1893
gest. ?
K Konstantinopel 1916, KAtt 1916, K Jerusalem 1916-1917, GK Skutari 1917-1918, pensioniert 1919, ungar. Ausw. Dienst 1921

Ervin Ladislaus
KA 13.10.1924 – 30.6.1925
* Budapest 13.4.1906
gest. ?

Eyrl Franz Baron von
KA 8.10.1936 – 20.7.1938
* Wien 10.12.1918
gest. ?
nach 1945 in New York

F

Fabri Philipp
OA 1803
* ?
gest. ?

Falk Ernst
OA 15.10.1890 – 30.9.1891
* Budapest 15.10.1870
gest. ?
ung. Innenministerium 1897-1919, Ministerialsekr. 1915, Sektionsrat 1919

Falser Meinrad Ritter von
KA 7.11.1916 – 28.6.1921
* Lienz, Tirol 28.9.1896
gest. Hochzirl, Tirol 2.7.1971
Ausw. Dienst 1921, Ges Sofia 1922-1926, Ges Istanbul 1926-1931, BKA/ AA 1934-1936, Ges Rom 1936-1938, LR 2.Kl. 1938, Präsidialabt. Reichsstatthalterei Wien, Generalgouvernement Polen bzw. Reichsstatthalterei Tirol-Vorarlberg 1939-1942, Reichsernährungsmin. 1942-1943, Reichsstatthalterei Tirol-Vlbg. 1943-1945, Oberregierungsrat und Ltr Landesernährungs- und Wirtschaftsamt Tirol 1945-1946, Ausw. Dienst 1946, pol. Vertretung Budapest 1946-1947, LR 1. Kl. 1947, Ges 1947, Ges in Paris 1948, Leiter ERP-Büro Washington 1948-1950, Ges in Prag 1950-1956, Ges in Buenos Aires 1956-1958, zeitl. Ruhestand 1958, pens 1961

Falta (verehel. Calice) Edith
KA 15.10.1931 – 7.7.1933
* Wien 23.6.1912
gest. Wien 25.11.1990

Farkas Elemér
KA 17.11.1928 – Juli 1929
* Kismarja, Kom. Bihar, Ungarn
18.12.1902
gest. ?

Farkas Georg von
KA 14.10.1935 – 1.7.1936
* Budapest 25.5.1914
gest. ?

Fassara, OA 1781
* ?
gest. ?

Fawzy Abd El Ghaffar Ibrahim
KA 20.10.1936 – Juni 1938
* Kairo, Ägypten 21.12.1917
gest. ?

Fáy-Hálasz Gedeon von
KA 14.10.1935 – Juli 1937
* Budapest 27.11.1915
gest. ?
ungar. Ausw. Dienst 1939, Kabinettschef 1943, Abt.Ltr 1944; Exil 1945, BBC-Mitarbeiter

Féger (von Merczyfalva u. Temes-Zsadány) Stefan von
OA 15.10.1888 – 30.9.1893
* Temesvár, Ungarn (Timişoara, Rumänien) 11.1.1868
gest. Wien 7.2.1921
KEleve 1894, GK Smyrna (Izmir) 1896-1897, VK 1896, GK Hamburg 1898, Dragomanat Bot Konstantinopel 1898-1901, GK Sofia 1901, GK Venedig 1902-1906, pens. 1906

Fekete Erwin
KA 15.10.1925 – 22.10.1927
* Kiskunfélegyháza, Ungarn 11.11.1906
gest. ?
ungar. Ausw. Dienst, Ministerialsekretär 1943-1944

Fellner Anton Freiherr von
OA 1811
* ?
gest. ?

Fellner Ignaz Freiherr von
OA 1811
* ?
gest. ?

Felner von der Arl Alfons von
OA 15.10.1880 – 30.9.1885
* Hietzing, NÖ (Wien XIII) 13.7.1862
gest. ?
KEleve 1896, GK Warschau 1887-1893, GK Venedig 1893-1894, GK Moskau 1894-1896, K in Kiew 1896-1900, GK in Moskau 1901-1907, GK 1903, GK-Stellv. in London 1909, GK in Köln 1909-1911, K in Galatz und Vertreter bei der Int. Donaukommission 1911-1916, MdÄ 1916-?

Fenz Georg
KA 15.10.1923 – 30.6.1925
* Scheibbs, NÖ 3.4.1905
gest. ?
nach 1945 Sektionsrat im BMf Handel u. Wiederaufbau

Fernbach Hans
KA 14.10.1928 – Juli 1929
* Budapest 26.2.1910
gest. Ingolstadt, D. 3.2.1983

Ferri René
OA 1878
* ?
gest. ?

Ferro Anton Ritter von
OA 1819
* ?
gest. ?

Festetics Ludwig Graf von
OA 1808
* 1793
gest. 1866

Feuerstein Robert
KA 8.10.1936 – Juli 1938
* Wien 4.2.1916
gest. ?

Fiala Wilfried
KA 19.10.1932 – 7.7.1933
* Wien 17.8.1912
gest. ?

Fialkowski Alfred
KA 4.10.1909 – 4.7.1914
* Bielitz, Schlesien (Bielsko,
Tschech. Rep.) 16.5.1889
gest. ?

Figler Gottfried
KA 17.11.1939 – 13.1.1941
* Innsbruck 23.1.1907
gest. ?
Dipl. Kaufmann

Fillenbaum Joseph von
OA 1772
* ?
gest. ?

Fillenbaum Karl von
OA 1772
* ?
gest. ?

Fillunger Johann
KA 15.10.1901 – 30.9.1906
* Wien 1.12.1881
gest. ?
*GK Skutari 1907-1909, KAtt 1907, VK
1909, GK Saloniki 1909-1911, K Alexan-
drien 1911-1912, GK Odessa 1912-1914,
GK München 1915-1919, pens. 1919., als
Vertreter der christlich-sozialen Partei-
presse in St. Germain Juli-August 1919,
Vertreter des österr. Kohlenamtes bei der
Interalliierten Regierungs- und Plebiszit-
kommission für Oberschlesien in Oppeln;
Zuteilung zur eng. Sektion der Inter-
alliierten Plebiszitkommission für das
Kärntner Abstimmungsgebiet in Klagenfurt 1920; in München 1921-1944, Gründer 1922 und Inhaber 1925 der Fa.
Elzet-Reklame G.m.b.H. in München;
juristischer Mitarbeiter der Obersten SA-
Führung (OSAF); Österr. Legion, „Le-
gionssturmführer" 1934.*

Filz (von Reiterdank) Erich
KA 13.10.1924 – 3.6.1926
* Kassa (Kaschau), Ungarn (Kosice,
Slowakei) 11.9.1902
gest. Wien 9.11.1973
*Ausw. Dienst 1927, HGK Budapest 1928,
HK Marseille 1928-1929, Ges Paris 1929,*

Ges Budapest 1930-1933, Ges Rom 1933, Ges Paris 1933-1934, BKA/AA 1934-1935, Ges Paris 1935-1937, BKA/AA Sekretär von Dr. G. Schmidt 1937-1938, dt.Ausw. Dienst 1938, Ausw. Amt Berlin 1938, Exil in Schweden 1938-1947, BKA/AA 1947-1950, st. Beobachter UN Genf 1950-1952, Ges 1952, Ges Paris/ tätig in Lissabon 1953, Ges in Den Haag 1954-1955, BKA/AA Protokollchef 1955-1958, Ges in Madrid 1958-1961, Bot in Mexiko City 1961-1966, Bot in Dublin 1966-1967

Finsterer Elfriede
KA 7.10.1937 – 29.6.1939
* Wien 28.4.1919
gest. ?

Fischer Günther
KA 14.10.1931 – 7.7.1933
* Breslau, D 12.4.1913
gest. ?

Fischer Harry
KA 20.11.1939 – 11.4.1941
* Graz, Stmk. 18.11.1921
gest. ?

Fischer Herbert
KA 8.10.1936 – 28.6.1938
* Wien 14.3.1918
gest. Graz 19.12.1971
nach 1945 Univ. Doz.

Fischer Rudolf
KA 17.11.1939 – 12.4.1941
* St.Johann, Tirol 18.9.1919
gest. ?

Fischgrund Vera
KA 16.10.1932 – 6.7.1934
* Budapest 16.10.1914
gest. ?

Flaskamp Margarethe
KA 16.10.1933 – 4.7.1935
* Meschede, Westfalen, D 27.2.1913
gest. ?

Fleischhackl Franz von
OA 1786
* ?
gest. ?
Dolmetsch in Konstantinopel 1791-1801, k. k. Agent in der Walachei 1810-1812, Hofsekretär 1812, österr. Adel „von Hakenau"

Fluck Edler von Leidenkron Josef Richard Freiherr v.
OA 1.10.1879 – 30.9.1884
* Pressbaum, NÖ 15.5.1862
gest. ?

Flügel Elisabeth
KA 16.10.1933 – 4.7.1935
* Wien 7.8.1914
gest. ?

Foglár(-Deinhardstein) Friedrich
OA 1877 – 1882
* Wien 4.3.1860
gest. Wien 26.3.1919
KEleve, GK Skutari 1883-1884, im bosn.-herz. Landesdienst 1885, VK 1885, Leitung der Bezirke Livno und Mostar, Kreisvorsteher in Tuzla 1894, Hofrat im k. u. k. Finanzministerium 1912, Sektionschef im k. u. k. Finanzmin., Leiter der

polit.-admin. Abt. für Bosnien-Herzegowina 1916, Adelsstand und Namensmeh-
rung Foglar-Deinhardstein 1916

Forray Tibor
KA 16.10.1932 – 6.7.1934
* Pozsony (Pressburg), Ungarn (Bratislava, Slowakei) 10.12.1910
gest. ?
nach 1945 in Budapest

Forster Paul von
OA 15.10.1895 – 30.9.1900
* Budapest 15.10.1876
gest. ?
GK Shanghai 1900-1904, KAtt 1900, VK
1903, am GK Sydney 1904-1907, am GK
Chicago 1907-1909, VK in Cleveland
1909, K in Pittsburgh 1909-1912, pens.
1913, Kriegsdienst 1915-1917, ungar.
Ausw. Dienst 1919, K Berlin 1919-1920,
K Belgrad 1920-1924, K Den Haag
1924-1927, GK Belgrad 1927-1930,
pens. 1930

Förster Marie Elisabeth
KA 14.10.1935 – Juli 1937
* Berlin 2.9.1916
gest. ?

Förstner Georg
KA 14.10.1931 – 15.6.1932
* Budapest 28.12.1913
gest. ?
Mitglied der Anwaltskammer 1937-1944

Franceschi Richard von
OA 1852
* 1832
gest. Smyrna, Osman. Reich (Izmir,
Türkei) 6.8.1880
KEleve 1857, GK Alexandrien 1857-
1859, VKanzler K Scutari 1859-1865,
Kanzler K Galatz 1865-1867, 2. Kanzler
K Konstantinopel 1867-1869, K und Gt
GK Alexandrien 1869-1879, GK 1879,
GK Philippopel (Plowdiw, ernannt 1879,
vor Antritt verstorben)

Franci Graf
OA 1777
* ?
gest. ?

Franges Ivo von
KA 22.11.1917 – ?
* Zagreb, Kroatien 8.11.1899
gest. ?

Fränkel Leo
KA 22.10.1926 – 2.7.1928
* Hinterbrühl bei Mödling, NÖ 6.8.1907
gest. ?

Frauenfeld Kornelia
KA 8.10.1936 – 15.2.1937
* Wien 5.9.1918
gest. ?

Freiberg Guido Ritter von
KA 8.10.1936 – 7.7.1938
* Wien 7.6.1918
nach 1945 BMf Handel u. Wiederaufbau

Freund Wilhelm
KA 15.10.1934 – 1.7.1936
* Pilsen, Böhmen (Plzen, Tschech. Rep.)
2.5.1915
gest. ?

Frey Max Rudolf
KA 27.11.1939 – Febr. 1940
* Wien 20.10.1915
gest. ?

Fric Wladimir
KA 4.10.1909 – 4.7.1914
* Neugasse bei Olmütz, Mähren
(Olomouc, Tschech. Rep.) 30.5.1891
gest. ?
K Sofia 1914-1915, Kriegsdienst 1915-1916, KAtt 1915, K Dortmund 1916-1918, VK 1916, K Konstantinopel 1918, tschechoslowak. Ausw. Dienst 1919, Delegat der tschechoslowak. Regierung 1919, K in Jerusalem 1926-1932, Ges in Teheran 1934-1939

Frieberger Christian
KA 17.11.1939 – 8.8.1942
* Wien 29.6.1921
gest. Wien 11.10.1984
Arzt

Frieberth Joseph
OA 1789
* ?
gest. ?

Fritsch Eduard
OA 1808
* ?
gest. ?

Fritz-Berghold Friedrich
KA 15.10.1934 – 4.7.1934
* Wien 20.1.1914
gest. Wien 11.7.1997

Fuchs Josef Martin
KA 10.10.1905 – 30.9.1910
* Wiener Neustadt, NÖ 24.3.1887
gest. ?

Fuchsrobetin Franz
KA 16.2.1937 – 10.3.1938
* Prag 23.6.1918
gest. ?

Fuhrmann Ernst
KA 8.11.1915 ? –
* Wien 12.7.1897
gest. in russischer Kriegsgefangenschaft
29.4.1921

Füredi Andreas
KA 15.10.1923 – 30.6.1925
* Szolnok, Ungarn 28.8.1904
gest. ?
Mitglied der Anwaltskammer 1932-1944

Fürstenau Gisela
KA 14.10.1929 – 7.7.1931
* Charlottenburg, D. 22.11.1911
gest. ?

Fürth Richard
OA 15.10.1891 – 30.9.1896
* Frankfurt am Main 2.6.1871
gest. ?
KAtt 1897, GK Skutari 1897, MdÄ 1898-1899, VK 1899, HGK Paris 1899-1912, K 1907, Ltr HGK Paris 1899-1912, Ltr GK Paris 1912-1914, MdÄ 1914-1918,

Ges Paris 1921-1925, pens. 1925, Führung der Agenden des HGK Paris 1935-1938

Furlani von Felsenberg Franz
OA 1759
* ?
gest. ?

Furlani von Felsenberg Karl
OA 1759
* ?
gest. ?

Futschig Christiane
KA 14.10.1935 – Juli 1937
* Wien 10.3.1916
gest. ?

G

Gábor Georg
KA 15.10.1930 – ?
* Budapest 22.1.1912
gest. ?

Gaddum Edgar Ritter von
OAf 1883
* ?
gest. ?

Gaeta Gino
KA 14.2.1935 – 1.7.1936
* Neapel, Italien 25.7.1915
gest. ?

Galford Georges
KA 4.11.1934 – 21.5.1946
(Diplom erhalten)
* Cogolin, Var, F 6.6.1916
gest. ?

Galler Ludwig Graf
OA 1803
* ?
gest. ?

Galuschke Oskar
KA 14.10.1935 – Juli 1937
* Witkowitz, Mähren
(Vitkoviče, Tschech. Rep.) 28.11.1914
gest. ?

Galvidis-Bykowski Saturnina
KA 15.10.1930 – 8.7.1932
* Narwa, Estland 29.11./12.12.1911
gest. ?

Gamerra Joseph Baron
OA 1796
* 1788
gest. 1848
k.k. Vizedirektor

Gamerra Stanislaus Baron
OA 1796
* 1783
gest. 1857
k. k. Geheimer Hof- und Kabinettskurier

Garnett William Spencer Stuart
KAG 2.3.1937 – 28.2.1938
* Birmingham, England 23.4.1917
gest. ?

Gáspardy Géza von
OA 23.10.1882 – 30.9.1887
* Eger (Erlau), Ungarn 24.12.1864
gest. Stadl-Paura, OÖ 8.4.1945
KEleve 1887, Dragomanat Bot Konstan-
tinopel 1889-1896, VK 1891, Titular-
attaché 1893, 3. Dragoman und LS 1894,
an Ges Belgrad 1894-1897, Ges Lissabon
1897-1899, Ges Belgrad 1899-1901, Bot
Rom –Quirinal 1902-1903, LR 1903,
Mission Tanger 1903-1904, Ges Mexiko
1904-1905, LR 1.Kl. 1905, Fachberichter-
statter des kgl. ungar. Handelsminis-
teriums für Spanien und Portugal 1907-
1911, GK in Algier 1911-1914, GK in
Marseille 1914, pr Leitung HK Lausanne
1915-1919, ungar. Ausw. Dienst, GK in
Zürich 1919-1920, GK in Köln 1920-
1924, 1924 pens.

Gasser
OA 1777
* ?
gest. ?

Gazda Hanns
KA 11.5.1938 – ?
* Perchtoldsdorf bei Wien 24.1.1915
gest. ?

Géber Anton
KA 8.10.1936 – 6.7.1938
* Budapest 18.2.1919

Gecmen-Waldeck Erwein Frh. von
KA 14.10.1929 – 7.7.1931
* Prag 17.1.1910
gest. ?

Geibowitz Galina
KA 15.10.1930 – 8.7.1932
* Jekaterinenburg, Russland 31.5.1912
gest. ?

Geibowitz Valentina
KA 15.10.1930 – Juli 1931
* Jekaterinenburg, Russland
10.12.1910
gest. ?

Geiringer Edith
KA 13.11.1931 – 7.7.1933
* Wien 14.2.1913
gest. ?

Geitter Franz von
OA 1759
* ?
gest. ?

Georgescu Eugen Y.
KA 16.10.1932 – 6.7.1934
* Sommerville, Mass., USA 21.1.1912
gest. ?

Geratsik Hans
KA 17.10.1927 – 2.7.1929
* Wien 27.9.1908
gest. Wien 10.8.1945

Gerstenfeld Flora
KA 30.10.1927 – Juli 1928
* Lemberg, Galizien (L'viv, Ukraine)
9.3.1909
gest. ?

Ghyczy von Assa und Ablanczkürth
Eugen
KA 4.10.1911 – 7.7.1917
* Nagyigmánd, Ungarn 4.5.1893
gest. Budapest 18.1.1982
ung. Ausw. Dienst, GsR Köln 1919-1921,
Außenministerium 1921-1924, K Wien
1924-1926, GsR Sofia 1926-1930, GsR
Prag 1930-1935, GsR Belgrad 1935-1936,
K Berlin 1936-1939, Direktor der Polit.
Abt., stellv. Außenminister 1939-1941,
Staatssekr. 1941-1943, Minister f. Ausw.
Angel. 1943-1944

Giardini Renato Dr. iur
KA 1.2.1923 – 30.3.1923
* Acqui, Piemont, Italien 13.12.1895
gest. ?

Gironcoli Ernst von
OA 1880
* ?
gest. ?

Gjerull Kjell
KA 15.10.1931 – 25.6.1932
* Drammen, Norwegen 8.10.1911
gest. Oslo 11.8.1986

Göbbel Fritz
KA 31.10.1927 – 2.,7.1929
* Euskirchen bei Köln, D 4.9.1904
gest. ?

Gödel-Lannoy Emil Freiherr von
OA 1864 – 1869
* 1.10.1845
gest. ?
KEleve 1869, GK Rustschuk (Russe) 1870,
Dolmetsch-Adjunkt bzw. Dolmetsch Kon-

stantinopel 1871-1878, LS 1875, Ges Te-
heran 1878-1881, HLR 1881, Ges Athen
1883-1885, LR 1883, Bot Konstantinopel
1885-1887, Bot Rom-Quirinal 1887-
1889, Ges in Lissabon 1889-1895, Disp.
1896, pens. 1898

Goel Pierre
KAG 23.2.1937 – 22.5.1937
* Mezières, Schweiz 2.8.1913
gest. ?

Goldberger Georg von
KA 16.1.1936 – Juli 1936
* Budapest 6.8.1914
gest. Juli 1936

Goldscheider (Tamas) Franz
KA 14.10.1929 – 7.7.1931
* Nagymaros, Ungarn 18.7.1909
gest. ?

Gomide – Matarazzo Silvia
KA 16.10.1932 – 9.1.1933
* Sao Paulo, Brasilien 23.10.1912
gest. ?

Gonsiar – Klemmer Dolorosa
KA 14.10.1929 – 7.7.1931
* Katowice-Zawodzie, Polen 29.11.1909
gest. ?
Dr.med.

González Alberto
KA 15.10.1923 – 30.6.1925
* Bogotá, Kolumbien 16.2.1904
gest. ?

Goracuchi Karl Ritter von
OA 1870
* 11.8.1849
gest. Triest 31.3.1910
KEleve 1878, K Konstantinopel 1879-1881, K Kairo 1881, K Konstantinopel 1881-1886, VK 1882, Gt K Port Said 1886, K in Port Said 1887-1892, K in Kairo 1892-1895, GK in Bukarest 1895-1897, Richter 1. Instanz beim Gemischten Tribunal in Alexandrien 1897-1909, GK 1905, pens. 1909

Görtz Friedrich von
KA 15.10.1904 – 30.9.1909
* Wöllersdorf, NÖ 25.11.1885
gest. Wien 21.6.1955
KAtt 1909, GK Berlin 1909-1913, VK Dortmund 1913, K Belgrad 1913, VK Dortmund 1913-1917, HK Genf 1917-1919, Disp. 1919, Interall. Militärkommission in Ödenburg 1921, BMfÄ 1921, GK 1.KL. 1931, Ges 1937, Ges in Prag 1937, ohne Verwendung ab 03/1938, Wartestand 1941, BKA/AA 1945-1950, pens. 1950

Görtz von Astein Wilhelm Freiherr
KA 5.11.1919 – 27.11.1919
* Wien 1.6.1899
gest. Wien 2.7.1974

Goshie Johann
KA 5.10.1927 – 2.7.1929
* New York City, USA 14.1.1908
gest. ?

Götz Rudolf
KA 16.11.1939 – 21.2.1941
* Wiener Neustadt, NÖ 9.5.1921
gest. ?

Graber (verehel. Zamorsky) Hilda
KA 7.10.1937 – 15.2.1938
* Klagenfurt, Kärnten 6.6.1919
gest. ?

Grachegg Alexander
KA 15.10.1931 – 7.7.1933
* Jaroslau, Galizien (Jaroslav, Polen) 22.7.1913
gest. Wien 11.10.2002
Finanzprokuratur Wien 1949-1952, BM für Land- und Forstwirtschaft 1952, SR 1960, MR 1965, Leiter Gruppe III A 1975, Leiter Sektion III 1976-1978, SChef 1977

Graeff Erwin
KA 15.10.1927 – 2.7.1929
* Dorpat, Estland 5.3.1906
gest. ?

Gräffl Josef
OA 1874
* ?
gest. ?

Grasser Georg
KA 16.10.1932 – 20.2.1937
* Graz 20.2.1911
gest. Otterfing, D 4.3.1995

Gredler-Oxenbauer Willfried
KA 15.10.1934 – 1.7.1936
* Wien 12. 12.1916
gest. Wien 19.11.1994
dt. Justizdienst 1939; Militärdienst 1940-1942, Gerichtsreferendar LG Wien; wissenschaftliche Hilfskraft im Auswärtigen Amt in Berlin 1942-1943, Dienststelle des Bevollmächtigten des Auswärtigen Amtes beim Militärbefehlshaber in Serbien 1943-1944, Dienststelle Wien des Auswärtigen Amtes 1944-1945. Direktor bei der Österr. Vermögensschutz GesmbH und der Allgemeinen Warentreuhand AG 1945-1963, ab 1953 Abgeordneter zum Nationalrat der VdU bzw. FPÖ, österr. Ausw. Dienst mit Sondervertrag 1963, St. Vertreter beim Europarat 1963-1970, Bot in Bonn 1970-1978, Bot in Peking 1978-1980

Gregovich Miliwoj
KA 15.10.1900 – 30.9.1905
* Castellastua, Dalmatien (Petrovac, Montenegro) 6.11.1878
gest. ?
KAtt 1906, am GK Smyrna 1906-1909, VK 1908, am GK Saloniki 1909-1912, am K Kairo 1912-1914, am K Mailand 1914-1915, pens. 1916

Greil Josef
KA 14.10.1928 – 5.7.1930
* Ernsgaden bei Ingolstadt, Oberbayern 1.3.1907
gest. ?

Gretschischkin Paul
KA 17.11.1939 – 1.3.1941
* Gretschischkino, Bez. Charkoff, Russland (Ukraine) 15.1.1901
gest. ?

Grimm Manfred (von)
KA 25.10.1931 – 18.12.1931
* Wien 30.12.1911
gest. ?

Grivicic Georg Ritter von
OA 15.10.1891 – 30.9.1896
* St. Georgen (Sveti Juraj), Kroatien 9.5.1872
gest. ?
KAtt 1897, K Pittsburgh 1898, K Philadelphia 1898-1904, VK 1899, GK New York 1904-1906, K 1907, K in Denver 1909-1911, K in Philadelphia 1911-1915, GK 1914, Bot Washington 1915-1917, Ges Oslo 1917-1918

Grobelnik Alexander
KA 8.11.1919 – 28.6.1922
* Laibach, Krain (Ljubljana, Slowenien) 21.2.1900
gest. ?

Gröger Gertrude
KA 7.10.1937 – 31.7.1939
* Wien 3.1.1916
gest. ?

Grönneberg Kjeld Tegnier
KA 15.10.1931 – 25.6.1932
* Oslo, Norwegen 5.2.1913
gest. Oslo 27.11.1979

Gross Maria Christine
KA 14.10.1935 – Juli 1937
* Wien 5.10.1916
gest. ?

Grosze Ellen
KA 16.10.1932 – 6.7.1934
* Neuhof, Kr. Fulda, Preußen 11.4.1914
gest. ?

Gruber Anton
KA 17.11.1939 – 1940
* Korneuburg, NÖ 9.3.1921
gest. ?

Gruberg Viktor Ludwig
KA 18.10.1929 – 7.7.1931
* Zloczow, Polen 14.7.1910
gest. ?

Grzybowski von Prus Felix Ritter
OA 1878
* 14.1.1859
gest. Krakau, Galizien (Kraków, Polen)
12.8.1911
KEleve 1883, am K Kairo 1883-1885,
Hof- und Min.Konzipist 1886, Hof- und
Min.Sekr. 1891, K in Breslau 1895-1900,
Gt K Constanza 1900-1904, K in Jassy
1904-1910, GK 1907

Gschmeidler Otto (Edler von)
KA 15.10.1931 – 7.7.1933
* Mährisch-Ostrau, Mähren
(M. Ostrava, Tschech. Rep.) 28.10.1913
gest. 2004
nach 1945 Ministerialoberkommissär,
MR, SChef

Gudenus Erwin Reichsfreiherr
OA 15.10.1887 – 30.10.1892
* Schloß Tannhausen, Bez. Weiz, Stmk.
14.9.1869
gest. Graz 17.12.1953
KEleve 1893, Mission in Cetinje 1894,
VK 1896, GK Sofia 1898-1901, LS 1901,
Ges Rio de Janiero 1901-1902, Ges Athen
1902-1906, LR 1906, Ges Dresden 1906-
1908, Ges Den Haag 1908-1912, in
Disp. 1912-1914, Bot Madrid 1914-
1918

Gudenus Gordian (Freiherr von)
KA 15.10.1934 – 1.7.1936
* Sutthausen bei Osnabrück, D
9.10.1915
gest. Wien 26.2.2003
Militärdienst 1936-1937, Kriegsdienst
1941-1945; Kriegsgefangenschaft 1945-
1946; Angestellter Textilfirma Benedict
Schroll 1939-1941; Ausw. Dienst 1946,
pol. V London 1947-1948, Ges Washing-
ton 1948, Dir. ERP-Büro Washington
1948-1949, Ltr Verbindungsstelle Frank-
furt 1949-1951, BKA/AA 1951-1954, LR
3. Kl. 1954, an Bot Rom, 1954-1961,
BMfaA 1961-1965, Ges 1964, Bot in
Kairo 1965-1968, Bot in Beirut 1968-
1972, BMfaA Ltr Abt. 4 Pol 1972-1974,
Bot beim Hl. Stuhl 1974-1980

Günner Julius
OA 1862
* 1843
gest. Wien 30.6.1888
KEleve 1867, Internuntiatur Konstanti-
nopel 1868, GK Smyrna 1868-1869, GK
Alexandrien 1869-1871, Dolmetschad-
junkt Internuntiatur Konstantinopel

1871-1874, VK 1874, GK Scutari 1874-1875, K Durazzo (Durres) 1875-1877, Mission Cetinje 1877-1878, GK Odessa 1878-1879, K 1879, GK Alexandrien 1879-1881, Richter 1. Instanz am Gemischten Tribunal in Alexandrien 1881-1888

Guttmann Helmut
KA 8.10.1936 – 15.7.1938
* Wien 7.10.1918
gest. Beverly Hills, 5.5.1982
nach 1945 Filmschauspieler unter dem Namen Dantine in Hollywood

Gyika Georg von
KA 15.10.1900 – 30.9.1905
* Temesvár, Ungarn (Timișoara, Rumänien) 1. (13.) 4. 1882
gest. ?

Györgyei Ladislaus
OA 7.10.1881 – 30.9.1888
* Budapest 7.2.1864
gest. ?
KEleve 1890, HGK London 1892-1893, VK 1893, K Belgrad 1893, K Jassy 1897-1898, K Galatz 1898, K Alexandrien 1898-1899, GK Berlin 1899-1906, K 1900, Ltr K Alexandrien 1906-1909, GK in Mailand 1909-1915, Vertreter MdÄ in Belgrad 1915-1916, MdÄ 1916 – 1917, pr Ltr K Lugano 1917-1918, ungar. Ausw. Dienst 1919, Außenministerium 1919-1922, pens. 1922

H

Haan Ernst Freiherr von
OA 1857
* 1838
gest. Klöch, Stmk. 7.7.1887
KEleve 1862, GK Smyrna 1863-1865, K Konstantinopel 1865-1866, GK Alexandrien 1866-1872, VK 1869, Oriental. Abt. der Wiener Weltausstellung 1872-1873, Gt GK Bukarest 18673-1875, K in Galatz und Del. bei der Donaukomission 1875-1882, GK in Konstantinopel 1882-1887

Haas Sigmund
OA 1880
* ?
gest. ?

Haas Walter
KA 6.10.1905 – 30.9.1911
* Wien 8.10.1884
gest. Jerusalem 5.5.1933
GK Beirut 1911-1914, GK Smyrna 1914, GK Saloniki 1914-1915, K Sofia 1915, nach Üsküb (Skopje) delegiert 1915-1917, Ges Sofia 1917, VK K Nisch 1917-1918, K in Stuttgart 1919-1921, Gt GK München 1921-1922, Ges Warschau 1922-1927, GK und Ltr K Jerusalem 1927-1933

Haase Otto
KA 8.10.1936 – 2.7.1938
* Herringen bei Hamm, Westfalen 2.6.1915
gest. im 2. Weltkrieg gefallen

Haberer (v. Kremshohenstein)
Theodor
KA 14.10.1929 – 7.7.1931
* Jaroslau, Gailizien (Jaroslav, Polen)
19.8.1911
gest. ?

Hadik Antal Graf
KA 1.3.1924 – 30.6.1925
* Torna-Nádaska, Kom. Abauj, Ungarn
11.5.1902
gest. ?

Hagedorn Johann
OA 1794
* ?
gest. ?

Hagen Franz
OA 1800
* ?
gest. ?

Hailig Emil
OA 1873
* ?
gest. ?

Haim von Haimhoffen Aloys
OA 1789
* ?
gest. ?

Haim von Haimhoffen Joseph
OA 1789
* ?
gest. ?

Halic Ivan
KA 15.10.1930 – 8.7.1932
* Arad, Ungarn (Arad, Rumänien)
5.8./18.9.1910
gest. ?

Hall Virginia
KA 1.11.1927 – 2.7.1929
* Baltimore, Maryland, USA 6.4.1906
gest. Rockville, Maryland, USA
12.7.1982
*US-Botschaft in Warschau 1931-?, brit.
Geheimdienst 1939-?, franz. Resistance.
US Office of Strategic Services/ Frankreich 1944-?; nach Krieg Auszeichnung
mit Distinguished Service Cross. CIA bis
1966*

Halla Karl
OA 15.10.1895 – 30.9.1900
* Jaromer, Böhmen (Jaromerice,
Tschech. Rep.) 29.3.1876
gest. ?
*KAtt 1901, GK Skutari 1901-1904, VK
1903, Ges Teheran 1904-1907, st.Gt GK
Durazzo 1907-1911, Ltr K Monastir (Bitola) 1911-1913, Ltr GK Skutari 1913-
1915, int. Gt GK Rustschuk (Russe) 1915,
wirtschaftl. Referent beim Militärgouver-
neur in Belgrad 1915-1916, Ltr GK Skutari 1916-1918*

Halmagyi Oskar
OA 1875
* ?
gest. ?

Ham Bozidar
KA 14.10.1928–14.10.1930
* Laibach, Krain (Ljubljana,
Slowenien) 7.3.1910
gest. ?

Hammer Günter
KAao 15.10.1934 – ?
* Wien 3.8.1915
gest. Wien 3.3.1996

Hammer Hans
KA 5.10.1910 – 3.5.1917
* Gablonz, Böhmen (Jablonec,
Tschechien) 26.12.1892
gest. Berlin 30.12.1939
*Kriegsdienst 1914-1916, KAtt 1917, GK
Smyrna 1917-1919, Passstelle Brünn
1920, GK München 1920-1923, K Hannover 1924-1926, Ltr K Pressburg 1928-
1931, Ges Sofia 1931-1933, Ges Rom
1934-1935, LR 1934, GK in Laibach 1935-
1938, BKA/AA 1938, dt. Ausw. Dienst
1938, Ausw. Amt, Kulturpolit. Abt., Ref A
Auslandsdeutschtum, Minderheitenfra-
gen, LR 1. Kl. 1939, GesR 1.Kl. 1939.*

Hammer von Nemesbány Anton
Freiherr
OA 1826
* ?
gest. ?

Hammer-Purgstall Arthur Freiherr von
KA 4.10.1909 – 4.7.1914
* Graz 5.5.1890
gest. Gmunden OÖ 5.2.1958
*MdÄ 1914-1917, KAtt 1915, VK 1916,
zuget. Vertreter des MdÄ beim AOK
1917-1918*

Hammer-Purgstall Joseph Freiherr von
OA 1789
* Graz 9.6.1774
gest. Wien 23.11.1856
*Orientalist; 1817 Hofrat, 1825 Ritter-
stand; 1847 erster Präsident der k. k.
Akademie der Wissenschaften*

Hamza Milosch
KA 8.11.1919 – 18.1.1919
* Kammersgrün, Böhmen
(Luze, Tschech. Rep.) 1.10.1898
gest. ?

Hann von Hannenheim Hermann
OA 15.10.1887 – 30.9.1892
* Hermannstadt (Nagyszeben, Ungarn)
(Sibiu, Rumänien) 23.8.1865
gest. Schweiz nach 1951 ?
*KEleve 1893, K Alexandrien 1895, VK
1895, Kairo 1896-1897, K Bukarest 1897-
1899, Ltr K Philippopel (Plowdiw) 1899-
1903, Ltr K Kairo 1903-1907, K 1903, Ltr
K Belgrad 1907-1909, GK 2.KL. 1909, Ltr
GK Montreal 1909-1914, int Gt K Philadelphia 1916-1917, MdÄ 1917-1918,
liqu. MdÄ – Ltr Abt. Finanzangelegen-
heiten 1919, ungar. Ausw. Dienst 1921, K
in Florenz ?-1925, pens. 1925. Lebte danach in Oberitalien, ab 1943 in der
Schweiz*

Haring Dorothea
KA 15.10.1931 – 7.7.1933
* Dresden, Sachsen 23.7.1910
gest. ?

Harth Dr. Berthold Georg
KA 9.11.1935 – 25.1.1936
* Kimpolung, Bukowina
(Campulung, Rumänien) 10.8.1913
gest. ?

Harting Franz
OA 1794
* ?
gest. ?

Hartmann Peter
KA 15.10.1934 – 18.12.1936
* Berlin 2.11.1915
gest. ?

Hartmann Wolfgang
KA 16.10.1932 – 6.7.1934
* Wien 6.11.1913
gest. Wien 17.9.1996

Hartmeyer Helmuth
KA 15.10.193 – 7.10.1936
* Hadersdorf-Weidlingau, NÖ 8.9.1915
gest. ?

Hatteland Johannes
KA 16.10.1927 – 2.6.1929
* Nedre Vats, Ryfylke, Norwegen
29.8.1904
gest. Stavanger 2.4.1985

Hauck Hermann
KA 16.10.1933 – 6.12.1935
* Kladno, Böhmen (Tschech. Rep.)
20.1.1915
gest. ?
nach 1945 Industriekaufmann, Salzburg

Hauer Ernst
KA 4.10.1909 – 4.7.1914
* Pozsony (Pressburg),
Ungarn (Bratislava, Slowakei) 23.1.1892
gest. ?

Haupt von Höchstätten Franz Ritter
OA 1874 – 1879
* 21.7.1858
gest. ?
*KEleve, K Konstantinopel 1880-1882, GK
Venedig 1882-1885, VK 1883, GK Odessa
1886-1887, VK in Nisch 1887-1889, K in
Piräus-Athen 1889-1893, K in Corfu
1893-1895, GK Algier 1895-1896, st. Gt
GK Saloniki 1896-1897, Ltr K Antwerpen 1898-1904, GK 1904, pens. 1905*

Hauswirth Emil Otto
KA 15.10.1925 – 2.7.1927
* Wien 13.3.1905
gest. Wien 23.3.1979
*nach 1945 in der Außenhandelskommis-
sion*

Häusler Hans
KA 20.10.1932 – 6.7.1934
* Wien 23.9.1913
gest. ?
*nach 1945 stellv. Leiter d. Landesarbeits-
amtes Linz*

Haydin Albert von
KA 25.10.1904 – 30.9.1909
* Budapest 30.8.1884
gest. Budapest 1940
*KAtt 1909, K Pittsburgh 1909-1914, VK
1911, K Bukarest 1914-1916, MdÄ 1917,
VK Lausanne 1917-1918, ungar. Ausw.
Dienst 1919, GsR Berlin 1921-1924,*

Außenministerium 1924-1926, K Montreal 1926-1928, K Rio de Janeiro 1928-1933, GK in Rio de Janeiro 1934-1938, Ges in Buenos Aires 1938-1939, pens. 1940

Haymerle Heinrich Freiherr von
OA 1846
* Wien 7.12.1828
gest. Wien 10.10.1881
Dolmetschadjunkt Internuntiatur Konstantinopel 1850-1857, LS Ges Athen 1857-1861, Ges Dresden 1861-1862, Bundespräsidialges Frankfurt 1862-1864, GT in Kopenhagen 1864-1865, BR Ges Berlin 1868-1869, Ges in Athen 1869-1872, Ges in Den Haag 1872-1877, Bot in Rom (Quirinal) 1877-1879, Bevollmächtigter am Berliner Kongress 1878, Minister des Äußern 1879-1881

Haynes John Wilson
KAG 14.9.1936 – Juli 1937
* Lancaster, USA 15.10.1910
gest. ?

Heard James Christopher
KAG 8.10.1936 – 16.12.1936
* Northwood, England 9.7.1917
gest. ?

Hebenstreit-Glurnhör Leonhard (Ritter v.)
KA 14.10.1929 – 19.10.1931
* Linz, OÖ 24.5.1908
gest. ?

Hecht Karl Theodor
KA 14.10.1929 – 7.7.1931
* Wien 12.5.1911
gest. Santa Fé de Bogotá/Kolumbien 3.11.1993
Angestellter Fa. Philips Colombia

Heckenast Aladár
OAf 1879
* ?
gest. ?

Heckl Franz Ritter von
OA 1826
* ?
gest. ?

Hefelle von Nagykárolyfalva Hans Georg
KA 8.11.1915 – 28.6.1921
* Wien 10.1.1895
gest. ?

Heilmann Thomas J.
KA 23.4.1940 – ?
* Bukarest, Rumänien 24.8.1897
gest. ?

Heim Raymond Albert
KAG 17.10.1936 – 30.6.1938
* Milwaukee, USA 29.9.1915
gest. ?

Hein Robert Egon Frh. von
KA 15.10.1899 – 30.9.1904
* Iglau, Mähren (Iglava, Tschech. Rep.) 8.8.1881
gest. Wien 23.1.1945
KAttaché in Kairo 1906-1909, VK in Warschau 1909-1912, in Moskau 1912-

1914, K in Kiew 1914, Zentrale 1914-1927, Ges in Moskau 1927-1930, in Warschau 1930-1932, ab 1933 Wartegeld

Heinitz Jaroslav
OA 1878
* ?
gest. Piräus, Griechenland 6.10.1895
KEleve 1883, VK 1887, K Kairo 1890. GK Saloniki 1890-1891, K Konstantinopel 1891-1893, Gt K in Syra 1893-1894, K Piräus-Athen 1895

Heinke Heinz
KAao 15.10.1934 – 28.2.1935
* Mährisch-Schönberg, Mähren (Šumperk, Tschech. Rep.) 6.12.1915
gest. ?

Heinl Paul
KA 17.10.1932 – ?
* Wien 24.10.1913
gest. Wien 14.4.1954
Korrespondent des österr. Exportförderungsinstituts in Bolivien, Teilnahme als Offizier am Chaco-Krieg, wirtschaftl. Mission in Westafrika 1937, Kriegsdienst 1939-1945, Leiter Wi.-Abt. BH Bad Aussee 1945, Präsident Thermobau-Montagebau GesmbH, geschäftsf. Ges der Ö. Montanindustrie Ges. m.b.H., Schriftsteller

Hellberg Alexander von
KA 16.10.1932 – 6.7.1934
* München 19.3.1914
gest. ?

Hellmann Dorothea
KA 7.10.1937 – März 1938
* Prag 23.9.1919
gest. ?

Hendry James
KA 16.10.1932 – 7.7.1933
* Glasgow, Schottland 12.9.1912
gest. ?

Hendrych (verehel. Singer) Anna
KA 14.10.1935 – Juli 1937
* Wien 3.7.1917
gest. Stockerau, NÖ 10.11.1996

Hengelmüller-Hengervár Emerich von
OA 1863
* ?
gest. 1870 ?
KEleve Bot Konstantinopel 1869, Dolmetschadjunkt Bot Konstantinopel 1869, Att

Henningsmoen Morten
KA 14.10.1929 – 2.7.1930
* Oslo, Norwegen 20.5.1909
gest. ?

Herbert Peter
KA 29.1.1933 – ?
* Coventry, Warwick, England 11.9.1914
gest. ?

Herbert-Rathkeal Gabriel Freiherr von
OA 1850
* 21.12.1832
gest. Stuttgart 3.3.1889
KEleve 1856, GK Smyrna 1857-1858, Internuntiatur Konstantinopel 1858, Dolmetschadjunkt 1859, TitLS 1859, LS

1861, Ges Athen 1861-1865, Ges Stockholm 1865-1868, MdÄ Leiter westeurop. Referat 1872-1874, BR Bot Konstantinopel 1874-1878, Ges in Belgrad 1878-1881, Ges in Dresden 1881-1888, Ges in Stuttgart 1888-1889

Herbert-Rathkeal Thomas von
OA 1754
* Pera (Konstantinopel),
Osman. Reich 20.2.1738
gest. Konstantinopel um 1760

Hertelendy Ladislaus von
KA 22.11.1917 – 28.6.1921
* Szepesmindszent, Ungarn
(Bijacovce, Slowakei) 13.8.1889
ungar. Ausw. Dienst 1921, GsR Warschau 1923-1924, Außenministerium 1924-1926, GsR Ankara 1926-1928, GsR Bukarest 1928-1935, GsR Rom 1935-1941, GsR Rio de Janeiro 1941-1943

Herzfeld Emmerich Ritter von
KA 15.10.1900 – 30.9.1905
* Smyrna, Osman. Reich (Izmir, Türkei) 15.7.1880
gest. Wien 19.10.1941
am K Canea 1906-1909, VK in Saloniki, Üsküb, Venedig bzw. Sofia 1912-1916, K in Bukarest 1916, am HK Dresden 1916-1917, am GK Berlin 1917-1921, LR in Prag 1921-1924, GK in Agram 1924-1928 bzw. in Triest 1928-1931, int. GT in Bern 1933, Ges in Sofia 1934-1936

Heumann Giza
KA 19.10.1927 – 2.7.1929
* Tranóvo, Polen 2.7.1905
gest. ?

Hevesi Eugen
KA 16.10.1927 – 2.7.1929
* Kassa (Kaschau),
Ungarn (Kosice, Slowakei) 16.12.1907
gest. ?

Heyd Otto
KA 30.11.1939 – Jan. 1940
* Wien 28.5.1920
gest. im 2. Weltkrieg gefallen

Heydte Friedrich August Frh. von der
KA 14.10.1928 – 5.7.1930
* München, D 30.23.1907
gest. Landshut, Deutschland 7.7.1994
Rechts- und staatswissenschaftliche Studien in Innsbruck, Graz, Wien, Köln und Münster; im 2. Weltkrieg Generalstabsoffizier Fallschirmjäger; brit. Kriegsgefangenschaft; 1951 Univ. Professor für Völkerrecht und Staatsrecht in Mainz/Saarbrücken/Würzburg; 1962 Brigadegeneral d. Res. der Bundeswehr; 1966-1970 Abgeordneter zum Bayr. Landtag; 1975 Ruhestand

Heyne Fritz
KA 15.10.1930 – 8.7.1932
* Offenbach am Main, Hessen, D. 27.6.,1911
gest. ?
Rechtsanwalt

Hickel Richard
OA 1871 – 1875
* 11.1.1852
gest. ?
KEleve 1876, GK Skutari 1876-1879, K Adrianopel (Edirne) 1879-1882, VK 1880, GK Odessa 1882-1884, Gt K Prisren 1884-1887, K in Przren 1887-1889, Gt bzw. Ltr GK Skutari 1889-1997, GK 1895, Ltr K Konstantinopel 1897-1899, GK in Saloniki 1899-1906, GK in Marseille 1906-1911, pens. 1911

Hiesz Heinrich
KA 14.10.1929 – 7.7.1931
* Budapest 15.11.1911
gest. ?

Hillberbrand Alfred
KA 14.10.1935 – Juli 1937
* Wels, OÖ 1.6.1913
gest. im 2. Weltkrieg gefallen

Hiller Cora
KA 15.10.1934 – 4.7.1935
* Galatz, Ungarn (Galati, Rumänien) 31.12.1916
gest. ?

Hiller Ernst Baron
OA 1800
* ?
gest. ?

Hiller Rudolf
KA 14.10.1935 – Juli 1937
* Wien 13.9.1917
gest. Salzburg 4.5.1975
nach 1945 BMf Handel u. Wiederaufbau

Hilscher Kurt
KA 15.10.1928 – 5.7.1930
* Wien 29.12.1910
gest. Ingenheim a.d. Bergstraße, D 28.8.1945

Hingenau Ferdinand Baron
OA 1803
* ?
gest. ?

Hirnschall Joseph
OA 1794
* ?
gest. ?

Hirsch (von Stronsdorf) Emil Edler von
OA 15.10.1880 – 30.9.1885
* Josefstadt, Böhmen
(Josefov, Tschech. Rep.) 30.9.1862
gest. Shanghai, China 20.2.1908
KEleve 1885, GK Shanghai 1885-1889, VK 1889, temp. Ltr K Yokohama 1889-1892, GK Beirut 1892-1893, GK Warschau 1893-1894, K Alexandrien 1894-1896, int. Gt K Bombay 1896-1898, Ltr GK Kapstadt 1898-1902, Ltr GK Shanghai 1902-1908

Hlavac Edler von Rechtwall Friedrich
KA 15.10.1903 – 30.9.1908
* Lemberg, Galizien (L'viv, Ukraine) 10.3.1885
gest. Wien 10.5.1975
KAtt 1908, K Galatz/Galati und Konstantinopel 1908-1909, VK K Konstantinopel 1909-1912, MdÄ 1912-19122, GK 1921, BMfÄ 1922-1923 Ltr. Pers.Abt., Zentrale ab 1916-1933, Ltr. Personalabt.

1922-1933, Direktor der Konsularakademie 1933-1938/1941, dt. Ausw. Dienst 1938, MR 1939

Hlawa Johann
KA 8.10.1913 – ?
* Josefsthal, Böhmen (Josefuv dul, Tschech. Rep.) 23.4.1893
im 1. Weltkrieg gefallen

Hochstetter Konrad Freiherr von
KAao 14.10.1935 – Juli 1937
* Wiener Neustadt 25.3.1917

Höller Melitta
KA 17.10.1932 – 6.7.1934
* Zagreb, Kroatien 28.5.1913

Hoenning O'Carrol Otto Hubertus Baron
OA 15.10.1879 – 30.9.1885
* Vaszka, Trencsiner Kom., Ungarn (Kardosova Vieska, Slowakei) 16.11.1861
gest. Chiavari, Prov. Genua, Italien 23.2.1926
KEleve 1887, GK Moskau 1889-1891, VK 1890, GK Sofia 1891-1898, LS 1896, GK Warschau 1898-1901, Ltr GK Sydney 1902-1906, Ltr GK New York 1906-1908, GK 1906, Bot Tokio 1908-1911, LR 1909, Ges in Buenos Aires 1911-1916, Vertreter des MdÄ beim Militärgouvernement in Lublin 1916-1917, Ges in Kopenhagen 1917-1918

Hoffer Maximilian
OA 1850 – 1855
* ?
gest. ?
KEleve 1856, GK Sarajewo 1856-1857, Dolmetsch-Adjunkt Internuntiatur Konstantinopel 1857-1861, dritter Dolmetsch 1861-1864, LS 1864, HLR 1869, GK in Buenos Aires 1872-1874, Ministerresident in Buenos Aires 1874-1879, MinRes für China, Japan und Siam 1879-1883, Diplomatischer Agent in Kairo 1883-1886; österr. Ritterstand „von Hoffenfels" 1870

Hoffinger Max von
KAx ? – 6.12.1907
* Wien 12.4.1884
gest. Bad Ischl/OÖ 8.12.1953
KAspirant 1906, GK Genua 1906-1907, DA/GK Sofia 1907-1910, GK St. Petersburg 1910-1913, int Gt GK St. Petersburg 1913-1914, MdÄ 1914-1918, St. Petersburg-Kriegsgefangenenrückführung 1918, Kiew 1918, StAfÄ 1918-1919, LR 1919 2.Kl. 1919, Ltr Vertretung Belgrad 1919-1920, GK 2.Kl. 1920, GT und GK in Belgrad 1920-1925, Ges in Belgrad 1925-1928, Ges in Bern 1928-1932, Ges in Warschau 1932-1936, BKA/AA Ltr. Referat Ost- und Mitteleuropa 1936, pens 1939

Hoffmann Géza
KA 15.10.1903 – 30.9.1908
* Nagyvárad (Großwardein), Ungarn (Oradea, Rumänien) 31.7.1885
gest. 1921
GK New York 1908-1911, KAtt 1908, VK 1910, GK Chicago 1911-1913, int Gt K Charleston/West Virginia 1913, GK Berlin

1913-1918, K 1916, ungar. Ausw. Dienst 1919

Hohenauer Edler von Charlenz
Emanuel Kasimir
KA 11.11.1917 – ?
* Zloczów, Galizien (Zolochiv, Ukraine) 15.1.1897
gest. ?

Hohenlohe-Schillingsfürst Alfred
Prinz zu
KA 4.10.1908 – 6.7.1913
* Salzburg 31.3.1889
gest. Prestwick, Schottland 21.10.1948 (Flugzeugunglück)
GK Montreal 1913-1914, KAtt 1913, Bot Washington 1914-1916, VK 1916, K San Francisco 1916-1917

Hohenwart zu Gerlachstein Gilbert
Graf
OA 1871 – 1875
* Laibach, Krain (Ljubljana, Slowenien) 10.2.1854
gest. Wien 4.7.1931
KEleve 1875, Dolmetschattaché Bot Konstantinopel 1875-1880, GesAtt 1876, HLS 1880, Ges Kopenhagen 1880-1883, Bot Berlin 1883-1888, LS 1885, Bot Rom-Quirinal 1888-1892, HLR 1891, Ges München 1892-1894, Bot St.Petersburg 1892-1894, LR 1893, Bot Madrid 1894-1896, MinRes und GK in Tanger 1896-1901, Ges 1897, Ges in Mexico City 1901-1905, Ges in Lissabon 1905-1909, Del. bei der int. Kommission zur Verwaltung der ägypt. Staatsschulden 1909-1914

Holdegel Helmut
KA 7.10.1937 – 7.7.1939
* Dresden, D. 19.3.1915
Präsident des Sozialgerichts der BR Deutschland i. R.

Hollán Victor
OA 1859
* ?
gest. ?

Holzer Grete
KA 16.10.1933 – 11.7.1935
* Pinkafeld, Burgenland 3.2.1914
gest. ?

Holzinger von Weidich Heinrich Ritter
OA 1866 – 1871
* 8.2.1848
gest. Trapezunt, Osman. Reich (Trabzon, Türkei) 28.9.1901 (Selbstmord)
KEleve 1871, am GK Sarajewo 1871-1873, pr. Gt HVKL Banjaluka 1873-1874, VK 1873, am GK Skutari 1874, an Bot Konstantinopel 1874-1875, am K. Mostar 1875-1876, am GK Sarajewo 1876-1878, Gt GK Sarajewo 1878-1880, am GK Odessa 1880-1882, K in Kiew 1882-1884, K 1883, Vizedirektor der Oriental. Akademie 1884-1895, Ltr K Piräus 1895-1898, Gt GK Trapezunt 1898-1901

Hompeck Ignaz
OA 1759
* ?
gest. ?

Horacek Barbara
KA 15.10.1934 – 1.7.1936
* Klosterneuburg, NÖ 12.10.1915
gest. ?

Horecky Sigismund Freiherr von
OA 1765
* ?
gest. ?

Hornbostel Theodor Ritter von
KA 8.10.1907 – 6.7.1912
* Wien 9.1.1889
gest. Gmunden 8.6.1973
K Konstantinopel 1912-1913, K Durazzo 1913-1914,GK Janina 1914-1917, GK Skutari 1917-1918, Ges St. Petersburg und Moskau 1918, Ges Budapest 1919-1926, Ges Istanbul 1926-1930, LR 1927, BKA/AA 1930-1938, Ltr Abt. 13 Pol 1933-1938 (Politischer Direktor), entlassen 1938, KZ Dachau 1938-1939, KZ Buchenwald 1939-1943, Freilassung und Aufenthaltsverbot in den „Donaugauen" 1943, BKA/AA 1945-1946

Horny Karl
OA 15.10.1894 – ?
* Odessa, Russland (Ukraine) 17.9.1875
gest. während Akademiezeit

Horowitz Eduard Ritter von
OA 1869 – 1873
* ?
gest. ?
KEleve in Bukarest 1874, am GK Alexandrien 1874, Dolmetschattaché an Bot Konstantinopel 1875-1878, dem Del. bei der europ. Kommission für die Organisation Ost-Rumeliens zugeteilt 1878-1880,

HLS 1879, MdÄ 1879-1882, der bosn. LReg beigegeben 1882-1891, prov. Kreisvorsteher von Banja Luka 1887-?, LS 1883, in bosn-herz. Dienst übernommen 1892, Direktor der Landesregierung für Bosnien-Herzegowina 1892-

Hörtlehner Alexander
KA 15.10.1931 – 7.7.1933
* Wien 2.3.1913
gest. Wien 31.10.1994
nach 1945 Handelskammer

Hortstein Lothar Edler von
KA 8.10.1907 – 17.5.1910
* Zagreb, Kroatien 2.5.1889
gest. Wien 17.5.1910

Horwáth von Szalabér Josef
OA 1808
* ?
gest. ?

Hosain Horace
KA 15.10.1923 – 28.2.1924
* Simla, Indien 30.6.1901
gest. ?

Housseinzadeh Salman
KA 5.2.1934 – 6.6.1934
* Ispahan, Farsistan, Persien 4.1.1902
gest. ?

Hovorka (Edler von Zderas) Dr. med.
Oskar
KA 13.10.1924 – 3.6.1926
* Prag 15.8.1866
gest. ?

Hozhevar Johann
OA 8.10.1885 – 30.9.1890
* Laibach, Krain (Ljubljana, Slowenien)
27.6.1867
gest. Wien 17.10.1945
KEleve 1891, GK Sofia 1893-1895, KA Burgas 1895, GK Sofia 1895-1897, GK Kairo 1897-1898, GK Barcelona 1898, zeitl. Ruhestand 1900, reaktiviert 1901, MdÄ 1901-1918, liqu. MdÄ – Ltr Abt. Personalang. 1919, BMfÄ 1919-1922, pens. 1922

Hrdlicka Johann
KA 15.10.1898 – 25.5.1900
* Kaurim, Böhmen
(Kaurzim, Tschech. Rep.) 3.6.1879
gest. Wien ? 25.5.1900

Hruban Heinrich
KA 15.10.1923 – 30.6.1925
* Wien 18.6.1904
gest. Wien 13.12.1944

Hryniszak Waldemar
KA 15.10.1931 – 7.7.1932
* Wien 1.4.1910
gest. ?

Hubicki Otto Ritter von
KA 8.10.1907 – 6.7.1912
* Mödling, NÖ 20.7.1888
gest. ?

Hubka Bernhardine von
KA 7.10.1937 – 15.2.1938
* Salzburg, Sbg. 7.10.1918
gest. ?

Hübner Albert
KA 28.1.1933 – 6.7.1934
* Charlottenburg, Preußen 15.3.1911
gest. ?

Hügel Erwin
KAx ? – 5.12.1912
* Nagyvarád (Großwardein),
Ungarn (Oradea, Rumänien) 10.7.1887
gest. Berlin 24.12.1942
GK Smyrna 1911-1912, GK Saloniki 1913, Kriegsdienst als Ordonnanzoffizier 9. Gebirgsbrigade 1913-1915 GK Berlin 1915-1916, MdÄ 1917, Ltr K Davos 1917-1919,. Ltr GK Zürich 1919-1921, Ltr GK Czernowitz 1921-1923, BKA/AA 1923-1925, Ges Belgrad 1925-1933, LR 2. KL. 1929, Ges Prag 1933-1935, GK in Köln 1935-1938, dt. Auswärt. Dienst 1938, Ausw. Amt Berlin 1938-1942.

Humitia Aurel
KA 15.10.1934 – ?
* Wien 27.12.1915
gest. Wien 4.9.1998

Hurter-Ammann Josef von
OA 1876
* Venedig 20.8.1857
gest. Maloja, Graubünden/Schweiz
14.8.1933
KEleve 1882, GK Skutari 1882-1883, Mission Cetinje 1883-1886, VK 1884, K Belgrad 1886-1888, Ltr VK Varna 1888-1889, Gt VK Giurgewo 1889-1890, Ltr GK St.Petersburg 1890-1891, GK Saloniki 1891, int. Gt GK Philippopel (Plowdiw) 1893-1896, GK Jassy 1896-1897, GK Bukarest 1897-1904, GK 1899, Ltr K Mailand 1904-1906, pens. 1906

Husny Schewki
KAao 15.10.1934 – 14.7.1936
* Konstantinopel 30.7.1914
gest. ?

Huszár Karl von
OA 8.10.1885 – 30.9.1890
* Tereske, Ungarn 23.12.1867
gest. ?
1897-1902 Beamter in Bosnien, 1910 Ab-
geordneter, 1916-1918 in der Verwaltung
des eroberten Serbien

Huszár Valentin von
OA 1800 – 1807
* Wien 26.6.1788
gest. Wien 12.8.1850
Hofsekretär 1824, Staatskanzleirat 1827,
Hofrat 1838, Hofdolmetsch für orientali-
sche Sprachen, pens. 1849

Hutterstrasser Eduard
KA 14.10.1935 – Juli 1937
* Wien 20.1.1916
gest. ?

Hüttner Ferdinand von
OA 1810
* ?
gest. ?

Hvozdik (verehel. Tormay) Katarina
KA 21.10.1937 – Juli 1938
* Nagyvárád (Großwardein),
Ungarn (Oradea, Rumänien) 28.11.1918
gest. ?

Hyross von Kisvicsap Walter
KA 5.11.1919 – 12.11.1919
* Teschen, Schlesien
(Cesky Tesin, Tschech. Rep.) 28.8.1897
gest. ?

I

Imhof Hans
KA 7.10.1937 – Juli 1938
* Mariental, NÖ 26.6.1919
gest. ?

Inczédy-Gombos Tibor Vitéz
KA 14.10.1930 – 7.7.1933
* Budapest 12.4.1913
gest. ?
ung. Außenhandelsstelle Sofia 1941-
1942, ung. Außenhandelsstelle Vichy-
Paris 1943-1944

Ippen Theodor Anton
OA 1.10.1879 – 30.9.1884
* Sezemitz, Böhmen
(Sezemice, Tschech. Rep.) 29.11.1861
gest. Wien 31.1.1935
KEleve 1884, GK Scutari 1884-1887, Zi-
vilkommissär und pol. Referent des
k. u. k. Truppenbesatzungskommandos in
Pljevlje (Sandschak Novipazar) 1887-
1891, K in Jerusalem 1893-1895, K Kon-
stantinopel 1895-1897, GK Skutari 1897-
1904, GK 1900, Ltr K Amsterdam
1904-1905, Ltr K Piräus-Athen und Del.
bei der Int. Finanzkommission in Athen
1905-1909, Kommerzdirektor an Bot
London 1909-1911, MdA-Ltr Referat
Albanien 1911-1921, Ltr des StAfÄ
während der Friedensverhandlungen in

St. Germain 1919, stellv. GS der Int. Donaukommission 1921-1930

Isfordink von Kostnitz Georg
OA 1831
* ?
gest. ?
Dolmetschgehilfe Internuntiatur Konstantinopel 1835-1841, Agentie Jassy 1841-1844, Staatskanzlei 1844, Geh. Archiv 1845-1846, Mission des Baron Neumann nach Modena und Parma beigegeben 1847, LS beim Bundespräsidialkanzler in Frankfurt 1848-1849, LR 1948, LR und GT a.i. in Den Haag 1849-1850, Ges Berlin 1850-1853, Ges Madrid 1853-1866, zum GK in Belgrad ernannt 1858 (Posten nicht angetreten), in Disponibilität 1866, pens 1868

Ivanovici Asta
KA 15.10.1930 – 8.7.1932
* Mosoaia/Kimpolung,
Bukowina (Rumänien) 25.2.1913
gest. ?

Izdenczy von Monóstor Joseph Baron
OA 1808
* ?
gest. ?

J

Jäger Theophil Edler von
OA 15.10.1889 – 30.9.1891
* Triest 30.1.1869
gest. ?
Heeresdienst 1894-1898, GK Venedig 1898-1900, Kanzl.Sekr. 1900, HVK 1907,

VK 1909, GK Zürich 1912-1919, K 1915, pens. 1919

Jahn Friedrich
KA 16.10.1932 – 22.2.1934
* Podol (Nusle), Böhmen
(Podoli, Tschech. Rep.) 13.7.1914
gest. ?

Jakobartl Josef
KA 15.10.1928 – 5.7.1930
* Wien 2.4.1908
gest. Wien 2.8.1995
Generaldirektor der Intern. Unfall- und SchadensversicherungsAG

Jakobovics Fidelio von
KA 15.10.1930 – 8.7.1932
* Wien 19.4.1912
gest. ?

Jancsó Desidér
KA 17.10.1928 – ?
* Kézdivásárhely (Szekler Neumarkt),
Ungarn (Tîrgu Secuiesc, Rumänien)
6.5.1907
gest. ?

Jandl Hans
KAao 15.10.1934 – 4.7.1935
* Meran, Italien 10.4.1912
gest. ?

Jandl Josef
KA 20.10.1922 – 30.6.1924
* Friedland, Mähren
(Frydlant, Tschech. Rep.) 25.2.1901
gest. ?

Janesch Wolfgang
KA 8.10.1936 – 1.7.1938
* Klagenfurt, Kärnten 21.7.1918
gest. im 2. Weltkrieg gefallen

Janiczek Zdenko
OA 1874
* Brünn, Böhmen (Brno, Tschech. Rep.)
1855
gest. beim Schiffbruch der „Rio Apa" an
der brasilianischen Küste ca. 11. 7. 1887
*KEleve 1880, K Port Said 1881, VK 1882,
GK Smyrna 1882-1883, Studienreise in
der Monarchie und Verfassen einer
Denkschrift über die Lage der einheimischen Industrie und ihr Verhältnis zum
Export 1883, kommerzieller Delegierter
und handelspolitischer Berichterstatter
an Bord SM Korvette „Saida" 1884, GK
Smyrna 1884-1886, K und Ltr HGK Rio
de Janeiro 1886-1887*

Janker Guido
KA 15.10.1927 – 2.7.1929
* Haida, Nordböhmen
(Novy Bor, Tschech. Rep.) 25.3.1908
gest. ?

Jankó Karl von
KA 7.10.1912 – 5.7.1919
* Graz 6.7.1893
gest. ?

Jankó Nikolaus von
OA 1870 – 1874
* 12.10.1849
* ?
*KEleve 1874, GK Sarajewo 1874-1877, in
Bukarest 1877-1878, dem Del. bei der
ostrumelischen Komm. zugeteilt 1878,*

*VK 1878, Dragomanat Bot Konstantino-
pel 1878, Attaché 1879, HLS 1882, LS
1887, GK 1891, Ltr GK Smyrna 1892-
1897, Vertreter der österr ungar. Gläubi-
ger im Administrationsrat der Ottomani-
schen Staatsschuld 1897-1917, pens.
1918, im Verwaltungsrat der Türkischen
Tabakregie-Gesellschaft*

Jankovics Marcell
KA 13.10.1924 – 10.11.1926
* Pozsony (Pressburg), Ungarn
(Bratislava, Slowakei) 20.6.1906
gest. ?

Jansekowitsch Anna Baronesse
KA 8.10.1936 – 6.4.1939
* Pozsony (Pressburg), Ungarn
(Bratislava, Slowakei) 21.11.1915
gest. ?

Jech Eduard
KA 14.10.1929 – 13.5.1930
* Rosenthal, Böhmen (Ruzodol,
Tschech. Rep.) 30.10.1910
gest. ?

Jehlitschka Heinrich
OA 15.10.1881 – 13.7.1886
* Wien 26.4.1861
gest. ?
*KEleve 1886, GK Skutari 1889, GK Alex-
andrien 1889-1894, VK 1890, int. Gt K
Jerusalem 1894, Ltr VK Prizren 1895,
Sprachlehrer Orient. Akademie 1895-
1897, Gt K Jerusalem 1897-1899, K 1898,
int. Gt K Yokohama 1899-1900, Ltr K
Jokohama 1900, st. Ltr K Bombay 1900-
1904, Ltr K Bagdad 1904-1905, Ltr K
Jerusalem 1905-1906, Gt GK Janina*

1906-1907, GK in Sydney 1907-1913, int Gt K Üsküb (Skopje) 1913-1914, pens 1914

Jenisch Bernhard Freiherr von
OA 1754
* Wien 10.11.1734
gest. Wien 22.2.1807
Hofsekretär 1770, Geschäftsträger in Konstantinopel 1772-1775, Berichtigungskommissär in der Bukowina 1775, Hofrat in der Staatskanzlei 1791, Hofbibliothekspräfekt 1803-1807; Freiherrnstand 1800

Jentsch Walter
KA 15.10.1930 – 8.7.1932
* Hartau, Kreis Sprottau, Preußen, D. 17.7.1910
gest. ?

Jettmar Otto
KA 15.10.1928 – 5.7.1930
* Wien 11.8.1908
gest. ?

Jiraskova Helena
KA 16.10.1932 – 6.7.1934
* Lany, Böhmen (Tschech. Rep.) 26.2.1910
gest. ?

Joannovics Simon
OA 24.10.1886 – 30.9.1891
* Wien 4.12.1868
gest. ?
KEleve am K Belgrad 1894-1895, VK 1895, zuget. dem Zivilkommissar der k. u. k. 1. Infanteriebrigade in Plevlje 1898, Zivilkommissär und polit. Referent

in Plevlje 1898-1901, K 1900, Ltr K Belgrad 1901-1905, MdÄ 1905-1918

Jobst Walter
KA 4.10.1911 – 7.7.1917
* Pilsen, Böhmen (Plzen, Tschech. Rep.) 23.10.1893
gest. ?

Joham Helmut Günther
KA 8.10.1936 – 15.7.1938
* Innsbruck 7.5.1918
gest. ?
nach 1945 Swiss Bank Coop, London

Johnston Patrick Murdoch
KA 16.10.1933 – 23.2.1934
* Murree, Britisch-Indien 5.10.1911
gest. ?

Jonescu Susana Viorica
KA 19.11.1928 – Juli 1930
* Stefanesti, Rumänien 22.1.1910
gest. ?

Jordan Ludwig Dr. iur.
KA 20.10.1922 – 30.6.1924
* Radmannsdorf, Krain (Radovljice, Slowenien) 15.4.1895
gest. Frankfurt/Oder 10.11. 1945
BM für Inneres, Bezirkskommissar 1922-1924, BKA 1924, Att Ges Rom 1924-1926; BKA/AA 1926-1929, prov. GK New York und Ges Washington 1929, BKA/AA 1929-1932, LR Ges Warschau 1932-1935, GK in München 1935-1938, Verhaftung und Deportation ins KZ Dachau 17.3-Dez.1938. Jurist bei Telefunken in Berlin 1939-1945. In Groß-Behnitz im Havel-

land am 29.4.1945 von sowjetischen Truppen aus nicht ersichtlichen Gründen verhaftet und in Frankfurt/Oder inhaftiert.

Jovic Zlatoje
KA 30.3.1922 – 30.6.1923
* Karlowitz, Vojvodina
(Sremski Karlovci, Serbien) 22.8.1898
gest. ?

Juell Helmer
KA 29.9.1927 – ?
* Oslo, Norwegen 4.5.1910
gest. Oslo 21.7.1982

Jünker Endre
KA 15.10.1934 – 9.7.1936
* Budapest 28.1.1914
gest. ?

Junkovics Julius
OA 15.10.1880 – 15.10.1884
* Stenjevec, Kroatien 2.2.1862
gest. ?

Jurewicz Wladislow Feliks
KA 16.10.1933 – 4.7.1935
* Warschau 30.5.1913
gest. ?

K

Kacirek Vratislav
KAG 8.10.1936 – Juni 1937
* Prag 8.7.1917
gest. ?

Kakarriqi Lin
KA 15.10.1925 – ?
* Skodra, Albanien 10.5.1902
gest. ?

Kakas (Szedresy) Franz von
KA 8.10.1936 – ?
* Budapest 3.3.1912
gest. ?

Kállay Kristof von
KA 14.10.1935 – Juli 1937
* Nyíregyháza, Kom. Szabolcs, Ungarn
7.12.1916
gest. ?
Sekretär im ung. Außenministerium 1942-1944

Kállay Miklos von
KAG 8.10.1936 – 30.6.1937
* Nyíregyháza, Kom. Szabolcs, Ungarn
10.12.1918
gest. ?

Kalliwoda von Falkenstein Franz
OA 15.10.1880 – 15.10.1884
* Esseg, Slawonien (Osijek, Kroatien)
9.11.1861
gest. ?

Kaludjercic Ognjen
KA 7.10.1937 – Juli 1938
* Mostar, Bosn. Herz. 30.7.1918
gest. ?

Kammerhuber Friedrich
KA 5.3.1922 – 30.6.1923
* Wien 12.6.1890
gest. ?
nach 1945 MR Finanzministerium

Kania Coloman
OA 15.10.1887 – 30.9.1892
* Sopron, Ungarn 7.11.1869
gest. Budapest 28.2.1945
KEleve 1893, K Konstantinopel 1895-1897, VK 1896, GK Saloniki 1897-1898, GK Moskau 1898-1900, Ltr VK Rostow am Don 1900-1902, Mission Cetinje 1902-1905, K 1904, MdÄ 1905-1913, Sektionsrat 1908, Hof- und Min.Rat 1910, Ges 1913, Ges in Mexico City 1913-1919, ungar. Ausw. Dienst 1919, st. StvAM 1920-1925, Ges in Berlin 1925-1933, Außenminister 1933-1938

Kanócz Stefan
OA 1873
* ?
gest. ?
ung. Innenministerium 1877-1902, Sektionsrat 1902

Kaposi Hildegard
KA 14.10.1936 – 5.7.1938
* Breslau, D. 1.11.1913
gest. ?

Karabetz Leo von
OA 1863
* ?
gest. Wien 19.8.1886
KEleve 1868, K Rustschuk (Russe) 1868-1869, GK Alexandrien 1869, GK Sarajewo 1869-1871, K Scutari 1871-1872, VK 1872, GK Bukarest 1872-1875, K Ibraila 1875-1877, GK Jassy 1877-1878, K Konstantinopel 1878-1879, Ges Bukarest 1879-1880, GK Rustschuk 1880-1881, K Ibraila 1881-1883, K Port Said 1883

Karapancsa Edler von Kraina Nikolaus
KA Nov. 1918 – 28.6.1922
* Csáktornya, Ungarn (Čakovec, Kroatien) 13.10.1897
gest. ?

Kasnacic August
OA 1873
* ?
gest. ?

Katz Rachel
KA 16.11.1937 – Febr. 1938
* Kischineff, Rumänien
(Chisinau, Moldawien) 22.5.1917
gest. ?

Käufler Gisela
KA 14.10.1928 – 14.10.1930
* Döbeln, Sachsen 14.3.1906
gest. ?

Kauntz Cornelia
KA 7.10.1937 – 19.7.1939
* Kolozsvár (Klausenburg), Ungarn
(Cluj, Rumänien) 25.9.1918
gest. ?

Kautisch Stefan Ritter von
KA 8.11.1915 – 28.10.1916
* Juzynetz, Bukowina (Iujinet, Rumänien) 20.12.1895
gest. ?

Keil Emil
KA 6.10.1905 – 30.9.1910
* Pola, Istrien (Kroatien) 11.7.1886
gest. ?

Keller Franz
OA 15.10.1889 – 30.9.1891
* Zara, Dalmatien (Zadar, Kroatien)
29.6.1870
gest. ?

Keller Joseph
OA 1789
* ?
gest. ?

Keller Louis
KA 14.1.1925 – 30.6.1925
* Tours, Frankreich 12.4.1899
gest. ?

Kelly Martina siehe **Sensel**

Kempers (verehel. Lederer)
Susanne
KA 7.10.1937 – 28.7.1939
* De Bilt, Niederlande 3.6.1917

Kenny John
KA 15.10.1934 – 1.7.1936
* Limerick, Irland 19.4.1917
gest. ?

Kermauner (Patzner) Gertrude
KA 7.10.1937 – 14.7.1939
* Wien 5.2.1919

Kermenic Oswald
KA 25.10.1904 – 30.9.1909
* Wien 9.4.1885
gest. ?
*GK Moskau 1909-1911, KAtt 1909, VK
1911, GK Warschau 1911-1914, GK Ber-
lin 1914-1915, beim Vertreter des MdÄ in
Warschau 1915-1918, K 1917*

Kern Alvis
KA 7.10.1937 – Juli 1938
* Klagenfurt, Kärnten 20.11.1917
gest. ?

Kern Hermann-Benjamin
KA 16.10.1933 – 4.7.1935
* Stockholm, Schweden 19.1.1914
gest. ?
nach 1945 Dipl. Kaufmann, Salzburg

Kersnovsky Anton
KA 26.2.1925 – 23.11.1926
* Odessa, Russland (Ukraine) 23.7.1906
gest. ?

Kesserü Stephan von Vitéz
KA 15.10.1930 – 8.7.1932
* Györ, Ungarn 22.7.1910
gest. ?
*Sekretär im ung. Handelsministerium
1938-1944, ung. Ausw. Dienst 1944,
Abt.Ltr*

Khan Hassan
OAg 1879
* ?
gest. ?

Khan Iskender
OAg 1879
* ?
gest. ?

Khevenhüller-Metsch Karl Graf
OA 1872
* St. Pölten 5.1.1854
gest. Genua 5.3.1910
*KEleve 1878, GK Saloniki 1878-1882, VK
1882, GK Beirut 1882-1884, Ltr VK*

Varna 1884-1887, K in Korfu 1887-1893, K in Ale-xandrien 1893-1896, GK in Beirut 1896-1908, Ltr GK Genua 1908-1910

Khogah Mohammed
KA 6.11.1928 – 7.2.1929
* Alexandrien, Ägypten 10.12.1904
gest. ?

Khoss von Sternegg Egon
KA 8.10.1913 – 17.12.1919
* Mährisch-Ostrau, Mähren
(M. Ostrava, Tschech. Rep.) 8.1.1895
gest. ?

Khuner Elsie
KA 8.10.1936 – März 1938
* Melbourne, Australien 23.1.1919
gest. ?

Kilches Oskar
KA 22.10.1926 – 2.7.1928
* Wien 5.7.1907
gest. Wien 14.1.1939

Kind Herbert
KA 7.10.1937 – 17.7.1939
* Innsbruck 20.2.1918
gest. ?
nach 1945 Min. Oberkomm. BKA

Kindl Josef
KA 14.12.1934 – 6.10.1936
* Wien 11.7.1915
gest. ?

Király von Szathmár Dominik
OA 1874 – 1879
* 6.1.1857
gest. ?
KEleve 1880, GK Skutari 1881, Zivilkommissär in Plevlje 1881-1883, K Galatz 1883-1886, VK 1883, K Bukarest 1886-1887, K Belgrad 1887-1889, K Kairo 1889, Ltr VK Varna 1889-1891, pr Ltr K Jassy 1891, K und Gt GK Rio de Janeiro 1891-1895, Ltr K Widdin 1895-1904, GK 1902, Ltr K Yokohama 1904-1908, MdÄ 1909, Ltr K Amsterdam 1910-1917, pens. 1917

Kirchknopf Ernst
OA 15.10.1897 – 30.9.1902
* Bonyhád, Ungarn 17.6.1879
gest. ?
KAtt 1903, GK Saloniki 1903-1904, K Monastir (Bitola) 1904, zuget. dem Zivilagenten für Mazedonien 1904, GK Skutari 1904-1905, VK 1905, zuget. Zivilagent für M. 1905-1909, MdÄ 1910-1911, GK New York 1911-1913, st Gt K Bari 1913-1915, Kriegsdienst 1915-1918, ung. Ausw. Dienst 1919, pens. 1921

Kiss (verehel. Galford) Edith
KA 14.10.1935 – Juli 1937
* Debrecen, Ungarn 10.4.1917
gest. ?

Kiss Ferdinand von
OA 1809
* ?
gest. ?

Kissling Werner Dr. iur.
KA 20.10.1922 – 28.2.1923
* Breslau, preuß. Schlesien, D 11.4.1895

Kisvárdai-Papp Zoltán von
KA 7.11.1916
* Budapest 12.2.1898
gest. im 1. Weltkrieg gefallen

Kiszely von Benedekfalva Julius
KA 1918/19?
* Liptószentmiklos, Ungarn
(Liptovský Mikuláš, Slowakei)
30.10.1900
gest. ?

Kivu Olga
KA 14.10.1935 – Juli 1937
* Raumicu-Valcea,
Rumänien 28.12.1914
gest. ?

Klarfeld Marta Augusta
KA 15.10.1930 – 8.7.1932
* Drohobycz, Polen 7.4.1912
gest. ?

Klarner von Chiesa di Locca Erika
KA 8.10.1936 – 11.7.1938
* Teplitz-Schönau, Böhmen
(Teplice, Tschech. Rep.) 17.11.1917
gest. ?

Klassohn Karl
KA 16.10.1932 – 6.7.1934
* Budapest 29.12.1914
gest. im 2. Weltkrieg gefallen

Klein Viktor von
OAf 1879
* ?
gest. ?

Kleinmayern Ferdinand von
OA 1828
* ?
gest. ?
GesCommis in Athen ?-1839

Kless-Gutta Viktor
KA 17.11.1939 – 4.1.1941
* Wien 28.9.1919
gest. 1.7.1941
(im 2. Weltkrieg gefallen)

Klezl Eduard von
OA 1822
* Konstantinopel 18.1.1806
gest. Wien 16.4.1874
Dolmetschadjunkt Intern. Konstantino-
pel 1826, Dolmetsch 1831, 1. LS 1834, GT
1838, 1842-1843, LR 1843, GT 1850-
1853, Hof- und MR 1853, pens. 1866,
Freiherrnstand „von Norberg" 1874

Klezl Franz de Paula
OA 1754
* Wien 26.5.1737
gest. Wien-Wieden 4.5.1809
Hofsekretär und Dolmetsch der Orienta-
lischen Sprachen, Internuntiatur Konstan-
tinopel 1759-1762, Grenzdolmetsch in Pe-
terwardein 1763-1775, Grenzdolmetsch
Temesvár?, Lemberg 1775-?, Orientalische
Akademie – Mitarbeit an der 2. Auflage
des „Meninski" (türkisch-arabisch-persi-
sches Wörterbuch) nach 1780

Klezl Franz
OA 1786
* Peterwardein, Slawonien
(Petrovaradin, Serbien) 12.2. 1772
gest. Konstantinopel 9.8.1826
Internuntiatursdolmetsch Konstantino-
pel

Klezl Joseph Leopold
OA 1759
* Wien 4.5.1744
gest. Böhmischkrut, Niederösterreich
5.11.1808
niedere Weihen zum Priester 1761, Colle-
gium Germanicum Rom 1761-1767, Ko-
operator in Letzendorf, Bez. Mistelbach
1772-1784, Pfarrer in Großharras, Wald-
viertel 1784-1791, Dechant, Erzbischöfl.
Konsistorialrat, Pfarrer in Böhmischkrut
1791-1808

Klezl Peter von
OA 1820
* Konstantinopel 10.9.1804
gest. Konstantinopel 23.4.1884
Internuntiatur Konstantinopel 1841, Lei-
ter der Poststelle 1842, Postdirektor 1844-
1874, Regierungsrat

Klima Herbert
KA 22.10.1926 – 4.3.1927
* Schloß Neukloster, Stmk. 7.8.1903
gest. ?

Klima Jiri
KA 14.10.1930 – 7.7.1933
* Budapest 12.4.1913
gest. ?

Klimann Roger
KA 16.10.1927 – ?
* Klagenfurt, Kärnten 8.12.1908
gest. ?

Kliment Edler von Karstland Wolfgang
KA 25.11.1918 – 22.5.1921
* Brünn, Mähren (Brno, Tschech. Rep.)
19.6.1900
gest. ?

Knapp Karl
KA 15.10.1930 – 25.6.1932
* Schloß Freyenthurn bei Krumpendorf,
Kärnten 9.10.1910
gest. ?

Knapp Robert
KA 15.10.1930 – 25.6.1932
* Kecskemét, Ungarn 8.8.1909
gest. ?

Knesevich Johann Baron von
OA 1811
* ?
gest. ?

Knoch Gertrude
KA 14.10.1935 – Juli 1937
* Wien 2.11.1916
gest. ?

Knoll Kurt
KA 16.11.1939 – 19.2.1941
* Wien 14.6.1919
gest. Wien 19.7.1995

Kobr Miloslav
OA 15.10.1896 – 30.9.1901
* Raudnitz, Böhmen (Roudnice nad
Labem, Tschech. Rep.) 7.6.1878
gest. ?
*KAtt 1902, GK Shanghai 1902-1908, VK
1905, st. Gt K Tientsin 1908-1912, K
1911, Ltr GK Buenos Aires 1912-1918,
tschechoslowak. Ausw. Dienst 1919, CDA
in Paris 1919-1920, Ministerresident in
Berlin 1920-1921, Ges in Madrid 1921-
1926, Ges in Ankara 1926-1932, Ges in
Budapest 1933-1939, pens. 1939, im
Außenministerium der tschechoslowak.
Exilregierung in London 1942-1945*

Koce Georg
KA 15.10.1923 – 30.6.1925
* Altenmarkt, Krain (Stari trg,
Slowenien) 15.6.1902
gest. ?

Kodolitsch Alfons Ritter von
OA 1846
* ?
gest. ?

Koerbel Maria Gratiana
KA 8.10.1936 – 28.5.1938
* Wien 3.6.1918
gest. Wien 8.5.1945 (Todeserklärung)

Köhler Ernst
KA 15.10.1930 – 8.7.1932
* Wien 14.2.1912
gest. ?

Kohlruss Rudolf
KA 15.10.1903 – 30.9.1908
* Radautz, Bukowina (Radauti,
Rumänien) 23.2.1884
gest. Wien 7. 8.1958
*GK Skutari 1908-1913, KAtt 1908, VK
1910, st Gt K Prizren 1913-1914, K Sofia
1914-1916, pr Gt VK Nisch 1916-1917,
Ges Sofia 1917-1918, K in Laibach/Ljubl-
jana 1919-1924, GK 2. Kl. 1920, LR 1.KL.
1924, GT Ges Sofia 1924-1928, Ges in
Sofia 1928, Ges beim Heiliger Stuhl 1928-
1938, dt. Ausw. Dienst 1938, Ministerial-
rat, pens. 1941, österr. Ausw. Dienst 1946,
Ges beim Hl. Stuhl 1946-1951, pens 1949,
Weiterverwendung bis 1951*

Kohlruss Rudolf
KA 15.10.1934 – 1.7.1936
* Wien 8.2.1915
gest. Wien 6.12.1994
*Vorstandsmitglied der ELIN AG 1945-
1981*

Kokotovic de Kosinj Boris
KA 21.11.1928 – Juli 1929
* Varazdin, Kroatien 28.11.1907
gest. ?

Kolb Hermann
KA 14.10.1935 – Juli 1937
* Sarajewo, Bosnien-Herzegowina
10.5.1917
gest. ?

Kolb Renate siehe **Brunner**

Kollár Franz
KA 7.10.1937 – Juli 1938
* Gablonz, Neudorf, Mähren
(Jablonec, Modrá, Tschech. Rep.)
2.9.1908
gest. ?

Koller Hermann
OA 15.10.1884 – 30.9.1889
* Wien 5.11.1866
gest. Wien 28.1.1945
*KEleve 1891, K Amsterdam 1893-1894,
VK 1893, GK Bombay 1894-1895, GK
Hamburg 1895-1898, K Belgrad 1898-
1899, K Konstantinopel 1899-1904, GK
Köln 1904-1908, K 1905, Ltr K Yokoha-
ma 1908-1912, Ltr HK Genf 1912-1915,
Kriegsdienst 1915-1918, pens. 1919, ö.
Vertreter in der Kärntner Abstimmungs-
kommission 1920, im BMf Handel und
Verkehr 1920-1923*

Kolossa Franz
OA 8.10.1885 – 30.9.1890
* St. Gotthard (Szentgotthárd),
Ungarn 16.2.1869
gest. ?
*KEleve 1891, Dragomanat Bot Konstan-
tinopel 1892-1912, LS und 1. Dragoman
1905, LR 2. Kl. 1905, 1. diplomat. Beam-
ter Bot Konstantinopel 1911-1912, Ges in
Rio de Janeiro 1912-1918, ungar. Ausw.
Dienst 1919, Buenos Aires 1919-1920,
Ges in Belgrad 1920-1923*

**Komorzynski Oszczynski zu Oszczyny
und Osczyny nowa** Imelda von
KA 14.10.1935 – Juli 1937
* Wien 21.6.1917
gest. ?

Kondic Maria
KA 11.11.1929 – 7.7.1930
* Pirot, Serbien 23.1.1909
gest. ?

König Adrianus
KA 15.10.1935 – Juli 1937
* Amsterdam 23.9.1915
gest. ?

König Harald
KA 14.10.1928 – 5.7.1930
* Graz 30.10.1907
gest. Guatemala City 31.1.1976
*Sekretär des HK in Guatemala City
1930-1932, Gründer und Leiter des Col-
legio Germanico Argentino in Coronel
Suarez/Argentinien 1936-1945, danach
Eröffnung einer Sprachakademie, am
Institut für Journalistik der Universität
Buenos Aires 1953-1957, Gründung
zweier Deutscher Schulen, Lehrer an
Deutscher Schule Guatemala City 1957,
Gründer und Leiter des Instituto Austria-
co Guatemalteco in Guatemala City
1958-1976, HKanzler am HK Guatemala
City 1958-1964, HK am HGK Guatema-
la City 1964-1976*

Konjovic Peter
KA 20.10.1922 – ?
* Sombor, Kom. Bács-Bodrog, Ungarn
(Zombor, Serbien) 28.10.1901
gest. ?

Korda Anton (Frh. von)
KA 22.10.1926 – 2.7.1928
* Wien 17.3.1907
gest. ?

Koretz (verehel. Wrigley) Maria
KA 8.10.1936 – März 1938
* Wien 10.1.1919
Exil in den USA

Kosjek Gustav Freiherr von
OA 1854
* Mittertrixen, Kärnten 17.8.1838
gest. Athen 1.2.1897
im konsular. Dienst in Konstantinopel 1859-1872, im dipl. Dienst 1872, Delegierter am Berliner Kongress 1878, Dipl. Agent in Kairo 1881-1883, Ges in Teheran 1883-1887, Ges in Athen 1887-1897

Kothny Dr. Erwin
KA 14.11.1935 – ?
* Andersdorf bei Bärn, Böhmen
(Ondrejov, Tschech. Rep.) 8.3.1907
gest. ?

Kotschy Walter
KA 16.10.1932 – 6.7.1934
* Wien 28.9.1913
gest. ?

Kováts August von
OA 1875
* ?
gest. ?

Kozák Anton
KA 13.10.1924 – 3.7.1926
* Römerstadt, Mähren
(Rýmarov, Tschech. Rep.) 13.6.1903
gest. ?
nach 1945 Schweiz

Krabicka Maria
KA 16.10.1937 – 31.7.1939
* Angern, NÖ 14.12.1916
gest. ?

Krader Maximilian
KA 17.11.1939 – 21.12.1940
* Knittelfeld, Stmk. 1.6.1920
gest. im 2. Weltkrieg gefallen

Krafft Albrecht
OA 1835
* ?
gest. ?

Kräftner Erich
KA 14.10.1935 – ?
* Marburg/Drau, Stmk.
(Maribor, Slowenien) 25.10.1916
gest. ?

Kral August
OA 15.10.1888 – 30.9.1893
* Braunau, Böhmen
(Broumov, Tschech. Rep.) 20.6.1869
gest. Wien 12.6.1953
KEleve 1893, K Skutari 1895, K Monastir (Bitola) 1897-1904, K Skutari 1905-1909, HK 2. Kl. 1911, GK in Saloniki 1911-1914, Mitglied Intern. Kontrollkommission für Albanien 1914-1916, Zivillandeskommissär beim Kdo. der in Albanien operierenden Streitkräfte 1916-1918, GK

in Hamburg 1919-1921, Ges in Sofia 1921-1924, Ges in Istanbul 1924-1932

Králik Dionysius
KA 7.11.1916 – 28.6.1921
* Pozsony (Pressburg),
Ungarn (Bratislava, Slowakei) 8.6.1899
gest. ?

Králik Eugen
KA 13.10.1924 – 3.7.1926
* Borsodnádasd, Ungarn 28.7.1906
gest. ?

Krampl Ferdinand
OA 1794
* ?
gest. ?

Kranjc Mirko
KA 1.2.1922 – 30.6.1923
* Borovnica, Krain (Slowenien) 5.4.1901
gest. ?

Kraudl Wilhelm
KA 14.10.1935 – ?
* Steinabrückl, Wr. Neustadt 28.5.1915
gest. ?

Kraus Friedrich
OA 15.10.1898 – 30.9.1902
* Prag 27.11.1878
gest. Wien 20.4.1958
KAtt 1903, GK Skutari 1903-1907, VK 1905, pr Gt K Durazzo 1907-1908, st Gt K Valona 1908-1911, Ltr K Kiew 1911-1914, K 1911, Ltr K Jerusalem 1914-1917, MdÄ 1918, GK 1920, pens. 1923

Kren (verehel. Verdroß) Trude
KA 15.10.1931 – 7.7.1933
* Wien 7.4.1912
gest. Wien 1.3.1968

Kreuz Henriette
KA 15.10.1925 – 2.7.1927
* Wien 4.10.1905
gest. ?

Kreve-Mickieviciuta Aldoua
KA 15.1.1934–Herbst 1935
* Baku, Russland 7.7.1914
gest. ?

Krieg Else
KA 15.10.1930 – 28.2.1931
* Mannheim, D. 12.11.1901
gest. ?

Kripp zu Prunnberg und Krippach
Josef von
KA 26.10.1914 – 28.6.1921
* Innsbruck 11.11.1896
gest. Meran 30.4.1980
Ausw. Dienst 1921, Ges Paris 1921-1922, HK Zürich 1924-1925, Ges Prag 1925-1931, Ges Budapest 1931-1938, LR 2. KL. 1936, ohne Verwendung 1938-1939, Preisbildungsstelle für Österreich 1939, danach Wartestand; Wiedereintritt BKA/AA 1946, LR 1. Kl. 1947, BKA/AA 1947-1949, Ges in Santiago de Chile 1949-1951, Ges beim Heiligen Stuhl 1951, Bot beim Hl. Stuhl 1952-1961

Krivoss Wladimir
OA 8.10.1885 – 30.9.1886
* Vrbic-Husták, Liptószentmiklós,
Ungarn (Liptovský Mikuláš,
Slowakei) 1.7.1865
gest. ?

Kronholz (verehel. Declaude)
Hedda
KA 14.10.1935 – Juli 1936
* Wien 28.12.1913
gest. Wien 10.4.1998

Kronholz Robert
KA 6.10.1905 – 30.9.1910
* Wien 17.9.1887
* Belgrad 1945 ?
KAtt 1910, K Üsküb (Skopje) 1910, Dra-
gomanat Bot Konstantinopel 1911-1918,
VK 1912, geschäftsführender Präsident
der „Drina" Industrie- und Handelsge-
sellschaft in Belgrad, österr. HGK in Bel-
grad 1924-1938, Direktor der Fa. Schen-
ker in Jugoslawien

Kruckenhauser Margarete
KA 20.10.1934 – 1.7.1936
* Schlierbach, OÖ 27.11.1914
gest. ?

Krüger Wolfgang
KA 4.4.1922 – 28.2.1923
* Dresden, Sachsen 4.5.1900
gest. ?

Krupka Milos
KA 8.11.1915 – 5.7.1919
* Brünn, Mähren (Brno, Tschech. Rep.)
21.7.1896
gest. ?

KAtt 1917, Kriegsdienst 1917-1918, tsche-
choslowak. Ausw. Dienst 1919, Att Ges
Budapest 1920-1921, LS Ges Kopenhagen
1925-1928, LS Ges Tokio 1930-1935, LR
Ges Bukarest 1938-1939, LS Ges Ankara
1945-1948, Austritt aus Staatsdienst 1948

Krupka Wladimir
KA 4.10.1911 – 7.7.1917
* Brünn, Mähren (Brno, Tschech. Rep.)
9.11.1891
gest. Mexico City 9.5.1933
KAtt 1917, pens 1919, poln. Ausw. Dienst
1920, tschechoslowak. Ausw. Dienst 1921,
LS Ges Sofia 1921-1928, LS Ges Lissabon
(Amtsleiter) 1929, LS Ges Mexico City
(Amtsleiter) 1930-1933

Krzwaneck Karl
OA 1789
* ?
gest. ?

Kubat Josef
OA 1878
* ?
gest. ?

Kubinyi Hugo von
OAf 1880
* ?
gest. ?

Kuczynski Eugen Ritter von
OA 1869 – 1873
* 29.3.1852
gest. ?
KEleve 1873, GK Alexandrien 1873-
1875, Ges Teheran 1875-1879, VK 1877,
Mission Cetinje 1879-1880, MdÄ 1880-

1882, HLS 1880, GK Sofia 1882-1883, K und Ltr VK Turn-Severin 1883-1886, MdÄ 1886-1895, GK 1890, MinRes in Cetinje 1895-1899, Ges in Rio de Janeiro 1899-1905, Ges in Peking 1905-1911, Disp. 1912, pens. 1913

Kuefstein Franz Graf
OA 1804
* Wien 1795
gest. Wien 3.1.1871
BS Ges Madrid 1816-1819, LS Ges Stuttgart 1819-1821, LS Ges Kopenhagen 1821-1823, LS und GT in Hannover 1823-1831, LR 1831, LR und GT in Hannover 1831-1833, Ges in Hannover 1832-1839, Ges in Dresden 1843-1856, Oberst-hofmarschall des Kaisers 1856-1868, pens. 1868

Kuenburg (verehel. Di Pauli) Erika Reichsgräfin von
KA 7.10.1937 – 17.7.1939
* Wien 22.9.1917

Kuffler Elisabeth
KA 8.10.1936 – März 1938
* Wien 14.9.1918
gest. ?

Kuhn von Kuhnenfeld Otto Freiherr
OA 1877
* Wien 20.4.1859
gest. Wien 12.1.1946
KEleve 1882, GK Alexandrien 1882-1883, Dragomanat Bot Konstantinopel 1883-1889, VK 1884, Ges Athen 1889-1895, HLS 1890, int Ltr DA Kairo 1895, Ges Belgrad 1895-1899, LR 2.Kl. 1896, Ges München 1899-1900, Bot Rom 1900-

1903, MinRes in Buenos Aires 1903, MinRes in Cetinje 1903-1908, Ges in Cetinje 1908-1909, Ges in Lissabon 1909-1916, Vertreter MdÄ beim Militärgouvernement in Belgrad 1916-1918

Kulhanek Josef
KA 7.10.1937 – 7.7.1939
* Wien 5.7.1919

Külley Alfred von
OA 1878
* Székesfehérvár (Stuhlweißenburg), Ungarn 21.1.1859
gest. ?
KEleve 1882, GK Smyrna 1882-1883, K Skutari 1883-1884, VK 1884, HGK London 1884-1885, K Venedig 1885-1889, Ltr GK St. Petersburg 1889-1890, int Gt GK Philippopel (Plowdiw) 1890-1891, GK Barcelona 1891-1893, K in Amsterdam 1893-1896, HGK Berlin 1896-1900, Ltr GK Berlin 1900-1901, K in Nizza 1901-1907, pens 1907

Künigl Leopold (Graf von)
KA 15.10.1923 – 30.6.1925
* Graz 5.9.1901
gest. Quebec, Kanada 17.2.1962
Handelsvertreter

Kunz Adolf
KA 25.10.1904 – 30.9.1909
* Wien 23.5.1885
gest. Wien 16.11.1969
MdÄ 1909, KAtt 1909, GK Hamburg 1909-1910, GK Shanghai 1910-1917, VK 1911, K 1918, GK Köln 1918-1919, K in Dortmund 1919-1920, LS Ges London 1920-1925, BKA 1925-1928, int GT Ges

Bern 1928, LR 1928, Ges Budapest 1928-1937, Ges London 1937-1938, dt. Botschaft London 1938-1939, DAAD London 1939, entlassen 1940, Ausbürgerung 1942, Wiederaufnahme österr. Ausw. Dienst per 1945 und pens. 1947

Kuppelwieser Joseph
OA 1802
* ?
gest. ?

Kurtha Heinrich
KAG 25.2.1937 – 25.6.1937
* Lom, Böhmen (Tschech. Rep.)
14.7.1909
gest. ?

Kurz Josef
KA 17.11.1939 – ?
* Langegg, NÖ 27.11.1920
gest. ?

Kurzel-Runtscheiner Wolfgang
Edl. von
KA 14.10.1935 – Juli 1937
* Wien 2.3.1914
gest. Wien 19.6.1950
BKA/AA 1946-1947, Ges London 1947, Ges Paris 1947, Ges Washington 1947-1948, BKA/AA 1958-1950

Kutschera Hugo Freiherr von
OA 1866 – 1871
* ?
gest. 1923
KEleve 1871, K Rustschuk (Russe) 1871-1876, VK 1874, K Konstantinopel 1876-1877, Attaché Dragomanat Konstantinopel 1877, LS 1879, Dolmetsch Botschaft

Konstantinopel 1879-1887, HLR 1882, bosn.-herzeg. Landesdienst 1887, Civil-Adlatus des Chefs der b.-h. Landesregierung 1887-?, LR 1889

Kvapil Stefan
KA 14.10.1929 – 7.7.1931
* Pozsony (Pressburg), Ungarn, (Bratislava, Slowakei) 10.6.1909
gest. ?
nach 1945 Wirtschaftsrat, BKA

Kvassay de Kvassó et Brogyán
Stephan von
OA 1873
* ?
gest. ?
KEleve 1879, Vizesekretär und Dragomanatssekretär bosn.-herzeg. LReg Sarajewo 1880-1886, K in Konstantinopel 1888-1890, MR k. ungar. Seebehörde Fiume 1892-?, Präsident des k. k. und k. ung. Konsularobergerichts in Konstantinopel

Kwiatkowski Ernst von
OA 24.10.1886 – 31.12.1886
* Salonike, Osman. Reich (Saloniki, Griechenland) 23.6.1865
gest. ?
Beamter der Finanzlandesdirektion Wien; K Konstantinopel 1910, Gt HK Tripolis 1910; K 1912; K in Tripolis 1912-1913; K in Trapezunt 1913-1918

L

Lachs Manfred
KA 16.10.1932 – 6.7.1934
* Stanislau, Galizien
(Ivano-Frankovsk, Ukraine) 21.4.1914
gest. Den Haag 14.01.1993
Jurist, Experte für Völkerrecht, Richter des Internationalen Gerichtshofs in Den Haag 1965-1992, Vorsitzender des Rechtsausschusses im UN-Weltraumausschuss und des Sonderausschusses für friedliche Nutzung der Kernenergie, Vizepräsident der Völkerrechtsakademie in Den Haag, Professor für Völkerrecht an der Universität Warschau (seit 1952) und der Akademie für politische Wissenschaften (1945-52), Mitglied der Polnischen Akademie der Wissenschaften (seit 1960) und anderer internationaler Akademien. Dr. h.c. der Universitäten in Algier, Brüssel, Budapest, Bukarest, Halifax, Helsinki, London, New Delhi, New York, Nizza, Southampton, Sofia, Washington u.a.

Lacina Karl Franz
KA 2.12.1939 – 1.12.1943
* Wien 8.2.1918
gest. Wien 28.1.1987

Lackner Eva
KA 21.11.1939 – 12.2.1941
* Budapest 19.4.1921
gest. ?

Lamberg Karl (Graf)
KA 15.10.1932 – 8.7.1932
* Linz, OÖ 22.10.1911
gest. Kitzbühel 31.7.1977

Landauer Mara
KAao 7.10.1937 – Juli 1938
* Wien 14.12.1919
gest. ?

Landesberger Susi
KA 15.10.1928 – 5.7.1930
* Unterach am Attersee, OÖ 8.8.1910
gest. ?

Lang
OA 1783
* ?
gest. ?

Langer Ellinor
KA 17.11.1939 – 21.2.1941
* Wien 23.3.1920
gest. Wien 5.1.2001

Langer Dr. Helmut
KA 15.10.1932 – 8.7.1932
* Freiwaldau, Vorstadt Freiheit,
Böhmen (Jesenik, Tschech. Rep.)
25.4.1905
gest. ?

Latinovics Karl von
OA 1879
* ?
gest. ?

Lavante Edler von Lavandeine Ernst
KA 7.10.1912 – 5.7.1919
* Cekanitz, Böhmen
(Cekanice, Tschech. Rep.) 8.8.1892
gest. ?

Lazansky Wladimir Graf
OA 1875
* Brünn, Mähren (Brno, Tschech. Rep.)
15.6.1857
gest. Chyse (Chiesch), CSR (Tschech.
Rep.) 26.7.1925

Le Bidart Anton von
OA 1849 – 1854
* ?
gest. Wien 20.4.1903
Dolmetschadjunkt Internuntiatur Konstantinopel 1854-1859, 3. Dolmetsch 1859-1861, 2. Dolmetsch 1861-1869, 1. Dolmetsch und HLR 1869-1875, GK 1871, GK in Moskau 1875-1882, ernannt K am GK Shanghai, Posten nicht angetreten, beurlaubt 1882, zeitl. Ruhestand 1884

Leader Michael E.
KA 16.10.1933 – 29.1.1934
* Bordon Camp, England 29.9.1915
gest. ?

Lebenhart Egon
KA 16.10.1932 – ?
* Prag 11.9.1913
gest. ?

Lebzeltern Franz von
OA 1772
* ?
gest. ?

Lederer Rudolf
KA 7.10.1937 – März 1938
* Rotterdam, Niederlande 26.12.1916

Lederer Susanne siehe **Kempers**

Lee Adah
KA 19.10.1931 – 20.6.1932
* Kansas City, Missouri, USA 7.4.1897
gest. ?

Lefort Bernard
KA 14.10.1929 – 16.1.1930
* Versailles, Frankreich 5.9.1908
gest. ?

Lehndorff Liselotte
KA 16.10.1933 – 4.7.1935
* Innsbruck 8.1.1915
gest. ?

Lehwirth (Leslie) Hans
KA 17.10.1932 – 12.4.1935
* Wien 13.10.1910
gest. New York 23.4.1991
Gerichtspraxis 1934-1936, Rechtsanwaltsanwärter 1936-1938, Emigration nach USA 1938, Buchprüfer Arthur Anderson 1941-1946, Steuerberater bei R.G.Rankin & Co. (heute: Price Waterhouse Collins) 1946-1955, Partner von Bache & Co. ab 1955, chairman executice committee Bache & Co. 1968, chairman of the board 1969-1978, chief exec. officer Bache & Co. (heute: Prudential Bache) 1970-1977; HK am GK New York 1962-1965, HGKap am GK New York 1965-1991

Leitner Franz Helmut
KA 15.10.1928 – 5.7.1930
* Wien 29.1.1909
gest. Wien 19.3.1976
BG Innere Stadt Wien, Gloggnitz, LG ZRS Wien 1933, LG Strafsachen Wien

1933-1934, Österr. Exportförderungs-institut 1934-1938, STUAG Straßen- und Tiefbauunternehmen Wien 1938-1945, BKdgW 1945-1947, BKA/AA 1947-1948, K GK New York 1948-1953, GK 2.Kl. 1951, BKA/AA 1953-1955, Ges in Tokio 1955-1958, Bot in Tokia 1958-1960, BMfaA 1960-1963, Bot in Ottawa 1964-1969, Bot bei der EWG – Brüssel 1969-1973, Bot in Peking 1973-1974

Lejhanec Wenzel
OA 15.10.1897 – 30.9.1902
* Lhota fr. Prelanc, Böhmen (Lhota, Tschech. Rep.) 23.4.1878
gest. ?
KAtt 1903, K Üsküb (Skopje) 1903-1904, int Gt K Prisren 1904-1906, VK 1905, GK Skutari 1906-1910, K Üsküb 1910-1911, Ltr K Valona 1911-1914, int Gt K Prisren 1914, Ltr K Monastir (Bitola) 1914, Ges Durazzo 1914, Gt K Durazzo 1914-1915, GT in Durazzo und prov. Vertreter des ö-u Kommissars bei der Int. Kontroll-kommission für Albanien 1915, dem Ver-treter des MdÄ in Albanien zugeteilt (Skutari) 1916-1918, tschecholowak. Ausw. Dienst 1919, Ltr Admin.Sektion 1929-1939

Lemberger-Marker Rudolf
KA 14.10.1935 – Juli 1937
* Wien 6.12.1917
gest. ?

Lengheim Emanuel Graf
OA 1803
* 20.12.1794 ?
gest. ?

Lengyel Károly
KA 15.10.1934 – 4.7.1935
* Várpalota, Ungarn 24.7.1909
gest. ?

Lennkh Albin
KA 15.10.1923 – 30.6.1925
* Graz 29.5.1905
gest. Teresopolis/Brasilien 11.6.1982
Polizeikommissär BPD Wien 1928-1930, Ausw. Dienst 1930, BKA/AA 1930, Ges Prag 1930-1931, BKA/AA 1931-1932, Ges Bukarest 1933-1935, Ges Belgrad 1935-1936, BKA/AA Büro StS Dr. Schmidt 1936-1937, Ges Prag 1937-1938, suspendiert 1938, kaufmänn. Angestell-ter Hermann Göring-Werke 1938-1945, Ausw. Dienst 1952, LR 2.Kl., BKA/AA 1952-1953, Ges in New Delhi 1953-1958, BKA/BMfaA 1958-1960 Chef des Proto-kolls 1958-1960, Bot in Rio de Janeiro 1960-1970

Lentz Grita siehe **Weber**

Lentz Waldemar
KA 14.10.1931 – 7.7.1933
* Darmstadt, Hessen 2.12.1909
gest. ?

Leonhardi Iván Freiherr von
OA 1878
* Theresienstadt, Böhmen
(Terezin, Tschech. Rep.) 23.10.1860
gest. Alexandrien, Ägypten 28.8.1899
KEleve 1883, GK Saloniki 1884-1886, VK 1887, Handelsministerium 1888, Gt VK Turn Severin 1888, GK Saloniki 1888-1889, int Gt K Prisren 1889, GK Smyrna 1889-1891, temp Ltg VK Cadiz 1891-

1892, K Alexandrien 1892, GK New York 1894-1896, K Alexandrien 1896-1899

Lerchenfeld-Köfering Johannes Graf
KA 5.11.1928 – Juli 1929
* München 11.10.1905
gest. Rom 25.3.1982
Volontär Bankhaus M.M. Warburg, Hamburg 1932-1933, Bank für Int. Zahlungsausgleich, Basel 1933-1935, Berater bei Union Commerciale et Financiere, Paris 1935-1937, IG Farbenindustrie, Berlin 1937-1938, Repräsentant Fa. Reemtsma 1938-1950, in Bulgarien – 1944, München 1945-1949, Athen 1949-1950, dt. Ausw. Dienst 1950, GK Athen/Ltr Wirtschaftsabt. 1951-1955, Bot Tokio, Ltr Wirtschaftsabt. 1955-1961, Bot Rom, Ltr Wirtschaftsabt. 1962-1970

Lerner Hedwig
KA 15.10.1934 – 1.7.1936
* Wien 12.2.1915
gest. ?

Lerz Irmentraud siehe **Bulling**

Leschanofsky Hannibal
OA 15.10.1896 – 30.9.1901
* Karlsbad, Böhmen
(Karlový Vary, Tschech. Rep.) 16.7.1878
gest. Wien 23.4.1945
KAtt 1902, Dragomanat Botschaft Konstantinopel 1902-1918, VK 1905, K 1911, 3. Dragoman 1911, 2. Dragoman 1915, StAfÄ 1919, GK 1919, BMÄ Ltr Abt. 12 sozialpolit. Angelegenheiten 1921-1924, GK 1. Kl. 1924, BKA/ AA Ltr Budgetabteilung 1924-1938

Leschanowsky Viktor
KA 6.10.1905 – 30.9.1910
* Pisino, Istrien (Pazin, Kroatien) 20.12.1887
gest. ?
KAtt 1910, GK Köln 1910-1911, K Pittsburgh 1911-1913, GK Marseille 1913-1914, GK Genua 1914-1915, K Breslau 1915-1920, pens 1920

Leskovar Vjekoslav Slavko
KA 13.10.1924 –9.12.1926
* Varazdin, Kroatien 4.12.1902
gest. ?

Leslie John Ethelbert siehe **Lehwirth**

Lewiecki Felix Ritter von
OA 15.10.1880 – 30.9.1885
* Lassochow, Russ.-Polen 21.4.1861
gest. Krakau, Galizien (Kraków, Polen) 21.8.1889
KEleve 1886, K Belgrad 1888-1889

Lewin Leopold
KA 14.10.1931 – 7.7.1933
* San Sebastián, Spanien 28.12.1913
gest. ?

Lichner Siegfried Ambrosius
KA 17.11.1939 – 14.1.1941
* Schmudskau bei Deutsch-Proben, Ungarn
(Nitrianske Pravno, Slowakei) 2.11.1917
gest. im 2. Weltkrieg gefallen

Liebmann Eugen
OA 1.10.1881 – 13.7.1886
* Triest 22.11.1863
gest. Wien 5.3.1900
KEleve 1887, HGK London 1889-1892,
VK 1890, GK Marseille 1892-1893,
MdÄ-Konsulardepartement 1893-1900,
int Gt K Amsterdam 1892,1893,1895

Liechtenstein Constantin
Prinz von u. zu
KA 16.10.1933 – ?
* Wien 23.12.1911
gest. Grabs, Schweiz 28.3.2001

Liecke Ester
KA 20.10.1930 – Jan.1933
* Dresden, D. 12.12.1912
gest. ?

Lieven Irmgard
KA 16.10.1933 – 4.7.1935
* St. Petersburg, Russland 10.9.1912
gest. ?

Lin Tao-Yeh
KA 8.10.1936 – 15.7.1938
* Foochow, China 11.7.1911
gest. ?

Lindner Nils Ake
KA 25.2.1937 – 20.6.1937
* Stockholm, Schweden 27.9.1917
gest. ?

Linzboth Georg
KA 8.11.1915 – 28.6.1921
* Pozsony (Pressburg),
Ungarn (Bratislava, Slowakei) 4.2.1897
gest. ?

Lipovska Eva
KA 8.1.1937 – 26.7.1939
* Warschau 2.2.1919
gest. ?

Lippa Johann
OA 1802
* ?
gest. Wien ? 19.1.1848
Dolmetschgehilfe Internuntiatur Kon-
stantinopel 1811, Gen.Agent in Moldau
1822-1832, pens. 1837

Lippe Viktor von der
15.10.1930 – 8.7.1932
* Wien 4.1.1912
gest. ?

Lippert Ritter von Granberg Stefan von
OA 8.10.1877 – 30.9.1885
* Wien 11.6.1858
gest. Zürich 11.11.1911
KEleve 1886, GK Venedig 1887-1889, K
Jassy 1889-1894, VK 1890, Ltr VK Crajo-
va 1894-1898, K 1898, GK Köln 1898, pr
Ltr GK Köln 1900-1907, Ltr GK Zürich
1907-1911, GK 1908

Lippich (Ritter von Lindberg)
Friedrich
OA 1850
* ? 1833
gest. Wien 3.7.1888
KEleve 1855, GK Alexandrien 1856-
1857, VKanzler GK Scutari 1857-1867,
Kanzler GK Scutari 1867-1869, VK in
Prisren 1869-1877, GK in Scutari 1877-
1888, GK 1879, MinRat 1887

Lisieckaite Zofija
KA 25.10.1932 – 6.7.1934
* Sigly (Uzventis), Litauen 26.9.1910
gest. ?

Lodgman-Auen Udo
KA 16.10.1933 – 19.10.1935
* Pola, Italien 15.5.1913
gest. ?
nach 1945 bei Semperit-Gummiwerken

Löwenkampf Karl Graf von
OA 1759
* ?
gest. ?

Logothetti Hugo Graf
OA 1872
* Kolozsvár (Klausenburg),
Ungarn (Cluj, Rumänien) 20.10.1852
gest. Teheran, Persien 3.8.1918
KEleve 1877, am K Konstantinopel 1877-1881, am GK Alexandrien 1881-1882, VK 1882, pr Gt K Port Said 1882-1883, an Dragomanat Bot Konstantinopel 1883-1889, Attaché 1884, HLS 1886, Richter 1. Instanz beim Gemischten Tribunale in Alexandrien 1889-1897, HK 1897, ö-u Del bei der Europ. Donaukommission in Galatz 1897-1899, Ltr GK Barcelona 1899-1906, GK in Mailand 1906-1907, GK in Hamburg 1907-1911, GK in Tunis 1911-1912, Ges in Teheran 1912-1918

Loibl Kurt
KA 15.10.1932 – 4.2.1935
* Marburg, Stmk. (Maribor, Slowenien) 14.12.1909
gest. ?
nach 1945 Ingenieur, Wien

Lonsky Heinrich
OA 15.10.1897 – 20.7.1898
* Kischineff, Russland (Chisineu, Moldowa) 12.8.1879
gest. ?

Lorenz Ilse
KA 15.10.1934 – 1.7.1936
* Wien 31.10.1916
gest. ?

Luby Dr. Géza von
KApg 7.10.1937 – 11.7.1938
* Budapest 22.2.1915
gest. ?
ung. Ausw. Dienst 1939, Referendar im Außenministerium 1940-1944, K Brassó (Kronstadt)

Lucam Christian von
OA 1759
* ?
gest. ?

Lucam Kilian von
OA 1759
* ?
gest. ?

Luczynski Edward
KA 14.10.1928 – 5.6.1930
* Kiew, Russland (Kiev, Ukraine)
13.8.1906
gest. ?

Ludolf Emanuel Graf
OA 1841
* Linz 3.10.1823
gest. Vercelli/Piemont 17.5.1898
*Dolmetschgehilfe 1846, Intern. Konstan-
tinopel 1846-1859, Hon.LS 1852, LS
1854, Ges Athen 1857, Intern. Konstantinopel 1857-1859, LR 1859, Bot Paris
1859-1860, Ges Konstantinopel 1860-
1863, GK in Warschau 1863-1868, Ministerresident in Rio de Janeiro 1868-1872,
Leitung der Botschaft Konstantinopel
1872-1874, Ges in Madrid 1874-1879,
Bot in Rom/Quirinal 1882-1886*

Ludwig Ernst Gottfried
OA 15.10.1894 – 30.9.1899
* Pozsony (Pressburg), Ungarn
(Bratislava, Slowakei) 20.10.1876
gest. ?
*KAtt 1900, GK Shanghai 1900-1901, Ges
Peking 1901-1902, VK 1902, GK Shang-
hai 1902-1903, Ges Peking 1903-1905,
int Gt K Tientsin 1905-1906, Ges Peking
1907-1909, Ltr K Cleveland 1909-1917,
K 1910, MdÄ 1917-1918*

Lukács von Perényi Nikolaus Baron
KA 8.11.1922 – 30.6.1924
* Békés-Gyula, Ungarn 4.2.1905
gest. Budapest 17.10.1986
*Kapellmeister, Direktor der Budapester
Oper*

Lukes Robert
KA 15.10.1899 – 30.9.1904
* Wien 17.1.1881
gest. Wien 6.5.1970
*KAttaché 1906, K Üsküb (Skopje) 1906-
1909, VK 1907, GK Montreal 1909-1910,
pr Gt K Winnipeg 1910-1914, Ltr K Winnipeg 1914, K 1914, HK St. Paul 1914-
1917, MdÄ 1917-1918, StAfÄ/BMÄ Ltr
Abt. 14 Konsularwesen 1919-1925, Ges
in Bukarest 1925-1932, Wartestand 1932,
pens. 1937*

Lumaga Franz von
OA 1756
* ?
gest. ?

Lundholm Terence
KA 7.10.1937 – Juli 1938
* Reigate, England 23.5.1918
im 2. Weltkrieg gefallen

Lurtz Eduard
KA 7.10.1912 – 5.7.1919
* Reichenberg, Böhmen
(Liberec, Tschech. Rep.) 8.10.1894
gest. ?
*K Dortmund 1919, KAtt 1819, Ltr K
Dortmund 1920, Ges Budapest 1920-
1926, Ges Belgrad 1926-1929, BKA/AA
1929-1935, SR 1934, Ges Prag 1934-
1935, Ges Berlin 1935-1936, Ges Belgrad
1936-1938, dt. Ausw. Dienst, LR Ges Belgrad 1938, Gesandtschaftsrat 1. Kl Ges
Belgrad 1928-1941; dt. AA Protokoll-Abt.
1941, Ltr K Großwardein 1941. Betreuung der ungarischen Zivilflüchtlinge, mit
Sitz in Wien, beauftragt Dez. 1944; am
Attersee (Sitz des stellvertretenden unga-*

rischen Ministerpräsident Szöllösi und Ausweichquartier des ungarischen Generalkonsulates Wien) April-Mai 1945

Lurtz Siegmar
KA 22.11.1917 – 28.6.1922
* Reichenberg, Böhmen
(Liberec, Tschech. Rep.) 22.9.1897
gest. Wien 22.8.1958
Konz.Hilfskraft HK Bremen 1924-1925, Hon.Attaché HK Bremen 1925, HK Dortmund 1925-1927, Attaché 1927, BKA/AA 1927-1929, Ges Bukarest 1929-1930, Ges Istanbul/Ankara 1930-1931, BKA/AA 1931-1933, LS 2.KL. 1932, pr Gt HK Stuttgart 1933-1934, BKA/AA 1934-1936, Gt HK Breslau 1936, BKA/AA 1936-1938, Auswärtiges Amt Berlin, Referent für Südamerika in der Presse-Abteilung 04/1938, Leiter des Südamerikareferates dieser Abteilung 08/1938-10/1938, dt Ges Asuncion 10/1938, LR 1939, Gt der Ges Asuncion 1939, als K dem dt. GK New York zugeteilt, für Film, Radio, teilweise auch Presse und „besondere Aufgaben" (=Abwehr) zuständig 11/1939-06/1941, Ausweisung aus den USA 06/1941, Verbringung nach Lissabon 07/1941, Ausw. Amt, Handelspolitische Abteilung, Referat Italien, Rumänien, 1941-1942. pr. Ltr Referats Rumänien-Bulgarien 1942, Referatsleiter Ha Pol II b (Referat Schweiz) 02/1943-1945, nahm an allen Handelsvertragsverhandlungen Deutsches Reich – Schweiz teil. LR 1.Kl. 1944, Wiederaufnahme in den österr. Auswärtigen Dienst abgelehnt 1945, pens. 1947

Lüth (verehel. Hellberg) Helga
KA 15.10.1932 – 6.7.1934
* Riga, Lettland 26.7.1913
gest. ?

Lütgendorff-Gyllenstorm Dr. Hermann
KA 4.11.1935 – Juli 1936
* Wien 4.6.1911 Eberhard Frh. v.
gest. Salzburg 13.3.1988

M

Maager (verehel. Rausch-Medinger) Dorothea
KA 7.10.1937 – 31.7.1939
* Wien 2.5.1919
gest. ?

Macry Aristides
OA 15.10.1887 – 30.9.1892
* Galatz, Ungarn (Galati, Rumänien) 10.4.1867
gest. ?

Madejski Boleslav
OAf 1882
* ?
gest. ?

Magyari (verehel. Biro) Zsuzsanna von
KA 7.10.1937 – 31.7.1939
* Budapest 5.4.1919
gest. ?
nach Kanada ausgewandert

Mailáth Joseph Graf
OA 1808
* ?
gest. ?

Makarewicz Spiridon Roman
KA 22.10.1926 – 2.7.1928
* Krakau, Galizien (Kraków, Polen)
13.8.1905
gest. ?
nach 1945 in Chicago

Mambretti Karl von
OA 1810
* ?
gest. ?

Managhetta Karl von
OA 1808
* ?
gest. ?

Manderla Karl
KA 13.10.1924 – 3.7.1926
* Pozsony (Pressburg), Ungarn
(Bratislava, Slowakei) 21.4.1907
gest. ?

Mandic Nicolaus
KAx 1928 – 1930
* ?
gest. ?

Mandl Charlotte siehe **Pesek**

Mannheimer siehe **Posfai**

Manojlovic Nicolaus
OA 15.10.1895 – 30.9.1899
* Karlowitz, Slawonien (Karlovac,
Kroatien) 8.2.1876 alten Stils (20.2.)
gest. ?

Manolov Emmanuel K.
KAG 13.2.1940 – April 1940
* Rustschuk (Russe), Bulgarien 4.3.1920
gest. ?

Manz Johann
KA 8.10.1936 – 15.7.1938
* Parndorf, Burgenland 31.10.1918
gest. Klagenfurt 21.11.1993
Kriegsdienst 1938-1941, britische Kriegs-
gefangenschaft in Australien 1941-1947,
Ausw. Dienst 1947, BKA/AA 1947-1949,
pr. Ltr Passstelle Triest 1949-1953,
BKA/AA Kabinett AM 1953-1955, GTep
in Canberra 1955-1960, BMfaA 1960-
1963, BMfHuW zugeteilt 1963-1964,
BMfaA 1964-1965, Bot in Bukarest 1965-
1968, Bot in Kopenhagen 1968-1972,
BMfaA 1972-1979, GK in Düsseldorf
1979-1982

Margulies Peter
KA 23.10.1931 – 7.7.1933
* Wien 5.7.1913
gest. ?

Máriássy de Markus-és Batizfalva
Zoltán
KA 4.10.1909 – 4.7.1914
* Rimaszombat, Ungarn (Rimavská
Sobota, Slowakei) 15.3.1891
gest. 1963
K Smyrna (Izmir) 1915-1918, K Lugano
1918, ungar. Ausw. Dienst 1919, K Den
Haag, 1920-1921, GsR Rom-Quirinal
1921-1924, K Prag 1926-1929, Kabinetts-
chef 1930-1935, Ges in Ankara 1935-
1941, Bot beim Hl. Stuhl 1941-1943

Markov Radomir
KA 13.10.1924 – 2.12.1925
* Samos, Serbien 1.8.1904
gest. ?

Marmorek Annemarie
(verehel. Brown May Ann)
KA 8.10.1936 – 10.3.1938
* Wien 22.4.1917
Exil in den USA

Marquet Alois Edler von
KA 15.10.1901 – 30.9.1906
* Wien-Mauer 30.7.1883
gest. Wien ? 14.3.1935
*KAtt 1907, GK Berlin 1907-1909, VK
1909, MdÄ 1909-1913, K 1913, Min. des
Innern 1913-?, SektionsR 1913*

Marquet Ernst Edler von
KA 4.10.1908 – 6.7.1913
* Wien 17.11.1890
gest. Wien 5.6.1952
*KAtt 1913, K Konstantinopel 1913-1914, pr
Gt GK Smyrna 1914-1916, K Jerusalem
1916, K Konstantinopel 1916-1917, MdÄ
1917-1918, döStAfÄ 1919-1920, pens. 1920*

Marschelke Kurt
KA 9.10.1938 – 19.10.1938
* Gloden, Kr. Bomst, Posen
(Glodno, Polen)
22.5.1913
gest. ?

Marschik Rudolf
KA 15.10.1934 – 13.6.1938
* Wien 24.5.1915
gest. ?

Martens (verehel. Sokoloff)
Helene von
KA 27.11.1939 – 10.3.1941
* Budapest 16.1.1921
gest. ?

Marter Leopold
KAao 7.10.1937 – Juli 1938
* Wien 28.5.1919
gest. ?

Martin Franz St.
OA 1765
* ?
gest. ?

Martin Stefanie
KA 15.10.1934 – ?
* Krolemska Huba, Polen 22.3.1916
gest. ?

Martini
OA 1777
* ?
gest. ?

Martinitz Franz von
KA 8.10.1936 – 21.1.1939
* Saaz, Ungarn (Zatec, Tschech. Rep.)
22.1.1915
gest. ?

Maryanski Felix
OA 8.10.1885 – 30.9.1889
* Jarmolince, Russisch-Podolien
2.12.1865
gest. Lemberg, Galizien
(L'viv, Ukraine) 21.5.1907
*KEleve 1891, VK 1903, GK Beirut 1893-
1895, Ltr K Konstantinopel 1895-1900, K*

1900, K in Kairo 1900-1904, MdÄ 1904-
1905, pens. 1906

Marzani Johann Graf
OA 1804
* ?
gest. ?

Marzani Johann Graf
OA 1810
* 30.10.1794
gest. 13.10.1865
*Vizepräsident der Statthalterei des lom-
bardo-venez. Königreichs*

Maudic Nikolaus
KA 21.10.1928 – 5.7.1930
* Triest, Italien 8.9.1908
gest. ?

Mayer Stefan
KA 16.10.1933 – 4.7.1935
* Wien 27.4.1915
gest. ?

Mayer-Gutenau Wolfgang
KA 31.10.1928 – 5.7.1930
* Graz 9.2.1907
gest. ?

Mayr Alfred Ritter von
OA 1873 – 1878
* 1855
gest. Wien 16.5.1894
*KEleve 1879, GK Rustschuk (Russe)
1879-1880, GK Saloniki 1880-1881, GK
Smyrna 1881-1884, VK 1882, Zivilkommissär in Plevlje 1884-1888, K 1887, Gt
GK Rio de Janeiro 1887-1892, Gt GK Saloniki 1892, beurlaubt 1892, pens 1894*

Mayr (Ritter von) Ernst
OA 1848
* ?
gest. ?
*Dolmetschadjunkt 1853, Internuntiatur
bzw. Ges Konstantinopel 1853-1872, 3.
Dolmetsch 1857, 2. Dolmetsch 1858, 1.
Dolmetsch 1861, LR 1868, Ges bzw. Bot
St. Petersburg 1872-1878, Ges in Washing-
ton 1878-1881, Ges in Bukarest 1882-
1887, in Disp. 1887, pens. 1889*

Mayr Hans Wolfgang
KA 17.11.1939 – 1.2.1941
* Salzburg 23.6.1921
gest. im 2. Weltkrieg gefallen

Mayrhauser Oskar von
KA 14.10.1935 – Febr. 1937
* Kiel, Deutschland 7.5.1916
gest. ?

Mayrhauser von Spermannsfeld
Walther von
KA 25.10.1904 – 30.9.1909
* Ried, OÖ 20.4.1885
gest. Santa Fé de Bogotá, Kolumbien ?
*KAttt 1909, am GK Suktari 1909-1914,
VK 1911, st GT K Valona 1914-1915, am
GK Saloniki 1915, am K Monastir (Bito-
la) 1916-1917, Zivilkommissär in Tirana
1916-1917, K 1917, in sonstifer Verwen-
dung des MdÄ 1918, Mitglied des Vor-
standes der Bayerischen Vereinsbank (als
Vertreter des Bankhauses Mendelsohn &
Co., Berlin) – 1939, Vertreter der „Gute
Hoffnung Hütte" in Kolumbien 1939-?*

Mece Hikmet
KA 15.10.1923 – 28.2.1924
* Lushnja, Albanien 25.9.1904
gest. ?

Medenbach Milton H.
KA 14.10.1929 – 7.7.1930
* Baltimore, Maryland, USA 31.12.1907
gest. ?
US-General; Sprachlehrer an Valley Forge Fakultät, weiters Stud. in Yale und Univ. Virginia. Im 2.Weltkrieg in Nordafrika, Italien, Frankreich, Dtl., Ernennung zu Colonel. Military Commander of Civil Affairs in Österreich. Nach dem Krieg wieder in Valley Forge als Kadettenkommandant. Versch. militär. Auszeichnungen, Lieutenant General 1997.

Medgyessy Ladislaus
KA 4.10.1911 – 3.3.1917
* Kaposvár, Ungarn 7.6.1894
gest. ?
KAtt in Breslau 1917-1919, ung. Ausw. Dienst 1919-1941, Ges Berlin 1919-1922, Ges Prag 1922-1923, K in Cleveland 1927, K in Chicago 1927-1940, GK in New York 1940-1941, Abteilungsleiter im Außenmin. 1941-1944, 1947 Emigration in die USA, Chicago

Medovics Christoph
OAf 1880
* ?
gest. ?

Mehdevi Mohammed
KA 15.10.1934 – ?
* Meschhed, Persien 14.11.1913
gest. ?
nach 1945 UNO, New York

Meissl Erich
KA 14.10.1935 – Juli 1937
* Wien 24.9.1916
gest. Wien 5.9.2003

Meixner Josef
KA 15.10.1925 – 2.7.1927
* Pozsony (Pressburg), Ungarn (Bratislava, Slowakei) 12.5.1908
gest. ?

Meran Heinrich (Graf von)
KA 16.10.1927 – 2.7.1929
* Székesfehérvár (Stuhlweissenburg), Ungarn 26.4.1908
Gerichtspraxis Graz 1931, Verkehrsbüro 1931, ÖBB Stockholm 1931-1932, Verkehrsbüro 1932-1933, Ausw. Dienst 1933, BKA/AA 1933-1934, pr. Attaché Ges Stockholm 1934, Beamtenanwärter 1935, Attaché 1936, Ges London 1936-1938, LS 3.KL. 1938, dt. Botschaft London 1938, dt. Ausw. Amt 1938-1940, VK am dt. K Göteborg/Schweden 1940-1943, dt. Ges Bukarest 1943-1944, Internierung bei Bukarest 08/1944-02/1945; beim Transport in die Sowjetunion Flucht in Ungarn, Auswanderung nach Brasilien, Buchhändler, Rückkehr nach Deutschland, Deutsche Handelskammer in Düsseldorf

Meran Rudolf Graf
KA 8.10.1936 – 15.7.1938
* Innsbruck 20.12.1917
gest. Salzburg 13.5.1982

Mercandin Johann Graf
OA 1810
* ?
gest. ?

Merk Fritz
KA 26.10.1914 – 3.7.1920
* Graz 22.10.1896
gest. ?

Merkl von Merkenstein Franz
OA 1760
* ?
gest. ?

Merle Béla
OA 10.10.1881 – 13.7.1886
* Nagyvárad (Grosswardein),
Ungarn (Oradea, Rumänien) 3.3.1864
gest. 7.4.1931
*KEleve 1886, K Belgrad 1889-1892, VK
1890, K Piräus-Athen 1892-1894, Ltr K
Widdin 1894-1895, GK Genua 1895-
1896, GK Odessa 1896-1897, Gt VK
Varna 1897-1898, K 1898, K Port Said
1898-1900, Ltr K Bari 1900-1904, Ltr K
Pittsburgh 1904-1906, GK 1904, Ltr K
Korfu 1906-1911, Ltr GK Smyrna 1911-
1914, MdÄ 1914-1915, Ltr HK Genf
1915-1917, Ges Den Haag 1917-1918*

Merwin Magda
KA 15.10.1930 – 8.7.1932
* Wien 7.4.1911
gest. Wien 8.5.1945 (Todeserklärung)
*am 19.10.1944 von Theresienstadt nach
Auschwitz deportiert*

Meschersky Leo von
KA 13.10.1924 – 3.7.1926
* Petersburg, Russland 22.4.1904
gest. ?
nach 1945 in Shanghai

**Messerschmidt (verehel. Stroh-
schneider)** Maria
KA 11.10.1937 – 28.7.1939
* Prisecareni, Rumänien 23.7.1913
gest. ?

Metzner Annalise Franziska Lina
KA 16.10.1933 – ?
* Benndorf bei Mansfeld, D 21.8.1910
gest. ?

Meyer Georg von
KA 15.10.1931 – 7.7.1933
* Budapest 18.10.1913
gest. ?

Michalowski Johann Sigismund Ritt.v.
KA 15.10.1899 – 30.9.1904
* Weleczin, Russland (Wylezin, Polen)
24.6.1881
gest. Kraków, Polen 7.10.1947
*GK Sofia 1905-1908, KAtt 1906, VK
1908, Ges Tanger 1908-1909, Disponibilität 1911-1912, MdÄ 1912, Bot London
1912-1913, LS 2.KL. 1912, Ges Belgrad
1913-1914, Ges Sofia 1914, Kriegsdienst
1914-1916, beim Vertreter des MdÄ in*

Warschau 1916-1918, poln. Auswärt. Dienst 1919, Ges in Stockholm 1919-1923, Innenministerium 1923-1924, Ges in Budapest 1924-1928, Ges in Kopenhagen 1928-1931, pens 1932

Miessl von Zeileissen Karl
siehe **Zeileissen**

Mießl (Edler v. Treuenstadt) Felix
OA 1826 – 1831
* ?
gest. ?
Staatskanzlei 1831-1834, Internuntiatursdolmetschgehilfe Agentie Bukarest 1834-1845, Staatskanzlei 1845-1874, Hofkonzipist 1845, Registratursadjunkt 1849, Registratursdirektor und Hofsekretär 1856, Protokollsdirektor 1860, Regierungsrat 1863, pens 1874

Migazzi Christoph Graf
OA 1801
* 7.5.1787
gest. ?

Migazzi Vincenz Graf
OA 1801
* Juli 1788
gest. ?

Miklós Andreas
KA 15.10.1930 – 8.7.1932
* Kolozsvár (Klausenburg), Ungarn (Cluj, Rumänien) 29.7.1912
gest. ?

Miklós von Miklósvár Tibor
KA 15.10.1900 – 30.9.1905
* Finke, Ungarn 30.4.1883
gest. 20.12.1933
KAtt in New York 1907-1910, Kriegsdienst 1914-1919, ung. Ausw. Dienst, im Außenmin. 1920-1927, Leiter der Präsidialabt. 1927-1933

Mikulecki Victor
KA 15.10.1925 – 22.10.1927
* Krakau, Galizien (Kraków, Polen) 24.7.1903
gest. ?

Mikulicz Viktor
OA 1.10.1879 – 30.9.1884
* Braila, Walachei (Rumänien) 15.9.1860
gest. Buenos Aires/Argentinien 29.9.1891 (Selbstmord)
KEleve 1895, GK Alexandrien 1885-1887, K Konstantinopel 1887-1888, VK 1887, Hafenkapitanat Triest 1889, GK Buenos Aires 1889-1891, vom Dienst suspendiert nach Unterschlagungen 1891

Milius Tassilo
KA 15.10.1930 – 8.7.1932
* Wien 5.1.1910
gest. Wien 1.10.1945

Millauz Karl
OA 1872
* ?
gest. ?

Minich Herta
KA 16.10.1933 – ?
* Wien 13.5.1914
gest. ?

Minkus Friedrich
OA 15.10.1889 – 30.9.1891
* Wien (Penzing) 28.6.1871
gest. ?

Mirecki Franz
KA 4.11.1911 – ?
* Krakau, Galizien (Kraków, Polen)
31.3.1892
gest. ?

Mirkovic Prof. Ing. Radivoj
KA? – Dezember 1937
* Pinczéd, Ungarn (Pivnice, Jugoslawien)
12.8.1882
gest. ?

Miske Josef Freiherr von
OA 1876
* Bodajk, Ungarn 31.7.1858
gest. Köszeg, Ungarn 5.12.1930
*KEleve 1883, GK Smyrna 1883-1885, K
Belgrad 1885, GK Saloniki 1885-1888, VK
1887, GK Sofia 1888-1894, Ltr VK Turn-
Severin 1894-1897, K 1895, K Adrianopel
(Edirne) 1897-1900, Ltr K Rustschuk
(Russe) 1900-1901, GK 1901, Mission in
Tanger 1901-1902, Ltr GK Trapezunt
1902-1906, Ltr K Amsterdam 1906-1910,
Ltr GK Genua 1910-1915, in Disponibi-
lität 1916*

Mitis Oskar
KA 15.10.1930 – 8.7.1932
* Wien 8.12.1909
gest. Wien 3.7.1981
*BKA/AA Aspirant für den Höheren Aus-
wärtigen Dienst 1938; Att Ges Prag 1938;
dt. Ausw. Dienst 1938, Ges Prag 1938,
Amt des Reichsprotektors in Prag (Liquidierung des ehemaligen tschechoslowakischen Außenministeriums) 03/1939-
04/1940, beim Vertreter des Auswärtigen
Amtes beim Bevollmächtigten des Reichs
in Dänemark in Kopenhagen 04/1940-
08/1942, Ausw. Amt Berlin 08/1942-
02/1943, beurlaubt zur Bewirtschaftung
des heimischen Grundbesitzes in Caskovec
bei Brünn/Mähren, aus dem Beamten-
verhältnis entlassen 12/1944, von den
US-Truppen nach Einmarsch in die CSR
in Verwendung genommen 05/1945, Internierung im Lager „Camp Marcus W.
Orr" (Glasenbach bei Salzburg), Entlassung 02/1946. Wiederaufnahme in Ausw.
Dienst abgelehnt, Dienstverhältnis für er-
loschen erklärt 02/ 1948.*

Mlekus Stanko
KA 1.2.1922 – 30.6.1923
* Bovec, Görz u. Gradiska, Italien
7.11.1901
gest. ?

Modesti Claudio
KAao 25.1.1937 – 30.4.1937
* Triest 27.7.1914
gest. ?

Mohrenschildt Reinhold von
KA 4.10.1935 – Juli 1937
* Schloß Leifling, Kärnten 8.11.1915
gest. ?
SS-Hauptsturmführer, Generalgouvernement, Lublin 1942

Moldauer (verehel. Teuber-Weckersdorf) Ernestine Erika
KA 14.10.1935 – Juni 1939
* Wien 2.9.1916
gest. Klosterneuburg, NÖ 26.3.2001

Morawietz Juliane
KA 16.10.1933 – ?
* Köln-Kalk, D 7.8.1915
gest. ?

Morelli Gino
KA 18.10.1932 – ?
* Budapest 12.11.1913
gest. ?

Móricz de Técsö Peter
OA 15.10.1880 – 30.9.1885
* Eszlár, Ungarn 13.10.1862
gest. ?
KEleve 1886, K Konstantinopel 1888-1890, VK 1890, K Galatz 1890-1894, HGK Berlin 1894, GK Hamburg 1895-1898, K in Rostow 1898-1900, Ltr K Adrianopel 1900-1906, Ltr GK Trapezunt 1906-1913, GK 1908, Ltr K Ancona 1913-1915, pr Ltr K Rustschuk 1915-1918, ung. Ausw. Dienst 1921, Leiter der Abt. Rechtshilfe 1921-1925

Moritz Yvonne Adrienne
KA 14.10.1935 – ?
* Falkenau, Böhmen
(Sokolov, Tschech. Rep.) 3.4.1913
gest. ?

Moritz van der Hölz Gottfried
OA 1808
* ?
gest. ?

Mosettig Karl
KA 25.10.1904 – 1.8.1908
* Székesfehérvár, Ungarn 29.7.1886
gest. Wien ? 1.8.1908

Mostny Helga
KA 16.10.1932 – 6.7.1934
* Linz, OÖ 7.8.1913
gest. ?

Müller Aloys
OA 1789
* ?
gest. ?

Müller Georg
KA 7.10.1937 – Juli 1938
* Wien 28.7.1919
gest. ?

Müller (verehel. Nestor) Johanna
KA 15.10.1935 – Juli 1937
* Munkács, Ungarn (Mukacevo,
Ukraine) 24.11.1917
Headquarter, Legal Branch, British Military Government Vienna 1945-1947, BKA/AA 1947-1949, Verbindungsstelle Frankfurt 1949-1951, Verbindungsstelle Düsseldorf B (Bonn) 1951-1953, Bot

Washington 1954-1955, GK New York 1955-1962, BMfaA 1962-1966, Bot in New Delhi 1966-1970, BMfaA 1970-1972, Bot in Tel Aviv 1972-1976, BMfaA 1976-1979, Bot in Dublin 1979-1982

Müller Michael Ladislaus
KA 15.10.1930 – 8.7.1932
* Nagyenyed, Komitat Alsófehér, Ungarn (Aiud, Rumänien) 6.12.1908
gest. ?

Müller Oskar Fr.
KA 14.10.1929 – 6.3.1930
* Oslo, Norwegen, 2.12.1910
gest. Ringerike, Norwegen 20.8.1988

Müller von Roghoj Heinrich Ritter
OA 1872
* Wien 23.6.1853
gest. Saloniki 21.7.1905
KEleve 1875, GK Beirut 1875-1876, K Kairo 1876, GK Beirut 1877-1878, K Mostar 1878-1879, VK 1878, K Konstantinopel 1879, LReg Sarajewo 1879-1880, delegiert nach Plevlje (Truppenbesatzungskommando) 1880-1882, K 1882, bosn. Büro in Wien 1882-1891, K 1886, Ltg GK Odessa 1891-1900, MdÄ 1900-1904, Hof- und MinR 1901, GK 1.Kl. 1901, Zivilagent in Mazedonien (zur Überwachung der Ausführung des Reformprogramms von Mürzsteg) 1904-1905

Müller von Szentgyörgy Ladislaus
OA 1873 – 1878
* Pest, Ungarn 18.10.1855
gest. Budapest 14.3.1941
KEleve 1879, GK Scutari 1879-1882, VK in Saloniki 1882; in verschiedenen Funktionen in Konstantinopel 1882-1896, LR Bot Rom-Quirinal 1896-1900; Dipl. Agent in Sofia 1900-1904; MdÄ 2. Sektionschef 1904-1909, 1. Sektionschef 1909-1911; Bot in Tokio 1912-1914; Disponibilität 1915-1917; MdÄ 1.Sektionschef 1917-1918

Mumm von Schwarzenstein Herbert
Dr. jur.
KA 27.2.1922 – 28.2.1923
* Frankfurt am Main 22.10.1898
gest. Zuchthaus Brandenburg an der Havel
20.4.1945 (hingerichtet)
dt. ausw. Dienst – Anwärter 1923, Bot London 1925-1926, Bot Tokio 1926-1927, Ausw. Amt 1927-1930, LS 1927, Ges Oslo 1930, Ausw. Amt-Protokoll 1930-1935, im Zusammenhang mit einem von der Gestapo durchgeführten Ermittlungsverfahren in Ruhestand versetzt 1935, Berufstätigkeit in der Filmindustrie als Drehbuchlektor und Regieberater, festgenommen 1942, Gestapo-Haft, KZ Sachsenhausen und Ravensbrück, vom Volksgerichtshof zum Tode verurteilt 1944

Munory Dr. Alice
KA 7.5.1935 – 24.4.1937
* Prag 6.11.1909
gest. ?

Murmann Alexander
OA 1874
* ?
gest. ?

N

Nádasdy Franz Graf
OA 1798
* ?
gest. ?

Nagel Géza
KA 8.10.1936 – 5.7.1938
* Wien 26.1.1891
gest. ?

Nagy Arpád von
KA 16.10.1933 – 4.7.1935
* Budapest 1.5.1911
gest. ?

Nagy Emil von
KA 8.10.1936 – Juli 1937
* Budapest 17.10.1914
gest. Budapest 18.3.1943
Sekr. im ung. Außenmin. 1940-1943

Nagy Eugen
KA 14.10.1931 – 7.7.1933
* Budapest 21.12.1912
gest. ?

Nagy Josef
KA 14.10.1928 – 5.7.1930
* Kiskunhalas, Ungarn 7.3.1909
gest. ?

Nagy-Soltész Béla von
OA 15.10.1891 – 30.9.1894
* Miskolcz, Ungarn 23.9.1872
gest. 1902
KAtt 1897, K Belgrad 1898, GK Odessa 1898-1900, Dragomanat Bot Konstanti-nopel 1900-1902, VK 1900

Nathorff Alfred
OA 15.10.1897 – 23.3.1899
* Wien 8.11.1878
gest. ?

Natiesta Richard
OA 15.10.1890 – 30.9.1895
* Zborovitz, Mähren
(Zborovic, Tschech. Rep.) 18.12.1872
gest. ?
GK Saloniki 1896-1897, KAtt 1896, Semi-narist Ges Peking 1897-1898, VK 1900, GK Shanghai 1898-1901, auf eigenes An-suchen aus Staatsdienst entlassen 1901, Vorstand der Hanseatischen Druck- und Verlagsanstalt in Hamburg 1907-?

Nawe (Navé) Paul A.
KA 5.10.1910 – 5.7.1915
* Wien 15.1.1891
gest. Wien 3.7.1949
K.Attaché bzw. VK GK Berlin 1915-1921, VK GK Hamburg 1921-1928, K 1921, BKA-AA 1928- 1938, MinSekr 1928, LS 1929

Necati-Bey Bekir
KA 14.10.1929 – 8.7.1932
* Trapezunt, Osman. Reich
(Trabzon, Türkei) 15.7.1905
gest. ?

Nedwed Karl
KA 15.10.1934 – 30.10.1936
* Beirut, Syrien 12.1.1915
gest.?
nach 1945 BMf Finanzen

Negelsfürst Johann Frank von
OA 1801
* ?
gest.?

Neiburgs Vera
KA 8.10.1936 – 1.7.1938
* Riga, Lettland 23.2.1917
gest.?

Nemecek Karl
KA 16.10.1927 –32.7.1929
* Wien 13.7.1908
gest.?

Németh János
KA 16.10.1933 – 4.7.1935
* Budapest 29.10.1915
gest.?
nach 1945 in St. Marc, Montreal, USA

Nesteroff Marie
KA 21.10.1931 – 7.7.1933
* Riga, Lettland 19.9.1906
gest.?

Nestor Johanna siehe **Müller**

Neubauer Dr.jur Dr. phil. Erwin
KA 15.10.1931 – 20.6.1932
* Wien 5.4.1906
gest. Wien 8.10.1985
Industrieller

Neuberger Johanna
KA 16.10.1933 – 4.7.1935
* Wien 1.2.1915
gest.?

Neudörfer Walter
KA 17.10.1932 – 6.7.1934
* Wien 24.1.1914

Neugebauer Franz Joachim
KAG 24.5.1940 – 28.1.1941
* Riga, Lettland 22.4.1920
gest.?

Neukirchen Heinrich von
KA 8.10.1913 – 17.12.1919
* Korneuburg, NÖ 10.4.1894
gest.?

Neumann Theodor
OA 1855 – 1859
* ?
gest. Graz 22.6.1896
KEleve 1863, K Galatz 1864-1867, VKanzler VK Ibraila 1867-1868, K Jassy 1868-1869, Kanzler K Konstantinopel 1869-1870, VK 1869, GK Odessa 1870-1873, GK Warschau 1873-1878, K in Widdin 1878-1879, K Turn Severin 1879-1883, K in Kairo 1883-1892, pens 1893

Neumann-Pintarics Stefanie
KA 20.11.1939 – Febr. 1940
* Graz, Stmk. 26.12.1917
gest.?

Neumann-Spallart Anatol Ritter von
OA 15.10.1891 – 30.9.1892
* Wien 3.5.1872
gest. Jaroslau, Galizien (Jaroslav, Polen)
18.10.1914
Berufsoffizier 1895, Lehrtätigkeit als Oberleutnant an der Infanteriekadetten-schule in Wien (Französisch, Geographie, Schießwesen) 1898-1908, Hauptmann beim Infanterie-Regiment 98 1909, Kriegsarchiv Wien 1910-1914, Kriegs-dienst 1914

Niemann Helmut
KA 7.11.1935 – Juli 1937
* Brandenburg, D 5.8.1911
gest. ?

Nirschl Anton
OA 1857
* ?
gest. ?

Nobis Lisbeth
KA 14.10.1935 – Juli 1937
* Troppau, Mähren
(Opava, Tschech. Rep.) 9.8.1914
gest. ?

Nuber Alexander
OA 16.10.1882 – 30.9.1887
* Eperjes, Ungarn
(Presov, Slowakei) 12.3.1866
gest. ?
KEleve 1890, K Konstantinopel 1890-1892, K Port Said 1892-1893, VK 1893, int Gt K Port Said 1893-1895, K Pitts-burgh 1895-1897, GK Chicago 1897-1900, K 1899, K in Pittsburgh 1900-1902, Ltr GK Chicago 1902-1909, GK 1905, Ltr

GK New York 1909-1917, MdÄ 1917-1918, ungar. Ausw. Dienst 1919, Ltr. PräsAbt 1920-1926

O

Oberlaender Carmen
KA 15.10.1930 – 8.7.1932
* Krakau, Galizien (Kraków, Polen)
5.1.1912
gest. ?
deportiert nach Theresienstadt
24.9.1942

Ocetkiewicz von Julienhart Arthur
KA 5.10.1906 – 30.9.1911
* Tarnopol, Galizien (Ternopol,
Ukraine) 2.2.1888
gest. ?
GK Rio de Janeiro 1911-1912, KAttaché 1911, K Curityba 1912-1913, VK 1913, int Gt K Sao Paulo 1913-1914, K Sao Paulo 1914-1917, K Curityba 1917-1918, poln. Ausw. Dienst 1919, VK in New York 1920-1926, Ltr K Pittsburgh 1926-1932

Odelga Johann Anton (Frh. von)
KA 15.10.1928 – 5.7.1930
* Wien 26.8.1910
gest. Wien 11.2.1980

Oesterreicher Gustav Ritter von
OA 1853 – 1858
* Brezow, Galizien (Rzeszow, Polen)
9.12.1834
gest. Wien 29.5.1911
KEleve 1858, GK Sarajewo 1858-1859, K Ibraila 1859-1867, VKzlr 1860, Kanzler K Galatz 1867-1969, GK Smyrna 1869,

VK 1869, K in Jerusalem 1871-1872, K Durazzo 1872-1873, Gt K Konstantinopel 1873-1882, GK 1876, K in Danzig 1882-1883, GK-Stellv. und Kommerzkanzleidirektor Bot Paris 1883-1899, MinR 1890, GK 1.Kl. 1893, pens. 1899

Oettl Baron
OA 1781
* ?
gest. ?

Ofenheim Adolf Ritter von
OA 1876
* 1857
gest. Wien 4.2.1905
Hof- und Gerichtsadvokat

Offermann Ernst Edwin Frh. von
KA 14.10.1935 – Juli 1937
* Wien 22.4.1917
gest. ?

Ohrtmann Helmut
KA 1.2.1922 – 28.2.1923
* Magdeburg, Preußen 4.3.1898
gest. ?

Olcán Svetozar
KA 3.10.1927 – ?
* Idvor, Serbien 9./22.2.1908
gest. ?

Oliva Karl
OA 1871
* ?
gest. ?

Olszynski Georg Lechoslaw
KA 7.10.1937 – Juli 1939
* Yedrzejów, Wojewodschaft Kielce, Polen
11.5.1918
gest. ?
nach 1945 in Australien

Omari Suad Al
KA 22.10.1937 – 5.7.1939
* Monastir, Türkei (Bitola, Mazedonien)
18.5.1907
gest. ?
nach 1945 in Bagdad

Öner Fahir
KA 4.11.1937 – Juli 1939
* Adrianopel, Osman. Reich
(Edirne, Türkei) 18.10.1916
gest. ?

Oppenheim (v. Reitmann) Lisa
KA 14.10.1935 – Juli 1937
* Wien 25.4.1915
gest. ?
Österreich 1938 verlassen

Oppenheimer Richard
OA 20.10.1882 – 30.9.1887
* Janowitz, Böhmen
(Janovice, Tschech. Rep.) 10.8.1864
gest. Wien 2.5.1945
KEleve 1887, K Athen 1890-1892, Ges Teheran 1892-1894, Ltr K Piräus-Athen 1894-1896, ö.-u. Delegierter bei der Quarantänekommission in Alexandrien 1896-1898, ö.-u. Vertreter bei der int. Kommission für die Finanzkontrolle in Griechenland 1898-1905, Ltr K Piräus 1898-1905, GK 1905, Zivilagent in Ma-

zedonien 1905-1909, MdÄ 1909-1918, SChef 1918, öStAfÄu/BMfÄ, Leiter pol. Sektion 1920-1922

Orsini von Rosenberg Vincenz Graf
OA 1804
* 5.10.1787
gest. 22.11.1824

Ossner Rudolf
KA 16.10.1933 – 4.7.1935
* Neubreisach, Elsass 17.4.1913
gest. im 2. Weltkrieg gefallen

Ottahal-Ottenhorst Felicitas von
KA 11.10.1937 – Juli 1938
* Brünn, Mähren (Brno, Tschech. Rep.)
6.5.1917
gest. ?
nach 1945 BMf Handel u. Wiederaufbau

Ottahal-Ottenhorst Georg von
KA 15.10.1934 – 8.3.1941
* Brünn, Mähren (Brno, Tschech. Rep.)
27.5.1914
gest. ?

Ottenfels-Gschwind Franz Baron
OA 1795 – 1802
* Klagenfurt, Kärnten 12.6.1778
gest. Wien 17.3.1851
Internuntiatur Konstantinopel 1802-1808, Staatskanzlei 1816-?, Internuntius in Konstantinopel 1822-1832, Staatskanzlei 1832-?, Leiter der admin. inl. Abteilung der Staatskanzlei und routinemäßiger Stellvertreter Metternichs 1835-?

Ottlik Peter von
KA 15.10.1902 – 30.6.1905
* Budapest 27.1.1885
gest. Wien? 30.7.1905

Otto Eduard
OA 12.10.1882 – 30.9.1887
* Triest 19.12.1883
gest. ?
KEleve 1888, Dragomanat Bot Konstantinopel 1890-1905, VK 1992, TitAtt 1893-1896, 3. Dragoman 1896, LS 1897, 2. Dragoman 1897, K 1898, LS, 1. Dragoman, LR 1902-1905, 1. dipl. Beamter Bot Konstantinopel 1905-1911, Ges 1908, Ges in Teheran 1911-1912, MdÄ 1912-1913, Ges in Cetinje 1913-1914, MdÄ 1915-1916, Zivillandeskommissär des Militärgouvernements Cetinje 1916, Vertreter des MdÄ beim Militärgouvernement in Cetinje 1916-1918, pens. 1919

P

Pach (Frh. von Hansenheim und Hohen Eppan) Vitus
KA 22.10.1926 – 2.7.1928
* Pozsony (Pressburg), Ungarn (Bratislava, Tschech. Rep.) 18.9.1905
gest. ?

Padevit Halmar
KA 25.10.1904 – 28.12.1904
* Triest 23.10.1883
gest. ?

Paikert Alajus von
KA 12.12.1918 – 3.3.1919
* Washington, USA 20.2.1901
gest.?

Pálfy Viktor
OA 1877
* ?
gest.?

Pallavicini Alphons Markgraf
KA 15.10.1903 – 30.9.1908
* Graz 15.10.1885
gest. Wien 19.2.1937
*KAtt 1909, K Alexandrien 1909-1911,
VK 1911, GK Köln 1911-1913, K Sofia
1913-1914, Kriegsdienst 1914-1915, Ges
Sofia 1916-1917, LS 1917, Bot beim Hl.
Stuhl (im Schweizer Exil) 1917-1918,
ungar. Ausw. Dienst 1919, LR*

Pallavicini Dr. Alcrame
KAG 3.1.1938 – März 1938
* Genua, Italien 30.11.?
gest.?

Pammer Maximilian
KA 22.10.1926 – 2.7.1928
* Wien 5.12.1904
gest. Klosterneuburg/NÖ 5.9.1988
*Amt der Tiroler Landesregierung/Ver-
wendungen bei der Bezirkshauptmann-
schaft Schwaz und der Tiroler Landespo-
lizeistelle 1928-1933; Bundeskanzleramt,
neu gegründete staatspolizeiliche Bureau
der Generaldirektion für öffentliche Sicherheit (Betreuung des Anhaltelagers
Wöllersdorf) 1933-1938; KZ-Haft 1938-
1939, Kriegsdienst 1939-1944, neuerliche
KZ-Haft 1944, Wiederaufbau und Lei-*

*tung der Staatspolizei 1945-1959. SChef
im BMf Inneres – Zivilschutz und wirtschaftliche Angelegenheiten 1959-1964,
Präsident des Österreichischen Statistischen Zentralamtes 1964-1968.*

Pander (verehel. Georgescu) Ines
KA 16.10.1933 – 4.7.1935
* Riga, Lettland 26.2.1915
gest.?

Panek Adalbert
KA 1.3.1931 – 7.7.1933
* Olmütz, Mähren
(Olomouc, Tschech. Rep.) 17.3.1904
gest.?

Panfilli Guido
OA 15.10.1892 – 30.9.1897
* Triest 15.12.1874
gest.?
*KAtt 1898, K Alexandrien 1899-1900,
VK 1900, K Konstantinopel 1900-1903,
GK Sofia 1903-1909, K 1908, Ltr K Sofia
1909, Ltr K Konstantinopel 1909-1911,
Kommerzdirektor Bot Konstantinopel
1911-1914 und 1915-1918, LR 1911,
Kriegsdienst 1914-1915, GK 1915, pens.
1919*

Pap Béla von
KA 15.10.1901 – 30.9.1906
* Aranyos-Lóna, Ungarn (Luna,
Rumänien) 20.7.1881
gest.?
*K Bukarest 1907-1916, KAtt 1907, VK
1909, K 1916, Bot Berlin 1916, Zivil-
kommissär in Rumänien 1916-1917, dem
Vertreter des MdÄ in Bukarest zugeteilt
1917-1918, ung. Ausw. Dienst 1919, K*

2.Kl. mit Titel K. 1. Kl. 1921, Ges Bukarest

Papp Etele
KA 15.10.1927 – 2.7.1929
* Budapest 9.1.1907
gest. ?

Papp von Ovár Gábor
KA 7.11.1916 – 28.6.1922
* Jász-Nagykun-Szolnok, Ungarn
1.4.1899
gest. ?
*ung. Ausw. Dienst, im Außenmin. 1922-
1926, Ges Mailand 1926-1927, GsR in
Rom 1927-1930, in Bukarest 1930-, 1940
BS Bern*

Para Gottlieb
OA 15.10.1881 – 30.9.1887
* Cizowka, Böhmen (Cizowka,
Tschech. Rep.) 17.10.1861
gest. ?
*KEleve 1887, K Bukarest 1890, Zivil-
komm. und polit. Referent Truppenbesat-
zungs-Kdo Plevlje 1891-1898, VK 1891,
K in Üsküb (Skopje) 1898-1906, GK
1905, GK in Saloniki 1906-1911, 1. Dolmetsch des Dragomanat Bot Konstantinopel 1911-1913, GK 1.Kl. 1911*

Parcher Felix
OA 15.10.1893 – 30.9.1898
* Eperjes, Ungarn (Presov, Slowakei)
16.1.1876
gest. ?
*KAtt 1899, K Alexandrien 1900-1901, Zi-
vilkommissär und pol. Referent des Trup-
penbesatzungskdo. in Plevlje 1901-1905,
VK 1901, Dragomanat Bot Konstantino-*

*pel 1907-1918, 3. Dragoman 1908, 2.
Dragoman 1911, 1. Dragoman 1913, LR
1915*

Parnes Alice
KA 17.10.1928 – 5.7.1930
* Krakau, Galizien (Kraków, Polen)
26.9.1907
gest. ?

Parnes (verehel. Hevesi) Wanda
KA 15.10.1931 – 15.10.1932
* Przemysl, Galizien (Przemysl, Polen)
4.10.1910
gest. ?

Pasetti-Friedenburg Marius
Freiherr von
OA 1859 – 1864
* Padua (Padova, Italien) 15.5.1841
gest. Wien 4.3.1913
*KEleve 1864, Dolmetschadjunkt Inter-
nuntiatur Konstantinopel 1865-1868,
Bot Paris 1868, MdÄ 1868-1870, HLS
1870, Bot St. Petersburg 1870, Ges Florenz 1870-1878, LS 1871, LR 1876, Berliner Kongress 1878, MdÄ 1878-1880, Bot
Berlin 1880-1883, Ges 1883, MdÄ 2. Sektionschef 1883-1890, 1. SChef 1890-1895,
Bot in Rom-Quirinal, Kanzler des kais.
österr. Leopoldordens 1904, lebenslängl.
Mitglied des Herrenhauses des Reichs-
rates 1905*

Passel, OA 1777
* ?
gest. ?

Patzner Gertrude siehe **Kermauner**

Pauk Adalbert
KAx 1932 – 1933
* ?
gest. ?

Pauk Milada
KA 14.10.1931 – 7.7.1931
* Brünn, Mähren (Brno, Tschech. Rep.)
2.3.1911
gest. ?

Paul Otto
OA 21.10.1882 – 30.9.1888
* Wien 3.3.1863
gest. ?
KEleve 1891, aus Konsulardienst ausgetreten 1891

Paulczinsky (verehel. Thies) Angela
KA 15.10.1928 – 5.7.1930
* Wien 2.3.1907
gest. ?

Pauli Karl Ritter von
OA 1873 – 1878
* 8.12.1854
gest. ?
KEleve 1879, K Philippopel (Plowdiw) 1879-1883, VK 1882, K Belgrad 1883-1884, VK in Plojest 1884-1887, VK in Giurgewo 1887-1888, K in Rustschuk (Russe) 1888-1891, K in Philippopel (Plowdiw) 1891-1893, Ltr K Belgrad 1893-1898, GK 1896, GK in Zürich 1898-1906, Ritterstand „von Entzebühel" 1903, Kommerzkanzleidirektor Bot Paris 1906-1909, Kommerzdirektor Bot Paris 1909-1913, Disp 1913, pens 1915

Péchy Stefan von
OA 15.10.1892 – 30.9.1893
* Szécsény, Ungarn 10.9.1875
gest. ?

Peez Carl
OA 15.4.1883 – 30.9.1887
* Frankfurt am Main 18.8.1858
gest. Wien 9.3.1919
KEleve 1887, bosn.-herz. Landesregierung zuget. 1888, int. Ltr VK Prisren 1889-1890, Ltr VK Varna 1891-1895, VK 1892, HGK Berlin 1896-1898, Ltr VK Crajova 1898-1901, Ltr der Geschäfte am HGK Frankfurt 1901-1903, GK und pens. 1904

Pekovich Alexander von
KA 8.10.1907 – 6.7.1912
* Pozsony (Pressburg), Ungarn (Bratislava, Slowakei) 5.8.1888
gest. Davos, Schweiz 21.12.1915
KAtt 1912, GK Beirut 1912-1913, GK Venedig 1914-1915, VK 1914, VK Turn-Severin 1915

Pelényi Johann
KA 15.10.1902 – 30.9.1907
* Budapest 15.2.1885
gest. Hanover, New Hampshire (USA) 19.4.1971
K Pittsburgh 1908-1909, KAtt 1908, GK Chicago 1909-1911, VK 1909, am K Cleveland 1911-1917, K 1916, MdÄ 1917-1918, ungar. Ausw. Dienst 1919, 1920 Botschaftsrat, 1922-1930 Washington, Vertreter in Spezialangelegenheiten in NL, GB und USA, Vertreter beim Völkerbund 1930-1933, Bot in Washington 1933-1940, 1941 Expatriierung

Pelikan Elisabeth
KA 7.10.1937 – 15.2.1938
* Villach, Kärnten 16.4.1917
gest. ?

Pellischek Konstantin
OA 1872
* ?
gest. ?

Penckler Heinrich Baron
OA 1759
* ?
gest. ?

Perelmuter Berek
KA 22.10.1926 – 2.7.1928
* Kowel, Wolhynien, Polen 25.11.1903
gest. ?

Pernitza Gertrude
KA 16.10.1932 – 6.7.1934
* Prag 24.9.1913
gest. ?

Pertazzi Friedrich
OA 1849 – 1854
* ?
gest. ?
Dolmetsch-Adjunkt Internuntiatur Konstantinopel 1854-1856, VKanzler K Rustschuk 1856-1859, Gt K Scutari 1859-1860, K Rutschschuk 1860-1861, Kanzler GK Rustschuk 1861-1864, Kanzler GK Smyrna 1864-1868, VK in Tultscha 1868-1869, K in Tultscha 1869-1881, Ruhestand 1881

Péscha von Kis-Szám Alexander
OA 1870 – 1874
* 28.9.1852
gest. ?
KEleve 1874, GK Alexandrien 1875, K Belgrad 1875-1877, K Mostar 1877-1878, K Adrianopel (Edirne) 1878-1879, VK 1879, K Sarajewo 1879-1880, K Belgrad 1880-1993, K Konstantinopel 1883-1887, GK Skutari 1887-1889, int Gt K Prisren 1889, Ltr K Widdin 1889-1894, K 1890, K Patras 1894-1899, Ltr K Aleppo 1899-1904, GK 1901, Ltr GK Liverpool 1904-1907, Ltr GK Montreal 1907-1910, pens. 1910.

Pesek (verehel. Mandl) Charlotte
KA 7.10.1937 – Mai 1938
* Wien 4.5.1918
gest. Wien 15.12.2001

Peteani Heinrich
KA 15.10.1931 – 7.7.1933
* Altdörfl bei Radkersburg, Stmk.
8.1.1912
gest. ?

Peter Franz
OA 8.10.1885 – 30.9.1890
* Eger, Böhmen (Cheb, Tschech. Rep.)
28.4.1866
gest. Wien 22.2.1957
KEleve 1891, K Piräus 1892-1893, K Alexandrien 1893-1894, GK Beirut 1894, GK Alexandrien 1894-1895, GK Smyrna 1895-1899, MdÄ 1899-?, Vorlesungen über Konsularwesen an der, KA 1903-1938, ao. Professor an der, KA 1905, stellv. Leiter Rechtssektion 1912, SChef 1919, Generalsekretär für Auswärtige

Angelegenheiten 1926-1937, obwohl pens. 1932

Peterelli Anton von
OA 1772
* ?
gest. ?

Peterffy de Jágócs Ernst
KA 9.10.1905 – 6.10.1906
* Pozsony (Pressburg),
Ungarn (Bratislava, Slowakei) 3.12.1887
gest. ?

Petrauskas Jurgis-Adakris
KA 14.11.1931 – 7.7.1933
* Wiborg, Finnland 15.6.1909
gest. ?

Petroff Nikola
KA 14.10.1929 – 21.6.1930
* Trewna, Bulgarien 24.7.1897
gest. ?

Petrossy, OA 1781
* ?
gest. ?

Petrovic Alexander
OAf 1880
* ?
gest. ?

Petrovic Paul
KA 15.10.1925 – 30.6.1926
* Vrbanya, Komitat Syrmien,
Ungarn (Vrbanja, Kroatien) 11.12.1902
gest. ?

Petrovic Aristoteles
OA 15.10.1888 – 30.9.1893
* Sarajewo, Bosnien 7.1.1868
gest. ?
KEleve 1893, GK Sofia 1894-1895, int Gt VK Varna 1894, K Konstantinopel 1896-1897, VK 1896, Ltr VK Valona 1897-1901, st Ltr GK Janina 1901-1906, Tit K 1901, K 1904, Ltr K Adrianopel (Edirne) 1906-1907, Ltr GK Moskau 1907-1909, Ltr K Alexandrien 1909-1913, GK 2. Kl. 1911, ö.-u. Komm. bei der Int. Kontroll-kommission für Albanien 1913-1914, in Verfügbarkeit 1914, Kriegsdienst 1915-1916, pens. 1916, Direktionsrat der priv. Landesbank für Bosnien und Herzegowina 1916-?

Petzelt Ingeborg
KA 17.11.1939 – Aug.1940
* Wien 16.9.1919
gest. Wien 30.9.1991

Pfeil und Klein-Ellguth Hubert
Graf von
KA 8.3.1922 – 30.6.1923
* Schweidnitz in Schlesien, D. 20.2.1901
gest. ?

Pfleger Johann
KA 17.11.1939–März 1940
* Wien 19.5.1921
gest. Wien Ende April 1945

Pflügl Wilhelm Freiherr von
OA 1811
* ?
gest. ?

Philippou Alexander
KA 16.10.1933 – 4.7.1935
* Hanthi, Griechenland 27.1.1912
gest. ?

Philippovich von Philippsberg
Maximilian
KA 4.10.1911 – 7.7.1917
* Freiburg in Baden, Deutsches Reich
30.5.1892
gest. ?

Pichler Erich
KA 15.10.1934 – 29.12.1936
* Wien 19.2.1916
gest. Wien 3.11.1998
Gebr. Böhler & Co. Edelstahlwerke Wien/
gleichzeitig Militärdienst 1939-1945,
BKA/ AA 1945, LS 3.Kl. 1948, pol. V
Budapest 1947-1948, BKA/AA 1948-
1953, pol. V/Botschaft Bonn 1953-1959,
BMfaA 1959-1964, Bot in Helsinki 1964-
1971, BMfaA/stv. Ltr Sektion III WPol
1971-1980, Bot in Kopenhagen 1980-
1981

Pichler Karl
KA 16.10.1933 – 1935
* Wien 17.3.1913
gest. Sommer 1935

Pidoll zu Quintenbach Franz Freiherr
KA 15.10.1903 – 30.9.1908
* Luxemburg/Luxemburg 19.9.1884
gest. ?
KAtt 1908, GK St. Petersburg 1908-1910,
Austritt aus kons. Dienst 1910, Wieder-
eintritt 1911, K Philadelphia 1911-1913,
K Kapstadt (strafweise Versetzung), aus
Staatsdienst entlassen 1913

Pietschka Emerich
OA 1871 – 1875
* Zywiecz, Bez. Saybusch, Galizien (Zywiecz, Polen) 4.3.1852
gest. Jassy, Rumänien 8.8.1891
KEleve 1876, GK Smyrna 1876-1879, K
Mostar 1879-1880, VK 1880, GK Smyrna
1880-1881, GK Warschau 1881-1887, K
in Jassy 1887-1891

Pilatowski Josef von
KA 16.10.1932 – 6.7.1934
* Lemberg, Galizien (L'viv, Ukraine)
16.1.1915
gest. ?

Pilinski Stanislaus Ritter von
OA 1870 – 1874
* ?
gest. Prisren, Albanien 11.6.1891
GK Scutari 1875, KEleve 1876, K Mostar
1876-1877, K Bukarest 1877-1879, K Bel-
grad 1879-1882, VK 1879, Ltr, KA Nisch
1882-1887, Gt K Widdin 1887-1889, Ltr
K Prizren 1889-1891

Piringer von Wartenberg Franz
OA 1760
* ?
gest. ?

Pisek Charlotte
KAx 1937 – 1938
* ?
gest. ?

Pisko Julius
OA 15.10.1880 – 30.9.1885
* Wien 3.2.1862
gest. ?

KEleve am K Belgrad 1885, prov. pol. Adjunkt LReg für Bosnien-Herzegowina 1886-1887, am GK Skutari 1887-1888, am K Kiew 1888-1889, am GK Alexandrien 1889, am GK Skutari 1889-1891, Gt VK Prisren 1891-1892, VK 1891, Ltr GK Janina 1892-1896, am K Üsküb 1896-1898, K 1898, st. Gt GK Shanghai 1899-1901, handelspolit. Berichterstatter der beiden Handelsministerien an Bord der SMS „Zenta" 1902-1902 (Werk: Die Südhalbkugel im Weltverkehr, Wien 1904), Gt GK Rio de Janeiro 1905, Ltr GK Rio de Janeiro 1905-1907, Ltr GK Liverpool 1907-1912, Ltr GK Marseille 1914, pens. 1914

Pitlik von Rudan und Porin Milan
KA 4.10.1911 – 3.7.1918
* Zagreb, Kroatien 9.12.1893
gest. ?

Plahl Margarete
KA 5.12.1939 – 8.2.1941
* Innsbruck 14.6.1921
gest. ?

Plappart von Frauenberg Friedrich
OA 1803
* ?
gest. ?

Platzer Wilfried
KA 15.10.1930 – 8.7.1932
* Hafslund, Norwegen 5.4.1909
gest. Laxenburg 12.11.1981
RAA am LG für Strafsachen Wien 1933, BKA/AA 1933, prov. Att Ges Berlin 1934, BKA/AA 1934-1938, handelspolit. Abt, Referatsleiter Südosteuropa 1935-1938,

LS 3.Kl. 1937, dt. Ausw. Amt 1938-1945, (Presseabteilung, zuletzt Leiter des Referates P II (Frankreich, Belgien, Niederlande, Schweiz), LS 1940, LR 1942, Amt der Vorarlberger Landesregierung/Verbindungsmann zur französischen Militärregierung 1945-1947, BKAA/ AA 1948-1950, Ges Washington 1950-1954, Ges und Ltr Wpol 1954-1958, Bot in Washington 1958-1965, BMfaA Ltr Sektion III Wpol 1965-1967, Generalsekretär für Auswärtige Angelegenheiten 1967-1970, Bot in London 1970-1974

Plazinski Thaddäus Ritter von
KA 15.10.1901 – 22.5.1906
* Wielicka, Galizien (Wieliczka, Polen)
5.9.1882
gest. ?

Plenk Joseph
OA 1794
* ?
gest. ?

Plentl Richard
KA 15.10.1930 – 8.7.1932
* Kairo, Ägypten 20.10.1911
gest. 2001
nach 1945 in Argentinien und England

Pleterska Elisabeth
KA 17.10.1932 – 6.7.1934
* Abbazia, Italien 19.11.1911
gest. ?

Pleterska Roberta
KA 17.10.1932 – Juli 1933
* Abbazia, Italien 4.9.1914
gest. ?

Plöchl Willibald
KA 22.10.1926 – 2.7.1928
* St. Pölten, NÖ 7.6.1907
gest. Wien 27.5.1984
Privatdozent für Kirchenrecht Univ. Wien 1935-1938, Dozent, Univ. Nymwegen, Niederlande 1939-1940, Gastprofesssor Catholic University of America, Washington 1941-1947, o. Univ. Prof für Kirchenrecht Univ. Wien 1948, Ordinarius für Kirchenrecht an der Univ. Wien 1972

Ploennies Hermann Ritter von
OA 15.10.1894 – 30.9.1899
* Gitschin, Böhmen (Jicin, Tschech. Rep.) 3.2.1875
gest. Wien 22.12.1962
KAtt 1900, MdÄ 1900-1914, VK 1901, K 1908, am GK Köln 1914-1917, Ltr GK Köln 1917-1925, GK in Triest 1925-1928, Ges in Belgrad 1928-1935, pens 1935

Pölzl Friedrich
KA 15.10.1934 – 1.7.1936
* Wien 2.9.1915
gest. Wien 9.4.1995

Pözel (von Virányos) Tibor
KA 25.10.1904 – 30.9.1909
* Budapest 18.10.1886
* ?
KAtt 1909, K Üsküb (Skopje) 1909-1913, VK 1911, Ltr VK Adalia 1913-1916, GK Zürich 1916, int. Gt K Davos 1916, GK Skutari 1916-1918, ungar. Ausw. Dienst, im Außenmin. 1919-1924, Ges Istanbul 1924-1926, K Mailand 1927-1936, Abteilungsleiter im Außenmin. 1937-1939, GK in Köln 1939, GK in Arad 1940-1941, im Außenmin. 1941-?

Pogacar Alois
OA 1876
* Verona 27.9.1859
gest. Laibach, Krain (Ljubljana, Slowenien) 23.10.1912
KEleve 1882, K Konstantinopel 1882-1883, GK Janina 1883-1884, GK Skutari 1884-1885, GK Bombay 1885-1887, VK 1887, K Konstantinopel 1887-1890, int Gt GK Skutari 1890-1891, Ltr VK Batum 1891-1893, LK in Piräus-Athen 1893-1894, Ltr K Port Said 1894-1895, K Adrianopel (Edirne) 1895-1897, K Jassy 1897-1899, Ltr K Kairo 1899-1900, Ltr K Jerusalem, 1900-1905, Ltr GK Odessa 1905-1912

Pogatscher Rudolf
OA 1877
* St. Margarethen, Stmk. 31.7.1859
gest. Wien 9.4.1945.
KEleve 1882, VK Philippopel (Plowdiw) 1884-1887, VK Varna 1887, K Monastir (Bitola) 1888, Dragomanat Bot Konstantinopel 1891-1897, LS 1897, MdÄ 1902-1918, Ges 1905, Geh. Rat 1910; Ltr Südost-Ref. 1907, Oberleitung Ref. I, II und IV 1912, pol. Berater des 1. SChefs 1917, pens. 1918, reaktiviert und außenpol. Berater des BM im Range eines SChefs 1921, pens. 1924

Pohl Viktor
KA 4.10.1908 – 6.7.1913
* Sofia, Bulgarien 4.12.1889
gest. ?
Kriegsdienst 1914-1915, KAtt 1915, K 1916, K Konstantinopel 1916-1918

Polak Emil
OA 1.10.1879 – 21.1.1884
* Mödling, NÖ 23.8.1862
gest. Wien 21.1.1884

Pollak Johann Paul siehe **Pelényi**

Pomaroli Wilfried
KA 7.10.1937 – 29.7.1939
* Villach, Kärnten 14.7.1919
gest. ?

Poncet Hans Herbert von
KA 15.10.1934 – 1.7.1936
* Grimma, Sachsen 9.8.1912
gest. ?

Pongrácz von Szent-Miklós und Ovár
Paul Graf
KA 8.10.1907 – 6.7.1912
* Wien 14.1.1889
gest. Bratislava, CSSR (Slowakei)
9.11.1975
*K Belgrad 1913-1914, KAttaché 1913,
MdÄ 1914, Kriegsdienst 1914-1917, K
Bagdad 1917, pr Ltr K Bagdad 1918*

Pop Dr. Eugen Septim
KA 27.11. 1929 – 24.6.1930
* Kisküküllö, Ungarn (Bia jud
Tarna-mica, Rumänien) 28.8.1904
gest. ?

Popper Hansi Lisbeth
KA 15.10.1934 – 24.7.1936
* Wien 11.3.1914
gest. ?

Popper Otto
KA 16.10.1933 – 4.7.1935
* Wien 6.10.1915
gest. Wien 25.10.1944

Porath Hanna
KA 15.10.1934 – 1.7.1936
* Jekaterinburg, Russland 1.11.1913
gest. ?

Portano Heinrich
KA 1.4.1938 – 20.7.1939
* Berlin, D. 29.5.1920
gest. ?

Posfai Virgil
OA 15.10.1892 – 30.9.1898
* Budapest 12.7.1875
gest. ?
*KAtt 1899, K Belgrad 1900, VK 1901, K
Adrianopel (Edirne) 1901-1902, Drago-
manat Bot Konstantinopel 1902-1903,
Ltr VK Turn-Severin 1903, K Bukarest
1903, Ltr K Plojest 1903-1906, st Gt K
Monastir (Bitola) 1906-1909, K 1907, Ltr
K Sofia 1909-1913, int Gt K Basel 1913,
Ltr K Patras 1914, Kriegsdienst 1914-
1916, MdÄ 1916-1918, ungar. Ausw.
Dienst 1919, im Außenmin. Leiter d. Abt.
für Sozialpol. 1921-1922, Leiter d. Abt.
für int. Donauang. 1924-1931*

Posold Alexander
KA 17.10.1932 – 6.7.1934
* Wien 13.1.1909
gest. Wien 29.9.1975

Post Nikolaus
OA 15.10.1890 – 30.9.1894
* Wien 16.5.1870
gest. Buchbach, NÖ 23.11.1945
KEleve 1894, GK Shanghai 1896-1899, VK 1898, K Hongkong 1900-1905, GK Rio de Janeiro 1906-1911, Ltr GK Hamburg 1911-1913, GK 2.Kl. 1912, Kommerzdirektor Bot Berlin 1913-1921, LR 2. Kl. 1913, GK 1.KL. 1919, Ges in Warschau 1921-1930, Ges 1925, pens. 1930

Potok Heinrich
KA 13.10.1924 – 3.7.1926
* Krakau, Galizien (Kraków, Polen) 3.3.1905
gest. ?

Pottere Georg de
OA 15.10.1894 – 30.9.1899
* German, Ungarn (Gherman, Rumänien) 1.7.1875
gest. ?
KAtt 1899, DA Sofia 1900-1905, VK 1901, Mission Tanger 1905-1908, MdÄ 1908-1912, K 1909, Ges Mexico City 1912-1913, MdÄ 1914-1918

Potucek Johann
KA 15.10.1899 – 30.9.1904
* Bubenc, Böhmen (Bubenec/Praha, Tschech. Rep.) 24.1.1879
gest. ?
KAtt 1906, GK Rio de Janeiro 1906, pr Gt K Porto Alegre 1906-1907, GK Rio de Janeiro 1907-1910, VK 1908, int Gt K Sao Paulo 1910, st Gt K Curityba 1910-1918, K 1914, tschechoslowak. Ausw. Dienst 1920, K an der Bot Rio de Janeiro 1920-1922, K an der Bot Mexico City 1932-

1933, Ltr Kons.Sekt. 1933-1939, pens. 1939

Potyka-Frauenfeld Eduard
KA 15.10.1932 – 8.7.1933
* Wien 9.2.1910
gest. ?

Praschil Miecislaus
KA 15.10.1925 – 30.6.1926
* Lemberg, Galizien
(L'viv, Ukraine) 19.11.1902
gest. ?

Praschil Thaddäus
KA 13.10.1924 – 3.7.1926
* Lemberg, Galizien (L'viv, Ukraine) 14.6.1904
gest. ?

Pravda Ludwig
KA 14.10.1935 – 12.12.1935
* Wien 20.8.1916
gest. ?

Preindl Joseph von
OA 1758
* ?
gest. ?

Preleuthner Leo
KA 15.10.1901 – 30.9.1906
* St. Pölten, NÖ 11.12.1881
gest. ?
KAtt 1907, GK Smyrna 1907-1909, VK 1909, K Alexandrien 1909-1911, MdÄ 1911-1917, K 1915, temp Ltr K Amsterdam 1917-1918, danach Tätigkeit in der Wirtschaft; Gesellschafter des Bankhauses Schoeller & Co, Vorsitzender des

Aufsichtsrates der Vöslauer Kammgarn-
fabrik, stellv. Vorsitzender des Aufsichts-
rates der Brauerei Schwechat AG (1953)

Prie Leda
KAx 1935 – 1936
* ?
gest. ?

Priester Rudolf
KA 7.10.1912 – 5.7.1919
* Raab, OÖ 21.11.1893
gest. ?

Princic Alojzij
KA 14.10.1929 – 7.7.1931
* Cerovo, Bez. Görz, Italien 20.9.1909
gest. ?

Prochaska Oskar
OA 15.10.1895 – 30.9.1900
* Adamsthal, Mähren
(Adamov, Tschech. Rep.) 12.7.1876
* ?
KAtt 1901, K Üsküb (Skopje) 1901-1904,
VK 1903, int Gt Monastir (Bitola) 1904-
1906, st Gt K Prisren 1906-1913, K 1911,
Ltr GK Rio de Janeiro 1913-1918

Procházka Ottokar (Frh. von)
KA 15.10.1931 – 7.7.1933
* Wien 22.1.1912
gest. Wien 26.11.1981
Konsulent der BKdgW

Procházka Dr. Vladimir
KA 15.2.1938 – März 1938
* Bechin, Böhmen
(Bechyne, Tschech. Rep.) 14.5.1912
gest. ?

Prochnik Gustav Leo Edgar
KA 15.10.1899 – 30.9.1904
* Amboina, Niederl. Indien (Indonesien)
21.1.1879
gest. Wien 12.4. 1964
K Pittsburgh 1905-1911, KAtt 1906, VK
1908, int Gt VK Cleveland 1908, Ltr HK
St. Paul 1912-1917, MdÄ 1917-1918, 1.
Sekretär der österr. Friedensdelegation
in St. Germain 1919, der kön. schwed.
Gesandtschaft in Washington zur Liqui-
dierung der ö.-u. VBen in den USA zu-
geteilt 1920, GK 2.Kl. 1920, Ltr und st.
GT der Ges Washington 1921-1925, Ges
in Washington 1925-1938, pens. 1939,
Lehrtätigkeit an der Foreign Service
School der Georgetown University 1938-
1960

Prodanovic Katharina
KA 16.10.1927 – 2.7.1929
* Szenttamás, Ungarn
(Srbobran, Serbien) 10.10.1909
gest. ?

Prónay de Tót-próna und Blatnicza
Josef von
OA 28.9.1880 – 19.10.1884
* Ivánka, Kom. Borsód, Ungarn
30.9.1862
gest. ?

Prpic Neda
KA 14.10.1935 – 24.10.1936
* Zagreb, Kroatien 27.8.1915

Pschikril Roderich
KA 14.10.1928 –11.6.1929
* Mährisch-Ostrau, Mähren
(M. Ostrava, Tschech. Rep.) 6.11.1911
gest. ?

Puaux Francois
KA 16.10.1933 –19.5.1934
* Paris 28.1.1916
gest. ?

Püchler Adolf Freiherr von
OA 1804
* ?
gest. ?

Püchler Benedict Freiherr von
OA 1804
* ?
gest. ?

Püchler Moritz Freiherr von
OA 1804
* ?
gest. ?

Puscariu Julius Ritter von
KA 15.10.1903 – Juli 1905
* Budapest 1.(13) 7. 1884
gest. ?

Puscariu Junius Ritter von
OA 31.10.1883 – 30.9.1888
* Hermannstadt (Nagyszeben),
Ungarn (Sibiu, Rumänien) 1.6.1864
gest. Den Haag/Niederlande 24.3.1919
*KEleve 1890, GK Odessa 1892-1893, GK
Tanger 1893-1894, VK 1893, GK Sofia
1894-1895, HGK Berlin 1895-1896, K
Alexandrien 1896-1898, GK Barcelona*

*1898-1900, int Gt K Rustschuk 1900, Ltr
VK Rostow 1900, K in Tiflis 1900-1902,
Ltr K Alexandrien 1902-1906, Ltr K
Mailand 1907-1909, GK 1909, Ltr GK
Moskau 1909-1912, Ltr GK Venedig
1912-1915, Ges Den Haag 1915-1918*

Pusswald Egon Ritter von
KA 7.11.1916 – 19.6.1918
* Prag 18.12.1896
gest. ?

Pußwald Johann Ritter von
OA 1876
* ?
gest. ?

Pußwald Joseph Ritter von
OA 1849 – 1854
* Prag 25.4.1828
gest. München 1.6.1909
*KEleve 1854, GK Smyrna (Izmir) 1854-
1857, Dolmetschadjunkt Internuntiatur
Konstantinopel 1857-1864, Titular-LS
1861, LS Ges Athen 1864-1872, HLR
1869, Ges Rom Quirinal 1972-1874, LR
1872, Ges Dresden 1874-1876, Ges München 1876-1893, Disp. 1893, pens. mit
Titel Ministerresident 1895*

Q

Questiaux Alfons Ritter von
OA 1847
* ?
gest. Trapezunt, Osman. Reich
(Trabzon, Türkei) 1.3.1875
*KEleve 1853, Dolmetschadjunkt GK Smyr-
na (Izmir) 1853-1854, Dolmetschadjunkt*

Intern. Konstantinopel 1854, VKanzler K Rustschuk (Russe) 1854-1856, VKanzler VK Scutari 1856-1858, 1. Dragoman GK Alexandrien 1859-1869, K in Kairo 1869-1871, K in Küstendsche (Constanza) 1871-1872, K in Trapezunt 1872-1875

R

Raab Anton Ritter von
OA 1804
* ?
gest. (Wien) – Hietzing 8.7.1864
2. Internuntiaturs-Dolmetsch Konstantinopel, pens. 1846

Raab Josef Ritter von
OA 1777
* ?
gest. ?

Rabel Elisabeth
KA 3.11.1937 – Juli 1938
* Göttingen, D. 23.2.1913
gest. ?

Racher Joseph
OA 1754
* ?
gest. ?

Racher Karl
OA 1761
* ?
gest. ?

Raczynski Adam Ritter von
OA 1875
* ?
gest. ?

Radetzky Karl Graf
OA 1812
* ?
gest. ?

Radimsky Wladimir
KA 15.10.1898 – 30.9.1903
* Kolin, Böhmen (Kolin, Tschech. Rep.) 29.2.1880
gest. ?
KAtt 1904, K Bombay 1904-1906, GK Smyrna 1907, VK 1907, Ges Teheran 1907-1910, pr Gt K Crajova 1910-1911, K Konstantinopel 1911, GK Warschau 1911-1914, Ltr K Belgrad 1914, pr Gt GK Smyrna 1914-1918, tschechoslowak. Ausw. Dienst 1919, Chef des Amtes des Regierungsabgesandten in Warschau 1919-1920, Ges in Warschau 1920, Ges in Stockholm 1920-1927, Ltr Präsidialamt 1927-1928, Ges beim Hl.Stuhl 1928-1939, pens. 1939

Rafael Lothar
KA 17.3.1937 – ?
* Wien 7.9.1911
gest. ?

Ragg Manfred
KA 7.10.1937 – 29.7.1939
* Wien 20.9.1918
gest. ?

Raiky Sigismund von
OA 1809
* ?
gest. ?

Rainer-Harbach (Ritter von) Karl
KA 13.10.1924 – 9.3.1925
* Klagenfurt, Kärnten 21.6.1903
gest. ?

Rakovszky de Nagy-Rákó Albert von
OA 1878
* Pozsony (Pressburg),
Ungarn (Bratislava, Slowakei) 9.2.1860
gest. Schabatz (Szabás), Kom. Somogy,
Ungarn 22.9.1916
*KEleve 1883, K Port Said 1883-1885, HK
Sansibar 1885-1886, GK Alexandrien
1886-1887, K Kairo 1887-1888, VK
1887, Ges Teheran 1888-1892, im bosn.-
herz. Landesdienst 1892-1897, Bot Konstantinopel 1897, LS 1897, Ges Belgrad
1897-1899, LR 1899, DA Kairo 1898-
1899, int. Ltr Mission in Buenos Aires
1900, in Mission an Bord „SMS Donau"
1901-1902, Bot Paris 1902-1904, disp.
1904, pens. 1906, Mitglied des Abgeordnetenhauses des ungar. Reichstages
(Volkspartei, später Andrassy'sche Ver-
fassungspartei)*

Raky Hasso
KA 17.11.1937 – 15.11.1939
* Charlottenburg, D. 16.12.1914
gest. ?

Rama Xhemal
KA 11.10.1932 – 2.3.1936
* Durazzo, Osman. Reich
(Durres, Albanien) 14.2.1910
gest. ?

Ramzy Hussein
KA 26.1.1925 – ?
* Kairo, Ägypten 24.12.1894
gest. ?

Ranzi Karl
OA 15.10.1891 – 30.9.1894
* Wien 12.10.1871
gest. ?
*KEleve 1894, GK Saloniki 1895, K Jeru-
salem 1895-1896, Dragomanat Bot Konstantinopel 1896-1898, VK 1896, GK
Skutari 1898-1902, st Gt K Valona 1902-
1907, K 1905, st Gt GK Janina 1907-
1909, Ltr K Varna 1909-1911, Ltr K Da-
maskus 1911-1918, GK 1912*

Rappaport Alfred
OA 24.10.1886 – 30.9.1891
* Wien 16.6.1868
gest. Wien 11.10.1946
*KEleve 1892, GK Skutari 1893-1897, VK
1895, Ltr K Prisren 1897-1900, Ltr K
Bagdad 1900-1903, K 1903, Stellv. des Zivilagenten in Mazedonien 1904-1908, K
in Üsküb (Skopje) 1906-1909, MdÄ
1909-1920, GK 1910, SChef 1920, pens.
1920*

Rastner Ditmar Freiherr von
OA 1811
* ?
gest. ?

Rath Emerich von
OA 1872
* ?
gest. Teheran 3.1.1884
KEleve 1878, GK Alexandrien 1878-1880, K Kairo 1880-1881, GK Alexandrien 1881, Dolmetschattaché Bot Konstantinopel 1881-1883, Att Ges Teheran 1883-1884

Rausch-Medinger Dorothea siehe
Maager

Rec Vitezslav
KA 22.10.1926 – 2.7.1928
* Loucany bei Olmütz, Mähren
(Olomouc, Tschech. Rep.) 16.11.1905
gest. ?
nach 1945 in Heidelberg

Rechtenberg-Rechcron Alexander
Ritter von
OA 1761
* ?
gest. ?

Rechtenberg-Rechcron Michael
Ritter von
OA 1761
* ?
gest. ?

Redlhammer Hans
KA 5.10.1910 – 5.7.1891
* Gablonz, Böhmen
(Jablonec, Tschech, Rep.) 30.9.1891
gest. ?

Redlin Fritz
KA 27.10.1927 – 2.7.1929
* Dresden, Sachsen 31.12.1907
gest. ?

Reekstin Biruta Tatiana
KA 16.10.1933 – 5.7.1935
* St. Petersburg, Russland 20.2.1915
gest. ?

Rehn Alexander Ritter von
OA 1861 – 1865
* Laibach, Krain (Ljubljana, Slowenien)
8.3.1842
gest. Wien 17.11.1906
KEleve 1865, GK Smyrna 1866-1868, mit Ltg K Skutari betraut 1868-1870, VKanzler 1866, Kanzler 1869, VK 1870, GK Beirut 1871, mit Leitung GK Beirut beauftragt 1871-1872, GK Sarajewo 1873-1877, MdÄ/handelspol. Sektion 1877-1904, K 1882, GK 1884, Ritterstand 1889, Vorlesungen über Konsularwesen an der Oriental. Akademie 1885-1904, pens. 1904

Reinhart Edeltraude
KA 14.10.1935 – Juli 1937
* Wien 7.8.1914
gest. ?

Reininghaus Georg
KA 4.11.1905 – 30.9.1910
* Gösting bei Graz, Stmk. 28.2.1886
gest. Mödling NÖ 4.8.1968
KAtt 1911, K Winnipeg 1911-1914, VK 1912, Kriegsdienst 1914-1917?, LR, Tätigkeit in der Wirtschaft, Direktor der Franz de Paul Schröckenfuchs AG, Roßleiten (1953)

Reininghaus Robert
KA 8.10.1936 – Nov.1936
* Wien 19.11.1917
gest. ?

Reitmann Lisa siehe **Oppenheim**

Reitter Eleonore
KA 7.10.1937 – 19.7.1939
* Troppau, Mähren (Opava, Tschech.
Rep.) 19.5.1918
gest. ?

Rémy Gerda
KA 15.10.1930 – 8.7.1932
* Riga, Lettland 1.5.1912
gest. ?

Rendich Lorenz von
OAf 1881
* ?
gest. ?

Répási Nikolaus
KA 7.11.1915 – 28.6.1921
* Beszterczebánya (Neusohl) Ungarn,
(Banská Bystrica, Slowakei) 2.1.1898
gest. Istanbul, 12.10.1926
*ung. Ausw. Dienst im Außenmin. 1921-?,
Ges in Istanbul 1924-?*

Retschek Anton
KA 25.10.1904 – 30.9.1909
* Unin, Ungarn (Slowakei) 8.4.1885
gest. Wien 18.7.1950
*KAtt 1909, GK Rio de Janeiro 1909-
1914, int Gt K Porto Alegre 1914, Kriegsdienst 1915-1916, Ltr GK Rio de Janeiro
und zugeteilt Ges Rio de Janeiro 1916-
1918, K 1917, pens 1919, reaktiviert*

*1920, Ltr Auskunftsstelle für Auswande-
rer im Staatsamt für Inneres und Unterricht 1920-1925, GK 1921, Ministerresident in Rio de Janeiro 1925-28, Ges in
Rio de Janeiro 1928-1938, entl. 1939,
blieb im 2. Weltkrieg in Brasilien, Leiter
des Comité de Protecao dos interesses
austriacos (CPIAB), das von der bras.
Regierung als offiziöse Vertretung Österreichs mit dem Schutz der österr. Interessen betraut war 1943-1945, Ges in Rio
de Janeiro 1945-1949, BKA/AA 1949-
1950*

Rettich (verehel. Wittenhofer)
Elisabeth Maria von
KA 7.10.1937 – 28.7.1939
* Wien 10.8.1919
gest. Wien 19.1.2001

Rezzori Ilse von
KA 14.10.1929 – 7.7.1931
* Czernowitz, Bukowina
(Czernovczy, Ukraine)14.7.1910
gest. ?

Rhemen zu Barensfeld Hugo
Freiherr von
OA 1.10.1879 – 30.9.1884
* Münster, Westfalen 3.9.1861
gest. Jäschkowitz, Post Schönstein,
(Jeskovice) CSR 30.10.1929
*KEleve 1884, GesAtt 1884, Ges Athen
1884-1889, Ges Belgrad 1889-1893, HLS
1890, LS 1893, MinRes Buenos Aires
1893-1894, DA Kairo 1894-1895, Ges
Dresden 1895, LS 1895, Ges Lissabon
1895-1897, MdÄ 1897-1903, Bot Kon-
stantinopel 1903, Ministerresident in
Buenos Aires 1903-1904, Ges in Buenos*

Aires 1904-1910, MdÄ 1910-1918, pens 1919

Rial Mary
KA 16.10.1933 – 16.2.1934
* Pittsburgh, USA 5.5.1913
gest. ?

Riccabona Max von
KA 8.10.1936 – 27.5.1938
* Feldkirch, Vorarlberg 31.3.1915
gest. 1997
KZ Dachau 1941, Schriftsteller

Rieder Anton
KA 16.10.1933 – 4.7.1935
* Wien 18.11.1913
gest. Wien 24.6.1941

Riedl-Riedenstein Fritz (von)
KA 14.10.1929 – 7.7.1931
* Gumpenstein bei Irdning, Stmk.
31.5.1910
gest. Wien 3.10.1962
BKA/AA 1934, pr Att Ges Rom-Quirinal 1935-1938, Ruhestand 1938, Deutsche Umsiedlungs- Treuhandgesellschaft Berlin 1938-1941, Militärdienst/Kriegsgefangenschaft 1941-1946, BKA/AA 1947, Ltr K Frankfurt 1948-1949, Ltr GK Ottawa 1949-1951, BKA/AA 1951-1959, Bot in Teheran 1960-1962

Riedl-Riedenstein Sabine von
KA 23.10.1934 – 1.7.1936
* Wien 23.9.1915
gest. ?

Rieser Berta
KA 17.10.1927 – Juli 1928
* Villach, Kärnten 20.2.1903
gest. ?

Rilling Konrad
KA 16.10.1932 – 6,7.1934
* Ulm, Württemberg 12.7.1908
gest. ?

Ringle Margaretha
KA 15.10.1934 – 4.12.1936
* Wien 18.5.1916
gest. ?

Riskalla Amirhom
KA 13.10.1924 – 28.2.1925
* Asyut, Ägypten 26.11.1900
gest. ?

Ritsch Wilhelm
KAG 18.1.1940 – März 1940
* Brez, Bez. Triest 15.2.1915
gest. ?

Ritter zu Grünesteyn Otto Freihherr von
KA 8.10.1936 – 19.5.1938
* München, D. 17.7.1913
gest. ?
Rechtsanwalt, Forstwirt

Ritter von Ritterstein Gustav Baron
OA 1812
* ?
gest. ?

Rittler Hugo
KA 14.10.1928 – 11.6.1930
* Wien 17.10.1909
gest. ?

Roberts D. Wadsworth
KA 15.10.1931 – 20.6.1931
* Chicago, Ill. USA 2.2.1910
gest. ?

Rocco Manlio
KAG 10.12.1936 – Jan. 1937
* Dosonez (Tschech. Rep.) 16.9.1916
gest. ?

Rogalschi Viktor
KA 15.10.1931 – 31.3.1932
* Bukarest, Rumänien 24.7.1909
gest. ?

Rohm von Hermannstädten Josef Ritter
OA 1873 – 1879
* Hermannstadt (Nagyszeben), Ungarn
(Sibiu, Rumänien) 4.10.1855
gest. Triest 1.11.1922
*KEleve 1880, GK Smyrna (Izmir) 1880-
1881, K Korfu 1881-1882, GK Saloniki
1882-1884, VK 1882, GK Genua 1884-
1885, GK Saloniki 1885-1886, Gt K
Canea (Heraklion) 1886-1887, GK
Beirut 1887-1888, Gt GK Janina 1888-
1889, K in Patras 1889-1892, K in Port
Said 1892-1893, Ltr K Üsküb (Skopje)
1893-1896, Ltr K Aleppo 1896-1898, st
Gt K Ancona 1998-1911, GK 1900, Disp.
1913, pens. 1915*

Rohn von Rohnau Hans Freiherr
KA 8.10.1913 – 17.12.1919
* Krakau, Galizien (Kraków, Polen)
19.5.1894
gest. ?

Rohrlich Dr. Georg Friedrich
KApg 7.10.1937 – März 1938
* Wien 6.1.1914
gest. ?

Roinski Johann
OA 15.10.1897 – 29.1.1898
* Lemberg, Galizien (L'viv, Ukraine)
25.7.1878
gest. ?

Romen Mercedes
KAG 11.4.1940 – 31.12.1941
* Barcelona, Spanien 2.4.1912
gest. ?

Rónay Ladislaus von
KA 7.10.1937 – Juli 1938
* Budapest 11.10.1918
gest. ?

Ronzelen Federico von
KA 7.10.1937 – Juli 1938
* Lima, Peru 23.6.1919
gest. ?

Rosenzweig Vincenz Edler von
OA 1799
* Znaim, Mähren (Znojmo, Tschech.
Rep.) 1791
gest. Wien 8.12.1865
*Professor für orientalische Sprachen an der
Orient. Akademie 1817-1847, Hofsekretär
1831, 1854 Adelsstand „von Schwannau"*

Roth Georg
KA 13.11.1934 – 12.12.1936
* Wien 23.9.1916
gest. Wien 12.1.1991

Roth Rupert
KA 13.10.1924 – 3.7.1926
* Hitzendorf bei Graz 19.9.1903
gest. ?
nach 1945 Präs. d. steierm. Handelskammer

Roth Walter
KA 16.10.1933 – 6.7.1934
* Wien 21.7.1915
gest. ?

Rotter Adrian
KA 7.11.1916 – 28.6.1921
* Neuhof bei Groß-Jessenitz, Böhmen
(Novy Dvur, Terezin, Tschech.Rep.)
7.10.1897
gest. Wien 12.4.1967
BMfÄ Attaché 1921, Ges Bukarest 1921-1928, Ges Rom 1928-1937, ernannt zum GK in Shanghai 1937 (Posten nicht angetreten), LR 2.Kl. 1937, Ges in Sofia 1937-1938, pens. 1939, Beamter der Böhmischen Union-Bank in Prag 1939-1945, Stellv. des Bevollmächtigten zur Wahrung der Interessen der österr. StA in der CSR in Prag 1945-1946, LR 1. Kl. 1946, Ltr ö. Handelsmission in Rom 1946, pol. Vertreter der BReg in Rom 1946-1947, Ges in Rom 1947, Ges in Prag 1947-1948, Ges in Rio de Janeiro 1949-1951, MdÄ/Ltr Wpol 1951-1954, pol. Vertr. in Bonn 1954-1956, Bot in Bonn 1956-1958, Bot in Paris 1958-1962

Roudebush Frank Sruxtun
KA 15.10.1925 –30.6.1926
* Washington, USA 17.9.1907
gest. ?

Rouveyre Maria siehe **Zifferer**

Rubner Adolf
OA 1875
* ?
gest. ?

Rudnay Andreas von
KA 13.1.1930 – Jan. 1931
* Budapest 19.11.1911
gest. ?
im ung. Außenmin. 1935-?, Ges Ankara 1939, Moskau 1939-1940, Bukarest 1940-1941, im Außenmin. Abt. für Wpol., Min.Sekr. 1942

Ruffer Alexius von
OA 1755
* ?
gest. ?

Ryba Wilhelm
KA 13.10.1932 – 6.7.1934
* Weisskirch bei Jägerndorf, Schlesien
(Janov, Tschech. Rep.) 22.6.1913
gest. ?

Rybarik Karol
KA 2.2.1940 – 4.1.1941
* Rajec, Slowakei 29.1.1919
gest. ?

S

Sacher Aurel
KA 11.10.1927 – ?
* Sarajewo, Bosnien 29.7.1907
gest. ?

Salazar Anton von
OA 1754
* ?
gest. ?

Salomon Maria
KA 13.1.1936 – Juli 1937
* Pitten, NÖ 1.7.1916
gest. ?

Sanna di Pilo Gian Carlo
KA 17.11.1939 – 8.2.1941
* Meran, Italien 24.5.1921
gest. ?

Sárkózy von Nadasd Kasimir
KA 15.10.1923 – ?
* Velencze, Kom. Fehér, Ungarn
22.9.1902
gest. ?

Sasson Eskell
OAao 1879
* ?
gest. ?

Sasson Mario
KA 15.10.1925 – Mai 1926
* Esseg, Slawonien (Osijek, Kroatien)
17.4.1906
gest. ?

Sauer-Csáky-Nordendorf Eugen von
OA 1862
* 1843
gest. bei Königgrätz 1866
k. k. Leutnant im Linieninfanterieregiment
Nr. 37

Sax Karl Ritter von
OA 1855 – 1860
* ?
gest. ?
Min.Rat im Gem. Finanzministerium

Scarpa Peter von
OAf 1879
* ?
gest. ?

Schaaffgotsche Nikolaus (Graf)
KA 15.10.1934 – 4.7.1935
* Wien 9.12.1913
gest. im 2. Weltkrieg gefallen

Schadlbauer (verehel. Auer) Paula
KA 8.10.1936 – 14.6.1938
* Wien 5.2.1917
gest. ?

Schaeffer Ignatz Ritter von
OA 1841
* Wien 28.10.1821
gest. Wien 17.4.1892
Dolmetschgehilfe Agentie Jassy 1847-
1849, Internuntiatur Konstantinopel
1849-1851, Kanzler GK Alexandrien
1851-1856, Kanzleidirektor HGK Lon-
don 1856-1871, österr. Kommissär für die
Londoner Weltausstellung 1862, MR
1866, österr. Komm. für die Pariser Welt-
ausstellung 1866, Kommerzkanzleidirek-

tor Bot London und GK-Stellvertreter
1871-1874, MinRes in Shanghai für
China, Japan, Siam 1874-1877, DA in
Kairo 1887-1881, Ges in Washington
1881-1886

Schaeffer-Weiwald August von
KAao 15.10.1934 – 8.4.1937
* Wien 21.10.1915
gest. ?
nach 1945 in den Niederlanden

Schager-Eckartsau Franz (Frh. von)
KA 15.10.1928 – 5.7.1930
* Innsbruck 7.7.1909
gest. ?
nach 1945 in New York

Schaller Ferdinand
KA 15.10.1930 – 8.7.1932
* Gnigl bei Salzburg, 3.10.1912
gest. ?

Schamp Walter
KA 19.10.1934 – 1.7.1936
* Wien 9.12.1916
gest. ?

Scharff Aloys von
OA 1789
* ?
gest. ?

Scharff Franz von
OA 1781
* ?
gest. ?

Scharffenberg Johann Graf von
OA 1812
* ?
gest. ?

Schauer Johann von
OA 1789
* ?
gest. ?

Schechner (verehel. Baronin Henckel-Donnersmarck) Herta
KA 2.12.1929 – 7.7.1931
* Klosterneuburg, NÖ 8.1.1911
gest. Völkermarkt, Kärnten 28.1.1982

Scheer Heinrich
KA 15.10.1923 – 30.6.1925
* Wien 30.3.1903
gest. Wien 17.2.1977

Schell Paul Freiherr
KA 1917 ?
* Nagyida, Ungarn (Viile Techii, Rumänien; Vel'ká Ida, Slowakei) 5.9.1898
gest. München 20.10.1979
ung. Ausw. Dienst, KAtt Ges Washington 1926-1927, im Außenmin. 1927-1928, Ges Washington 1928-1939, 1940 Botsch.-sekr., Botsch.-rat

Schell-Bauschlott Franz Freiherr von
KA 5.10.1910 – 15.7.1916
* Nagyida, Ungarn (Viile Techii, Rumänien, Vel'ká Ida, Slowakei) 8.9.1892
gest. Budapest 21.12.1918
k. u. k. VK, Husarenoberleutnant

Schernhorst Johann
KA 7.10.1937 – 8.9.1939
* München, D. 27.5.1918
nach 1945 in Kanada

Schiffrer Casimir
KA 13.10.1924 – 3.7.1926
* Rudnik, Serbien 19.2.1893
gest. ?

Schiller Eduard
KA 15.10.1930 – 8.7.1932
* Újvidék (Neusatz),
Ungarn (Novi Sad, Serbien) 13.1.1912
gest. Wien 25.12.1996
RAA Jugendgerichtshof Wien 1935, RAA BG in Wien und LG ZRS 1936, FinanzLD Wien, NÖ, Bgld. 1936-1938, dt. Finanzdienst 1938, Angestellter bei einer Radiofabrik 1938-1941, Kriegsdienst 1941-1945, österr. Finanzdienst 1945, BKA/AA 1946-1948, Ges Prag 1948-1951, BKA/AA 1951-1953, LR 1953, Bot Washington 1954-1956, GK in New York 1956-1959, Ges in Kapstadt 1959, ab 1961 in Pretoria, Bot in Pretoria 1962, BMfaA 1963-1969, Bot in Ottawa 1969-1974, Bot in Oslo 1974-1977

Schimpf Carl
KA 14.10.1929 – 7.7.1931
* München, D 3.6.1909
gest. ?

Schindler Georg
KA 17.11.1939 – 13.2.1941
* Pozsony (Pressburg), Ungarn
(Bratislava, Slowakei) 24.5.1921
gest. ?

Schlechta Franz (Freiherr v.)
KA 7.10.1937 – 28.7.1939
* Wien 24.3.1919
gest. Karachi, Pakistan 23.11.1967
BKA/AA 1946-1947, LS 3.Kl. 1947, Ges Prag 1947-1949, BKA/AA 1949-1951, LR Ges Buenos Aires 1952-1956, LR 3. Kl. 1957, Ges in Bogotá 1957-1960, BMfaA 1960-1963, Bot in Karachi 1963-1967

Schlechta von Wschehrd Ottokar
Maria Freiherr v.
OA 1841
* Wien 20.7.1825
gest. Wien 18.12.1894
Staatskanzlei 1847-1848, Dolmetschgehilfe Intern. Konstantinopel 1848-1851, 1. Dolmetsch 1859, Direktor der Orientalischen Akademie 1861-1871, Hofrat 1869, Dipl. Agent in Bukarest 1874-1876, 1880 Hofdolmetsch für die oriental. Sprachen, 1886 Gesandter und Ruhestand; ab 1851 korrespond. Mitglied der Akademie der Wissenschaften

Schleinitz Nikolaus Freiherr von
KA 8.10.1913 – 5.7.1919
* Innsbruck 25.2.1895
gest. Bern, Schweiz 5.8.1955
Ausw. Dienst 1919, K Stuttgart 1919-1921, GK München 1921, Ges Berlin 1921, GK München 1921-1931, BKA/AA 1931-1934, Ges Rom 1934, Ges Prag 1935-1938, LR dt. Ges Prag 1938-1939, Abwicklungsstelle der deutschen Gesandtschaft 1939, GesR 1. Klasse dt. Ausw. Dienst 1939, dt. Ges Reval 1939-1941, aushilfsweise im Protokoll des Ausw. Amtes, bzw. beurlaubt 1941-1942, Leiter der Konsularabteilung der Dt. Bot-

schaft bzw. Generalkonsul in Madrid 1942-1945. österr. Ausw. Dienst 1950, BKA/AA 1950-1953, Ges in Bern 1953-1955

Schloißnig Joseph
OA 1794
* ?
gest. ?

Schmid Alfred
KA 5.10.1910 – 15.7.1916
* Wien 12.12.1892
gest. Wien 20.2.1975

Schmid Heinrich
KA 5.10.1906 – 30.9.1911
* Wien 17.3.1888
gest. Wien 27.11.1968
GK Skutari 1912-1913, K Üsküb (Skopje) 1913, GK Skutari 1913, K Valona 1913-1914, Ges Bukarest 1914-1916, Gt K Bagdad 1916-1917, MdÄ 1917-1918, Ges Bukarest 1918, StAfÄ/BMÄ 1919-1922, LR 1921, Ges Paris 1922-1933, Ges in Bern 1933-1935, Ges in Belgrad 1935-1937, Ges in Warschau 1937-1938, Preisbildungsstelle in Wien 1939, Konsularakademie Wien Vorlesungstätigkeit 1940, Vorstandsdirektor Elbemühl Papierfabrik AG Wien 1941-1942, Aufsichtsrat Chemosan Union AG und Welser Papierfabrik GesmbH, Wels 1942, Ausw. Dienst 1945, Vertreter des Amtes für die ausw. Angel. bei der sowjet. Delegation der interall. Militärkommission in Wien 1945-1946, Ges in London 1946-1950, Bot in Paris 1950-1953, polit. Vertreter mit Titel Botschafter in Bonn 1953-1954

Schmidt Franz
KA 2.11.1930 – 21.3.1931
* Temesvár, Ungarn (Timişoara, Rumänien) 15.9.1907
gest. ?

Schmidt Georg
KA 22.11.1897 – 28.6.1921
* Graz 13.8.1898
gest. Bukarest, Rumänien 22.3.1939
KAtt 1921, GK New York 1922-1934, VK 1926, K 2.Kl. 1928, K 1.KL. 1934, BKA/AA 1934, LS 1.Kl. und GT Ges Kairo 1934, BKA/AA 1934-1936, Ges Bukarest 1936-1938, LR 1938, dt. Ausw. Dienst 1938, GesR Ges Bukarest 1938-1939

Schmidt Georg
KA 15.10.1934 – 1.4.1941
* Polnisch-Ostrau, Schlesien (Polská Ostrava, Tschech. Rep.) 8.5.1914
gest. ?

Schmidt Herbert
KA 17.11.1939 – 15.3.1941
* Linz, OÖ 11.4.1919
gest. ?

Schmitt (verehel. Hossner) Elisabeth
KA 15.10.1934 – 27.10.1936
* Rehberg bei Krems, NÖ 24.3.1915
gest. ?

Schmucker Norbert Ritter von
OA 1872 – 1876
* 3.7.1854
gest. Pörtschach/Wörthersee 6.5.1925 (ertrunken)
KEleve 1877, K Jassy 1877-1879, GK Skutari 1879-1881, VK 1881, Gt K Pris-

ren 1881-1884, GK Odessa 1884-1886, HGK London 1886, Gt GK Janina 1886-1888, Ltr K Rustschuk 1888, Gt K 1888-1889, Ltr K Üsküb (Skopje) 1889-1893, Ltr GK Bombay 1893-1896, GK 1895, GK in Shanghai 1896-1899, Ltr GK Genua 1900-1908, Ges in Buenos Aires 1908-1911, Disp 1912, pens 1914

Schneeweiss Elisabeth
KA 15.10.1934 – ?
* Wien 7.11.1915
gest. ?

Schneider Dr. Eduard
KA 8.10.1936 – 5.5.1938
* Kolomeja, Ukraine 5.2.1898
gest. San Francisco, März 1969

Schneider Hans Werner
KA 15.10.1930 – 8.7.1932
* Nödlitz, Kreis Weissenfels, Preußen, D 2.8.1911
gest. ?

Schnurer Siegfried
KA 15.10.1930 – 8.7.1932
* Graz 5.8.1912
gest. Graz 24.12.1983

Schober Karl Herbert
KA 8.10.1936 – 7.7.1938
* Imst, Tirol 19.7.1916
gest. Wien 13.1.2000
Kriegsdienst 1938-1946, BKdgW 1947-1948, BKA/AA 1948-1949, ERP-Büro Washington 1949, GK New York 1949, Ges/Bot Washington 1949-1954, LS 2. Kl. 1950, BKA/AA 1954-1957, st GT in Kopenhagen 1957-1959, Ges in Kopenhagen

1959-1961, Bot in Kopenhagen 1961-1962, BMfaA 1962-1963, BMHW 1963-1965, Ltr Mission bei den EG in Brüssel 1965-1969, Bot in Stockholm 1969-1974, BMfaA Ltr Sektion III WPol 1974-1977, Bot in Washington 1977-1981

Schofield Arthur
KA 15.10.1923 – 21.12.1923
* Greenfield, England 19.1.1902
gest. ?

Scholz-Belitska Anton von
KA 13.10.1924 – 5.9.1926
* Budapest 24.5.1901
gest. ?

Schönberger Adolf von
OA 1812
* ?
gest. ?

Schönblum Samuel
KA 16.10.1933 – ?
* Rzeszow, Polen 5.8.1906
gest. ?
nach 1945 in Israel

Schönborn Josef
KA 22.10.1926 – 2.7.1927
* Perjamos, Ungarn (Periam, Rumänien) 25.9.1907
gest. ?

Schönborn Karl (Graf)
KA 14.10.1929 – 7.7.1931
* Linz, OÖ 25.4.1910
gest. Bad Reichenhall, D 26.7.1991

Schönfeldt Ludwig (Graf)
KA 24.10.1927 – 2.7.1929
* Marbach, OÖ 9.2.1907
gest. Bonn, BRD 25.3.1981
Journalist

Schreiner Gustav
OA 1839
* Olmütz, Mähren
(Olomouc, Tschech. Rep.) 2.6.1821
gest. Friesach (Kärtnen) 12.8.1886
Dolmetschgehilfe Internuntiatur Konstantinopel 1844-1849, Erster Dolmetsch K Smyrna 1849-1850, Kanzler GK Alexandrien 1850-1851, Internuntiatur Konstantinopel 1951-1858, GK in Alexandrien 1858-1869, DA in Kairo 1869-1872, Disp 1872, Kommerzkanzleidirektor und GK-Stellvertreter in London 1874-1875, Ges in Rio de Janeiro 1875-1881, Disp. 1882, pens. 1884.

Schubert Dr. Karl
KA 15.10.1925 – 2.7.1927
* Wien 1.10.1895
gest. Wien 21.9.1988

Schubert Miroslav Georg
KA 26.10.1914 – 3.7.1918
* Deutsch-Brod, Böhmen (Havlickuv Brod, Tschech. Rep.) 2.5.1895
gest. ?

Schulten Klaus
KA 14.10.1929 – 7.7.1931
* Münster, Westphalen, Preußen 7.4.1910
gest. ?

Schultes Karl Edler von
OA 1861 – 1864
* 27.3.1844
gest. Wien 11.12.1912
Konzeptspraktikant NÖ Finanzprokuratur 1864-1865, GesAtt 1865, Ges Bern 1866-1867, Ges München 1867, Ges Stuttgart 1867-1868, Ges Karlsruhe 1868, HonLS 1868-1869, HLS Ges Lissabon 1869-1871, MdÄ 1871-1906, Hof- und Min.konzipist 1871-1877, Hof- und Min.Sekretär 1877-1887, Tit SR 1884, SR 1887, Titel Hof- und Min.Rat 1892, Hof- und MR 1895, Schatzmeister Elisabeth-Orden 1898, Baronie Schultes-Kleinmayrn von Felzdorf und Tzimitz 1904, pens. 1906 mit Tit. SChef

Schulz Adolph
OA 1845 – 1849
* Wien 1.1.1827
gest. Wien 22.9.1912
VK in Widdin 1864-1868, VK in Port Said 1868-1869, K in Widdin 1869-1877

Schumpeter Hugo
KA 15.10.1900 – 30.9.1905
* Triesch, Mähren
(Trest, Tschech. Rep.) 15.5.1881
gest. Wien, Januar 1930 (Selbstmord)

Schuppler Bruno
KA 15.10.1934 – 6.10.1936
* Zwettl, NÖ 18.12.1915
gest. ?

Schürer Harald
KA 15.10.1930–12.10.1932
* Wien 6.11.1911
gest. Wien 23.6.1992

Schuster von Bodmershof Wilhelm
OA 20.1.1919 – 4.10.1919
* Adelsberg, Krain (Postojna,
Slowenien) 26.6.1898
gest. ?

Schwagula Karl
KA 25.10.1904 – 30.9.1909
* Graz 6.2.1886
gest. Feldkirch 4.2.1968
*KAtt 1909, GK Beirut 1909-1912, VK
1911, K Alexandrien 1912-1914, MdÄ
1914-1918, K 1917, StAfÄ, BMÄ bzw.
BKA/AA 1919-1938, dt. Auswärt. Dienst
1938, VLR im Ausw. Amt Berlin 1938-
1943, Sonderbeauftragter bei der
„Deutsch-Italienischen Sonderbeauftrag-
tenkommission für Siebenbürgen" 1943-
1944, Dienststelle des Ausw. Amtes in
Wien 1944-1945, pens. 1947, danach
Herausgeber des Handbuches für den
Österr. Auswärtigen Dienst (1949)*

Schwarz (Schwarz-Wendl) Kurt
KA 8.10.1936 – 7.7.1938
* Wien 3.4.1917
gest. Ebersberg 15.7.1994

Schwarzbach (verehel. Hofmann)
Dorothea
KA 15.10.1935 – Juli 1937
* Arnsdorf, (Arnultovice, Tschech. Rep.)
20.1.1916
gest. ?

Schwarzhuber Theodor Ritter von
OA 1834
* ?
gest. Konstantinopel 14.11.1850
*Dolmetschgehilfe Internuntiatur Kon-
stantinopel 1841, Titel Sekretär-Dol-
metsch 1847, 3. Dolmetsch 1848, 2. Dolmetsch 1850*

Schwarzmann Anneliese
(verehel. Andrew Anne-Liese)
KA 8.10.1936 – 31.5.1938
* Wien 4.9.1918
Exil in den USA

Schwartz Andrea
KA 15.10.1930 – 8.7.1932
* Budapest 10.6.1912
gest. ?

Schwegel (Svegl) Joseph Freiherr von
OA 1854 – 1859
* Obergörjach, Krain (Zgornje Gorje,
Slowenien) 29.2.1836
gest. Veldes, Krain/Bled, Slowenien
16.9.1914
*KEleve 1859, GK Alexandrien 1859-
1870, VKanzler 1862, 1. Dolmetsch 1866,
GKKanzler 1867, K in Konstantinopel
1870-1871, GK 1871, Sektionschef 1875,
enger Mitarbeiter Graf Andrassys, Delegierter am Berliner Kongress 1878, pens.
1881, Erwerbung von Schloß Grimschitz
(Grimsia) in Krain 1869, 1879-1907
Reichsratsabgeordneter (Deutsch- Österreichischer Klub 1887-1889, Vereinigte
Deutsche Linke 1889-1897, Vereinigung der Großgrundbesitzer 1897-1899,
Vereinigung der verfassungstreuen Großgrundbesitzer 1899-1901, Vereinigung*

der verfassungstreuen Großgrundbesitzer des Abgeordnetenhauses 1901-1907), Mitglied des Herrenhauses 1907-1914

Schwegel (Svegl) Johann (Hans/Janez)
OA 15.10.1892 – 30.9.1897
* Obergörjach, Krain (Zgornje Gorje, Slowenien) 17.2.1875
gest. Bled/Slowenien 5.2.1962
KAtt 1898, GK Chicago 1899-1904, VK 1900, GK Zürich 1904, GK Kapstadt 1904-1905, GK Saloniki 1906-1907, GK New York 1907-1909, K 1909, Ltr K Winnipeg 1909-1911, Ltr K Denver 1913-1914, Ltr HK St. Louis 1914-1917, Kriegsdienst 1917-1918, Abgeordneter zum jugosl. Parlament 1920-?

Schweger von Hohenbruck Gottfried
OA 1808
* ?
gest. ?

Schweiger von Dürnstein Emanuel
OA 1826
* ?
gest. Bukarest, Rumänien 14.6.1848
Dolmetschgehilfe Intern. Konstantinopel 1831-?, Kanzler DA Bukarest 1845-1848

Schweiger von Dürnstein Viktor Freiherr
OA 1866
* ?
gest. Korfu 20.10.1888
K in Widdin 1883-1886

Schweinitz Hans Ulrich von
KA 16.10.1927 – 2.7.1929
* Sitzmannsdorf, Kreis Ohlau, Pr. Schlesien 9.5.1908
nach 1945 BMf Wirtschaft, Bonn

Schwinner Alfred
KA 5.10.1910 – 3.3.1917
* Wien 18.2.1891
gest. ?
KAtt bzw. VK GK München 1917-1920, VK und Leiter der Passstelle Krakau 1921-1924, BKA/AA 1924-1926, LS 1. Kl. Ges Warschau 1927-1930, Ges Sofia 1930-1931, Ges Moskau 1933-1938, LR 2.Kl. 1935

Schwörbel Herbert
KA 15.10.1930 – 8.7.1932
* Saloniki, Osman. Reich, (Saloniki, Griechenland) 11.11.1911

Sedlácek Konstantin
KA 4.10.1909 – 4.7.1914
* Austerlitz, Mähren
(Slavkov u Brna, Tschech. Rep.) 8.7.1890

Seefehlner Egon
KA 15.10.1931 – 10.10.1933
* Wien 3.6.1912
gest. Wien 25.9.1997
Kulturredaktreur, General-Sekretär der Wiener Konzerthausgesellschaft 1946-1951, wirt. Direktor der Wiener Staatsoper 1954-1961, Direktor der Wiener Staatsoper 1976-1982 und 1984-1986, Direktor der Deutschen Oper Berlin 1982-1984

Seemann Rudolf
KA 4.10.1909 – 4.7.1914
* Wiener Neustadt 16.3.1889
gest. Wien 19.4.1958
Ausw. Dienst 1914, GK Skutari 1914-1915, GK Saloniki 1915, KAtt 1915, GK Berlin 1916-1917, HK Dresden 1917-1918, GK Frankfurt 1918-1919, Ges Budapest 1919-1922, Ges Berlin 1922-1925, Ges Konstantinopel 1925-1926, Ges Budapest 1926-1928, BKA/AA 1928-1931, LR 1929, Ges Prag 1931-1933, Ges Berlin 1933-1938, Ruhestand 1938, stellv. Direktor der Szolyva AG für Holzverkohlung und der Clothilde AG für chemische Industrie in Prag und Budapest 1942-1945, Ausw. Dienst 1945, BKA/AA Ltr wpol. Referat 1945-1946, Ges Budapest 1946-1947, Ges in Bern 1947-1948, Ges in Prag 1948-1950, Ges in Den Haag 1950-1954, Ges in Lissabon 1954-1955

Seibold Leopold
KA 15.10.1930 – 12.10.1932
* Wien 16.5.1912
gest. Wien 25.1.1987

Seidel Eugen
OA 1.10.1879 – 30.9.1884
* Wischau, Mähren
(Vyškov, Tschech. Rep.) 30.10.1860
gest. ?

Seidler Franz (von)
KA 5.11.1930 – 12.10.1932
* Wien 2.2.1913
gest. ?

Seidmann Israel Aba
KA 15.10.1925 – April 1926
* Borszczów Polen 9.3.1899
gest. ?

Semenoff Georg
KA 14.10.1928 – 5.7.1930
* Peterhof, Russland 13.11.1903
gest. ?
nach 1945 in München

Semsey von Semse Ludwig
OA 1795
* ?
gest. ?

Sensel (verehel. Kelly) Martina
(Edle von)
KA 5.10.1931 – 7.7.1933
* Wien 14.6.1913
gest. Castleton Estate, Dominica
5.11.1998
BMf Land- und Forstwirtschaft/Bauernhilfsfonds 1934, Vertragsangestellte Ges Prag 1934-1936, nach 1950 Gutsbesitzerin „Castleton Estate" auf Dominica

Sényi von Nagy-Unyom Béla
KA 5.11.1918 – April 1919
* Pola, Istrien (Pula, Kroatien)
6.4.1900
gest. ?

Serfas Cölestin
KA 12.10.1932 – 6.7.1934
* Radautz, Bukowina (Radauti,
Rumänien) 24.4.1909
gest. ?
1939 Chef des Kriminalbüros der Geheimen Staatspolizei in Suceava, Rumänien

Seutter von Lötzen Werner
OA 15.10.1890 – 30.9.1895
* Wien 26.12.1871
gest. Hotel Penegal, Mendel bei
Bozen/Tirol 15.6.1901
KAtt 1896, K Bukarest 1897-1898 und 1899-1901, VK 1898, K Galatz 1898-1899

Seutter-Lötzen Rueff (von)
KA 2.11.1928 – 14.10.1930
* Wien 5.11.1906
gest. Innsbruck 1.4.1985
nach 1945 Sektionsrat BMf Inneres, Gen.-Direktion f. öff. Sicherheit

Shaaban Said
KA 14.1.1925 – Febr. 1925
* Kairo, Ägypten 14.9.1898
gest. ?

Shü Kingyü
KA 15.10.1925 – 1.3.1926
* Lukiang, China 5.9.1904
gest. ?

Sieder Wilhelm
KA 17.10.1932 – 25.2.1933
* Wien 15.3.1912
gest. Wien 30.4.1971
nach 1945 Großkaufmann, Wien

Siegel Hertha
KA 15.10.1930 – 8.7.1932
* Wien 4.12.1909
gest. ?

Silvestri Hugo (Ugo)
OA 15.10.1891 – 30.9.1895
* Malé, Tirol (Trentino) 8.9.1871
gest. Luxemburg 28.2.1931
KAtt 1896, Ges Peking 1897-1899, VK 1898, GK Shanghai 1899-1902, GK Chicago 1902-1905, int Gt K Cleveland 1905-1906, K 1907, Bot Washington 1906-1907, int Gt K Cleveland 1907-1908, Ltr K Cleveland 1908-1909, Ltr GK Chicago 1909-1917, Ges Bern 1917-1918, Eintritt in ital. Dienste 1919; Generalsekretariat für Zivilangelegenheiten beim Oberkommando der Armee in Padua 04-08/1919; Büro des Ministerpräsidenten – Zentralbüro für die neuen Provinzen 08-09/1919, italienischer Ausw. Dienst 09/1919, Ges 1927, Ges in Luxemburg 1930-1931

Simkovsky Ludwig
KA 15.10.1923-30.6.1925
* Mosty vielki, Galizien (Velikiye Mosti, Ukraine) 20.6.1900
gest. ?

Simonet Heinrich
KA 15.10.1925–22.10.1927
* Wien 19.8.1907
gest. Wien 12.3.1966
Sektionschef im BMf Handel und Wiederaufbau

Singer Anna siehe **Hendrych**

Skala Walter von
KA 17.11.1939 – 21.3.1941
* Linz, OÖ 21.11.1920
gest. ?

Skarnitzl Franz
KA 8.10.1907 – 6.7.1912
* Beneschau, Böhmen
(Benesov, Tschech. Rep.) 21.8.1889
gest. ?
*K Alexandrien 1912-1914, KAtt 1912, K
Kairo 1914, VK 1914, GK Hamburg
1914-1918*

Skerlecz von Lomnitza Karl
OA 1808
* ?
gest. ?

Skrbensky Eduard Freiherr
OA 1811
* ?
gest. ?

Skrzynski Henryk Graf
KAG 21.10.1936 – 22.7.1937
* Genua, Italien 7.3.1913
gest. ?

Skublics de Bessenyö et Velike Andreas
KA 5.10.1906 – 4.7.1908
* Zala-Szent-Mihály, Ungarn 28.9.1886
gest. ?

Slawik Theodor
KA 16.10.1933 – 13.3.1936
* Wien 6.1.1915
gest. Wien 20.9.1990

Slawikowski Karl
KA 16.10.1914 – 3.7.1920
* Nagybecskerek, Ungarn (Zrenjamin,
Jugoslawien) 8.12.1896
gest. ?

Slezácek Leontine
KA 8.10.1936 – 18.7.1939
* Senftenberg bei Krems, NÖ 7.10.1917
gest. ?

Sluys Martha van
KA 7.3.1938 – Juli 1938
* Salatiga, Java (Indonesien) 20.10.1916
gest. ?

Smith Sidney Lidderdale
KA 4.11.1936 – 21.12.1936
* Hereford, England 2.7.1913
gest. ?

Solignac Karl von
OA 1803
* ?
gest. ?

Solowij Ladislaus
OA 18.8.1882 – 30.9.1884
* Poturzyca, Galizien (Ukraine)
21.12.1864
gest. ?

Solvis Werner (Ritter von)
KA 17.10.1932 – 9.10.1934
* Wien 8.10.1914
gest. Wien 12.5.1974

Sommer Paul
KA 14.10.1929 – 7.7.1931
* Essen, Preußen, D 5.2.1910
gest. ?

Somogyi de Sudovec Tassilo von
KA 22.11.1917 – ?
* Banjaluka, Bosnien 26.3.1898
gest. ?

Somssich de Saard Julius Graf
OA 15.10.1896 – 20.7.1897
* Graz 29.10.1876
gest. ?

Sondic Lyerka
KA 15.10.1928 – 14.10.1930
* Bizovac, Slawonien (Kroatien)
30.4.1908
gest. ?

Sonnleithner Hippolit Freiherr von
OA 1831
* 17.9.1814
gest. Wien 25.10.1897
*Haus, Hof- und Staatskanzlei 1838-1840,
L. Commis an Ges Athen 1840-1844, LS
Ges Rio de Janeiro 1844-1852, GT in Rio
de Janeiro 1852-1854, MinRes in Rio de
Janeiro 1854-1868, Ges in Lissabon 1868-
1872, Ges in Rio de Janeiro 1872-1874,
pens. 1876*

Soupper Hans
KA 5.10.1910 – 3.3.1917
* Wien 17.11.1892
gest. ?

Spanlang Alois
KA 25.4.1940 – 13.1.1941
* Rottenbach, OÖ 18.11.1918
gest. ?
nach 1945 in Bilbao

Späth Anna Maria
KA 14.10.1935 – April 1938
* Bärn, Mähren (Moravský Beroun,
Tschech. Rep.) 25.11.1917
gest. ?

Spaun Felix Ritter von
OA 1777
* ?
gest. ?

Spaun Marie Luise Freiin v.
KA 14.11.1935 – Juli 1937
* Triest 15.11.1918
gest. ?

Spens-Booden Heinrich Baron
OA 15.10.1892 – 30.9.1897
* Wien 12.2.1873
gest. Berlin 9.8.1907
*KAtt 1898, VK 1900, GK Warschau 1900-
1904, GK Venedig 1904-1906, GK Barcelona 1906-1907, GK Berlin 1907*

Spiegelfeld Wolfgang (Graf)
KA 15.19.1934 –11.4.1938
* Troppau, Böhmen (Opava, Tschech.
Rep.) 14.10.1915
gest. Tampa, Florida/USA Januar 1995

Spiess Eugen
KA 7.10.1937 – ?
* Olmütz, Mähren
(Olomouc, Tschech. Rep.) 4.3.1917
gest. ?

Spitz Kurt
KA 15.10.1934 – 1.7.1936
* Pilsen, Böhmen (Plzn, Tschech. Rep.)
1.3.1913
gest. ?

Spóner Franz von
OA 1875 – 1881
* 4.10.1856
gest. ?
KLeve am GK Moskau 1882-1889, VK 1884, Ltr K Kiew 1889-1891, K in Kiew 1891-1892, K Jassy 1892-1894, Ltr K Chicago 1894-1895, am GK Moskau 1895-1901, am GK Marseille 1901-1906, Ltr K Antwerpen 1906-1914, pens. 1915

Srbik (verehel. Papla) Walpurga
KA 15.10.1934 – 1.7.1936
* Graz, Stmk 1.2.1914
gest. ?

Stadler Kornelius
OA 1857 – 1862
* ?
gest. Wien 17.4.1891
KEleve 1862, GK Sarajewo 1863-1864, K Trapezunt 18964-1868, HGK Frankfurt 1868-1874, VK 1869, GK Odessa 1874-1877, GK Bukarest 1877-1880, Ltr K Bukarest 1880-1883, K in Breslau 1883-1890

Stadler Franz
KA 15.10.1899 – 30.9.1904
* Wiener Neustadt 5.4.1878
gest. Wiener Neustadt 27.7.1919
GK Berlin 1905-1913, KAtt 1906, VK 1908, MdÄ 1913-1917, K 1914, K Dresden 1917, K Dortmund 1917-1919

Stadnicki Anton Graf
OA 15.10.1892 – 30.9.1897
* Wielka-Wies, Galizien (Polen)
5.7.1874
gest. Kairo 29.11.1906
KAtt 1898, Mission Tanger 1899-1901, VK 1900, TitLS 1901, Ges Mexico City 1901-1904, K Kairo 1904-1906

Stadnicki Stanislaus Graf
OA 24.10.1886 – 30.9.1887
* Dresden 8.3.1867
gest. ?

Stamp Jan F.
KA 16.10.1933 – 28.2.1934
* Hampstead, London 13.5.1911
gest. ?

Standenat Heinz
KA 15.10.1931 – 7.7.1933
* Wien 5.8.1913
gest. Wien 18.1.1992
Volontär HVK Genf 1933, Österr. Exportförderungsinstitut, Außenstelle Paris 1933-1934, RAA BG Wien 1937, Agence Havas Paris 1937, RAA BG Wien I 1937-1938, Kriegsdienst/Kriegsgefangenschaft 1938-1946, British Information Service Vienna 1946-1947, BKA/AA 1947-1948, OEEC/Generalsekretariat Paris 1948, ERP-Büro Paris 1948-1955, BKA/AA 1955-1958, Ges in Kairo 1958-1959, Bot in Kairo 1959-1962, BMfaA 1962-1965, Bot in Madrid 1965-1968, Bot in Kairo 1968-1964, Bot in Moskau 1964-1978

Standhartner Wilhelm von
OA 1755
* ?
gest. ?

Stanek Wilhelm Constantin
OA 8.10.1885 – 30.9.1890
* Wiszenka, Galizien (Wiszenki, Polen)
18.2.1867
gest. ?
KEleve 1891, HGK London 1893-1895, GK Sofia 1895-1896, GK Genua 1896-1897, GK Skutari 1897-1898, K Konstantinopel 1898, HGK Berlin 1898-1899, Gt VK Varna 1899-1902, K 1900, Ltr GK Liverpool 1902, beurlaubt 1902, pens. 1905

Stange Finn
KA 14.10.1929 – 2.7.1930
* Oslo, Norwegen 29.4.1908
gest. ?

Starhemberg Heinrich Graf
OA 1806
* ?
gest. ?

Starzenski Leonhard Graf
OA 1876
* Lemberg, Galizien
(L'viv, UKraine) 27.12.1857
gest. Podkamién 25.5.1919 (von Bolschewisten ermordet)
KEleve GK Sofia 1882-1891, VK 1884, K 1891, K in Jassy 1891-1892, K Konstantinopel 1892-1895, LR 1895, Ges Den Haag 1895-1899, LR II.Kl. 1896, LR I. Kl. 1899, Agent für Geistl. Angel. Bot beim Hl. Stuhl 1899-1902, Ges in San-
tiago de Chile 1902-1905, in Disp. 1905. pens. 1911

Staudinger Alois
OA 1875
* ?
gest. ?

Stegnern Franz Seraph von
OA 1754
* ?
gest. ?

Steidl Johann von
OA 1765
* ?
gest. ?

Steiger Aladár von
OA 15.10.1888 – 30.9.1893
* Budapest 7.4.1870
gest. ?
KEleve 1893, GK Smyrna (Izmir) 1896, Dragomanat Bot Konstantinopel 1896-1899, VK 1896, Att 1989, K Belgrad 1899-1900, HGK London 1900-1904, st. Gt K Widdin 1904-1905, K 1905, Ltr Geschäfte des HGK Frankfurt 1906-1910, MdÄ 1910-1918, GK 1911, liqu. MdÄ – Ltr Abt. Verkehr, Unterricht, Kultus 1919; ungar. Ausw. Dienst 1919, Ltr Finanz-Abt. 1920-1928

Steinbach Victor von
OA 1871 – 1875
* 1854
gest. Heluan bei Kairo/Ägypten
29.12.1890
KEleve GK Smyrna 1875, K Mostar 1877, GK Beirut 1878-1882, VK 1879, K Kon-

stantinopel 1882-1883, GK Sofia 1883-1884, K in Tultscha 1884-1885, int. Ltr GK Sofia 1885-1886, K Widdin 1886, Gt GK Philippopel (Plowdiw) 1886-1890

Steindl von Plessenet Anton
OA 1826
* Konstantinopel 9.10.1811
gest. Graz 27.1.1864
Internuntiatur Konstantinopel 1832-1850, Dolmetschgehilfe 1832, 3. Dolmetsch 1841, 2. Dolmetsch 1846, K in Saloniki 1850, 1. Dolmetsch Intern. Konstantinopel 1850-1854, GK in Smyrna (Izmir) 1854-1864

Steindl von Plessenet Ignaz
OA 1781
* Wien 12.12.1760
gest. ?
Dragoman und Postamtsdirektor an der Internuntiatur Konstantinopel

Steinebach Joseph
OA 1789
* ?
gest. ?

Steiner Franz
OA 1859
* ?
gest. ?

Steiner Robert
OA 1828 – 1838
* ?
gest. Konstantinopel 10.8.1849
Orientalischer Dolmetsch und Feldkriegskonzipist beim Banater General-kommando 1934, Intern. Konstantinopel 1835-1849, Dolmetschgehilfe 1835, Tit. LS 1846

Steiner Wilhelm
KA 8.10.1936 – 30.5.1938
* Wien 16.12.1918
Exil in Großbritannien

Steinke Herbert
KA 17.11.1927 – 2.7.1929
* Breslau, Schlesien (Wroclaw, Polen) 15.4.1906
gest. ?

Steinschneider (verehel. Werner) Meta
KA 14.10.1935 – Juli 1937
* Wien 8.9.1917

Stepanek Friedrich
KA 15.10.1902 – 25.6.1903
* Prag 5.2.1884
gest. ?
GK Hamburg 1910, GK Smyrna (Izmir) 1910-1911, K Konstantinopel 1911-1915, KAtt 1911, VK 1913, GK Bremen 1915, K Dortmund 1915-1916, Disp. 1916, tschechoslowak. Ausw. Dienst 1919, Ges in Washington 1920-1922, ausgetreten aus Staatsdienst 1923

Stern (verehel. Bentley) Thea
KA 8.10.1936 – März 1938
* Wien 30.3.1918
Exil in Kanada

Stern-Tiring Annemarie
KA 15.10.1930 – 8.7.1932
* Wien 14.11.1909
gest. ?

Stiehl Friedrich Rudolf
KA 11.5.1938 – 14.7.1939
* Wien 14.9.1919
gest. ?

Stillfried Anton Freiherr von
OA 1802
* ?
gest. ?

Stipanits Helga
KA 16.10.1933 – 5.11.1936
* Marienberg, Mähr. Ostrau, Mähren
(M. Ostrava, Tschech. Rep.) 2.4.1914
gest. ?

Stipanovich Loris
KA 14.10.1929 – 12.10.1932
* Port Said, Ägypten 1.4.1912
gest. ?

Stockert Fritz Lothar Ritter von
KA 7.10.1912 – 5.7.1919
* Klosterneuburg, NÖ 14.7.1893
gest. ?
Att Berlin 1919-1922, Zentrale 1922-1938, K 1924, LS 1925, LS 1. Kl. 1931

Stockhammer Karl Alexander
Edler von
KA 20.10.1922 – 30.6.1924
* London 10.1.1901
gest. ?

Stöckl Andreas von
OA 1786
* ?
gest. ?

Stodolni Dezsö
KA 15.10.1930 – 12.10.1932
* Korompa, Bez. Szepes, Ungarn
(Krompachy, Slowakei) 4.8.1912
gest. ?

Stoffella Ritter von Alta rupe Emil
OA 15.10.1880 – 30.9.1885
* Wien 24.7.1862
gest. ?
KEleve 1885, K Konstantinopel 1888-1889, VK 1889, K Moskau 1891-1894, K Venedig 1894, MdÄ 1894-1917, K 1896, Hof- und Min.Sekr. 1898, Sektionsrat 1905, MinRat 1908, SChef und pens. 1917

Stoinski Julius Ritter von
KA 5.10.1906 – 4.7.1908
* Dresden, D 24.11.1887
gest. ?

Stolzmann Paulus von
KA 23.10.1922 – 28.2.1923
* Straßburg, Elsaß 18.8.1901
gest. ?

Storck Wilhelm
OA 15.10.1888 – 30.9.1893
* Wien 24.7.1868
gest. ? 28.12.1928
KEleve 1894, K in Port Said 1896-1897, HGK London 1897-1899, VK 1898, MdÄ 1899-1900, Miss. Cetinje 1900-1902, GK Sofia 1902-1907, LS 1903, K 1905, Ges

Belgrad 1907, Ges Peking 1907-1912, DA Kairo 1912-1913, Ges Belgrad 1913-1914, Kriegsdienst 1914-1915, Vertreter MdÄ beim Kdo Balkanstreitkräfte 1915, Vertreter MdÄ in Belgrad 1915-1916, MdÄ 1916-1917, Vertreter MdÄ beim AOK 1917-1918, Ges in Bukarest 1920-1922

Stracka (verehel. Lippert) Margret
KA 16.10.1933 – 4.7.1935
* Wien 9.10.1914
gest. ?

Strasser Ernst
KA 4.10.1927 – 2.7.1929
* Zara, Dalmatien (Zadar, Kroatien) 25.6.1907
gest. ?

Strasser Margarethe
KA 19.11.1936 – Juli 1938
* Eferding, OÖ 10.4.1913
gest. ?

Strassoldo Ludwig Graf
OA 1774
* ?
gest. ?

Strastil Edmund von
OA 1859
* ?
gest. ?

Strautz Anton Ritter von
OA 1855
* Wien 3.6.1837
gest. Wien 19.9.1916
KEleve 1860, GK Smyrna (Izmir) 1861-1862, Dolmetschadjunkt Internunt. Konstantinopel 1862-1871, HLS 1868, VK GK Smyrna 1871, K Scutari 1871-1874, Ltr K Banjaluka 1874-1875, K in Mostar 1875-1879, K in Korfu 1879-1882, K in Jerusalem 1882-1891, K in Breslau 1891, GK 1891, GK in Marseille 1895-1901, pens 1901

Strautz Felix Ritter von
KA 6.10.1905 – 30.9.1910
* Jerusalem 14.5.1884
* ?
KAtt 1910, GK Skutari 1910-1912, VK 1912, K Üsküb (Skopje) 1912-1913, MdÄ 1913-1921, K 1916, K in Zürich 1921-1923, GK in Laibach/Ljubljana 1924-1927, LR Ges Bukarest 1927-1928, LR Ges Paris 1929-1932, LR Ges Berlin 1932-1935, LR Ges Warschau 1935-1937, LR Ges Rom-Quirinal 1937-1938, dt. Ausw.- Dienst 1938, liqu. Beamter ehemalige ö. Ges Rom 1938, Bot Rom 1939-1940, Krankenstand 1940, pens. 1942, Meldung zum österr. Ausw. Dienst 1945, nicht stattgegeben, pens. 1947

Streeruwitz Wilhelm (Ritter von)
KA 16.10.1933 – 4.7.1935
* Wien 24.3.1915
gest. ?

Strehler Walter
KA 16.10.1933 – 4.7.1935
* Wien 15.11.1914
gest.?

Stross Robert
KA 16.10.1932 – 30.12.1932
* Alexandrien, Ägypten 10.1.1913
gest.?

Stürgkh Karl Graf
OA 1808
* ?
gest.?

Stürmer Bartholomäus Graf von
OA 1796 – 1807
* Konstantinopel 26.12.1787
gest. nach 1864
Kommissär in St. Helena (zur Überwachung Napoleons) 1816-1818, zum (ersten) GK in Nord-Amerika (Philadelphia) ernannt 1818 (Posten nicht angetreten), Ges in Rio de Janeiro 1820-1821, Internuntius in Konstantinopel 1832-1850

Stürmer Ignaz Freiherr von
OA 1777
* 21.8.1750
gest. Wien 2.12.1829
w. Hofrat und geheimer Staatsoffizial 1801-1802, Internuntius in Konstantinopel 1802-1818, Staats- und Konferenzrat in der Staatskanzlei 1819-1829; österr. Ritterstand 1800, Freiherrenstand 1820

Stürmer Karl Freiherr von
OA 1802
* Wien 3.11.1792
gest. Peschiera 26.9.1853
Feldmarschallleutnant, Festungskommandant von Peschiera

Sturza Florica
KA 14.10.1931 – 7.7.1933
* Wien 7.5.1912
gest.?

Stummer Johann von
OA 1761
* ?
gest.?

Stumvoll Felix
KA 15.10.1902 – 30.9.1907
* Zistersdorf, NÖ 27.12.1883
gest. Wien 13.12.1951
KAtt 1908, GK Shanghai 1908-1910, VK 1909, HK Bangkok 1910, K Tientsin 1910-1912, GK Smyrna 1912-1914, Kriegsdienst 1914-1918, K 1916, Ltr Passstelle der Bot Berlin 1918, K in Breslau 1919-1920, BMfÄ bzw. BKA/AA 1920-1938, GK 1924, Arzt mit eigener Praxis 1945-1947, BKA/AA 1947, Ges in der Republik China (Nanking) mit Sitz in Shanghai 1948-1949

Styrcea Georg Freiherr von
OAf 1881
* Krasna-Ilski, Bukowina
(Crasna Ilschi, Rumänien) 2.2.1864
gest. Wien 4.4.1897
Bezirkskommissär

Subich Franz von
OA 1798
* ?
gest. ?

Süßmann Walter
KA 8.10.1936 – 5.7.1938
* Wien 26.6.1918
Exil in den USA

Sugár Cornel
OA 15.10.1887 – 30.9.1888
* Budapest 1.4.1869
gest. ?

Suminski Artur Graf
KA 15.10.1930 – 16.2.1931
* Lemberg, Galizien (L'viv, Ukraine)
11.11.1908
gest. ?

Summerer Martin
OA 1755
* ?
gest. ?

Supan Wolfgang
KA 14.10.1928 – 5.7.1930
* Wolkersdorf, NÖ 19.3.1909
*Rechtsanwaltsanwärter; Studienpräfekt
in der Konsularakademie; wiss. Hilfsar-
beiter am deutschen GK in Zagreb 1940-
1943, Rechtsanwalt*

Swolensky Max
KA 8.10.1936 – 30.11.1938
* Klement, NÖ 26.12.1917
Rechtsanwalt

Swolensky Utta siehe **Diesner**

Szabadhegyi Emerich von
OAf 1881
* ?
gest. ?

Szabadhegy de Csallóköz-Megyeri
Josef von
OA 15.10.1881 – 18.3.1885
* Balaton-Ederics, Kom. Zala, Ungarn
17.1.1862
gest. ?

Szabó Géza
OA 1875
* ?
gest. ?

Szabó Ladislaus
KA 14.10.1928 – 5.7.1930
* Kecskemét, Ungarn 16.11.1909
gest. ?
*ung. Ausw. Dienst, Militärattaché in Rom
1933, Bot in Venedig 1943*

Szabó von Némestóthi Dienes
KAa.o. 16.10.1933 – 4.7.1934
* Budapest 14.8.1909
gest. Paris 1982
*ung. Ausw. Dienst, LS in Paris 1938, im
Außenmin. 1941-1944, Ges Paris 1945-
1947, im franz. Exil 1947*

Szabó von Szentmiklós Georg
KA 4.10.1908 – 6.7.1913
* Budapest 24.4.1891
gest. ?
*Kriegsdienst 1914-1918, KAtt 1915, un-
gar. Ausw. Dienst, im Außenmin. 1919-*

1926, K in Zagreb 1926-1935, GK in
München 1935-1939, Ges in der Slowakei
1939-1941, Ges in Helsinki 1941-1944

Szapáry Laurenz Graf
OA 15.10.1884 – 30.9.1890
* Budapest 10.7.1866
gest. Perchtoldsdorf, NÖ 13.7.1919
*DA Kairo 1891-1892, KEleve 1891, K
Konstantinopel 1892-1893, Bot Konst.
1893-1896, Bot Rom-Quirinal 1897-
1900, Tit. LS 1898, LS 1899, Ges Brüssel
1900-1901, Bot Berlin 1901-1903, Ges
Santiago 1903-1906, Tiot. LR 2. Kat
1904, LR 2. Kat. 1905, Ges Bukarest
1906-1909, LR I. Kat. 1907, MdÄ 1909-
1911, Ges 1911, beurlaubt 1911-1912,
Ges in Santiago de Chile 1912-1916,
Disp. 1916, pens. 1918*

Szarka Gábor von
KA 8.10.1936 – 20.7.1938
* Beregszász, Ungarn (Bregove,
Ukraine) 17.2.1917
gest. ?

Szávits Edler von Temesliget Stephan
KA 14.10.1928 – 20.6.1931
* Szeged, Ungarn 19.7.1902
gest. ?

Székács Vera
KA 14.10.1935 – Juli 1937
* Miskolcz, Ungarn 21.11.1916
gest. ?

Szembek Johann Graf
KA 15.10.1899 – 30.9.1904
* Poreba Zegoty, Galizien (Zegoty,
Polen) 11.7.1881
gest. ?

Szent-Ivány Josef von
KA 15.10.1928 – 5.7.1930
* Budapest 3.11.1910
gest. ?
Ethnologe in Papua-Neuguinea

Szentmiklósy Andor von
KA 26.10.1914 – 5.7.1919
* Budapest 6.10.1893
gest. 1944 oder 1945
*Ung. Ausw. Dienst 1919-?, Ges Wien 1919-
1920, Ges Prag 1920-1921, im Außenmin.
1922-1928, Ges Helsinki 1928-1931, GK
Mailand 1931-1934, Ges Rom 1934-1937,
GT in Rio de Janeiro 1937-1939, im
Außenmin. 1939-1940, 1940 BR in Tokio,
Ges Berlin 1940-1941, im Außenmin. Lei-
ter d. pol. Abt. 1942-1943, stv. Min. für AA
1943-1944, 19.3.1944 von Deutschen ver-
haftet, gestorben im KZ Dachau*

Szerdahelyi Koloman von
OA 1873
* ?
gest. ?

Sztankovánsky von Sztankován Tibor
KA 4.10.1908 – 6.7.1913
* Kajdacs, Kom. Tolna, Ungarn
21.7.1881
gest. ?
*GK Saloniki 1913, KAtt 1913, Kriegs-
dienst 1914-1918, VK 1916, ungar. Ausw.
Dienst, BS 1921*

T

Tahy von Tahvár und Tarkeö Ladislaus
KA 15.10.1899 – 30.9.1904
* Eperjes, Ungarn (Prešov, Slowakei)
16.5.1881
gest. Budapest, 4.3.1940
*KAtt 1905, K Bukarest 1905-1906, K Mo-
nastir (Bitola) 1906-1909, K 1907, st Gt
K Mitrovica 1909-1913, Ltr K Bagdad
1913-?, zur Verfügung MdÄ 1918, ungar.
Ausw. Dienst 1919, Ges in Prag 1920-
1922, in Ankara 1924-1933, Vertreter
beim Völkerbund 1933-1935, Staatssekr.
im Amt d. Min.präs. 1935-1938, Staatssekr. im Min. f. Inneres 1938-?, Abg. im ung.
Reichstag 1935-1939*

Tamás Franz siehe **Goldscheider**

Tamassocles Aristoteles
KA 15.10.1923 – 30.6.1924
* Nicosia, Zypern 29.12.1899
gest. ?

Tanczi Ernst Graf
OA 1804
* ?
gest. ?

Tarnay István
KA 14.10.1935 – Juli 1937
* Miskolcz, Ungarn 31.8.1917
gest. ?
ung. Ausw. Dienst, 1944 Ministerialsekr.

Tasnády-Nagy Susanne von
KA 7.10.1937 – 27.7.1939
* Budapest 7.1.1919
gest. ?

Tassic Radmilo
KA 3.11.1927 – ?
* Belgrad, 19.11.1898
gest. ?

Tatos Joan
KA 29.11.1929 – 2.7.1930
* Falticsény, Ungarn (Falticeni,
Rumänien) 28.5.1911
gest. ?

Teichert Johann
KA 13.10.1924 – 28.2.1925
* Arad, Rumänien 4.12.1905
gest. ?

Temesváry Emmerich von
KA 15.11.1927 – 2.7.1929
* Hódmezövásárhely, Ungarn 30.9.1908
gest. ?

Tenschert Hermann
KA 15.10.1934 – 7.7.1936
* Mährisch-Ostrau, Mähren
(M. Ostrava, Tschech. Rep.) 26.1.1913
gest. ?

Tertsch Ekkehard
KA 22.10.1926 – 2.7.1928
* Triest 3.8.1906
gest. ?

Testa Bartholomäus Baron
OA 1799
* 5.9.1788
gest. Wien 19.7.1848
*Dragoman des Österreichischen Kom-
mandanten von Dalmatien*

Testa Bartholomäus Baron
OA 1809
* ?
gest. ?

Testa Heinrich
OA 1781
* 17.2.1763
gest. Semlin (Zemun, Serbien) 27.9.1789

Testa Heinrich Freiherr von
OA 1820
* Pera/Konstantinopel 13.10.1807
gest. Baden-Baden 1.10.1876
Dragoman an der Internuntiatur, Ges in Athen 1860-1868, k. k. Hofrat

Testa Kaspar Baron
OA 1794
* 4.2.1777
gest. 24.2.1814

Teuber-Weckersdorf Ernestine siehe **Moldauer**

Thaa Georg (von)
KA 14.10.1929 – 7.7.1931
* Graz, Stmk. 12.10.1911
gest. ?

Thaler Friedrich
KA 13.10.1924 – 3.7.1926
* Kufstein, Tirol 8.4.1901
gest. ?

Thanner Erich
KA 14.10.1935 – Juli 1937
* Linz, OÖ 17.8.1912
gest. ?

Thierry Heinrich Ritter von
KA 26.10.1914 – ?
* Fiume, Ungarn (Rijeka, Kroatien) 8.6.1896
gest. wahrscheinlich im 1. Weltkrieg gefallen

Thies Angela siehe **Paulczinsky**

Thiis Einar
KA 14.11.1928 – 5.7.1930
* Oslo, Norwegen 22.1.1910
gest. Oslo 11.9.1981

Thiis Carl Henrik
KA 14.10.1931 – 7.7.1932
* Rakkestad, Norwegen 11.5.1913
gest. Oslo 10.1.1999

Thimcziuk Emanuel
KA 15.10.1900 – 30.9.1905
* Czernowitz, Bukowina (Czernovczy, Ukraine) 12.2.1879
gest. ?
KAtt 1907, K Bukarest 1906-1908, GK Odessa 1908-1912, VK 1908, GK Barcelona 1912-1913, K Valona 1913-1914, K 1914, Ltr VK Craiova 1914-1916, temp. Ltg K St. Gallen 1916-1917, Del des ö.-u. MdÄ bei der Militärverwaltung in Rumänien, Craiova 1917, beim Vertreter des k. u. k. MdÄ in Albanien, Skutari 1917-1918, in Disp. 1918, pens. 1919

Thót Wilhelm
OA 1872
* ?
gest. ?

Thugut Franz de Paula Frh v.
OA 1754
* Linz 1736
gest. Wien 28.5.1818
GT in Konstantinopel, Resident 1770, Hofrat 1771, Ges in Warschau 1780-1783, Ges in Paris 1784-1787, in Neapel 1787-1789, Hofkommissar in der Moldau und Walachei; Generaldirektor der Staatskanzlei 1793, Minister der ausw. Angelegenheiten 1794-1798, Konferenzminister 1798-1800

Thun-Hohenstein Siegfried Graf von
KA 8.10.1936 – 7.5.1941
* Wien 30.9.1915
gest. ?

Tode Hugo
KA 15.10.1930 – 10.10.1932
* Charillos, Peru 18.3.1910
gest. ?

Toldy-Oesz Gyula
KA 15.10.1930 – 19.2.1931
* Budapest 12.6.1910
gest. ?

Toma Faraj Putrus
KA 16.10.1933 – ?
* Bagdad, Irak 22.1.1900
gest. ?

Toman Joseph
OA 1794
* ?
gest. ?

Topouridzé Phridon
KA 15.12.1923 – 30.6.1924
* Sepiet, Bez. Senak, Georgien 22.7.1895
gest. ?

Tormay Katarina siehe **Hvozdik**

Toussaint Franz Baron von
OA 1760
* ?
gest. ?

Trauttenberg Konstantin Freiherr von
OA 1857
* Troppau, Schlesien (Opava, Tschech. Rep.) 17.9.1841
gest. Rom 26.4.1914
KEleve 1862, Zentralseebehörde Triest 1862-1963, Dolmetschadjunkt Internun. Konstantinopel 1863-1868, HLS 1868, Ostasiatischer Mission beigegeben 1868-1870, Ges Stuttgart 1871, Ges Dresden 1872, Bot Hl. Stuhl 1872-1873, Ges Berlin 1873-1878, LR 2.Kat 1876, Bot Rom-Quirinal 1878-1879, Bot St. Petersburg 1879-1882, LR 1.Kat. 1880, MdÄ 1882, pr Leitung Oriental. Akademie 1883, Ges in Teheran 1883-1887, Ges in Bern 1887-1888, Ges in Kopenhagen 1888-1899, österr.-ungar. Delegierter bei der Ägyptischen Staatsschuldenkommission 1899-1909

Trechich Emil
OA 1862
* ?
gest. ?

Triangi Konrad Graf
OA 1809
* ?
gest. ?

Tripkovic Nadezda
KA 16.11.1939 – 31.1.1941
* Krusevac, Serbien 1.7.1917
gest. ?

Trojan Gustav
OA 20.10.1882 – 30.9.1888
* Wien 17.6.1883
gest. ?
KEleve 1889, K Bukarest 1891-1892, K Galatz 1892, VK 1892, int Gt VK Crajova 1895, K Bukarest 1895-1896, st Gt GK Janina 1896-1901, K 1898, Ltr K Belgrad 1901, Ltr K Rustschuk (Russe) 1901-1907, Ltr GK Algier 1907-1908, Ltr K Breslau 1908-1911, GK 1908, Ltr GK Bremen 1911-1918, pens 1919

Troll-Obergfell Bernhard Ritter von
KA 7.11.1916 – 8.11.1916
* Krumbach, NÖ 19.6.1898
gest. ?

Troll-Obergfell Herbert Ritter von
KA 5.10.1910 – 15.7.1916
* Krumbach, NÖ 15.9.1891
gest. Wien 4.6.1978
Kriegsdienst 1914-1916, KAtt 1916, GK München 1916-1919, HK Karlsruhe 1919-1920, K Laibach 1922-1925, BKA/AA 1925-1929, Ges Belgrad 1929-1936, Ltr K Pressburg 1936-1938, dt. Ausw. Dienst 1938, Amt des Reichsstatthalters in Wien 1938-1939, Ausw. Amt Berlin 1939-1940, Ltr K Skopje 1940-1941, Ges Agram 1941-1943, GesRat 1. Kl. 1943, Vorsitzender der dt. Zentralgrenzkommission 1943, im Ausweichquartier des dt. Ausw. Amtes in Krummhübel im Riesengebirge 1943-1944, disp. 1944, nicht übernommen in Österr. Ausw. Dienst 1945, pens. 1947

Tschaukoff Danail
KAG 24.6.1940
* Schumen, Bulgarien 23.7.1907
gest. ?

Tsolakis Nicolas G.
KA 14.11.1928 – Juli 1929
* Volos, Griechenland 7.7.1910
gest. ?

Turchányi (verehel. Elöd) Livia von
KA 7.10.1937 – 31.7.1939
* Érsekujvár, Ungarn
(Nové Zamky, Slowakei) 21.1.1919
gest. ?

Turnwald Christine Margarethe
KA 15.10.1934 – 1.7.1936
* Reichenberg, Böhmen
(Liberec, Tschech. Rep.) 1.7.1915
gest. ?

Tutzky (verehel. Geissler) Franziska
KA 7.10.1937 – 15.7.1939
* Wien 13.1.1920

Tyskiéwicz Wladyslaw Graf
KA 15.10.1930 – 12.10.1932
* Krakau, Galizien (Kraków, Polen)
27.6.1910
gest. ?
Schriftsteller

U

Ubl Aurel
KA 5.10.1910 – Feb. 1916
* Križevci, Kroatien 22.11.1890
gest. ?

Ugron de Abrahamfalva jun. Stefan von
OA 1.10.1881 – 13.7.1886
* Mezö-Záh, Ungarn (Cimpia de Turci,
Rumänien) 29.9.1862
gest. Klausenburg (Kolozsvár, Cluj)
Rumänien 10.9.1948
KEleve 1886, GK Smyrna (Izmir) 1889-1891, VK 1890, K Venedig 1891-1892, HGK New York 1892-1894, GK Warschau 1894-1896, int Gt K Kiew 1896, K 1896, K in Tiflis 1897-1900, Ltr K Alexandrien 1900-1902, Ltr GK Warschau 1902-1909, LR Ges Bukarest 1909-1911, Ges in Belgrad 1911-1913, MdÄ 1913-1917, Vertreter des MdÄ in Warschau 1917-1918

Ujszászy István von, kgl.ung.ObLt
KA 28.11.1921 – 30.6.1923
* Nagykörös, Ungarn 30.8.1894
gest. Krasnojarsk, UdSSR zwischen 1945
und 1947
ung. Verteidigungsministerium 1924-1930, ausw. Dienst Warschau 1931-1934, Prag 1934-1938, 1939 Oberst in ung. Abwehr, 1942 Gen.-major, 1945 russ. Kriegsgef.

Ujváry von Érsekujvár Dr. oec.publ.
Desiderius
KA 15.10.1925 – 2.7.1927
* Brassó (Kronstadt),
Ungarn (Brašov, Rumänien) 27.7.1902
gest. ?

wiss. Assistent an der Wirtschaftsuniv. in Budapest 1926-1928, ausw. Dienst 1928, Ges Bukarest 1928-1931, Paris 1931-1936, im Außenmin. 1936-1943, GK in Istanbul 1943-1944

Ullein-Reviczky Anton
KA 7.10.1912 – 5.7.1919
* Sopron, Ungarn 2.11.1894
gest. London 13.6.1955
Kriegsdienst 1915-1917, KAtt 1919, zugeteilt der Grenzkommission in Sopron 1920-1923, Ges Paris 1923-1929, Ges Istanbul 1929-1935, GK in Zagreb 1935-1938, im Außenmin. Leiter der Presseabt. 1938-1943, Ges in Helsinki, Stockholm 1943-1944, entlassen in der NS-Zeit 1944, Emigration 1945

Urbas Emmanuel
OA 15.10.1897 – 30.9.1902
* Triest 27.9.1878
gest. Kitzbühel 10.9.1958
KAtt 1903, VK 1905, K Mailand 1906-1907, MdÄ 1907-1909, GK Berlin 1909-1910, MdÄ 1910-1912, K 1911, Ltr K Tiflis 1912-1913, MdÄ 1913, Vertreter MdÄ beim Kriegsüberwachungsamt 1914-1915, int Gt K Basel 1915, Kriegsdienst 1916, an Bot Berlin 1916-1918, nach 1919 Schriftsteller (Pseudonym: Ernest U. Cormons, Schicksale und Schatten, Salzburg 1951) und Journalist

Urschitz Leonhard
KA 14.10.1935 – Juni 1939
* Klagenfurt, Kärnten 28.4.1917
gest. Berlin 14.3.1962
Britische Militärregierung Klagenfurt, Dolmetscher 1945-1946, US Headquar-

ters Wien 1946-1947, IBK/AA 1947, GK New York 1947-1950, Ges Budapest 1951-1952, Ltr Verbindungsstelle Stuttgart 1954-1955, BKA/AA 1955-1962, Delegation Berlin 1962

Ursini von Rosenberg siehe **Orsini von Rosenberg**

Ussai Theodora
KA 14.10.1932 – 7.6.1933
* Görz, Österreich (Gorizia, Italien) 25.6.1905
gest. ?

V

Vajda Johann
OA 15.10.1891 – 30.9.1896
* Alparét, Ungarn (Olpret, Rumänien) 6.10.1873
gest. ?

Vale William G.
KA 10.10.1932 – 8.2.1933
* Baltimore, USA 26.6.1911
gest. ?

Vámossy-Mikecz János
KA 15.10.1934 – 2.7.1936
* Budapest 17.4.1916
gest. ?

Van Zel von Arlon Emil
OA 1.10.1879 – 30-9-1884
* Hermannstadt (Nagyszeben), Ungarn (Sibiu, Rumänien) 2
8.10.1860
gest. Wien 26.4.1905

KEleve 1884, prov. Concipist LReg Sarajewo 1884-1886, Mission Cetinje 1886-1892, VK 1887, Bosn. Bureau des Reichs-Finanzministeriums 1892-1893, K Konstantinopel 1893-1895, K in Port Said 1895-1898, zeitl. Ruhestand 1899

Vasilauskas Julius
KA 15.10.1930 – 8.7.1932
* Lipeniai, Gem. Vabaninku, Litauen 20.5.1906
gest. ?

Vay Baron von Vaya Emmerich
OA 1803
* ?
gest. ?

Vay Nikolaus Baron
OAf 1879
* ?
gest. ?

Venter de Chanad Emil
OA 15.10.1896 – Nov. 1899
* Arad, Ungarn (Arad, Rumänien) 15.10.1876
gest. ?

Verdroß Dorothea von
KA 20.11.1939 – 10.2.1941
* Wien 22.4.1921

Verdroß Trude siehe **Kren**

Veszprémy Béla von
KA 14.10.1929 – 7.7.1931
* Szatmárnémeti, Ungarn
(Satu Mare, Rumänien) 24.2.1908
gest. ?
ung. ausw. Dienst, Ges Moskau 1935

Vetsera Albin
OA 1845
* Pozsony (Pressburg), Ungarn
(Bratislava, Slowakei) 28. 4.1825
(getauft)
gest. Kairo/Ägypten 14.11.1887
Dolmetschgehilfe GK Bukarest 1849-1850, Internuntiatur Konstantinopel 1850-1868, Dolmetschadjunkt 1850, HLS 1855, wLS 1858, 1.LS 1859, TitLR 1864, Ritterstand 1866, wLR 1867, GT in St. Petersburg 1868-1869, ständ. GT bzw. Gesandter in Darmstadt 1869-1872, Freiherrenstand 1870, in Disp. 1872, zeitl. Ruhestand 1874, Kommissar-Direktor der Ägyptischen Staatsschuldenverwaltung 1880-1887

Veuet Georges
KAa.o.1.3.1934 – 4.5.1934
* Cambrai, Belgien 24.11.1912
gest. ?

Vilcins Leo
KA 17.10.1932 – 6.7.1934
* Wien 7.1.1914
gest. ?

Villani Ludwig Freiherr von
KA 4.10.1908 – 6.7.1913
* Tápió-Sáp (Sülysáp), Ungarn
22.4.1891
gest. Budapest 4.7.1948

GK Scutari 1913, K Att 1914, Ges Durazzo (Durres)1914-1915, GK Smyrna 1916-1918, VK 1916, ungar. Ausw. Dienst 1919-, Zürich 1920, K in Triest 1920-1923, K in Mailand 1923-1926, Ges Istanbul 1926-1928, Ges Belgrad 1928-1931, im Außenmin. Ltr. Kultur-Abt. 1932-1939, Ges in Albanien 1935-1939, Bot in Helsinki 1939-1940, danach Univ.-Prof. an der Wirtschaftsuniv. Budapest, Schriftsteller

Villershofen Anton von
OA 1777
* ?
gest. ?

Virányi Judith
KA 8.10.1936 – 7.7.1938
* Budapest 17.8.1918
gest. ?

Viscovich Martin
OA 1879
* ?
gest. ?

Vivenot Alexis (Frh. von)
KA 14.10.1928 – 5.7.1930
* Wien 6.2.1909
gest. an Bord MS Abosso, Nordatlantik 29.10.1942
Aspirant im BKA 1933; Aspirant Ges Paris 1934-1935; Beamtenanwärter 1935; Ges Belgrad 1936-1938; LS 3.Kl. 1937; Deutsche Ges Belgrad 1938-1939; Ruhestand 1939; Emigration nach England 1939, in London Sekretär des „Austria Office" (unter dem ehemaligen österr. Gesandten Sir George Franckenstein); 10.7.1940 mit

2288 Deutschen und Österreichern an Bord der „Dunera" nach Australien deportiert; nach Bemühungen Franckensteins wurde Vivenots Rückkehr nach England gestattet; auf dem Weg von Australien nach England wurde die MS Abosso torpediert

Vollgruber Alois
KA 4.10.1908 – 6.7.1913
* Josefstadt, Böhmen (Josefov, Tschech. Rep.)17.8.1890
gest. Wien 29.11.1976
MdÄ 1915, Kriegsdienst 1915-1917, K Breslau 1918-1919, K Dortmund 1919, Ges Prag 1919-1920, Ges Bukarest 1920-1927, Ges Warschau 1927-1928, Ges Rom 1928-1933, LR 2.Kl. 1929, Ges in Bukarest 1933-1934, Ges in Rom 1934-1936, pol. Vertreter in Prag 1945-1947, Ges in Paris 1947-1950, Bot in Paris 1953-1958

Vrbanic Milan
KA 15.10.1899 – 30.9.1904
* Zagreb, Kroatien 8.11.1880
gest. ?
K Alexandrien 1905-1906, KAtt 1905, GK Sofia 1906-1914, VK 1907, K 1914, GK Hamburg 1914, Ges Sofia 1914-1918

Vrbica Peter
OA 1878
* ?
gest. ?

W

Wagner Rudolf
KA 8.10.1936 – 29.10.1938
* Neustift bei Brixen, Italien 4.4.1918
gest. ?

Wahlberg Max
KA 16.10.1933 – 4.7.1935
* Wien 18.4.1914
gest. ?

Walcher Hareth von
OA 15.10.1890 – 30.9.1891
* Palermo 15.11.1870
gest. ?

Waldheim Kurt
KA 7.10.1937 – 31.7.1939
* St. Andrä-Wördern, NÖ 21.12.1918
Kriegsdienst 1939-1945, RAA BG Baden 1945, Ausw. Dienst 1945, BKA/AA – Kabinett BM Gruber 1946-1948, LS an Ges Paris 1948-1951, BKA/AA 1951-1955, LR 2.KL. 1955, Beobachter bei den VN in New York 1955-1956, Ges in Ottawa 1956-1958, Bot in Ottawa 1958-1960, BMfaA 1960-1962, Leiter der Sektion II (Pol) 1962-1964, Ständiger Vertreter bei den VN New York 1964-1968, Bundesminister für auswärtige Angelegenheiten 1968-1970, 1971 Kandidat der ÖVP für die Bundespräsidentenwahl, 1972-1981 Generalsekretär der Vereinten Nationen, SChef 1982, pens. 1983, Bundespräsident 1986-1992: Memoiren: Im Glaspalast der Weltpolitik, Düsseldorf 1985

Waldstein Wilhelm
OAf 1880
* ?
gest. ?

Walla Géza
KA 8.10.1913
* Pápateszér, Ungarn 12.7.1895
gest. während Akademiezeit

Wallenburg Jacob von
OA ? – 1777
* Wien 10.9.1763
gest. Wien 28.6.1806
1789 Dolmetsch, 1802 Hofsekretär, 1806
Rat in der k. k. Geheimen Hof- und Staats-
kanzlei

Waller Franz Anton von
OA 1754
* ?
gest. ?

Wallis Friedrich Graf
OA 1873
* ?
gest. ?

Wallisch Edler von Wundersfeld Erich
KA 7.11.1916 – ?
* Prag 15.7.1898
gest. ?

Walp Georgine siehe **Brignon**

Walters Fritz
KA 16.10.1933 – 10.10.1935
* Mödling bei Wien, NÖ 17.10.1914
gest. ?

Walterskirchen Otto Freiherr von
OA 1848 – 1853
* Wolfsthal 19.6.1833
gest. Wien 16.11.1912
Dolmetschadjunkt Internuntiatur Kon-
stantinopel 1853-1857, zuget Del. bei der
Europ. Kommission für die Regulierung
der Donaufürstentümer 1857-1858, LS
1858, Ges Kassel 1858-1860, Ges Stutt-
gart 1860-1861, Bot Paris 1861-1865, Bot
St. Petersburg 1865-1867, Ges Berlin
1867-1868, LR Ges Florenz 1868-1869,
Ges in Stuttgart 1869-1872, Ges in Stock-
holm 1872-1874, Disp. 1874, zeitl. Ruhe-
stand 1877, MdÄ 1883-1888, Ges in Den
Haag 1888-1894, Disp. 1894, zeitl. Ruhe-
stand 1896

Walzel von Wiesenleiten Peter Klemens
Ritter v.
KA 15.10.1935 – Dez. 1935
* Parschnitz bei Trautenau, Böhmen
(Porící, Tschech. Rep.) CSR 3.6.1914
gest. ?

Wambera Heinrich
KA 14.10.1931 – 14.12.1933
* Budapest, 30.7.1912
gest. ?

Wass Armin Graf
OA 1871 – 1875
* Czege, Ungarn (Taga, Rumänien) 1852
gest. Budapest 12.2.1914
KEleve 1876, K Belgrad 1876-1879, VK
1879, GK Saloniki 1879-1880, Mission
Cetinje 1880-1883, Ges Bukarest 1883-
1885, HLS 1883, Ltr HK Tripolis/Libyen
1885-1886, Gt VK Turn-Severin 1886-
1887, GK Alexandrien 1887-1893, Ltr

GK Saloniki 1893-1895, Gt GK War-
schau 1896-1898, GK 1896, GK Smyrna
1898-1900, pens. 1900

Webenau Arthur Edler von
OA 1858
* 1841
gest. Graz 27.12.1890
Dolmetschadjunkt Internuntiatur Kon-
stantinopel 1864, 3. Dolmetsch 1869, 2.
Dolmetsch 1872, LR 2. Kat. 1879, LR I.
Kat 1881, Botschaft Konstantinopel ?-
1887, Ges in Lissabon 1887-1888, in Dis-
ponibilität 1888, pens. 1889

Weber Edward A.
KA 14.10.1929 – 17.2.1930
* Konszyn, Polen 24.10.1908
gest. ?

Weber (verehel. Lentz) Grita
KA 16.10.1932 – 6.7.1934
* Königsberg, Preußen 29.6.1911
gest. ?

Weber Heinrich Freiherr von
KA 5.10.1906 – 4.7.1908
* Pozsony (Pressburg), Ungarn
(Bratislava, Slowakei) 5.7.1888
gest. ?

Weber Volkhard
KA 16.10.1932 – 6.7.1934
* Fulda, Deutschland 12.8.1908
gest. ?

Wechsler Marianne
KA 14.10.1931 – 7.7.1933
* Wien 5.11.1911
gest. ?

Weckbecker Peter
OA 1826
* 1808
gest. 1871
GK in Smyrna (Izmir) ?-1853, GK in
Beirut 1853-1870

Weidenfeld Arthur
KA 7.10.1937 – März 1938
* Wien 13.9.1919
Emigration nach Großbritannien 1938,
Mitarbeiter der BBC, Gründung des Ma-
gazins „Contact" 1945, Gründung des
Verlags Weidenfeld & Nicolson (mit N.
Nicolson), Berater des ersten Präsidenten
Israels, Dr. Chaim Weizmann 1949/50,
Ritterstand 1969, Lord und Mitglied des
House of Lords 1976; Autobiographie
„Von Menschen und Zeiten", Wien 1995.

Weihs (Weihs-Raabl) Hugo
KA 8.10.1936 – 16.6.1939
* Jicin, Böhmen (Tschech. Rep.)
9.6.1917
gest. ?
nach 1945 Landesger.-rat, Salzburg

Weil Elisabeth
KA 15.10.1935 – ?
* Wien 18.4.1917
gest. ?

Wein Jakob
OA 31.10.1883 – 30.9.1888
* Lesnyek, Ungarn (Leşnic, Rumänien)
11.1.1865
gest. ?
KEleve 1890, K Bukarest 1892-1894, K
Galatz 1894-1895, K Philadelphia 1895-
1898, K Pittsburgh 1898-1902, K 1901,

Ltr K Pittsburgh 1902-1904, Gt K Bombay 1904, Ltr K Bombay 1905-1908, Ltr K Canea (Heraklion) 1909-1916, GK 1911, Kriegsdienst 1916-1917, MdÄ 1918, ungar. Ausw. Dienst 1919, Ltr Übersetzungs-Abt. 1921-1922, entlassen 1923

Weinmann Käthe
KAG 14.1.1938 – März 1938
* Teplitz-Schönau, Böhmen
(Teplice, Tschech. Rep.) 10.9.1918
gest. ?

Weinzetl Harald
KA 22.10.1926 – 2.7.1928
* Philippopel/Plowdiw, Bulgarien
16.11.1905
gest. ?

Weinzetl Rudolf
OA 15.10.1887 – 30.9.1892
* Karolinenthal, Böhmen (Karlin,
Tschech. Rep.) 25.11.1867
gest. Lausanne, Schweiz 13.12.1933
KEleve 1893, Ges Teheran 1894-1900, VK 1895, GK Smyrna 1900-1901, GK Beirut 1901, Ges Teheran 1901-1904, K 1904, st Gt K Philippopel (Plowdiw) 1904-1905, Dragomanat Bot Konstantinopel 1905-1911, 2. Dragoman und LS 1907, GK 1911, Ges Cetinje 1911-1913, Ges Peking 1913-1917, pens 1919, tschechoslowak. Ausw. Dienst 1920, LR Ges Tokio 1920-1921, LR Ges Peking 1921-1924, pens 1925

Weiss Elmira
KA 19.1.1929 – 5.7.1930
* Kybarti, Kreis Vilkovischky, Litauen
23.-7.1907
gest. ?

Weissmann Olga
KA 4.11.1926 – 2.7.1928
* Lemberg, Galizien (L'viv, Ukraine)
8.9.1908
gest. ?

Weiß Edler von Starkenfels Victor
OA 1834
* ?
gest. ?
Internuntiaturs-Dolmetschgehilfe Jassy 1840-1844, Legationscommis Ges Athen 1844-1846, Titular LS Athen 1846-1849, GK in Genua 1850-1853, LR Intern. Konstantinopel 1853-1857, Dispon. 1857, zeitw. Ruhestand 1869. Autor von „Die kaiserlich-königlich Orientalische Akademie zu Wien, ihre Gründung, Fortbildung und gegenwärtige Einrichtung", Wien 1839

Well Joseph von
OA 1808
* ?
gest. ?

Wendorff Claus Heinrich von
KA 14.10.1931 – 7.7.1933
* Gnesen, Preußen (Gnieczno, Polen)
27.10.1912
gest. ?

Wenisch Alfred Josef
KA 30.12.1937 – 12.4.1941
* Neunkirchen, NÖ 8.6.1918
gest. ?

Werle Günter
KA 14.10.1929 – 7.7.1931
* Boxhagen-Rummelsburg, D 28.2.1909
gest. ?

Wermann Ernst
KA 30.11.1921 – 30.6.1923
* Dresden, Sachsen 22.6.1901
gest. ?

Werner Meta siehe **Steinschneider**

Wernicke Dr. Jürgen
KA 9.10.1937 – Juli 1938
* Marienwerder, D. 21.7.1910
gest. im 2. Weltkrieg gefallen

Wertheimer (verehel. Ehrenfest)
Susanna
KA 8.10.1936 – 1.7.1938
* Wien 6.1.1919
Exil in den USA

Wesolowsky Johann Bohdan
KA 31.1.1940 – 30.12.1940
* Wien 30.5.1915
gest. ?

Wessely Georg Freiherr von
KA 16.1.1936 – ?
* Prag 22.11.1916
gest. ?

Wickerhauser Emil
OA 1840
* ?
gest. ?
Internuntiaturs-Dolmetschgehilfe Agentie Jassy 1846-1847, Orientalischer Dolmetschdienst beim Generalkommando, Peterwardein 1847-?

Wickerhauser Moritz
OA 1832
* ?
gest. ?
Dolmetschgehilfe Internuntiatur Konstantinopel 1839-1848, Prof. f. türkische Sprache an der Orientalischen Akademie 1848-1861, pens. 1869

Widter Georg Lamoral von
OA 1870
* ?
gest. Bukarest 26.1.1877 (Selbstmord)
KEleve 1875, GK Beirut 1875, GK Alexandrien 1875-1876, GK Bukarest 1877

Wilczek Heinrich Graf
KA 14.10.1931 – 7.1.1933
* Budapest 1.12.1912
gest. Budapest 18.1.1937

Wildmann Karl
KA 22.11.1917 – 28.6.1922
* Hollenburg/Donau 3.11.1898
gest. Den Haag, Niederlande 31.3.1956
Ausw. Dienst 1922, Ges Paris 1922-1933, BKA/AA 1933-1934, Chef des Büros des Bundeskommissars im Bundeskommissariat für den Heimatdienst, Walter Adam 1934-1938, Sektionsrat 1937, Entlassung 1938, Versicherungsagent der Assicura-

zioni Generali in Wien 1941-1945, Ausw. Dienst, LR 2.Kl. 1945, Leiter Kabinett BM, LR 1.Kl. 1945, Ltr Personalabt. 1946-1948, Ges 1947, Ges in Bern 1948-1953, Generalsekretär für die Auswärtigen Angelegenheiten 1953-1955, Ges in Den Haag 1955-1956.

Wildner Heinrich
OA 15.10.1897 – 30.9.1902
* Reichenberg, Böhmen
(Liberec, Tschech. Rep.) 27.5.1879
gest. Wien 4.12.1957
Ausw. Dienst 1903, GK St.Petersburg 1903-1909, K Belgrad 1909-1911, Ltr K Belgrad 1911-1914, MdÄ Leiter handelspolit. Abt. 1914-1919, GK 2.Kl. 1919, GK 1.Kl. 1920, Ges 1932, Ltr handelspolit. Abt. 1932-1939, Ruhestand 1939, Ausw. Dienst 1945, Generalsekretär für Auswärtige Angelegenheiten in der Staatskanzlei bzw. im Bundeskanzleramt – Auswärtige Angelegenheiten 1945-1949; Werk: Die Technik der Diplomatie, Wien 1959

Wildner Klemens
KA 5.10.1910 – 5.7.1915
* Reichenberg, Böhmen
(Liberec, Tschech. Rep.) 25.12.1892
gest. Wien 20.2.1965
Ausw. Dienst 1915, K Breslau 1915-1917, K Konstantinopel 1917-1918, GK Hamburg 1918-1920, VK und Gt K Dortmund 1920-1921, Ges Warschau 1921-1922, Ltr K Lemberg 1922-1923, Ges Berlin 1924-1925, GK in Köln 1925-1935, BKA/AA 1935-1937, Ges Budapest 1937-1938, ohne Verwendung 1938-1941, Wartestand 1941, Sachbearbeiter bzw. stellv. Geschäftsführer

der Wirtschaftsgruppe Chem. Industrie in Wien 1944-1945, Ausw. Dienst 1945, LR im BKA/AA, Ges in Ankara 1946-1952, BKA/AA 1952-1953, Ges in Kairo 1953-1955, Ges in Rio de Janeiro 1955-1956, Bot in Madrid 1956-1957; Memoiren: Von Wien nach Wien, Wien 1961

Wimpffen (Freiherr von) Dr. Adalbert
KA 15.10.1923 – 30.6.1925
* Graz 7.3.1897
gest. ?
Gutsbesitzer (Schloß Großlobming/Stmk)

Winiarski Witold Marjan
KA 13.10.1924 – 3.7.1926
* Krakau, Galizien (Kraków, Polen)
15.6.1905
gest. ?

Winter Anton Edler von
OA 8.10.1885 – 30.9.1890
* Sopron, Ungarn 22.5.1866
gest. Wien 30.3.1942
GK Skutari 1891-1893, K Monastir (Bitola) 1893-1894, int. Gt K Adrianopel (Edirne) 1895, Ltr VK Prizren 1895-1897, Ltr VK Durazzo 1897-1898, int. Gt GK Skutari 1898, MdÄ 1899, Direktor der Konsularakademie 1904-1919, GK 1.Kl. 1908, StAfÄ bzw. BMfÄ – Ltr Präsidialsektion 1919-1922, SChef 1920, 1922 pens, Leiter der Konsularakademie 1922-1933 (unentgeltlich!)

Winter Hanns Edler von
KA 7.11.1916 – 28.6.1921
* Adrianopel, Osman. Reich
(Edirne, Türkei) 18.7.1897
gest. Wien 22.9.1961

KAtt 1921, Ges Bern 1921-1922, Ges
Paris 1922-1924, VK Ges Konstantinopel
1924-1926, LS 2. Kl. Ges Moskau 1927-
1932, Ges Paris 1932-1933, Ltr Konsularabteilung Ges Ankara in Istanbul 1933-
1938, dt. Ausw. Dienst 1938, GK Istanbul
1938, Ltr Konsularabteilung Ges Prag
1938-1939, GT in Panama 08/1939-
11.9.1941, Internierung in White Sulphur
Springs (USA) – 05/1942, Stellv. des Ltr
Sonderreferat Org 05/1942-03/1943, Ltr
der Gruppe I im Protokoll des Auswärtigen Amtes 03/1943-04/1944, Stellv des
Ltr der Informationsstelle XIV im Auswärtigen Amt 04/1944-05/1945

Winter Myra (Marie)
KA 1917?
* Bordeaux, Frankreich 31.12.1897
gest. ?

Winterstein Claus
KA 15.10.1925 – 30.1.1926
* Wien 13.4.1906
gest. Mariazell 23.7.1984
RAA Handelsgericht Wien 1930-1931,
RAA StrafBG Wien I 1931, Prokurist
Wechselseitige Brandschaden – und
Janus Allgem. Versicherungsanstalt auf
Gegenseitigkeit 1931-1938, Internierung
in Frankreich 1939-1940, Internierung in
Aruba, Curacao 1940-1942, Manager bei
Viana Auto Supply & Trading Co.,
Aruba, Curacao 1942-1946, Ausw. Dienst
1947, Ges Washington 1947-1948,
BKA/AA 1949-1951, Ges Kairo 1951-
1952, Ges Athen 1952-1954, LR 1954,
BKA/AA 1954-1955, Ges in Lissabon
1955-1959, Bot in Lissabon 1959-1960,
BMfaA Protokollchef 1960-1962, Bot in

Den Haag 1962-1968, BMfaA Protokollchef 1968-1972

Wiser Konrad von
OA 15.10.1890 – 30.9.1895
* Wien 24.10.1869
gest. Mährisch-Ostrau, Mähren
(M. Ostrava, Tschech. Rep.) 26.6.1915
KAtt 1896, K Konstantinopel 1897-1898,
GK Saloniki 1898-1899, VK 1898, K
Konstantinopel 1899-1900, GK New York
1900-1904, K Pittsburgh 1904, GK
Zürich 1904-1908, K 1907, Ltr K Hon-
gkong 1908-1913, in Disponibilität 1914

Witousch Johanna von
KA 15.10.1935 – Febr. 1937
* Wien 20.12.1916
gest. ?

Wittenberger Ernst
OA 15.10.1891 – 30.9.1896
* Kassa (Kaschau),
Ungarn (Kosice, Slowakei) 21.6.1874
gest. Pernitz/NÖ 14.8.1905
K Kairo 1896-1897, KAtt 1897, K Konstan-
tinopel 1897-1900, Dragomanat Bot Konst.
1900-1904, Mission Tanger 1904-1905

Wittenhofer Elisabeth Maria v.
siehe **Rettich**

Wodianer von Maglód Andor
KA 4.10.1908 – 6.7.1913
* Belgrad 2.6.1890
gest. Argentinien 1964
Kriegsdienst 1914-1915, GK Bremen
1915, KAtt 1915, Kriegsdienst 1915-
1916, K Bukarest 1916, VK 1916, Kriegsdienst 1916-1917, dem Vertreter in Buka-

rest zugeteilt 1918, ungar. Ausw. Dienst 1919, Ges Sofia 1920-1923, Ges Belgrad 1924-1927, Ges Rom 1927-1933, GT in Buenos Aires 1933-1934, GT in Madrid 1936-1938, Ges in Lissabon 1938-1944, in der NS-Zeit zurückgetreten

Wodianer von Maglód Rudolf
OA 1875 – 1881
* 13.3.1859
gest. ?
KEleve 1882, K Port Said 1882-1883, GK Alexandrien 1883-1884, VK 1884, K Bukarest 1884-1886, K Galatz 1886-1888, K Belgrad 1888-1890, Ltr VK Giurgewo 1890-1892, K 1892, Ltr VK Turn-Severin 1892-1893, int Gt GK Saloniki 1893-1894, Ltr K Jassy 1894-1896, K Alexandrien 1896-1900, GK 1899, Ltr GK Odessa 1900-1905, Ltr K Bukarest 1905-1911, Ltr GK Venedig 1911-1912, Ges in Bangkok 1912-1914, Kriegsdienst 1914-1915, Ges Bukarest 1915-1916, Kriegsdienst 1916-1917, in anderweitiger Verwendung 1918

Wodniansky von Wildenfeld Friedrich Freiherr
KA 8.10.1907 – 2.5.1910
* Pozsony (Pressburg), Ungarn (Bratislava, Slowakei) 9.10.1887
gest. ?

Woinovich von Belobreska Peter Freiherr
KA Nov. 1918 – 28.6.1922
* Wien 17.10.1898
gest. Wien 9.1.1955
Angestellter am HGK Berlin 1922-1923, HK Königsberg 1923-1926, Tit.Att HK Breslau 1927-1930, Att 1927, VK 1929, K Krakau 1930-1933, BKA/AA 1933, LS Ges

Ankara 1933-1938. Dt. Auswärtiges Amt 1938-1940, LR in der Abt. Pol V; Ltr des dt. K in Presov (Eperies)/Ost-Slowakei 1940 bis zum Eintreffen der Roten Armee, als er sich zur deutschen Gesandtschaft nach Pressburg absetzte. Nach der Räumung von Pressburg nach Salzburg. Wiedereinstellung in den Dienst des BKA-AA abgelehnt, pens. 1948

Wölfel Karl Ernst
KA 20.10.1922 – 30.6.1924
* Wien 3.3.1903
gest. Wien 4.2.1947

Wolff von Wolffenburg Leopold
OA 1818
* ?
gest. ?

Wolfrum Margarethe siehe **Dierkes**

Wolkenstein-Trostburg Robert Graf
OA 1804
* ?
gest. ?

Wondreys Otto
KA 4.10.1909 – 4.7.1914
* Olmütz, Mähren (Olomouc, Tschech. Rep.) 26.9.1891
gest. ?
GK Hamburg 1914-1916, KAtt 1915, VK 1916, Bot Berlin 1916-1918

Woracziczky Karl Graf
KA 6.10.1905 – 30.9.1910
* Temesmonostor, Ungarn (Mănăştur, Rumänien) 30.1.1888
gest. Wien 25.3.1961

KAttaché 1911, GK Shanghai 1911-1912, Ges Peking 1912-1914, Kriegsdienst 1914-1916, GK Berlin 1916-1917, VK 1917, Bot Berlin 1917-1918, ungar. Ausw. Dienst 1919, ung. K, VK 1921

Wrigley Maria Hilde siehe **Koretz**

Wunsch Karl
OA 1880
* ?
gest. ?

Wurzian Eugen Ritter von
KA 15.10.1900 – 30.9.1905
* Peterswald, Schlesien
(Petřvald, Tschech. Rep.) 16.1.1879
gest. Wien 18.7.1943
KAtt 1906, K Skutari 1906-1907, GK Jassy 1907-1908, VK 1908, GK Köln 1908-1911, MdÄ 1911-1918, K 1914, K in Prag 1918-1921, GK 2.Kl. 1920, GK in Lemberg 1922, BMÄ bzw. BKA/AA 1922-1929, Ges in Sofia 1929-1932, Wartegeld ab 1932

Wustrow Kurt
KA 15.10.1928 – 5.7.1930
* Konstantinopel 1.4.1910
gest. ?

Wysocki Stanislaus von
OA 1868
* ?
gest. ?
KEleve 1872, GK Smyrna (Izmir) 1873-1874, GK Alexandrien 1874-1876, VK 1875, GK Rustschuk (Russe) 1876-1877, K Konstantinopel 1877-1878, GK Warschau 1878-1880, K Belgrad 1880, Ltr,

KA Nisch 1880-1881, pr Ltr GK Janina 1881-1882, Gt K Belgrad 1882-1884, K 1882, beurlaubt 1884, auf eigenes Ansuchen entlassen 1886

Y

Yeghen Mohamed Mansour
KA 15.10.1927 – 5.7.1930
* Heluan, Ägypten 9.12.1905
gest. ?

Yull Charles G. W. Stuart
OA 1.10.1882 – 30.9.1887
* Sandorf, Ungarn
(Prievaly, Slowakei) 20.1.1863
gest. ?
prov. Konzeptspraktikant in der bosn-herz. Landesregierung 1888, KEleve 1889, pol. Adjunkt II. Classe im bosn.-herz. Landesdienst 1890, in bosn.-herz. Landesdienst übernommen 1890

Z

Zadro Maria
KAao 21.11.1934 – 1.7.1936
* Wien 2.8.1915
gest. ?

Zagar Vojka
KA 7.10.1937 – 23.12.1939
* Split, Kroatien 12.3.1915
gest. ?
nach 1945 in Triest

Zahn Edler von Lichtenhöhe Viktor
KA 26.10.1914 – 3.7.1920
* Teplitz-Schönau, Böhmen
(Teplice, Tschech. Rep.) 3.9.1896
gest. ?

Zakrzewski Ludwig
KA 15.10.1900 – 30.9.1901
* Aleppo (Halab), Syrien 21.12.1881
gest. ?

Zallik (verehel. Krauthammer) Käthe
KA 8.10.1936 – 25.5.1938
* Wien 30.12.1917
Exil in Israel

Zamlich Anton
OA 1789
* ?
gest. ?
Professor für römisches und bürgerliches Recht an der Oriental. Akademie 1798-1811

Zamorsky Hilda siehe **Graber**

Zápory Ladislaus
KA 16.10.1932 – 6.7.1934
* Karánsebes, Ungarn
(Caransebes, Rumänien) 7.1.1914
gest. ?

Zaremba-Skrzynski Franz Xaver
Ritter von
KA 6.10.1905 – 30.9.1910
* Lemberg, Galizien (L'viv, Ukraine)
22.9.1887
gest. ?

Zatloukal Richard
KA 14.10.1931 – 6.7.1934
* Bukiowitz bei Brünn, Böhmen
(Bukovice, Tschech. Rep.) 11.10.1912
gest. ?

Zavadil Vladimir
KA 17.11.1939 – 8.2.1941
* Mutienitz, Mähren
(Mutenice, Tschech. Rep.) 29.2.1912
gest. ?

Zechbauer Friedrich
KA 14.10.1928 – Juli 1929
* Bad Aussee, Stmk. 2.7.1909
gest. ?

Zechner von Thalhoffen Franz Seraph
OA 1754
* ?
gest. ?

Zeileissen von Hergetenstein Karl Ritter
KA 26.10.1914 – 3.7.1921
* Wien 9.11.1895
gest. Schruns/Vlbg. 13.10.1955
StAfA 1920, KAtt 1920, Ges Prag 1920-1925, VK/LS 2.Kl. 1923, Ges London 1925-1930, BKA/AA 1930-1932, LS 1.Kl. 1930, GT in Bern 1932-1933, LR 2.Kl. im Kabinett von Außenminister Dr. Guido Schmidt Mai 37-März 1938, dt. Ausw. Dienst 1938-1945, Ausw. Amt Berlin/ Presseabt. Sept. 1938 bis Aug. 1941, Ltr K Canea (Kreta) Aug. 1941 bis Mai 1942, Ltr K in Calamata (Peloponnes), Ltr Konsularbteilung der dt. Dienststelle Athen Mai 1943 bis Oktober 1944, Ges Agram/Archiv und Karthothek der Personalabteilung Nov. 1944-Mai 1945;

BKA/AA Juli 1947-1951; Ges in Stockholm 1951-1955

Zepharovich Karl Ritter von
KA 5.11.1918 – 4.10.1922
* Linz 16.7.1900
gest. Innsbruck Oktober 1924

Ziegler Matthäus von
KA 4.10.1911 – 7.7.1917
* Pola, Küstenland (Pula, Kroatien)
27.12.1892
gest. ?

Ziehrer Joseph von
OA 1777
* ?
gest. ?

Ziernfeld
OA 1783
* ?
gest. ?

Zifferer (verehel. Rouveyre) Maria
Eleonora
KA 14.10.1934 – Juli 1936
* Wien 1.9.1916
gest. Paris 5.10.1991
nach Frankreich ausgewandert 1938, Deutsch-Lehrerin in Lyon 1940-1948, in Paris Deutsch und Englisch-Unterricht im „college Sévigné" 1948-?; Übersetzungen und Theateradaptierungen: Ilse Aichinger, Die große Hoffnung (1956); Carl Zuckmeyer, Le capitaine de Koepenick; Max Mell, Le jeu des Apôtres; Kurt Becsi, Le prince de l'Escurial. Beschäftigung mit Legasthenie-Kindern und Pédagogie relationnelle du langage 1958

Zigeiner Franz de Paula von
OA 1755
* ?
gest. ?

Zigeiner Leopold
OA 1759
* ?
gest. ?

Zimmer-Lehmann Georg
KA 7.10.1937 – März 1938
* Wien 20.1.1917
gest. Wien 15.4.1998
in der Widerstandsbewegung 05 tätig, baute den ÖVP-Akademikerbund auf, Mitbegründer des Europäischen Forum Alpbach, Creditanstalt-Bankverein 1950, Leiter der Volkswirtschafts- und Presseabteilung der CA-BV ?-1982, Konsulent der CA 1982-1998

Zinovsky Eugen
KAG 6.9.1940 – ?
* Riga, Lettland 10.9.1916
gest. ?

Zitkovszky Heinrich von
KA 15.10.1902 – 30.9.1907
* Wien 2.10.1883
gest. ?
KAtt 1908, K Monastir (Bitola) 1908-1914, VK 1909, Ltr K Durazzo 1914, Kriegsdienst 1914-1917, K 1916, zuget. dem Vertreter des MdÄ beim Kdo der Ostarmee in Odessa 1918

Zmeskal zu Domanovecz und Lestin
Zdenko von
KA 22.11.1917 – ?
* Sopron, Ungarn 28.2.1898
gest. ?

Zwiedinek- Südenhorst Julius
Freiherr von
OA 1852 – 1857
* Mantua 9.8.1833
gest. Meran, Südtirol 17.3.1918
K Jerusalem 1857-1859, Dolmetsch-adjunkt Internuntiatur Konstantinopel 1859-1863, 1. Dolmetsch GK Smyrna 1863-1866, VK in Janina 1866-1870, K 1869, GK in Trapezunt 1870-1872, GK 1871, GK in Beirut 1872-1877, Dipl. Agent in Bukarest 1877-1879, MdÄ 1879-1882, Delegierter beim Administrativrat der ottoman. Staatsgläubiger in Konstantinopel 1882-1886, MdÄ 1886-1906, Leiter des Referates Russland und Orient in der Politischen Sektion, Ministerialdelegierter bei der Oriental. Akademie 1892-1906, Ges 1888, Ges ad pers. in der III. Rangsklasse 1898, pens 1906; österr. Ritterstand 1875, Freiherrnstand 1880, Geh.Rat 1895

Die Schreibweise der Namen richtet sich nach der Festschrift von 1904 bzw. dem Eintrag in den Hörerverzeichnissen 1879-1930 bzw. 1931-1941.

Erstellt anhand folgender Quellen:
HHStA, KA, Verzeichnis der Hörer 1879-1930, 1931-1941; HHStA, Admin. Registratur, Fach 4, Personalakten; HHStA-Partezettelsammlung; HHStA, KA Karton 120, Verzeichnis ehemaliger Konsularakademie (sic!) vom Beginn der neuen Akademie (1921/22); Jahrbücher des k. u. k. Auswärtigen Dienstes 1897-1917; Ungarisches Staatsarchiv; Victor Weiß Edler von Starkenfels, Die k. k. orientalische Akademie zu Wien, Wien 1839; Festschrift Die k. u. k. Konsularakademie von 1754 bis 1904; Gotha; Constant von Wurzbach, Biographisches Lexikon des Kaiserthums Österreich; Österr. Biographisches Lexikon 1815-1950; Biographisches Handbuch des deutschen Auswärtigen Dienstes 1871-1945, Band 1, 2; Österr. Gesellschaft für Historische Quellenstudien – Archiv; BMfaA-Standesnachweise bzw. Personalakten NAP, BMfaA-Abt. VI.4 – Bilderverzeichnis; Mitteilungen der Magistrate von Wien, Graz, Linz; Heidrun Weiss, Matrikenstelle der Israelit. Kultusgemeinde Wien; VLR I Dr. L. Biewer, Dr. Peter Grupp, Dr. Maria Keipert, Referat 117 des Auswärtigen Amtes, Berlin; OR Stepan Gilar, Kladno, Tschechische Republik; Mag. Jolanta Louchin, Archiv des Außenministeriums der Republik Polen; Dr. Albrecht Zimburg, Außenhandelsstelle Lagos; Außenministerium der Französischen Republik; US Embassy Reference Center Wien; Österr. Botschaft Oslo; Mitteilung Botschafter Dr. Pfusterschmid-Hardtenstein; Mag. Vera Ahamer; Univ.-Doz. DDr. Oliver Rathkolb; persönliche Mitteilungen an den Autor.

Anmerkungen

1 William D. Godsey Jr, Aristocratic Redoubt – The Austro-Hungarian Foreign Office on the Eve of the First World War, West Lafayette 1999
2 Erster Hörer der Konsularakademie, nachdem Kaiser Franz Josef mit Allerhöchster Entschließung vom 7. Juli 1898 angeordnet hatte, dass die Anstalt ab dem Studienjahr 1898 den Namen „k. u. k. Konsular-Akademie" zu führen hatte.

Abstract

Rudolf Agstner, Employment in the Foreign Service

A grand total of 1,491 people studied at the Oriental and Consular Academies between 1754 and 1941; 725 until and 766 after 1918. The very first intake consisted of ten students, thereafter the number fluctuated between two and 14 a year. Upon the completion of their academic studies they were sent to the Internuntiatur in Constantinople; later on the Consulates General in Sarajevo (until 1878), Thessalonica, Beirut and Alexandria were also considered as suitable training posts. As the system in the Monarchy was considerably more flexible than that of today, many Consuls found posts in the diplomatic service.

After the end of the Monarchy, many former k.u.k. Consuls found positions in the foreign services of the successor states: 38 in the Ballhausplatz, 29 in Budapest, ten in Prague, four in Warsaw and one in Rome, where most of them rose to be minister plenipotentiary or even, like Koloman Kanya von Kanya, to becoming foreign minister.

After 1918 the Consular Academy was re-organised into an educational establishment with an international orientation, which was reflected in its students. Whilst the first year comprised a mere three students, the last peacetime one (1937-39) had 85 (of which 33 were women) coming from 15 different countries. The first female student was Olga Weissmann from L'viv (1926-28). Despite ever rising student numbers in the 1930s, career opportunities for the Austrians among them were poor. Many only joined the re-established Austrian foreign service after 1945, when there was a great shortage of manpower. 19 graduates from the Consular Academy entered the service of the Third Reich in 1938, thereby excluding themselves from further employment in the Ballhausplatz after 1945.

One thing was as true of the graduates of the Consular Academy then as it is of the alumni of the Diplomatic Academy today: only a fraction ever actually found employment in the foreign service.

Résumé

Rudolf Agstner, Les directeurs, étudiants et étudiantes de « L'Académie orientale » et de « L'Académie consulaire » 1754-1951

Entre 1754 et 1941, « L'Académie orientale », devenue à partir de 1898 « L'Académie consulaire », fut fréquentée par mille quatre cent quatre-vingt onze étudiants et étudiantes, répartis ainsi : 725 inscrits avant 1918, 766 après. Si en 1754 la promotion comptait dix étudiants, les effectifs oscillèrent ensuite jusqu'en 1918 entre deux et quatorze par promotion. A l'issue de leurs études, les diplômés étaient envoyés à l'Internonciature impériale et royale de Constantinople. Plus tard les consulats généraux de Sarajevo – jusqu'en 1918 –, de Thessalonique, de Beyrouth et d'Alexandrie servirent aussi traditionnellement de lieux de formation. Le système étant beaucoup plus flexible sous la monarchie qu'à l'heure actuelle, nombre de consuls intégrèrent le service diplomatique.

Après l'abolition de la monarchie, beaucoup d'anciens consuls impériaux et royaux furent admis au sein du service diplomatique des Etats successeurs. Trente huit diplômés de « L'Académie orientale » ou de « L'Académie consulaire » continuèrent leur carrière au « Ballhausplatz » (siège de la chancellerie autrichienne et du Ministère des Affaires étrangères autrichien), vingt neuf à Budapest, dix à Prague, quatre à Varsovie et un à Rome où ils devinrent pour la plupart premiers conseillers ou, comme Koloman Kanya von Kanya, ministres des affaires étrangères.

Après 1918, « L'Académie consulaire » fut transformée en un établissement d'enseignement à vocation internationale, conduisant à une diversification du public étudiant. Si la promotion 1921-1923 comptait seulement trois étudiants, la promotion 1937-1939, la dernière à pouvoir étudier en temps de paix, comptait cinquante deux étudiants et trente trois étudiantes de quinze nationalités différentes. C'est en 1926-1928, que fut recrutée avec Olga Weismann, de Lvov, la première étudiante. Dans les années 30, malgré un nombre d'étudiants toujours croissant, les perspectives d'emploi pour les diplômés autrichiens étaient mauvaises. Beaucoup entrèrent seulement après 1945 au Ministère des Affaires étrangères autrichien, qui venait d'être reconstruit et qui avait alors un fort besoin en personnel – puisque 19 anciens élèves de « L'Académie consulaire » s'étant mis au service du 3ème Reich en 1938, il n'était plus question pour eux de continuer à exercer leurs fonctions au « Ballhausplatz ».

Seule une minorité des diplômés de « L'Académie consulaire » pouvait espérer intégrer le Ministère des Affaires étrangères ; et il n'en va pas autrement pour ceux de l'Académie diplomatique aujourd'hui.

Vera Ahamer

AbsolventInnen der Diplomlehrgänge 1964-2004, AbsolventInnenliste Masterstudies und Speziallehrgänge

1. DLG 1964-1966

ABELE-EMICH	Barbara	Österreich
AL JASSANI	Eyad	Irak
ALMOSLECHNER	Wilfried	Österreich
BUSCHBECK	Heinz	Österreich
CHRISTIANI	Alexander	Österreich
ESTERBAUER	Friedmund	Österreich
FECHT	Hubert van der	Österreich
GRADASCEVIC	Hussein	Staatenlos
JAIN	Surendera Kuman	Indien
KARAS	Robert	Österreich
KELLER	Heide	Österreich
LANG	Winfried	Österreich
LANZ	Wolfgang	Österreich
LIEBENWEIN	Erika	Österreich
LOPEZ-SAEZ	Ramon E.	Spanien
MIKL	Felix	Österreich
PORPACZY	Ernst	Österreich
PRAMBERGER	Peter	Österreich
PUFFLER	Wilhelm	Österreich
SCHAPOSCHNIKOV	Juri Nikolaejwitsch	UdSSR
WEISS (geb. HESSE)	Edda	Österreich
WEISS	Georg	Österreich
WOLFF	Volker	Österreich

2. DLG 1965-1967

ALMOSLECHNER (geb. AMLACHER)	Heidelore	Österreich
BARAKAT	Akram	Jordanien
BREISKY	Michael	Österreich
DABRINGER	Sepp	Österreich
GLÖCKEL	Rudolf	Österreich
GUARGHIAS	George Aloysius	Indonesien
HAGGAG	Ahmed	Ägypten
HOHENFELLNER	Peter	Österreich
KUEN	Adolf J.	Österreich
LANZ (geb. HAUSMANN)	Ilse	Österreich
MEDYNSKI	Roman	Polen
MOSER	Peter	Österreich
PARTNER	Arno	Österreich
RUDZKI	Andreas	Österreich
SLADEK	Brigitte	Österreich
SPRINGER	Walter	Österreich
TARELLI	Antonio	Italien
ZUK-MAYERHOFER	Elisabeth	Österreich

3. DLG 1966-1968

AMORIM	Celso L.N.	Brasilien
AWERJANOW	Wassilij	UdSSR
CALLIGARIS	Marius	Österreich
EISENBURGER	Gerhard	Österreich
GHIDI	Vittorio	Italien
HACKL	Heinz	Österreich
HUG	Hansjörg	Österreich
KABORE	Paul-Désiré	Burkina Faso
KELESSI	Tahirou	Niger
KRIECHBAUM	Wolfgang	Österreich
LORENZ	Florian	Österreich
MAYRHOFER-GRÜNBÜHEL	Ferdinand	Österreich
NEUDORFER	Otto	Österreich
SOUKOP	Oswald	Österreich
TOCZEK	Joszef M.	Polen

| WESTPHALEN | Adolf L. | Brasilien |
| WOJNAR | Wieslaw | Polen |

4. DLG 1967-1969

CHARRIERE	Josef Alain	Schweiz
CHENG	Nansen Chia-Yu	Hongkong
DEMEL	Johann	Österreich
DONAT	Wolfgang	Österreich
ETTMAYER	Wendelin	Österreich
GALLOWITSCH	Günther	Österreich
HUSSEINI	Samir	Jordanien
JETTMAR	Dieter	Österreich
KALINOWSKI	Wlodimierz	Polen
KNAPPITSCH	Franz O.	Österreich
KRÖLL	Herbert Josef	Österreich
SERAYDARIAN	Souren	Syrien
TILLIER	Christian Pierre	Frankreich

5. DLG 1968-1970

AICHINGER	Manfred	Österreich
ARNAOUT	Walid	Jordanien
ATHANASIADIS	Peter	Österreich
BERTRAND (geb. MUCK)	Doris	Österreich
LIU	Chu-Chi	VR China
DE COCK	Jan	Belgien
FRIEDRICHSMEIER	Helmut	Österreich
KRÖLL (geb. HUY)	Noracsy	Kambodscha
LENARDIC	Maurizius Karl	Slowenien
LEODOLTER	Heimo	Österreich
MATZNER (geb. HOLZER)	Gabriele	Österreich
RASTL	Alois	Österreich
RIEGER	Helmut	BRD
RUSS	Harald	Österreich
SEIDE	Gernot	BRD
SIEGRIST	Jean-Paul	Frankreich
SPALLINGER	Kurt	Österreich

TOTH	Stephan	Österreich
WILFLING	Peter	Österreich
WINKLER	Hans	Österreich
ZNIDARIC	Georg	Österreich

6. DLG 1969-1971

AMSCHL	Bernd	Österreich
CHRISTL	Wolfgang	Österreich
HABERFELLNER	Eva-Maria	Österreich
HAMBURGER	Friedrich	Österreich
HEEP	Hans	BRD
HÖRTLEHNER	Wolfgang	Österreich
LLOYD	Peter James	Australien
LÜCKE-HOGAUST	Gudrun	BRD
MALIK	Muhammad Usman	Pakistan
MARTIN-CARDABA	José Luis	Spanien
NASSIF	Selim	Libanon
PIERAZZI	Giuseppe	Italien
RUSU	Dorin Eugen	Rumänien
SCHREMS	Verena	Österreich
SCHÜTZ-MÜLLER	Ingolf	Österreich
SZEGLIN	Dennis	USA
TARCHALSKI	Kazimierz	Polen
TAVERAS-RAMIREZ	Hector Rafael	Dom. Rep.
WESSELY	Helmut	Österreich

7. DLG 1970-1972

ALTAMEMI	Younes	Jordanien
ATAKAN	Okhan	Türkei
AUFSCHNAITER (geb. SAWALLICH)	Astrid	Österreich
EHRLICH-EHRENFELDT	Werner	Österreich
ELGHARBI	Boubker	Marokko
FABJAN	Klaus	Österreich
FARRAG	Abdel-Aziz Khalilzahki	Ägypten
LUSCHIN	Heiner	Österreich

SAUPE-BERCHTOLD	Angelika	Österreich
STEFAN	Peter	Österreich
STEFAN-BASTL	Jutta	Österreich
SZABO	Francois	Frankreich
WALTER	Ernst G.	Österreich
WOLF	Hans-Joachim	BRD

8. DLG 1971-1973

CORDT	Herbert	Österreich
FLEISCHMANN	Franz	Österreich
HALTTUNEN	Jaakko	Finnland
HARTIG-RICHTER	Verena	Österreich
HÜTTNER	Peter	Österreich
KERAMIDAS	Nikolaos	Griechenl.
KOTSCHY	Harald	Österreich
KRAMER	Thomas	Österreich
KRIECHBAUM	Gerald	Österreich
KROCHMAL	Günther	Österreich
LANG	Peter	Österreich
LITSCHAUER	Josef	Österreich
PLESCA	Traian	Rumänien
RAM (geb. DORAISWAMY)	Shamala	Indien
REICHARD	Stephen	USA
RENNAU	Horst-Dieter	Österreich
TARABA	Tomasz	Polen
URIU	Akira	Japan
WESSELY-STEINER	Senta	Österreich
WINKLER	Klaus	Österreich
ZEBISCH	Hermann	BRD

9. DLG 1972-1974

AKKOYUNLU	Ali Cevat	Türkei
BERLAKOVITS	Christian	Österreich
BOLLDORF	Martin	Österreich
CARRILLO-ALIZADE	Maria Antonieta	Venezuela
FOKS	Josef	Polen

INZKO	Valentin	Österreich
JERNBERG	Agneta	Schweden
KIM	Yong-Woo	Korea
KNAPP	Gunda	Österreich
KRUMHOLZ	Daniel	Österreich
KUNZ (geb. HOFMANN-WELLENHOF)	Maria	Österreich
MAURER	Leopold	Österreich
SUCHARIPA	Ernst	Österreich
WIND	Reinhard	Österreich

10. DLG 1973-1975

ABTAHI	Morteza	Iran
AMEEN	Sherzad Ahmend	Irak
BUYAN	Necil	Türkei
FAULER	Volker	Österreich
FORCHER-MAYR	Hanns	Österreich
FRITSCH	Jean-Claude	Frankreich
GAYNOR	Gary	USA
GEHBERGER	Erhard	Österreich
HUBER	Werner	Österreich
KHAIR	Youssef	Libanon
KONRAD	Helga	Österreich
KREPELA	Christian	Österreich
KÜHRER	Alfred	Österreich
LASSMANN	Christian	Österreich
LUPINA	Andrzej	Polen
MTIMET	Mustapha	Tunesien
PUTMAN-CRAMER	Gerhard	NL
SCHIEMER	Karl	Österreich
SCHRAMEK	Karl	Österreich
TOLNAY	Alexander	Australien
ÜBELEIS	Thomas	Österreich
WAELKENS	Maarten	Belgien
WAGNER	Franz	Österreich
ZIEGLER	Gerhard	Österreich

11. DLG 1974-1976

BEN AMARA	Taoufik	Tunesien
BRÜSER	Antonius	BRD
DANIEL	Jean	Libanon
DEISS	Gerhard	Österreich
GABLER	Heinz	Österreich
GABRIEL	Ingeborg	Österreich
GUENTHER	Donald	USA
HAGG	Walter	Österreich
HÄGGLUND	Erik	Schweden
HERMANN	Ottmar	Österreich
JANAUSCHEK	Heinz	Österreich
KATSU	Shigeo	Japan
KOUFLE	Emilie	Sudan
LARSEN	Andres	Venezuela
PEMBAUR	Odilie	Österreich
REUTER	Tite	Luxemb.
RIESSLAND	Günther	Österreich
RUSZKOWSKI	Jerzy	Polen
SCHALLER	Elisabeth	Österreich
SIMONFAY	Géza	Österreich
SOMMER	Friedrich	Österreich
WEBER	Klaus	Österreich

12. DLG 1975-1977

ABTAHI	Massoud	Iran
AGSTNER	Rudolf	Österreich
BAUER	Wolfgang	Österreich
BIN HUMAM	Hussein	Arab. Rep. Jemen
BRUCHBACHER	Walter	Österreich
CUMPS	Filip	Belgien
DIALLO	Boureima	Niger
DONA	Alberto	Italien
HASCHKA	Karl	Österreich
HOWADT	Walter	Österreich
KATRA	Michele	Libanon
LEE	Yup	Korea

LESCANO	Guillermo	Peru
LUDESCHER-YANCAN-VILLAR	Monika	Österreich
MAIRITSCH	Johann	Österreich
MANI	Urs	Schweiz
MARXER	Roland	Liechtenstein
PAUMGARTEN	Heinz	Österreich
REYES	Virgilio	Philippinen
SCHOLL	Willi	BRD
SCHRAMEL	Georg	Österreich
SCHWEISGUT	Hans Dietmar	Österreich
SINIGOJ	Gabriele	Österreich
STIELDORF	Johannes	Österreich
THORWARTL- BIN HUMAM	Brigitte	Österreich
TUNCER	Hüner	Türkei
VAKIANIS	Nikolaos	Griechenl.

13. DLG 1976-1978

AVRAMENKO	Leonid Nikolajewitsch	UdSSR
BLAHA-SILVA	Brigitta	Österreich
BOGNER	Ernst	Österreich
BOSCHKOWA	Ljudmilla	Bulgarien
BRAUER	Alexander	Österreich
CAL	Luigino	Italien
CARANDANG	Rey	Philippinen
CASHELL (geb. BROWN)	Helen	USA
EL HAMDI	Abdellatif	Tunesien
FIRBAS von HARRYEGG	Robert	Belgien
GEBETSROITHNER	Judith	Österreich
GUEHE-DIBO	Jeanne	Côte d'Ivoire
KRAMARICS	Gabriel	Österreich
LICEN	Waltraude	Österreich
RASKU	Pekka Johannes	Finnland
SKRIWAN	Johannes	Österreich
SLOMSKI	Zenon	Polen
SPECKBACHER	Walpurga	Österreich
VUJACIC	Ranko	Jugoslawien
WÄSTFELT (geb. PONGRATZ)	Margit	Österreich

14. DLG 1977-1979

AMBACHER	Isabel	Frankreich
BELOW	Vladimir Fedorowitsch	UdSSR
BILOA	Marie-Roger	Kamerun
BRANDSTETTER	Werner	Österreich
DITZ	Otto	Österreich
GORDET	Yves	Frankreich
HAACK	Wolfgang	BRD
HÖLLER	Thomas	Österreich
KÖCK	Donatus	Österreich
KRACHENI	Mustafa	Algerien
MAGLIANI-STREITEN-BERGER	Donatella	Italien
PAKESCH	Georg	Österreich
PILLER	Christian	Österreich
PLATZER	Martin	Österreich
POUKAMISSAS	Georgios D.	Griechenl.
QURASHI	Baslan	Jordanien
SCHMID	Gerhard	Österreich
SEIWALD	Emmerich	Österreich
STRIMITZER	Dietmar	Österreich
WÄSTFELT	Tom	Schweden
ZÖGL (geb. KLINE)	Ingrid	Jugoslawien

15. DLG 1978-1980

BINTER	Josef	Österreich
BRUNNER	Michael	Österreich
CERMAK	Franz	Österreich
ERICSON	Göran	Schweden
FAJT	Edward	Polen
FRÖHLICH	Johann	Österreich
JANSSON	Stefan	Schweden
KÄHLER	Bodo	BRD
KAJESE	Samuel	Südafrika
KALANTI	Jarmo	Finnland
KICIAK	Marian	Polen
LEONHARD	Ralf	Österreich

MADER	Christoph	Österreich
PHILIPP	Egmont	Österreich
RIEDEL	Arno	Österreich
SANTER	Georges	Luxemb.
SUTTER-BECSKA	Elisabeth	Österreich
THÜRSCHMID	Rudolf	Österreich
UNTERBRUNNER	Hubert	Österreich
WINDISCH-GRAETZ	Hans	Österreich

16. DLG 1979-1981

AICHINGER	Ernst	Österreich
BRAJINOVIC	Marijan	Österreich
CHEVAL-MÜLLNER	Mireille	Frankreich
CORDT	Erich	Österreich
DOTZLER (geb. SLAMANIG)	Ursula	Österreich
ESPANA	Juan	Honduras
FRÜH	Andreas	Schweiz
FÜRSTENBERG	Victoria	Österreich
GHULAM	Mustafa	Bangladesh
GRAF	Heinz-Peter	Österreich
GWOZDZ	Zdzislaw	Polen
HÖRLBERGER	Franz	Österreich
KAMARA	Fode	Sierra Leone
KRÄMER	Anton	BRD
MÜLLER	Wolfgang	Österreich
MÜLLNER	Josef	Österreich
POIGER	Manfred	Österreich
RAPTAKIS	Ioannis	Griechenl.
TADROS	Samia	Ägypten
THEODOROU	Theodoros	Griechenl.
VAN EMBDEN	Robert	NL
WÖLFER	Klaus	Österreich

17. DLG 1980-1982

ARNAUTS	Mark	Belgien
BAKHOUM	Habiboulah Ndongo	Senegal

BOLET	Adele	USA
BOLUDA	Saviour	Spanien
BRIX	Emil	Österreich
CARPENTER	Birch	USA
EL KADDIOUI	Mohammed	Marokko
FIEBER	Harald	Österreich
GASOWSKI	Mieczyslaw	Polen
GÜRER (geb. ZANKL)	Heidemaria	Österreich
GÜRER	Nadir	Türkei
KATTINGER	Werner	Österreich
KLAIS	Isabella	BRD
KRAUSE-KUGLER	Antra Sandra	Kanada
KRAUSS	Herbert	Österreich
SIMETZBERGER (geb. PILZ)	Lygia	Österreich
STADLER	Susanne	Österreich
SZELESTEY	Lajos	Ungarn
TOURE	Laba	Senegal
VAN EMBDEN (geb. LAGUNA QUIROGA)	Maria Estela	Bolivien
WEINBERGER	Gerhard	Österreich
WENINGER	Michael	Österreich

18. DLG 1981-1983

ALIZADEH	Homayoun	Österreich
BARTENSTEIN	Ilse	Österreich
EDER	Friederike	Österreich
HAUVILLE	Marie	Frankreich
KÖLBEL	Franz	Österreich
KOVAR	Konrad	Österreich
LANG	Bettina F.	Österreich
MAUK	Karl	Österreich
MEZEI	Géza	Ungarn
ÖPPINGER-WALCHSHOFER	Brigitte	Österreich
OSPELT	Daniel	Liechtenstein
POLLITZER	René	Österreich
RIVERS	Jean	Luxemb.
RODLAUER	Markus	Österreich
SALIFOU	Abou	Togo

SOMMERBAUER	Ludwig	Österreich
SZCZUKA	Wieslaw	Polen
TABBAA	Ahmed	Syrien
THIAM	Ousmane	Senegal
ZIMMERMANN	Michael	Österreich

19. DLG 1982-1984

DANNINGER	Gerhard	Österreich
FISSIHA	Adugna	Äthiopien
GAHFEZ	Azzeddine	Algerien
GREINER	Ulrich	BRD
JANIK	Tózsef	Ungarn
JOOS	Walter Rudolf	Österreich
KITZ	Michael Oliver	Österreich
KOLLER	Helmut	Österreich
KOVAR	Dieter	Österreich
KRUSTULOVIC	Peter	Österreich
MBEKEK	Agnès Victorine	Kamerun
MILLAUER	Karl M.	Österreich
NADER	Thomas	Österreich
ÖPPINGER	Joachim	Österreich
PANICO	Joseph	USA
RAMAHENINA	Maurice	Madagaskar
SLOMKA	Ryszard	Polen
SPITZER-ZÖPFL	Johann	Österreich
SY	Elhadj Amadou Gueye	Senegal
TILLEY	Martin	USA
TUNGA	Lutete Mpandi	Zaire
VEENENDAAL	Barthold Frederik	NL
VOGT	Egon	Österreich
WAMLEK	Christoph	Österreich
WEITZENDORF	Maria	Österreich

20. DLG 1983-1985

| AFTON | Thomas | USA |
| ANGERHOLZER | Wolfgang | Österreich |

BAGCHI	Kaushik	Indien
DA COSTA DE MORAES	Marianne	Österreich
DETTLINGER	Arno	Österreich
DREUSCH	Wolfgang	BRD
FISCHER	Rafik	Luxemburg
GRASSL	Wolfgang	Österreich
HAGSPIEL	Hermann	Österreich
HAUSER	Roland	Österreich
IVANOV	Evgeni	Bulgarien
KEMPEL	Willy	Österreich
MAHLATI	Cawekazi	Südafrika
OBERLECHNER	Johann	Italien
PARK	Chan-jin	Korea
REINPRECHT	Michael	Österreich
REIWEGER	Gerhard	Österreich
ROCHEL	Walter	Österreich
ROCHEL-LAURICH	Claudia	Österreich
ROSZAK	Marek	Polen
SCHACHINGER	Johannes	Österreich
SCHADEN	Heinz	Österreich
WEN	Zhenshun	VR China

21. DLG 1984-1986

CLAPP	David	GB
DAO	Saidou	Burkina Faso
DIAWARA	Hamadou	Burkina Faso
GAWRZYAL	Agenor Ian	Polen
GLANZER	Hans Peter	Österreich
GRUBER	Johann	Österreich
HAUSER	Franz	Österreich
IRBEC	Yusuf Ziya	Türkei
JANOWSKI	Krzysztof	Polen
KARIM	Kamal	Irak
KRAUT	Alois	Österreich
KREUTZ	Markus	Österreich
MANZ-CHRIST	Gerlinde	Österreich
MÜHLBAUER	Friedrich	Österreich
NEUMANN	Gunther	Österreich

OBERFORCHER	Susanna	Österreich
PECH	Ingrid	Österreich
RIEPLER	Matthias	Österreich
RISMANN	Benoit	Frankreich
SCHALLY	Hugo-Maria	Österreich
SCHWARZINGER	Michael	Österreich
THULLNER	Josef	Österreich
TINE	Mamadou	Senegal
UDOLF-STROBL	Elisabeth	Österreich
WILDSCHUT	Adele	Südafrika
WOUTSAS	Georg	Österreich

22. DLG 1985-1987

ADLER	Karl	Österreich
ASCHAUER-NAGL	Melitta	Österreich
BECKER	Madeleine	USA
BOKA-MENE	Lydie	Côte d'Ivoire
BRZEZINSKI	Jacek	Polen
CHRYSTOPH	Marina	Österreich
DE BOER	Ewa	NL
FATTINGER	Bernhard	Österreich
GEHLEN-ZHANG	Claudia	Belgien
GRAY-RISMANN	Marie-Anne	GB
HEIBACH	Wolfgang	BRD
HONEDER	Johanna	Österreich
KATSANOS	George	Griechenl.
LAMBA	Théodore	Zentralafrika
LERNHART	Andreas	Österreich
MEGYESI	László	USA
N'DOASSINGAR	Lab Raymond	Tschad
PARGER	Paul	Österreich
RAZANADRASANIRINA	Raozinera	Madagaskar
SAILER	Kurt	Österreich
SCHMIDT	Anna	Österreich
SCHWIMANN	Lukas	Österreich
SMITH	Anthony William	GB
STEIN	Joshua	USA
STEINHÄUSL	Helene	Österreich

| ZHANG | Guang-yuan | VR China |
| ZINSOU | Jean-Francis Regis | VR Benin |

23. DLG 1986-1988

BAUDET	Helene	Frankreich
CAMPOS-QUIJADA	Rogelio	Panama
FERREIRA DA SILVA	Carlos F.	Portugal
FINCK	Janine	Luxemb.
FREILINGER	Karl	Österreich
GNAORE	Ossiri R.	Côte d'Ivoire
GUMNERDSIRI	Bunpot	Thailand
JEVNISEK	Matjaz	Jugoslawien
KADLETZ	Peter	Österreich
KARTHEISER	Fernand	Luxemb.
MEITZ	Wolfgang	Österreich
NADOHOU	Mathias Comlan	VR Benin
PAL SINGH	Man Mohan	Indien
PETERSEN	Jacqueline	Venezuela
PRIVERSCHEK	Klaus Wolfgang	Österreich
RAUSCHER	Isabel	Österreich
SCHIWEK	Frank	Österreich
SCHWEITZER	Désirée	Österreich
STROBL	Herbert	Österreich
TEICHMEISTER	Richard	Österreich
VAN EES	Rolof	NL

24. DLG 1987-1989

BAI	Yang	VR China
DENNHARDT-HERZOG	Waltraude	Senegal
DIAW	Abdoulaye	Österreich
GALEV	Roumen	Bulgarien
GELENG	Manuela	Italien
KALINSKI	Marek	Polen
LEHMAN	Martin	Österreich
LI	Qiang	VR China
MANAHL	Christian	Österreich

MANOUSSOS	Ilias	Griechenl.
MIKL	Peter	Österreich
NARAY	Vilmos	Ungarn
PASCHINGER (geb. NITSCH)	Gerlinde	Österreich
PAYER	Artur Emanuel	Österreich
PLATZER	Dieter	Österreich
REINPRECHT-FRUHMANN	Karin	Österreich
SY	Ahmadou Lamine	Senegal
VOJACKOVA-SOLLORANO	Irena	BRD
WEINZIERL	Peter	Österreich
WINKLER	Manfred	Österreich

25. DLG 1988-1990

AKDAG	Erol D.S.	Türkei
BOULMER	Anne-Marie	Frankreich
CLAES	Peter L.J.F.	Belgien
ELMERINI	Reda	Marokko
ETZ	Franz	Österreich
GÖTSCHL-SERA	Elisabeth	Österreich
HARTMANN	Ulrike	Österreich
HÖGL (geb. KALAMBOKIS)	Catherine Aikaterini	Österreich
LAPUH	Wolfgang	Österreich
MAYR-ETZ	Regina	Österreich
NDIAYE	Papa Babacar	Senegal
PAULITSCH	Herbert	Österreich
PLANTZAS	Aristidis	Griechenl.
RAKOTOMALALA	Dominique	Madagaskar
REYES-POLSTER	Sabine	Österreich
ROTZOLL	Iris C.	BRD
SCHULLER-GÖTZBURG	Thomas	Österreich
STOJAN	Walter-Maria	Österreich
SZÜTS	László	Ungarn
WEINBERG (geb. BANK)	Diana	USA
WRABETZ	Bernhard	Österreich

26. DLG 1989-1991

ATCHO	Kodjo	Togo
BRENNER	Brigitte	Österreich
BREUER	Thomas	Österreich
DÜRR	Rudolf	Österreich
FREUDENTHALER	Wilbirg	Österreich
GORECKA	Livius	Luxemb.
KOUAKOU	Justin	Côte d'Ivoire
KOUMARTSIOTI	Olga	Griechenl.
MOSER	Christine	Österreich
NOUAK	Andrea Helga	Österreich
PINTERITS	Andreas	Österreich
ROHN	Felix	Österreich
SERA	Zsolt	Ungarn
TARZALT	Moussa	Algerien
WIMMER	Johannes	Österreich
ZETTL	Gerhard	Österreich
ZIMONYI	Attila	Ungarn

27. DLG 1990-1992

AVAS-LACOSTE	Zita	Ungarn
BERIHUN	Tefera Kassa	Äthiopien
DAGDELEN	Evren	Türkei
FASSL	Heinrich	Österreich
KLEIN	Sigrid Michaela	Österreich
KORMOS	Miklós	Ungarn
KRÜGER	Martin	Österreich
MÄTSCHKE	Dirk	BRD
MAYR	Richard	Österreich
MELEG	Pavel	CSSR
MOLNAR	Jozsef	Ungarn
NEUHAUSER	Regine Maria	Österreich
OBERREITER	Thomas	Österreich
SALZMANN	Günther	Österreich
STEINBERG	Noah	USA
TRIMBACH-ROGNON	Pascale	Frankreich
TRINKL	Brigitte	Österreich

VRANES	Sanja	Jugoslawien
WIESINGER	Johanna Maria	Österreich
WINDISCH	Eleonora	Österreich

28. DLG 1991-1993

BRATKOVIC	Andrej	Slowenien
DAVAKIS	Michael	Österreich
DIENER SALA	Max Alberto	Mexiko
FREILINGER	Christine	Österreich
HASPER	Michael	BRD
KASSEL	Walther	Österreich
KEPPLER-SCHLESINGER	Susanne	Österreich
KOLEKAR	Pramila	Indien
LAVRIC	Ziga	Slowenien
LINHER	Otto	Österreich
MADAN-BANERJI	Sumeeta	Indien
POULTER	Andrew	GB
RESCH	Thomas	Österreich
RISTORI	Franck	Frankreich
STORER	Peter	Österreich
STROHMAYER	Wolfgang-Lukas	Österreich
XU	Weiping	VR China
ZIMBURG (geb. PREINRICH)	Marieke	Österreich
ZÖLLNER	Andrea	Österreich

29. DLG 1992-1994

BREKIC	Marko	Slowenien
COUMONT DE BAIRÉD	Madeleine	Frankreich
FRECHET	Timéa	Frankreich
GREIL	Franz Thomas	Österreich
GREUSSING	Christoph	Österreich
GREUSSING (geb. SCHROTT)	Yvonne	Österreich
GRUBER	Andrea	Österreich
GRZADKA	Sylwester	Polen

HERMANN	Lee-Anne	Kanada
HUBER	Peter Georg	Österreich
IKIC-BÖHM	Andrea	Österreich
JANČAR	Gorazd	Slowenien
KÖGELER	Klaus	Österreich
KOMÁROMI	Andrea	Ungarn
KVECK	Peter	Ungarn
OBERHAUSER	Margarethe	Österreich
PAUSER	Christian	Österreich
STOCK	Christof Alexander	BRD
VERDINO	Jutta	Österreich

30. DLG 1993-1995

BOJTSCHUK	Wassyl	Ukraine
GRASSI	Simonetta	Italien
HERBINGER	Walter	Österreich
HÖIE	Mette	Norwegen
JANMAAT	Arjen	NL
KAOUADJI	Samia	Algerien
KICKERT	Jan	Öst./USA
KOECK	Robert	Österreich
KOKKINAKIS	Christina	Österreich
KROIS	Peter	Österreich
LAROCHE	Louis-Pierre	Frankreich
MAIGA	Issouf Oumar	Mali
MELVILLE-MURPHY	Casper	GB
MOALLA	Abdelkerim Farhat	Tunesien
MONNOT	Laurence	Frankreich
REIS	Wolfgang	Österreich
SOSA-McKEEHEN	Gabriela	Panama/USA
TOMASIC STECK	Tajana	Kroatien
VAVRA	Martin	Tschech. Rep.

31. DLG 1994-1996

BACHA	Mehdi	Tunesien
BATIC	Natascha	Österreich

BRÜSER	Christian	BRD
BUJAK	Jan Claudius	Österreich
DESMEDT-TONCIC-SORINJ	Yvonne	Österreich
DOS SANTOS	Cicero	Brasilien
FILISTEIN	Roman	Slowakei
INGENLATH	Markus	Österreich
KANYINDA-KADIEBUE	Alain Clement	Zaire
KÖNIGSBRUN	Romana	Österreich
LÄNGLE	Michael	Österreich
LESJAK (geb. JUSSILA)	Heli A.	Finnland
LOCHER	Georg	Österreich
MARCINKUS	Tomas	Litauen
MIKULSKI	Roman	Polen
ORTIZ FONSECA BACHA	Dilia Marcela	Kolumbien
SATTLER	Johann	Österreich
WOLFSLEHNER (geb. FISCHER)	Doris	Österreich
WORUM	Astrid	Frankreich
ZINIEL	Maria	Österreich

32. DLG 1995-1997

BALDWIN-SEOUDI	Sherin	Ägypten
BASULTO POOT	Janvier Felipe	Mexiko
BEISTEINER	Dieter	Österreich
DIEZ DEL SEL-KORSATKO	Maria del Carmen	Spanien
KAGUNDA	Robert Humphrey	Kenia
KARAMAT (geb. SAMPSON)	Elisabeth	Österreich
KLÖSCH	Bernadette	Österreich
MILLIOT	David Michel	Frankreich
MÜLLER	Robert Martin	Österreich
MUNDSTEIN	Sascha D.	Österreich
NEUWIRTH	Hubert	Österreich
ROGALSKA	Marzena	Polen
SATTLER-ZANPURE	Himangi	Indien
SCHÖN	Petra	Österreich
STIFT	Otto	Kanada
STRASSER	Jürgen	Österreich
SUITNER	Harald	Österreich

TIMOFIEJUK	Jaroslaw	Polen
UNGERER	Marc	Schweiz
YAMANAKA	Akihiko	Japan

33. DLG 1996-1997

BORISSOVA	Iren	Bulgarien
BRANDSTÄTTER	Andreas	Österreich
DONEA	Mihai Stefan	Rumänien
ESPINOSA	Fernando	Mexiko
GRISCHANY	Thomas	Österreich
GUSZKOWSKA	Alicja	Polen
HIRSCH	Claudia	Österreich
KARNING	D. Michael	Österreich
MAASBURG	Christiane	Österreich
MAERTENS	Michiel	Belgien
PLODER	Margareta	Österreich
PRIVAT-MENANT	Marie	Frankreich
REITERER	Roland	Österreich
RUSZ	Alex Harry	Ungarn
RUSZ-ÖLSBÖCK	Regina	Österreich
SEYDI	Lamine	Senegal
STAUDER	Harald	Italien
TÖCHTERLE	Bettina	Österreich

34. DLG 1997-1998

ALFAMA	Sofia	Kap Verde
BERNACCA	Michela	Italien
BRABINEK	Ales	Tschech. Rep.
BRYL	Marlene	Polen
CHOBOTOWA	Olga	Ukraine
CHRISPIN	Materneau Pierre	Haiti
HALASZOVA	Tána	Slowakei
HERNLER	Michael	Österreich
JASCHKE (geb. SUSNIK)	Alenka	Slowenien
KIENDL	Michael Thomas	Österreich
KOLTAI	András	Ungarn

LEHNER	Emanuel	Österreich
LELONG	Gilles	Frankreich
MAZEGGER	Bernhard	Österreich
REIS (geb. REITER)	Marianne	Österreich
RITZINGER	Ulrike	Österreich
SCHIEDER	Martin	Österreich
TZOTCHEV	Ivaylo	Bulgarien
XIE	Hai Ying	VR China

35. DLG 1998-1999

AGOUSSI	Franck	Côte d'Ivoire
CARRERA MASSANA	Gloria	Spanien
CSERNELHÁZI	Carmen	Ungarn
FABER	Philippe	Frankreich
FORTE CARRONDO	Sofia Maria	Portugal
GRASMUCK	Alexander Markus	Österreich
GUIBADIOUKOV	Ildar	Russ. Föd.
HENNIG	Maximilian	Österreich
HOJNI	Martin Michael	Österreich
IVANOVA	Maria	Bulgarien
KELLER	Marie Hélène Pauline	Frankreich
PASTUREAU	Georg Gilles	Frankreich
PAULOWITZ	Bernd	Österreich
PIWOWARCZYK	Dominika	Polen
REZAC	David	Österreich
ROSSBACHER	Dina	Österreich
RUSSO	Margherita	Italien
SALZER	Gerhard Herbert	Österreich
SCHÖNBAUMSFELD	Genia	Österreich
TRÖHLER	Nicolas	Schweiz
VOGL	Gerda	Österreich
VRECKO	Irena	Slowenien
WÖBKING	Konstantin	Österreich
ZEMBERY	Peter	Slowakei

36. DLG 1999-2000

BERGOUIGNAN	Cécile	Frankreich
BOJINCA	Alina	Rumänien
BORSTNAR	Bernadette Ursula	Österreich
BRÜGGEMANN	May	BRD
CAP	Verena	Österreich
CAVASSINI	Filippo	Italien
CHARWATH	Philipp	Österreich
DIMITROV	Nikola	Bulgarien
DIRISAMER	Ulrike	Österreich
DÖRINGER	Erwin	Österreich
EDLINGER	Eva Christine	Österreich
FISCHER	Leopold	Österreich
GUNDACKER	Fiona Franziska	Österreich
KRONSTEINER	Lucia	Österreich
MAYRHOFER	Elke	Österreich
SCHUHMACHER	Stella	Österreich
SZWOCHERTOWSKA-SPANGENBERG	Magdalena	Polen
TAGWERKER	Nathalie	Österreich
WUEST-FAMÔSE	Nicolas Jean Frédéric	Frankreich
ZSEMLYE	Anikó	Slowakei

37. DLG 2000-2001

BOURQUE	Charline	Kanada
BROUCEK	Severin	Österreich
ERDEI	Oana Diana	Rumänien
GERSCHNER	Robert Georg	Öst./BRD
HEISLER	Stephan	Österreich
HEISSEL	Jürgen G. W.	Österreich
HEROLD	Anna	BRD
HODIO	Bi Hué Laurent	Côte d'Ivoire
HORVÁTH	Márk	Ungarn
KIMMEL	Wolfgang Alexander	Österreich
KRAVCENKO	Evija	Lettland
PFANDLER	Gernot	Österreich
PFRIEMER	Brigitte	Österreich

POHNITZER	Angelika	Österreich
POPESCU	Adina	Rumänien
PÖSTINGER	Georg	Österreich
RADOSZTICS	Matthias	Österreich
RODRIGUEZ	Pilar	Spanien
ROHRER	Agnes	Österreich
SCHMIDT	Paul	Österreich
SOBCZAK	Jan Alfred	Polen
STAMPFER-ALISSOULTANOV	Caroline	Österreich
TOPIC	Werner Peter	Österreich
WLODYKA	Magdalena	Polen

38. DLG 2001-2002

ANTONISZYN	Ilona	Polen
BELLUZZO	Barbara	Italien
BRACK	Sébastian	Schweiz
DAVID	Martin	Österreich
DEDA-KNÖLL	Barbara	Österreich
DIWALD	Georg	Ungarn
EBY	Yah	Österreich
ELSINGER	Julia	Côte d'Ivoire
FAKIN	Matea	Österreich
FEIGL	Gabriele	Slowenien
FEYERTAG	Lisa	Österreich
FIJALKA	Honorata	Österreich
HAGEMANN	Katrin	Polen
HEINDL	Gisela	BRD
KOMENDANTOVA-AMANN	Nadya	Russ. Föd.
KOWALD	Sandra	Österreich
KUDELOVA	Dita	Tschech. Rep.
MARCHL	Gerhard	Österreich
MARENT	Christina	Österreich
MILEWSKI	Veronika	Österreich
MÜLLER-URI	Magdalena	Österreich
NARAY	Oliver	Schweiz
RADOI	Raul	Rumänien
RAPP	Katalin	Ungarn

| SAX | Anton | Österreich |
| TETARD | Julie | Schweiz |

39. DLG 2002-2003

DINHOBL	Alexander	Österreich
GANGL	Viola	Österreich
GÖRÖG	Daniela	Österreich
GÜNTHER	Isabel	BRD
HABERL	Christiane	Österreich
HOGGARTH	Matthew John T.	GB
HOLZER	Isabel	Österreich
HUEMER	Christiane-Maria	Österreich
HUFLER	Cosima	Österreich
JAGGY	Monique	Schweiz
JAMEK	Eveline	Österreich
KITZMANTEL	Raphaela	Österreich
KLANTSCHNIG	Gernot	Österreich
KOLIADIS	Antonios	Griechenl.
LIKO	Hannah	Österreich
MÄLLBERG	Ragnvald	Norwegen
NOREISCH	Madleen	Finnland
RIVAIL	Jean-Baptiste	Frankreich
SCHÖNBAUMSFELD	Amélie	Österreich
SOSDEAN	Corina	Rumänien
WEHRMANN	Ingrid	Österreich
WEIDINGER	Markus	Österreich
WIELAND	Christoph	Österreich
ZÖLS	Arnold	Österreich

40. DLG 2003-2004

AUTENGRUBER	Christian	Österreich
BAYER	Sebastian	Österreich
BRANDSTETTER	Michael	Österreich
DE HOCES LOMBA	Cristina	Spanien
HEATON	Brooke	USA
HITL	Karl Heinz	Österreich

HOSPODARSKY	Ralf	Österreich
HREBLAY	Geoffroy	Frankreich
HUBER	Boris	Österreich
KRISTOFFERSEN	Hege	Norwegen
LEHNER	Tatjana	Österreich
LEIBETSEDER	Johannes	Österreich
LIPKOVA	Dana	Slowakei
MAZUREK	Sebastien	Frankreich
MEINGAST	Stefan	Österreich
MESZARITS	Veronika	Österreich
NAVAS LOPEZ	Julio	Spanien
PIRKL	Theresa	Österreich
PISOIU	Daniela	Rumänien
RAUSCHER	Katharina	Österreich
REICH	Elisabeth	Österreich
SIX	Clemens	Österreich
STEINBAUER	Maria	Österreich
WOLOWIEC	Christiane	Österreich
WU	Min	VR China
ZEINER	Georg	Österreich
ZENG	Fanhua	Österreich

1. M.A.I.S. 1997/98

AL-HANI	Mudhafar	Irak
ANDRAE	Werner	Österreich
AUSTERS	Aldis	Lettland
BINDER-KRIEGLSTEIN	Reinhard	Österreich
BORISSOVA	Iren	Bulgarien
BRUNNER	Reinhilde	Österreich
COOMAN	Charles de	Belgien
DINCSOY	Ömer	Türkei
GUSZKOWSKA	Alicja	Polen
IVANOV	Konstantin	Belarus
KAKARADOV	Mihail	Bulgarien
LODDING	Jan Alexander	Schweden
MARSH	Carl Barrington	Jamaica
RADOVIC REPETTO	Maria Gabriela	Chile
ROGALSKA	Marzena	Polen
ROINE	Elina	Finnland
SEYDI	Lamine	Senegal
SLOWIAK	Elisabeth	Österreich

2. M.A.I.S. 1998/1999

AVETISSIAN	Nane	Armenien
BERNACCA	Michela	Italien
BOROVIKOVA	Anjelika	Weißrussland
CHOBOTOVA	Olga	Ukraine
CHRISPIN	Materneau P.	Haiti
CVIJETIC	Sasa	Kroatien
ESPINOSA SALAS	Luis Gustavo	Ecuador
GRASSI	Fabio Alessandro	Deutschl./Italien
INOYATOV	Sharif	Usbekistan
JASCHKE	Alenka	Slowenien
KUREVIJA	Drinko	B.H./Kroatien
MALASHENKO	Sergei	Russ. Föderation
RAITHLE	Urs	Schweiz
RAZMYSLOVITCH	Dmitri V.	Russ. Föderation
SANTIAGO	Raul	Philippinen
SCHIEDER	Martin	Österreich

STANEK	Robert	Polen
STEEVES	Kevin	Kanada
TZOTCHEV	Ivaylo	Bulgarien
XIE	Hai Ying	China
ZANETTE	Monica	Italien

3. M.A.I.S. 1999/2000

AGOUSSI	Franck	Côte d'Ivoire
BARTÓK	Adrienne	Ungarn
BLANKE	Gordon	Deutschland
CERVENKA	David	Tschechien
GIRONI	Alessio	Italien
GUIBADIOUKOV	Ildar	Russ. Föderation
HANACEK	Christopher	Österreich/USA
HOLCH	Gábor	Ungarn
HURTADO RIVAS	Myrtha Mercedes	Schweiz
KAYGISIZ	Kemal	Türkei
LEVOUCHKINA	Ksenia	Russ. Föderation
MARONNIER	Cécilia Claire Sandrine	Frankreich
NASSIF	Jessica Marie-Madeleine	Frankr./Libanon
NEUMEISTER	Alfred Karl	Österreich
PELÁEZ	Héctor Raúl	Argentinien
PRIETO ABAD	Ana Maria	Kolumbien
REHRL	Jochen Johannes	Österreich
RUGGIERO	Cristina G.	USA/Italien
RUSSO	Margherita	Italien
SZIVERI KÖVES	Alexandra	Ungarn
TREMBLAY	Philippe	Kanada
VOGL	Gerda	Österreich
ZEMBERY	Peter	Slowakei

4. M.A.I.S. 2000/2001

AGEEVA	Masha	Russische Föd.
ALISSOULTANOV	Oumarali	Russische Föd.
ANAGNOST	Stephan	USA
ARNEKLEIV	Silje	Norwegen

ATANASSOV	Lazar	Österreich
DIGOL	Diana	Moldova
DIMITROV	Nikola	Bulgarien
FERREIRA MARTINS	Mariana	Portugal
GONG	Weixi	VR China
KATULIC	Damir	Kroatien
KRÁTKY	Peter	Slowakei
LOPEZ	Alejandra	Spanien
LORENZO SOBRADO	Maria	Spanien
MACABÉ	Paul Frédéric	Kanada
PAPPALARDO	Vincenzo	Italien
POPOVAITE	Violeta	Litauen
RAJAN	Kavya	USA
RODOUSAKIS	Niki	USA
ROLON DE SILES	Sonia	Bolivien
SARWAT	Tarek	Ägypten
SAYÚS	Sebastián	Argentinien
STEPUTAT	Frédéric	Schweiz/Österr.
VAINAS	Damianos	Griechenland/NL
WIDHALM	Eva Christine	Österreich
YI	Chunyao	VR China

5. M.A.I.S. 2001/2002

ANAGNOSTOPOULOU	Ioanna	Griechenland
BENABDALLAH	Saad-Eddine	Marokko
BYALYK	Pavlo	Ukraine
CHOBOTOVA	Yevgenia	Ukraine
CISZEWSKA	Monika	Polen
ERDEI	Oana Diana	Rumänien
FILIP	Eugen	Moldawien
GARCIA	Jesus Enrique	Philippinen
HODIO	Bi Hue Laurent	Côte d'Ivoire
HORNEK	Julian Christopher	Deutschland/USA
IVANOV	Ivan Dinev	Bulgarien
KREILHUBER	Arnold	Österreich
LIZEC	Borek	Tschech. Rep.
MILL	Mariana	Österreich
OLSOVA	Zuzana	Slowakei

RILASCIATI	Lorenzo	Italien
ROBERTS	Matthew J.	GB
RUANO-WOHLERS	Mario	Guatemala
SCHMITZ-MEINERS	Doris	Deutschland
SCHROEDER	Monika	Polen
SKJELNES	Silja Elin	Norwegen
SOBCZAK	Jan Alfred	Polen
WAGNEST	Josef	Österreich
WIJERATNE-MENDIS	Herath	Sri Lanka
XU	Tian	VR China
ZANCHETTIN	Monica	Kanada/Italien

6. M.A.I.S. 2002/2003

AMBROZIAK	Robert Tomasz	Polen
BAIN	Elizabeth Geneviève	GB
BAZARYA	Irina	Ukraine
DUNIVER	Aisha Nicole	USA
EFTHYMIOPOULOS	Marios	Griechenland
EGLITIS	Gatis	Lettland
ELEFTHERIADIS	Emmanouil-Nicolaos	Griechenland
GARCES BURBANO	Ivan Fernando	Ecuador
GHANEM	Firas	Syrien
HAGEMANN	Katrin Susanna	Deutschland/USA
KAIPANOU	Sofia	Griechenland
LEFORT	Alexandra	Frankreich
LIM	Lisa	USA
MARXGUT	Philipp	Österreich
MILOVANOVITCH	Mihaylo	Bulgarien
MOHAN	Emilia Diana	Rumänien
MUNGUIA MONTERROSO	Viviana	Peru
NARUSOVA-SCHMITZ	Alina	Russland
REISENZEIN	David Dominik	Österreich
STEINBACH	Rahel	Deutschland
SUMA	Dauda Foday	Sierra Leone
VALLE	Matías Leonel	Argentinien
VEDRASCO	Livia	Moldawien
VON SCHÖNING	Heloisa	Deutschland
WIJERATNE-MENDIS	Herath	Sri Lanka

7. M.A.I.S 2003/2004

ALIONESCU	Ciprian-Calin	Rumänien
BISTACCO	Simone	Italien
BRZYTWA	Edward	USA
CASADO-ASENSIO	Juan	Spanien
CASTRO	Ana Maria	Kolumbien
GASIUK	Marcin	Polen
HANAK	Jennifer	USA
HOGGARTH	Matthew	GB
HORVATH	Patrick	Österreich
HUEMER	Cristiane	Österreich
ISTRATE	Emilia Catalina	Rumänien
KLAPPER	Bradley Steven	USA
KOCEVA	Marina	Mazedonien
LARHANT	Morgan	Frankreich
LAUREN	Hanna-Riikka Elina	Finnland
LEFKOFRIDI	Zoe	Griechenland
MILEWSKI	Monika	Österreich
MOURAO PERMOSER	Julia	Brasilien
RADU	Stefan Lucian	Rumänien
SAHIN GRUBHOFER	Hatice Burcu	Türkei
SCHWEIGER	Romana	Österreich
SOSDEAN	Corina	Rumänien
TAMAS	Pompiliu Flaviu	Rumänien
THORIN	Sofie Ewa Fanny	Schweden
VASSALLO	Gabriella	Peru
ZAIDANE	Fatima	USA
ZUBEREC	Vladimir	Slowakei

1. SPIS 2000/2001

CHOBOTOVA	Ievgenia	Ukraine
CLARE	Monica	Kanada
FILIP	Eugen	Moldawien
GARCIA	Jesus Enrique II	Philippinen
GISLESKOG	Carl Johan	Schweden
GÖLLER	Bernhard	Österreich
HORNEK	Christopher	Deutschl./USA
KELLER	Robert	USA
LIZEC	Borek	Tschech. Rep.
MILL	Mariana	Österreich
RUANO-WOHLERS	Mario	Guatemala
SCHULLER	Armin	Österreich
VILLANUEVA-VILLARREAL	Andrea	Mexiko/USA
WIJERATNE-MENDIS	Herath	Sri Lanka
XU	Tian	VR China
ZIADÈ	Caroline	Libanon
MILOVANOVITCH	Mihaylo	Bulgarien

2. SPIS 2001/2002

BAZARYA	Irina	Ukraine
BREITENBERGER	Mathias	Italien
CUZUIOC	Pavel	Moldawien
GHANEM	Firas	Syrien
HATTAR	Majd Sultan Issa	Jordanien
JELITZKA	Simone	Österreich
KAIPANOU	Sofia	Griechenl.
KANDRATSKI	Uladzimir	Weißrussl.
KRA	Franck Olivier	Côte d'Ivoire
LEFORT	Alexandra	Frankreich
LIFTAWI	Bisan	Palästina
LIM	Lisa	USA
MILOVANOVITCH	Mihaylo	Bulgarien
ORIESCHNIG	Dominik	Österreich
PÉREZ SOLLA	Maria Fernanda	Argentinien
PICHLER	Christoph	Österr./Frankr.
VEDRASCO	Livia	Moldawien

3. SPIS 2002/2003

ALLMAYER	Monika	Österr./Guatemala
BISTACCO	Simone	Italien
CASADO-ASENSIO	Juan Antonio	Spanien
DÜGENCIOGLU	Koray	Türkei
GARCIA	Maria Anita	Philippinen
JURK	Rona Airth	GB
KLAPPER	Bradley Steven	USA
KOCEVA	Marina	Mazedonien
LEOSK	Katrin	Estland
LINTNER	Yvonne Rita	Irland
MILEWSKI	Monika	Österreich
MOHOS	Viktòria	Ungarn
MOURAO	Julia Teixeira	Brasilien
SNOWDON	David Andrew	GB
SVOBODA	Julius Vojtech	USA
THORIN	Sofie Ewa Fanny	Schweden
ZAIDANE	Fatima	USA

4. SPIS 2003/2004

ANDERSEN	Siri	Norwegen
ASHRAWI-BATHISH	Amal	Palästin.Aut.
BALOGLU	Hande	Türkei
BARTAL	Andras	Slowakei
CHOPRA	Rishi	Frankreich
EL BIDAOUI	Maha	Libanon
FERRERI	Cristián Alejandro	Argentinien/Italien
GOLDA	Milena Anna	Polen
HEATH	Christopher	GB
KAUFMANN	Stefanie	Deutschland
KOKAIA-STEINER	Ekaterine	Georgien
LECHNER	Barbara	Österreich
LUKOVIC	Teodora	Serbien u. Montenegro
MARGARITAKI	Eleni	Griechenland
MOONGANANIYIL	Seena	Österreich

PARROTT	Nicholas	GB
PIRCH	Constanze	Österreich
RIZZI	Regina	Österreich
ROBERTS	Derek	USA
SALISU	Abdallah	Österreich
SOOD	Pratima	GB
STEIGER	Andrea	Österreich
TOWNSON	Colin	Kanada
UZNANSKI	Jeannine	Österreich

Anhang

Chronik

1. Jänner 1754: Gründung der Akademie der Orientalischen Sprachen

1804: 50-Jahr-Feier der Orientalischen Akademie

1808: Einführung einer Uniform für die Zöglinge

1812: neuer Studienplan, Einteilung der Ausbildung in fünf Jahrgänge

1833: Mit Erlass Metternichs Zweiteilung des Unterrichts in juristisch-diplomatische und Sprachstudien; Erweiterung des Studiums um den 6. Jahrgang

1851: Gründung der öffentlichen Lehranstalt für orientalische Sprachen (1948 aufgelöst)

1854: Säkularfeier der Orientalischen Akademie

1883: räumliche und administrative Verbindung mit der Theresianischen Akademie

1898: Reorganisation der Orientalischen Akademie zur k. u. k. Konsularakademie, Zweiteilung in eine westländische und orientalische Sektion; Einteilung des Studiums in fünf Jahrgänge

1921: Reorganisierung der Konsularakademie als „Internationale Lehranstalt für Politik und Volkswirtschaft", Einteilung des Studiums in zwei Jahrgänge

Ende 1939: „Wiedereröffnung", Studiendauer nunmehr 4 Trimester

1941: letzter Jahrgang der Konsularakademie

Feb. 1942: Einrichtung eines Lazaretts im Akademiegebäude

Aug 1945: Requirierung des Gebäudes durch die US-Militärverwaltung für Österreich, Kauf des Gebäudes 1947

1964: Eröffnung der Diplomatischen Akademie im wieder aufgebauten Konsulartrakt des Theresianums

1967: Bundesgesetz betreffend die Errichtung der Diplomatischen Akademie

1979: Neues Bundesgesetz über die Diplomatische Akademie

1996: Reorganisation der Akademie und Anerkennung als eigenständige Anstalt öffentlichen Rechts

Sitz der Orientalischen Akademie und Konsularakademie

1754 – 1770: Philosophische Stube der Alten Universität
1770 – 1775: Konvikt zu St. Barbara
1775 – 1785: Professhaus der Jesuiten von St. Anna

1785 – 1883: Jakoberhof
1883 – 1904: Gartentrakt des Theresianums
1904 – 1945: Akademiegebäude in der Boltzmanngasse

Direktoren der Orientalischen und Konsularakademie

1754 – 1769 Pater Joseph Franz
1770 – 1785 Pater Johann von Gott Nekrep
1785 – 1832 Pater Franz Höck
1832 – 1849 Josef Othmar von Rauscher
1849 – 1852 prov. Leiter Dr. Max Selinger
              (Pseudonym Dr. Wilhelm Marchland)
1852 – 1861 Oberstlt. Philipp von Körber
1861 – 1871 Ottokar Maria Freiherr von Schlechta von Wschehrd
1871 – 1883 Heinrich Barb
05-09/1883 Konstantin Freiherr von Trauttenberg
1883 – 1885 Dr. Paul Freiherr Gautsch von Frankenthurn
1886 – 1904 Michael Freiherr Pidoll von Quintenbach
1904 – 1933 Anton Winter
1933 – 1941 Friedrich Hlavac

Direktoren der Diplomatischen Akademie

1964 – 1967   Prof. Dr. Ernst Florian Winter
Okt. – Dez. 1967 Botschafter Dr. Robert Friedinger-Pranter (gest. Dez. 1967)
1967 – 1968   Botschafter Dr. Johannes Coreth
1968 – 1975   Botschafter DDr. Arthur Breycha-Vauthier
1975 – 1976   Botschafter Dr. Emanuel Treu (gest. 13. Aug. 1976)
1976 – 1977   Botschafter DDr. Arthur Breycha-Vauthier (gest. 15. Feb. 1986)
1977 – 1978   Botschafter Dr. Johannes Coreth (gest. 9. Feb. 1986)
1978 – 1986   Botschafter Dr. Heinrich Pfusterschmid-Hardtenstein
1986 – 1993   Botschafter Dr. Alfred Missong
1994 – 1999   Botschafter Dr. Paul Leifer
seit 1999   Botschafter Dr. Ernst Sucharipa

Archivbestand der Orientalischen Akademie und Konsularakademie im Haus-, Hof- und Staatsarchiv (erstellt von Vera Ahamer)

Die Zahlen vor den Jahresangaben beziehen sich auf die Kartonnummern (durchgehend nummeriert von 1-121)

1/1852-1854
Korrespondenz, Prüfungsprotokolle, -fragen, -arbeiten; Liste der Zöglinge, Disciplinar-, Dienststatuten, Empfehlungsschreiben, Empfangsbestätigungen

2/1855-1857
Korrespondenz, Prüfungsprotokolle, -fragen, -arbeiten, Superarbitrierungslisten, Empfangsbestätigungen

3/1858-1861
Korrespondenz (Unterhaltskosten, Zöglingslisten, Studienerfolge, Prüfungsprotokolle, Competententabellen, Stellungskundmachungen etc.), Inventarium 1861, Hammer-Purgstall – Nachlass und -Stipendium

4/1862-1868
Korrespondenz (Zulassung, Personalangelegenheiten, etc.), Unterhaltskostenaufstellung 1862

5/1869-1873
Korrespondenz, Prüfungsfragen, Protokoll der Consular-Enquete 1870

6/1874-1876
Korrespondenz, Berichte an Min. d. Äußeren, Ärztl. Zeugnisse, Freistellung von Studenten, Brief d. türk. Botschaft bzgl. Schenkung von Grammatik (v. Midhat Pascha), Rechnungen, Übersetzungsaufträge u. Übersetzungen

7/1877-1879
Korrespondenz, Klassifikationsverz., Ansuchen um Aufnahme

8/1880-1882
Aufnahmegesuche, Korrespondenz (Personal, Aufnahme Russischlehrer, …) Übersetzungsaufträge (z.B. von Abgeordnetenhaus), Personalangelegenheiten, Dankschreiben Hof-Staatsbibl. München für arab., türk., pers. Handschriften der OA, Prüfungsprotokolle, Urkunde für bes. Studienerfolge, Programm der Akademie, „Gnadengesuch" an Kaiser bzgl. Aufnahme in OA

9/1883

Korrespondenz (Reorganisierung, Prüfungen, Ordensverleihungen, Personal …)
Aufnahmegesuche, Rechnungen, Inventar, D-F Übersetzungen, Deutsch-Arbeiten
(„Welche Bedeutung hat das Jahr 1683 für Europa u. insbesondere für Ö-U?"), Prü-
fungsprotokolle, Concursausschreiben

10/1884/85

Korrespondenz (Personal, Einstellung von Englischlehrer, Ernennung ord. Prof. f.
arab. Sprachen, italien. Unterricht, Zeitungsabonnements Djeride-i Havadis, El-
Akram) Studienerfolge der diversen Jahrgänge, Ausschluss eines Zöglings, Prüfungs-
vorschrift, Befreiung vom Militärdienst, Aufnahmegesuche, Aufnahmsprüfung
Übersetzungen, Geschichte; Studienerfolge der einzelnen Zöglinge, Prüfungsprotokolle, Aufnahmegesuche, Fragen aus der Geschichte, Themata, Programm, Prüfungs-
vorschriften, Fortgangszeugnis, Kundmachung

11/1886-1888

Übersetzungsauftrag, Korrespondenz (VII. Orientalisten-Congress Wien, Hammer
Purgstall-Stipendium), Aufnahmsprüfungen: Fragen, Prüfungstaxen, Studienerfolge
der einzelne Jahrgänge, Candidatenliste, Aufnahmsgesuche, Schulbericht 1888, Gutachten zu Aufnahme des Sohnes d. Honorarkonsuls von Jaffa

12/1889-1891

Korrespondenz (Aufnahme v. Lehrer für ung. Strafrecht, Ernennung v. Consular-Eleven), Prüfungsordnung, -programm, -taxen, -protokolle, Classificationstabelle (Studienerfolg), Concurs-Ausschreibung, Kathalog türkischer Publikationen, zugesandt
von Botschaft in Konstantinopel; Zulassung zu Aufnahmsprüfung, Aufnahmegesuche, Übersetzungsauftrag aus Arab. (zanzibar. Mission), Rechnungen, Hammer-
Purgstall Stipendiumkundmachung, Programm der Akademie, Verzeichnis der Bewerber 1890/91, 1891/92

13/1892/93

Korrespondenz (betr. Dienst absolvierter Zöglinge, Bewerbung türk. Lehrer, Verleihung „Kaiserpreis" an 2 Zöglinge „für günstige Akademieerfolge u. ihre correcte sitt-
liche u. disciplinäre Haltung", Zulassung absolvierter Studenten zu Consularprüfung
zu Consulareleven), Büchersendungen, Prüfungstaxen, Prüfungsangelegenheiten,
Stipendien), Hausordnung, Verzeichnis der Bewerber um Aufnahme 1892/93, Broschüre „Belehrung für die mit Stipendien betheilten Studierenden", Quittungen, Beschwerde im ung. Reichsrate / Antrag auf Reform d. Unterrichtes auf „dualistischer
Grundlage"

14/1894/95

Aufnahmegesuche, Prüfungsordnung, Classificationstabelle, Milleniumsausstellung Budapest, Stundeneinteilung der Jahrgänge, Concursausschreibung, Verzeichnis der Bewerber um Aufnahme, Kaiserpreisliste 5. Jg., Gutachten über Zögling an Ministerium, Milleniumsausstellung

15/1896/97

Korresp. (dienstl. Angelegenheiten, Zöglinge, Ansuchen eines Zöglings um Zuteilung an Bezirksgericht, Kaiserpreis), Prüfungsangelegenheiten, Übersetzungsauftrag, Verzeichnis d. Bewerber um Aufnahme, Classificationstab., Aufnahmegesuche, Concursausschreibung, Gesuche der abgewiesenen Kandidaten, Verzeichnis der Bewerber

16/1898

Prüfungsordnung, Aufnahmegesuche, Korresp. (Abhaltung wirtsch. Vorträge in Handelsmuseum Wien), Datenaufstellung für Amtskalender, Verzeichnis der Bewerber um Aufnahme, Programmentwurf, Organisation d. Unterrichts und Lehrplan in den modernen Sprachen an der OA

17/1899

Concursausschreiben, Korresp. (Zöglinge, Stipendien, ...), Programm der Akademie; physische Eignung d. Zöglinge, Lehrplan; Gesuche der abgewiesenen/aufgenommenen Zöglinge, Liste der zur Aufnahmsprfg. Angetretenen, Spezialkurse im Studienjahr 1899/00, Programm, Lehrplan, Schulbericht (Broschüre), Bericht an k. u. k. Min.

18/1900

Programm d. Akademie auf Ungarisch, Korresp. (Correpetitor f. Arabisch), Concursausschreibung; Verordnung des k. u. k. Min. des Äußern über den Eintritt in den conceptiven k. u. k. Consular-Dienst und über die Consular-Attaché-Prüfung; Prüfungsordnung; Excursion zur Pariser Weltausstellung 1900: Programm, Ablauf; Verz. aufgenommener Zöglinge, Gesuche abgewiesener/aufgenommener Kandidaten

19/1901

Übersicht der von den Zöglingen verfassten Berichte über die Weltausstellung; Neuanschaffungen Bibliothek, Classificationstabelle; Programm Excursion nach mehreren Städten Ungarns; Bericht über Excursion in ung. Zeitung (Szegedi Napló); Programm Excursion in das böhm.-mähr. Industriegebiet; Verzeichnis der von Dr. Wahrmund als „wahrscheinlich" bzw. „sicher" von Yusuf Yija-el Chalidi herrührig bezeichneten arabischen Handschriften; Gesuche abgewiesener, aufgenommener Kandidaten; Cours I: Histoire diplomatique de l'Europe 1713-1900, Cours II: Droit des gens

20/1902

Korresp. (Hammer-Purgstall-Stipendium, Spendensammlung f. Elisabeth-Denkmal), Classificationstabelle; Programm Excursion Deutschland; Protokoll zu Übereinkommen betr. ökonom.-administr. Verbindung der k. u. k. Konsularakademie mit der Theresianischen Akademie; Gesuche aufgenommener u. abgewiesener Kandidaten u. Verzeichnis

21/1903

Exkursion nach Süd-Ungarn, Bericht über die Studienreise nach Südungarn u. zum Eisernen Tor; Prüfungsangelegenheiten; „Spezial-Instruktion für die Verwaltung der Schönen Künste"; Kaiserpreis; Aufnahmegesuche; „physische Eignung"

22/1904

Korresp. (Adjutum für absolvierte Zöglinge bis zur Ernennung auf besoldete Consular-Attaché Posten, Remunerationen, Prüfungstaxen, ...), Prüfungsordnung, Klassifikationstabelle, Concursausschreibungen, Liste von „Vergehen" der Zöglinge und Strafen; Gesuche der Abgewiesenen/Aufgenommenen, Kaiserpreis, Aufnahmsprüfung (Ergebnisse), und Verzeichnis der Aufnahmebewerber

23/1905

Hausordnung, Kandidatenliste für Präfektenstelle der KA, Korresp. (Prüfungen, ...), Concursausschreibung (Ung.), Exkursion nach Triest/Fiume, Aufnahmegesuche, Aufnahmsprüfung (Ergebnisse)

24/1906

Rechnungen, Übersetzungsaufträge (Titelübers. chin. Werke für Staatsdruckerei, ...) Ernennung absolvierter Consular-Akademiker zu Consular-Attachés, Prüfungsordnung, Verzeichnis der mit Staatsdotationen beteilten Akademiker, Abonnements (Terdjiman-i-Hakikat, Sabah), Korresp. bzgl. Stipendien, Prüfungsordnung (Wiederholung v. Prüfungen), Ausschluss eines Zöglings, militärische Übungsreise des V. Jahrganges, Errichtung eines Waren-Museums an der KA (Kostenvoranschläge), Beihilfe absolv. Akademiker bis zu deren Ernennung auf Konsular-Attaché-Posten; Aufnahmegesuche, „Grundbuchblätter" der Aufnahmebewerber für 1906/7 (mit Angabe von Namen, Stand der Eltern), Concursausschreibung (U,D), Reglement betr. die ao. Prof. und Dozenten an der KA, Empfangsbestätigungen für Erhalt der „zur Erinnerung des Neubaus der Konsularak. am 3.11.1904 ausgeprägten Medaille", Anerkennung seitens des ung. Unterrichtsministers bzgl. Sprachunterricht an der Akademie

25/1907

Korresp. betr. Hammer-Purgstall-Stipendium, Staatsdotationen f. Konsularakademiker, Ernennung v. Englisch-Dozenten; Prüfungsordnung, -taxen,-protokolle; Lehrpläne für Ital., Franz., Engl., Handelsrecht, Warenkunde, Änderung des Lehrplanes, Concursausschreibung (D,U), Aufnahmegesuche, Grundbuchblätter der Aufnahmebewerber, Lehrpläne, Änderung des Lehrplanes

26/1908

Lehrpläne und Erläuterungen zur Änderung, Krankheitsfälle, Prüfungsordnung, -protokoll, Korresp. betr. Pensionsberechtigung d. Professoren, Vereinfachung der Jahresprüfungen (anstelle v. Semesterprüfungen); Concursausschreibung (D,U), Aufnahmegesuche, Auflistung der einzelnen Möbelstücke der KA u. Wertangabe, Programm der Akademie, Mittellosigkeitszeugnisse f. Stipendien, Aufnahmsprüfung Kandidatenliste, Reitunterricht, Lehrplan („Kenntnisse im Reiten braucht nur der Orientalist … der Westländer gewiß nicht …")

27/1909

Lieferscheine, Prüfungsordnung, Übersetzungsauftrag, Konkursausschreibung (D,U), Gesuche um Dienerstelle, Korresp. betr. militärische Studienreise und Programm (Rosenbach-Görz-Triest-Pola), Reitunterricht (Wiedereinbeziehung d. Hörer der westländischen Sektion), Aufnahmegesuche, Grundbuchblätter der Aufnahmebewerber 1909/10, Aufnahmeprüfungsprotokoll

28/1910

Krankheitsfälle, Prüfungsangelegenheiten, -protokolle; Brief d. argent. Gesandten bzgl. Spanischunterricht, Abschrift v. Artikel erschienen in Berliner Zeitung „Der Tag" über die Konsularakademie, Aufnahmegesuche, Bewerbungen um Dienerstelle, Korrespondenz, Konkursausschreibung, Suizid eines Studenten, Verleihung des Kaiserpreises an den besten Absolventen des V. Jg. („seit 1884 vergeben", scheint in Akten aber erstmals 1892 auf), Ernennung eines Absolventen zu Konsularattaché, Verzeichnis der Jahrgänge, Artikel aus „Ostasiat. Loyd" über sinolog. Studium, Exkursion Strafanstalt Stein, Lehrplanänderung, Ungarisch-Unterricht; Exkursion Fiume, Ungarn, Nordböhmen

29/1911

Aufnahmegesuche, Liste der Studenten nach Jg. und Herkunft, Korrespondenz (Hammer-Purgstall-Stip., Ausschluss von Studenten, Vortrag über Konsulartätigkeit in den USA, Ernennung von Präfekten, Zuweisung von Absolventen an Generalkonsulat Rio de Janeiro, Beihilfe für Konsularakademiker bis zur Ernennung als Konsularattachés, Akquirierung einer neuen französischen Lehrkraft, akadem. Esperantistenverein (Angebot unentgeltlichen Esperantokurses für Hörer der KA); an KA gesandte Abhandlung des k. k. Vizekonsuls Géza v. Hoffmann über „Unsere Konsulate i.d. Vereinigten Staaten" u. Lage der Auswanderer, Konkursausschreibung (Dt., Ung.), Zirkulare (Pensionsangelegenheiten), Prüfungsordnungen, Ung. Zeitungsart. über Spenden der KA für Petöfi-Statue, Antrag auf Reorganisation des Handelspolitikunterrichts (nicht inhaltl., nur Frage d. Lehrverpflichtung u. Professoren), Verzeichnis der Studenten (Einzahlungen), Jahresbericht der Gesellschaft der russischen Orientalisten, Kaiserpreis

30/1912

Korrespondenz, Kaiserpreis, Aufnahmegesuche, Vorlesungsübersicht, Verzeichnis der Studenten (Einzahlungen), Zuweisung von Absolventen an Generalkonsulat in Skutari, Alexandrien, Ernennung von Absolventen zu Konsularattachés, Ansuchen um Erhöhung der Jahresdotationen der KA, Prüfungsordnung, Personalstand der Akademie 1911/12 (Broschüre), Konkursausschreibung, Programm; Schenkung von 100 chin. Tonfiguren/Dst. Hochzeits- u. Trauerprozession (von ehem. Hörer Konsul Stummvoll) u. Beschreibung (dt. u. chin.)

31/1913

Korrespondenz (Disziplinarangelegenheiten), Aufnahmegesuche, Übersetzungsauftrag, Lehrplan 1913/14, Ausgestaltung der Lehrmittelsammlung f. Handelsbetriebslehre u. intern. Handelskunde, Schenkung v. chin. Tonfiguren, Vorlesungsübersicht 1913, Kundmachung der Direktion betr. Schikanen älterer Jahrgänge gg. jüngere, Vortrag 50 Jahre Geschichte der Anglo-österr. Bank u. Daten zur wirtschaftlichen Entw. Österr.-Ungarns (Broschüren), Konkursausschreibung, Reitunterricht, Schreiben v. Esperantoverein (unentg. Kurse), Namensverzeichnis der Hörer der KA

32/1914

Korrespondenz, Einladungen, Reklame, ärztl. Untersuchungen, Vorlesungsverzeichnis (Stundenplan), Sammlung von Lehrmitteln für kommerz. Unterricht (Schreiben an div. ung. Firmen), Aufnahmegesuche, Liste v. Studenten (Einzahlungen), Fragebogen für Schlussprüfung aus Heereswesen, Übersicht über Lehrstoff (Militärgeographie), Schreiben Aufnahmebedingungen (nur Gymnasialabsolventen, nicht aber Realschulabs. gestattet), Übersetzungsauftrag, Kaiserpreis, Bericht Unterrichtsbetrieb 1914/15 an Aussenmin., Anzahl der Hörer (Kriegsdienst)

33/1915

Konkursausschreibung, Korrespondenz, Stundenplan, Programm der KA, Prüfungsordnung, Aufnahmegesuche, Personalstand 1914/15, Suche neuer franz. Lehrkräfte

(Prof. der KA in Frankreich zurückgehalten), Handbuch der Kunstwissenschaft (Die Kunst der islamischen Völker)

34/1916/17

1916: Enthebung von Militärdienst, Aufnahmegesuche, Zirkulare, Prüfungsordnung, Gesuch um Erhöhung der Staatsdotationen, Konkursausschreiben, Schenkung türk. Originaldokumente für Unterrichtszwecke, Stundenplan, Zuteilung absolvierter Konsularakademiker an Konsulat in Konstantinopel, Ernennung von Konsular-attachés, Auflösung der Lehrkanzel für Chinesisch, Gefallene Studenten, Auswirkungen des Krieges auf die KA, Ablehnung von Anträgen auf Enthebung v. Konsular-akademikern d. 1.-3- Jahrganges von Militäreinsatz, Bestellung türk. Zeitungen (Tanin, Taswir-i-Efkiar, Turan)

1917: Verordnung für Aufnahme in den Konzeptdienst, Reise der KA zur Königskrö-nung in Budapest, Korrespondenz, Prüfungsordnung, Enthebung von Militärdienst, Personalstand u. Konsularakademiker 1916/17, Stundenplan, Geschichte der Diplo-matie 1. Jg., Ernennung von Konsularattachés, Studenten in Kriegsgefangenschaft, Bildergallerie, Übersetzungsauftrag für Fremdenverkehrsverband Steiermark, Über-prüfung der milit. Enthebung, Information des Außenmin. über Einführung eines ge-meinsamen Wappens Ö-U, Aufnahmegesuche, Generalkonsul von Winter über die Organisation der KA (Entwurf), Auflösung der Lehrkanzel für Chinesisch

35/1918-1922

1918: Dipl. Geschichte für III. Jg., Stundenplan, Concursausschreibung, Korresp., Anfragen bzgl. Aufnahmebedingungen, Urlaubsscheine, Rechnungen, Ärztl. Atteste, 1. Aufnahmegesuch einer Frau (Stroca) u. Ablehnung, Büchernachlaß eines gefalle-nen Anwärters, Ernennung v. Absolventen zu Konsularattachés, Aufnahmebedin-gungen für in Militärdienst befindliche Aufnahmebewerber u. für Dr. iur., Gebüh-renkosten für Studenten (Garderobe, ...), Personalstand 1915/16, Statistisches Zentralamt Korresp., Einteilung der Kurse und Stundenplan, Equipierungsvorschrif-ten, Geschäftsbericht der Handelskammer

1919: Akademikerliste nach Nationalität und Jahrg., Stundenplan, Visumansuchen für Stud. aus Tschechosl., Lehrmittelbureau, Zusammenstellung der wichtigsten Ge-sichtspunkte f.d. Bildungs- und Schulreform in Deutsch-Österreich, Werbung (Mit-telschulreform – Blätter für die studierende Jugend), Schreiben div. Gemeinden bzgl. ungesetzl. ausgestellte Heimatscheine, Zuteilung absolvierter Akademiker an Konsu-larämter in Hamburg, Köln, Kassenkontrierung, Stundenplan, Tschechisch im Lehr-plan, Zukunft der KA

1920-1922: Korresp. betr. Anzeige gg. Prof. Kobatsch (KA) wegen Äußerungen zu Ernährungsfragen, Dienstzeitbemessung und Kriegsdienst, Besichtigung der städt. Gaswerke (Korresp.), Bewerbung um Lehrkanzel für intern. Recht, Prüfungsordnung, Aufnahme neuer Akademiker, Zeitungsartikel „Die bulgarischen Studenten in Wien", Schaffung eines der KA anzugliedernden „Auslandsinstitutes", Grundbuchblätter der Studenten, Haus- und Disziplinarordnung (Entwurf), Fragebogen der Commission de coopération intéllectuelle und Beantwortung

36/1923-25

Anfragen zu Aufnahmebedingungen, Broschüre v. Kölner Zeitung über „Österreich im Wiederaufbau", Stundenplan 1923/24, Werbetafel der KA „Internationale Lehranstalt für Politik und Volkswirtschaft", Voranschläge Ausgaben, Artikel der AZ über Proteste v. KA-Studenten gg. Rede Eisners, Artikel Wr. Handelsblatt über KA – Wohnungsnot und Räumlichkeiten, Stipendienkundmachungen, Teilnahme des Dt. Reiches am Betriebe der KA, Rechnungshofbericht, Programm, Prüfungstermine, Stundenplan 1924/25, 1922/23

1925: Verwaltungsangelegenheiten, Bewerbung für Lehrstuhl Ungarisch, Anfragen, Fechtsaalsordnung, Rügen, Krimin. Institut der Polizei: Raum in KA für Vorträge, Exkursion Porzellanfabrik Augarten, Unterstellung der KA unter Unterrichtsministerium, Seminar für orientalische Sprachen: Vorlesungsverzeichnis, Stundenplan 1924/25

Stundenpläne, Werbetafel, AZ-Artikel, Wr. Handelsblattartikel, Teilnahme des Dt. Reiches am Betriebe der KA, Programm, Unterstellung unter das Unterrichtsministerium u. Promemoria u. Satzungen, Informationsblatt Englisch, Deutsche Hörer und Abbruch der Vertrages mit Dt. Reich, Nachschlagmaterial für Budgetsitzung, Schaffung eines gemeinsamen Auslandsinstitutes

37/1926/27

1926: Anfragen zu Aufnahme, Statuten des Kasinos der KA, Stundenplan 1926, Korresp., Zirkulare, Verzeichnis empfehlenswerter Lehrbücher, Memorandum der Wirtschaftsdelegation Kolumbiens bei Völkerbund, Evt. Schließung der KA, Entwurf von Vorlesungen über allg. Gesundheitslehre an der KA

1927: Glückwunschschreiben an Seitz anl. fehlgeschlagenen Attentates u. Antwort, Sprachkurseinteilung der Jahrgänge, Zirkulare, Korresp., Monatsbericht Institut für Konjunkturforschung, Photographie Präs. Uruguay, Stundenplanentwurf 1926/27, Dankschreiben des Polizeipräsidenten für Kondolenzbrief der KA anl. der Polizeiopfer des 15./16. Juli 1927, Anfrage der Burgenl. AK um Sprachlehrer für Engl. u. Spanisch (Sprachkurse für Auswanderer), Broschüre Wr. Werbezentrale, Unterbringung der Delegierten des XI. Kongresses d. Intern. Federation of University Women in der KA; Artikel im Neuen Wiener Journal über die ersten Studentinnen an der KA, Vermietung von Zimmern, Anfragen bzgl. Aufnahme (u.a. Frauen aus New York, Zagreb, Montreal, Bonn, Warschau, Wollersdorf), Hörerstatistik nach Nationalität, Verzeichnis empfehlenswerter Lehrbücher, eventuelle Schließung der KA

38/1928

Anrechnung v. Semestern an der KA an dt. Universitäten, Besuch der Börse II. Jg., Brasil. Exportstatistiken, Stipendien Intern. Rechtsakademie Haag, Anfragen Aufnahmebed., Zirkulare, Dementierung v. Zeitungsinform. über Räume für Internationale Univers. in KA, Jahrbuch des Völkerbundes, Anstellung ausgedienter Soldaten, Lehrplan, Prüfungsordnung

39/1929

Konsularakademie in Wien (Broschüre), Korresp., Anfragen, Bundespressedienst u. Verbreitung v. Artikel über KA in ausländ. Zeitungen (keine Ausschnitte! Wr. Blätter, Salzburger Chronik, Süddeutscher Zeitungsdienst München, Marienbader Zeitung, Baltische Presse, Tilégrafos, Patras, Eleftherma in Larissa, Universul, Supta, Ultima ora/Bukarest, Gazeta Burseisi, La Nation Roumaine, Nadejdea/Timisoara, Meierijsche Courant/Eindhoven, De Schelde/Antwerpen, Buffalo Volksfreund, Erie Tageblatt, La Plata Zeitung, La Manana/Montevideo), Die Frauen im Auslandsdienst/Neues Wr. Journal, Klage ehemaliger Köchin gg. KA, Bibliotheksordnung, Besichtigung Neues Wr. Tagblatt, Fechtübungen

40/1930

Anfragen/Auskünfte, Glückwunschschreiben an Renner, Bankenverbund/jährl. Spende an KA, Dankschreiben an Bankdirektoren, Vortragsankündigung (Anton Winter/Verein für kaufmännische Interessen „Die KA und ihre Bedeutung für das österr. Wirtschaftsleben"), Korresp. mit Library Committee der Association of the Bar of the City of New York u. Jahresbericht dieser, Ermäßigung Bundestheater für KA-Hörer, Korresp. Univ. of New York bzgl. Jahrbuch der KA, Zirkulare, Sprachkurseinteilung I. Jg./66 Hörer, II. Jg. 26 Hörer (Dt. Engl. Franz. Serbokroat.), Bewerbungen um Präfektenstelle, Entwurf v. Vorlesungsverzeichnis, 6. Dt. Orientalistentag in Wien 1930/ Programm, Beschluss bzgl. Prüfungsordnung, Einladung Maria-Theresia Fest/Theresianum, Anfrage lett. Botschaftskonsulat bzgl. lett. Hörer an KA

41/1931

Anfragen/Auskünfte, Übersetzungsauftrag, Korresp. mit Julius-Meinl AG betr. Aufnahme von KA-Absolventen, Besprechung betr. Zeitungskunde in Öst., Kammer für Handel, Gewerbe und Industrie/Wien, Besichtigung Porzellanfabrik Augarten/Anfrage, Exkursion Meinl AG, Korresp. Institut International de Coopération Intéllectuelle (Zeitschriftenverzeichnis), Exkursion/Ansuchen Staatsdruckerei und Bierbrauerei, Vorschrift bzgl. Diplomaten, Korresp. Bundeskanzleramt betr. Behandlung der KA Absolventen bei der Diplomatenprüfung/Vorschlag, Jahrbuch 1931, Amtserinnerung betr. Institute of International Affairs/Austausch mit KA, Resolution der 8 intern. Studentenorganisationen des Internationalen Instituts für geistige Zusammenarbeit im Völkerbund, Zuschrift American Academy of Politics and Social Science, Beginn des Schuljahres/Einberufung des I. u. II. Jahrganges (Hörerliste), Stundenplanentwurf, Inventarverzeichnis, Wiener Magistrat/Statistik über Maturanten u. Weiterbildung

42/1932

Schreiben der Direktion/Einzahlungen der Hörer, Anfragen, Korresp. Spende Verschönerungsverein Schatzlar für Warenmuseum der KA, Sportstättenstatistik des Magistrats/KA: Turnsaal, Tennisplatz, Korresp. Bundessammlung v. Medaillen, Münzen und Goldzeichen betr. Türk. Portraitsammlung (Nachlass d. ehem. Direktors Ottokar Maria Freiherr v. Schlechta, Kopien v. Portraits ehem. Sultane und Vesire), Korresp. Unzufriedenheit der Hörer mit Verpflegung/Zeitungsartikel Hungerstreik in KA, Anonyme Beschwerde über Behandlung externer Hörer, Exkursion Julius Meinl Zirkulare, Anmeldungsaufforderung I./II. Jahrgang, Durchführung eines „Institute of International Affaires" an der KA, Einberufung I./II. Jahrgang für neues Schuljahr, Abhaltung internationaler Hochschulkurse an der KA, Exkursion Hammerbrotwerke, u.a., Einzahlung Schulgebühren im Ausland, Österreichs Wirtschafts-Wochenschrift nö. Gewerbeverein, Hörerstatistik, Stundenplan, Zeitungsartikel aus Fremden-Presse 9.4.1932, Nr. 11, S.2 über KA mit dem Titel „Ein Völkerbund im Kleinen"

43/1933

Zirkulare, Anfragen/Auskünfte, Stundenplan, Korresp. Bibliotheksbestand, Exkursion Meinl/ Augarten Porzellan, Richtigstellung von Artikel in Pester Lloyd, wonach ung. Hörer künftig in KA nicht aufgenommen würden, Übersetzungsauftrag, Druckereibesichtigung Neues Wr. Tagblatt, Zirkular/Abschiedsschreiben von Dir. Winter 20.5.1933, Magistrat/Statistik „Berufswünsche der Abiturienten der Wr. Mittelschulen" (von 2259 12 männliche, 3 weibliche Anwärter für KA), Aufnahmegesuch des Christlichsozialen Volksverbandes NÖ bzgl. Erna Hofrichter an KA, Runderlass Bundeskanzleramt betr. Tragen von Abzeichen der VF im Dienst, Beginn Studienjahr/ Einberufung der Hörer, Exkursion Zuckerfabrik, Schreiben Bundeskanzleramt betr. Zugehörigkeit von Bundesangestellten zu NSDAP, Information über KA an Präsidenten der öst.-indischen Gesellschaft „Die KA in Wien"

44/1934

Anfragen/Auskünfte, Zirkular betr. Äußerungen über die Bundesregierung, Mitteilung an Magistrat 51/Statistik (103 Hörer, 24 weibl., 79 männl.), Korresp. Rockefeller Foundation u. Carnegie Endowment for International Peace Anfrage betr. Institut für Intern. Recht an der KA u. Unterstützung/Absage, Stundenplan, Schreiben Vaterländische Front an Mitglieder /Fachgruppe Bundeskanzleramt, Exkursion Meinl AG/

Dankschreiben, Einladung zu Esperanto-Weltkongress, Semesterbeginn/Einberufung der Hörer/Liste der Hörer, Schreiben Bundeskanzleramt/Bestellung eines Kommissärs zur Aufrechterhaltung der Disziplin der Studierenden an den Hochschulen, Dankschreiben der Vaterl. Front für Dollfuß-Denkmalspende und Mitgliedsbeitrag (Liste ausständiger Beiträge an der KA), Exkursion Automobilfabrik Gräf u. Stift

45/1935

Frequenz und Verhalten der deutschen Hörer an der KA, Dienstordnung für Studienpräfekten, Portierrapport (Hörerliste), Stundenplan, Korresp. betr. Vortrag an der KA über die Rechtsstellung der Ausländer in Ungarn, Korresp. betr. Hochschulerziehungsgesetz, Anfragen/Auskünfte, Korresp. betr. Vortrag des Sekretärs d. Fremdenverkehrssektion d. ung. Handelsministeriums an der KA, Korresp. betr. Angriffe gegen die KA in der Zeitung „Unter dem Doppeladler", Gratulationsschreiben an Konsul Sourour Bey, Schriftliche Prüfung Völkerrecht I. u. II. Jahrgang/Fragen, Jahrbuch, Korresp. betr. Kritik an Vortrag des Staatsrates Glaise-Horstenau, Akademische Vereinigung für Völkerbundarbeit und Außenpolitik, Veranstaltungen an KA/Absage für zukünftige Veranstaltungen, Dankschreiben an Vereinigte Brauereien AG, Entwurf Stundenplan, Semesterbeginn/Hörerliste, Studien-Jahreszeugnis der KA, Dankschreiben an ehem. Akademiker Svegel für Portrait, Durchführung des Kulturabkommens mit Italien bzgl. KA/ Studentenaustausch mit Italien sowie Bundesgesetzblatt zu Übereinkommen zwischen Öst. und Italien betr. Ausbau der kulturellen Beziehungen, Vorschriften f. Diplomatenprüfung in der Tschechoslowakei, Coudenhovesches Memorandum/Vorgeschichte, Umgestaltung der KA-geplante Veränderungen

46/1936

Zirkulare, v.a. Anfragen u. Antwortschreiben, Korresp. (Austro-American-Institute of Education/Vortragsreihe über „Amerikanische Geschichte – wie wir Amerikaner sie sehen" an der KA), Pensionsangelegenheiten, Einzahlung von Akademiegebühren, Verwaltung, Stundenplan (Entwurf), Prüfungsmodalitäten, Dankschreiben an Wolfrum AG, Milchind., Meinl (Exk.), Schreiben Bundeskanzleramt bzgl. Zeitschrift „Volk und Reich": „Diese Zeitschrift enthält einen Artikel des früheren deutschen Stipendisten an der Konsularakademie, Waldemar Lentz. (S.15) Artikel ist für die nationalsozialistische Einstellung der deutschen Stipendisten an dieser österr. Hochschule typisch", Dankschreiben an Deutsche Gesandtschaft für überlassene Bücher (von KA für völkerrechtl. Seminar über Stellung abgetrennter dt. Gebiete angefordert), Erlass Vaterländ. Front/Mitgliedsbeiträge, Beginn Schuljahr/Einberufung 1., 2. Jahrg. (Hörerliste), Korresp. Bundeskanzleramt u. VF bzgl. Ausgaben für vaterländische Aktionen, Dankschreiben an Dt.-Öst. Arbeitsgemeinschaft für Nadler-Srbiks „Österreich, Erbe und Sendung im Deutschen Raum", Vorträge Ritter von Trapp an KA über U-Boot Kriege, Sonderdruck 75 Jahre Allg. Dt. Zeitung

47/1937

Anfragen u. Antwortschreiben, Hörerliste 1., 2. Jg., Korresp. Dt. Gesandtschaft/Literatur, Stundenplan, Einführung, Frequenzausweis für Hörer (Anwesenheitsbest.), Prüfungsstoff für Jahresschlussprüfungen aus Sprachen, (Franz., It., Engl., Serbokr.), Dankschreiben an Ekonomska biblioteka Zagreb f. Werke des jugosl. Nationalökonomen Kosier, Schreiben VF/1. Mai, Kundgebung der VF, Spendenaufruf, Das Studienhaus der Nationen in Wien – Memorandum über den Plan der Gründung eines internalen Studienzentrums in Mitteleuropa von Dr. Anna Selig, Stipendienausschreibung London School of Economics, Entsendung Anwärter d. syrischen Aussendienstes an die KA, Beschreibung chin. Tonfiguren (einstiges Geschenk Stummvoll), Stundenplanentwurf, VF an KA/Lotterie für die Dollfußführerschule, Korresp. Bzgl. Stipendienansuchen d. dt. Bewerbers Josef Falkenstein, Ablehnung., VF bzgl. Beitritt u. daraus folgende Studiengeldermässigung, Korresp. KA-VF bzgl. Aufnahme eines Aushilfspräfekten

48/1938 (alt 93)

Feier des Geburtstages des Führers und Reichskanzlers an der Konsularakademie: Rundschreiben u. Rede; Anfragen/Auskünfte (KA steht „vor einer Neuorganisierung und daher kann über den Lehrplan des kommenden Studienjahres noch nichts gesagt werden"), NS Beamtenschaft Volksspende Sammlung bei öff. Bediensteten, Beeidigung der Beamten an KA 19.3.1938, Auskunft an Interessentin: künftig keine Frauen zugelassen, NSDAP Gauleitung: Dankschreiben an KA für „geschenkweise überlassene Gegenstände" (einzelne Möbelstücke), Schreiben an NSDAP bzgl. Unterbringung sudetendt. Flüchtlinge in KA (Bitte um anderweitige Unterbring.), Auskunft Aufnahmebedingungen (u.a. Ahnennachweis, Parteimitgliedschaft), Dankschreiben an I.G. Farben für Proben für Warenkundemuseum, Benützung Turnhalle der KA durch NSDAP Ortsgruppe (Weisung), Korresp. Dt. Orientverein, Orientnachrichten (1 Ex.), Auskunft 16. Dez. an Interessenten: „auf Weisung des Aussenamtes im Studienjahr 1938/39 ein erster Jahrgang nicht geführt; KA sieht Umgestaltung entgegen", Spende der KA an Akademische Auslandsstelle

48/a/1939

Auskunft an Interessenten 9. Dez. 39: seit 1937 kein Jahrbuch erschienen; in erster Linie für Ausländer bestimmt; wegen Kriegssituation statt 2 Jahren 4 Trimester, Anfragen u. Antworten, Schreiben div. Universitäten an Rektoren der dt. Hochschulen im Falle v. Aberkennung von dort erworbenem Doktorgrade
Zl. 500-599: (v.a. Juli):Versch., Auskünfte (u.a. Aufnahmebed.), International Summer Schools London-Unterbringung in KA, Unterbringung Teilnehmer Ärztekongress; Zl. 600-699: (Aug., Sept.) Anfragen; Europ. Kolonialgeschichte im neuen Studienprogramm, Entziehung Doktorgrad (Würzbg.), Schreiben an Rektoren;

Prospekt KA; Zl.700-799: (Oktober); Zl.800-899: (November); Zl. 900-1004: Faszikel Korresp. bzgl. Weiterführung der KA, Fasz. „Sommergäste", Auskunft Sept. 1939: Hörerinnen nur extern, div. Verordnungen; Zl. 400-499: Zirkular Semesterschluss, Amt des Reichsstatthalters: Schreiben betr. Überprüfung der Abstammung öffentlicher Bediensteter, Anfragen-Auskünfte (u.a. Auskunft der Direktion an Interessenten bzgl. Berufsaussichten 12.6.1939: „Der Bedarf an Frauen mit akademischen Studien im öffentlichen Dienst dürfte, abgesehen vom Erziehungswesen, gering sein."; bzgl. Aufnahme von Frauen: 19.6.1939: „Weibliche Studierende können die Konsularakademie nur als externe, jedoch als ordentliche Hörerinnen besuchen.", Rundschreiben Amt des Reichsstatthalters betr. Unfallversicherung, Schreiben Reichskommissar für die Wiedervereinigung Österr. mit dem Deutschen Reich betr. Vereinfachung der Staatsverwaltung, Korresp. mit Gaubeauftragtem der DAF betr. Leistungskampf der Deutschen Betriebe, Absage der KA, Fasz. Luftschutz; Zl. 1-149: (Jänner, Februar) Schreiben Reichsstatthalter (u.a.: Medaille zur Erinnerung an den 1.10.1938, „Judenfrage und Denunziantentum"), Gesetzesblatt flaggenrechtl. Vorschriften, Auskunft 18. Feb.1939: „... teilt das Sekretariat mit, dass Damen zum Studium an der KA nicht mehr zugelassen werden.", Rechnungen für Warenmuseum; Zl. 150-249 (März): Schreiben betr. Entwurf neuer Studienordnung/Sprachunterricht; Zl.250-399: Div. Verordnungen Reichsstatthalter (u.a.: „Definition des Begriffes alter Kämpfer", ... etc.)

49/1940

Zl. 1-99: (v.a. Jänner 1940): Anfragen, Auskünfte, Fasz. „Aufnahmekommission": Hörerverzeichnis, Gesuche um Nachsicht der Studiengebühr für ukrain. Hörer, Rundschreiben Zulassung ord. Hörer u. Unterbrechung der Studien wg. Militärdienst, Listen der Aufnahmebewerber (insg. 38 Bewerber, davon 9 Frauen) – Zugehörigk. zu NSDAP angeführt, Korresp. Betr. Aufnahmekommission des Kuratoriums der KA – Zusammensetzung (Kopie),, Rundschreiben betr. Pflichtmitgliedschaft ordentlicher Hörer bei NSDAP oder deren Gliederungen u. Formular mit Angabe der jeweil. Org. und Unterschrift der Studenten, Schreiben Dt. Gesellschaft für Wehrpolitik und Wehrwissenschaften, wirbt um Beitritt der KA, Korresp. bzgl. Eröffnungsfeier 1939 und diesbez. Artikel in Mitteilungsblatt für den Deutsch-Ausländ. Studentenbund (wegen falscher Autorenangabe), 37 fehlt; Zl. 100-249: (Feb.-März) Korresp. betr. Öffentliche Lehranstalt für orientalische Sprachen – Unterstellung unter Ministerium f. innere u. kulturelle Angelegenheiten, Abt. IV Erziehung, Kultus, Volksbildung (Anlage: Angliederung an KA, Schreiben 1.9. 1925, Gegenwärtige Organisation, Kursfrequenz, Lehrkräfte, 131, 109 fehlen; Zl. 250-399: (März-April) Anfragen-Auskünfte, Kündigung für Bewohner des linken Pavillons der Akademie, deren Räume für Unterbringung des Büros des Präsidenten des Kuratoriums der KA, Reichsmin. Seyss-Inquart, benötigt werden, 305, 306 fehlen; Zl. 400-549

(Mai-Juni): Kundmachung betr. Einheitlicher Führung der versch. Büchersammlungen dar KA, Anfragen, Kundmachungen, Korresp. betr. Wehrbetreuung-Vortragsdienst (zur Verfügung stehende Prof. der KA); Zl. 550-699 (Juli-August): Anfragen und Auskünfte (8.Juli 1940: neuer Lehrgang 1941 wird voraussichtlich wieder 4 Semester umfassen), Schreiben d. Univ. Marburg an Rektoren betr. Entziehung des Doktortitels, Prüfungstermine, Korresp. Illustrierte Zeitung Leipzig betr. „propagandist. Abwehrkampf der Presse" u. Abonnements/Adressliste ehemaliger Hörer der KA, Liste bei Veranstaltungen einzuladender Persönlichkeiten der Landesbauernschaft Donauland, Zl. 700-849 (August-September): Anfragen/Auskünfte, Zimmer in KA für milit. Unterkunftszwecke/ Kündigung dreier Studenten, Zimmerliste/Mieter, Luftschutzübung an der KA, Korresp. NSDAP/Konsularakademie betr. Abhaltung von „Jugendappell" im kleinen Festsaal der KA, 805 fehlt; Zl. 850-999 (Oktober-November): Anfragen/Auskünfte (Oktober: Akademie steht vor Reorganisation, daher keine Auskünfte über Lehrplan möglich), Wirtsch. Hochschule Berlin, Univ. Würzburg, Halle/Schreiben an Rektoren betr. Entziehung akademischer Titel, 934,972 fehlen, Zl. 1000-1157 (Nov.-Dez.): Schreiben, Broschüren der Südoststiftung zur Ausbildung junger Kaufleute an Welthandel Wien; Frage der Mitwirkung der KA, Kündigung von Mietern, Univ. Würzburg/Aberkennung v. Doktortiteln, „Gedanken zur Frage der Fortführung der Konsularakademie", Dienstordnungen 1939/40, 1137 fehlt

50/1941

Zl. 1-99 (Jänner): Anfragen/Auskünfte, Kundmachungen, Univ. Tübingen/Aberkennung akad. Titel; Zl. 100-199 (Februar/März): Anfragen/Auskünfte, Tierärztl Hochschule Wien, Univ. Würzburg/Aberkennung akad. Titel, Korresp. Arbeitsamt Wien, Berufsberatung, Aufstellung über Anfragen an KA, Anwärter für Auswärtigen Dienst, „Studium und Beruf" – Nachrichtenblatt zur akademischen Berufskunde und Berufsberatung (darin: Neuregelung der Ausbildung Diplomat/Konsul), Korresp. Überlassung von Akademieräumen für Veranstaltungen der NSDAP, BDM und DAF Ortsgruppen, 31 fehlt; Zl. 200-299 (April): Anfragen/Auskünfte (Über Fortführung/Neuordnung seitens des Ausw. Amtes noch keine Entscheidung getroffen), 201-226, 244 fehlen; Zl. 300-399 (Mai-Juli): Anfragen/Auskünfte, Besuch Minister v. Twardawski 12. u. 13.5.41 (darin: Haushaltsplan der Akademie, Einnahmen – Ausgaben, evt. Heranziehung des Cumberland-Palais für KA), Schreiben Dt.-Griechische Gesellsch. (Vorschlagsvariante betreffend KA), 320 fehlt, 400-499 (August/Sept.): Anfragen/Auskünfte, (Auskunft 21.8.41: „... beehrt sich das Akademiesekretariat mitzuteilen, dass an der Konsularakademie gegenwärtig kein Studienbetrieb besteht. Sobald die Reorganisation des Institutes abgeschlossen ist, werden Sie eine entsprechende Verständigung erhalten."), Aufstellung v. Interessenten seit 15.1.1941, Univ. Münster/Ausschluss eines Stud. v. allen dt. Univers., Statistische Daten (darin: Hörerstatistik), 428 fehlt; Zl.500-599 u. 600-699 (Okt., Nov., Dez.): Anfragen/Auskünfte, Univ. Würzburg/Aberkennung Dr.-Titel

51/1942-1945

1942: Anfragen/Auskünfte (16.3.1942: „… teilt Ihnen das Akademiesekretariat mit, dass an der Konsularakademie derzeit kein Studienbetrieb besteht, da das Gebäude derzeit als Feldlazarett Verwendung findet.") Nr.112; 29.4.1942: „teilt das Sekretariat mit, dass der Lehrbetrieb an der Konsularakademie seit mehr als einem Jahr eingestellt ist und voraussichtlich vor Kriegsende nicht wieder aufgenommen wird." Nr.189; 8.6.42: „… beehrt sich das Akademiesekretariat mitzuteilen, dass ein Prospekt über das bisherige Studium nicht mehr vorhanden ist. Die Akademie wird auch kaum in ihrer alten Form wieder erstehen." Nr.266), Univ. Würzburg, Halle/Aberkennung Dr.-Titel, Dienstordnung, Winterhilfswerk, Abrechnung, 1943: Anfragen/Auskünfte (8.4.1943: „Die unterzeichnete Direktion beehrt sich mitzuteilen, dass der Studienbetrieb an der Konsularakademie, in deren Gebäude seit einem Jahre das Reservelazarett XIIIc untergebracht ist, auf Kriegsdauer stillgelegt wurde und dass daher Veranstaltungen, Tagungen, Vorträge etc. nicht stattfinden." Nr.95), Aberkennung akad. Titel, Haftpflichtversicherung, Korresp. betr. Ablieferung von Metallgegenständen, 1944/45: Anfragen, Korresp. CA-Bankverein betr. Spargemeinschaft KA/Buchungsbelege, Aberkennung Dr.-Titel, div. Erlässe, Korresp. betr. Wehrpflicht des Akademiedirektors, 1945: Schreiben betr. Dienstwohnungsvergütungsfestsetzung, Schreiben betr. Übernahme des Gebäudes durch amerik. Generalkonsulat, betr. Übernahme d. Dokumente der Schlusssteinlegung der Konsularakademie durch das Sekretariat

52

Mappe I: Statuten und Amtsinstructionen 1833-48, Außenministerium/Staatsrat in Ruhestand, Abschrift v. Beschluss des Staatskanzlers Metternich vom 12.4.1833, wonach Stiftlingen Tragen einer Uniform vorgeschrieben wird: „Die Stiftlinge der k. k. orientalischen Akademie sind vorschriftsmäßig verpflichtet, bei allen Ausgängen mit Ausnahmen der in Begleitung eines Präfekten statt habenden Spaziergänge, unerlässlich in Uniform zu erscheinen.", Leitung Hof- und Staatskanzlei während Dienstreise d. Direktors, Hof- und Staatskanzlei: Erhaltung der Sittenreinheit an Lehranstalten
Mappe „Landhaus von Weidling" 1770-1852: Korresp. betr. Überlassung des Landhauses an Akademie, Promemoria betr. Weidling (bisher für Zöglinge der OA „Ergötzung in den Herbstferien", aufgrund v. Schulden Jesuitenkollegium überlassen, Bitte, Weingarten der OA zu überlassen), Licitationsprotokoll 1841, Steuerbüchel der OA, Gewähr-Auszug der OA 1842, Dokument 8.2.1777 betr. Weidling, Pro memoria 27.5.1779, Beschreibung der der OA zugewiesenen Lokalitäten 1799
Mappe II: Studienwesen und Lehrpersonale 1754-1852: Satzungen der k. k. Akademie der Orientalischen Sprachen; Eintheilung der Zeit an Schultagen; Hausordnung

(latein.); Verzeichnis jener Wissenschaften, Sprachen und Künste, welche in der k. k. Orient. Akademie gelehrt und betrieben werden o.J. (siehe Abschrift in Karton 53, Nr.31/III 1773, Inhalt ident.); Verzeichnis einiger Mittel, welche in der k. k. orientalischen Akademie angewendet werden I. die Übung fremder Sprachen zu betreiben. II. die Ergötzungsstunden gut anzuwenden. III. den jungen Leuten, so viel es möglich ist, einen guten Vortrag anzugewöhnen (ohne Datum)

Korrespondenz: 9.6.1818 Auskunft betr. Aufnahmegesuche, -bedingungen „Es versteht sich übrigens von selbst, daß nur katholische und eingeborene Jünglinge die erledigten Stiftungsplätze ansprechen können, daher auch in dem Protokolle sowohl als in der tabellarischen Übersicht die Religion und den Geburtsort der Kandidaten ausdrücklich anzuführen seyn werden."; Personalangelegenheiten: 1857 betr. Gehaltserhöhung der Präfecta der OA, 1852 Ernennung eines Professors der OA zu Volksschulinspector von Dalmatien, 1849 Bestellung v. Prof. als Vertretung für Lehramt der juridisch-politischen Wissenschaften an OA, 1849 Personalangelegh. Prof. der morgenländischen Sprachen Moritz Wickerhanser, 1850 Anerkennung von Johann Geyer, für seinen Unterricht in doppelter Buchhaltung, Stelle für Italien.-Profess., 1813: Mangelnde Studienerfolge von Zöglingen in Geschichte u. Erdebeschreibung, Beschwerde von Hof-u.Staatskanzlei, Vorschrift Staatskanzlei betr. Prüfungen, Schreiben geh. Hof- u. Staatskanzlei betr. Zögling Theodorovicz (u.a. Frage nach Religionszugehörigkeit); Über die Verwendung der Zöglinge der k. k. Academie der morgenländischen Sprachen in Bezug auf ihre orientalischen Studien im Sommerkurse 1834 (Beurteilung von 5 Zöglingen)

Mappe III: Aufnahme und Anstellung von Zöglingen und andere die Zöglinge betreffende Gegenstände, 1754-1850: Alleruntertänigster ohnmaaßgeblicher Fürtrag der Allergnädigst zu benennenden 8 Sprachknaben oder des Personalis der neu errichteten Kaisl. Königl. Academia der Orientalischen Sprachen, Betr. Bernardus Jenisch, Franciscus de Paula Thugut, Franciscus Zechner von Thalhoffen, Ignatius de Woller, Franziscus de Stegern, Josephus Racher, Thomas Herbert, Franciscus de Paula Klezl (u. Stand d. Väter), Koresp. betr. Angelegenheiten der Studierenden (Ernennung von Zöglingen zu Dollmetschgehilfen an der k. k. Internuntiatur der Hohen Pforte, 1821, 1834, 1835, zu Legations-Commis bei Gesandtschaft in Griechenland, 1834, 1835, 1839, 1840, 1850, Ernennung Stiftling Weiss v. Starkenfels zu Dollmetsch-Gehilfen bei Agentin zu Passy, 1840, Verleihung Scriptorenstelle an Hofbibl. an Stiftling Albrecht Kraft, Austritt aus OA, Verleihung von Stiftungsplätzen, Korresp. Staatskanzlei betr. Beteiligung der Zöglinge an Ausarbeitung von Wörterbuch 5.11.1817, Aufnahmsgesuche, Verzeichnis der Gesuche 11.8.1835 – Bisfachini Franz, Sophie […] von Buschmann, Coudenhove Carl Graf, Hirschberg Edler von Alegius Matthias, Königsbrunn Alois Freyherr, Lenk von Wolfsberg Augustin, Obenaus Joseph Freiherr; Diverse Akten bis 1878, Ansuchen an Ministerium um Stiftplatz, Kostenüberschlag 1799; Fasz. Prüfungswesen 1850: Prüfungsresultate 1846 (Bericht an Staatskanzler), Entwurf einer Ordnung der juridisch-politischen Vorlesungen an der OA (ohne Datum, Abschrift), Competententabellen 1848-1850 (Name, Alter, Gymnasium, Studium, Erfolg bei Competentenprüfung in Religion, Österr. Geschichte und Rednerischer Aufsatz, Name und Stand des Vaters, Anmerkungen), Inventarium 1850, Grundbuchsauszug 1873 f. Victor Graf Dubsky, Berichte der Academ.-Direction an das Ministerium des Äusseren (u.a. Weidling 1852, Aufnahmsgesuche, Bitte um Aufnahme eines Englischlehrers, Ergebnisse Aufnahmsprüfung von sechs Competenten 1849), Erlasse des Ministeriums des Äusseren (Prüfungscommission, Versteigerung Weidling 1852, Consularelevenplatz in Smyrna – Besetzung 1852 durch ältesten Zögling, …) Qualificationseingabe-Bögen über Verleihung einer Zivilstaatsbedienstung, Übersetzungsaufträge, Beschreibung Institut des langues orientales v. St. Petersburg (franz.), Auszug aus Briefwechsels zwischen dem Fürsten Metternich und Graf Apponyi betr. Errichtung von Commerzkanzleien an den Botschaften

53

Promemoria betr. die Reorganisation des Studienplanes der k. u. k. orientalischen Akademie 1898, Programm der OA, Dienstes-Instruction, Organisationsentwurf für die OA Jänner 1886, Disziplinarstatuten der Zöglinge, Protokoll über die Sitzungen der Consular-Enquete, Beantwortung der Fragen des Unterrichtsministeriums betr. Verlegung der Lehrkanzel für oriental. Sprachen an Universität und betr. – nur von Westhälfte des Reiches getragenen- Kosten dieser Lehrkanzel 7.12. 1872, Gutachten über die Mittel zur Heranbildung tüchtiger Beamter für den Staatsdienst im Orient, ohne Datum und Schreiben betr. von Budget-Comission gestellten Antrag auf Auflösung der OA, 39S. (beide von Barb verfasst), Organisationsvorschläge von Hofrat Barb 31.3.1880, Exposé über die k. u. k. Orientalische Akademie 1867, Gutachten über die allfällige Reorganisierung der k. u. k. Orientalischen Akademie (undatiert), Lehrpläne 1881 (Berichte der Professoren an Direktion; Militärgeographie, VWL, Statistik, Vorschlag für Ausweitung d. Rechtsunterrichtes) Instruktion für Abbe Görtz (wahrsch. 1822) Schreiben Jules Mahl, Mitglied Institut de la France betr. Berechtigung u. Aktualität der Akademie „hat sich offenbar überlebt", 1860, -Abschriften (1880): Allgemeine Bemerkungen über die Organisation der OA, Programm 1873, Schreiben beginnend mit „Die orientalische Akademie wurde während der Zeit zwischen 1850 und 1870 dreimal in ihrer Existenz bedroht.", Schreiben an Min. d. Äuß. Stellung und Bezüge des akademischen Lehrkörpers, Schreiben an Min. des Äußeren betr. Studienplan, Disziplinarstatuten, Organisationsstatuten, Localitätenfrage, Aufnahmemodalitäten, Aufrechterhaltung des Internats, betr. unbeschränkte Aufnahme, betr. Entwurf von Stundenplan, Akten der Staatskanzlei betr. OA (nur Hinweise auf Faszikel u. Inhaltsangabe: Fasz. 67/a 1753-1770: 1753 Vorschläge des P. Franz über Erziehung der orient. Sprachknaben, 1753 Mai: Memorandum über die Sprachknaben, 1753: Vorträge über die Vorschläge des P. Franz, 1754: Erster Bericht des Directors P.

Joseph Franz an die Kaiserin über die Thätigkeit der OA, 1754-58: Acten betr. die ersten Zöglinge der OA, 1769-70: ungünstige finanzielle Lage der OA, Regelung dieser Verhältnisse, 1769-70: Bericht über die Zöglinge, 1769-70: Ein sehr umfangreiches Elaborat betr. Vortrag an die Kaiserin über die Umgestaltung der OA, 1770: Eine sehr umfangreiche über 500 Seiten starke „Instruction für die OA in Wien, Fasz. 67b, 1770-1784: 1770 Vorschläge des Directors, 1771 Vortrag des Protectors der OA Pergen an die Kaiserin betr. Verwaltung der OA, 1771 Votum über diesen Vortrag, 1771 Krankenpflege in der OA, 1771-82 Tabellarische Ausweise über die Zöglinge und Studien, 1773 Satzungen der OA, 1775 mehrere Acten betr. die Einquartierung der OA in dem vormaligen Jesuitenhaus bei St. Anna, 1775 Längere Note der Staatskanzlei über Einrichtung der OA, 1775 Vortrag an Kaiserin betr. neue Reformen an der OA, 1775-76 Verwendung der Zöglinge als Dolmetsche, 1780 Acten über Neuausgabe des Meninskischen großen Wörterbuches, 1782 Vorschlag des Directors Nekrep zur Errichtung eines ausschließl. orientalischen Sprachseminars für 30 junge Leute; Fasz. 67c, 1785-1800: 1785 Acten betr. Unterbringung der OA im Jakoberhof, 1785 Elaborat des Hofsekretärs Jenisch über den Zustand der OA und Vorschläge zu „künftig besserer Ausbildung des gesamten zum k. k. Dienst bestimmten Personals", 1786 Über den Unterricht der Philosophie an der OA, Reformvorschläge, 1792 Ausführliche Mittheilung der Staatskanzlei über Anstellung, Beförderung, etc. jener Individuen, welche „bei dem türkischen Geschäft" verwendet werden, 1798 Satzungen für die OA, ca. 1800 Ohnmaßgebliche Verbesserungsvorschläge bei dem Studio Orientali, ca. 1800 Studieneintheilung der OA; Fasz. 67g: 1832-1849, Direktion Rauscher, Bemerkungen über den Status personarum et salariorum derjeniger, welche bisher bei den türkischen Geschäften angestellet waren und nach ferners angestellet werden sollen, Grundsätze, welche in Österreich bei der Dotierung zum Consularbeamten beobachtet wurden, Schreiben betr. Dolmetschposten bei den Gesandtschaften Alexandrien, Beirut, Sarajevo, Smyrna sowie Erhöhung der Zahl der Eleven – undatiert (nach 1861), Schreiben 1868 betr. Civilprozeßordnung/Consulargerichte in Levante, Schreiben betr. Bestellung v. 8 Consulareleven, 1849, Schreiben 1852 betr. Consulareleven-prüfung d. ältesten Stiftlings u. Anmeldung bei Handelsministerium, Vorschrift für die Creirung von Consular-Eleven (o.J.), Bestimmungen für die zollämtl. Behandlung der öst. Unterthanen in d. Wallachei, Entwurf einer Convention mit der Walachei, Vorschriften für Staatsbeamte, Circulare, Diversa: Reichsgesetzblatt 1860, Erlass 1869 über Erfordernisse für den Eintritt in den Conceptsdienst des Außenministeriums, Geschäftseintheilung des k. k. Staatsministeriums 1861, I. Section Handel u. Gewerbe, u.a. Punkt „Consularwesen", Disciplinarvorschrift für die Beamten d. Min. für Handel, Gewerbe u. öff. Bauten, Ministerialerinnerung an alle Sectionschefs, Circulare an Konsulate, Reglement für die Ausstellungen von Kaufleuten und Industriellen im orientalischen Museum, Schreiben Mohl (institut de France) betr. Gutachten von Barb über OA, Beilagen zum Voranschlage des gemeinsamen Staatshaushaltes der öst.-ung.

Monarchie 1876, Programm der OA – o.J., Handschrift, Disciplinarstatuten für die Stiftlinge (gedruckte Fassung, 1852 sowie Dienstinstructionen, 1853), Unterricht v. Persern an der OA (französisch verfasst), Organisationsstatut des Dragomanates der Landes-Regierung für Bosnien und die Hercegovina, Lehrplan/Stundeneinteilung o.J., engl. u. italien., Strafrecht u. Statistik bereits enthalten, Dienstes-Instructionen für die in der kais. Orientalischen Akademie angestellten Präfekten (1833, 1853), Dienstes-Instructionen für die Professoren und Lehrer an der OA

Disciplinarstatuten für die Stiftlinge 1852 (3 Ex.), Abschrift Brief an Maria Theresia 24.10. 1773 betr. OA, Verzeichnis jener Wissenschaften, Sprachen und Künste, die an der OA betrieben werden (1773, siehe Karton 52); Fasz. Reorganisation des Lehrplanes: Nr. 406, zum Erlass vom 1.Okt.1919, Lehrplan für die Konsularakademie während des Abbaues, 18.10.1919 Korresp. mir Staatsamt für Äußeres betr. Lehrplanänderung 1919, Reorganisierung des Lehrplanes 7.5.1913, Anträge Dir. Winters, Normale für die Prüfungen an der KA 9.6.1908, div. Schreiben an Min. d. Äußeren (z.B. Bericht an Min. wegen Einführung von Jahresprüfungen, Verfügung d. Min. 25.3.1900, betr. Einführung v. Jahresprüfungen in den Fächern dipl. Staatengeschichte I.-IV. Jahrgang, Volkswirtschaftspolitik II., III. Jahrgang, Finanzwissenschaft nach dem Normallehrplan III., im Übergangsjahr 1899/1900 im III., IV. u. V. Jg., die linguistischen Fächer mit Ausnahme der orientalischen Sprachen Türkisch, Arabisch und Persisch), Lehrplanentwurf 1898 (Handschrift, 42S.), Entwurf von Übergangsbestimmungen für versch. Jahrgänge 1898-1900, 1890-1892 (Tabellen) und Schreiben von Min. des Äußeren betr. Reorganisierung u. Umbenennung (34628/10 Nr.46 21.7.1898) sowie Normallehrplan für die orientalischen Sprachfächer 1898, Unterrichtsbedarf für Studienjahr 1898/9; Übersicht über die sämtlichen Lehrgegenstände an der Consular-Academie vor der Reorganisation, nach dem ursprünglichen und modificierten Normallehrplane sowie in den Übergangsjahren 1898/9-1901/2 zugewiesene Stundenzahl (Tabellen), Promemoria betreffend die Reorganisation, des Stundenplanes der k. u. k. OA 1898 (2. Ex.), Fasz. V: a) betr. die Stellung der Consulareleven,b)betr. die Consularämter: Promemoria betr. Zöglinge u. Unterricht/o.J., Unmaasgebliche Verbesserungsvorschläge bei dem Studio Orientali und verzüglich bei hiesiger Orientalischer Sprachen Akademie (Abschr., ca.70S.), Schreiben betr. Bedeutung orient. Sprachen und Aufbau der OA/o.J., Nachträgliche Erläuterungen über den Zweck und Unterrichte der orientalischen Akademie so wie auch über die Eigenschaften der Zöglinge, und die Auslagen, welche die Aufnahme in dieselbe erfordert, März 1805, Auskunft vom Juni 1775 an Kanzler über OA, Die Verbesserung und Uibersetzung der OA/o.J., 24S.; Fasz. Dienstinstruktionen, Disziplinarordnungen, Lehrpläne 1850, Dienstinstructionen für Präfekten, Disciplinarstatuten für Zöglinge, für Stiftlinge 1852, Vorschrift für Creirung von Consulareleven 1852, Darstellung des Zustandes der öst. Konsulargerichtsbarkeit in den Ländern des osmanischen Reiches, Bemerkungen über die Mängel der k. k. Consularjurisdiction und einige Mittel zur Abhilfe, Disciplinarvorschriften für die Beamten des Ministeriums für Handel, Vorschrift für Creirung von Consular-Eleven, 1852; Andeutungen betr. die kais. Akademie der orientalischen Sprachen in Wien/darin: Modificationen im Unterrichte, Verzeichnis jener Wissenschaften, Sprachen, Künste, die an der k. k. OA gelehrt, o.J. (siehe Karton 52), Disciplinarstatuten 1852 (Handschrift u. gedruckt)

54

1909: Lehrbehelfe für den Diplomatenkurs an der KA (öst., ung. Staatsrecht, Dipl. Staatengesch., Völkerrecht, Wirtschaftspol., Aktivierung des Diplomatenkurses, Verzeichnis der Vorlesungen für Diplomatenkurs, Vorbereitungskurs für die Diplomatenprüfung, Liste zugel. Kand. für Probepraxis, Programme d'un cours d'histoire diplomatique 1648-1900, Verordnung des Min. d. Äuß. betr. Erfordernisse für Eintritt in Konzeptsdienst dieses Min. oder in den dipl. Dienst; 1910: Liste zug. Kand. für Probepraxis, Prüfungsergebnisse Vorbereitungskurs für Diplomatenprüfung, Vorlesungen im Öst. u. Ung. Staatsrechte am Diplomatenkurse, Lehrstoff der Pol. Ök., Staatsrecht, Intern. Wirtschaftspolitik für Vorbereitungskurs der Diplomaten; 1911: Prüfungsergebnisse Diplomatenkurs, Ergebnisse Studienjahr 1911, Liste zugelassener Kandidaten für Probepraxis, Lehrstoff, Themen für Diplomatenprüfung; 1912: ds.; 1913: ds., Korresp. betr. milit. Gegenstand im Diplomatenkurs, Programm für die Vorlesungen über Handelpolitik am Diplomatenkurs, Übersicht Wirtschaftspolitik; Mappe: Vorbereitungskurs für Diplomatenprüfung 1914, 1915, 1916, 1917

55

Exkursionen ("kommerzielle Reisen", immer in Verbindung mit Fabriksbesichtigungen), Besichtigungen in Wien (Ansuchen, Dankschreiben): Exkursionen 1920/21, 1919/20 (Börse, Fiatwerke, Hauptzollamt, Fachschule für Textilindustrie, Besichtigungen 1918 (nö. Escompte- Gesellschaft, Lagerhaus der Stadt Wien), Besichtigungen in Wien 1914 (Malzfabrik Hauser/ Sobotka in Stadlau, Spiritus- und Presshefefabrik Max Springer Wien, Hütteldorfer Bierbrauerei, Städtische Gaswerke), Besichtigungen in Wien 1913 (k. k. Hof- und Staatsdruckerei, Erste Öst. Seifensiedergewerks-Gesellschaft Apollo Ges.m.b.H., Wien-Floridsdorfer Mineralölfabrik., Städt. Gaswerke, Handels-Gewerbekammer, Wr. Börse, Bankverein, Lagerhäuser, Warenhaus, Strafanstalt Stein, Postsparkassenamt), 1913/14 Vorschlag für Besichtigungen im Gegenstande „Heerwesen" (Triest, Fischamend, Pola, Artilleriearsenal Wien), Besichtigungen in Wien 1912 (Postsparkassenamt, Wiener Börse, Austro-Orientalische Handels-AG, Teppich- u. Möbelstoffabriken Philipp Haas und Söhne); Fasz. Studienreisen nach Ungarn 1914: (Schreiben Winter an Außenmin. Dez. 1912 betr. Organisation von Exkursionen. laut Erlass seit 1910 jährl. 3 Reisen zum „Studium der landwirtsch., Handels- und Verkehrsverhältnisse der Monarchie" verpflichtend, wünscht Reduktion auf jährl. 2 Reisen), Programm der Studienreisen 1913-1915

(1913 Steiermark, Kärnten, Küstenland; Ungar. Landwirtschaft; Brünn. 1914: Ungarn; Mähren Schlesien, Galizien. 1915: Böhmen, Ungarn. jeweils Besichtigung von versch. Fabriken), Studienreisen 1911 (Pilsen, Prag, Mährisch-Ostrau, Peterswald, Witkowitz; Pozsony, Budapest, Miskolc, Ózd; Drohobycz, Borislaw, Krakau, Bielitz, Heinzendorf-Ernsdorf) 1912(Kapfenberg, Leoben, Donawitz, Steyr, Wien; Hafen- und Verkehrseinrichtungen der Werkstätten der ung. Fluss- und Seeschiffahrtsges.), Korresp. betr. Studienreise nach Ungarn 1914 (u.a. Reisebericht an Außenmin., Kostenaufstellung), Fasz. Studienreise nach Mähren, Schlesien, Galizien 1914: Korrespondenz, Organisierung, Bericht in poln. Zeitung und Pester Lloyd über Exkursion, Bericht über Exk., Fasz. Studienreise nach Brünn 1911: Korresp., Programm, Org.; Studienreise nach Galizien, Schlesien und Mähren 1911, Programm, Bericht, Rechnungen, Bericht Studienreise nach Triest 1910, Schreiben 1910 betr. Verordnung v. Exkursionen u. geplante Exk., Fasz. Österreichische Studienreise 1913, Programm, Korresp. Org., Bericht, Broschüre der K. k. Anstalt für Frauen-Hausindustrie; Fasz. Exkurionen Februar 1912: kommerzielle Exkursion Kapfenberg, Donawitz, Vordernberg u. Steyr – Programm, Korresp.; Fasz. Normalien zu den commerciellen Studienreisen: Anträge, Korresp., Schreiben Winter an Außenmin. 1909 betr. Exk. und Organisierg.; Fasz. Studienreise nach Ungarn 1913: landwirtschaftliche Studienreise. Programm, Korresp., ungar. Zeitungsberichte über Exk. der KA; Fasz. Studienreise nach Brünn 1913; Korresp., Bericht an Presse; Fasz. Ungarische Reise 1912: Bericht an Presse, Korresp., Org., Bericht; Exk. Bahnhofanlage Lundenburg, Flugfeld Wr. Neustadt; Fasz. Ungarische Reise 1911: Programm, Korresp., Zeitungsberichte über Exk. der KA,; Fasz. Pilsen-Prag-Witkowitz 1911: Bericht, Korresp., Org.; Fasz. „Ungarn": Schreiben aus 1910, Korresp. betr. Exkursion 1910, Org., Zeitungsberichte; Fasz. Nordbömen: Exk. 1910, Korresp., Org., Programm, Bericht, Landkarte; Fasz. Ung. Excursion 1903 (Südungarn, Eisernes Tor) Korresp., Programm; Fasz. Excursion ins böhmisch-mährische Industriegebiet 1901, Memorandum betr. eine Instructionsreise durch österr. Industriegebiete; Excursion zum Besuche der Weltausstellung in Paris 1900, nach Ungarn 1901 – Programm

56

Fasz. zu Studienaufenthalt der Akademiker in Ungarn während der Sommermonate zwecks Verbesserung ihrer ung. Sprachkenntnisse; Fasz. Ungarischer Studienaufenthalt jew. zu 1918, 1915/16, 1913/14 (Absage des Aufenthaltes infolge d. „polit. Ereignisse"), 1911-1913 (inkl. Berichte der Studierenden) 1907-1910; 1907: Schreiben Min. d. Äußeren – Erlass betr. Studienaufenthalt österr. Konsularakademiker in Ungarn während Hauptferien

57

Fasz. Sommerkurse jew. 1934-1937 International Summer School London Dt. Ferien-
hochschulkurse an der KA

Fasz. Zirkulare 1904-1913: Div. Verordnungen, Instruktionen des Min. d. Äußern,
Militaria, Gerichtsbarkeit, Konsulargebühren, Kanzleivorschriften, Heimsendungen
und Unterstützungen, Fahrpreisermäßigungen, innerer Dienstbetrieb, Comerzielle
Agenden, Personalia

58

Klausurarbeiten (anstelle von Consularattachéprüfung), Ergebnisse, Themen, Protokolle; Classificationstabellen,

Fasz. 1902-1911: Schlussberichte, Ergebnistabellen, Classificationstabellen, mit den
Gegenständen VWL, VWpolitik, Finanzwissenschaft, Handelspolitik; Muster-
comptoir, Warenkunde, Intern. Handelskunde u. Handelsgeographie; Enzyklopädie,
Zivilrecht, Zivilprozess, Handels- und Wechselrecht, Strafrecht, Strafprozeß, Österr.
Staatsrecht, Ung. Staatsrecht, Verwaltungslehre, Völkerrecht; Diplomatische Staatengeschichte, Konsularwesen, Heerwesen, Militär-Geographie; Französisch, Englisch,
Italienisch, Ungarisch; Türkisch, Arabisch, Persisch; Russisch, Chinesisch (Hörerliste, Gegenstände, Benotung), Entwurf der Prüfungsordnung aus Handelskunde
1910, Konsularattachéprüfung 1916, Prüfungsprogramm VWL 1910

59

Schlussprüfungen (alle Jahrgänge); Fasz. 1920/21: Classificationstabellen, Prüfungs-
ordnung, Schlussberichte, Prüfungserfolge, Personalausweise der Akademiker des V.
Jahrganges (Personendaten, u.a. auch Stand des Vaters), Verteilung der Hörer nach
Sektionen; Fasz. 1911-1921

60

Fasz. Coopération internationale 1935-1938; (Vetretung der KA auf Konf., öst. Koor-
dinationskomitee), Bericht Winter über Internationale Tagung politischer Bildungs-
anstalten in Berlin 1928, Beschluss der Tagung, Teilnehmerliste, Tagung 1929 London,
Korrespondenz, Tagung 1936 Madrid, Memorandum zur Frage Studium und Lehre
des Gegenstandes „International Relations" von Prof. Richard Kerschagl, KA Wien,
Bericht der 1933 in London abgehaltenen Konferenz des Institut International de
Coopération Intéllectuelle über Staats- und Wirtschatsleben, Bericht über 5. Sitzung
in Mailand 1932, Bericht Konferenz Paris 1937, Geschäftsordnung des öst. Koordina-
tionskomitees, Memorandum concerning peaceful solution of certain international
problems (Kerschagl), Teilnahmebedingungen, Wiener Tagung des Donaukomitees
1936 (darin: Beiträge zu Konferenzen, u.a. auch KA 1935); Fasz. Rockefeller Foundation: Korrespondenz betr. Subventionen, Überweisungen, Quartalsberichte über

Postgradualseminare (Berichte über Programm, Arbeitsplan, Arbeiten 1936/37, 1937/
38), Gesuche an Rockefeller Foundation, Lehrplan, Der Dritte Jahrgang an der KA,
Konstituierung eines Kuratoriums der KA, Arbeitsplan für das völkerrechtliche Spe-
zialstudium graduierter Hochschüler an der KA, Lehrplan des 3. Jahrganges

61

Liquidierung der KA und internationale Umgestaltung 1918-1922, 1938/39:
Promemoria für die Schaffung einer internationalen Hochschule für staatlichen
Außendienst, Mai 1920; Fasz. Pensionsgebühr der Anstalt, Erhöhung der Jahrespen-
sionen, Programm der KA Boltzmanng., 1922? (engl. u. franz. Version 1922), Stundenplan 1922/23, Lehrplan für ein dreijähriges Studium, Hausordnung 1917, Voranschlag für die internationale KA, Schreiben der Direktion an Professoren und ehem.
Hörer der KA betr. Promemoria Renners; Z 145/ 1919: Schreiben Winter an Staatsamt
für Äußeres betr. Organisation der KA (Abschrift), Schreiben Staatsamt f. Äußeres
betr. evt. Zusammenschluss mit Dt. Reich 28.März 1919, Lehrplan, Normale für die
Prüfungen 1909, Reglement für die Prof. u. Doz. an der KA 1907, Gebäudeplan; Promemoria Nov. 1921, Neuaufstellung eines I. Jahrganges des nun zweijährigen Spezial-
studiums (an Min. für Äußeres, Abschrift) und Grundbuchblätter von 4 zugelassenen
Stud., Nov.1921, Hausordnungen, Korresp. mit Außenmin. betr. Unterricht slawischer
Sprachen an KA, Direktion: Amtserinnerung (betr. „Rücksprache mit dem Herrn
Bundeskanzler Schober über die Verhandlungen, die im Jahre 1921 mit der sozial-
demokratischen Partei in Betreff des Akademiegebäudes gepflogen worden waren"),
Aufhebung des Internatszwanges, Schreiben betr. Weiterbestand der KA, undatiert,
Programm der k. u. k. KA (ung., dt.), Haus- und Disziplinarordnung 1918 (Entwurf);
Z.758/1917: Aufhebung des Internatszwanges (Zirkulare 1917), Studien- und Diszi-
plinarordnung für die externen Hörer; Z703/a/1917: Schreiben an Min. d. Äuß. betr.
Aufhebung des Internatszwanges und der Uniformierung an der KA, Rechnungen
1905; Fasz. Wohnungskündigungen; Fasz. Académie Diplomatique (Paris – Korresp.
zwischen 1930 u- 1938); Fasz. KA: Bundesgesetzblatt 29.März 1934, Stück 55, Nr.184
(Übereinkommen, betreffend die von den ehemaligen k. u. k. gemeinsamen Behörden
verwalteten Stiftungen, das Konsularakademiegebäude, das Botschaftspalais in London und die bosnisch-herzegowinischen Aktiven (Ansprüche Ungarns an Gebäuden
u. endgültige Regelung) darin: Art.3 Zulassung ungarischer Studenten auch als externe Hörer, Schreiben Auswärtiges Amt Berlin 24.8.1939 betr. aufgelöster Landhausfonds der Orientalischen Akademie u. Korresp. dazu, Entwurf von Statuten für den
Konsularakademiefond (betr. Verkauf der in dem aufgelösten Landhausfonds der
Orientalischen Akademie enthaltenen Reichsanleihe; Fond stammt aus dem im Jahre
1852 vollzogenen Verkaufe „eines kleinen Häuschens in Weidling bei Wien, welches
seit dem 27.Mai 1767 als Landhaus der Orientalischen Akademie diente."), Statuten-
entwurf für den Theresianischen Akademiedirektor als Direktor der Orientalischen

Akademie Jänner 1886; Fasz. Zeitungsausschnitte (Neue Freie Presse und Neues Wiener Abendblatt vom 1.2.1911 über Mangel an slawischen Elementen in der Diplomatie, Rede d. Grafen Aehrenthal und über Ausschuss für auswärtige Ang., Verhandlung über den Voranschlag des Ministeriums des Äußern: Spezialdebatte, u.a. Rede (Freiherr v. Gautsch) von Konsularakademie u. histor. Entwicklung dieser; Neues Wiener Tagblatt und Wiener Zeitung vom 28.11.1913 über die Konsularfunktionäre und KA; Neue Freie Presse 16.7.1925 über „Spielaffäre in der Orientalischen (!) Akademie"; Lehrstoffe (Ung,. Engl., VWL, … etc. und Grundriss zu Vorlesungen über österr. und ung. Privatrecht), zur wissenschaftlichen Ausbildung der deutschen Konsularbeamten (Schreiben Dt. Ausw. Amt an Min. d. Äußern 1912); Fasz. Liquidierung der KA: Korresp. dt-öst. Staatsamt für Äußeres u. KA betr. Liquidierung der Bezüge d. Personals u. Veränderungen im Lehrkörper, Okt.1919, betr. Übernahme der KA durch den dt.-österr. Staat, betr. Pensionierung von Professoren und Dienern, betr. Unterstellung unter dt.-öst. Staatsamt für Äusseres; Bitte der Konsularakademiker um Fortbestand der Anstalt, Eingabe der Professoren und Dozenten der Akademie betreffend die Zukunft der Anstalt und des Lehrkörpers

62

Fasz. Austro-Amerika Institut: Austro-American Institute of Education, Report 1931-1933 (Broschüre), Jahresberichte 1926-1929, Kurzer Bericht über die Weltreise des Direktors des Austro-American Institute of Education, Dr. Paul Dengler, Feb.-Okt.1937, Korresp. (betr. Austauschdienst und Stipendien, Mitgliedschaft Hlavac bei Austro-American Institute); Fasz. Franz. Bücherspende 1937: Bücherspende der franz. Regierung im Wert v. 15000 Fr., Bücherbestellungsliste d. Institutes für VWpolitik und Völkerrecht an der KA, Dankschreiben für 15000 Fr.; Fasz. Studienreise Paris 1937: Besuch der Weltausstellung; Fasz. Geneva Research Centre: Bulletins von März 1937-Okt. 1940, Korrespondenz; Fasz. Cambridge. Certificate of Proficiency (KA als Local secratariat, Prüfungen an der KA); Korresp. betr. Errichtung eines Special Proficiency Centre an der KA, 1937; Fasz. Carnegie-Stiftung, Korresp. betr. evtl. Errichtung eines Carnegie-Lehrstuhls an der KA (1930) u. Pariser École de la Paix; Fasz. The New Commonwealth Institute: Informationsbulletins 1937, Schreiben betr. Einstellung der Tätigk. der öst. Gruppe 1938

63

Deutsche Stipendien:
Fasz. Kieler Studenten, Dr. Bergmann, Korresp. 1925-1927 betr. Unterbringung von Kieler Studenten an der KA; Fasz. Stipendiengesuche 1937/38, Schreiben August 1938 an Ausw. Amt Berlin betr. Prüfungserfolge v. Stipendisten, Stipendienverteilung 1937, Bericht an AA betr. Stipend. Otto Haase und seine Tätigkeit als Studentenführer „seit dem Umbruch", Juli 38, Schreiben AA an KA 9. Okt.37: Von jedem durch das

Auswärtige Amt an die Konsularakademie entsandten reichsdeutschen Hörer muss die Konsularakademie die schriftliche Verpflichtung einfordern, dass der Hörer aus dieser Entsendung keinerlei Anspruch auf Übernahme in den deutschen Auswärtigen Dienst ableitet. u. Erklärungsformulare, Schreiben Bundespolizeidir. Wien an KA 11.10.1937 betr. Stud. K.H.Holdegel und H.E. Schwegerle („Im übrigen hätte sich die Bundespolizeidirektion in diesem Falle gegen die Fortsetzung des Studiums des Heinz Eberhard Schwegerle in Wien ausgesprochen, da der Genannte während seines letzten Aufenthaltes in Wien im Jahre 1934 festgestelltermassen mit illegalen nationalsozialistischen Kreisen in Verbindung gestanden ist."), Schreiben KA an BPD betr. Jürgen Wernicke u. Schreiben Wernickes betr. Mitgliedschaft zu NSDAP, Nov. 1937, Schreiben KA an AA betr. Prüfungen dreier reichsdeutscher Stipendisten Juli 1937, Stipendiengesuche (u.a. Wernicke u. Schwegerle an AA 1937, erwähnt pol. Position); Fasz. Deutsche Stipendiengesuche 1936/37; Fasz. Stipendien 1934: Bericht an AA Berlin über Prüfungserfolge reichsdt. Hörer an AA; Fasz. Stipendiengesuche 1935/36: Bericht an dt. Gesandtschaft betr. Prüfungserfolge der Stipendisten, Gesuche, Stipendien 1932 (Nr. 664, 9.10.1931: Lentz, Lilienfeld, Appel, Jentsch, Schneider, Nr. 613, 3.10.1932: Barte, Hellberg, Weber), Stipendien 1933 (Nr. 640, 10.10.1933: Stip. an Barte, Hellberg, Hübner, Weber, Ossner, Lentz), Stipendien 1930 (Nr. 676, 26.11.1930: Schneider, Nr. 548, 9.10.1930: Schulten, Werle, Jentsch, Lentz, Schimpf, Schneider), einzelne Akten: Besuch des deutschen Reichsaussenministers in der KA, März 1931, Schreiben betr. Vertrag mit Deutschland, 1930, Stipendiengesuche Nr. 429, 11.09.1929 (Asbeck, Greil, Heydte, Wustrow, Schulter), Nr. 470, 17.8.1928 (Busch, Göbbel, Redlin, Steinke, Schweinitz, Asbeck, Heydte, Wustrow, Greil), Kuvert mit Korresp. KA/AA betr. Zusammenarbeit mit DR, Zeitungsausschnitt 16.11.1927 betr. Besuch Stresemanns in der Konsularakademie, Fasz. Neuer Vertrag ab 1927: Vertrag mit Deutschland/Dankschreiben, Vereinbarung AA d. Dt. Reiches und KA, Schreiben an Legationsrat Meindl, Berlin (inkl. Auszüge aus den Akten der 4 deutschen Stipendisten Asbeck, Busch, Göbbel, Redlin), Korresp. mit AA, Öst. Gesandtschaft in Berlin betr. Unterstützung der KA (beginnend mit 1922), darin u.a.: Versuche zur Wiederanbahnung der Verbindung der KA mit dem Berliner AA, verf. v. Winter 14.3.27, Versuch zur Wiederanknüpfung der Verbindung mit Deutschland, verf. v. Winter 28.1.1927, Winter, 16.6.1926: Deutschland und die KA (Propaganda), Nr. 195, 18.5.1925: Vertrag der KA mit Deutschland, Denkschrift preuss. Unterrichtsmin. über Reform des Seminars für orientalische Sprachen 1923, Vertrag Berliner AA/KA 1921/22

64

Inländische Stipendien:

Fasz. 1937/38: Handelskammerstipendien 1929-1938 (Ansuchen, Verleihung v. Stip.); Fasz. Handels- u. Gewerbekammerstipendien 1924-1938; Fasz. Csáky-scher Stiftplatz:

Stiftungsurkunde 1866 („von Petronella Gräfin Csáky gewidmetes Capital zur Errichtung eines Stiftungsplatzes in der OA" zugunsten der männl. Nachkommen der gräfl. Familien Cziraky, Andrássy, Serényi, Csáky, inkl. Genealogie der Fam.), Verwendung 1872, 1875, 1881, 1893, 1899, 1900, 1901, jährl. Zinsertrag u. Ausschreibung, Aufnahmegesuch Csáky 1912, Ansuchen Csáky 1914 um Ausbez. der Zinsen f. Stiftungsplatz u. Ablehnung, Ausbezahlung 1917, Verleihung 1920 an Hertelendy; Fasz. Josef Freiherr Hammer v. Purgstall Stiftung: Verleihung 1895, 1878, 1877, Kaiserl. Verfügung betr. Stipendium 1859, Gesuche, Kundmachungen (bis einschl. 1918); Fasz. Kaiserpreis: Liste von Kp.-Studenten 1884-1912, Schreiben Oberstkämmereramt betr. Handschreiben F.J. über Schenkung eines Bildnisses für Festsaal und Bewilligung des Kaiserpreises, Beschreibung der Medaille (Name d. Prämierten, C.et R. Academiae linguarum orientalium alumnis optime merentibus, Jahreszahl); Fasz. Ungarische Stiftungsplätze, „Normen für die zwei an der OA systemisirten ungarischen staatlichen Freiplätze" u. Protokoll 1896, Concursausschreibungen, Verleihung von Stiftsplätzen, Ansuchen bis 1919

65

Propaganda für die Konsularakademie/"Anbahnung von Verbindungen zwischen der KA und …":
Fasz. nach Land: Anrechnung v. Diplomen der KA an der rum. Académie des Hautes Études Commerciales et Industrielles, 1928, Anerkennung der KA an schweizerischen Hochschulen, 1930, Anerkennung der KA in Griechenland (Athener Univ., Anrechnung für Jus), 1929, Anerkennung Schweden, 1929 (nicht anerk.), Anerk. Tschechoslowakei (Korresp. 1926-1929), Bulgarien (nicht anerk., 1930), Schreiben betr. dt. Stud. an Akademie; Fasz. „Ungarn und die KA": Schreiben Ges. Ambrózy an Winter anl. Rücktritt, 1933, Besuch des ung. Min.-Präs. Graf Bethlen in der KA 1931, ung. Unterr.-min. Klebelsberg 1930; Ungarische Stipendiaten 1930 (interne/externe Unterbringung u. Auswirkung auf Sprachkenntnisse), Anrechnung an volkswirtsch. Univ. Budapest, 1930; Art. über KA in Pester Lloyd 1928, Entsendung ung. Jünglinge an die KA, 1926; Schreiben ung. Botschaft 1925 betr. Entsendung ung. Stud. an KA, Schreiben Winter 1924 an ung. Min. betr. Internationalisierung der KA, Schreiben an poln. Gesandten betr. Anwerbung poln. Studenten, Bitte um Intervention bei Außenmin.; Fasz. Frankreich: 1927/28 Korresp. Anrechnungen div. Universitäten, Propaganda in Frankreich; Fasz. Polen: 1927-1930 Korresp. Anrechnungen (in Polen nicht anerk.), Propaganda für die KA; poln. Staatsstipendien für KA (für 2 Stud., „Frauen werden mit diesem Stipendium nicht beteilt" – Direktion der KA Nr. 139, Mitteilung d. Presseattachés d. poln. Gesandtsch.); Fasz. Jugoslawien: 1926/27: Korresp. Anerkennung v. Diplom der KA, jugosl. Gesetz über Nostrifizierungen 1934; Fasz. Versendung von Propagandamaterial 1924: Schreiben Winter an Min. f. Äuß. betr. Propaganda f. KA 1922, Versendung v. Propagandamaterial – Empfängerliste, Emp-

fangsbestätigungen, Fasz. Versendung von Propagandamaterial 1925: Empfangs-bestätigungen, Liste, Zeitungsart. über KA in „Der Morgen", 28.6.1925 u. „Zagreber Tagblatt, 27.6.1925; Fasz. Versendung von Propagandamaterial 1926, Schreiben an Honorarkons. in Abessinien betr. „Junge Abessynier für die Akademie", „Propagan-da in Amerika", Empfängerlisten; Fasz. 1931: Liste Verteilung des Jahrbuches 1931; Fasz. Handelsmuseum Korrespondenzreklame; Fasz. 1932: Versendung v. Plakaten, Propaganda; Fasz. Propaganda 1933: Korresp. Bundeskanzleramt betr. Ausbildung von Anwärtern für den dipl. Dienst des Iraks in der KA Wien; Besuch Ministerialdir. Dr. Abbas Alamir/Teheran an der KA; Entwurf eines Artikels von Hlavac über Ziele u. Zwecke der KA 1933; Propaganda für die KA in England, Spanien, Frankreich durch den ehem. Hörer Skipwith; Besuch der chinesischen Studienkommission in der KA inkl. Zeitungsbericht in Reichspost 28.1.1933 u. Deutsch-Österreichische Ta-geszeitung; Art. über KA an Prager Tageblatt; Fasz. 1935: Versendung von Plakaten der KA, Listen; Fasz. Propaganda 1934: Propaganda für Gasthörer; Art. in Wiener Journal 4.4.34 über „Junges Ungarn im Palais der Garde Maria Theresias" zum 10-jahresjubiläum des ung. Kollegiums im Palais Trautson; Aufgaben und Schulung des Konsular-Corps (ohne Datum u. Verfasser); Art. über KA an Allg. Handelszeitung; Fasz. Diplomatenzeitung: Abonnement, Artikel über KA, Hörerstatistik 1930/31, 1931/32, Nachruf auf Generalkonsul v. Jankó (ehem. Zögling der OA bis 1874, in: DZ vom Februar 1932), Art. über Vortrag Winter über „KA und ihre Bedeutung für das neue Österreich" 1931 (vermutl. für Dipl.-Zeitung)

66

Fasz. Wiener Meeting der Altakademiker, 14.11.1937, Namensverzeichnis der Hörer der K. u. k. OA 1880-1918, Namensverzeichnis der noch lebenden ehemaligen Hörer 1870-1918 (Namen u. Funktion), Namensverzeichnis der Hörer der k. u. k. OA (nicht ident mit 1. Verz.), Schreiben Febr.1932 u. Fragebogen, verf. vom ehem. Direktor; Fasz. „Dankschreiben"

67

Hörerakten 1912-1918 (Herkunft, Stand der Eltern, … etc.), Fasz. nach Namen u. Ein-trittsjahr

68

Fasz. Lehrstoffübersichten 1922/23-1932/33; Fasz. Spezialkurse (1903-1914); Prüfungs-, Aufnahme- u. Hausarbeiten der einzelnen Hörer (1896-1914), diverse Angeleg. (Schul-den, Duell, …)

69

Fasz. Prüfungen jew. 1921-1931; Fasz. Einführung der Diplome (Diplomentwürfe) 1924; Fasz. Prüfungen 1924/25: Bilder v. Räumlichkeiten der KA; 1927/28: Lehrstoffübersicht 1927, s. auch Karton 68

70

Fasz. Prüfungen 1932/33; 1931/32; 1933/34; 1934/35 (einzelne Prüfungsarbeiten); 1935/36

71

Prüfungen 1933-1940, Lehrstoffübersichten, Berichte über Abschlussprüfungen, Diplome absolvierter und alte Diplome nicht-absolvierter Akademiker

72

Semestralkolloquien 1906-1931

73

Kolloquien 1931-1936

74

Aufnahmegesuche 1857, 1861-1881

75

Grundbuchblätter der Aufnahmebewerber 1908/09, Aufnahmegesuche und Aufnahmen 1910

76, 77

Aufnahmegesuche und Aufnahmen 1911-1915

78, 79

Aufnahmegesuche 1915-1919

80

Ärztliche Untersuchungen 1904-1915

81

Hörer 1921-1925

82

Hörer 1926-1927

83

Hörer 1928, A-S

84

Hörer 1928 Sz-Z, 1929 A-G und D-Z

85

Hörer 1930 A-Z

86

Hörer 1931 A-Z (Div.: Aufnahmegesuche, Disziplinarangelegenheiten, Korresp. mit Eltern, etc.)

87

Hörer 1932 A-Z

88

Hörer 1933 A-Z

89

Hörer 1934 A-Z, Div. (Legitimationskarte der KA von Hörer Endre Jünker)

90

Hörer 1935

91

Hörer 1936

92

Hörer 1937, 1938

93

Hörer 1939

94

Professoren vor 1918: (Jahresz. beziehen s. auf Korrespondenzzeitraum), Fasz. Dr. Florian Freiherr v. Baumgartner 1911-1912 (Zolltariflehre), Fasz. Cambon 1915-1927 (Franz.), Fasz. Dr. Pankiewicz 1913-1918 (Russ.), Fasz. Prof. Dr. Arnold Krasny 1898-1926 (pol. Ökonomie), Fasz. Joseph Maly 1899-1916 (Direktionssekretär), Fasz. Csaplovics 1915-1919 (Ungarisch), Fasz. Decamp 1908-1924 (Franz.), Fasz.

Szilágyi1907-1915 (Ung.), Fasz. Prof. Joseph v. Blociszewski 1897-1919 (dipl. Staatengeschichte u. Völkerrecht), Fasz. Dr. Viktor Hanke 1906-1918 (Augenarzt), Fasz. Wilhelm Lorenz (o. Inhalt, Tschech.), Fasz. Dr. Karl Ranzi (o. Inhalt, Türk.), Fasz. Prof. Dr. Maximilian Bittner 1906-1918, Fasz. Dr. Traversa 1919-1921 (Italien.), Fasz. Dr. Brandl Leopold 1919-1922 (Engl.), Fasz. Prof. Dr. Hans Sperl 1900-1931 (Zivilprozess, Handels- u. Wechselrecht),

95

Professoren vor 1918: (Jahreszahlen beziehen sich auf Korrespondenzzeitraum), Fasz. Dr. Ernst Beutel 1920-1925 (Warenkunde), Fasz. Rossignol 1927 (Franz.), Fasz. Charles Expert 1928-1935 (Franz.), Fasz. Julius Farkas 1902-1940 (Ung., von 1902-1918), Fasz. Forner 1905-1929 (Direktions-Offizial), Fasz. Dr. Peter Parentin 1910-1918 (Italien.), Fasz. Prof. Hedley 1897-1914 (Engl.), Fasz. Thorp Wilfred 1909-1919 (Engl.), Fasz. Fechtunterricht an der Konsularakademie (Barbasetti) 1904-1920, Fasz. Dr. Milan Ritt. v. Resetar 1913-1919 (Serbokroat.), Fasz. Ing. Johann Kajetinsky 1931/32 (Warenkunde), Fasz. Hofrat Anton Schmid 1898-1931 (Betriebswirtschaftswissenschaften), Fasz. Dr. Ludwig von Thallóczy 1892-1909 (ung. Staatsrecht)

96

Fasz. Hausarzt Dr. Otto Bertl 1904-1917, Fasz. Saadeddin 1894-1918 (Türk., Kalligraphie), Fasz. Dr. Robert Bartsch 1908-1918 (öst. u. ung. Zivilrecht, Rechts- u. Staatswissenschaften, Fasz. Dr. Richard Schüller (s. Fasz. Prof.-honorare u. -pensionen), Fasz. Dr. Ludwig Barski 1902-1927 (Russ.), Fasz. Hold Alexander, Dr. 1919-1921 (Völkerrecht), Fasz. Dr. Josef Ivanic 1919-1929 (Serbokroat.), Fasz. Dr. Max Hussarek 1917-1935 (Rechts- u. Staatswissenschaften), Fasz. Dr. Josef Stoiser 1930/31 (Wirtschaftsgeographie), Fasz. Franz Matouschek 1919 (Tschech.), Fasz. Dr. Wenzel Gleispach 1919-1921 Strafrecht), Fasz. Fechtmeister Zaekel 1917-1931, Fasz. Dr. Hermann Pesta 1919/20 (Engl.), Fasz. Prof. Dr. Herrmann v. Herrnritt 1899-1918 (Staatsrecht, Verwaltungsrecht)

97

Prof. vor 1918: Fasz. Doz. Dr. Franz Kühnert 1896-1916 (Chin.), Fasz. Leopold Pekotsch 1909-1916 (Türk., Pers.)
Fasz. Exz. Dr. Viktor Mataja 1898-1934 (Pol.Ök.), Fasz. Kobatsch (VWL), Fasz. Dr. Neumann-Ettenreich Robert Ritter von 1894-1910 (öst. u. ung. Zivilrecht), Fasz. Prof. Dr. Sigmund Feitler 1900-1920 (Warenkunde), Fasz. Anton Bichler 1897-1913 (Türk.), Fasz. Prof. Dr. Hugo Högel 1902-1919 (öst. u. ung. Strafrecht), Fasz. Gratacap 1896-1914 (Franz.), Fasz. Prof. Heiderich 1905-1917 (Wirtschaftsgeographie), Fasz. Dr. Karl Rieger 1899-1913 (Dt.)

98

Professorenhonorare nach 1918, Prof.-pensionen, Dr. Tankred Stokka, Bauer-Engl. 1934-1937, Blühdorn-Völkerrecht, Wirtschaftspol. 1935/36, Castle-Dt. 1922-1938, Dabinovic-Serbokroat. 1936-1938, Degenfeld Schonburg-VWP 1929-1932, Fabien-Franz. 1930-1939, Guttmann-VWL 1933-1939, Hinterleithner-Diplom. Staatengeschichte 1912-1924, Kerschagl-Handelspolitik 1929-1937, Lagler-Agrarpol. 1936-38, Leitmaier-Internat. Recht 1922-1935, Matsch-Völkerbund 1936, Ottel-BWL 1931-1938, Parry-Jones-Engl.1925-1939, Patzelt-Presse- u. Propagandawesen 1921-1936, Peter-Consularwesen 1901-1934, Prutscher-Handelspolitik 1937-1939, Reuther-Präfekt, Engl. 1930-1936, Robert-Franz. 1925-1938, Rottenberg-VWL 1924-1938, Stenitzer-Hausarzt 1904-1941, Stockert-Warenkunde 1932-1938, Verdross-Völkerrecht 1921-1940, Verosta-zwischenstaatl. Wirtschaftsverkehr 1936, Viezzoli-Italien. 1936-1938

99

Prof.-honorare 1920-1940, Prof. ab 1938/39. Dienerakten, Fasz. Dr. Tankred Stokka (u. Photographie) ung. Staatsrecht Korresp. 1896-1917, Fasz. Prof. ab 1938/39

100

Fasz. Auszeichnung von Konsularakademikern: Auszeichnung von Akademikern u. Absolventen für Verdienste vor dem Feinde 1915-17, Fasz. Enthebung einzelner Konsularakademiker vom Heeresdienste 1916-1918, Fasz. Verleihung von ermäßigten Plätzen 1913-1918, Fasz. Militärakademiker: Fähnrichsunterkunft KA 1940, Liste der untergebrachten Fähnriche, Übernahme der Hausangest. durch Luftgaukommando 1940, Korrespondenz: (Luftgaukommando betr. Verwaltung 1939-41, Mieten u. dgl.), Überstundenpauschale, Beistellung eines Heizers, Mietverrechnung, Mietvertrag Luftgaukommando/KA 1939, Zusätzliches Mietverhältnis LGK 1942, Fasz. Unterstützung der Dienerswitwe Anna Radl, Personalakt Kanzleiangest., Schulwart

101

Fasz. Studentenwerk Gaustudentenführung: Inskriptionsbestätigungen für Ausländer, ärztl. Untersuchungsbescheinigungen 1940, Inskriptionen 1940 (Johann Wesolowsky, Wien/Ukrainer; Mihailo Bocevic, Jugosl.; Karl Rybarik, Slowak.; Eva Lackner, Ung.; Helene v. Martens, Ung., Gretschischkin Paul, staatenlos, Ukrain.; Ing. Bohuslav Krizko, Slowak.; Georg Schindler, Slowak., dt.; Wladimir Zavadil, Protektorat, tschech.; Otto Zimmermann, Rum., dt.; Danail Iw. Tschankoff, Bulg.; Nadezda Tripkovic, Jugosl., serb.; Subhi Zaben, brit. Staatsang. paläst. Bürger, arab., Miljenko Vugljenovic, Jug., kroat.; Emanuel Manolov, Bulg.;) Standesblätter/Studentenwerk (Aufgabebestätigungen, ohne Formulare) Korresp. Gaustudentenführung/KA (Mitteilung an Gesundheitsdienst, wonach an KA seit Weihnachten 1940 kein Studienbetrieb mehr besteht und für Kriegsdauer auch nicht mehr bestehen wird – Direktion d. KA, Nro 428,

22.10.1942;) Beitragseinhebung, Untersuchung, Durchmusterung (Gesundheitsunters. von Baltendt., Dt. aus Polen, Südtirolern), Frauendienst (Reichsstudentenführung, Verordnung v. „Frauendienstausbildung"), Förderung (Stipendien 1938/39), Hochschuljahrbuch, Berichte des Reichsstudentenwerks (über Arbeit an öst. Hochschulen, Apr. 1938), Mappe „alte Lohnblätter" 1939-1941, Fasz. DAF (Mitgliedsbuch KA, Merkblätter, Beitragsmarkenlieferscheine), Fasz. Lohnlisten (1935-1938, An- u. Abmeldungen, Verzeichnis d. Gefolgschaftsmitglieder, Krankenvers.)

102

Speisekarten, Küchenbetrieb, Traiteure, Grundbuchblätter der Diener 1924-1939, Haus- und Küchenpersonal

103

Zeitbücher (Einzahlungen, Auszahlungen, Hinterlegungen u. Verwahrungen 1942), Außenstände, Steuerrückstände, Wohnbausteuer, Grundsteuer, Angestelltenversicherung, Versicherungen, Zusatzvers.

104

Fasz. Berechtigungswesen d. Mittelschulen, (Ungarn, Kroat.-Slavon.), Rechnungen, Kostenvoranschläge, Mietvertrag Luftgaukommando, Mietwertfestsetzungen, Fernsprecher, Heizanlage

105

Inventar 1931, Fasz. Inventare (ohne Datum, 1929? und früher, 1907); Verwaltungsrechnungen 1905-1915

106, 107, 108

Verwaltungsrechnung 1914-1925; 1931-1937; 1938-1945

109, 110

Voranschläge 1901-1924; Dienstrechnungen 1922-1930

111

Haushaltsanmeldungen 1942, Voranschlag 1939-1941, Verwaltungsrechnungen u. Voranschläge 1929-1930

112

Fasz. Werbung, Bilderbroschüre über KA-Gebäude, Auslandswerbung u. Verfügung durch Berliner AA 1940, Werbeartikel nicht zu veröffentlichen (Schreiben 6.2.1940, Nr. Pers. H 1018: „Mit Rücksicht um die Kriegslage, die eine Aufnahme der Tätigkeit der Konsularakademie entsprechend dem friedensmäßigen Programm (paritätische Auswahl der Hörer aus Reichsdeutschen und Ausländern) kaum zulassen wird, darf ergebenst gebeten werden, von einer Veröffentlichung des geplanten Werbeartikels in der Leipziger Illustrierten Zeitung abzusehen."), Verzeichnis ital. Univ. u. Schulen, Korresp. AA Mai 1939 betr. Werbung f. KA und Denkschrift über Werbung für die KA im Ausland, Korresp. AA betr. Werbung an türk. Universitäten 1939, Art. über KA in Türkischer Post, 18.7.1939, Art. „Neues über die KA" für Mitteilungsblatt d. dt.-ausländ. Studentenklubs Wien und „Die Konsularakademie ladet ein" für Werbeschrift Studentenweltspiele; Werbung durch Altakademiker, Art. über KA aus Revalsche Zeitung Reval, 19.7.1939, Deutsches Volksblatt Novi Sad 5.8.1939, Völkischer Beobachter 5.11.1939 („Wiedereröffnung der KA"), Neues Wiener Tagblatt 5.11.1939, Wiener Neueste Nachrichten 4.11.1939

Fasz. Zeitungsartikel über die KA: Begrüßung der Hörer am 17.11.1939 vor Beginn der Vorlesungen, Rede anl. Hitlergeburtstages, Artikel über KA vor 1938 in ital., ägypt., amerik., baltischen, engl., griech., jugoslaw., poln., schweiz., tschech., türk., ung. Zeitungen, Fasz. Jahrbuch 1938: Referate, Abhandlungen, Arbeiten v. Stud. u. Prof.; Fasz. Propaganda 1936: Werbung an Gesandtschaften, Konsulaten; Fasz. Jahrbuch 1936: Dankschreiben, Adressen; Fasz. Jahrbuch 1934 (ds., Dankschreiben Mich. Pidoll), 1935 u. 1937; Fasz. Propaganda 1937

113

Fasz. 175-jähriges Jubiläum: Artikel über Jubiläum aus Abendpost, 10. Juli 1929; Türk. Post 11.März 1930, neues Wr. Abendblatt, 3. Dez. 1929, 1 Photo (unbeschriftet, Prof. Patzelt?) Schreiben KA betr. Jub.-werk mit „historischen Aufnahmen" u. „künstler. Portraits" d. Professorenkollegiums, Glückwunschschreiben, Fasz. Portraitsammlung: Korresp. Min. d. A. u. KA betr. Galerie d. KA (Portrait d. eh. Min. d. Äuß. Grafen Berchtold, Nov. 1918, betr. Portrait Botsch. Freih. v. Call, betr. Bild Finanzmin. Baron Burián, eh. Vizedir. d. KA Gen.-kons. Holzinger von Weidich, Bild d. 1754 aufgen. Zöglings Franz de Paula Klezl, Graf Goluchowski, Frh. v. Gautsch, Graf Andrássy, Frh. v. Zwiedinek, Sektionschef Suzzara, Frh. v. Pidoll; Fasz. Spezialfonds 1904-1926: Verrechnung (Aktien An- u. Verkauf, Bank-Normalien, Anleihen); Fasz. Reorganisation: Memorandum 16. März 1938, Note Reichswissenschaftsmin. an Ausw. Amt über KA 10.Juli 1939; Entwürfe für Vorlesungsverzeichnisse Dez. 1938, Vorlesungsverzeichnisse und Übersetzungen 1938/39 (Engl., Franz., It., Russ.), Vorlesungspläne, Entwürfe, Hörerliste, Bericht an den Reichsstatthalter vom 7.10.1938, Entwürfe Min. Wolf 1938, Kuratorium und Kuratoriumssitzungen, Entwürfe Schmitt, Gedanken zur Reform der KA von Dr. Wolfgang Supan, Stud.-präfekt an der KA, Stundenübersicht „Hochschule für Auslandswissenschaft (vormals KA)" (ohne Datum), Merkblatt über die Voraussetzungen für die Laufbahn eines Beamten des höheren auswärtigen Dienstes, Notiz 19.4.1938 über „gegenwärtige Gestalt der KA als intern. Akademie für Politik u. Volkswirtschaft"

114

Fasz. Bergung der Akademiegebäude: Liste „entliehene Werke der Akademiebibliothek"; Korresp. 1942 „Überlassung der Akademiebibliothek an die Nationalbibliothek Wien"; Korresp. „Bergung der Bibliotheks- und Archivbestände" 1943/44; Fasz. Konsularakademie/besondere Verträge: „Personalverminderung" (Einnahmen/Ausgaben 1943/44, Personalangeleg., ab 1942); „Dienstwohnung des Akademiedirektors" (1942/43); „Besuch des Oberregierungsrates Bartsch und des Amtsrates Schmid 14.u.15.Mai 1942"; „öffentliche Lehranstalt und Lazarett" (Verlegung der Sprachschule an die Hochschule für Welthandel 1942); „Verrechnung und Rückersatz"; Werbeplakate der KA (dt., franz., engl.), Standortliste v. Bücherbeständen, Wertgegenständen der KA 1949; Vertrag Ausw. Amt Berlin/KA 1927 (s. Karton 63); Diplomabschriften; Zeugnisformular 1939; Fasz. Restliquidierung des tschechoslowakischen Gl. Konsulats in Wien (1939-1942); Fasz. Diverses (Zeitungsausschnitte, Hörerstatistik, Lehrstoffübersichten)

115

Fasz. Inventar: Metallspende 1940; Inventarliste 1938 mit Abänderungen 1940; Fasz. Drucksorten: Formulare, Zirkulare, Schulberichte der KA und der öff. Lehranstalt für orient. Sprachen, Verordnungen

116

Fasz. nach Jahr von 1871-1896 (Prüfungsordnungen, Verordnungen, …) und Fasz. „Zirkularien" nach Jahr 1886-1893 (OA u. Theresianum)

117

Manuskript der Osmanischen Sprichwörter (mit lat., dt., ital. u. engl. Übersetzungen)

118

osman. Handschriften

119

Grundbuchblätter der Hörer, Karton „Konsularakademie Zensurakten", Fasz. Nr. 526 Gesuche um Nachsicht der Studiengebühr; Fasz. Nr. 805 Ariernachweis der nichtbeamteten Gefolgschaftsmitglieder, Aufnahmegesuch in KA an den „Führer persönl." von Krein Josef, Fasz. Nr. 116/1938 mit Vorakten: Namenslisten Ausschluss von allen österr. Hochschulen 1934-1938; Fasz. 1941 K.50: Aufnahmegesuche1941; Fasz. 1938 K.49, nicht vorgelegt: Ausschluss v. „Nichtariern" Schreiben Direktion (Abschrift): Direktion der Konsularakademie Nro 446, Gegenstand: Ausschluss der Nichtarier vom Vorlesungsbesuche, adr. an: Bacsó („durch den Akademiedirektor persönlich")

2. Hellmann Dorothea 3. Katz Rachel 4. Landauer Mara 5. Weidenfeld Arthur 6. Dukes Alice 7. Khuner Elsie 8. Nagel Géza 9. Schwarzmann Anneliese 10. Steiner Wilhelm 11. Süssmann Walter 12. Wertheimer Susanna 13. Zallik Käthe; Rundschreiben: Um das Vorgehen der Konsularakademie dem anderer Hochschulen anzugleichen, werden von nun an <u>nur</u> Arier zu den Vorlesungen zugelassen. Es besteht jedoch bis auf weiteres kein Einwand dagegen, dass Nichtarier die restlichen Schlussprüfungen ablegen. Wien, 16. Mai 1938. Der Akademiedirektor. Aufnahmegesuche 1938 (Albert Krückenmeyer, Bremen, Tochter Prof. Rezus, Rumän., Nader Karl u. Empfehlungsschreiben SA; Fasz. 1940 K.49, nicht vorgelegte Akten: Aufnahmegesuch 1940 u. Ablehnung („Reorganisierung", ungew. Zukunft der KA); Fasz. 1938 nicht vorgelegte Zl.: Korresp. 1939 betr. Bestellung Völkerrechtsprof. Bleiber; unbeschrifteter Karton: Diplome, Grundbuchblätter von ca. 1904-1918

120

Fotos von Akademiegebäude Boltzmanng., Verzeichnis von Zirkularen 1886-1891, Fasz. ad 6225/63, Adressen von Konsularakademikern Stand März 1949, Verzeichnis ehemaliger Professoren d. Konsularakademie, Dozenten etc., Meeting der KA 1949, Anwesenheitsliste, Div. Korresp., Notiz betreffend die KA vom 11.Juli 1944, Korresp. betr. Lazarettbetrieb an KA 1942-1945, Niederschrift über die Übergabe der Geräte aus dem Besitz der KA an das Reservelazarett (Möbel, Küchengeräte u. dgl.; 1 orient. Ornament, sonst keine Kunstgegenstände), Fasz. Korrespondenz mit ehem. Hörern anlässl. der Aufnahme von Meetings, Fotos (Hörsaal, Gebäude, Stud.-zimmer) Korresp. 1949-1956, Diplome

121

Fotos: Fechtsaal, Warenkabinett, Gruppenbild Akademiker (vor 1918), Bilder div. Räumlichkeiten an KA, Tennisplatz; Orientalische Akademie: Tafeln mit Ornamenten, Schriftarten, kurze Erzählungen, Sinnsprüche, Skripten: Grundriss der Warenkunde 1. Jahrgang nach dem Vortrag von Studienrat Prof. Dr. Kurt Stockert (um 1935), Presse- und Propagandawesen im diplomatischen Dienst (nach 1938), Diplomatische Staatengeschichte Dr. Hans Berbert (Mitte 30er), Diplomatische Staatengeschichte Prof. Hinterlehner 1. u. 2. Jg., Skriptum Volkswirtschaftspolitik, Kästchen, Inhalt: Etui mit Aufschrift k. u. k. Konsularakademie, Federhalter, innen Aufschrift 3. Nov. 1904 (Eröffnung des Gebäudes Boltzmanngasse), Medaillen: Alfons Dopsch, 1868-1938; Hofrath Doctor Paul Gautsch v. Frankenthurn, Rückseite: Director der k. u. k. Theresianischen u. der k. u. k. orientalischen Akademie 1881-1883-1885, Dem Verdienste ein Denkmal; Med. (3 Ex.) Vorderseite: Maria Theresia Fundatrix MDCCLIV Franciscus Josephus Fautor MDCCCLIV, Rückseite: I. Festum Saecul. fundat academiae linguarum orient. celebratum D.III.Ian. MDCCCLIV sowie arab. Inschrift

Literatur (Auswahl)

Barb, H.G.: Über die Zwecke der k. u. k. Orientalischen Akademie, Vortrag 22.6.1876, Wien 1876

Breycha-Vauthier, Arthur: „Einst war's die Orientalische Akademie", in: Jahrbuch der Diplomatischen Akademie 1980 – 1982, Wien 1982, S. 69-80

Die k. u. k. Konsularakademie von 1754-1904. Festschrift zur Feier des hundertfünfzigjährigen Bestandes der Akademie und der Eröffnung ihres neuen Gebäudes, hrsg. von Agenor Goluchowski v. Goluchowo, Wien 1904

Feier des 50-jährigen Bestandes der Orientalischen Akademie, Wien 1804

Feier des 100-jährigen Bestandes der Orientalischen Akademie, Erinnerungsschriften, Wien 1854

Gautier, Pierre, Marie u. Antoine: L'Académie Orientale de Vienne (1754-2002), Une création de l'impératrice Marie-Thérèse, in: INALCO, Nov. 2002, S. 74-86

Gedichte bey der Feyer des Fünfzigsten Jahrestages von Errichtung der k. k. Academie der Morgenländischen Sprachen, gesungen im Nahmen der Zöglinge daselbst, Wien 1804

Jahrbücher der Diplomatischen Akademie 1964-2003, Wien

Jahrbücher der Konsularakademie, Wien 1930-1937

Joukova, Alexandra: Dolmetscher- und Sprachausbildung ab der Orientalischen bzw. Diplomatischen Akademie in Wien, Dipl.-Arb. Wien 2002

Krafft Albrecht: Die arabischen, persischen und türkischen Handschriften der k. k. Orientalischen Akademie zu Wien, Wien 1842

Matsch, Erwin: Der Auswärtige Dienst von Österreich (-Ungarn) 1720-1920, Wien 1986

Personalstand der k. u. k. Orientalischen bzw. Konsularakademie 1887-1916, 39 Bd., Wien

Pfusterschmid-Hardtenstein, Heinrich: Von der Konsularakademie zur k. u. k. Konsularakademie, in: Die Habsburgermonarchie im System der Internationalen Beziehungen 1. Teil, Wien 1989

Pidoll zu Quintenbach, Michael Freiherr von: Promemoria betreffend die Reorganisation des Stundenplanes der Orientalischen Akademie Wien, 1898

Römer, Claudia: Eine handschriftliche Quelle der 1865 in Wien herausgegeben Osmanischen Sprichwörter, in: Wiener Zeitschrift für die Kunde des Morgenlandes (WZKM) 86 (1996), S. 369-377

Stimmer, Gernot: Eliten in Österreich 1848-1970, 2 Bde, Wien 1997

Stürmer, Bartholomäus Freiherr von: Rede bey der Feyer des fünfzigsten Jahres von der Stiftung der k. k. Academie der morgenländischen Sprachen, gehalten den 1. Januar 1804, Wien 1804

Weiß Edler v. Starkenfels, Victor: Die k. k. Orientalische Akademie zu Wien, ihre Gründung, Fortbildung und gegenwärtige Einrichtung, Wien 1839

Abbildungsnachweis

Joukova, Abb. S. 29:

aus: Karasek, Dieter (Hrsg.): Germano-Turcica. Zur Geschichte des Türkisch-Lernens in den deutschsprachigen Ländern. (Ausstellung des Lehrstuhls für Türkische Sprache, Geschichte und Kultur der Universität Bamberg in Zusammenarbeit mit der Universitätsbibliothek Bamberg) Bamberg 1987, S. 2

Joukova, Abb. S. 35:

Haus-, Hof- und Staatsarchiv, Staatskanzlei Interiora 55, fol. 49r-50r

Joukova, Abb. S. 41:

Haus-, Hof- und Staatsarchiv, Staatskanzlei Interiora 55, fol. 69

Petritsch, Abb. S. 50:

aus: Die k.u.k. Konsularakademie von 1754-1904. Festschrift zur Feier des hundertfünfzigjährigen Bestandes der Akademie und der Eröffnung ihres neuen Gebäudes, hrsg. von Agenor Goluchowski v. Goluchowo, Wien 1904

Petritsch, Abb. S. 57:

Bildarchiv Austria, Österreichische Nationalbibliothek

Petritsch, Abb. S. 59:

aus: Die k.u.k. Konsularakademie von 1754-1904. Festschrift zur Feier des hundertfünfzigjährigen Bestandes der Akademie und der Eröffnung ihres neuen Gebäudes, hrsg. von Agenor Goluchowski v. Goluchowo, Wien 1904

Römer, Abb. S. 65:

Diplomatische Akademie Wien

Römer, Abb. S. 67:

Haus-, Hof und Staatsarchiv: Archiv der Konsularakademie, Karton 117

Pfusterschmid-Hardtenstein, Abb. S. 87:

Bibliotheksbestand der Konsularakademie im Österreichischen Staatsarchiv, Sig. V XI 15/1

Pfusterschmid-Hardtenstein, Abb. S. 89:

aus: Die k. u. k. Konsularakademie von 1754-1904. Festschrift zur Feier des hundertfünfzigjährigen Bestandes der Akademie und der Eröffnung ihres neuen Gebäudes, hrsg. von Agenor Goluchowski v. Goluchowo, Wien 1904

Pfusterschmid-Hardtenstein, Abb. S. 92:

Diplomatische Akademie Wien

Stimmer, Abb. S. 113:

Bibliotheksbestand der Konsularakademie im Österreichischen Staatsarchiv, Sign. V XI 15/1

Stimmer, Abb. S. 115:

aus: Schlöss Erich: Das Theresianum. Ein Beitrag zur Bezirksgeschichte der Wieden, Wien 1979

Stimmer, Abb. S. 122:

Haus-, Hof- und Staatsarchiv: Archiv der Konsularakademie, Karton 114

Stimmer, Abb. S. 127:

zur Verfügung gestellt von Dipl. Cons. Johann N. Schernhorst

Godsey, Abb. S. 147:

Haus-, Hof- und Staatsarchiv: Archiv der Konsularakademie, Karton 61

Godsey, Abb. S. 152:

Haus-, Hof- und Staatsarchiv: Archiv der Konsularakademie, Karton 121

Godsey, Abb. S. 158:

Privat, Kopie in der Diplomatischen Akademie, Wien

Godsey, Abb. S. 160:

Haus-, Hof und Staatsarchiv: Archiv der Konsularakademie, Karton 48

Rathkolb, Abb. S. 168:

Diplomatische Akademie Wien

Rathkolb, Abb. S. 171:

Bibliotheksbestand der Konsularakademie im Österreichischen Staatsarchiv, Sign. V XI 15/1

Stourzh, Abb. S. 186:

Stiftung Bruno Kreisky Archiv, Wien

Stourzh, Abb. S. 193:

Diplomatische Akademie Wien

Rathkolb, Abb. S. 199:

Diplomatische Akademie Wien

Rathkolb, Abb. S. 201:

Diplomatische Akademie Wien

Rathkolb, Abb. S. 203:

Diplomatische Akademie Wien

Winter, Abb. S. 210:

Verein für Geschichte der Arbeiterbewegung, AZ-Fotoarchiv

Breycha-Vauthier, Coreth und Treu, Abb. S. 220:
Diplomatische Akademie Wien

Pfusterschmid-Hardtenstein, Abb. S. 239:
Diplomatische Akademie Wien
Pfusterschmid-Hardtenstein, Abb. S. 240:
Diplomatische Akademie Wien

Missong, Abb. S. 256:
Diplomatische Akademie Wien

Leifer, Abb. S. 271:
Diplomatische Akademie Wien
Leifer, Abb. S. 278:
aus: 33. Jahrbuch der Diplomatischen Akademie Wien, 1997-1998

Kirk-Greene, Feltham, Sucharipa, Abb. S. 290:
Diplomatische Akademie Wien

Cali, Abb. S. 313:
Diplomatische Akademie Wien

Neudeck, Abb. S. 344:
aus: Die k. u. k. Konsularakademie von 1754 bis 1904, Festschrift zur Feier des hundertfünfzigjährigen Bestandes

Reiweger, Abb. S. 380:
Diplomatische Akademie Wien
Reiweger, Abb. S. 385:
Diplomatische Akademie Wien

Sucharipa, Abb. S. 391:
Diplomatische Akademie Wien
Sucharipa, Abb. S. 395:
Diplomatische Akademie Wien
Sucharipa, Abb. S. 399:
Diplomatische Akademie Wien

Autorinnen und Autoren

Rudolf Agstner

geb. 1951 in Den Haag. Seit 1977 im österreichischen Auswärtigen Dienst. 1980-1987 an den Botschaften in Paris, Brüssel, Tripolis und New York – UNO-Mission sowie 1991-1996 in Kairo. Autor von zehn Büchern und über 100 weiteren Publikationen über den österr. (-ungar.) Auswärtigen Dienst und die österr. (-ungar.) Botschaften, Gesandtschaften und Konsulate in Europa, Amerika, Asien und Afrika. Seit 2001 Vorlesungen über die Geschichte des österr. (-ungar.) Auswärtigen Dienstes und seiner Vertretungsbehörden an der Universität Innsbruck.

Publikationen (Auswahl):
Von der k.u.k. Diplomatischen Agentie zur österreichischen Botschaft in Sofia, Kairo 1993
Von der k.u.k. Konsularagentie zum Österreichischen Generalkonsulat, Kairo 1993
Die österreichisch-ungarische Kolonie in Kairo vor dem ersten Weltkrieg, Kairo 1994
125 Jahre Suezkanal, Kairo 1995
Das österreichisch-ungarische Rudolf-Spital („Ospedale Rodolfo") in Kairo, Kairo 1995
Österreichs Vertretungsbehörden in Palästina und Israel, Wien 1999

Vera Ahamer

geb. 1977 in Feldkirch/Vorarlberg; 1995-2003 Studium der Geschichte und Romanistik an der Universität Wien; Diplomarbeit zum Thema „Ungarn 1956. Ein historisches Ereignis als politisches Legitimationsinstrument"; seit 1999 Dolmetsch-Studium in den Sprachen Ungarisch und Französisch an der Universität Wien.

Chantal Cali

geb. 1953; Lehrerausbildung in Paris, 1974-1978 Studium der Germanistik und Romanistik in Paris und Berlin; 1992 DEA mit Auszeichnung in „Didactologie des Langues et des Cultures" über Konferenzfranzösisch und Textanalyse mit der Arbeit „Analyse de discours et construction d'une simulation globale fonctionnelle" Paris/III Sorbonne nouvelle; 1992 UNO in New York: Seminarleitung für Konferenzfranzösisch, einwöchige Konferenzsimulation; 1999 Doktorat mit Auszeichnung an der Sorbonne in Sprachdidaktik über „Rituels langagiers dans les prises de parole en contexte multilingue", Paris/III Sorbonne nouvelle; seit 1995 Sprachkoordinatorin für Französisch an der Diplomatischen Akademie, Wien; Forscherin bei CEDIS-COR-SYLED (Centre de recherches sur la didacticité des discours ordinaires et spécialisés, équipe d'acceuil „systèmes linguistiques, énonciation, discursivité"), Paris/III Sorbonne nouvelle.

Publikationen (Auswahl):
Réussir l'unité 1 du DELF, Paris 1991 (Hatier)
La conférence internationale et ses variantes. Paris 1995 (Hachette), Co-Autorin
Verfasserin von zahlreichen Artikeln in der Fachpresse.

Keith Chester

geb. 1952, Studium der Geschichte an der Universität Oxford, postgraduale Lehrdiplome an der Universität Manchester und TESOL Diplome (Trinity College, London & Sheffield City Polytechnic); Englischunterricht in Deutschland und Malaysia, Lehrbeauftragter für Englisch an der Diplomatischen Akademie Wien und am Institut für Anglistik an der Universität Wien.

Isolde Cullin

geb. 1947, Studium der Germanistik und Romanistik an den Universitäten Wien und Orleans; Lektorat an der Universität Orleans; Lehrbeauftragte in Paris I und am Österreichischen Kulturinstitut in Paris; Lehrbeauftragte und Koordinatorin für DaF (Deutsch als Fremdsprache) an der Diplomatischen Akademie Wien.

Renate Faistauer

geb. 1951, Studium der Germanistik und Geschichte an der Universität Wien, Lehramt und Doktorat. Lektorin für deutsche Sprache und österreichische Landeskunde an der Kairo Universität und der Al Azhar-Universität in Kairo/Ägypten. Wissenschaftliche Mitarbeiterin am Lehrstuhl Deutsch als Fremdsprache, Institut für Germanistik an der Universität Wien (Schwerpunkte: Methodik/Didaktik, Unterrichtsforschung, Betreuung der Praktika), Lehrbeauftragte für deutsche Sprache an der Diplomatischen Akademie Wien und am Lehrgang Europastudien der Universität Wien; seit 1999 Lehrauftrag am Universitätslehrgang für Deutsch als Fremdsprache an der Universität Graz (Thema: „Schreiben"). Seit 1980 tätig in der Lehreraus- und -fortbildung im In- und Ausland.

Publikationen (Auswahl):

Lebensgeschichten Schreiben im Deutsch als Fremdsprachen-Unterricht, in: Deutsch lernen. Zeitschrift für den Sprachunterricht mit ausländischen Arbeitnehmern, 2, 1996, S. 156-170.

„Wir müssen zusammen schreiben!". Kooperatives Schreiben im fremdsprachlichen Deutschunterricht, Innsbruck 1997.

Das Auslandspraktikum Deutsch als Fremdsprache, in: Theorie und Praxis, Österreichische Beiträge zu Deutsch als Fremdsprache, hrsg. von Hans-Jürgen Krumm und Paul Portmann-Tselikas, Jahrbuch 1997, Innsbruck 1997, S. 127-140.

Schreiben in Gruppen – den Schreibprozess sichtbar machen. Ein Experiment aus der Lehrerfortbildung, in: Deutsch als Fremdsprache 3/2000, S. 149-154.

„ja, kannst du so schreiben" – Ein Beitrag zum kooperativen Schreibprozess im Deutsch als Fremdsprache-Unterricht, in: Erfahrungen beim Schreiben in der Fremdsprache Deutsch. Untersuchungen zum Schreibprozess und zur Schreibförderung im Unterricht mit Studierenden, hrsg. von Hans-Jürgen Krumm, Innsbruck 2000, S. 190-224.

Ausbildungslehrgang von Multiplikatorinnen (Teacher Trainerinnen) des Deutschen als Fremdsprache in der BR Jugoslawien und Mazedonien, in: Theorie und Praxis, Österreichische Beiträge zu Deutsch als Fremdsprache 5, hrsg. von Hans-Jürgen Krumm und Paul Portmann-Tselikas, Innsbruck 2001, S. 275-287.

Zur Rolle der Fertigkeiten, in: Deutsch als Fremdsprache. Ein internationales Handbuch, hrsg. von Gerhard Helbig, Lutz Götze, Gerd Henrici und Hans-Jürgen Krumm, Berlin, 2001, S. 864-871.

Landeskunde für künftige Diplomaten. Das Konzept der „Themenrecherche" in den Sommerkursen der Diplomatischen Akademie Wien – Ein Bericht aus der Praxis, in: … in Sachen Deutsch als Fremdsprache, hrsg. von Hans Barkowski und Renate Faistauer, Hohengehren, 2002, S.191-202.

Ralph Feltham

geb. 1922, Begründer und Direktor des Oxford University Foreign Service Programms sowie Sub-Warden, Queen Elizabeth House in Oxford.

Publikationen (Auswahl):
Diplomatic Handbook, London 1998 (Longman, 7. Auflage).

William D. Godsey Jr.

geb. 1964 in Bristol, Tennessee/USA; 1988 Assistenz f. Vorlesung „Europe 1600-1815"
(Universität Virginia); 1989 Assistenz f. Vorlesung „Europe 1789 – present" (Universität
Virginia); 1989 „Forstmann Award" der „Society of Fellows", Universität Virginia; 1991
Master of Arts, Universität Virginia. Seit Mai 2002 Wissenschaftlicher Mitarbeiter bei
der Historischen Kommission der Österreichischen Akademie der Wissenschaften.

Publikationen (Auswahl):
Between Estate and Nation: Imperial Nobles in Central Europe 1750-1850 (noch nicht
veröffentlicht)
Aristocratic Redoubt. The Austro-Hungarian Foreign Office on the Eve of the First
World War, West Lafayette Indiana, Purdue University Press 1999
sowie Autor zahlreicher Artikel, Rezensionen und Vorträge über die Sozialgeschichte des Habsburgerreiches

Alan Henrikson

geb. 1940, Studium der Geschichte an der Universität Harvard (A.B., A.M. und Ph.D.)
sowie der Philosophie, Politik und Wirtschaft an der Universität Oxford (B.A. und
M.A.). Direktor des „Fletcher Roundtable on a New World Order" an der „Fletcher
School of Law and Diplomacy" der Universität Tufts, wo er Amerikanische diplomatische Geschichte, US-Europäische Beziehungen und politische Geographie lehrt. Im
Frühjahr 2003 Fulbright-Gastprofessor für internationale Beziehungen an der Diplomatischen Akademie. 1986-1987 Gastprofessor für diplomatische Geschichte am
„Foreign Service Institute" des „U.S. Department of State" in Washington. Gastpro-
fessor am „National Institut of Defence Studies" in Tokio, Gastprofessor für diploma-
tische Geschichte am „Foreign Affairs College" in Peking. Ehemaliger Präsident der
„United Nations Association of Greater Boston", ehemaliger Vizepräsident des World
Affairs Council of Boston. Derzeit Mitglied des „National Council of the United Nations Association" – USA, Mitglied des Exekutivkomitees des Boston Committee on
Foreign Relations sowie des Council on Foreign Relations in New York.

Publikationen (Auswahl):
Zahlreiche Beiträge über die US-Außenpolitik, NATO, US-Europäische Beziehun-
gen, US-Kanadisch-Mexikanische Zusammenarbeit, Diplomatie karibischer Inseln,
multilaterale Diplomatie und die Vereinten Nationen, wie z.B.:
Paradise and Power? A Fulbright Perspective, in: *Global Society*, Okt. 2003;
Henry Kissinger, Geopolitics and Globalization, in: The Fletcher Forum of World
Affairs, Winter/Frühjahr 2003;

Distance and Foreign Policy: A Political Geography Approach, in: *International Political Science Review*, Okt. 2002;
Can we improve the Linking of Cultures, in: Current issues in International Diplomacy and Foreign Policy, 2001;
A Coming Magnesian Age? Small States, The Global System, and the International Community, in: *Geopolitics*, Winter 2001

Alexandra Joukova

geb. 1977 in Tscheljabinsk. Studium der Linguistik, Dolmetsch- und Übersetzungswissenschaft an der Staatlichen Universität Tscheljabinsk, der Katholischen Universität Eichstätt (Deutschland) und der Universität Wien von 1994 bis 2002. Diplomarbeit zum Thema „Dolmetscher- und Sprachausbildung an der Orientalischen bzw. Diplomatischen Akademie in Wien", Studienabschluss: Mag.phil. Derzeit Doktoratstudium an der Universität Wien.

Kirk-Greene, Anthony Hamilton Millard

geb. 1925, Experte in African Studies (Modern African History) und Imperial History; Emeritus Fellow, St.Antony's College, Oxford seit 1992, Vice-President Royal African Society.

Publikationen (Auswahl):
Crisis and Conflict in Nigeria, 1966-1970, 1971
Teach yourself, Hausa, 1975
A Biographical Dictionary of the British Colonial Service, 1991
Glimpses of Empire, 2001

Paul Leifer

geb. 1937 in Graz. Studium der Betriebs- und Handelswissenschaften an der Hochschule für Welthandel in Wien (1958 Dkfm., 1964 Dr. rer. comm.), der Nationalökonomie und Politischen Wissenschaften an der „Tulane University", New Orleans (MA in Economics and Political Science 1961) sowie der Nationalökonomie, Völkerrecht und Staatengeschichte an der Universität Genf und an der „Sorbonne" Paris. 1995 Ehrendoktorat der Diplomatischen Akademie Moskau. 2000 M.A.I.S. h. c., 1960 stellv. Presseattaché an der österreichischen Vertretung bei der UNO, 1961-1963 Leiter des Forschungsprojekts „UN-Encyclopedia", Sekretariat der UNO, New York, 1963-1965 „Scholar" in Nationalökonomie am Ford-Institut für Höhere Studien und Wissenschaftliche Forschung, 1966-1967 Vortragender für internationale Wirtschaftsbeziehungen an der DA Wien; 1967-1969 1. Zugeteilter an der Österr. Botschaft Tel Aviv, 1970-1971 1. Zugeteilter an der Österreichischen Botschaft Jakarta, 1971-1973 Abteilung für internationale Organisationen, 1973-1974 Geschäftsträger a.i. an der Österreichischen Botschaft in Santiago de Chile, 1975-1977 Gesandter-Botschaftsrat an der Österreichischen Botschaft Moskau; 1977-1982 Botschafter in Lagos (Nigeria), mitakkreditiert in Ghana, Liberia, Sierra Leone, 1982-1985 Leiter der Abteilung für multilaterale Wirtschaftsangelegenheiten, 1985-1991 Botschafter in Belgrad, mitakkreditiert in Albanien, 1991-1994 Botschafter in Marokko, 1994-1999 Direktor der Diplomatischen Akademie Wien, 1999-2002 Botschafter in Irland.

Gerhard Loibl

geb. 1957, Inhaber des Lehrstuhls für Völkerrecht und Europarecht an der Diplomatischen Akademie; Studien der Rechte an den Universitäten Wien (Dr. iur.) und Cambridge (LL.B); a.o. Univ. Prof. an der Universität Wien, Gastprofessor am King's College, Universität London; Konsulent des Bundesministeriums für Land- und Forstwirtschaft, Umwelt und Wasserwirtschaft. Forschungsschwerpunkte: Internationales und Europäisches Umweltrecht, Vertragsrecht, internationales Wirtschaftsrecht, Internationale Organisationen.

Publikationen (Auswahl):
„The proliferation of international institutions dealing with international environmental matters", in: Blokker/Schermers (eds.), Proliferation of International Organisations (2001)
„International Economic Law", in: Evans (ed.), International Law (2003)
„Environmental Law and Non-Compliance Procedures: Issues of State Responsibility", in: Sarroshi/Fitzmaurice (eds.), State Responsibility (2004)

Alfred Missong

geb. 1934 in Wien. Als Sohn eines überzeugten antinazistischen Schriftstellers musste er mit seiner Familie Österreich nach deutscher Besetzung 1938 verlassen. 1941 erfolgte die zwangsweise Rückkehr nach Wien. Matura in Wien 1952. 1956 Abschluss des Studiums der Rechte in Bern und Wien. Korrespondent Schweizer und schwedischer Zeitungen für Österreich und Osteuropa. Ausgedehnte Studienaufenthalte in England, Frankreich, Spanien, Italien etc.
1958 Eintritt in den österreichischen diplomatischen Dienst. 1960 bis 1963 Dienst an Botschaft Belgrad, 1965 bis 1968 Presseattaché in Moskau, anschließend Versetzung zur Österreichischen Botschaft in London. 1974 bis 1976 Pressechef des Außenministeriums. 1977 bis 1982 Botschafter in Mexiko, Kuba und Zentralamerika. 1982 bis

1986 Botschafter in Caracas, mitakkreditiert in zahlreichen Inselstaaten der Karibik. 1986 bis Ende 1993 Direktor der Diplomatischen Akademie. Vortragender und Leiter von Kursen für die Ausbildung junger Diplomaten vor allem in Russland und den Nachfolgestaaten der Sowjetunion, 1994 bis 1999 Botschafter in Lissabon. Von Jänner 2000 bis Februar 2001 Leiter der Unterstützungsgruppe der OSZE für Tschetschenien und Durchführung zahlreicher humanitärer Hilfsprojekte.

Publikationen (Auswahl):
Herausgeber einer Monographie über Ernst Karl Winter und Autor zahlreicher Aufsätze über außenpolitische, historische und kulturgeschichtliche Themen Österreichs, die nicht nur in Österreich, sondern auch in ausländischen Blättern, insbesondere Frankreich erschienen.

Werner Neudeck

geb. 1954 in Mödling; Inhaber des Lehrstuhles für internationale Wirtschaft an der Diplomatischen Akademie Wien (seit 1997), Studium der Nationalökonomie an der Universität Wien (Dr. rer. soc. oec. 1980) und an der Universität Oxford, Universitätsassistent am Institut für Wirtschaftswissenschaften der Universität Wien (1984-1994), AGIP Professor of International Economics am Bologna Center der Johns Hopkins University (1994-1997), Senior Economist des Internationalen Währungsfonds am Joint Vienna Institute; Forschungsschwerpunkte: Gesundheitsökonomie, Dogmengeschichte (Österreichische Schule), Makroökonomie.

Publikationen (Auswahl):
Artikel in Zeitschriften und Sammelbänden, z. B. „Adverse Selection and Regulation in Health Insurance Markets: An Analysis of Recent Policy Proposals." (with K. PODCZECK), *Journal of Health Economics,* 15 (1996), 387-408.
Buch: „Das österreichische Gesundheitssystem: Eine ökonomische Analyse." Manz, Wien 2002.

Ernst Dieter Petritsch

geb. 1951 in Wiener Neustadt; 1971-1979 Studium der Geschichte und Orientalistik an der Universität Wien; Dissertation über „Die Ungarnpolitik Ferdinands I. bis zu seiner Tributpflichtigkeit an die Hohe Pforte";1974-1977 Vorbereitungskurs und Ausbildungslehrgang am Institut für österreichische Geschichtsforschung, Abschluss mit Staatsprüfung. Seit 1980 im Österreichischen Staatsarchiv, Abteilung Haus-, Hofund Staatsarchiv.

Publikationen (Auswahl):
zahlreiche Aufsätze in wissenschaftlichen Zeitschriften des In- und Auslandes, besonders zum Thema der österreichisch-osmanischen Beziehungen; Vorträge in Österreich, Deutschland, Ungarn, Kroatien, Spanien, in den Niederlanden und in der Türkei.

Heinrich Pfusterschmid-Hardtenstein

geb. 1927, 1949 Promotion zum Dr.iur. an der Karl Franzens Universität Graz; 1954-1955 Studium der Nationalökonomie an der „University of California" in Berkeley; 1956 Eintritt in den österreichischen Auswärtigen Dienst; 1959-1960 Attaché an der Österreichischen Botschaft in Den Haag; 1960-1967 Stellvertretender Delegationsleiter der österreichischen Delegation bei der Hohen Behörde der Europäischen Gemeinschaft für Kohle und Stahl in Luxemburg sowie Eröffnung und Leitung der Österreichischen Gesandtschaft bzw. später Botschaft im Großherzogtum Luxemburg als ständiger interimistischer Geschäftsträger; 1967-1971 Direktor der Abteilung für wirtschaftliche Integration im Bundesministerium für Auswärtige Angelegenheiten; 1971-1978 Österreichischer Botschafter in der Republik Finnland; 1978 -1986 Direktor der Diplomatischen Akademie in Wien; 1986-1992 Österreichischer Botschafter im Königreich der Niederlande; Feb. 1992 Übertritt in den dauernden Ruhestand als ao. u. bev. Botschafter i.R.; 1992-1999 Präsident des Österreichischen Colleges in ehrenamtlicher Funktion und verantwortlich für die Vorbereitung und Durchführung des alljährlichen Europäischen Forums Alpbach.

Publikationen (Auswahl):
Der Kleinstaat in der modernen Welt, Verlag für Geschichte und Politik, Wien
Von der Orientalischen Akademie zur K.u.k. Konsularakademie, in: Die Habsburgermonarchie im System der Internationalen Beziehungen, 1. Teil, Verlag der Österreichischen Akademie der Wissenschaften, Wien 1989; Kleinstaat Keinstaat? Böhlau Verlag Wien-Köln-Weimar 2001

Oliver Rathkolb

geb. 1955 in Wien, Mag.iur., Dr.iur. (Universität Wien 1978); Dr.phil. (Universität Wien 1982); seit September 1984 wissenschaftlicher Angestellter des Ludwig Boltzmann Instituts für Geschichte und Gesellschaft, ab Jänner 1994 Co-Leiter. 1985-2000 wissenschaftlicher Leiter der Stiftung Bruno Kreisky Archiv, seit Februar 1992 in Verbindung mit der Funktion des Wissenschaftskoordinators des Bruno Kreisky Forums für Internationalen Dialog; im Mai 1993 Dozent für Neuere Geschichte mit besonderer Berücksichtigung der Zeitgeschichte am Institut für Zeitgeschichte der Universität

Wien. 2000/2001 Schumpeter Forschungsprofessur am „Center for European Studies"
an der Harvard University, USA. Im Sommersemester 2001 Gastprofessur am Institut
für Zeitgeschichte der Universität Wien, im Sommersemester 2003 Gastprofessor am
Department of History, „University of Chicago". Seit Jänner 2000 Initiator der Inter-
netplattform www.demokratiezentrum.org und wissenschaftlicher Leiter des Demo-
kratiezentrums Wien. Mitbegründer und Mitherausgeber einer interdisziplinären
Fachzeitschrift zur Mediengeschichte, „Medien und Zeit" (bis 1992) sowie seit 1986
Redaktionsmitglied und derzeit geschäftsführender Mitherausgeber der „Zeitgeschichte". Mitglied der German Studies Association und der Society for Historians of American Foreign Relations; Dozent an der Diplomatischen Akademie.

Publikationen (Auswahl):

3 Monographien, Herausgeber von 3 Sammelbänden (einer in englischer Sprache),
Mitherausgeber von 18 Sammelwerken; über 100 wissenschaftliche Beiträge in in-
und ausländischen Fachorganen sowie Sammelbänden.
Washington ruft Wien. US-Großmachtpolitik gegenüber Österreich 1953-1963, Wien
1997 (Böhlau Verlag).
Führertreu und Gottbegnadet. Künstlereliten im Dritten Reich, Wien 1991 (Verlag
Deuticke).
„Es ist schwer jung zu sein". Jugend und Demokratie in Österreich 1918-1988, Wien
1988 (Verlag Jugend & Volk).
Revisiting the National Socialist Legacy: Coming to Terms with Forced Labor, Ex-
propriation, Compensation and Restitution, Innsbruck-Wien-München-Bozen 2002
(Studienverlag).
NS-Zwangsarbeit: Der Standort Linz der Reichswerke Hermann Göring AG, Berlin,
1938-1945, 2 Bände, Wien 2001 (Böhlau Verlag).

Gerhard Reiweger

geb. 1952; 1972-1978 Studium der Germanistik und Anglistik an der Universität Wien,
Abschluss: Mag.phil. 1983-1985 Studium an der Diplomatischen Akademie Wien;
Juni bis Dezember 1986 Ausbildungspraktikum an der österreichischen Botschaft in
Rabat; 1985-1987 Bundesministerium für Auswärtige Angelegenheiten, Referenten-
tätigkeit in der Politischen Sektion und der Auslandskultursektion; 1987-1992 Erster
Sekretär, später Botschaftsrat an der österreichischen Botschaft in Washington, Auf-
gabenbereich: Wirtschafts- und Handelsfragen, Internationale Finanzinstitutionen,
Sozialpolitik;1992-1995 Stv. Missionschef an der österreichischen Botschaft in Stockholm; besondere Aufgabengebiete: Politische und wirtschaftspolitische Berichterstattung; 1995- 1997 Stv. Abteilungsleiter im Bundesministerium für Auswärtige Angelegenheiten, Abteilung für internationale Zusammenarbeit im Bereich Justiz und

Inneres; seit 1997 Stellvertretender Direktor der Diplomatischen Akademie Wien (DA), Mitgestaltung der organisatorischen und inhaltlichen Reformen und der strategischen Neupositionierung der DA seit der Ausgliederung 1996.

Claudia Römer

geb. 1956 in Wien; 1974-1980 Studium der Turkologie/Arabistik am Institut f. Orientalistik der Universität Wien, Promotion Dr.phil. 1980, Dissertationsthema: „Der Einfluß der Übersetzungen aus dem Persischen auf die Entwicklung des Osmanischen im 14. und 15. Jahrhundert". 1979-1980 Stipendium des BmfWuF (Edition osmanischer Urkunden aus dem Haus-, Hof- und Staatsarchiv zu Wien; ab dem WS 1984/85 Lektorin am Institut f. Orientalistik der Universität Wien; 1985 Univ.Ass. am Institut für Orientalistik d. Universität Wien; WS 1985/86-SS 1989 Unterricht an der Österreichischen Orient-Gesellschaft Hammer-Purgstall; 1992 Habilitation für Turkologie und Islamwissenschaft an der Geisteswissenschaftlichen Fakultät der Universität Wien; Thema der Habilitationsschrift: Osmanische Festungsbesatzungen in Ungarn zur Zeit Murads III., dargestellt an Hand von Petitionen zur Stellenvergabe, erschienen Österreichische Akademie der Wissenschaften, Wien 1995.

Publikationen (Auswahl):
Mitarbeit an: Anton C. Schaendlinger: Die Schreiben Süleymans des Prächtigen an Karl V., Ferdinand I. und Maximilian II. aus dem Haus-, Hof- und Staatsarchiv zu Wien. Denkschriften der Österreichischen Akademie der Wissenschaften, Wien 1983 Festungsbesatzungen in Ungarn zur Zeit Murads III., Wien 1995 (Österreichische Akademie d. Wissenschaften)
Die Übungsbücher der Zöglinge der K.K. Orientalischen Akademie, in: Akten des Symposiums „Auf den Spuren der Osmanen in der österreichischen Geschichte." Gedenktage „Wien gedenkt des 700. Gründungsjahres des Osmanischen Reiches.", Wien 1999
Latin Abstracts from Naima's History translated by students at the „K.K. Akademie orientalischer Sprachen", Vienna 1796, 35th ICANAS, Budapest 7.-12. July 1997, erscheint bei „Project Turk"

Gernot Stimmer

geb. 1941, Studium der Rechtswissenschaften, Soziologie und Politikwissenschaft an den Universitäten Wien und Salzburg, 1965 Promotion zum Dr.iur., 1968-69 Mitarbeiter am Forschungsprojekt der Fritz Thyssen-Stiftung, 1973-1993 Generalsekretär des Verbandes Österreichische Bildungswerke, Seit 1981 Lektor am Institut für Politikwissenschaft der Grund- und Integrationswissenschaftlichen Fakultät der Universität Wien, 1996 Habilitation, Univ.-Doz. für vergleichende Politikwissenschaft.

Publikationen (Auswahl):
Politische Elitenrekrutierung in der österreichischen Monarchie und der Ersten Republik, Wien 1987 (Habilitationsschrift)
Eliten in Österreich 1848-1970 (2 Bd.), Wien-Köln-Graz, Böhlau Verlag 1997

Gerald Stourzh

geb. 1929 in Wien. Studien in Wien, Clermont-Ferrand, Birmingham, Chicago. Nach der Promotion 1951 in Wien „Research Associate" bei Hans J. Morgenthau an der „University of Chicago". 1958-1962 Generalsekretär der Österreichischen Gesellschaft f. Außenpolitik, 1962 Habilitation für Neuere Geschichte an der Universität Wien, 1962 bis 1964 im Höheren Auswärtigen Dienst, 1964 bis 1969 Ordinarius an der Freien Universität Berlin, 1969 bis zur Emeritierung 1997 Ordinarius für Geschichte der Neuzeit an der Universität Wien. 1967/68 Mitglied des „Institute of Advanced Studies Princeton", 1976 „Overseas Fellow", Churchill College, Cambridge. Während der ersten beiden Jahrgänge 1964 bis 1966 und auch später wiederholt Dozent an der Diplomatischen Akademie Wien.

Publikationen (Auswahl):
Benjamin Franklin and American Foreign Policy, Chicago 1954 (2. Aufl. 1969)
Ideologie und Machtpolitik als Diskussionsthema der amerikanischen außenpolitischen Literatur, in: Vierteljahreshefte für Zeitgeschichte, 3 (1955)
Diplomatie unserer Zeit, hg. gemeins. m. Karl Braunias, Graz 1959
„Diplomatie" in: Fischer Lexikon Internationale Beziehungen, hg. v. K.D. Bracher u. Ernst Fraenkel, Frankfurt 1969
Außenpolitik, Diplomatie, Gesandtschaftswesen: zur Begriffsklärung und historischen Einführung, in: Diplomatie und Außenpolitik Österreichs, hg. v. Erich Zöllner, Wien 1977
Kleine Geschichte des österreichischen Staatsvertrags, Graz 1975 (2. Aufl. 1980, 3. Aufl. 1985); 4. wesentlich erweiterte Auflage unter dem Titel: Um Einheit und Freiheit – Staatsvertrag, Neutralität und das Ende der Ost-West-Besetzung Österreichs 1945-1955, Wien 1998

Ernst Sucharipa

geb. 1947 in Wien; 1969 Promotion zum Dr.iur., Universität Wien; 1970-1972 Universitätsassistent am Institut für Völkerrecht und internationale Beziehungen, Universität Linz; 1972 Grundwehrdienst, Landesverteidigungsakademie Wien; 1972-1974 Diplomatische Akademie Wien; April 1974 Eintritt in das Bundesministerium für Auswärtige Angelegenheiten (Völkerrechtsbüro); 1976-1980 ständige Vertretung bei den Vereinten Nationen, New York; 1980-1983 Erster Zugeteilter, Österreichische Botschaft Berlin; 1983-1984 Stellvertretender Leiter der VN-Abteilung; 1984-1985 Stellvertretender Kabinettschef im Bundesministerium für Auswärtige Angelegenheiten; 1985 Kabinettschef; 1987 Leiter der Ostabteilung; 1990 Leiter der Politischen Sektion (Politischer Direktor); 1993 Ständiger Vertreter Österreichs bei den Vereinten Nationen (Botschafter) New York; 1993 Vorstandsmitglied der „International Peace Academy"; 1994 Vizepräsident der UN-Generalversammlung; 1995 Ko-Vorsitzender der Arbeitsgruppe zur Finanzlage der Vereinten Nationen; Juli-Dez. 1998 Vertreter der österreichischen EU-Präsidentschaft bei den VN New York; 1999 Ko-Vorsitzender der GV-Arbeitsgruppe zur Entwicklungsfinanzierung; seit Sept. 1999 Direktor der Diplomatischen Akademie Wien; seit Jänner 2000 Mitglied des Board of Trustees des UNITAR (United Nations Institute for Training and Research); seit Mai 2000 Sonderbotschafter für Restitutionsfragen

Publikationen (Auswahl):
The United Nations. An impossible dream? Indispensable Nation(s) versus Indispensable Organisation. The Austrian Experience, Wien, Diplomatische Akademie 1999
Central Asia's first decade of independence promises and problems, Wien, Diplomatische Akademie 2002

Melanie Sully

geb. 1949, Studium an den Universitäten Nottingham (BA. Hons. Politics), Leicester (MA European Studies and Politics), Doktorat an der Universität Keele. Lehrtätigkeit an der Universität Staffordshire, Gastprofessorin für Politikwissenschaft und Zeitgeschichte an den Universitäten Innsbruck, Salzburg und Wien. Seit 1992 Lehrbeauftragte für Politik und Geschichte an der Diplomatischen Akademie. 2000 Ernennung zur Professorin.

Publikationen (Auswahl):
Beiträge über österreichische Politik in *West European Politics, Parliamentary Affairs, The World Today, Federations* sowie *Political Quarterly,* Mitarbeit an zahlreichen Büchern über österreichische Politik. Artikel für *The Times, The Financial Times* und *The Washington Post.*

Political Parties and Elections in Austria, 1981
Continuity and Change in Austrian Socialism, 1982
A Contemporary History of Austria, 1990
The Haider Phenomenon, 1997
The New Politics of Tony Blair, 2000

Ernst Florian Winter

geb. 1923 in Wien. 1938 Emigration in die USA, Einbürgerung 1943; 1943-46 in der US-Armee; Studium des Japanischen sowie Area Studies an der Universität Michigan, Studium an der Columbia University (BA in Sozialwissenschaft 1946, MA in Politikwissenschaften 1949 sowie Ph.D. für internationales Recht 1954), Prof. für Geschichte und Politikwissenschaft am Iona College, New York 1949-1961, Prof. für Geschichte der Diplomatie und internationales Recht an der Columbia University, New York 1966,1967, 1968; Gastprof. an der „Fletcher School of Law and Diplomacy", sowie an den Universitäten Princeton, Georgetown und Indiana, 1961-1964 Vorsitzender des Ost-Institutes und Prof. am Internationalen Forschungszentrum für Grundfragen der Wissenschaft, Salzburg, 1962-1965 Lektor am „Institut für Europäische Studien Wien", 1964-1967 Direktor der Diplomatischen Akademie Wien, seit 1964 Professor ebd., 1966-1967 Direktor des Instituts für Höhere Studien, Wien, 1968-1970 Direktor der sozialwissenschaftlichen Abteilung der UNESCO, Paris; 1970-1972 Mitglied des US-Komitees der UNO für China-Politik, New York, 1972-1978 Berater d. Umweltprogramms der UNO (UNEP) in Nairobi; 1974 und 1975 Leiter zweier UN-Missionen nach China; 1988-89 Vizedirektor des Internationalen Entwicklungszentrums für Umwelttechnologie, Peking, 1989-1994 Senior Industrial Development Officer für nachhaltige Entwicklungstechnologien bei der UNIDO, Wien; 1999-2001 Professor für Diplomatische und Strategische Studien an der Internationalen Universität, Wien.